UTB **3579**

Eine Arbeitsgemeinschaft der Verlage

Böhlau Verlag · Wien · Köln · Weimar
Verlag Barbara Budrich · Opladen · Toronto
facultas.wuv · Wien
Wilhelm Fink · München
A. Francke Verlag · Tübingen und Basel
Haupt Verlag · Bern · Stuttgart · Wien
Julius Klinkhardt Verlagsbuchhandlung · Bad Heilbrunn
Mohr Siebeck · Tübingen
Nomos Verlagsgesellschaft · Baden-Baden
Ernst Reinhardt Verlag · München · Basel
Ferdinand Schöningh · Paderborn · München · Wien · Zürich
Eugen Ulmer Verlag · Stuttgart
UVK Verlagsgesellschaft · Konstanz, mit UVK / Lucius · München
Vandenhoeck & Ruprecht · Göttingen · Bristol
vdf Hochschulverlag AG an der ETH Zürich

Christine Axt-Piscalar

Was ist Theologie?

Klassische Entwürfe von Paulus bis zur Gegenwart

Mohr Siebeck

CHRISTINE AXT-PISCALAR, Studium der evangelischen Theologie und Philosophie in Mainz und München; Promotion und Habilitation an der Ludwig-Maximilians-Universität in München; 1997–2000 Ordinaria für Systematische Theologie in Basel, seit 2000 Professorin für Systematische Theologie an der Georg-August-Universität in Göttingen.

ISBN 978-3-8252-3579-6 (UTB Band 3579)

Online-Angebote oder elektronische Ausgaben sind erhältlich unter www.utb-shop.de.

Die Deutsche Nationalbibliothek verzeichnet diese Publikation in der Deutschen Nationalbibliographie; detaillierte bibliographische Daten sind im Internet über http://dnb.dnb.de abrufbar.

© 2013 Mohr Siebeck, Tübingen.   www.mohr.de

Das Werk einschließlich aller seiner Teile ist urheberrechtlich geschützt. Jede Verwertung außerhalb der engen Grenzen des Urheberrechtsgesetzes ist ohne Zustimmung des Verlags unzulässig und strafbar. Das gilt insbesondere für Vervielfältigungen, Übersetzungen, Mikroverfilmungen und die Einspeicherung und Verarbeitung in elektronischen Systemen.

Das Buch wurde von Laupp & Göbel in Nehren gesetzt und von Hubert & Co. in Göttingen auf alterungsbeständiges Werkdruckpapier gedruckt und gebunden.

Vorwort

Das vorliegende Buch ist aus Vorlesungen erwachsen, die ich vor Studierenden der evangelischen Theologie an der Georg-August-Universität Göttingen gehalten habe. Das rege studentische Interesse an einer Grundorientierung, die in das unterschiedliche Verständnis von Theologie der klassischen Entwürfe einführt, gab letztlich den Anstoß zu seiner Veröffentlichung. Der Charakter einer Einführung für Studierende der Theologie und all jene, die an dem hier aufgeworfenen Thema sowie den damit verbundenen Fragen interessiert sind, ist in der gedruckten Fassung beibehalten worden. Der Band ist in erster Linie als ein Lehr- und Studienbuch gedacht. Die einzelnen Kapitel bleiben in der Erörterung weitgehend auf der Ebene der darstellenden Rekonstruktion, eine dezidierte Kritik an den jeweils vorgestellten Konzeptionen wird kaum vollzogen. Der in *theologicis* geübtere Leser wird der Darlegung gleichwohl entnehmen können, wo die Verfasserin eigentümlich gewichtet, spezifisch interpretiert und sich etwas von ihrer eigenen Denkungsart niederschlägt.

Der Band arbeitet das charakteristische Profil klassischer Entwürfe der Theologie heraus und lässt so die Vielgestaltigkeit ersichtlich werden, von der die Theologie durch ihre Geschichte hindurch bestimmt war und ist. Zudem führt er in einschlägige Konzeptionen der Philosophie (Platon, Descartes, Kant, Hegel) ein und zeigt, wie diese die Frage nach der Möglichkeit der Gotteserkenntnis und den Bestimmungen vernunftgemäßer Rede von Gott behandeln. Drei themenbezogene Kapitel – zur Kontroverse um das Schriftprinzip, zum Verständnis des Bekenntnisses in den evangelischen Kirchen und zur katholischen Lehre vom Dogma – konturieren ergänzend die spezifisch evangelische Wahrnehmung von Theologie.

Die hier gegebene Darstellung verfolgt mitnichten eine umfassende Behandlung der jeweils vorgestellten Entwürfe. Auch deren Einbettung in den zeitgenössischen Wissenschaftsdiskurs und die gesamtkulturelle Situation steht nicht im Fokus des Bemühens. Die Erörterung ist primär an den rein theologischen Grundentscheiden ausgerichtet, durch welche die jeweiligen Entwürfe geprägt sind. Auswahl und Darstellung der verschiedenen Entwürfe sind von dem Anliegen geleitet, an ihnen jeweils grundlegende Fragestellungen deutlich werden zu lassen, die sich für die Wahrnehmung von Theologie ergeben und *bleibend* von Bedeutung sind für die Verständigung darüber, was zu den grundlegenden Aufgaben der Systematischen Theologie, auf die wir uns hier konzentrieren, gehört. Daher ist es in der Behandlung der einzelnen Entwürfe auch nicht um eine möglichst umfassende Darstellung all derjenigen Gesichtspunkte zu tun, die sie zu integrieren versuchen. Es geht vielmehr um das Zentrum, von dem her sie das eigene Verständnis von Theologie bestimmen und zu einer eigentümlichen Gewichtung in dieser Frage gelangen, die dann freilich auch auf die weitere Entfaltung der einzelnen theologischen Lehrstücke durchschlägt. Über das jeweilige Verständnis von Theologie erschließt sich ein Zugang zum charakteristischen Profil eines theologischen Entwurfs, was in jeweils wenigen Zügen herausgestellt wird.

Dass in die Erörterung auch Entwürfe der Philosophie aufgenommen wurden, ist dadurch bedingt, dass die Philosophie in ihrer Geschichte ausgehend von der Vernunft die Frage nach der Möglichkeit der Gotteserkenntnis und den Bestimmungen wahrer, der Vernunft gemäßen Rede von Gott ausgearbeitet hat und noch ausarbeitet, mit der sie, sei es kritisch, sei es konstruktiv, die Theologie und ihr Selbstverständnis beeinflusst hat bzw. noch beeinflusst. Aus der philosophischen Tradition werden – wiederum nur in Auswahl – solche Argumentationsgänge aufgenommen, denen für die Fragen der Theologie exemplarische Bedeutung zukommt.

Wer eine Auswahl trifft, läuft immer Gefahr, dass der kritische Leser die eine oder andere gewichtige Konzeption vermisst. Dies ist der Verfasserin durchaus bewusst. Sie ist jedoch der Überzeugung, dass die getroffene Auswahl einen gewissen Anspruch auf repräsentative Bedeutung zumindest für die westkirchliche Theologie und die diese bewegenden Fragestellungen erheben kann. Neueste Versuche einer Bestimmung des Theologiebegriffs sind nicht aufgenommen. Es wurde sich auf klassische Entwürfe beschränkt. Die Darstellung legt den Schwerpunkt auf die Bestimmung des Theologieverständnisses, wie sie sich aus der Perspektive der Dogmatik ergibt. Die Ausdifferenzierung der theologischen Einzeldisziplinen, die sich seit der Neuzeit entwickelt hat, die enzyklopädische Bestimmung der jeweiligen theologischen Disziplinen und vor allem die Frage ihrer Einheit kommen nur am Rande in den Blick. Damit ist zweifellos eine Aufgabe benannt, durch die die zeitgenössische Theologie angesichts der Ausdifferenzierung ihrer Disziplinen und ihrer unterschiedlichen Methodiken besonders herausgefordert ist, will sie nicht Gefahr laufen, dass die einzelnen Disziplinen ihren dezidiert theologischen Charakter verlieren und darüber die Einheit der Theologie verlustig geht. Die Behandlung dieser Fragen erfordert indes eine eigene Abhandlung.

Abschließend sei noch ein Hinweis für den Gebrauch des Buches angebracht. Die einzelnen Kapitel sind so angelegt, dass eine Interpretation zentraler Textpassagen gegeben wird. Diese werden am Eingang des jeweiligen Kapitels genannt, so dass sie für dessen Lektüre vorbereitet bzw. entsprechend nachbereitet werden können und so ein Einstieg in das eigenständige Studium der einzelnen Werke eröffnet wird. Dazu dienen des weiteren die Hinweise auf weiterführende Literatur am Ende der einzelnen Kapitel, die eine begrenzte Zahl einschlägiger Beiträge nennen. Auf die Auseinandersetzung mit der Sekundärliteratur wurde zugunsten der Interpretation der Primärtexte und der Konzentration auf deren zentrale Aussagen ganz verzichtet.

Für kritische Anregungen, ihre große Hilfe bei den Korrekturarbeiten und das Erstellen der Register danke ich herzlich meinen Mitarbeiterinnen und Mitarbeitern am Lehrstuhl Dr. Christina Costanza, Ricarda Sophie Heymann, Tobias Graßmann, Oskar Hoffmann, Wolf Leithoff, Sina Schade und Christoph Seifert. Gewidmet sei das Buch meinem Sohn Konstantin.

Göttingen, 8. März 2012 *Christine Axt-Piscalar*

Inhaltsverzeichnis

		Vorwort	V
I.		**Wie kann von Gott geredet werden?**	1
	1.	Quellen der Gotteserkenntnis	1
	2.	Die Bedeutung des Wortes »Gott«	2
	3.	Religiosität als anthropologisches Fundamentale	4
	4.	Religion unter Religionen: Die religionsvergleichende Perspektive	5
	5.	Theologie und Philosophie	6
	6.	Der Gegenstand der Theologie: Gott, Glaube, Kirche, Christentum?	7
II.		**Die biblischen Schriften als Reflexionsgestalten der Gotteserfahrung und das Verstehen als genuines Moment des Glaubensvollzugs**	9
III.		**Grundfunktionen der Wahrnehmung von Theologie bei Paulus**	17
	1.	Das Grundbekenntnis zu dem in Jesus Christus offenbaren dreieinen Gott	18
	2.	Das im Glauben erschlossene neue Selbst- und Weltverständnis	21
	3.	Der Zusammenhang von Glaube und Heiligung des christenmenschlichen Lebens	22
	4.	Die im Glauben gegebene Einheit der Gemeinden und ihrer Glieder	23
	5.	Die gegenwartsorientierte Wahrnehmung des Wahrheitsanspruchs der Theologie	25
	6.	Der apologetische Charakter der Theologie: Kritik nach außen	26
	7.	Der missionarische Charakter der Theologie	28
	8.	Der polemische Charakter der Theologie: Kritik nach innen	28
	9.	Theologie im Dienst an der Mündigkeit des Christenmenschen	29
	10.	Grundfunktionen der Wahrnehmung von Theologie	31
IV.		**Platon: Die vernünftige Gotteserkenntnis als Maßstab allen Redens von Gott**	33
	1.	Die Kritik an der religiösen Überlieferung	33
	2.	Die erkenntnistheoretische, ontologische und ethische Funktion der Idee des höchsten Guten	34
	3.	Die Grundkriterien wahrer Rede von Gott	36
	4.	Die politische Funktion der Religion für die Gemeinschaft	39
	5.	Vernünftige Einsicht und Glaube	42

V.	**Die frühkirchlichen Apologeten: Die christliche Religion als Einheit von *vera religio* und *vera philosophia***	46
1.	Die Anschauung der Wahrheit in der Person Jesu als Wirkgrund gelingenden Lebens	46
2.	Die Vernunft der christlichen Religion und der Öffentlichkeitscharakter von Theologie	49
3.	›Hellenisierung‹ – notwendige oder verfehlte Transformation des Christentums in der antiken Welt?	51

VI.	**Augustin: Die Kirche als Garant der Wahrheit der christlichen Lehre**	55
1.	Die Grenzen der Vernunft und des freien Willens und der Weg zur Selbst- und Gotteserkenntnis durch die Sündenerfahrung	55
2.	Der historische Grund des Glaubens und die Kirche als Garant der wahren Überlieferung	60
3.	Die Vernunft vor dem historischen Graben	62

VII.	**Thomas von Aquin: Gott als Gegenstand der Theologie als Wissenschaft**	65
1.	Die Begründung der Theologie als Wissenschaft im Verbund der *universitas litterarum*	65
2.	Natürliche und geoffenbarte Gotteserkenntnis	69
3.	Die Gottesbeweise	72
4.	Der vernünftige Gottesbegriff und die Trinitätslehre	76
5.	Gott als Gegenstand der Theologie als Wissenschaft	77

VIII.	**Martin Luther: Der sündige Mensch und der rechtfertigende Gott als ›Gegenstand‹ der Theologie** . .	79
1.	Das Evangelium von der Barmherzigkeit Gottes als Grund des Glaubens und der Theologie	79
2.	Dynamisierung des Gottesgedankens – das Geschehen zwischen Gott und Mensch	84
3.	*Theologia crucis*	87
4.	Dimensionen der Glaubenserfahrung	88
5.	*Oratio, meditatio, tentatio* als Weg zur Gotteserkenntnis	92

IX.	**Philipp Melanchthon: Christus erkennen heißt, seine Wohltaten gegen uns erkennen**	95
1.	Die Fokussierung auf das Wesen des christlichen Glaubens als Aufgabe der Theologie	95
2.	Schrift und Rechtfertigungsglaube als Grundlage evangelischer Lehre	98
3.	»Christus erkennen heißt, seine Wohltaten gegen uns erkennen« . .	102
4.	Die wahre Katholizität evangelischer Lehre und Kirche	106

X.	Die altprotestantische Orthodoxie: Theologie als System der christlichen Lehre	108
1.	Das theologische System nach heilsgeschichtlichem Schema	108
2.	Die Bedeutung der rechten Lehre für die wahre Kirche und den rechten Glauben	110
3.	*Theologia est eminens practica*	112
4.	Die Lehre von den Fundamentalartikeln	114

XI.	Die Kontroverse um die Schrift als alleiniges Erkenntnisprinzip der Theologie	119
1.	Luthers Schriftverständnis	119
	a. Die Schrift als oberste Richtschnur von Theologie und Glaube	119
	b. Der Literalsinn der Schrift und ihre *claritas externa*	121
	c. Das Wirken des Geistes und die *claritas interna* der Schrift	123
	d. Die Mitte der Schrift als hermeneutische Anleitung zum Schriftverstehen	124
2.	Schrift und Tradition als Grundlage katholischer Lehre	125
3.	Die Schriftlehre der altprotestantischen Orthodoxie	128

XII.	Bedeutung und Funktion des Bekenntnisses für die evangelischen Kirchen	132
1.	Das Verständnis des Bekenntnisses in den lutherischen Kirchen	132
	a. Bedeutung und Funktion von Bekennen und Bekenntnis	132
	b. Die Schriftgemäßheit des Bekenntnisses und der Anspruch auf wahre Katholizität	134
	c. Das Evangelium von der Rechtfertigung des Sünders als Mitte von Schrift und Bekenntnis	138
	d. Die Funktion des Bekenntnisses für die Einheit der Kirchen	140
2.	Lutherische und reformierte Bekenntnisbildung	141
3.	Die Barmer Theologische Erklärung und die Leuenberger Konkordie	143
	a. Die Barmer Theologische Erklärung: Abwehr totalitärer Weltanschauungen	145
	b. Die Leuenberger Konkordie: Einheit in versöhnter Verschiedenheit	146

XIII.	Die katholische Lehre vom Dogma	150
1.	Das Dogma als verbindliche Lehre der Kirche	150
2.	Dogma und Schrift	156
3.	Die Geschichtlichkeit dogmatischer Aussagen und die Fortentwicklung des Dogmas	158
4.	Der Glaubensgrund und die Weitergabe der Offenbarung	160
5.	Die Hierarchie der Wahrheiten	162
6.	Der Glaube und die Zustimmung zum Dogma	162

XIV. Philipp Jacob Spener: Die religiöse Erfahrung in Wiedergeburt und Heiligung als Grund und Ziel der Theologie 167
1. Die Forderung nach geistlicher Erneuerung der lutherischen Kirchen 167
2. Mündiges Christsein als Basis des Gemeindelebens 169
3. Wiedergeburtserfahrung und Liebesverantwortung als Kennzeichen des wahren Christentums 170
4. *Theologia est habitus practicus* 173
5. Der praktische Zweck der theologischen Ausbildung: das gemeinsame fromme Glaubensleben 176

XV. Aufgeklärtes Christentum: Das Zutrauen in die Fähigkeiten der menschlichen Natur 179
1. Das Zutrauen in die Fähigkeiten der menschlichen Natur 179
2. Vernunft und Offenbarung 185
3. Die politische Funktion des Programms der natürlichen Religion .. 186
4. Historisch-kritische Erforschung der Schrift 189
5. Die Unterscheidung von Theologie und öffentlicher und privater Religion 195

XVI. René Descartes: Ichgewissheit und Gottesgedanke 200
1. Der methodische Zweifel und die Ichgewissheit 200
2. Ichgewissheit und Gottesgedanke 203
3. Der Überschritt vom Gottesgedanken zur Existenz Gottes 204
4. Gott als Wirkursache der Idee Gottes im Menschen 207

XVII. Immanuel Kant: Wieviel Religion braucht die Vernunft? ... 211
1. Metaphysik und die Grenze der theoretischen Vernunft 211
2. Die Selbstgesetzgebung der reinen praktischen Vernunft 216
3. Religion innerhalb der Grenzen der bloßen Vernunft 219
4. Die Antinomien der ethischen Existenz: Die Überwindung von Bösem und Schuld und die Verwirklichung der Glückseligkeit .. 220

XVIII. Georg Wilhelm Friedrich Hegel: Philosophie als absolutes Begreifen Gottes 228
1. Philosophie als Gotteserkenntnis 228
2. Der sich selbst offenbarende Gott und die vollendete Religion ... 231
3. Stufen der Religion und die Religionsgeschichte 235
4. Religiöse Vorstellung und absoluter Begriff 236
5. Der Schauder vor dem spekulativen System 241

XIX. Friedrich Schleiermacher: Theologie als Funktion der Kirche 244
1. Die Ausdifferenzierung der theologischen Disziplinen und die Einheit der Theologie 244
2. Die spezifische Aufgabe der Dogmatik 246

3.	Der Gegensatz des Protestantismus zum Katholizismus	249
4.	Wesensbestimmung des Christentums als Aufgabe der philosophischen Theologie	251
5.	Das religiöse Grundgefühl der schlechthinnigen Abhängigkeit	255
6.	Das spezifische Erlösungsbewusstsein der christlichen Religion	257
7.	Erkenntnisprinzip und Aufbau der *Glaubenslehre*	261

XX. Ernst Troeltsch: Das Programm einer Verbindung von religionsgeschichtlicher, kulturwissenschaftlicher und dogmatischer Theologie ... 265

1.	Die historische Methode als das Paradigma wissenschaftlicher Theologie	265
2.	Die Einheit der Geschichte und der Gottesgedanke	269
3.	Die Höchstgeltung des Christentums als Persönlichkeitsreligion	271
4.	Theologie in kulturwissenschaftlicher Perspektive	274
5.	Die spezifische Aufgabe der Dogmatik	275

XXI. Karl Barth: Theologie als wissenschaftliche Selbstprüfung der kirchlichen Rede von Gott ... 281

1.	Gotteserkenntnis unter der Bedingung des qualitativen Unterschieds zwischen Gott und Mensch	281
2.	Theologie als Funktion der Kirche und die Wissenschaftlichkeit der Theologie	283
3.	Der kritische Maßstab der Theologie: das geoffenbarte Wort Gottes	286
4.	Die Trinitätslehre in ihrer Funktion als Erkenntnisprinzip der Dogmatik	288
5.	Offenbarungslehre als Religionskritik	290
6.	Das spezifisch evangelische Verständnis von Kirche und Dogma: die Unverfügbarkeit der Offenbarung	291

XXII. Paul Tillich: Botschaft und Situation – Die wechselseitige Ergänzung von kerygmatischer und apologetischer Theologie ... 295

1.	Wahrnehmung der Situation: die Vermittlungsaufgabe der Theologie	295
2.	Antwort und Frage: die Methode der Korrelation	298
3.	Gott – »das, was uns unbedingt angeht«	300
4.	Heiligung und Dämonisierung der Welt	302
5.	Der in Jesus inkarnierte Logos und das Verhältnis von Philosophie und Theologie	303

XXIII. Wolfhart Pannenberg: Systematische Theologie als Entfaltung des universalen Wahrheitsanspruchs des christlichen Gottesgedankens ... 308

1.	Der umfassende Wahrheitsanspruch des Gottesgedankens und die Aufgabe der Theologie	308

2. Gott als die alles bestimmende Wirklichkeit und die Erfahrung
   ihrer Strittigkeit 310
3. Der wissenschaftstheoretische Status theologischer Aussagen 312
4. Der Gottesgedanke als Horizont allen Selbst- und Weltverstehens . 314
5. Das unthematische Wissen um Gott als begleitendes Moment
   im Lebensgefühl des Menschen 316
6. Religiosität, gelebte Religion und die geschichtlichen Religionen .. 318
7. Die trinitarische Gotteslehre als Begründungszusammenhang
   der Theologie 321

XXIV. Trutz Rendtorff: Theologie als ethische Theorie der Lebensführung ... 323

1. Christentumstheorie und Moderne 323
2. Aufklärung und Reformation 326
3. Das Programm einer ethischen Theologie 328
4. Der appellative Charakter der Grundsituation des Menschen
   und ihre religiösen Implikationen 330
5. Die Grundelemente menschlichen Lebens und ihre christlich-religiöse
   Deutung 332

XXV. Zu den Aufgaben der Dogmatik ... 339

Literaturverzeichnis 347

Namenregister 361

Sachregister 365

I. Wie kann von Gott geredet werden?

1. Quellen der Gotteserkenntnis

Theo-logie ist dem etymologischen Sinn des Wortes zufolge »Rede von Gott«. Daher konnte Luther einmal schlicht und ergreifend festhalten, dass ein Theologe einer sei, der von Gott redet – »Theologus id est Deum loquens«.[1] Mit dieser Auskunft ist freilich noch nichts darüber gesagt, wie dem Menschen Theologie als Rede von Gott überhaupt möglich ist. Da Gott ganz offensichtlich kein gegebener ›Gegenstand‹ unserer Wahrnehmung ist, wie dies für andere Gegenstände der Fall ist, kommt der Frage nach der Möglichkeit der Gotteserkenntnis im Zusammenhang der Verständigung darüber, was Theologie sein kann und zu sein hat, ein besonderes Gewicht zu. Können wir überhaupt von Gott wissen und wenn ja, *wie* können wir von Gott wissen, um daraufhin begründet und verantwortet von Gott reden zu können? Welches ist die Quelle solchen Redens? Gibt es derer eine oder gleich mehrere, und wenn es mehrere gibt, wie stehen sie zueinander im Verhältnis? Ist die Vernunft eine solche Quelle der Gotteserkenntnis oder wird Gott aus dem Zeugnis der Heiligen Schrift erkannt? Schließt sich beides aus oder sind vernünftige und schriftbegründete Gotteserkenntnis aufeinander bezogen und ergänzen sich? Sind Glaube und religiöse Erfahrung die vornehmlichen Vollzüge, in denen sich die Wirklichkeit Gottes erschließt? Und wenn ja, woran entzünden sie sich – am Studium der Bibel, an der kirchlichen Verkündigung, an der Selbst- und Welterfahrung des Menschen, an der Gewissenserfahrung, am Naturerleben, in der Erhebung, die uns im Kunstgenuss ergreift?

Es ist sofort deutlich, dass mit der Frage nach dem Gegenstand der Theologie und der Möglichkeit seiner Erkenntnis sich zugleich diejenige nach dem Charakter der Theologie als Wissenschaft auftut. Dabei scheint es so zu sein, als ob die Theologie – mehr als dies für andere Wissenschaften mit einem scheinbar klar umrissenen Gegenstandsbereich und einer scheinbar nachvollziehbaren Erkenntnismethode der Fall ist – vor ein grundlegendes Problem gestellt ist, will sie sich im Verbund der Wissenschaften als eine unter ihnen behaupten. Wie der Anspruch auf Wissenschaftlichkeit der anderen Disziplinen im Einzelnen zu beurteilen ist, kann hier auf sich beruhen bleiben. Zur Aufgabe der Theologie an staatlichen Universitäten jedenfalls gehört es, sich im Verbund der *universitas litterarum* zu verorten. Diese Selbstpositionierung fiel in der Geschichte der Theo-

---

[1] MARTIN LUTHER, Asterici Lutheri adversus Obeliscos Eckii (1518), in: Weimarer Ausgabe (= WA), hg. von H. Böhlau, Weimar 1883–2009, Bd. 1, S. 278–314; hier S. 305, Z. 25 f.

logie unterschiedlich aus und war mitbedingt durch die gesamtgesellschaftliche Geisteslage und den jeweils herrschenden Wissenschaftsdiskurs. Es ist etwas anderes, die Notwendigkeit von Theologie im Kontext einer in allen kulturellen und politischen Bereichen durch das christliche Weltbild geprägten Gesellschaft – wie es im Mittelalter der Fall war – zu begründen, als dies in einer zunehmend säkularisierten Gesellschaft und im Kontext der ausdifferenzierten Wissenschaften zu tun, wozu die gegenwärtige Theologie insbesondere in der westlichen Welt herausgefordert ist. Wie aber lässt sich der Charakter der Theologie als Wissenschaft behaupten? Wie wurde er in der Geschichte der Theologie zu begründen versucht und wie kann er heute begründet werden? Lässt er sich überhaupt begründen? Was heißt dies für das Selbstverständnis der Theologie? Und nicht zuletzt, was bedeutet umgekehrt die Existenz der Theologie für die anderen Wissenschaften und deren Selbstverständnis?

2. Die Bedeutung des Wortes »Gott«

Ebenso wenig, wie mit der Auskunft, dass Theologie Rede von Gott sei, bereits die Frage nach der Möglichkeit der Gotteserkenntnis beantwortet ist, leistet sie schon eine Näherbestimmung dessen, was mit dem Ausdruck »Gott« denn eigentlich gemeint ist. Haben wir unter Gott dasjenige zu verstehen, »über das hinaus Größeres nicht gedacht werden kann«,[2] wie es in klassischer Weise Anselm von Canterbury formuliert hat? In welchem Verhältnis steht dies zu Luthers pointierter Feststellung in der *Heidelberger Disputation*, dass wir Gottes Wesen nur im Leiden und Kreuz Jesu Christi zu erkennen vermögen?[3] Wie verhält sich die aus der Anschauung der Person und Geschichte Jesu Christi gewonnene Gotteserkenntnis zu derjenigen Gotteserkenntnis, die der Vernunft des Menschen zugänglich ist? In der Geschichte des philosophischen Denkens darüber, was mit dem Begriff »Gott« eigentlich gemeint ist, wurden verschiedene Grundbestimmungen angeführt: Das höchste Gute, das höchste Seiende, die erste Ursache, das notwendige Wesen, das vollkommene Wesen, das Absolute, der absolute Geist, die alles bestimmende Wirklichkeit, um nur einige zu nennen. Aus Sicht der Philosophie fungieren sie als solche Bestimmungen, die gedanklich

---

[2] ANSELM VON CANTERBURY, Proslogion. Anrede. Lateinisch/Deutsch. Übersetzungen, Anmerkungen und Nachwort von R. Theis, Stuttgart 2005, Kap. 2,4: »aliquid quo maius nihil cogitari potest«.

[3] Vgl. MARTIN LUTHER, Heidelberger Disputation, These 19 und 20, WA 1, S. 354, Z. 19–22: »Non ille digne Theologus dicitur, qui invisibilia Dei, per ea, quae facta sunt, intellecta conspicit. [...] Sed qui visibilia et posteriora Dei, per passiones et crucem conspecta intelligit.« Übersetzung nach: Ders., lateinisch-deutsche Studienausgabe, Bd. 1, unter Mitarbeit von M. Beyer hg. und eingeleitet von W. Härle, Leipzig 2006, S. 53, Z. 1–13: »Nicht der wird mit Recht ein Theologe genannt, der das unsichtbare [Wesen] Gottes erblickt, das durch das erkannt wird, was gemacht ist. [...] Sondern wer das Sichtbare und die dem Menschen zugewandte Rückseite Gottes erkennt, die durch Leiden und Kreuz erblickt wird.«

nicht unterschritten werden dürfen, wenn denn wirklich von »Gott« die Rede sein soll. Auf die Unterschiede im Gottesbegriff, die mit den jeweiligen Grundbestimmungen einhergehen, muss an dieser Stelle nicht eigens eingegangen werden. Hier genügt es, die Funktion, die sie für das Reden von Gott haben sollen, sowie den damit verbundenen Anspruch der Vernunft hervorzuheben: nämlich Grundbestimmungen zu sein, die im Denken nicht unterlaufen werden dürfen, wenn es denn wirklich *Gott* zu denken unternimmt.

Wie geht die Theologie mit diesem Anspruch der Vernunft um? Weist sie ihn entschieden und vollends zurück, indem sie auf der allein in Jesus Christus erschlossenen wahren Gotteserkenntnis beharrt? Oder lässt sie die Grundbestimmungen der vernünftigen Gotteserkenntnis als Ausdruck eines gewissen Vorverständnisses von Gott gelten? Wie aber bestimmt sie dann das Verhältnis der geoffenbarten Gotteserkenntnis zu derjenigen der natürlichen Vernunft? Geht sie vom Gedanken einer Vollendung der vernünftigen Gotteserkenntnis durch die geoffenbarte aus, so nämlich, dass diese jene nicht aufhebt, sondern vollendet, indem sie an sie konstruktiv anknüpft? Oder kann es im Ausgang von der in Jesus Christus geoffenbarten Gotteserkenntnis eine solche Anknüpfung nur in dem Sinne geben, dass die natürliche in die geoffenbarte Gotteserkenntnis solcherart aufgehoben wird, dass sie darin zugleich einer grundlegenden Kritik zugeführt wird? Wie sehen die ›Modelle‹ einer Verhältnisbestimmung zwischen vernünftiger und geoffenbarter Gotteserkenntnis in der Geschichte der Theologie aus und wie haben sie das jeweilige Theologieverständnis geprägt? Gehen diese Modelle nur das wissenschaftlich reflektierende Bewusstsein etwas an? Oder ist es so, dass das Verhältnis von Glaube und natürlicher Vernunft in gewisser Weise jeden Glaubenden betrifft, insofern er immer zugleich Vernunft- und Glaubensmensch ist?

Wir haben bislang darauf aufmerksam gemacht, dass mit der Aussage, Theologie sei Rede von Gott, weder die Frage geklärt ist, wie solche Rede möglich ist, noch eine Bestimmung gegeben ist, was mit dem Wort »Gott« eigentlich gemeint ist. Auch über die Art und Weise solchen Redens – ob es sich in mythologischer und narrativer, in reflektierender und begrifflicher oder in verkündigender und doxologischer Form vollzieht – ist noch nicht entschieden. Allerdings lässt sich sagen, dass die genannten drei Fragenkreise nicht voneinander unabhängig sind, sondern sich wechselseitig bedingen. In ganz vorläufiger Weise können wir festhalten, dass das Verständnis dessen, was »Gott« zu heißen verdient, auch die Art und Weise bestimmt, wie es sich dem Menschen zu erkennen gibt. Und wiederum bedingt die Art und Weise, wie Gott sich zu erkennen gibt, auch diejenige Form, in der er zur Sprache gebracht und zum Gegenstand theologischer Reflexion gemacht wird. Die Geschichte der Verständigung über den Theologiebegriff gibt ein eindrückliches Bild von dieser wechselseitigen Bezogenheit – der Frage nach dem, was »Gott« zu heißen verdient, wie wir ihn erkennen können und welches die diesem Gegenstand angemessene Weise seiner Erfassung und Darstellung ist.

3. Religiosität als anthropologisches Fundamentale

Auch in der alltäglichen Verwendung gehen wir, so wir von dem Ausdruck »Gott« überhaupt Gebrauch machen, irgendwie davon aus, dass nicht alles und jedes »Gott« zu heißen verdient. Wir nehmen ein wenn auch unbestimmtes Vorverständnis von dem in Anspruch, was mit dem Wort »Gott« an Bedeutungsgehalt mitgeführt wird. Dies soll freilich nicht heißen, dass der Mensch dieses unbestimmte Wissen um diejenige Wirklichkeit, die mit dem Wort »Gott« aufgerufen ist, seinerseits auch bereits mit einem angemessenen »Objekt« verbindet. Es scheint eher so zu sein, dass der Mensch geradezu unausweichlich dazu neigt, endliche Güter, welcher Art auch immer, mit dieser Aura, die eigentlich nur der göttlichen Wirklichkeit eignet, zu belegen, so dass sie für ihn eine Bedeutung erlangen, die ihnen als endliche Güter von Natur aus nicht zukommt.

In dieser Hinsicht hat Luthers Bestimmung dessen, was es heißt, »ein Gott zu haben«,[4] nach wie vor eine große phänomenologische Erschließungskraft. Einen Gott haben heißt, so schreibt Luther im *Großen Katechismus*, sein Herz an etwas hängen, so dass dasjenige, an das oder an den man sein Herz hängt, schlechthin existenzbestimmende Bedeutung für einen selbst erlangt. »Worauf Du nu [...] Dein Herz hängest und verlässest, das ist eigentlich Dein Gott«.[5] In eine solche lebensbestimmende Funktion für uns kann mancherlei einrücken. Wir erhoffen dann von endlichen Gütern, dass sie unser Leben zu tragen, ihm einen Sinn und ein Ziel zu geben vermögen. Luther nennt als Beispiele dafür Hab und Gut, Geld und Ehre, aber auch Klugheit, Bildung und natürliche Begabungen. Der Mensch versteht sich und sein Leben dann von dem her, was er hat und was er aus sich selbst macht. Er begreift sich aus dem ihm Verfügbaren und versucht so, sein Leben zu sichern.

Das phänomenologisch Bedeutsame an diesen Überlegungen Luthers ist, dass er in diesem Sein-Herz-Hängen-an einen Grundzug der menschlichen Existenz sieht. Der Mensch ist als ein in sich ungestelltes Wesen von Natur aus darauf angewiesen, sich an etwas festzumachen. Dieses Ungestelltsein seiner selbst führt ihn geradezu unweigerlich zu jener Fehlleistung, dasjenige, was für ihn den tragenden Grund seiner Existenz bilden soll, in den endlichen Gütern und letztlich in sich selbst zu suchen, um so sein Leben zu sichern. Im religiösen Leben geht es insofern darum, jenes Bedürfnis des Menschen in einem solchen Grund festzumachen, der wirklich und nicht bloß vermeintlich der Grund seines Daseins und Soseins sowie der Welt im Ganzen ist. Die Bewegung, in welcher das Vertrauen des Menschen auf die endlichen Güter von diesen weg auf den einen und wahren Gott hin vollzogen wird, beschreibt Luther als Grundvollzug des Glaubens.[6]

---

[4] Die Bekenntnisschriften der evangelisch-lutherischen Kirche (= BSLK), hg. im Gedenkjahr der Augsburgischen Konfession, 9. Auflage, Göttingen 1982, S. 560, Z. 9f.

[5] BSLK, S. 560, Z. 22–24.

[6] Luther beschreibt diese Bewegung ganz in dem Sinne, wie wir ihn oben im Blick auf das Verhältnis von theologischer und philosophischer Gotteserkenntnis bestimmt haben, nämlich als Vollzug kritischer Aufhebung.

»Mit dem Herzen aber an ihm hangen, ist nichts anders, denn sich gänzlich auf ihn verlassen. Darümb will er uns von allem andern abwenden, das außer ihm ist, und zu sich ziehen, weil er das einige ewige Gut ist. Als sollt' er sagen: was Du zuvor bei den Heiligen gesucht oder auf den Mammon und sonst vertrauet hast, das versiehe Dich alles zu mir und halte mich fur den, der Dir helfen und mit allem Guten reichlich überschutten will.«[7]

Luthers Phänomenologie der menschlichen Existenz hebt darauf ab, dass der Mensch von Natur aus, insofern er ein in sich ungestelltes Wesen ist, durch ein latentes Verwiesensein auf Gott bestimmt ist. Wir können dies die Religiosität des natürlichen Menschen nennen, die den Einzelnen in seinem Lebensgefühl immer schon begleitet, ihn latent prägt, auch und gerade dann, wenn sie nicht bewusst oder explizit gemacht ist. Gehört die Thematisierung von Religiosität als einem anthropologischen Fundamentale zum Themengebiet der Theologie? Wie ließe sie sich begründen – aus der Reflexion des Selbstbewusstseins auf sich selbst, aus der »Weltoffenheit« des Menschen, seiner Existenz als »Frage« als einem Grundzug seines Wesens, aus der Grundstruktur verantwortlichen Lebens und den Widersprüchen, in die der Mensch sich als ethisches Subjekt verfängt? Welcher Stellenwert käme einer solchen Begründung von Religiosität als einem anthropologischen Fundamentale im Zusammenhang der christlichen Theologie zu? Ist es sachgerecht, wenn die Theologie an dieses Phänomen anknüpft, um die ihr eigentümliche Rede von Gott in ihrer existentiellen Bedeutung für die Selbst- und Welterfahrung des Menschen zu entfalten? Oder gehört das, was Religiosität genannt wird, nicht zu ihrem eigentlichen Aufgabengebiet, so sie sich im strikten Sinne als Theologie versteht, mit deren Gegenstandsbezug – Gott – nur der christliche Glaube und nicht eine allgemeine Religiosität verbunden ist? Wenn hingegen an der Religiosität als einem anthropologischen Fundamentale festgehalten wird, welche Bedeutung wird dann dem Lebens- und Überlieferungszusammenhang einer geschichtlichen Religion, in unserem Fall der christlichen, für die individuelle sowie die gemeinschaftliche Form *gelebter* Religion zuerkannt?

4. Religion unter Religionen: Die religionsvergleichende Perspektive

Will man die Geschichte der Verständigung über den Theologiebegriff in ihrer inneren Dynamik verstehen, so hat man sich zu vergegenwärtigen, dass es auch vor und neben der spezifisch christlichen Theologie, die auf der Basis des biblischen Zeugnisses und der im Glauben an Jesus Christus eröffneten Gotteserkenntnis von Gott redet, Rede von Gott gegeben hat und gibt. Es gibt sie in den anderen Religionen, die mit ihrer Rede von Gott und dem damit für die eigene Religion jeweils verbundenen Wahrheitsanspruch dem Wahrheitsanspruch der christlichen Religion gegenübertreten. Dies bildet allemal eine Herausforderung für die christliche Theologie im Sinne einer Identitätsvergewisserung nach innen

---
[7] BSLK, S. 563, Z. 8–18.

wie nach außen hin, das Spezifische der christlichen Religion im Gegenüber zu den anderen Religionen zu bestimmen und zu verantworten. Was bedeutet die Pluralität von Religionen für deren jeweils eigenen Wahrheitsanspruch und was für den der christlichen Religion in ihrem Verhältnis zu den anderen? Worin liegt das Eigentümliche der christlichen Religion, das sie von anderen Religionen unterscheidet?

Eine solche religionsvergleichende Fragestellung hat im gegenwärtigen Diskurs um Religion, angesichts der Herausforderungen durch die multireligiösen Gesellschaften, zunehmend an Bedeutung gewonnen. Das Thema selbst hat die Theologie und Philosophie vor allem seit der Aufklärung besonders beschäftigt. Hier wurden erste Ansätze zu einer religionsvergleichenden Perspektive ausgearbeitet, die auf die Unterschiede der Religionen abheben und die Besonderheit der christlichen zu bestimmen versuchen. Daneben ist das Programm einer vernünftigen, in ihren Aussagen von allen Menschen gleichermaßen anzuerkennenden Religion als Grundlage des politisch gemeinen Wesens entfaltet worden, das in der gegenwärtigen Religionsdebatte einen gewissen Nachhall gefunden hat. Die Aufgabe einer reflektierten Bestimmung der christlichen Religion in ihrer Unterschiedenheit von den nichtchristlichen Religionen bildet eine zentrale Aufgabe der Theologie in der Gegenwart. Wie und nach welchen Kriterien geht sie diese Aufgabe an?

5. Theologie und Philosophie

Neben und vor der christlichen Rede von Gott gab und gibt es Rede von Gott auch in Gestalt der Philosophie. Dort, wo die Philosophie das Verständnis des Menschen und den Weltbegriff letztinstanzlich nicht ohne den Gottesgedanken meint erfassen zu können, tritt sie mit ihrer Rede von Gott neben die spezifisch christliche Theologie.[8] Damit entsteht unweigerlich die Frage danach, wie das Verhältnis zwischen philosophischer und im engeren Sinne theologischer Rede von Gott näher zu fassen ist. Die Theologie hat diese Herausforderung, wie sie durch die philosophische Frage nach der wahren Bestimmung des Gottesgedankens gestellt ist, angenommen. Sie hat darauf in unterschiedlicher Weise reagiert,

---

[8] Dass auch die Philosophie sich in Einzeldisziplinen ausdifferenziert hat und im Zuge dessen weniger bzw. kaum mehr die Frage nach Letztbegründung stellt, sondern das Gewicht auf die Behandlung von einzelnen Spezialthemen legt, ist eine Entwicklung, von der die Philosophie im 20. Jahrhundert voll erfasst wurde. Von wenigen Ausnahmen abgesehen ist sie von dem Grundtenor geprägt, dass die ›Metaphysik‹ – auch in ihrer transzendentalphilosophischen Variante – verabschiedet ist und sich Letztbegründungsfragen verbieten. Zu den Ausnahmen in der deutschsprachigen philosophischen Zunft gehört etwa Dieter Henrich. Zur philosophischen Auseinandersetzung um diese Frage vgl. DIETER HENRICH, Konzepte. Essays zur Philosophie in der Zeit, Frankfurt a. M. 1987; darin besonders die Beiträge: Was ist Metaphysik – was Moderne? Zwölf Thesen gegen Jürgen Habermas, S. 11–43; Die deutsche Philosophie nach zwei Weltkriegen, S. 44–65; Wohin die deutsche Philosophie?, S. 66–78.

je nach ihrem eigenen Verständnis davon, was Theologie ist und worin der Erkenntnisgrund und die Bestimmtheit ihrer Aussagen über Gott liegen. Die innere Dynamik, von der diese konstruktiv-kritische, bisweilen rein kritische Auseinandersetzung zwischen Theologie und Philosophie bewegt ist, hat ihr treibendes Movens darin, dass beide gleichermaßen den Anspruch geltend machen, über den Menschen und die Welt nicht nur Teilaspekte auszusagen, sondern deren Wesen zu erfassen; und dass sie beide von Gott als demjenigen handeln, das notwendig gedacht werden muss, wenn Mensch und Welt wahrhaft verstanden werden sollen. Dass die Philosophie für den Vollzug des Denkens und die aus ihm gewonnenen Aussagen den Anspruch auf Allgemeingültigkeit erhebt, die Theologie wiederum unabdingbar auf Person und Geschichte Jesu Christi und damit auf einen geschichtlichen Bezugspunkt in höchst konkreter Gestalt verwiesen ist, macht diese Auseinandersetzung spannend und umso spannender dann, wenn die Theologie daran festhält, dass Person und Geschichte Jesu Christi den Charakter individueller Besonderheit von zugleich universaler Bedeutung haben.

6. Der Gegenstand der Theologie: Gott, Glaube, Kirche, Christentum?

Ist die Theologie – so fragen wir in einem letzten Gedankengang – überhaupt primär durch denjenigen ›Gegenstand‹ bestimmt, den wir eingangs mit Luther als ›Rede von Gott‹ eingeführt haben? Müssen nicht andere Zugangsweisen gewählt werden, um Selbstverständnis und Aufgabe der Theologie zu klären? Wäre hier nicht viel eher auf das christliche Glaubensbewusstsein als Begründungszusammenhang für die Theologie zu rekurrieren? Müsste nicht von vorneherein der Bezug zur Kirche für das Selbstverständnis der Theologie zum Zug gebracht werden? Käme damit nicht – und der Sache angemessener – die Unterscheidung zwischen individuellem Glaubensbewusstsein und auf Gemeinschaft hin ausgerichteter, institutionell verfasster Kirche in den Blick und folglich zugleich die Frage danach auf, was die Theologie eigentlich für beide und nicht zuletzt für den gesellschaftsöffentlichen Diskurs austrägt? Oder ist auch die Perspektive auf die Kirche noch eine verengte, so dass eigentlich das Christentum in Geschichte und Gegenwart und mithin die gesamtgesellschaftliche Bedeutung desselben im Fokus des Selbstverständnisses der Theologie stehen müsste? Hätte die so eingenommene Perspektive nicht den Vorteil, den Prozess der Säkularisierung in den Blick nehmen, damit die gegenwärtige religionskulturelle Gesamtlage besser erfassen und angesichts ihrer die Bedeutung des Christentums für die modernen Gesellschaften behaupten zu können? Kurzum: Müsste sich die Theologie nicht viel eher als Kulturwissenschaft verstehen und exponieren, um so ihren Geltungsanspruch zu behaupten?

Sowohl die Vertreter der Auffassung, Gott sei der vornehmliche ›Gegenstand‹ der Theologie, als auch jene, die das Glaubensbewusstsein, die Kirche bzw. das Christentum in den Fokus rücken, scheinen bei aller Unterschiedlichkeit der

Zugangsweise doch klären zu müssen, was denn nun eigentlich die spezifisch christliche Rede von Gott ausmacht, wodurch das christliche Glaubensbewusstsein eigentümlich geprägt ist, was für die Bestimmung der Kirche charakteristisch ist, was das Wesen des Christentums bildet. Das heißt: Sie müssen in irgendeiner Weise den Begriff des Christlichen klären. Dies wird nicht ohne den Rückgang auf Person und Geschichte Jesu Christi erfolgen können, um die in ihm begründete Rede von Gott, den Grund des Glaubensbewusstseins sowie die durch ihn in der Kraft des Heiligen Geistes freigesetzte Wirkungsgeschichte in der Kirche und im Christentum zu verstehen. Dass und inwiefern dieser Bezugspunkt das Selbstverständnis christlicher Theologie in all ihren Varianten geprägt hat, wenn auch unterschiedlich stark und verschiedenartig begriffen – womit etwa auch die konfessionell bestimmte Differenz in der Wahrnehmung der Theologie einhergeht –, davon geben die folgenden Kapitel einen Eindruck.

Weiterführende Literatur:
CHRISTINE AXT-PISCALAR, Das wahrhaft Unendliche. Zum Verhältnis von vernünftigem und theologischem Gottesbegriff bei Wolfhart Pannenberg, in: Der Gott der Vernunft. Protestantismus und vernünftige Gotteserkenntnis, hg. von J. Lauster/B. Oberdorfer, Tübingen 2009, S. 319–337.
ULRICH BARTH, Was ist Religion? Sinndeutung zwischen Erfahrung und Letztbegründung, in: Ders., Religion in der Moderne, Tübingen 2003, S. 3–28.
DERS., Säkularisierung und Moderne. Die soziokulturelle Transformation der Religion, in: Ders., Religion in der Moderne, Tübingen 2003, S. 127–166.
RUDOLF BULTMANN, Theologische Enzyklopädie, hg. von E. Jüngel/K. W. Müller, Tübingen 1984.
INGOLF U. DALFERTH, Evangelische Theologie als Interpretationspraxis. Eine systematische Orientierung, Leipzig 2004.
CHRISTIAN DANZ, Die Deutung der Religion in der Kultur: Aufgaben und Probleme der Theologie im Zeitalter des religiösen Pluralismus, Neukirchen-Vluyn 2008.
EBERHARD JÜNGEL, Thesen zum Verhältnis von Existenz, Wesen und Eigenschaften Gottes, in: ZThK 96 (1999), S. 405–423.
FRIEDERIKE NÜSSEL, Theologie als Kulturwissenschaft?, in: ThLZ 130 (2005), Sp. 1153–1168.
CHARLES TAYLOR, Das Unbehagen an der Moderne, Frankfurt a. M. 1995.

II. Die biblischen Schriften als Reflexionsgestalten der Gotteserfahrung und das Verstehen als genuines Moment des Glaubensvollzugs

Theologie in einem elementaren Sinn, so sei zunächst bemerkt, ist keine Sache, die erst in Gestalt der großen ausgearbeiteten Werke der theologischen Lehre – wie etwa in *der Summa theologica* des Thomas von Aquin, in Melanchthons *Loci theologici*, der *Institutio christianae religionis* von Johannes Calvin, in Schleiermachers *Glaubenslehre* oder Karl Barths *Kirchlicher Dogmatik* – vorliegt, um einige Konzeptionen herauszugreifen, die in den folgenden Kapiteln zur Darstellung gelangen. Auch wenn wir für gewöhnlich bei dem Begriff ›Theologie‹ vornehmlich an die entsprechende akademische Disziplin an den Universitäten denken, so ist sie doch keine Unternehmung, die allein mit ihrer Wahrnehmung im akademischen Kontext gleichzusetzen wäre. Dies soll nicht heißen, dass es keinen guten Sinn hat, ›professionelle‹ Denker und Denkerinnen damit zu betrauen, die Sache der Theologie eingebunden in den allgemeinen Wissenschaftsdiskurs und in öffentlicher Verantwortung zu vertreten und deren Bedeutung für Kirche und Gesellschaft sowie für die Wissenschaften zur Geltung bringen. Deshalb gehört die Theologie als eine wissenschaftliche Disziplin an staatliche Universitäten. Und deshalb verlangen Kirche und Staat von denjenigen, die im schulischen und kirchlichen Bereich die Sache der Theologie öffentlich vertreten, dass sie in aller Regel ein akademisches Studium durchlaufen und eine entsprechende theologische Kompetenz erworben haben.

Dennoch fällt Theologie nicht mit ihrer akademisch betriebenen Form ineins. Insofern es dem persönlichen Glauben eigentümlich ist, sich über sich selbst, und sei es auch nur in ganz elementarer Weise, Rechenschaft zu geben, ist dies ein Nachdenken über Grund und spezifischen Inhalt des Glaubens; und mithin ist auch im individuellen Glaubensleben mehr im Spiel als lediglich ein unmittelbarer Glaube im Sinne eines vorreflexiven Gefühls. Zum Glauben gehört auch ein Glaubenswissen, wie Luther nachdrücklich betont und zum Zweck einer volkspädagogischen Maßnahme in Sachen Grundkenntnis des christlichen Glaubens den *Großen* und *Kleinen Katechismus* verfasst hat.[1] Indem der Glaube sich auf

---

[1] Vgl. MARTIN LUTHER, Großer und Kleiner Katechismus, in: Die Bekenntnisschriften der evangelisch-lutherischen Kirche (= BSLK), 9. Auflage, Göttingen 1982, S. 501–733. In den jeweiligen Vorworten geht Luther auf den Notstand ein, der im Blick auf das Grundwissen des Glaubens unter dem Volk herrscht. Für Luther gehören das Vaterunser, die zehn Gebote, das Glaubensbekenntnis und das Verständnis von Taufe und Abendmahl zu demjenigen, »so ein iglicher Christ zur Not [i. e. notwendigerweise, C. A.-P.] wissen soll«, BSLK, S. 554. Er fährt an besagter Stelle fort: »[A]lso daß, wer solchs nicht weiß, nicht künne unter die Christen gezählet und zu keinem Sakrament zugelassen werden. Gleichwie man einen Handwerksmann, der seines Handwerks Recht und Gebrauch nicht weiß, auswirfet und fur untüchtig hält«.

seinen Grund und seine spezifische Bestimmtheit besinnt, ist er gleichsam im Übergang zur Reflexion begriffen; ja er ist, *indem* er auf den Grund des Glaubens bezogen ist, wie er sich durch das Evangelium worthaft selbst bezeugt und in der Kraft des Heiligen Geistes im Glauben existenzbestimmend ergriffen wird, nie nur ein unbestimmtes, vorreflexives Gefühl. Der Glaube ist nicht ohne eine in ihm mitgesetzte Gotteserkenntnis, mit der ein neues Selbst- und Weltverstehen einhergeht. Die reflexive Selbsterfassung des Glaubens ist nichts, was ihm äußerlich ist. Sie ist auch nichts, was ihm abträglich ist. Es gehört genuin zum Glauben dazu, sich über seinen Grund und Inhalt in elementarer Weise zu verständigen, sich selbst durchsichtig zu werden. Der Glaube drängt aus sich selbst heraus zum Verstehen seiner selbst – *fides quaerens intellectum.*

Gemeint ist hiermit nicht schon diejenige Reflexionsgestalt, die den Gegenstand des Glaubens nach allen seinen Bestimmungen im Zusammenhang entfaltet und seinen Wahrheitsanspruch in der Auseinandersetzung mit den anderen Wissenschaften bewährt. Dies bildet die spezifische Aufgabe der wissenschaftlich betriebenen Theologie. Gemeint ist vielmehr, dass der Glaube über das, was seinen Grund und sein Wesen ausmacht, eine elementare Kenntnis und Einsicht hat.[2] Was heißt es, an Jesus Christus zu glauben? Was hat es mit der Freiheit auf sich, zu der der Christenmensch im Glauben befreit ist? Welches Verständnis von Gott ist im Glauben eröffnet? Was bedeutet es, sich in seinem Leben auf den christlichen Gott zu verlassen? Was heißt es, ein gottwohlgefälliges Leben zu führen und das Gute zu tun? Wie können wir mit der Fragmentarizität unseres Lebens und unserer Schuldverhaftetheit umgehen?

Durch Taufe und Glauben ist jeder Christenmensch zu einem mündigen Christsein berufen. Über das, was Grund und Wesen des Glaubens ist, soll er zu einer elementaren Einsicht gelangen. Damit geht einher, dass der Glaubende das Recht und die Pflicht hat, die kirchliche Lehre zu prüfen und das falsche Evangelium zu verwerfen.[3] Es verbinden sich damit des Weiteren das Recht und die Aufgabe für den Christenmenschen, den Glauben eigenverantwortlich vor der Welt zu bezeugen. Dies geschieht mittels sprachlicher Kommunikation, die elementares Verstehen voraussetzt und auf Verstehen beim anderen hin ausgerichtet ist. Der Glaube ist kein Geheimwissen, das nur unter Eingeweihten oder gar überhaupt nicht kommuniziert wird und im Selbstgenuss aufgeht. Wenn Paulus betont, dass der Glaube aus dem Hören kommt,[4] dann ist damit die kommunikative Dimension des Glaubens ausgesprochen, der im Hören auf das Wort Gottes gründet, insofern auf Verstehen hin angelegt ist und zugleich zur sprachlichen Mitteilung des Evangeliums drängt. Die Worthaftigkeit des Geschehens, das den Glauben wirkt, ihn sich begreifen und ihn sich kommunizieren lässt, führt das

---

[2] Dass die Verkündigung des Paulus sich genau dies zur Aufgabe macht, zeigt das folgende Kapitel.
[3] Vgl. 1 Kor 14; 1 Thess 5, 21.
[4] Vgl. Röm 10, 17.

Moment des Verstehens im Glauben mit sich, das wir hier unterstreichen.[5] Genau diesen Zusammenhang von Hören, Verstehen, persönlicher Aneignung und Weitersagen des Evangeliums stellt Paulus Röm 10, 14–15 als Grundzug des Glaubens, der aus der Predigt kommt, her: »Wie sollen sie aber den anrufen, an den sie nicht glauben? Wie sollen sie aber an den glauben, von dem sie nichts gehört haben? Wie sollen sie aber hören ohne Prediger? Wie sollen sie aber predigen, wenn sie nicht gesandt werden?«

Wenn wir uns nun vor diesem Hintergrund den biblischen Schriften zuwenden mit der Frage, ob im Blick auf sie von Theologie zu reden ist, dann haben wir zu gewahren, dass bereits in der Ursprungsgestalt des christlichen Glaubenszeugnisses, der Heiligen Schrift, Theologie am Werk ist. Dies gilt sowohl für die verschiedenen Texte des Alten Testaments als auch für jene des Neuen Testaments. Es mag etwa mit Blick auf die alttestamentlichen Texte in der Forschung im Einzelnen strittig sein, wie ihr genauer Entstehungsprozess zu verstehen ist, welches die Trägergruppen waren, auf die die einzelnen Textschichten und schließlich die redaktionelle Endgestalt zurückgehen, schließlich welcher ›Sitz im Leben‹ für die einzelnen Texte oder Textgruppen anzunehmen ist. Unstrittig hingegen ist, dass die alttestamentlichen Schriften theologische in dem Sinne sind, dass ihnen eine reflektierte Wahrnehmung der Gotteserfahrung und der in ihrem Lichte wahrgenommenen Welt- und Selbsterfahrung zugrunde liegt, die sie zum Ausdruck bringen. Insofern sind sie Reflexionsgestalten der Gotteserfahrung, die freilich eher selten in lehrhafter, vielmehr zumeist in narrativer oder poetischer Sprache formuliert sind.

Der Unterschied zwischen den einzelnen biblischen Schriften nicht nur im Blick auf Inhalt, Gattung und Sitz im Leben der Texte, sondern ebenso hinsicht-

---

[5] Mit der Worthaftigkeit des Geschehens, in dem der Glaube gründet, und der Worthaftigkeit der Mitteilung des Glaubens in der Kommunikationsgemeinschaft der Kirche sowie im Kontext der allgemeinen Kultur hängt es zusammen, dass die christliche Religion bereits seit ihren Anfängen Theologie auch in institutionalisierter Form ausgebildet hat. Zutreffend hat dies Schleiermacher als ein Spezifikum der christlichen Religion herausgestellt. »Jeder bestimmten Glaubensweise wird sich in dem Maaß als sie sich mehr durch Vorstellungen als durch symbolische Handlungen mittheilt, und als sie zugleich geschichtliche Bedeutung und Selbständigkeit gewinnt, eine Theologie anbilden«. Er erläutert dies durch den Hinweis darauf, dass »in einer Gemeinschaft von geringem Umfang kein Bedürfniß einer eigentlichen Theologie entsteht, und [...] bei einem Uebergewicht symbolischer Handlungen die rituale Technik, welche die Deutung derselben enthält, nicht leicht den Namen einer Wissenschaft verdient.« Schleiermacher verbindet die Notwendigkeit von Theologie aufgrund des worthaften Charakters der Mitteilung des Glaubens auch mit dem dem Glauben eigentümlichen Moment, in verschiedenartige Kulturgebiete vermittelt zu werden. »Je mehr sich eine Kirche fortschreitend entwikkelt, und über je mehr Sprach- und Bildungsgebiete sie sich verbreitet, um desto vieltheiliger organisiert sich auch die Theologie; weshalb denn die christliche die ausgebildetste ist.« F. D. E. Schleiermacher, Kurze Darstellung des theologischen Studiums, 2. Auflage 1830, hg. von D. Schmid, Berlin/New York 2002, §§ 2 und 4 (entspricht dem Text in: Kritische Gesamtausgabe. Im Auftrag der Berlin-Brandenburgischen Akademie der Wissenschaften und der Akademie der Wissenschaften zu Göttingen, hg. von H. Fischer u. a., Abteilung I, Bd. 6, hg. von D. Schmid, Berlin/New York 1998, S. 326 f.). Zu Schleiermacher vgl. Kapitel XIX.

lich ihrer theologischen Aussageintention fällt auch dem unbefangenen und historisch-kritisch eher ungeübten Leser auf. So lassen sich für das Alte Testament inhaltlich verschiedene Konzeptionen von Theologie ausmachen, welche die Gotteserfahrung in einer jeweils eigentümlichen Perspektive zur Entfaltung bringen und sie »auf ihren Grund, Zusammenhang und ihre zeitübergreifende Geltung hin reflektieren«.[6] Dies geschieht in Gestalt einer Theologie der Heilsgeschichte, einer Theologie der Prophetie, einer Theologie der Heilsgegenwart – wie besonders in den Psalmen –, einer Theologie der Weisheit und einer Theologie der Apokalyptik.[7]

Was für den Charakter der alttestamentlichen Schriften gilt, das gilt in entsprechender Weise für die Schriften des Neuen Testaments. Hier ist nicht nur die Briefliteratur – vornehmlich die Briefe des evidentermaßen theologisch argumentierenden Paulus – als Theologie zu verstehen, sondern auch die Evangelien, und zwar alle vier Evangelien, nicht allein das offensichtlich theologischste unter ihnen, das dem Johannes zugeschriebene. Wer wollte bestreiten, dass die vier Evangelien über dasselbe schreiben – Person und Werk Jesu Christi aus der Perspektive des nachösterlichen Glaubens – und dass sie dies gleichwohl in einer theologisch unterschiedlich geprägten Weise tun. Sie bringen das Heilsgeschehen in Jesus Christus sowie den Glauben an ihn in einer jeweils spezifischen theologischen Sichtweise zum Ausdruck. Die neutestamentlichen Texte sind aus der Ostererfahrung entsprungene Glaubenszeugnisse. Dieser ihr Charakter als Glaubenszeugnis bedeutet jedoch nicht, dass sich in ihnen nicht zugleich Glaubensreflexion ausdrückt. Sie bezeugen den christlichen Glauben – und dies ist für den genuinen Charakter desselben kennzeichnend – so, dass sie den Grund des Glaubens – das Heilsgeschehen in Person und Geschichte Jesu Christi, dem auferweckten Gekreuzigten – entfalten und die im Glauben gewährte Teilhabe an der in Jesus Christus geschehenen Versöhnung sowie das darin begründete neue Gottes-, Selbst- und Weltverhältnis des Glaubenden auslegen.[8]

Es ist wichtig, sich dieses vor Augen zu führen, um das, was Theologie ist, nicht nur in den theologischen Systemen des akademischen Schulbetriebs zu vermuten.[9] Die Wahrnehmung der biblischen Schriften als theologisch reflektie-

---

[6] HERMANN SPIECKERMANN, Art. Theologie (Altes Testament), in: Theologische Realenzyklopädie (= TRE), hg. von G. Müller u. a., Bd. 33, Berlin 2002, S. 264–268; hier S. 264.

[7] Diese Unterscheidung trifft Spieckermann im Blick auf die alttestamentliche Überlieferung.

[8] Das folgende Kapitel zeigt dies in Grundzügen anhand der Verkündigung des Paulus.

[9] Mit der Betonung der biblischen Schriften als Reflexionsgestalten der Christuserfahrung und des nicht nur, aber auch reflexiven Charakters des persönlichen und gemeinschaftlich vollzogenen Glaubens, der auf Verstehen seiner selbst drängt, soll die Differenzierung zwischen diesen und der wissenschaftlichen Theologie nicht verwischt und schon gar nicht eingezogen werden. Was zu den eigentümlichen Aufgaben der dezidiert wissenschaftlichen Theologie gehört, entfalten die Erörterungen in den folgenden Kapiteln. Der Akzent in diesem Kapitel liegt darauf zu sagen, dass es genuin zum Glauben gehört, über seinen ›Gegenstand‹ und Grund sowie über das im Glauben gewonnene Gottes-, Selbst- und Weltverständnis in elementarer Weise

rende Texte entspricht deren Selbstverständnis und ist nicht von außen an sie herangetragen. Die Einsicht in diesen Charakter der biblischen Texte ist zudem nötig und hilfreich, um einer gewissen Reserviertheit, wie sie sich in vielen kirchlichen Lebenswelten gegenüber der reflektierten Erfassung des Glaubens und seines Inhalts bisweilen einstellt, mit Gründen zu begegnen. Auch die biblischen Schriften sind nicht in der Weise unmittelbares Glaubenszeugnis, dass sie bar jedweder Reflexion wären. Vielmehr haben wir das Zeugnis des Glaubens von der Offenbarung Gottes schon in den biblischen Texten nur in Reflexionsgestalten der Gotteserfahrung, für deren Ausformulierung die jeweils eigentümliche theologische Perspektive des Autors bzw. der Autorenschule prägend ist. Kurzum: Auch in den biblischen Texten wird auf reflektierte Weise Theologie getrieben. Dies gilt unbeschadet ihres doxologischen und assertorischen Charakters und unterläuft ihren Verkündigungscharakter keineswegs.

Die biblischen Schriften sind freilich die für alle folgende Theologie *maßgeblichen* Reflexionsgestalten des Glaubens. Dadurch sind sie grundlegend unterschieden von allen theologischen Entwürfen, die im Rückbezug auf sie eine gegenwartsverantwortete Rechenschaft des Glaubens unternehmen. Diese Bedeutung der biblischen Texte für die christliche Theologie gründet zunächst darin, dass wir von dem Grund des Glaubens in Person und Geschichte Jesu Christi und dem durch die Selbstvergegenwärtigung des auferweckten Gekreuzigten gewirkten Glauben nur vermittels dieser Texte Kenntnis haben. Deren Bedeutung geht jedoch nicht darin auf, lediglich geschichtliches Zeugnis abzulegen von der Christuserfahrung, welche die ersten Glaubenszeugen gehabt haben. Vielmehr sind die biblischen Schriften solche Texte, die dasjenige, von dem sie in der Bezogenheit auf den auferweckten Gekreuzigten Zeugnis ablegen und worin der Glaube gründet, selbst zu eröffnen vermögen, indem der Heilige Geist durch das biblische Wort persönlichen Glauben wirkt. Die biblischen Texte sind das Medium, das in der Überlieferungsgemeinschaft der Kirche die Wirkungsgeschichte des Christentums freigesetzt hat und noch freisetzt. Sie rücken in das Zentrum der theologischen Selbstverständigung, insofern die Wirkungsgeschichte des auferweckten Gekreuzigten unauflösbar durch sie vermittelt ist.

Die Theologie wiederum kann sich nicht anders des Grundes und Wesens des Glaubens und damit der Identität des Christlichen vergewissern, als vermittels der biblischen Schriften. Dass gleichwohl die Aufgabe der Theologie nicht darin bestehen kann, biblische Aussagen lediglich zu repetieren, werden die folgenden Kapitel in unterschiedlicher Weise zeigen. Dass die Theologie jedoch grundlegend auf die Schrift bezogen ist, indem sie Grund und Wesen des christlichen

---

zur Einsicht zu gelangen. Dies drücken die neutestamentlichen Texte als Glaubenszeugnisse aus; und dies führt der Glaubensvollzug als solcher mit sich. Darin liegt dann auch ein Grund für die Ausbildung institutionalisierter Formen von Theologie, wie sie die christliche Religion seit ihren Anfängen ausgebildet hat. Zur Entwicklung der Theologie in der Alten Kirche vgl. CHRISTOPH MARKSCHIES, Kaiserzeitliche christliche Theologien und ihre Institutionen. Prolegomena zu einer Geschichte der antiken christlichen Theologie, Tübingen 2009.

Glaubens nur vermittels ihrer überhaupt erfassen kann, sei in diesem Zusammenhang festgehalten. Dass wiederum die Theologie eine ihrer zentralen Aufgaben darin hat, das Wesen des christlichen Glaubens – und die damit zusammenhängenden ›Gegenstände‹ – zu erfassen, wissenschaftlich zu reflektieren und in gegenwartsorientierter Weise zu verantworten, bildet bei allen Unterschieden im Verständnis der Wahrnehmung von Theologie, wie sie in den einzelnen theologischen Entwürfen zum Tragen kommen, doch einen ihnen gemeinsamen Fokus. Sie würden sich sonst nicht als *christliche* Theologie verstehen.[10]

Es sei noch einmal festgehalten: Wir haben bereits im Neuen Testament eine Vielzahl theologischer Konzeptionen, die jeweils inhaltlich unterschiedliche Sichtweisen auf das Heilsereignis in Person und Werk Jesu Christi einnehmen und sich auch in verschiedenen Sprachformen und literarischen Gattungen ausdrücken. Sie bilden allesamt Reflexionsgestalten, in denen die Glaubenserfahrung sich einen Ausdruck gegeben hat. Nur beiläufig sei erwähnt, dass die Vielheit der im Kanon entfalteten ›Theologien‹ nicht im Sinne eines bloßen Nebeneinanders unterschiedlicher Entwürfe aufzufassen, sondern noch einmal auf ihre Einheit hin zu bedenken ist; eine Einheit, die u. E. darin liegt, dass die neutestamentlichen theologischen Konzeptionen auf den einen Grund – das in Jesus Christus beschlossene Heil – bezogen sind und als sich wechselseitig ergänzende Auslegungen des in Person und Geschichte Jesu Christi offenbaren und im Glauben bekannten Heilsereignisses gelten können.[11] So verstanden drückt sich in der Vielfalt der verschiedenen Auslegungen die Einheit des ihnen zugrundeliegenden und von ihnen bezeugten Heilsereignisses – des Evangeliums in Persona Jesu Christi – aus.

---

[10] Auch mit dieser These sollen die Unterschiede im Selbstverständnis der Theologie, von denen die einzelnen Konzeptionen, die im Folgenden behandelt werden, geprägt sind, nicht verwischt werden. Die Behauptung, dass es in der christlichen Theologie darum zu tun ist, das Wesen des christlichen Glaubens zu erfassen, wissenschaftlich zu reflektieren und gegenwartsorientiert zu verantworten, legt nicht fest, sondern lässt offen, worin das Wesen des christlichen Glaubens gesehen wird, wie die Theologie die Entfaltung ihrer Lehre und das heißt ihrer Lehrstücke ordnet und gewichtet, wie sie sich als wissenschaftliche Disziplin versteht und im Verbund der Wissenschaften positioniert, wie sie die gegenwartsorientierte Verantwortung wahrzunehmen gedenkt; nicht zuletzt lässt sie offen, welches Gewicht dem jeweiligen Aspekt im Ensemble der genannten Aufgaben zugemessen wird.

[11] Dieser Sachverhalt ist für die unterschiedliche Rezeption der einzelnen biblischen Schriften in den verschiedenen Konfessionskirchen maßgeblich. Er führte Ernst Käsemann zu der berüchtigten Feststellung: »Der nt.liche Kanon begründet als solcher nicht die Einheit der Kirche. Er begründet als solcher, d. h. in seiner dem Historiker zugänglichen Vorfindlichkeit dagegen die Vielheit der Konfessionen. Die Variabilität des Kerygmas im NT ist Ausdruck des Tatbestandes, daß bereits in der Urchristenheit eine Fülle verschiedener Konfessionen nebeneinander vorhanden war, aufeinander folgte, sich miteinander verband und gegeneinander abgrenzte. Daß die gegenwärtigen Konfessionen sich sämtlich auf den nt.lichen Kanon berufen, ist von da aus durchaus begreiflich«. ERNST KÄSEMANN, Begründet der neutestamentliche Kanon die Einheit der Kirche?, in: Ders., Exegetische Versuche und Besinnungen, Bd. 1, 5. Auflage, Göttingen 1967, S. 214–224; hier S. 221.

Nicht zuletzt ist die Festlegung des Kanons selber in der Alten Kirche ein Ergebnis von Theologie, wodurch die unabdingbare Zusammengehörigkeit der Überlieferung des Alten und Neuen Testaments als Glaubenszeugnis von dem *einen* Gott theologisch festgehalten, christologisch ausgerichtet und als hermeneutischer Zugang zu deren Verständnis beansprucht wurde. Die Zusammengehörigkeit von Altem und Neuem Testament, wie sie mit der Kanonbildung von der Alten Kirche festgelegt wurde, hat ihren Grund zum einen in der Person Jesu selbst, insofern er als Jude die Überlieferung seines Volkes teilte; sodann im Zeugnis des Neuen Testament, das die heilsgeschichtliche Bedeutung von Person und Geschichte Jesu Christi vor dem Hintergrund der alttestamentlichen Überlieferung versteht und schließlich im Gebrauch der alttestamentlichen Schriften im Gottesdienst der Urgemeinde. Die Kirche hat mit der Kanonbildung insofern etwas vollzogen, was zuvörderst theologisch – wenn auch durch andere Faktoren mitbedingt – begründet ist.

Wenn wir so formulieren, dann ist damit ausgesagt, dass die Kanonbildung sich nicht primär eines rein deklaratorischen Aktes der frühen Kirche verdankt, zu dem sie sich aufgrund der Herausforderung insbesondere durch Marcion – und andere sich auf Sonderoffenbarungen berufende Gruppen – veranlasst sah. So sehr dies nicht ohne Einfluss auf die Festlegung des Kanons war, so ist damit doch nicht der eigentliche Grund erfasst, der dazu geführt hat, dass einzelne Schriften als zum Kanon gehörig angesehen wurden. Die frühe Kirche hat vielmehr den Kanon als Kanon festgelegt, weil sich diese Schriften und vor allem auch die grundlegende Zusammengehörigkeit der neutestamentlichen mit denen des Alten Testaments in den Gemeinden, will heißen primär durch ihren gottesdienstlichen Gebrauch bewährt, weil sie sich den Gemeinden als Offenbarungszeugnisse vom Handeln des einen Gottes imponiert haben. Das bedeutet: Sie haben Glauben und Gemeinschaft des Glaubens gewirkt. Insofern haben die biblischen Schriften sich gleichsam selbst zum Kanon gemacht im und durch ihren Rezeptionsprozess in den Gemeinden, der – bei allen sonstigen Einflüssen, die dabei auch eine Rolle gespielt haben – als eine Wirkungsgeschichte des Heiligen Geistes in, mit und unter den biblischen Schriften zu verstehen ist. Diese geistgewirkte Autorität der biblischen Schriften, die sich in ihrem Gebrauch in den Gemeinden bewährt, und, indem sie Glauben und Gemeinschaft des Glaubens wirkte, sich bewahrheitet hat, bestätigte die frühe Kirche gleichsam nachträglich durch die Festlegung des Kanons.[12]

---

[12] Zur Geschichte der Kanonbildung und zu Unterschieden in der Behandlung der Kanonfrage in den einzelnen Konfessionskirchen, insbesondere was die Frage der Abgeschlossenheit des Kanons, der Zugehörigkeit einzelner Schriften zum Kanon sowie die Verhältnisbestimmung von Wort Gottes und kanonischen Schriften angeht, sei auf die entsprechenden Artikel in den einschlägigen theologischen Lexika hingewiesen.

Weiterführende Literatur:
RUDOLF BULTMANN, Kirche und Lehre im Neuen Testament (1929), in: Ders., Glauben und Verstehen, Bd. 1, Tübingen 1933, S. 153–187.
DERS., Der Begriff der Offenbarung im Neuen Testament (1929), in: Ders., Glauben und Verstehen, Bd. 3, Tübingen 1960, S. 1–34.
OTTO MERK, Theologie des Neuen Testaments und biblische Theologie, in: Bilanz und Perspektiven gegenwärtiger Auslegung des Neuen Testaments. Symposion zum 65. Geburtstag von Georg Strecker, hg. von F. W. Horn, Berlin/New York 1995, S. 112–143.
JENS SCHRÖTER, Zum gegenwärtigen Stand der neutestamentlichen Wissenschaft. Methodologische Aspekte und theologische Perspektiven, in: NTS 46 (2000), S. 262–283.
GEORG STRECKER (Hg.), Das Problem der Theologie des Neuen Testaments, Darmstadt 1975.

III. Grundfunktionen der Wahrnehmung von Theologie bei Paulus

Textgrundlage:[1]
- Röm 1, 1–17; 3, 9–39; 5–8; 13, 8–10.
- Gal 4–6.
- 1 Kor 1–2; 12; 14.
- 2 Kor 4–5; 10–11.

Nachdem der theologische Charakter der biblischen Schriften betont und sie insgesamt als Reflexionsgestalten der Gotteserfahrung begriffen wurden, seien nun die Paulusbriefe näher beleuchtet mit dem Ziel, an ihrer Wahrnehmung durch Paulus *Grundfunktionen von Theologie* herauszuarbeiten. Dass Paulus mit Verve gerade auch durch theologische Argumentation seine Gemeinden vom Grund ihres Glaubens an Jesus Christus und dem, was sie darin für sich gewonnen haben, zu überzeugen sich anschickt, dürfte evident sein. Paulus macht »kräftigen Gebrauch von Vernunft, Verstehen und Gewissen und argumentiert mit dem Ziel, die Angeredeten zu überzeugen und zu überführen«.[2] Es gerät ja doch die Beschäftigung mit den Paulusbriefen oftmals dadurch zu keiner leichten Aufgabe, dass er stellenweise in so gedrängter Form und mit gleichsam advokatorischer Strenge theologisch argumentiert.

Uns interessiert im Folgenden, wie dies bei Paulus genauer vonstatten geht und was sich daraus für die Frage nach den Grundfunktionen von Theologie ablesen lässt. Dabei sind die verschiedenen Dimensionen, die bei Paulus für die Wahrnehmung von Theologie deutlich werden, von besonderem Interesse und Belang. Aus ihrer Verbindung lassen sich für das, was es heißt, Theologie zu treiben, Grundaussagen erheben, die für *jede* Wahrnehmung von Theologie richtungsweisend sind. In dieser Absicht soll Paulus am Anfang unseres Gangs durch die verschiedenen theologischen Entwürfe stehen. Aus der Art und Weise, wie er Theologie ins Werk setzt, ergeben sich grundlegende ›Bausteine‹ für die Durchführung von Theologie, von denen sich zeigen wird, dass sie in den im Folgenden behandelten theologischen Konzeptionen aufgenommen sind.

Dies schließt nicht aus, sondern ein, dass dabei einzelne dieser Bausteine eine unterschiedliche Gewichtung erfahren, je nach der Herausforderung, vor die sich die Theologie durch den jeweils aktuellen kirchlichen und gesamtkulturellen Kontext gestellt sieht. Dieser ist beispielsweise für Luther in der Auseinan-

---

[1] Die Bibel wird im gesamten Buch zitiert nach der revidierten Fassung der Lutherbibel von 1984.
[2] GÜNTHER BORNKAMM, Paulus, 5. Auflage, Stuttgart 1983, S. 130.

dersetzung mit der römisch-katholischen Kirche ein anderer als in der antiken Welt oder im Zeitalter der Aufklärung. Eine solche Gewichtung bestimmter Aspekte in der Wahrnehmung von Theologie angesichts einer konkreten, das Wesen des Glaubens und das Selbstverständnis von Theologie betreffenden Herausforderung zeigt sich auch bereits bei Paulus. Am ehesten entfaltet er im Römerbrief – der gleichsam den Charakter eines theologischen Vermächtnisses hat – den Gesamtzusammenhang der Theologie nach allen ihren grundlegenden Gehalten. In den anderen Briefen hingegen gewichtet er manches in bestimmter Weise und lässt anderes zurücktreten, je nach Situation der Gemeinden, die einer theologischen Klärung bedarf. Dabei geht Paulus, wie sich zeigen wird, so vor, dass er das Grundbekenntnis des Glaubens zu Jesus Christus als dem gekreuzigten und auferweckten Herrn in das Zentrum der Theologie rückt und jeweils diejenigen konkreten, auf die Gemeindesituation bezogenen Aspekte entfaltet, die sich von dem Grundbekenntnis her für eine evangeliumsgemäße Wahrnehmung von Theologie ergeben.

1. Das Grundbekenntnis zu dem in Jesus Christus offenbaren dreieinen Gott

Im Zentrum paulinischer Theologie steht die *Vergewisserung* der Gemeinden und ihrer einzelnen Glieder im *Grundbekenntnis* zu Jesus Christus als dem gekreuzigten und auferweckten Herrn. »Denn wenn du mit deinem Munde bekennst, dass Jesus der Herr ist, und in deinem Herzen glaubst, dass ihn Gott von den Toten auferweckt hat, so wirst du gerettet.«[3] Das Bekenntnis zu Jesus Christus als dem Herrn,[4] der Glaube an den von Gott auferweckten Gekreuzigten und die Gewissheit der Teilhabe am Heil bilden einen unauflöslichen Zusammenhang.[5] Dementsprechend kann Paulus sagen: »Denn wenn man von Herzen glaubt, so wird man gerecht; und wenn man mit dem Munde bekennt, so wird man gerettet.«[6] Paulus vergewissert dies seinen Gemeinden und richtet sie aus auf das Bekenntnis zum gekreuzigten und auferweckten Jesus Christus. Dies schließt das Bekenntnis zu dem *einen* Gott sowie zum Heiligen Geist ein. Eine *explizite* Trinitäts*lehre* findet sich bei Paulus freilich nicht. Das Grundbekenntnis zu Jesus Christus als dem Herrn legt Paulus allerdings als Bekenntnis zu dem einen Gott[7] *als dem trinitarischen Gott* aus, und zwar als Entfaltung des Christusbekenntnisses. Denn Gott erschließt sich im Glauben an Jesus Christus als

---

[3] Röm 10, 9.
[4] Vgl. 1 Kor 12, 3; Phil 2, 11.
[5] Vgl. 1 Kor 1, 18–31; 1 Kor 15, 1–28.
[6] Röm 10, 10.
[7] Das Bekenntnis zu dem *einen* Gott, wie er in Jesus Christus zur Versöhnung der Welt gehandelt hat und im Dienst der Versöhnung kraft des Heiligen Geistes an der Gemeinde handelt (vgl. 2 Kor 5, 18–20), hält die heilsgeschichtliche Verbindung zum Gott Israels aufrecht, wie Paulus besonders in Röm 9–11 (vgl. bereits Röm 4 sowie Röm 3, 30) ausführt.

Vater, und dies wiederum erweist sich den Glaubenden in der Gewissheit ihrer Gotteskindschaft, wie sie der Heilige Geist in ihnen wirkt. »Denn welche der Geist Gottes treibt, die sind Gottes Kinder. Denn [...] ihr habt einen kindlichen Geist empfangen, durch den wir rufen: Abba, lieber Vater! Der Geist selbst gibt Zeugnis unserm Geist, dass wir Gottes Kinder sind.«[8] In seinem offenbarenden Handeln zeigt sich der *eine* Gott als der Schöpfer, Versöhner und Erlöser seiner Kreatur. »[S]o haben wir doch nur *einen* Gott, den Vater, von dem alle Dinge sind und wir zu ihm; und *einen* Herrn, Jesus Christus, durch den alle Dinge sind und wir durch ihn.«[9] Paulus unterstreicht damit die *soteriologische Bedeutung des trinitarischen Gottesverständnisses für das Glaubensbewusstsein*. Denn der Glaube an Jesus Christus als den Herrn erschließt zugleich das Verhältnis des Einzelnen und der Gemeinde zu Gott als Vater und führt die durch den Heiligen Geist gewirkte Gewissheit der Gotteskindschaft mit sich.

So ist der trinitarische Gott der Grund des Glaubens, mit dem die Teilhabe an der durch Kreuz und Auferstehung Jesu Christi geschehenen Versöhnung Gottes mit der Welt, das vertrauende Verhältnis zu Gott als Vater und die Gewissheit der Gotteskindschaft einhergehen.[10] Diese soteriologische Bedeutung des trinitarischen Gottesgedankens für das Spezifische des Glaubensvollzugs bringt Paulus zum Ausdruck, indem er den Glaubensvollzug selbst auf seinen Grund im trinitarischen Gott hin durchsichtig macht:

»Als aber die Zeit erfüllt war, sandte Gott seinen Sohn, [...] damit er die, die unter dem Gesetz waren, erlöste, damit wir die Kindschaft empfingen. Weil ihr nun Kinder seid, hat Gott den Geist seines Sohnes gesandt in unsre Herzen, der da ruft: Abba, lieber Vater! So bist du nun nicht mehr Knecht, sondern Kind: wenn aber Kind, dann auch Erbe durch Gott.«[11]

Auf diese Glaubenserfahrung und die Gotteserkenntnis, die der Glaube an den auferweckten Gekreuzigten mit sich führt, spricht Paulus seine Gemeinden an, ja vergewissert sie ihnen als eine christusverdankte Errungenschaft,[12] aus der heraus sie nun auch leben sollen. Darin ist schon angedeutet, dass und wie Paulus das Grundbekenntnis für den Glaubenden näherhin auslegt. Paulus entfaltet *die Implikationen des Bekenntnisses* zu dem auferweckten Gekreuzigten *für das Gottesverständnis und in einem* – weil daraus entspringend – *für das Selbst- und Weltverständnis des Menschen sowie für das Handeln des Christenmenschen in der Welt*. In der paulinischen Verkündigung – in seiner Theologie – geht es um die Darlegung der *Einheit* dieses Zusammenhangs: dass dem Glaubenden Gott

---

[8] Röm 8, 14–16; vgl. Gal 3, 26; 4, 6f.
[9] 1 Kor 8, 6.
[10] Dass Paulus mit der Betonung der ›ökonomischen Trinitätslehre‹ in den Aussagen von der Präexistenz und Schöpfungsmittlerschaft sowie der Sendung des Sohnes und des Geistes auch eine ›immanente Trinitätslehre‹ – die wiederum streng soteriologisch ausgerichtet ist – annimmt, muss an dieser Stelle nicht eigens verfolgt werden. Vgl. Gal 4, 4f.; Phil 2, 6–11; Röm 8, 3; 1 Kor 8, 6.
[11] Gal 4, 4–7; vgl. Röm 8, 17: »Sind wir aber Kinder, so sind wir auch Erben, nämlich Gottes Erben und Miterben Christi«.
[12] Vgl. 1 Kor 15, 57; 2 Kor 2, 14.

und Christus verkündigt und ihm *ineins* damit durch das Wirken des Heiligen Geistes erschlossen wird, wie er von daher seine eigene Existenz – sich selbst vor Gott und in der Welt – verstehen kann.

Der für Theologie und Verkündigung des Paulus zentrale Aussagezusammenhang, durch den er die in Jesus Christus zum Heil der Welt geschehene Versöhnung entfaltet – wie es im Grundbekenntnis zu Jesus Christus als dem Herrn ausgedrückt ist –, bildet die spezifisch paulinische Lehre von der Rechtfertigung allein aus Glauben. Für Paulus ist es die Rechtfertigungsbotschaft, durch welche die in Kreuz und Auferweckung Jesu Christi geschehene Versöhnung in nuce ausgelegt wird, ja nicht nur ausgelegt wird: Das Evangelium von der Rechtfertigung allein aus Glauben ist *die dynamische Kraft Gottes selbst*, die den Glaubenden ›selig‹ macht. In diesem Sinn legt Paulus im Römerbrief das Christusbekenntnis, wie er es in Röm 1, 2–6 formuliert, in Röm 1, 16f. als das Evangelium von der Rechtfertigung aus.

»[I]ch schäme mich des Evangeliums nicht; denn es ist eine Kraft Gottes, die selig macht alle, die daran glauben, die Juden zuerst und ebenso die Griechen. Denn darin wird offenbart die Gerechtigkeit, die vor Gott gilt, welche kommt aus Glauben in Glauben; wie geschrieben steht (Habakuk 2,4): ›Der Gerechte wird aus Glauben leben.‹«[13]

So sehr die Rechtfertigungslehre des Paulus, insbesondere ihre Terminologie, vor dem Hintergrund seiner Auseinandersetzung mit dem zeitgenössischen Judentum zu begreifen ist, so ist sie doch für Paulus keine Botschaft, die nur innerhalb eines spezifischen religionsgeschichtlichen Kontextes von besonderer Bedeutung ist. Dies wird schon daran deutlich, dass Paulus den Rechtfertigungsglauben als einen solchen zu verstehen gibt, der ›Juden und Griechen‹, will heißen alle Menschen, die an das Evangelium glauben, selig macht. Dem wiederum korrespondiert, dass Paulus die universale Bedeutung des Rechtfertigungsglaubens,[14] den er Röm 3, 28 dahingehend zusammenfasst, »dass der Mensch gerecht wird ohne des Gesetzes Werke, allein durch Glauben«,[15] vor dem Hintergrund der Sündenverfallenheit aller Menschen – »da ist keiner, der gerecht sei, auch nicht einer«[16] –

---

[13] Röm 1, 16f. So wie Paulus hier das Christusbekenntnis als Rechtfertigungsbotschaft auslegt, legt er wiederum das »Evangelium Gottes« (Röm 1, 1) durch das Christusbekenntnis (Röm 1, 2–6) aus. Zum Evangelium als rettende *dynamis* Gottes vgl. auch 1 Kor 1, 18, wo das Wort vom Kreuz als eine Gotteskraft, die selig macht, begriffen wird.

[14] Die universale Bedeutung des Rechtfertigungsglaubens festzuhalten, erfordert es umso dringlicher, den Sinngehalt der paulinischen Rechtfertigungslehre so auszulegen, dass ihre allgemeinmenschliche Relevanz erhellt. Bei Paulus geschieht dies so, dass er das Sich-Rühmen (1 Kor 1, 29; 4, 7; Röm 2, 17.23) als Grundzug des natürlichen Menschen aufdeckt und vor diesem Hintergrund das Sich-an-der-Gnade-genügen-Lassen (1 Kor 12, 9) als Heilsbotschaft zu verstehen gibt. Einige knappe Bemerkungen zur ›Übersetzung‹ der Rechtfertigungslehre siehe unten S. 26f.

[15] Röm 3, 28; vgl. Röm 3, 22: »Ich rede [...] von der Gerechtigkeit vor Gott, die da kommt durch den Glauben an Jesus Christus zu allen, die da glauben.«

[16] Röm 3, 10; im Vers zuvor heißt es Röm 3, 9: »[W]ir haben soeben bewiesen, dass alle, Juden wie Griechen, unter der Sünde sind«.

als Heilsbotschaft entfaltet. So wird die Rechtfertigung allein durch Glauben, die im Christusereignis ihren Grund hat und im Glauben an Christus geschieht,[17] als Handeln des *einen* Gottes verstanden: »Denn es ist der eine Gott, der gerecht macht die Juden aus dem Glauben und die Heiden durch den Glauben«.[18]

So wie Paulus das Evangelium von der Rechtfertigung allein durch Glauben als Auslegung des Christusbekenntnisses begreift, so legt er das Christusbekenntnis auch durch das »Wort vom Kreuz«[19] aus und versteht dieses ebenso wie die Rechtfertigungsbotschaft als eine Kraft Gottes selbst (*dynamis theou*), die rettend wirkt und selig macht. Von daher macht er das Wort vom Kreuz, das »den Juden ein Ärgernis und den Griechen eine Torheit« ist,[20] mithin für Religion und Vernunft ein Paradox darstellt, gegen das sie sich unweigerlich sperren,[21] und das allein im Glauben als rettende Kraft erfahren wird, zum Kriterium evangeliumsgemäßer Verkündigung und Lehre.[22]

In all dem argumentiert Paulus auf der Grundlage des Bekenntnisses zur Auferweckung Jesu, die den Grund der Verkündigung der Heilsbedeutsamkeit des Kreuzes, der Festigkeit im Glaubensleben sowie der gewissen Hoffnung des Christenmenschen bildet, von der mithin eine *schon jetzt* neuschöpferisch die Welt umwandelnde Kraft ausgeht.[23] »Weil wir aber denselben Geist des Glaubens haben, wie geschrieben steht (Psalm 116,10): ›Ich glaube, darum rede ich‹, so glauben wir auch, darum reden wir auch; denn wir wissen, daß der, der den Herrn Jesus auferweckt hat, wird uns auch auferwecken mit Jesus«.[24]

2. Das im Glauben erschlossene neue Selbst- und Weltverständnis

Vergewisserung des Glaubens hinsichtlich seines Grundes und Gegenstandes bedeutet *zugleich* die Erschließung des im Glauben gegebenen neuen Selbst- und Weltverständnisses. »Ist jemand in Christus, so ist er eine neue Kreatur; das Alte ist vergangen, siehe, Neues ist geworden.«[25] Der Glaubende ist eine neue Krea-

---

[17] Vgl. Röm 3, 21–26.
[18] Röm 3, 30.
[19] 1 Kor 1, 18.
[20] 1 Kor 1, 23.
[21] Vgl. dazu unten S. 39, 56, 87 f.
[22] 1 Kor 1, 23; vgl. Gal 1, 8 in Verbindung mit Gal 3, 1 und 1 Kor 2, 1–5.
[23] Vgl. besonders 2 Kor 4–5, wo Paulus das Bekenntnis zu Tod und Auferweckung Jesu in seiner Bedeutung für die Verkündigung und das Glaubensleben sowie die Hoffnung des Christenmenschen als einen Zusammenhang entfaltet. Die in der Auferweckung Jesu wirkende und von ihr ausgehende weltverwandelnde Kraft ist die Kraft Gottes des Schöpfers (vgl. 2 Kor 4, 6), der mit der Auferweckung Jesu die Neuschöpfung der Welt anheben lässt, die er mit der Auferweckung der Toten vollenden wird. Vgl. auch die Argumentation des Paulus in Röm 8.
[24] 2 Kor 4, 13 f.; vgl. Röm 8, 17: »Sind wir aber Kinder, so sind wir auch Erben, nämlich Gottes Erben und Miterben Christi, wenn wir denn mit ihm leiden, damit wir auch mit zur Herrlichkeit erhoben werden.«
[25] 2 Kor 5, 17; vgl. Gal 6, 15.

tur, indem er im Glauben an Jesus Christus sich selbst und seine Welt vor Gott neu begreifen kann. Das Alte an ihm und der Welt ist vergangen, weil es in Christus durch Gott selbst versöhnt ist.[26] Der Christenmensch ist durch Taufe und Glauben eine mit Gott versöhnte Kreatur, die nun auch in einem neuen Leben zu wandeln vermag.[27] Mit der Versöhnung der Welt in Jesus Christus steht das Leben des Christenmenschen, das im Glauben an ihr teilhat, *schon jetzt* in einem eschatologischen Licht.

»Denn wenn wir mit Gott versöhnt worden sind durch den Tod seines Sohnes, als wir noch Feinde waren, um wieviel mehr werden wir selig werden durch sein Leben, nachdem wir nun versöhnt sind! Nicht allein aber das, sondern wir rühmen uns auch Gottes durch unsern Herrn Jesus Christus, durch den wir jetzt die Versöhnung empfangen haben.«[28]

Insofern treibt Paulus Theologie nicht mit bloßen Lehrsätzen, die einen Sachverhalt als richtig oder falsch darstellen. Er legt vielmehr die elementaren Inhalte des Glaubens in ihrem Sinngehalt aus, indem er den Gemeinden erläutert, zuspricht und sie darin vergewissert, dass und inwiefern der Glaube dem Christen ein neues Selbst- und Weltverständnis eröffnet, weil er aus einem neuen Gottesverhältnis heraus leben kann. Wie eng Rechtfertigungsglaube, Christusereignis, Gottesbeziehung, Festigkeit im Glauben und gewisse Hoffnung miteinander zusammenhängen und sich wechselseitig bedingen, hält Paulus in Röm 5, 1f. fest, wenn er schreibt: »Da wir denn gerecht geworden sind durch den Glauben, haben wir Frieden mit Gott durch unsern Herrn Jesus Christus; durch ihn haben wir auch den Zugang im Glauben zu dieser Gnade, in der wir stehen, und rühmen uns der Hoffnung der zukünftigen Herrlichkeit, die Gott geben wird.«

Paulus legt dasjenige in seinen Implikationen aus, woran der Christenmensch im Glauben bereits Anteil hat. Wir können auch sagen, er macht das, was der Glaube hat, indem er glaubt – »glaubst du, so hast du«[29] – auf seinen Grund und das darin grundgelegte Selbst- und Weltverständnis hin durchsichtig.

3. Der Zusammenhang von Glaube und Heiligung des christenmenschlichen Lebens

Von da aus entfaltet Paulus wiederum zugleich den Zusammenhang zwischen Glaube und Heiligung des christenmenschlichen Lebens und stellt den Christen in den ethischen Vollzug des durch den Glauben begründeten und in ihm erschlossenen neuen Lebens ein. Leben aus dem Glauben führen, erweist sich für Paulus immer auch in einem christusförmigen Handeln.[30] Die im Glauben er-

---

[26] Vgl. 2 Kor 5, 18 f.; Röm 5, 10 f.
[27] Vgl. Röm 6, 4 und insgesamt Röm 6 und Gal 3.
[28] Röm 5, 10 f.
[29] MARTIN LUTHER, Von der Freiheit eines Christenmenschen, in: WA 7, S. 24, Z. 13; im Original heißt es »glaubstu so hastu«.
[30] Vgl. Phil 2, 1–16; Gal 6, 2; Röm 15, 7; 1 Kor 9, 19.

langte Freiheit eines Christenmenschen vollzieht sich in einem Glauben, der zugleich »durch die Liebe tätig ist«.[31] Die Argumentation des Paulus zielt im Ganzen auf die Explikation dieses Zusammenhangs: von aus der Gottes- und Christuserkenntnis gewonnenen Selbsterkenntnis und dem damit verbundenen Weltverhältnis, das ein christusgemäßes Handeln mit sich führt. Glaube und Heiligung des christenmenschlichen Lebens gehören für Paulus zusammen, weil der Grund des Glaubens dem Glaubenden ein neues Gottesverhältnis eröffnet und weil das neue Gottesverhältnis *alles* neu macht. Es lässt den Glaubenden sich selbst vor Gott neu und daraufhin auch seine Welt neu verstehen und es richtet ihn solcherart aus auf ein christusgemäßes Leben in der Liebe zum Nächsten.

Insofern ist die dynamische Kraft Gottes selbst, von welcher der Glaubende im Glauben an das Evangelium ergriffen wird, eine solche, die den Glaubenden zugleich über sich hinaustreibt zum Dienst am Nächsten. Es ist der Geist Gottes, der die Kinder Gottes »treibt«[32] und sie als Befreite zu in der Liebe Dienstbaren macht. So entfaltet Paulus ausgehend vom Indikativ der Freiheit – »Zur Freiheit hat uns Christus befreit!«[33] – die Ethik des christenmenschlichen Lebens, die in der Liebe zum Nächsten ihr Zentrum hat.[34] Der Grund des Glaubens setzt diesen Zusammenhang – des neuen Selbst- und Weltverhältnisses und des darin erschlossenen nächstenliebenden Handelns – in der Kraft des Heiligen Geistes als *einen* Wirkzusammenhang frei. »Wenn wir im Geist leben, so lasst uns auch im Geist wandeln.«[35] Insofern zielt Theologie in der Auslegung des Grundes des Glaubens auf die Wahrnehmung dieses Praktisch-Werdens des Glaubensgrundes selbst im Glauben und im Handeln des Christenmenschen, d. h. im Selbstvollzug des Menschen in der Welt: »Ich lebe, doch nun nicht ich, sondern Christus lebt in mir.«[36]

4. Die im Glauben gegebene Einheit der Gemeinden und ihrer Glieder

Damit kommen wir zu einem weiteren Gesichtspunkt im Blick auf die Frage, welche Dimensionen sich für die Wahrnehmung von Theologie im Ausgang von Paulus ergeben. Paulus *behaftet die Gemeinden und ihre Glieder bei dem sie alle Verbindenden*, dem Grundbekenntnis zu Jesus Christus als dem gekreuzigten und auferweckten Herrn und zu dem einen Gott als ihrem Vater sowie zum Heiligen Geist, der sie im Glauben zu Kindern Gottes macht. Theologie steht von daher *im Dienst an der Einigkeit der Gemeinden im Glauben*, indem sie die Ge-

---

[31] Gal 5, 6; vgl. Röm 13, 8; 1 Kor 13.
[32] Vgl. Röm 8, 14.
[33] Gal 5, 1; vgl. Gal 5, 13; 2 Kor 3, 17.
[34] Vgl. Gal 5, 13; vgl. insgesamt Gal 5, wo Paulus die Freiheit im Glauben und die Freiheit zum Dienst am Nächsten einander korreliert. Vgl. ferner in Röm 12–15 die Entwicklung der Paränese aus der vorgängigen Zusage der Heilsbotschaft.
[35] Gal 5, 25.
[36] Gal 2, 20.

meinden ihres gemeinsamen Bekenntnisses zu Jesus Christus und ihrer in der Taufe grundgelegten Zusammengehörigkeit als Leib Christi versichert.[37] Dieser Dienst an der Einheit und Einigkeit der Gemeinden bildet für Paulus ein Zentrum seines regen theologischen Tuns und Verkündigens. Dort, wo es Spaltungen in den Gemeinden gibt, wo es zu Ausgrenzungen kommt, die sich mit dem Evangelium nicht vertragen, schreitet Paulus ein, bietet er die Klarheit der theologischen Botschaft und die Autorität der apostolischen Mahnung auf, um die Gemeinden bei dem zu behaften, was der ihnen allen gemeinsame Grund – das Evangelium von Jesus Christus – ist. Auf diesen Grund bezogen und im Glauben an ihn *sind* sie – so macht Paulus ihnen unmissverständlich deutlich – schon eins. »Denn wir sind durch *einen* Geist alle zu *einem* Leib getauft, wir seien Juden oder Griechen, Sklaven oder Freie, und sind alle mit *einem* Geist getränkt.«[38] Auf der Grundlage dieser in der Taufe und im Glauben gegebenen Einheit der Glieder des Leibes Christi sollen sie nun auch Einigkeit in der konkreten Gemeinde sowie unter den Gemeinden üben.

Ein Paradebeispiel eines solchen theologisch argumentierenden Dienstes an der Einheit der Gemeinde geben die Korintherbriefe. Es ist von Paulus her sofort deutlich, dass diese Einheit, die sich im gemeinsamen Bekenntnis zu dem gekreuzigten und auferweckten Herrn manifestiert und in der Taufe grundgelegt ist, nicht Uniformität des Glaubens- und Gemeindelebens bedeutet.[39] Vielmehr können die jeweiligen Eigentümlichkeiten des Gemeindelebens nicht nur geduldet, sie sollen sogar gefördert werden, wenn und insofern sie das Grundbekenntnis zum auferweckten Gekreuzigten, die im Glauben begründete Freiheit der Kinder Gottes und die in Taufe und Glauben begründete Einheit des Leibes Christi nicht begrenzen, sondern aus dieser erwachsen. Dann gilt: Es sind vielerlei Gaben der Gemeinde förderlich.[40] Dann gilt: Es sind alle Glieder des Leibes in ihrer Verschiedenheit wechselseitig aufeinander angewiesen und in ihrem Miteinander der Auferbauung der Gemeinde dienlich.

Der Dienst von Theologie und Verkündigung an der Einheit ist nun wiederum nicht nur bezogen auf die jeweils konkrete Gemeinde vor Ort. Vielmehr bringt Paulus die Verbundenheit der verschiedenen Gemeinden aufgrund des gemeinsamen Glaubens an den einen Herrn in der ›oikumene‹ – der über den ganzen Erdkreis zerstreuten Gemeinden – zum Ausdruck. Die Kollektensammlung für die Gemeinde in Jerusalem ist sichtbares Zeichen dieser Verbundenheit im Glauben.[41] So werden die Gemeinden bereits im Präskript von Paulus auf diese Verbundenheit untereinander, wie sie im Glauben an den einen Herrn der Kirche gründet, angesprochen. »Paulus, berufen zum Apostel Christi Jesu durch den

---

[37] Vgl. 1 Kor 12; vgl. 1 Kor 10, 16f., wo Paulus vom Abendmahl, und 1 Kor 12, 13, wo er von der Taufe her argumentiert.
[38] 1 Kor 12, 13.
[39] Vgl. 1 Kor 12; Röm 12, 4–8.
[40] Vgl. besonders 1 Kor 12–14.
[41] Vgl. 2 Kor 8–9.

Willen Gottes, [...] an die Gemeinde Gottes in Korinth, an die Geheiligten in Christus Jesus, die berufenen Heiligen samt allen, die den Namen unsres Herrn Jesus Christus anrufen an jedem Ort, bei ihnen und bei uns«.[42] Diesen Aspekt der Einheit der Gemeinden im Blick zu haben – die *ökumenische Dimension von Theologie* –, ist für das Selbstverständnis des Paulus unabdingbar. Es ergibt sich ihm aus dem Verständnis des Glaubensgrundes, vom dem her die Einheit der Vielen in ihrer Unterschiedenheit begründet und gewahrt wird, ja dem Glaubensleben in der konkreten Gemeinde immer schon vorgegeben ist.

5. Die gegenwartsorientierte Wahrnehmung des Wahrheitsanspruchs der Theologie

Die Ausrichtung des Redens und Handelns des Paulus an dem konkreten Gemeindeleben führt uns zu einem weiteren Aspekt, der für das Verständnis von Theologie eigens zu betonen ist. Theologie ist *Wahrnehmung des Wahrheitsanspruchs des christlichen Glaubens in gegenwartsorientierter Perspektive*. Ihr kommt in spezifischer Weise ›Aktualität‹ zu. Dies scheint nur bei oberflächlicher Betrachtung eine an Paulus von außen herangetragene, der modernen Fragestellung entsprungene Perspektive zu sein. Sieht man genauer hin, was Paulus konkret tut, wenn er an die christlichen Gemeinden schreibt, dann ist dies die Entfaltung des Wahrheitsanspruchs des christlichen Glaubens in gegenwartsorientierter Weise. Denn Paulus geht auf konkrete Anfragen und Auseinandersetzungen, die in den Gemeinden Platz gegriffen haben, ein und legt auf diese Situation hin das Evangelium aus.

In den konkreten Auseinandersetzungen, auf die Paulus sich einlässt, geht es freilich nicht um bloße Marginalien des Gemeindelebens. Mag sein, dass Paulus nicht immer ganz frei davon ist, sich dazu hinreißen zu lassen, das Gemeindeleben zu sehr im Detail regeln zu wollen. Zuvörderst aber ist es ihm um solche Konflikte zu tun, die das Gottesverständnis und das Christusbekenntnis in ihrem Kern betreffen und in der Folge das Selbstverhältnis des Menschen und sein Weltverhältnis im Zentrum tangieren. Denn mit dem rechten Gottesglauben steht für Paulus zugleich die Freiheit der Kinder Gottes vor Gott und in der Welt auf dem Spiel. Es geht in diesen Auseinandersetzungen um die Entmachtung von ›Weltanschauungen‹ und religiösen Alternativangeboten, weil und insofern durch sie das Leben des Menschen im Ganzen und maßgeblich geprägt wird und dadurch die im Glauben errungene Freiheit des Christenmenschen bedroht ist. Dies macht Paulus seinen Gemeinden deutlich: dass sie, wo sie vom Evangelium abweichen, Gefahr laufen, wieder unter die Herrschaft bereits überwundener Weltanschauungen zu geraten; und dass damit nichts Geringeres als die im Glauben an Christus errungene Freiheit der Kinder Gottes auf dem Spiel steht.

---

[42] 1 Kor 1, 1 f.

Paulus trägt seine Theologie nicht im Sinne einer in ihrer Form und Gestalt zeitinvarianten Lehre vor. Vielmehr treibt er Theologie jeweils herausgefordert durch konkrete Situationen im Leben der Gemeinden, durch die er das Bekenntnis zu Christus und die im Glauben eröffnete Freiheit der Kinder Gottes gefährdet sieht. Theologie ist so bezogen auf die konkreten Erfordernisse der Gemeinde, dann nämlich, wenn das, was das Wesen des christlichen Glaubens ausmacht, berührt ist.

Diese Form von Aktualität von Theologie ergibt sich aus ihrer Funktion, die Bedeutung des Glaubens für das Selbst- und Weltverständnis des Glaubenden zu erhellen. Um den existenzerschließenden Sinn des Evangeliums zu entfalten, ist Paulus, wie er schreibt, »allen alles geworden, damit ich auf alle Weise einige rette«.[43] Sprich, die Wahrnehmung von Theologie als Erschließung des im Glauben beschlossenen Heils erfordert es, auf die jeweiligen Verstehensbedingungen der Menschen einzugehen und ihnen auf dem Boden ihres *alten* Selbst- und Weltverständnisses das im Glauben erschlossene *neue* Selbst- und Weltverständnis auszulegen und so dieses gegen jenes kritisch zum Zuge zu bringen.[44]

6. Der apologetische Charakter der Theologie: Kritik nach außen

Dem Theologen Paulus geht es, wie wir formuliert haben, um eine Entmachtung alter Weltanschauungen. Der Ausdruck ist bewusst gewählt, insofern es sich bei Weltanschauungen um einen Gesamtausdruck von Werten und Einstellungen handelt, der das Leben des Einzelnen und ganzer Gesellschaften umfassend bestimmt. Weltanschauungen sind strukturell so verfasst, dass sie als Gesamtdeutung von Wirklichkeit fungieren. Paulus setzt sich nach der einen Seite hin mit der antiken Welt auseinander, deren Götterhimmel den Menschen in Angst und Bann hält und deren politische Ordnung Herrschaftsverhältnisse und Standesgrenzen festschreibt. In dieser Rücksicht verkündigt er das Christusgeschehen als die Entmachtung aller Mächte und Gewalten[45] und die im Christusglauben begründete, über alle Unterschiede hinweg gegebene Freiheit des Christenmenschen.[46] Nach der anderen Seite tritt er in die Auseinandersetzung mit dem zeitgenössischen Judentum, dem Paulus sich vormals selbst verpflichtet sah und das er nun, *sofern* es sich unter der Dominanz der Gesetzlichkeit versteht und die Einhaltung des Gesetzes als Bedingung der Heilsteilhabe behauptet, um der Freiheit des Glaubens und der Unbedingtheit der Gnade willen aufs Schärfste bekämpft.

Man tut gut daran, diesen Konflikt, den Paulus hier mit dem Judentum austrägt, nicht als einen bloß religionsgeschichtlichen zwischen Christentum und

---

[43] 1 Kor 9, 22.
[44] Vgl. 1 Kor 9, 19–23.
[45] Vgl. Röm 8.
[46] Vgl. Gal 3, 28.

einer bestimmten, an der strikten Einhaltung des Gesetzes orientierten Gestalt des Judentums seiner Zeit zu verstehen. Darin vollzieht sich zugleich in grundlegender Weise eine Auseinandersetzung mit jeder Religion und jeder Weltanschauung, die als ›unter dem Gesetz stehend‹ zu verstehen ist. Dies sind all jene Weltanschauungen, in denen der Mensch von dem her verstanden wird, was er aus sich macht. Dies sind sodann alle Formen von Religion, in denen das Gottesverhältnis vom frommen Tun des Menschen und nicht dieses von jenem abhängig gesehen wird. Dort, wo der Mensch auf sich selbst, auf sein Vermögen und Tun, auf das, was er aus sich macht, zurückgeworfen wird und sich selbst überlassen bleibt, liegt ein Existieren ›unter dem Gesetz‹ vor, was gleichbedeutend ist mit dem Existieren ohne das Evangelium.

Mit einer solchen Interpretation ist andeutungsweise der Versuch gemacht, die konkrete religionsgeschichtliche Auseinandersetzung – die damit für das Verständnis der Paulinischen Theologie nicht unbedeutend wird – auf ihren allgemeingültigen Wahrheitshorizont hin durchsichtig zu machen. Dazu haben wir wenige Andeutungen vorgetragen, die als kritikbedürftig empfunden werden mögen. Die Forderung indes nach einem Umsprechen der paulinischen Rede vom ›Sein unter dem Gesetz‹ so, dass sie als eine existenzbestimmende Wahrheit für jeden Menschen verstehbar wird, ist damit nicht abgetan, sondern jeder an Paulus ausgerichteten Theologie aufgegeben.

Wir haben an Paulus die Wahrnehmung des Wahrheitsanspruchs des christlichen Glaubens in gegenwartsorientierter Perspektive sowie den apologetischen Charakter der Theologie hervorgehoben und deutlich zu machen versucht, dass und inwiefern er darin auf eine Entmachtung alter Weltanschauungen abstellt. Dies führt das Erfordernis mit sich, diese ›Entmachtung‹ auf dem Boden der jeweiligen Weltanschauungen *an diesen selbst und im kritischen Gegenzug gegen sie* auszutragen. Maßstab und Zentrum für diese Auseinandersetzung – ebenso wie für das Selbstverständnis des Glaubens – bildet für Paulus das Wort vom Kreuz. Denn das Kreuzesgeschehen ist die von Gott selber vollzogene ›Umwertung aller Werte‹ – die Umwertung all dessen, was menschenmöglich über Gott gedacht wurde und gedacht wird, und all dessen, was der Mensch aus sich selbst heraus über sich selbst und seine Welt zu denken vermag. Das »Wort vom Kreuz ist eine Torheit denen, die verloren werden«,[47] denn Gott hat im Kreuzesgeschehen »die Weisheit der Welt zur Torheit gemacht«.[48] An den Glaubenden erweist sich das Wort vom Kreuz hingegen als eine rettende »Gotteskraft«.[49]

---

[47] 1 Kor 1, 18.
[48] 1 Kor 1, 20.
[49] 1 Kor 1, 18; vgl. Röm 1, 16, wo das Evangelium von der Rechtfertigung allein durch Glauben als Kraft Gottes verstanden wird.

7. Der missionarische Charakter der Theologie

Mit dieser apologetischen Aufgabe der Theologie eng zusammenhängend und sich aus dem Grund des Glaubens ergebend ist eine weitere Dimension. Theologie, indem sie den Grund des Glaubens erfasst und seine Bedeutung für das Selbst- und Weltverständnis des Menschen entfaltet, kann die Welt nicht sich selbst überlassen, sondern ist von ihrer Sache her aufgefordert, sie in ihrer Bedeutung für die ganze Menschenwelt zur Geltung zu bringen. Die *Universalität* der in Jesus Christus geschehenen Versöhnung bedingt diese Dimension von Theologie und Verkündigung: Der Grund des Heils wird in seiner *jeden* Menschen angehenden Bedeutung entfaltet. Auch dieser Grundzug von Theologie kommt bei Paulus – dem Menschheitsapostel – zum Tragen. Er *trägt das christliche Kerygma aus dem judenchristlichen Kontext hinaus und missioniert mit dieser Botschaft die heidnische Welt*, indem er den Vater Jesu Christi als den *einen* Gott, den Schöpfer und Versöhner der Welt, bezeugt und den im Glauben wirksamen Heiligen Geist verkündigt als denjenigen, der die Tiefen der Gottheit ergründet[50] und so die ›Weisheit dieser Welt‹ als Verblendung entlarvt.[51]

Paulus legt Zeugnis ab vor der Welt und er verteidigt den christlichen Glauben und das christliche Gottesverständnis vor dem Forum anderer Gottesvorstellungen und Selbst- und Weltdeutungen religiöser und philosophischer Natur. In diesem Zusammenhang darf auch auf die zwar nicht von Paulus selbst, sondern von Lukas gestaltete und Paulus in den Mund gelegte Areopag-Rede verwiesen werden,[52] die ein eindrückliches Beispiel für die apologetische Verteidigung des christlichen Gottesverständnisses gegenüber der antiken Volksreligion und den philosophischen Schulen darstellt.[53] Dieser missionarische Zug christlicher Theologie und Verkündigung – und dasselbe gilt für ihren apologetischen Charakter – gründet in der Überzeugung, dass der Gott, der sich in Jesus Christus der Welt offenbart hat, der eine Gott des ganzen Menschengeschlechts ist. Diesen Anspruch auf *Universalität* der Glaubenswahrheit und ihre grundlegende Bedeutung für jeden Menschen sucht die Theologie zu entfalten.

8. Der polemische Charakter der Theologie: Kritik nach innen

Von der apologetischen nach außen gerichteten Aufgabe der Theologie ist nun noch eine weitere zu unterscheiden, die sich polemisch nach innen hin vollzieht, indem sie die verschiedenen sich als christlich vermeinenden Reden von Gott

---

[50] Vgl. 1 Kor 2, 10–15.
[51] Vgl. 1 Kor 1, 18–2, 16.
[52] Vgl. Apg 17, 22–31.
[53] Dass die Areopagrede von Lukas gestaltet wurde, um den Apostel als erfolgreichen Missionar in der antiken Welt herauszustellen, ist *common sense* der neutestamentlichen Forschung. Sie ist hier gleichwohl angeführt, weil Lukas einen Aspekt besonders heraus streicht, der in der Verkündigungstätigkeit des Paulus angelegt ist. Vgl. 1 Kor 8, 4–6.

einer evangeliumsgemäßen Kritik unterzieht. Paulus festigt die Gemeinden im Bekenntnis des christlichen Glaubens, entfaltet die darin gegebenen Implikationen und *grenzt auf diese Weise den christlichen Glauben ab gegenüber Formen von Frömmigkeit, die christlich sein wollen, es aber nicht sind.* Insofern vollzieht er eine Scheidung der Geister nach innen hin auf der Basis des Glaubens an Jesus Christus und der in ihm begründeten Freiheit der Kinder Gottes. Im Zuge dieser kritischen Scheidung der Geister *nach innen* hin kämpft Paulus gegen jene, die ein »anderes Evangelium« lehren, indem sie die bekehrten Heiden unter das Joch des Gesetzes nötigen wollen.[54] Er kämpft gegen die Leugner der Auferstehung Jesu in Korinth.[55] Er kämpft gegen jene, die einen ›anderen Jesus‹ und ein ›anderes Evangelium‹ predigen und von einem anderen Geist reden.[56] Paulus versucht im Ausgang vom Grundbekenntnis, Irrlehren abzuwehren, die sich den christlichen Gemeinden als Heilsangebot anpreisen, dem Glauben an Jesus Christus als den gekreuzigten und auferweckten Herrn jedoch zuwider laufen. Solche Kritik nach innen hin, die den Grund des Glaubens – das Bekenntnis zum auferweckten Gekreuzigten als dem Versöhner der Welt – zum christlichen Maßstab erklärt und damit nicht mehr vereinbare Häresien aufdeckt, gehört für Paulus zur Wahrnehmung von Theologie. Den Glauben davor zu bewahren, ein ›anderes Evangelium‹, einen ›anderen Jesus‹ und einen ›anderen Geist‹ anzunehmen und ihn – im Sinne einer Identitätsvergewisserung in dem, was ihn spezifisch auszeichnet – zu stärken, bildet für Paulus eine grundlegende Aufgabe der Theologie. Sie ist auch dem einzelnen Christenmenschen aufgegeben, der über den Grund des Glaubens zu elementarer Einsicht gelangen soll und dazu aufgerufen und ins Recht gesetzt ist, die Lehre zu prüfen und das falsche Evangelium zu verwerfen.

9. Theologie im Dienst an der Mündigkeit des Christenmenschen

In all dem zielt Theologie auf ein auch *verstehendes Erfassen* des Glaubensgrundes. Bereits eingangs wurde betont, dass Paulus das, was der Glaube ›hat‹, indem er an Jesus Christus glaubt, auf seinen Grund hin durchsichtig zu machen und es in seiner Bedeutung für das Selbst- und Weltverständnis hin auszulegen sucht. Damit aber zielt er auf ein *mündiges* Verstehen des Glaubens. Weil das Evangelium *die Wahrheit über Gott, den Menschen und die Welt* verkündigt und damit von vorneherein auch *auf Verstehen* auf Seiten des Menschen hin *angelegt* ist, zielt das Theologietreiben des Paulus auf das Erkennen im Glauben, beansprucht es ihn gerade auch als *denkenden* Glauben und argumentiert zu diesem Zweck. Was den Grund des Glaubens und die Gewissheit des Heils angeht, soll der Christenmensch zur gewissen Erkenntnis gelangen. Denn der Glaube führt nach Paulus mit sich, dass die Glaubenden »in allen Stücken reich gemacht [sind], in

---

[54] Vgl. Gal 1, 6–9; vgl. Gal 2–6 seine Argumentation gegen das Gesetz als Heilsweg.
[55] Vgl. 1 Kor 15.
[56] Vgl. 2 Kor 11, 4.

aller Lehre und in aller Erkenntnis«.⁵⁷ Sie haben »den Geist aus Gott« empfangen, dass sie »wissen können, was [ihnen] von Gott geschenkt ist«.⁵⁸ Dieser Erkenntnis konstituierende Charakter des Evangeliums gründet in seiner Worthaftigkeit, die auf Verstehen zielt und es eröffnet. Darum heißt es: »Im Verstehen [...] seid ihr vollkommen«, und es ergeht die Mahnung an die Glaubenden, nicht zurückzufallen und zu Kindern zu werden, »wenn es ums Verstehen geht«.⁵⁹ Paulus behaftet die Christenmenschen bei ihrer Mündigkeit. Er bindet die Kommunikation des Evangeliums sowie der evangeliumsgemäßen Lehre daran, dass sie »mit deutlichen Worten« vorgetragen werden, weil sie nur so begriffen werden können,⁶⁰ und hält dazu an, die Rede zu prüfen,⁶¹ ja, er ermutigt und ermahnt: »Prüfet aber alles und das Gute behaltet«.⁶² Glauben und Verstehen gehören zusammen; und es darf dem Glauben kein ›sacrificum intellectus‹ zugemutet werden. Darum insistiert Paulus im Korintherbrief gegenüber der charismatischen Zungenrede darauf, dass das begriffen werden können muss, dem im Glauben zugestimmt werden soll. Er hält dafür: »Wenn du lobpreist im Geist [i. e. in ekstatischer Zungenrede], wie soll der, der dabeisteht und begreift es nicht, das Amen sagen auf deine Danksagung, da er doch nicht weiß, was du sagst?«⁶³

Freilich ist die Erkenntnis des Glaubens keine *bloß* theoretische,⁶⁴ sie ist aber durchaus *auch* eine solche. Darum kann Paulus dezidiert auf der Erkenntnis als einem Grundmoment des Glaubens beharren. Im Glauben ist das alte Verstehen des Menschen aufgehoben und ein neues Verstehen im Licht der Wahrheit des dreieinigen Gottes eröffnet. Deshalb warnt Paulus die Glaubenden davor, wieder hinter diese Erkenntnis, die der Glaube mit sich führt, zurückzufallen.

»Aber zu der Zeit, als ihr Gott noch nicht kanntet, dientet ihr denen, die in Wahrheit nicht Götter sind. Nachdem ihr aber Gott erkannt habt, ja vielmehr von Gott erkannt seid, wie wendet ihr euch dann wieder den schwachen und dürftigen Mächten zu, denen ihr von neuem dienen wollt?«⁶⁵

An der Wahrnehmung von Theologie durch Paulus wird deutlich, *dass er den Glaubenden zum mündigen Glaubensvollzug anhält*, weil und indem der Glaube eine Erkenntnis seines Grundes mit sich führt. Zum mündigen Christsein gehört das Recht und die Pflicht, die Lehre zu prüfen und das falsche Evangelium zu verwerfen. So wie es eine verständliche Lehre geben muss, die dem Evangelium gemäß ist und die die Aberrationes von der evangeliumsgemäßen

---

⁵⁷ 1 Kor 1, 5.
⁵⁸ 1 Kor 2, 12; vgl. insgesamt 1 Kor 2, 10–15.
⁵⁹ 1 Kor 14, 20.
⁶⁰ Vgl. 1 Kor 14, 9.
⁶¹ Vgl. 1 Kor 14, 29.
⁶² 1 Thess 5, 21.
⁶³ 1 Kor 14, 16. Zum Verhältnis der Worthaftigkeit des Evangeliums und der Lehre zum mündigen Verstehen im Glauben sowie zu der damit vollzogenen Abgrenzung zur charismatischen Zungenrede vgl. insgesamt 1 Kor 14.
⁶⁴ S. o. S. 18–23.
⁶⁵ Gal 4, 8 f.

Erkenntnis Gottes aufdeckt und argumentativ widerlegt,[66] so muss es eine mündige Gemeinde geben, welche die Lehre am Evangelium prüft und das falsche Evangelium zurückweist. Dabei geht es nicht um die Kenntnis subtiler theologischer Distinktionen, sondern um das Wesen des Evangeliums und des Glaubens, mithin um dasjenige, was für den Heilsglauben konstitutiv ist.

10. Grundfunktionen der Wahrnehmung von Theologie

Diese bei Paulus herausgearbeiteten Aspekte sind als Grundfunktionen in der Wahrnehmung jeder ponderablen Theologie zu behaupten. Dabei können, ohne die anderen Aspekte gänzlich zu verdrängen, einzelne Dimensionen der Theologie in den Vordergrund rücken, andere zurücktreten und so den jeweiligen theologischen Entwurf spezifisch konturieren. Die folgenden Kapitel werden einen Einblick darein geben, inwiefern und in welcher Weise dies bei den großen theologischen Werken der Folgezeit der Fall ist.

Zusammenfassend sei noch einmal in Anknüpfung an Paulus festgehalten: Theologie entfaltet das Grundbekenntnis des christlichen Glaubens zu Jesus Christus als dem gekreuzigten und auferweckten Herrn. Sie legt die Lehre von der Rechtfertigung allein aus Gnade um Christi willen, das Wort vom Kreuz sowie die Auferweckung Jesu als den Kern des Evangeliums aus und gibt den Glauben an Jesus Christus als den Grund der Freiheit und der gewissen Hoffnung eines Christenmenschen zu verstehen. Sie erörtert die Implikationen des Christusbekenntnisses und des Evangeliums für das Gottesverständnis und das darin erschlossene neue Selbst- und Weltverständnis des Glaubenden. Sie legt den unauflöslichen Zusammenhang von Glaube und Heiligung des christenmenschlichen Lebens dar. Theologie dient der Einheit der Christen im Glauben an den einen Herrn und nimmt insofern eine ökumenische Dimension wahr. Theologie grenzt das christliche Grundbekenntnis polemisch nach innen hin ab gegenüber Häresien, die dieses Grundbekenntnis und das in ihm erschlossene neue Selbst- und Weltverständnis im Kern gefährden. Theologie verteidigt den Wahrheitsanspruch des Glaubens vor dem Forum anderer Gottesvorstellungen und Selbst- und Weltdeutungen – religiöser wie philosophischer Natur – und führt die Auseinandersetzung mit Weltanschauungen, insofern sie das Leben des Einzelnen und der Gesellschaft im Ganzen in umfassender Weise prägen und damit die Freiheit des Christenmenschen tangieren.

Von diesem Grundverständnis von Theologie her wird zugleich deutlich, dass und inwiefern Theologie in gegenwartsorientierter Perspektive wahrgenommen wird. Sie entfaltet unter geänderten geschichtlichen Bedingungen jeweils neu die existenzerschließende Bedeutung des Glaubens für das Selbst- und Weltver-

---

[66] Vgl. 2 Kor 10, 5, wo Paulus vom Dienst des Apostels schreibt: »Wir zerstören […] Gedanken und alles Hohe, das sich erhebt gegen die Erkenntnis Gottes, und nehmen gefangen alles Denken in den Gehorsam gegen Christus«.

ständnis des Glaubenden und verantwortet den spezifischen Wahrheitsanspruch des Glaubens im Horizont des allgemeinen Wahrheitsbewusstseins. Nach beiden Seiten hin – für den eigenen Glauben und vor dem allgemeinen Wahrheitsbewusstsein – unternimmt die Theologie die ›Übersetzung‹ des Grundbekenntnisses in seinem Wahrheitsanspruch wahr. Dabei geht Paulus davon aus, dass Theologie – in dieser Weise vollzogen – der *ekklesia* und ihren einzelnen Gliedern dient. Dies setzt umgekehrt voraus, dass die Kirche sowie der Glaube des Einzelnen auch auf Theologie angewiesen sind. Dass dies so ist, erhellt am einfachsten anhand der von Paulus ausgeführten Aspekte des Selbstverständnisses von Theologie: Sie sind allesamt solche, die sich aus dem genuinen Verständnis von Glaube und Kirche ergeben.

Weiterführende Literatur:
Jürgen Becker, Paulus: der Apostel der Völker, 2., durchgesehene Auflage, Tübingen 1992.
Günther Bornkamm, Paulus (1969), 7. Auflage, Stuttgart 1993.
Eduard Lohse, Paulus – eine Biographie (1996), 2., durchgesehene Auflage, München 2003.
Udo Schnelle, Paulus. Leben und Denken, Berlin u. a. 2003.
Michael Wolter, Paulus. Ein Grundriss seiner Theologie, Neukirchen-Vluyn 2011.

IV. Platon: Die vernünftige Gotteserkenntnis als Maßstab allen Redens von Gott

Textgrundlage:[1]
- PLATON, Politeia, 376b–383c, 505b–509b.
- PLATON, Phaidon, 65a–67b, 72e–76a, 96a–103c.

1. Die Kritik an der religiösen Überlieferung

In der antiken Welt wurde von den Göttern in Göttermythen erzählt und gesungen, wie sie Homer und Hesiod gedichtet hatten und wie sie in der attischen Tragödie aufgeführt wurden. Sie gehörten zur festen Überlieferung des athenischen Staates, prägten den staatstragenden Kultus und hatten entsprechenden Einfluss auf die Volkserziehung. An diesen von den Dichtern verfassten Göttermythen übt Platon in der *Politeia* scharfe Kritik. Der Text ist äußerst aufschlussreich, denn er bringt den Anspruch der Philosophie in Sachen ›Rede von Gott‹ entschieden zum Ausdruck.

Die Form der mythischen Erzählung lehnt Platon in seiner Polemik gegen die Göttermythen der Dichter nicht generell ab. Er gebraucht an zentralen Stellen seiner Dialoge selbst Mythen. Dazu gehört vor allem der Schöpfungsmythos im *Timaios*,[2] in dem Platon die Entstehung des vielgestaltigen und geordneten Kosmos durch die bildende Tätigkeit des göttlichen Demiurgen zu beschreiben versucht und dafür zu einer mythologischen Erzählung greift. Dazu gehören ferner die Mythen im *Phaidon*[3] und in der *Politeia*[4] sowie derjenige im *Phaidros*,[5] in denen Platon das Ergehen der unsterblichen Seelen nach dem Tod bzw. vor der Reinkarnation in bildhafter Weise zu erfassen sucht.

Jene seine radikale Kritik an den überlieferten Göttermythen der Dichter basiert ebenso wie der eigene Gebrauch der mythologischen Erzählweise darauf, dass Platon als Philosoph den Anspruch geltend macht, die *Kriterien wahrer Rede von Gott* zu bestimmen. Diese wendet er kritisch gegen die tradierten My-

---

[1] Platons Werke werden nach Seiten- und Abschnittsangaben der Stephanus-Ausgabe zitiert nach: PLATON, Sämtliche Werke. In der Übersetzung von F. D. E. Schleiermacher, hg. von W. F. Otto/E. Grassi/G. Plambö́ck, Hamburg 1957–1966.
Eine zweisprachige Ausgabe griechisch-deutsch bietet: PLATON, Werke in 8 Bänden, hg. von G. Eigler, Darmstadt 1971, die ebenfalls auf die Übersetzung von Schleiermacher zurückgreift.
[2] Vgl. PLATON, Timaios, 27d–47e.
[3] Vgl. PLATON, Phaidon, 107e–115a.
[4] Vgl. PLATON, Politeia, 614a–621b.
[5] Vgl. PLATON, Phaidros, 246a–256e.

then und gebraucht sie zugleich als maßgebende Grundlage für die eigenen mythischen Erzählungen. Platon selbst verwendet mithin vernunftkritisch geläuterte Mythen. Er gebraucht das überschießende Moment des Mythos als Ausdrucksform, um solches darzustellen, was die vernünftige Einsicht übersteigt, jedoch nicht des vernunftrationalen Gehalts entbehrt. So hält Platon an dem mit der mythischen Form verbundenen Surplus durchaus fest, auch wenn er im Prinzip das reine Denken als die höchste Form der Erkenntnis ansieht.[6]

Alle Rede von Gott muss einer bestimmten Kriteriologie entsprechen, um eine *ihrem Gegenstand angemessene*, will heißen *wahre* Rede von Gott zu sein. Sie ist, so Platon, solche wahre Rede von Gott nur, wenn sie dem entspricht, wie Gott wirklich, d. h. *seinem Wesen nach* ist,[7] wenn sie also der *Natur Gottes gemäß* von ihm redet. Es ist nach Platon für das Selbstverständnis der Philosophie grundlegend, dass sie die vernünftige Einsicht des *an sich* und nicht des bloß subjektiv so empfundenen oder auf bloßer Konvention beruhenden Wahren, Schönen und Guten – mithin des Göttlichen – ist. In dieser Hinwendung zur Frage nach dem *an sich* Wahren, das zu erkennen nach Platon die primäre Aufgabe der Vernunft darstellt, liegt die Gegenbewegung zu den zeitgenössischen philosophischen Strömungen. Gegen die philosophischen Denkrichtungen seiner Zeit, insbesondere in Gestalt der sophistischen Aufklärung und ihrer – aus der Sicht Platons gesehen – relativistischen und subjektivistischen Grundauffassung in der Erkenntnistheorie und Ethik, behauptet Platon das *an sich* Wahre als den eigentlichen Gegenstand philosophischer Erkenntnis. Das an sich Wahre – darin liegt gleichsam Platons philosophisches Programm – macht er als den absoluten Grund, und zwar in erkenntnistheoretischer und sprachpragmatischer, in ontologischer und in ethischer Hinsicht geltend.

2. Die erkenntnistheoretische, ontologische und ethische Funktion der Idee des höchsten Guten

Die Idee des an sich Wahren versteht Platon in *erkenntnistheoretischer* Hinsicht als den Grund unserer Erkenntnis alles Endlichen.[8] Wir bedürfen ihrer als Voraussetzung, um einzelnes Endliches als dasjenige erfassen zu können, was es seinem Wesen nach ist; ja, wir nehmen sie – elementarer noch – bereits sprachpragmatisch in Anspruch, um die Dinge so zu bezeichnen, wie wir es im alltäglichen Gebrauch tun, nämlich als Stuhl, als Pferd, als weise, als gut. Um Einzelnes als dieses Bestimmte prädizieren zu können – als Stuhl, Pferd, als weise und gut – benötigen wir den Begriff oder wie Platon sagt die Idee des Stuhls, des Pferdes etc. Die Ideen bilden die erkenntnistheoretische Voraussetzung aller wahren Erkenntnis, will heißen des Wesens alles Seienden. Und die Vielheit der Ideen ist

---

[6] Siehe dazu unten S. 36–39.
[7] Vgl. PLATON, Politeia, 379a.
[8] Vgl. PLATON, Phaidon 65a–67b; 99e–100a.

noch einmal zusammengefasst in der Einheit dieser Vielheit, die durch die Idee der Ideen repräsentiert wird.

Indes kommt dem an sich Wahren nicht allein diese erkenntnistheoretische und sprachpragmatische Bedeutung zu. Vielmehr ist es zugleich auch als der *ontologische* Grund alles dessen, was ist, zu verstehen. Die Dinge sind das, was sie als Seiende sind und zu Seienden macht, durch ontologische Teilhabe an dem an sich Wahren als dem höchsten Seienden. Platon erläutert diese Funktionen des Wahren durch das Sonnengleichnis.[9] Gäbe es die Sonne nicht, so könnten wir die Dinge gar nicht erst sehen und auch nicht als diese Bestimmten erfassen.[10] Gäbe es die Sonne nicht, so könnten die Dinge zudem nicht in ihrem Sein bestehen.

»Die Sonne, denke ich, [...] verleihe dem Sichtbaren nicht nur das Vermögen, gesehen zu werden, sondern auch das Werden und Wachstum und Nahrung, unerachtet sie selbst nicht im Werden ist. [...] Ebenso nun sage auch, daß dem Erkennbaren nicht nur das Erkanntwerden von dem Guten komme, sondern auch das Sein und das Wesen habe es von ihm«.[11]

Schließlich bildet das an sich Wahre auch den Grund der *ethischen* Bestimmung des Einzelnen sowie der politischen Gemeinschaft. Nur in der Ausrichtung auf das Wahre, das zugleich das höchste Gute ist, vermag der einzelne Mensch, seine Bestimmung zu erkennen und zu einem gelingenden und glückseligen Leben zu gelangen. Und nur in der Ausrichtung auf das wahre Gute hat auch die politische Gemeinschaft ein solches Ideal, das die Vielen zu einem sich wechselseitig ergänzenden und zusammenstimmenden Ganzen – zum Organismus der *Polis* – werden lässt. Das an sich Wahre in der Einheit dieser Funktionen – für das Sein des Seienden, für die Erkenntnis des Seienden sowie für die ethische Bestimmung des Einzelnen und der politischen Gemeinschaft – ist für Platon das höchste Gute.

Dieses an sich Wahre als das höchste Gute in seinen Bestimmungen zu erkennen, bildet das Ziel des Weisen, der nach Einsicht strebt. Mit solcher Erkenntnis geht der Anspruch der Philosophie einher, *alle Rede von Gott an der vernunftnotwendigen Erkenntnis dessen, was wahrhaft Gott zu heißen verdient, zu prüfen und einer grundsätzlichen Kritik zuzuführen*. Die Philosophie gibt mithin die Grundkriterien vor, die erfüllt sein müssen, wenn von Gott *wahrhaft, das heißt seinem Wesen gemäß*, geredet werden soll. An ihnen sind insbesondere die tradierten Göttermythen der Dichter zu prüfen. Denn diese erzählen den Menschen Geschichten, die bloß erdichtet, der freien Phantasie entsprungen und darüber hinaus inhaltlich so verfasst sind, dass sie alles andere als eine staatstaugliche Gesinnung zu vermitteln vermögen. An diesen Kriterien ist aber auch alle philosophische Erkenntnis zu messen, die nicht zu dem *an sich* Wahren vorstößt,

---

[9] Vgl. PLATON, Politeia, 508a–509b.
[10] Zum Gedanken der Teilhabe in seiner erkenntnistheoretischen Funktion vgl. auch PLATON, Phaidon, 100c–101c.
[11] PLATON, Politeia, 509b.

damit das wahrhafte Wesen der Dinge nicht zu erfassen vermag und insofern zu bloß vermeintlicher Erkenntnis gelangt.

3. Die Grundkriterien wahrer Rede von Gott

Zu den Grundkriterien wahren Redens von Gott – οἱ τύποι περὶ θεολογίας[12] – gehört nach Platon zuvörderst, dass Gott als *das höchste Gute* gedacht wird. Als das höchste Gute ist es der Grund alles Guten, was ist. Und als solcher kann es, so Platon, nicht zugleich Ursache von Bösem sein. »Nicht also von allem ist das Gute Ursache, sondern was sich gut verhält, davon ist es Ursache; an dem Üblen aber ist es unschuldig.«[13] Daher fordert Platon strikte, solche religiösen Überlieferungen aus dem volksbildnerischen Verkehr zu ziehen, die von Untaten, schwerstem Unrecht, von Kriegen und Anschlägen der Götter sowie ihrer Feindschaft untereinander erzählen. Sie widersprechen nicht nur der Vernunft, sondern nehmen einen üblen Einfluss auf die Seelen der Menschen. Beides läuft dem Interesse des Staates zuwider, der einer gemeinwohlorientierten Bildung seiner Bürger höchstes Gewicht beizumessen hat.

»Zu behaupten aber, daß Gott irgend jemandem Ursache des Bösen geworden ist, da er doch gut ist, dies muß man auf alle Weise durchfechten, daß es nicht irgendjemand sage in seinem Staat, wenn er gut soll regiert werden, noch auch jemand höre, weder jung noch alt, weder in gebundener Rede noch in ungebundener vorgetragen, weil es weder fromm wäre, wenn es einer sagte, noch uns zuträglich, noch auch mit sich selbst übereinstimmend.«[14]

Ein Übel *als solches* kann es unter der Bedingung, dass Gott das Gute ist und alles Seiende sein Sein durch die Teilhabe am Guten hat, nicht geben. Denn alles was ist, ist selbst gut und gründet im Göttlichen, welches das Vernünftige ist und insofern für die zum Besten waltende Ordnung des Ganzen einsteht. »[D]aß die Vernunft das Anordnende ist und aller Dinge Ursache, [...] schien mir auf gewisse Weise sehr richtig, [...] und ich gedachte, wenn sich dies so verhält, so werde die ordnende Vernunft auch alles ordnen und jegliches stellen, so wie es sich am besten befindet.«[15] Insofern kann es nichts *an sich* Übles geben, sondern unter dem Seienden nur quantitative Unterschiede im Gutsein aufgrund seiner graduell unterschiedlichen Teilhabe am Guten. Mithin wird das Übel nur *subjektiv* von uns als ein solches empfunden; und dies setzt eine Trübung der Wahrnehmung voraus, weil es für den, der die Erscheinung der Dinge auf ihr Wesen hin durchschaut, kein eigentliches Übel gibt. Ist Gott gut und gerecht, und ist alles Seiende das, was es ist, durch Teilhabe am Göttlichen, dann kann das uns als widrig Erscheinende allenfalls von Gott als Züchtigungsmittel bestimmt sein, um

---

[12] Platon, Politeia, 379a.
[13] Platon, Politeia, 379b.
[14] Platon, Politeia, 380b–c.
[15] Platon, Phaidon 97c. Zum Gedanken der alles zum besten ordnenden Vernunft insgesamt Phaidon 97c–99c.

den Menschen zum Guten zu führen. Es muss mithin gesagt werden, »daß Gott nur, was gerecht und gut war, getan hat, sie [i. e. die Strafeleidenden, C. A.-P.] aber Nutzen gehabt haben von der Strafe«, dass »als unselige die Bösen der Strafe bedurft hätten und dadurch, daß sie Strafe litten, ihnen von Gott geholfen worden sei«.[16]

Insbesondere ist Gott als das höchste Gute nicht Urheber des schuldhaft Bösen. Daher weist Platon den Homerischen Hymnus entschieden zurück, demzufolge Zeus aus zweierlei Losen – guten und schlechten – wählt und den einzelnen Menschen eine entsprechende irdische Existenzweise zuteilt.[17] Bei Platon heißt es hingegen im Lebenswahl-Mythos, durch den er zu erfassen versucht, wie es zu der dem Menschen unvorgreiflichen, sein irdisches Leben prägenden Existenzweise gekommen ist, dass die präexistente Seele wählt, sie sich ihre irdische Existenzweise mithin selbst zuzieht. Ausdrücklich wird betont: »Die Schuld ist des Wählenden; Gott ist schuldlos«.[18]

Ein weiteres unabdingbares Erfordernis wahren Redens von Gott ist der Gedanke der *Unveränderlichkeit* Gottes. Als das höchste Gute und als dasjenige, was notwendig als *in sich vollkommen* gedacht werden muss, wenn denn nicht bloß vermeintlich, sondern wirklich Gott gedacht werden soll, ist Gott unveränderlich.[19] Denn es kann schlechterdings kein Grund bestimmt werden, weshalb es als das in sich vollkommene und insofern *selbstgenügsame* Wesen sich verändern sollte. Dass es zu solcher Veränderung von etwas außerhalb seiner selbst bestimmt wird, widerspricht dem Gottesgedanken. Denn Gott verdient von vornherein nur dasjenige zu heißen, was *durch sich selbst ist* und durch sich selbst *so ist, wie es ist*, mithin in seinem Wesen *nicht durch ein anderes bedingt* ist und, so Platon, nicht bedingt werden kann.

Gott kann indes auch nicht in sich selbst der Grund eigener Veränderung sein. Denn er ist das Vollkommene,[20] und als das Vollkommene leidet er keinen Mangel, sondern ist in sich selbstgenügsam. Hingegen könnten nur ein vorhandener Mangel und das Ziel, diesen ausgleichen zu wollen, der Grund für eine mögliche Veränderung seines Wesens sein. Weil dieses alles für Gott, wenn er wahrhaft als Gott gedacht wird, nicht zutrifft, insofern er durch sich selbst dasjenige ist, was er ist und in sich vollkommen und daher selbstgenügsam ist, bildet die Unveränderlichkeit ein unabdingbares, weil vernunftnotwendiges Gottesprädikat. »Also ist es auch einem Gott unmöglich, daß er sich selbst sollte verwandeln wollen; sondern jeder von ihnen bleibt, wie es scheint, da er so schön und trefflich ist als

---

[16] PLATON, Politeia, 380b.
[17] Vgl. PLATON, Politeia, 379d.
[18] PLATON, Politeia, 617e.
[19] Vgl. PLATON, Phaidon 78d, wo Platon von den Ideen sagt: »Das Gleiche selbst, das Schöne selbst [...], nimmt das wohl jemals auch nur irgendeine Veränderung an? Oder verhält sich nicht jedes dergleichen als ein einartiges Sein an und für sich immer auf gleiche Weise und nimmt niemals und auf keine Weise irgendwie eine Veränderung an?«. Was von den Ideen gilt, gilt entsprechend auch von dem Göttlichen, dass es das »sich stets Gleiche[ ]« ist. Ders., Phaidon 79d.
[20] Vgl. PLATON, Politeia, 381a–b.

möglich, auch immer ganz einfach in seiner eigenen Gestalt. – Das scheint mir wenigstens durchaus notwendig.«[21] Gott ändert sich nicht in der Zeit, sondern ist und bleibt ewig der immer sich selbst Gleiche. Dadurch ist er seinem Wesen nach unterschieden von allem empirisch Seienden, das dem Wechsel und der Veränderlichkeit unterliegt.

Weil Gott keiner Veränderung unterliegt, sondern *ewig sich selbst gleich* ist, muss er auch als *einfach* gedacht werden. Denn alles Zusammengesetzte ist, so Platon, auch wieder in seine Teile auflösbar und somit veränderlich.[22] Zudem muss alles Zusammengesetzte den Grund seiner Zusammensetzung notwendig außerhalb seiner selbst haben, was für Gott, der durch nichts anderes bedingt ist, sondern der voraussetzungslose und ewige Grund seiner selbst und alles Seienden ist, nicht gelten kann. Insofern gehört die *Einfachheit* des Einen[23] für Platon zu einem unabdingbaren Prädikat des Gottesgedankens. Den genannten Grundkriterien, denen zufolge Gott das höchste Gute ist und keiner Veränderung unterliegt, fügt Platon gleichsam zusammenfassend die Bestimmung an, dass das Göttliche als solches nur *eines* und *einzigartig* ist.[24] Platon überwindet damit die antike religiöse Vorstellung von einem polytheistischen Götterhimmel durch die vernunftbegründete Einsicht in die Einheit des Göttlichen.

Darüber hinaus macht Platon geltend, dass Gott keinen Grund hat, den Menschen über sich selbst etwas vorzugaukeln und zu täuschen, weder im Wort noch im Werk, wie es die mythische Überlieferung von den Göttern erzählt. Er hegt keine böse Absicht gegenüber den Menschen und will sie daher auch nicht über sich selbst täuschen, indem er »bald wirklich selbst viele Gestalten annehmend und seine eigne dagegen vertauschend, bald nur uns hintergehend und machend, daß wir dergleichen von ihm glauben«.[25] Gott als das Wahre täuscht nicht und ist kein Betrüger. »Offenbar also ist Gott einfach und wahr in Wort und Tat und verwandelt sich weder selbst, noch hintergeht er andere, weder in Erscheinungen noch in Reden, noch indem er ihnen Zeichen sendet, weder im Wachen noch im Schlaf«.[26] Mehr noch: Gott hält sich auch nicht unerkennbar im Verborgenen. Es gehört zum Wesen Gottes, der die Wahrheit ist, dass er sich den Menschen auch zu erkennen gibt. Er erschließt sich der menschlichen Erkenntnis seinem wahren Wesen gemäß. In Gott selbst liegt der Grund dafür, dass er vom Menschen erkannt werden kann.

Diese Ausführungen, die Platon hier für die wahre Rede von Gott geltend macht, sind in zweierlei Hinsicht von besonderer Bedeutung. Zum einen, weil Platon damit die Forderung verbindet, dass alle Rede von Gott daran zu messen ist, dass sie dem Wesen Gottes entspricht, dass das Wesen Gottes von der Vernunft gedacht werden kann und wird, dass mithin diejenigen Bestimmungen, die

---

[21] PLATON, Politeia, 381c.
[22] Vgl. PLATON, Phaidon, 78c–d; 80b.
[23] Vgl. PLATON, Politeia, 380d; 381c.
[24] Dies bildet das zentrale Thema des *Parmenides*.
[25] PLATON, Politeia, 380d.
[26] PLATON, Politeia, 382e.

als vernunftnotwendige Gottesprädikate erkannt sind, den kritischen Maßstab zu bilden haben für jedwede und daher auch für die theologische Rede von Gott. Nur so redet diese angemessen von ihrem Gegenstand und nur so ist die Vernünftigkeit und Allgemeingültigkeit ihrer Aussagen gesichert.

Zum andern macht Platon mit diesem grundsätzlichen Anspruch für das vernünftige Erkennen Gottes aus Gründen der Vernunft inhaltlich unveräußerliche Gottesprädikate geltend, die gedacht werden müssen, wenn wirklich Gott und nicht bloß vermeintlich Gott gedacht werden soll. Zu diesen Prädikaten gehört, dass das Göttliche das höchste Gute und als solches nicht Urheber des Bösen und des Übels ist; dass es als das Vollkommene und insofern Selbstgenügsame durch nichts außerhalb seiner bedingt ist und sich bedingen lässt, keiner Veränderung unterliegt, mithin schlechthin unveränderlich und als solches eines und einfach ist. Weil sich diese Prädikate aus der *streng vernünftigen Bestimmung des Gottesgedankens* ergeben, dürfen sie von keiner Rede von Gott unterlaufen werden. Hierin liegt der geltend gemachte Anspruch für den philosophischen Gottesgedanken, mit dem sich die Theologie konfrontiert sieht. Kann sie den vernunftnotwendigen Kriterienkatalog wahrer Rede von Gott akzeptieren? Und worin liegen die sperrigen und unter christlichen Bedingungen problematischen, wenn nicht gar inakzeptablen Aussagen? Wie lässt sich mit der platonischen Konzeption von der Einfachheit Gottes etwa das spezifisch christliche Verständnis von Gott als dem Dreieinigen verbinden? Welche Bedeutung kommt der *personalen* Rede von *Gott* im Verhältnis zur Rede von *dem Göttlichen* zu? Was ist mit der Bedeutung der Erscheinung Jesu Christi, in der nach christlicher Überzeugung Gott selbst in die Zeit eintritt und Mensch wird? Lässt sich das Heilshandeln Gottes in und an der Welt mit der Aussage einer ewigen Sich-selbst-Gleichheit Gottes vereinbaren? Und nicht zuletzt: Ist das Kreuzesgeschehen mit der Behauptung der Unveränderlichkeit, der Apathie und schlechthinnigen Unbedingtheit Gottes durch anderes zu vermitteln?

Jene von Platon als vernunftnotwendig behaupteten Bestimmungen des Gottesgedankens sind solche, die in der gesamten Tradition metaphysischen Denkens eine Rolle gespielt haben. Und diese theologischen Anfragen sind wiederum solche, die aus dem Zentrum der christlichen Gotteslehre heraus formuliert sind. Mit jenen wie diesen ist im Wesentlichen dasjenige markiert, worum sich sowohl die kritische Auseinandersetzung als auch die wechselseitige Bereicherung von Philosophie und Theologie in der Frage der rechten Gotteserkenntnis in ihrer geschichtlichen Entwicklung gedreht hat und dreht.

4. Die politische Funktion der Religion für die Gemeinschaft

Insofern die tradierten Göttermythen den vernunftnotwendigen Grundkriterien wahrer Rede von Gott nicht entsprechen, sind sie einer Kritik zuzuführen und ihr öffentlicher sowie ihr privater Gebrauch zu verbieten. An der philosophischen Zensur und Läuterung der überkommenen Göttersagen hat der Staat ein begründetes Interesse. Denn dieser will staatstaugliche Bürger heranbilden und hat daher darauf zu achten, dass auch in Sachen Religion und religiöser Erziehung alles mit rechten Dingen zugeht. Bei der Erziehung Heranwachsender, so argumentiert Platon in pädagogischer Absicht, spielen Erzählungen eine entscheidende Rolle. Sie werden nämlich den kleinen Kindern als Erstes vermittelt und prägen diese daher umso stärker. Im zarten Jugendalter »wird vornehmlich das Gepräge gebildet und angelegt, welches man jedem einzelnen einzeichnen will«[27] und das fortan den Menschen in seinen Grundanschauungen leitet. Weil dies so ist, darf die Erziehung der Kinder in einem Gemeinwesen, das durch Gerechtigkeit bestimmt sein soll, nicht unkontrolliert verlaufen. Vielmehr hat der Staat selbst darauf zu achten, dass die Religion dem Gemeinwohlinteresse dienlich ist, und mithin ist nur eine solche religiöse Erziehung zu dulden, die an den gemeinwohldienlichen Werten ausgerichtet ist und einer Sichtung nach vernünftigen Kriterien standhält.

»Ganz beliebige Märchen und von ganz Beliebigen erfundene«[28] sind dagegen aus dem Gebrauch zu nehmen, wenn sie nämlich die Götter in wilden Kämpfen befangen, den Lüsten unterworfen, Zwietracht säend darstellen. Denn wie soll ein Mensch dieses im eigenen Leben meiden, wenn er über die frühkindliche Erziehung am Leben der Götter veranschaulichte Ansichten aufgenommen hat, die weithin jenen widersprechen, die er nach vernünftiger Auffassung als Erwachsener haben sollte? Wie soll ein Staat ein harmonisches Gemeinwesen bilden können, wenn seine Bürger durch solche Götterbilder geprägt und nicht zu einer staatstragenden Gesinnung herangebildet wurden? Aus diesen Grundsätzen folgt, so Platon mit Entschiedenheit:

»Zuerst also, wie es scheint, müssen wir Aufsicht führen über die, welche Märchen und Sagen dichten, und welches Märchen sie gut gedichtet haben, dieses einführen, welches aber nicht, das ausschließen. Die eingeführten aber wollen wir Wärterinnen und Mütter überreden den Kindern zu erzählen, um so noch weit sorgfältiger die Seele durch Erzählungen zu bilden […]. Von denen aber, die sie jetzt erzählen, sind wohl die meisten zu verwerfen«.[29]

Dies wiederum heißt für Platon, dass der vernünftigen Einsicht in das Wesen des Göttlichen für die Erziehung der Bürgerschaft richtungsweisende Funktion zukommt. Die von der Philosophie aufgestellten Grundlinien für die Götterlehre sind strikte anzulegen, insofern sie allein dem entsprechen, wie Gott wirklich ist, und nicht bloß dichterischer Phantasie oder den Wunschprojektionen des Menschen entsprungen sind. Die vernünftig geläuterte Religion und ihre Überlieferungen sind funktional zum Wohle des Staates einzusetzen. Denn dass alle zu Philosophen werden und über das reine Denken selbständig zur Weisheit gelangen sowie ein dieser Erkenntnis gemäßes Leben führen, ist schwerlich zu erwarten. Die philosophische Existenz ist vielmehr eine Ausnahmeerscheinung. Um indes die Vielen im Interesse des Gemeinwohls zu überbilden, kann die Religion

---

[27] PLATON, Politeia, 377b.
[28] Ebd.
[29] PLATON, Politeia, 377b–c.

dienlich sein. Denn sie wirkt mittels der Erzählung in ganz anderer Weise als durch die Form des reinen Denkens, wie dies für die Philosophie gilt, und ist dadurch breitenwirksamer. Die *Form* der Religion – nämlich durch Erzählung den religiösen Gehalt unter das gemeine Volk zu bringen – wird in ihrer Vermittlungsfunktion anerkannt. Allerdings ist unbedingt darauf zu achten, dass der religiöse Überbau von allem schädlichen Beiwerk gereinigt wird und durch vernunftgeleitete Kriterien bestimmt ist. Diese religionskritische Funktion fällt in die Aufgabe der philosophischen Theologie.

Damit hat Platon gleichsam Grundzüge einer funktionalen Religionstheorie entworfen. Dies gilt hinsichtlich der Bedeutung, die er der Religion für die politische Gemeinschaft zuschreibt, indem über die Religion gemeinwohldienliche Werte vermittelt werden und sie insofern dem Zusammenhalt des Gemeinwesens dient. Allerdings gilt dies nicht für jede Form von Religion und religiöser Überlieferung, vielmehr nur für eine solche, deren Gehalte vernunftkompatibel und mithin von der Art sind, dass sie als allgemeinverbindliche Werte von der Wertegemeinschaft anerkannt werden können. Zudem deutet Platon darauf hin, dass Religion gerade in ihrer spezifischen Eigenart und Form *als Religion* ein vorzügliches Introduktionsmittel zur ethischen Orientierung ist. Freilich geht mit dieser Überzeugung einher, dass sie dies lediglich für jene ist, die sich nicht in selbständiger, will heißen, in rein vernunftgeleiteter Weise zu einer gelingenden Lebensführung selbst bestimmen. Der Königsweg zu einem weisen Leben führt über das reine Denken. Daran besteht für Platon kein Zweifel. Die Religion ist dagegen der ›Trampelpfad‹, auf dem es den Vielen ermöglicht wird, eine Annäherung an ein gutes Leben zu erlangen. Der Philosophie wiederum kommt die Aufgabe zu, die religiöse Überlieferung daraufhin kritisch zu prüfen, ob und inwiefern sie vernunftkompatibel und allgemeingültig ist, und ob und inwiefern die von ihr tradierten Gehalte und mythologischen Bilder gemeinwohldienlich sind.

In diesen Überlegungen lassen sich Grundaussagen erkennen, die in der Geschichte der Verständigung über Sinn und Aufgabe der Religion in anderen Kontexten zu ausgearbeiteten Entwürfen einer funktional ausgerichteten Religionstheorie entfaltet wurden. Zu denken ist hier insbesondere an die Versuche der Frühaufklärung, mittels der sogenannten natürlichen Religion ein Fundament für ein friedliches Miteinander der Menschen im jeweiligen Staat und völkerübergreifend zu legen.[30] Ein ähnlicher Gedanke findet sich auch bei Kant, der in der *Religionsschrift* den Kirchenglauben, soweit er mit Einsichten der Vernunft übereinstimmt, als Introduktionsmittel des vernünftigen Religionsglaubens versteht, um – wozu die Vernunft breitenwirksam nicht imstande ist – ein Reich nach Tugendgesetzen heraufzuführen.[31] An Kants Überlegungen schließt in

---

[30] Vgl. dazu unten Kapitel XV, S. 186–189.
[31] IMMANUEL KANT, Die Religion innerhalb der Grenzen der bloßen Vernunft, 1. Auflage 1793, in: Gesammelte Schriften, hg. von der Königlich Preußischen Akademie der Wissenschaften, Bd. 6, Berlin 1907, S. 93–147; und in: Werke in sechs Bänden, hg. von W. Weischedel, Bd. 4, 6., unveränderte Auflage, Darmstadt 2005, S. 127–222 nach der Paginierung der Originalausgabe.

jüngster Zeit Jürgen Habermas an, und zwar ebenfalls unter dem Aspekt, welche spezifische Funktion die Religion gerade *als Religion* für die Gemeinwohlorientiertheit unserer Gesellschaft hat. Habermas hebt dabei insonderheit auf das *semantische Potenzial* der jüdisch-christlichen Überlieferung ab und verknüpft damit zugleich Kants Forderung nach der Vernunft der Religion, die zu erheben ist, wenn der Religion eine öffentlichkeitswirksame Funktion zukommen soll.[32]

Vor diesem Hintergrund kommt der Theologie gegenüber der Religion die Aufgabe zu, die Gehalte der christlichen Religion auf ihre vernünftige Allgemeinheit hin durchsichtig zu machen und zugleich die Bedeutung zu erhellen, die sie gerade *als religiöse* Gehalte für das politisch gemeine Wesen übernehmen. Religion nimmt *als Religion* etwas wahr, was durch andere ›Systeme‹ nicht wahrgenommen wird. Diese Funktion erfüllt sie nicht nur durch die vernünftige Allgemeinheit ihrer Gehalte, sondern gerade auch durch die spezifische Form, in der sie diese vermittelt. Will die Theologie nicht in den Sog geraten, der von der These der höherrangigen, rein vernünftigen Form des Gottesgedankens ausgeht und eine Aufhebung der religiösen Vorstellung in den philosophischen Begriff[33] impliziert, dann hat sie im Gegenzug gegen den Anspruch der Philosophie die der Religion eigentümliche Form und das semantische Surplus der religiösen Vorstellung stark zu machen, indem sie diese in ihrer Eigenart als die dem theologischen Gehalt *adäquate* Form zu begründen versucht.

5. Vernünftige Einsicht und Glaube

Der von Platon aufgestellte Kriterienkatalog für die dem Wesen Gottes angemessene Rede – dass Gott das Gute, das Vollkommene, dass er einer, ewig und unveränderlich ist; dass er sich dem Menschen zu erkennen gibt, um wahre Gotteserkenntnis zu eröffnen; dass diese Bestimmungen notwendig gedacht werden müssen, wenn wahrhaft Gott und nicht bloß vermeintlich Gott gedacht werden soll – formuliert einen Anspruch für das Selbstverständnis der Philosophie, mit dem sie sich zugleich als kritische Instanz gegenüber der christlichen Theologie und ihrer Rede von Gott behauptet. Dieser Anspruch fordert wiederum die Theologie zur kritischen Auseinandersetzung mit der Philosophie um die rechte Gotteserkenntnis heraus. Dabei spielt neben der vernunftgemäßen Bestimmung des Gottesgedankens die Frage danach, wodurch wahre Gotteserkenntnis eröffnet ist und wie der Mensch zu ihr zu gelangen vermag, eine entscheidende Rolle. Auch die Erörterung dieser Frage ist bei Platon bereits vorgezeichnet. Denn er wendet die auf vernünftiger Erkenntnis beruhende philosophische Rede von

---

[32] Vgl. dazu seine Kant-Interpretation in dem einschlägigen Aufsatz: JÜRGEN HABERMAS, Die Grenze zwischen Glauben und Wissen. Zur Wirkungsgeschichte und aktuellen Bedeutung von Kants Religionsphilosophie, zuerst erschienen 2004, jetzt abgedruckt in: Ders., Zwischen Naturalismus und Religion. Philosophische Aufsätze, Frankfurt a. M. 2005, S. 216–258.

[33] Vgl. dazu das Kapitel XVIII zu Hegel.

Gott kritisch nicht nur gegen die nach Platon der Phantasie der Dichter entsprungenen Göttermythen. Vielmehr beansprucht er die philosophische Erkenntnis im *Vollzug des reinen Denkens* als die *höchste Form der Erkenntnis* überhaupt und damit zugleich als die der Erfassung des Göttlichen einzig angemessene Weise.

Vollzug der gottgemäßen Erkenntnis ist das reine Denken, nach dem der Philosoph strebt. Denn indem der wahrhaft Weise im Akt des reinen Denkens zu den Ideen als den Wesensformen der Dinge durchdringt, über die Vielheit der Ideen hinausgehend die Frage nach deren Einheit stellt und diese wiederum in der Idee des höchsten Guten zu erfassen sucht, hat der Erkenntnisvollzug selber Teil an den göttlichen Ideen, ist letztlich selbst göttlich gewirkt. Insbesondere für das Ziel der Erkenntnis hält Platon fest, dass es sich der Selbsterschließung des Göttlichen verdankt. Wahre Erkenntnis ist ein Akt der Erleuchtung[34] und geschieht im Nu[35] des Augenblicks. Sie stellt sich plötzlich und intuitiv ein, obgleich sie an den Weg des sich vertiefenden Denkens in seinen Grund bzw. an den Weg der von der sinnlichen Wahrnehmung anhebenden, sie überwindenden und zu den Ideen aufsteigenden Erkenntnis gebunden ist.[36]

Mit dieser Überzeugung von der Art der philosophischen Erkenntnis geht die Auffassung einer, dass alle anderen Weisen des Erkennens das Göttliche nicht wirklich zu erfassen vermögen und mithin als niedere Formen von Erkennen mit geringerem Gewissheitsgrad zu verstehen sind. Platon wendet dieses Argument nicht nur gegen die auf der sinnlichen Wahrnehmung basierende Verstandeserkenntnis an, sondern auch gegen die πίστις – den Glauben – im Unterschied zur νόησις – der philosophischen Erkenntnis –, insofern der bloße Glaube noch mit mancherlei behaftet ist und an solchem hängt, was der reinen Erkenntnis im Wege steht.[37] Damit wiederum ist ein Argument vorbereitet, das in der Auseinandersetzung zwischen Philosophie und Theologie um den Anspruch auf wahre Gotteserkenntnis dauerhaft eine Rolle spielt.

Dass beide, Theologie und Philosophie, so ohne Weiteres nicht voneinander lassen können, ist zunächst einfach dann und dadurch gegeben, dass Philosophie und Theologie jede für sich beanspruchen, von Gott zu reden und damit zugleich den Anspruch auf Wahrheit verbinden. Daraus ergibt sich notwendigerweise die Frage nach dem Verhältnis vernünftiger Gotteserkenntnis zu derjenigen Erkenntnis Gottes, die auf der Grundlage der Offenbarung und im Glauben gewonnen wird. Im Extremfall kann dies dazu führen, dass Philosophie und Theologie sich wechselseitig den Anspruch auf wahre Gotteserkenntnis gänzlich streitig machen, wie es etwa in dem Diktum Tertullians »Was hat Athen mit Jerusalem zu schaffen? Was die Akademie mit der Kirche?«[38] zum Ausdruck

---

[34] Vgl. PLATON, Brief 7, 341c–d.
[35] Vgl. PLATON, Symposion, 210e.
[36] Vgl. PLATON, Symposion, 210a–212a.
[37] Vgl. PLATON, Politeia, 533e–534a; sowie Politeia, 511d–e.
[38] TERTULLIAN, De praescriptione haereticis 7, 9; CCL 1, S. 193, Z. 7 f.: »Quid ergo Athenis et Hierosolymis? quid academiae et ecclesiae?«.

kommt. Es kann aber auch dazu führen, dass jede die jeweils andere in ihrer Eigentümlichkeit zwar in gewisser Weise anerkennt, selber aber mit einem Überbietungsanspruch auftritt. Klassisch und traditionsträchtig ist dies in das Bild von der Herrin und der ihr dienenden Magd gebracht worden. Gestritten wird dann darum, wer die Herrin ist und wer als Magd zu dienen hat. Kardinal Petrus Damianus (1007–1072) gebraucht dieses Bild, um klar zu machen, dass die Philosophie die Dienerin der Theologie sei und dem Glauben als ihrer Herrin nicht vorangehe, sondern ihm nachzufolgen habe. Damianus ist nicht zimperlich in seiner Darstellung. Er greift auf Dtn 21, 10–13 zurück und beschreibt den Umgang der Theologie mit der Philosophie analog zu dem Vollzug des israelitischen Kriegsrechts an einer Gefangenen, die zur Sklavin wird und ihrer Herrin zu folgen hat.[39]

Immanuel Kant macht – das Bild aufgreifend und mit ihm ironisch spielend – deutlich, dass die Philosophie als die vermeintliche Magd der Theologie als ihrer Herrin die Fackel mit dem Licht der Vernunft voran- und nicht die Schleppe nachtrage.[40] Hegel wiederum vertritt die Auffassung, dass Religion und Philosophie zwar denselben Inhalt – nämlich die absolute Wahrheit – zum ›Gegenstand‹ hätten. Erstere vergegenwärtige die Wahrheit jedoch in der Form der religiösen Vorstellung, während letztere sie im philosophischen Begriff erfasse und so dem absoluten Inhalt in der absoluten Form entspreche. Insofern beharrt Hegel zwar darauf, dass in der Religion der wahre Inhalt präsent ist. Dennoch bleibt diese aufgrund der ihr eigentümlichen Form – die Hegel als religiöse Vorstellung begreift – hinter dem philosophischen Begriff zurück.[41] Die Wahrheit als absoluter Geist kommt für Hegel erst im absoluten Wissen zu sich selbst. Damit ist die Religion zu einer niederen Form der Gotteserkenntnis degradiert. Kierkegaard hat diese Behauptung böse spöttelnd in die Aussage gebracht, hier werde die Religion zum »Asyl für schwache Köpfe«[42] erklärt.

In Hegels Überbietungsanspruch dürfte etwas zum Ausdruck gebracht sein, was gleichsam genuin mit dem Selbstverständnis der Philosophie einhergeht, insofern sie im Medium des reinen Denkens dem Denken selbst und allem Endlichen auf den Grund zu gehen sucht. Ein solcher Überbietungsanspruch begegnet einem ebenso in Platons Philosophie, auch wenn dieser der Mythologie eine größere vernunftkompatible Bedeutung zuerkennt, als dies bei Hegel der Fall ist. Die Theologie hingegen beharrt in aller Regel darauf – gerade wegen des ihr

---

[39] Vgl. Petrus Damianus, De divina omnipotentia 5, MPL 145, Sp. 603 D.

[40] Vgl. Immanuel Kant, Der Streit der Fakultäten (1798), in: Gesammelte Schriften, hg. von der Königlich Preußischen Akademie der Wissenschaften, Bd. 7, Berlin 1907, S. 28; und in: Werke in sechs Bänden, hg. von W. Weischedel, Bd. 6, 6., unveränderte Auflage, Darmstadt 2005, S. 26 nach der Paginierung der Originalausgabe.

[41] Siehe dazu unten S. 236–241.

[42] Sören Kierkegaard, Abschließende unwissenschaftliche Nachschrift zu den Philosophischen Brocken, 2 Teile, aus dem Dänischen übersetzt von H. M. Junghans, in: Ders., Gesammelte Werke, hg. von E. Hirsch/H. Gerdes/H. M. Junghans, 16. Abteilung, 3. Auflage, Gütersloh 1994, zweiter Teil, S. 29.

eigentümlichen Erkenntnisweges, der grundlegend bezogen ist auf die Selbsterschließung Gottes in Jesus Christus –, dass allein sie es ist, die über die ›bloße‹ Metaphysik hinaus zur Erkenntnis der Wirklichkeit des wahren, sich in Jesus Christus geoffenbart habenden Gottes zu führen vermag. Der Anspruch, den die vernünftige Gotteserkenntnis für sich geltend macht und mit dem sich nicht selten ein Überbietungsgestus gegenüber Religion und Theologie verbindet, führt für die Theologie die Aufgabe mit sich, den ihr eigentümlichen Erkenntnisweg im Ausgang von der Offenbarung Gottes in Jesus Christus als den dem Gottesgedanken angemessenen eigens zu begründen und auf dieser Basis den Anspruch sowie die Grenzen der vernünftigen Gotteserkenntnis zu prüfen. Damit verbindet sich zugleich die Aufgabe, den Vollzug von Religion, gerade indem er sich auf Offenbarung und damit verbunden auf die Geschichte Jesu Christi bezogen weiß, als einen solchen darzutun, der genau darin der Selbstoffenbarung Gottes als Grundlage des wahrhaften Gottesverhältnisses entspricht.[43]

Weiterführende Literatur:
RAFAEL FERBER, Platos Idee des Guten, 2. Auflage, St. Augustin 1989.
HANS-GEORG GADAMER, Die Idee des Guten zwischen Platon und Aristoteles, Heidelberg 1978.
JENS HALFWASSEN, Der Aufstieg zum Einen. Untersuchungen zu Platon und Plotin, Stuttgart 1992.
FRIEDO RICKEN, Philosophie der Antike, 2., durchgesehene Auflage, Stuttgart/Berlin/Köln 1993, S. 54–103.

---

[43] Siehe dazu die Ausführungen im Kapitel zu Hegel unten S. 240 f.

V. Die frühkirchlichen Apologeten: Die christliche Religion als Einheit von *vera religio* und *vera philosophia*

Textgrundlage:[1]
- JUSTIN, Apologie, besonders I, Nr. 13, 22, 23; II, Nr. 6, 10, 14, 15.

1. Die Anschauung der Wahrheit in der Person Jesu als Wirkgrund gelingenden Lebens

Der durch die antike Philosophie und ihre Rede von Gott gestellten Herausforderung an die christliche Theologie sind die frühchristlichen Apologeten des 2. Jahrhunderts – als deren herausragende Figur Justin (gestorben 165 n. Chr.) zu nennen ist – mit der Überzeugung begegnet, dass die Lehre des Christentums nicht nur als durchaus vernünftig dargetan und verteidigt werden kann. Sie behaupten die christliche Lehre darüber hinaus als die *vera philosophia* – die wahrhafte Philosophie. Die Apologeten unternehmen den Versuch, die Gehalte des Christentums in die Denkwelt ihrer Zeit, die durch die hellenistische Philosophie – besonders die stoische und (neu)platonische – bestimmt ist, zu vermitteln. Auf diese Weise wollen sie den Anspruch für die christliche Religion rechtfertigen, die wahre und zugleich die vernünftige Religion zu sein; mehr noch, sie machen geltend, allererst die christliche Religion eröffne die Verwirklichung der von den Philosophen vielfach nur angestrebten, selten jedoch vollends erreichten vernünftigen Gotteserkenntnis, welche die Grundlage eines guten Lebens bildet. Diesem Nachweis dient nach Auffassung der Apologeten die Theologie.

Dabei knüpfen die Apologeten vor allem bei der Frage an, wie der Mensch zu einem gelingenden Leben geführt werden kann. Denn die zeitgenössische Philosophie – wie die antike Ethik überhaupt – kreisen im Kern um die Frage nach dem guten Leben, wobei sie von der Auffassung geleitet sind, dass die *vernünftige* Erkenntnis und *nur sie* die Basis dafür bildet. Zwar differieren die philosophischen Schulen in den Antworten darauf, worin die vernünftige Einsicht liegt und wie sie erreicht werden kann. Des ungeachtet sind sie jedoch allesamt von der Überzeugung getragen, dass nur vernünftige Einsicht die Grundlage eines

---

[1] JUSTIN, Apologie, zitiert nach: Kirchen- und Theologiegeschichte in Quellen, Bd. 1, ausgewählt, übersetzt und kommentiert von A. M. Ritter, 9. überarbeitete und ergänzte Auflage, Neukirchen-Vluyn 2007, S. 38–43. Der vollständige Text findet sich in einer deutschen Übersetzung in: Ders., Apologie, in: Sämmtliche Werke der Kirchenväter. Aus dem Urtexte in das Teutsche übersetzt, Bd. 1, Kempten 1870, S. 146–228. Lateinisch wird zitiert nach: Migne Patrologia Graeco Latina (= MPGL), Bd. VI, Apologie I, Sp. 327–441; Apologie II, Sp. 441–470.

guten Lebens bildet. Die Apologeten machen demgegenüber geltend, dass der göttliche *logos*, dessen Erkenntnis es zur Verwirklichung der gelingenden Lebensführung nach philosophischer Auffassung bedarf, erst in Jesus Christus vollkräftig in Erscheinung getreten ist. Zwar gestehen sie dem vernünftigen Erkennen der Philosophen eine gewisse Gotteserkenntnis durchaus zu, vor allem was die Lehre von der Einheit Gottes anbelangt und die mit ihr vollzogene Kritik an der polytheistischen Volksreligion. Die Gotteserkenntnis allein aus der Vernunft ist den Apologeten zufolge aber eine solche, die nach vollkommener Erkenntnis des göttlichen *logos* lediglich *strebt*, sie durch das Licht der natürlichen Vernunft jedoch nicht vollends zu erlangen vermag.

Dass insbesondere Platon zu einer weitgehend überzeugenden Lehre von Gott gelangt sei, wird von den Apologeten anerkannt und eine vielfache Übereinstimmung zwischen der platonischen und christlichen Gotteslehre auch ausdrücklich festgehalten. Gleichwohl betonen sie beherzt, dass das Entscheidende noch fehlt. So räumt Justin ein, dass »die Lehren Platons denjenigen Christi nicht [völlig] fremd sind, wohl aber [...] nicht in allem an sie heranreichen; desgleichen die der andern: der Stoiker«.² In der Auseinandersetzung mit der Philosophie geht es im Kern um *die Bedeutung, die der Person Jesu Christi für die Gotteserkenntnis zukommt*. Irenäus von Lyon (ca. 135–202) bringt dies kurz und bündig auf den Punkt: »Wenn sie [die Philosophen, C. A.-P.] sie [die Wahrheit, C. A.-P.] erkannt haben, dann war es überflüssig, daß unser Erlöser in diese Welt herabstieg. Denn wozu kam er dann? Etwa um die Wahrheit, die bekannt war, den Menschen, die sie kannten, zur Erkenntnis zu bringen?«³

Zudem, so wenden die Apologeten des Weiteren ein, hat philosophische Einsicht faktisch nur Vereinzelte zu einem tugendhaften Leben geführt, vermochte jedoch nicht, das Gros der Menschen zu einem tugendgemäßen und glückseligen Leben zu führen. Demgegenüber eröffnet *die Erscheinung des logos in der Person Jesu von Nazareth* nicht allein die *vollendete Erkenntnis* des einen und wahren Gottes. Sie erschließt sie vielmehr in einer solchen Weise, dass die Menschen sie zu erfassen vermögen und durch sie auch wirklich zum *Vollzug* eines sittlich-guten Leben gebracht werden.

Es ist nach Auffassung der Apologeten eben nicht die rein geistige Schau des göttlichen *logos*, die den Menschen – einmal vorausgesetzt, sie wird erreicht – auch tatsächlich zur Verwirklichung eines tugendhaften Lebens zu bewegen vermag. Die philosophische Grundüberzeugung, die davon ausgeht, dass die Er-

---

² JUSTIN, Apologie II, 13, 21; Kirchen- und Theologiegeschichte in Quellen, Bd. 1, S. 40; MPGL, Bd. VI, Sp. 466: »non quod aliena sint a Christo instituta Platonis, sed quod non omnino similia, ut nec etiam aliorum, Stoicorum videlicet«.
³ IRENÄUS, Adversus haereses, II, 14, 7. Übersetzung nach: Ders., Gegen die Häresien, griech.-lat.-dt., übersetzt und eingeleitet von N. Brox, in: Fontes Christiani. Zweisprachige Neuausgabe christlicher Quellentexte aus Altertum und Mittelalter, Bd. 8,2, hg. von N. Brox u. a., Freiburg i. Br. 1993, S. 117; MPGL, Bd. VII, Sp. 755: »Et si quidem cognoverunt, superflua est Salvatoris in hunc mundum descensio. Utquid enim descendebat? Numquid ut eam, quae cognoscebatur veritas, in agnitionem adduceret his, qui cognoscunt eam, hominibus?«.

kenntnis des Guten seine Verwirklichung im Einzelnen mit sich führt, indem die Einsicht den Willen bestimmt und diesen zum Vollbringen anleitet, stellen die Apologeten in Frage. Sie heben dagegen den für die philosophische Einstellung höchst problematischen, für die christliche Religion wiederum zentralen Gedanken der Inkarnation des göttlichen *logos* in Gestalt Jesu von Nazareth in deren *konstitutiver* Bedeutung hervor, und zwar nicht allein für die Frage der vollendeten Erkenntnis des Guten, sondern insbesondere für die nach dem Vollzug des Guten im Leben des Menschen.

Das Leben Jesu – beseelt vom göttlichen *logos* – stellt den Vollendungspunkt allen menschlichen Strebens nach Weisheit und Tugend dar; und die *konkrete Anschauung* desselben vermag allein, die Menschen auf das gute Leben hin auszurichten. Denn in Jesus Christus gibt der unsichtbare Gott sich zu erkennen und vervollkommnet dadurch das natürliche Licht der Vernunft zu wahrhafter Gotteserkenntnis. Die konkrete Anschauung des Lebens Jesu als Verwirklichung des guten Lebens vermögen die Menschen – im Unterschied zur rein vernünftigen Gotteserkenntnis, welche nur Einzelnen möglich ist – auch zu erfassen; und nicht nur dies. Im Unterschied zur vernünftigen Gotteserkenntnis ist die konkrete Anschauung des Lebens Jesu von der Art, dass sie eine *wirkkräftige Erkenntnis* darstellt, will heißen, sie setzt die Verwirklichung des tugendhaften Lebens im Leben der Menschen auch frei.

Der Kern der apologetischen Argumentation besteht daher in der Bestreitung des entscheidenden Grundgedankens der Philosophie mit der These, dass die philosophische Erkenntnis das gerade nicht zu leisten vermag, worauf sie zielt: eine *vollkommene* Erkenntnis des Göttlichen zu erreichen, welche die *Verwirklichung* des Guten im Menschen auch tatsächlich in Vollzug bringt. Die vernünftige Erkenntnis gelangt nicht zur wahrhaften Gotteserkenntnis, weil sie von der zentralen Bedeutung des in Jesus Christus inkarnierten *logos* absieht; und sie vermag nicht zu gewährleisten, dass das, was als das Gute erkannt wird, im Menschen auch zur Umsetzung gelangt. Darin sehen die Apologeten eine grundlegende Schwäche der Vernunft, insbesondere was ihre Motivationskraft zu tugendhaftem Leben angeht.

An ihrer Argumentation ist mithin nicht nur die These einer *Vervollkommnung der Gotteserkenntnis durch geschichtliche Offenbarung* von besonderem Belang. Vielmehr markieren die Apologeten in exemplarischer Weise ein aus Sicht der Theologie grundlegendes Problem: dass nämlich die Erkenntnis des Guten noch lange nicht die Verwirklichung desselben mit sich führt. Und nicht zuletzt unterstreichen sie die Bedeutung der Manifestation des Göttlichen in *personaler* Gestalt zur Erlangung des guten Lebens, auf das das Sinnen und Trachten des Menschen ausgerichtet ist. Es ist die *Personhaftigkeit* des Erlösers, die die Apologeten in ihrer Bedeutung für den religiösen Vollzug des Menschen hervorheben. Denn die Anschauung der Verwirklichung des guten Lebens in der *Person* des Erlösers – und nicht die abstrakte philosophische Idee – vermag ein gottgemäßes Leben im Einzelnen zu entzünden. Gerade die zentrale Frage der antiken Ethik nach dem guten Leben greifen die Apologeten aus dem gesamtkulturellen Kontext auf, um so den Anspruch der christlichen Religion zum Zuge zu bringen, die *vera philosophia* zu sein, indem sie zugleich *eminens practica* – nämlich eine gelingende Lebensführung mit sich führend – ist.

2. Die Vernunft der christlichen Religion und der Öffentlichkeitscharakter von Theologie

An der Arbeit der Apologeten – ihrer besonderen Wahrnehmung von Theologie – ist nun noch eigens die Art und Weise hervorzuheben, wie sie die Argumentation über die Vernunft der christlichen Religion ins Werk führen. Die Apologeten heben darauf ab, dass Religion und Vernunft sich nicht widersprechen, sondern sich im Lichte der Erscheinung Jesu Christi aufs Beste vereinigen. Vernünftigsein und Frommsein fordern sich wechselseitig. Dies drückt sich etwa in der Biographie des Justin darin aus, dass er als vormaliger Philosoph zum Christentum übertritt. Denn: »Wer wahrhaft fromm und philosophisch empfindet, dem gebietet die Vernunft (ὁ λόγος), allein die Wahrheit zu ehren und zu lieben«.[4] Die Apologeten tragen diesen Anspruch mit Vernunftgründen *auf dem Boden der Vernunft* aus und nicht durch bloßen Verweis auf den Charakter der Offenbarung als Offenbarung.

Neben den oben angeführten Gründen für die Vernunft der christlichen Religion im Blick auf Erkenntnis und Vollzug des Guten machen sie ferner geltend, dass wahrhaft vernünftige Einsicht nur *eine* sein kann, so dass alles in ihr zusammenstimmt und sich zu einem vernünftigen Ganzen fügt. Weil dies aus Gründen der Vernunft so ist bzw. so zu sein hat, sprechen die Zersplitterung der philosophischen Schulen und die sich widersprechenden Überzeugungen ihrer Vertreter gegen ihren jeweiligen Wahrheitsanspruch.

»Jeder von ihnen hat kraft seines Anteils an dem Samenkörner [der Wahrheit] austeilenden [...] göttlichen Logos [...] erkannt, was zu ihm in verwandtschaftlicher Beziehung steht, und [insoweit] wohl geredet; doch haben sie in den wichtigeren Fragen einander widersprochen und damit erwiesen, daß sie kein [tiefer] eindringendes Wissen [...] und keine unwiderlegliche Erkenntnis besitzen«.[5]

Demgegenüber erweist sich die Wahrheit, die in Jesus Christus in Erscheinung getreten ist, als die *eine* Wahrheit, auf die alle vernünftige Erkenntnis eigentlich hinzielt, in der sie ihre Vollendung findet und von der her sie ins rechte Licht gerückt wird. Diesen mit ihrem ›Gegenstand‹ verbundenen Wahrheitsanspruch in

---

[4] JUSTIN, Apologie I, 2, 1; Kirchen- und Theologiegeschichte in Quellen, Bd. 1, S. 39; MPGL, VI, Sp. 330: »Praescribit ratio, ut qui vere pii et philosophi sunt, verum unice colant et diligant recusantes majorum opiniones sequi, si praeve sint.«

[5] JUSTIN, Apologie II, 13, 2; Kirchen- und Theologiegeschichte in Quellen, Bd. 1, S. 40; MPGL, VI, Sp. 466: »Ut quisque enim disseminatae rationis divinae partem aliquam sibi cognatam videbat, praeclare locutus est. Qui autem secum ipsi in rebus longe gravissimis pugnarunt, ii nec scientiam sublimiorem, nec cognitionem, quae refelli non possit, assecuti videntur.«

Auseinandersetzung mit der philosophischen Einsicht zu entfalten, sind die Apologeten bestrebt; darin sehen sie eine grundlegende Aufgabe der Theologie.

Dem ist ein weiterer Gesichtspunkt hinzuzufügen, der für die Arbeit der Apologeten charakteristisch und von zentraler Bedeutung für das Verständnis der Wahrnehmung von Theologie ist: Sie machen von der Vernunft *öffentlichen Gebrauch*. Natürlich hängt dies auch damit zusammen, dass sie den gegen die Christen erhobenen Vorwurf, sie verträten irgendwelche Geheimlehren und versammelten sich an verborgenen Orten zu mysteriösen Handlungen, parieren wollen. Indes dürfte sich darin, dass die Apologeten die Debatte um die christliche Lehre und den christlichen Kultus in die Öffentlichkeit ziehen – wie etwa Justin dies tut, der seine Schrift an die regierenden Kaiser, den Senat und das ganze römische Volk adressiert –, auch die Einsicht in den spezifischen Charakter der Vernunft und einer Argumentation aus Vernunftgründen ausdrücken.

Dieser Vorgang, dass der öffentliche Diskurs über die Wahrheit angestrebt wird, ist von ganz erheblicher Bedeutung für die Frage, wie die Theologie ihre Argumente aufbaut und ihre Lehre ›vor alles Volk‹ bringt. Die Lehre der christlichen Religion ist kein Geheimwissen nur für wenige Eingeweihte; sie ist vielmehr auf öffentliche Kommunikation und Verstehen hin angelegt. Es entspricht der Vernunft der christlichen Religion, dass sie diesen ihren Vernunftcharakter bewährt, indem ihre Gehalte einem öffentlichen Diskurs zugeführt werden, der auf Zustimmung hin ausgerichtet ist. Genau dies hebt Justin hervor: »An uns ist es [...] jedermann in unsere Lebensweise und unsere Lehre Einblick zu gewähren [...], an euch dagegen ist es, uns, wie es die Vernunft zu tun liebt, anzuhören, auf daß ihr als gute Richter erfunden werdet«.[6] Man ist in diesem Zusammenhang einerseits erinnert an das Wort des johanneischen Christus – »Ich habe allezeit frei öffentlich geredet vor der Welt. Ich habe allezeit gelehrt in der Synagoge und in dem Tempel, wo alle Juden zusammenkommen, und habe nichts im Verborgenen geredet«;[7] andererseits auch an Kants Forderung nach öffentlichem Gebrauch der Vernunft, wie er sie in der *Beantwortung der Frage: Was ist Aufklärung?* aufstellt:

»Zu dieser Aufklärung aber wird nichts erfordert als *Freiheit*; und zwar die unschädlichste unter allem, was nur Freiheit heißen mag, nämlich die: von seiner Vernunft in allen Stücken *öffentlichen Gebrauch* zu machen [...]. [D]er *öffentliche* Gebrauch seiner Vernunft muß jederzeit frei sein, und der allein kann Aufklärung unter Menschen zu Stande bringen [...]. Ich verstehe aber unter dem öffentlichen Gebrauche seiner eigenen Vernunft denjenigen, den jemand *als Gelehrter* von ihr vor dem ganzen Publikum der *Leserwelt* macht.«[8]

---

[6] Justin, Apologie I, 3, 4; Kirchen- und Theologiegeschichte in Quellen, Bd. 1, S. 39; MPGL, VI, Sp. 331: »Nostrum igitur munus est, ut vitae et doctrinae nostrae inspiciendae copiam omnibus faciamus, [...]. Vestrum autem, ut audita, quemadmodum ratio praescribit, causa, boni judices reperiamini.«

[7] Joh 18, 20.

[8] Immanuel Kant, Beantwortung der Frage: Was ist Aufklärung?, in: Gesammelte Schriften, hg. von der Königlich Preußischen Akademie der Wissenschaften, Bd. 8, Berlin 1923, S. 36f. und in: Werke in sechs Bänden, hg. von W. Weischedel, Bd. 6, 6., unveränderte Auflage, Darmstadt 2005, S. 484f. nach der Paginierung der Originalausgabe.

Die Apologeten haben solchen öffentlichen Gebrauch von der Vernunft gemacht, um die christliche Religion als vernünftige Religion darzulegen, die das Licht der Öffentlichkeit nicht zu scheuen braucht, sondern aus Gründen der Vernunft auf allgemeine Zustimmung rechnen darf.

3. ›Hellenisierung‹ – notwendige oder verfehlte Transformation des Christentums in der antiken Welt?

Der von den Apologeten vollzogene Vorgang der Übersetzung der christlichen Botschaft in eine andere kulturelle und geistige Welt ist in der Theologiegeschichte unterschiedlich beurteilt worden, je nachdem, ob man diese Transformationsleistung als einen Verlust der genuinen christlichen Substanz meinte beurteilen zu müssen oder ihn als einen vom Wahrheitsanspruch der christlichen Religion her notwendigen Versuch ansah, das Christentum in die heidnische Welt auch gedanklich zu vermitteln. Die Vorgehensweise der Apologeten ist für diesen Prozess exemplarisch. Ebenso exemplarisch ist die Kritik, die einem solchen Vermittlungsprozess gegenüber in der weiteren Theologiegeschichte vorgebracht wird.

Einem derartigen Unterfangen sind in der neueren evangelischen Theologiegeschichte insbesondere Albrecht Ritschl und in seinem Gefolge Adolf von Harnack wirkkräftig entgegengetreten. Im Vordergrund ihrer Kritik steht dabei die Überzeugung, dass durch die Theologie der Apologeten dem philosophischen Gottesgedanken ein Einfallstor in die christliche Religion und Theologie bereitet worden sei und dies die Theologie nachhaltig beeinflusst habe. Dies halten sie beide für problematisch. Denn damit werde das durch Jesus eröffnete genuin christliche Verständnis von Gott einer Überfremdung durch den ›metaphysischen‹ Gottesgedanken der Philosophie ausgesetzt.

Ritschl war einem solchen Unterfangen gegenüber strikte ablehnend eingestellt. Zwar wird man nicht sagen können, dass ihm die Auseinandersetzung um die ›Metaphysik‹ in der Theologie ein Lebensthema gewesen sei; eigenen Angaben zufolge fühlte er sich vielmehr durch den zeitgenössischen Diskurs genötigt, dazu Stellung zu nehmen. Dennoch hat Ritschl in Bezug auf diese Frage – wie die Theologie es mit dem philosophischen Gottesgedanken halte – in der evangelischen Theologiegeschichte der Neuzeit mächtig gewirkt. Er selbst steht für eine Theologie ein, die den der christlichen Religion spezifischen Ausgangspunkt als die einzige Grundlage für eine angemessene Wahrnehmung von Theologie behauptet. Diese Grundlage hat der »Standpunkt der mit Gott versöhnten Gemeinde«[9] zu sein, und die Theologie hat folglich eine Darstellung der christlichen Religion in allen ihren Teilen von diesem Standpunkt aus zu geben. Denn

---

[9] ALBRECHT RITSCHL, Unterricht in der christlichen Religion. Studienausgabe nach der 1. Auflage von 1875 nebst den Abweichungen der 2. und 3. Auflage, eingeleitet und hg. von Chr. Axt-Piscalar, Tübingen 2002, hier Vorwort zur 1. Auflage, S. 3.

nur im Bewusstsein der Gemeinde ist diejenige Gotteserkenntnis erschlossen, wie sie durch Jesus Christus eröffnet ist. Nur diese Gotteserkenntnis hat, so Ritschl, die Theologie zu interessieren, und nur so wird sie ihrer Sache – der christlichen Religion – gerecht. Programmatisch hält Ritschl fest:

»Da die christliche Religion aus besonderer Offenbarung entspringt, und in einer besonderen Gemeinde von Gläubigen und Gottesverehrern da ist, so muß der ihr eigentümliche Gedanke Gottes stets in Verbindung mit der Anerkennung des Trägers dieser Offenbarung und mit der Wertschätzung der christlichen Gemeinde aufgefaßt werden«.[10]

Durch Harnacks berüchtigte Formulierung von der »Hellenisierung« des Christentums in der frühen Kirche – er folgt darin der Auffassung Ritschls – hat die Reserve gegenüber der Aufnahme des philosophischen Gottesgedankens weitere Schubkraft erhalten. Harnack sah in dem Vorgang der »akuten Hellenisierung« des Christentums, wie er zunächst von den Apologeten und dann den griechischen Kirchenvätern vollzogen wurde, ein Abrücken vom ›einfachen Evangelium Jesu‹ und dem Glauben des Urchristentums.[11] Zwar sieht und anerkennt Harnack durchaus, dass die Leistung der Apologeten darin liegt, in ihrem kulturellen Umfeld die grundlegende Bedeutung der Erscheinung Jesu Christi zu behaupten, indem sie die philosophische Logoslehre mit der Christologie zu der Aussage verbunden haben, dass der göttliche *logos* in Jesus Christus erschienen ist. Dass damit die Logosspekulation Einzug gehalten hat ins frühe Christentum, erachtet er jedoch als problematisch.

»[M]an müßte blind sein, um zu verkennen, daß für jenes Zeitalter der Logos die zweckmäßige Formel gewesen ist, um die christliche Religion mit dem griechischen Denken zu verbinden, und es ist auch heute noch nicht schwer, ihr einen haltbaren Sinn abzugewinnen. Aber lediglich ein Segen ist sie nicht gewesen. In noch weit höherem Grade als die älteren Christusspekulationen hat sie das Interesse absorbiert, den Sinn von der Einfalt des Evangeliums abgezogen und es in steigendem Maße in eine Religionsphilosophie verwandelt. Der Satz: der Logos ist unter uns erschienen, hatte eine berauschende Wirkung; aber der Enthusiasmus und der Aufschwung der Seele, den er hervorrief, führten nicht sicher zu dem Gott, den Jesus Christus verkündigt hat.«[12]

Obwohl dies für Harnack einen Vorgang von grundsätzlich problematischem Charakter darstellt, weil dadurch das einfache Evangelium Jesu, das jedes Menschenherz unmittelbar anzurühren vermag, nicht nur getrübt, sondern auch verfremdet wurde, hat er über den in der Hellenisierung vollzogenen Transformationsprozess durchaus differenzierter geurteilt, als seine Formulierung vermuten lässt. Einerseits sieht Harnack darin eine Verfremdung des Evangeliums; andererseits war der Prozess des Eingehens auf die antike Kultur Harnack zufolge

---

[10] Ritschl, Unterricht in der christlichen Religion, § 1, S. 9.
[11] Vgl. Adolf von Harnack, Das Wesen des Christentums. Sechzehn Vorlesungen vor Studierenden aller Fakultäten im Wintersemester 1899/1900 an der Universität Berlin gehalten, hg. von C.-D. Osthövener, Tübingen 2005, besonders S. 110–139; zum Stichwort »akute Hellenisierung« vgl. S. 118; 121.
[12] Harnack, Das Wesen des Christentums, S. 118.

notwendig für das Überleben des Christentums und die Tradierung des Evangeliums in der antiken Welt. Ein solcher Prozess der Umformung der christlichen Lehre in Anbetracht der jeweiligen zeitgenössischen gesamtgesellschaftlichen Situation gehört für Harnack unabdingbar zur spezifischen Aufgabe von Theologie und kirchlicher Lehre durch die Zeiten hindurch. Dabei ist die Reinheit des Evangeliums fast unausweichlich der Gefahr einer Verfremdung ausgesetzt, so dass bei den vollzogenen und zu vollziehenden Umbildungsprozessen darauf zu achten ist, ob und inwiefern das Wesen des Evangeliums bewahrt bleibt und die christliche Religion als die gestaltende Kraft in die gesamtkulturelle Situation hineinwirkt; oder ob das Evangelium überfremdet und die christliche Religion von der Kultur vereinnahmt wird.

Grundsätzlich positiver beurteilt demgegenüber etwa Wolfhart Pannenberg die Transformation der christlichen Inhalte in die hellenistische Geisteswelt.[13] Für ihn ist sie die Grundbedingung dafür, dass das Christentum als Religion die antike Welt hat erobern können. Den Vorgang selber versteht er nicht primär als eine Überfremdung des Evangeliums, sondern als etwas, was von diesem selbst her gefordert ist. Denn die Offenbarung Gottes in Jesus Christus erhebt nicht nur den Anspruch, eine partikulare Wahrheit, sondern die Wahrheit schlechthin zu sein. Dieser Wahrheitsanspruch wiederum kann nicht einfach dogmatisch oder glaubenspositivistisch vorausgesetzt werden, sondern ist gegenüber anderen Wahrheitsansprüchen – insbesondere der philosophischen Rede von Gott – auch zu bewähren, und zwar so, dass auf dem Boden und in Auseinandersetzung mit der philosophischen Gotteslehre sowie dem gesamtkulturellen Bewusstsein die Vernunft der christlichen Religion erwiesen wird.[14] Das heißt wiederum nicht, dass dabei das ihr Eigentümliche – dazu gehören für Pannenberg die Trinitätslehre, die Bedeutung Jesu Christi, die Inkarnationslehre und das Verhältnis von Zeit und Ewigkeit – eingeebnet wird. Der Herausforderung, die der Theologie von ihrem Wahrheitsanspruch her gestellt ist, haben die Apologeten in prinzipieller Weise entsprochen, und dies verdient – bei aller unbestreitbaren Mangelhaftigkeit ihres Unternehmens – aus Pannenbergs Sicht Anerkennung. Auch Paul Tillich[15] hat nachdrücklich den notwendig »apologetischen« Charakter der Theologie betont, wenn sie ihre von der Offenbarung in Jesus Christus her gestellte Aufgabe in rechter Weise wahrnehmen will. Demgegenüber ist vor allem Karl Barth[16] nicht der gemäßigten Harnackschen, sondern der strikten Ritschlschen Position gefolgt und hat die Ablehnung jedweder apologetischen Bemühung geradezu als Markenzeichen einer sachgemäßen Theologie behauptet.

---

[13] Einschlägig ist diesbezüglich der Beitrag: WOLFHART PANNENBERG, Die Aufnahme des philosophischen Gottesbegriffs als dogmatisches Problem der frühchristlichen Theologie, in: Ders., Grundfragen systematischer Theologie. Gesammelte Aufsätze, Bd. 1, 2., durchgesehene Auflage, Göttingen 1971, S. 296–346.
[14] Siehe dazu unten Kapitel XXIII.
[15] Siehe dazu unten Kapitel XXII.
[16] Siehe dazu unten Kapitel XXI.

Wie auch immer man in dieser Hinsicht urteilen mag – die beschriebene Problematik wird uns durch das gesamte Buch hinweg in unterschiedlichen Variationen immer wieder begegnen –, deutlich ist, dass die Apologeten in zwei zentralen Aspekten den spezifischen Wahrheitsanspruch der christlichen Religion gegenüber der Philosophie zum Zuge zu bringen versuchen. Das ist zum einen die Bedeutung der geschichtlichen Erscheinung Jesu von Nazareth für die Erkenntnis der Wirklichkeit Gottes. Das ist zum andern der damit verbundene Anspruch für die christliche Religion, nicht nur die wahrhafte Erkenntnis des Guten zu vermitteln, sie vielmehr so zu vermitteln, dass es tatsächlich auch zur Verwirklichung des Guten im und durch den Menschen kommt. Insofern versuchen die Apologeten bewusst eine Synthese zwischen griechischer Philosophie und Christentum, jedoch ganz eindeutig in der Absicht, dessen Offenbarungsanspruch nicht zu unterlaufen, ihn vielmehr in pointierter Weise zur Geltung zu bringen. Dies heißt aus ihrer Sicht zuvörderst: die grundlegende Bedeutung der geschichtlichen Offenbarung in der Person Jesu Christi für die Erkenntnis und Verwirklichung des gelingenden Lebens zu behaupten.

Weiterführende Literatur:
MICHAEL FIEDROWICZ, Apologie im frühen Christentum. Die Kontroverse um den christlichen Wahrheitsanspruch in den ersten Jahrhunderten, Paderborn u. a. 2000.
ERWIN R. GOODENOUGH, The Theology of Justin Martyr, Jena 1923.
SUSANNE HAUSAMMANN, Zur Geschichte und Theologie in den ersten vier Jahrhunderten, Bd. 1, Frühchristliche Schriftsteller: Apostolische Väter, Häresien, Apologeten, Neukirchen-Vluyn 2001.
WOLFRAM KINZIG, Der »Sitz im Leben« der Apologie in der Alten Kirche, in: ZKG 100 (1989), S. 291–317.
WOLFHART PANNENBERG, Die Aufnahme des philosophischen Gottesbegriffs als dogmatisches Problem der frühchristlichen Theologie, in: Ders., Grundfragen systematischer Theologie. Gesammelte Aufsätze, Bd. 1, 3. Auflage, Göttingen 1979, S. 296–346 (zuerst erschienen in: ZKG 70 (1959), S. 1–45).
CHRISTOPHER STEAD, Die Aufnahme des philosophischen Gottesbegriffs in der frühchristlichen Theologie: W. Pannenbergs These neu bedacht, in: ThR 51 (1986), S. 349–371.
DIETMAR WYRWA, Über die Begegnung des biblischen Glaubens mit dem griechischen Geist, in: ZThK 88 (1991), S. 29–67.

VI. Augustin: Die Kirche als Garant der Wahrheit der christlichen Lehre

Textgrundlage:[1]
- AUGUSTIN, Bekenntnisse, besonders Buch VII und VIII, S. 162–189; 190–216.

1. Die Grenzen der Vernunft und des freien Willens und der Weg zur Selbst- und Gotteserkenntnis durch die Sündenerfahrung

Die geistige Entwicklung Augustins (354–430) ist ein Beispiel dafür, wie eng sich christlicher Glaube und christliches Denken mit platonischem Geist verbunden fühlen können, und welche Gehalte es wiederum sind, die dem vernünftigen Denken als Paradoxa erscheinen müssen, gegen die es sich sperrt, und die nur im Glauben ergriffen werden können. Sie ist zugleich ein Beispiel dafür, in welcher Weise es im Glauben darum geht, die Vernunft des Glaubens zu erhellen und das, was der Glaube glaubt, in seinem Wahrheitsgehalt auch durch vernünftige Einsicht zu erfassen. In den *Confessiones* erläutert Augustin die Nähe des neuplatonischen Denkens zum christlichen Glauben und die Grenze des vernünftigen Begreifens anhand seiner eigenen geistigen Entwicklung, die er als einen Prozess des Ringens um die Erkenntnis der Wahrheit, in der die Seele zur Gewissheit und zum wahrhaften Genießen Gottes gelangt, beschreibt.

Augustin erkennt den durch die platonische bzw. neuplatonische Philosophie gewiesenen Weg der Gotteserkenntnis zunächst an als einen Weg, welcher der menschlichen Seele grundlegende Aussagen über Gott erschließt, die mit der katholischen Lehre übereinstimmen. »Was aber den Weg angeht, den die höchst subtile Vernunft zu verfolgen hat, [...] vertraue ich darauf, ihn einstweilen bei den Platonikern finden zu können, deren Philosophie unserer heiligen Lehre nicht widerspricht.«[2] Zu den durch den neuplatonischen Erkenntnisweg[3] erschlossenen inhaltlichen Bestimmungen des Gottesgedankens zählt Augustin insbesondere die Einheit und Unwandelbarkeit, die Apathie und Unvergänglichkeit Gottes sowie sein Wesen als reiner Geist. Freilich hebt Augustin nun zu-

---

[1] AUGUSTIN, Bekenntnisse, vollständige Ausgabe, eingeleitet und übertragen von W. Thimme, 2. Auflage, München 1983; lat.: Confessiones, Migne Patrologia Latina (= MPL), Bd. 32, Sp. 659–868; Buch VII, Sp. 733–748; Buch VIII, Sp. 748–764.

[2] AUGUSTIN, contra academicos, III, 20, MPL, Bd. 32, Sp. 957: »Quod autem subtilissima ratione persequendum est; [...] apud Platonicos me interim quod sacris nostris non repugnet reperturum esse confido.«

[3] Vgl. AUGUSTIN, Bekenntnisse, VII, 17, S. 183 f.; MPL, Bd. 32, Sp. 745; vgl. Bekenntnisse, VII, 20, S. 186 f.; MPL, Bd. 32, Sp. 746 f.

gleich auch diejenigen Gehalte des christlichen Glaubens hervor, die dem platonischen Denken bleibend fremd erscheinen müssen: Die Inkarnation Gottes im Menschen Jesus von Nazareth,[4] die geschichtliche Manifestation Gottes in Raum und Zeit und seine Hinwendung zu den Menschen im Geschick Jesu in dessen Kreuzestod und Auferstehung. Dass Gott sich in *dieser* Weise geoffenbart hat – in Jesus von Nazareth Mensch geworden ist –, diesen Gedanken erreicht die Vernunft nicht, ja sie sperrt sich naturgemäß gegen ihn. Er kann allein im Glauben ergriffen werden.

In den *Confessiones* markiert Augustin sehr genau diejenigen Aussagen der christlichen Religion, die er bei den Platonikern, was die Gotteslehre angeht, nicht finden konnte:

»›Er kam in sein Eigentum, und die Seinen nahmen ihn nicht auf‹ [...], das las ich daselbst nicht [...]; daß ›das Wort Fleisch ward und unter uns wohnte‹, das las ich dort nicht [...], ›daß er sich selbst entäußerte und Knechtsgestalt annahm‹ [...], daß ›er sich erniedrigte und gehorsam ward bis zum Tode, ja zum Tod am Kreuz‹, und daß ›ihn Gott darum erhöht hat‹ [...], das steht nicht in jenen Schriften [...]; daß er ›nach der Zeit für uns Gottlose gestorben ist‹ [...], das findet sich da nicht.«[5]

Noch in einer anderen, für den Menschen entscheidenden Hinsicht ist die Vernunft an eine Grenze gewiesen: Dies ist die Frage der Selbsterkenntnis. Augustin beschreibt in den *Confessiones*, wie die Suche nach sich selbst mit der Suche nach Gott ineins geht. Das Selbst kann wahrhaft nur zu sich selbst gelangen, wenn es Ruhe findet in Gott.[6] Während Augustin die Aufgabe des ›Erkenne dich selbst‹[7] mit der platonischen Philosophie teilt – die auch für diese an die Gotteserkenntnis geknüpft ist –, hängt für Augustin die Selbsterkenntnis und der Weg zur wahren Gotteserkenntnis, mit der auch allererst die Gewissheit einhergeht, nach der die Seele verlangt, an der Erkenntnis der Sünde und Schuld des Menschen vor Gott: »Wo, mein Gott, ich bitte dich, wo, Herr, wo und wann war ich, dein

---

[4] Vgl. AUGUSTIN, Bekenntnisse, VII, 18, S. 184–186; MPL, Bd. 32, Sp. 745 f.

[5] AUGUSTIN, Bekenntnisse, VII, 9, S. 176 f.; MPL, Bd. 32, Sp. 740 f.: »Quia vero in sua propria venit, et sui eum non receperunt [...]: non ibi legi. [...] Sed quia Verbum caro factum est, et habitavit in nobis (Joan. I, 1–14), non ibi legi. [...] Sed quia semetipsum exinanivit formam servi accipiens, [...] humiliavit se factus oboediens usque ad mortem, mortem autem crucis: propter quod Deus eum exaltavit a mortuis [...]; non habent illi libri. [...] Quod autem secundum tempus pro impiis mortuus est (Rom. V, 6) [...]; non est ibi.«

[6] Vgl. AUGUSTIN, Bekenntnisse, I, 1, S. 31: »[Z]u dir hin hast du uns geschaffen, und unruhig ist unser Herz, bis es Ruhe findet in dir«; MPL, Bd. 32, Sp. 661: »fecisti nos ad te et inquietum est cor nostrum, donec requiescat in te«.

[7] Für Augustin vollzieht sich die Selbsterkenntnis durch Einkehr in das eigene Ich. Vgl. etwa AUGUSTIN, Bekenntnisse, VII, 10, S. 178: »Hierdurch gemahnt, zu mir selbst zurückzukehren, trat ich, geführt von dir [i. e. Gott], in mein Innerstes ein.«; MPL, Bd. 32, Sp. 742: »Et inde admonitus redire ad memetipsum, intravi in intima mea, duce te.« Dementsprechend beschreibt Augustin auch die Sünden- und Schulderfahrung als eine Erfahrung, durch die der Einzelne vor sich selbst gebracht wird. Er betont dabei, dass solche Selbsterfahrung in der Einkehr in das eigene Ich nicht allein durch den Einzelnen selbst vollzogen wird, sondern immer zugleich göttlich gewirkt ist.

Knecht, ohne Schuld?«[8] Zu *dieser* Erkenntnis des Selbst gelangt die Vernunft nicht. »[D]as steht nicht in jenen Schriften. Nicht finden sich auf jenen Blättern die Züge dieser Frömmigkeit, nicht die Tränen des Bekennens, nicht ›dein Opfer, der geängstete Geist, das zerknirschte und gedemütigte Herz‹«.[9] Die Vernunft muss darum erst in die Demut geführt werden, muss von außen in ihrer Hoffart gebrochen werden. Erst durch solche Demutserfahrung gelangt der Mensch zur eigentlichen Selbsterkenntnis und zur wahren Gotteserkenntnis. Er ist in alledem auf die Heilige Schrift angewiesen, die allein solches im Menschen zu wirken vermag.[10] Im Lesen des Bibelwortes erschließt sich Augustin die Erkenntnis des gänzlichen Angewiesenseins des Menschen auf die Gnade Gottes.

»Was ich Wahres dort [i. e. in den platonischen Schriften, C. A.-P.] gelesen, fand ich hier [i. e. in der Bibel, C. A.-P.] wieder, aber hier ward es mit Empfehlung deiner Gnade gesagt. So ward es deutlich, daß wer da sieht, ›sich nicht rühmen darf, als hätte er's nicht empfangen‹, und zwar nicht nur, was er sieht, sondern auch daß er sieht – ›denn was hat er, das er nicht empfangen hat?‹«[11]

Für Augustin bildet die Erfahrung von Sünde und Schuld diejenige Erfahrung, in die der Mensch durch Gott geführt wird und in der er seine eigentliche Situation vor Gott – und so auch erst sich selbst – erkennt.

»Du aber, Herr, [...] drehtest mich um, hin zu mir selber, so daß ich mir nicht länger den Rücken zukehrte, wie ich tat, solange ich mich selbst nicht sehen wollte. Jetzt stelltest du mich Auge in Auge mir selbst gegenüber, daß ich schaute, wie häßlich ich sei, wie entstellt und schmutzig, ich sah's und schauderte und wußte nicht, wohin ich vor mir selbst hätte fliehen können. [...] und wiederum stelltest du mich mir selbst gegenüber und rücktest mit Gewalt mein eigen Bild vor meine Augen, daß ich meine Sünde erkenne und hasse.«[12]

Die Sünde, so beschreibt Augustin, ist »eine Kette«, die ihn in »harter Knechtschaft hielt«.[13] Denn sie beherrscht den Willen, und sie beherrscht ihn so, dass er nicht mehr Herr im eigenen Hause ist. Unter der Macht der Sünde kann der

---

[8] AUGUSTIN, Bekenntnisse, I, 7, S. 40; MPL, Bd. 32, Sp. 666: »ubi, oro te, Deus meus, ubi, Domine, ego servus tuus, ubi aut quando innocens fui?«.

[9] AUGUSTIN, Bekenntnisse, VII, 21, S. 188; MPL, Bd. 32, Sp. 748: »Hoc illae litterae non habent. Non habent illae paginae vultum pietatis hujus, lacrymas confessionis, sacrificium tuum, spiritum contribulatum, cor contritum et humiliatum«.

[10] Vgl. AUGUSTIN, Bekenntnisse, VII, 20, S. 187; MPL, Bd. 32, Sp. 747.

[11] AUGUSTIN, Bekenntnisse, VII, 21, S. 188; MPL, Bd. 32, Sp. 747: »Et coepi, et inveni quidquid illac verum legeram, hac cum commendatione gratiae tuae dici; ut qui videt, non sic glorietur quasi non acceperit, non solum id quod videt, sed etiam ut videat (quid enim habet quod non accepit? [I Cor. IV, 7]).«

[12] AUGUSTIN, Bekenntnisse, VIII, 7, S. 204; MPL, Bd. 32, Sp. 756: »tu autem, Domine, [...] auferens me a dorso meo ubi me posueram, dum nollem me attendere; et constituebas me ante faciem meam, ut viderem quam turpis essem, quam distortus et sordidus, maculosus et ulcerosus. Et videbam, et horrebam; et quo a me fugerem non erat. [...] et tu me rursus opponebas mihi, et impingebas me in oculos meos ut invenirem iniquitatem meam et odissem.«

[13] AUGUSTIN, Bekenntnisse, VIII, 5, S. 199; MPL, Bd. 32, Sp. 753: »catenam appellavi, tenebat me obstrictum dura servitus«.

Wille sich nicht selbst bestimmen. »Der Geist befielt sich selber, und da wird Widerstand geleistet«,[14] und zwar nicht ein Widerstand, der von außen kommend den Willen zum Widerstand anregt. Vielmehr ist der Wille in sich selbst widerständig gegen die Selbstbestimmung durch sich selbst. »Der Geist befiehlt, der Geist soll wollen; der aber ist kein anderer und tut's doch nicht. [...] Er befielt, [...] er soll wollen, und könnte nicht befehlen, wenn er's nicht wollte, und tut doch nicht, was er befiehlt.«[15] So ist der Wille in sich selbst verfangen, in eine Kette gelegt, nicht Herr seiner selbst, indem er sich nicht selbst dazu bestimmen kann, wozu er sich bestimmen will. Augustin erfährt sich als »gefesselt [...], nicht durch fremdes Band, sondern durch das Eisenband meines Willens«.[16]

Zwar wird der Wille durch die Macht der Sünde beherrscht, und dies wird als ein Zwang erfahren, dem nicht widerstanden werden kann, so dass der Wille sich nicht aus sich selbst heraus zu befreien vermag. Dennoch kann sich der Sünder nicht damit entschuldigen, dass der Wille durch eine Kette gefangen gehalten ist. Denn er will mit Willen die Sünde, die ihn beherrscht – »mit Willen war ich dahin gelangt, wohin ich nicht wollte«.[17] Daher ist die Sünde die Schuld des Menschen, weil er sie *mit Willen*, wiewohl nicht aus freiem Willen heraus tut, insofern der Wille sich nicht selbst bestimmen und sich nicht durch sich selbst zum Guten bestimmen kann.

Der sündige Wille des Menschen muss daher ›von außen‹ überwunden werden. Die Überwindung des alten Willens durch den neuen beschreibt Augustin als Kampf des Ich gegen das Ich, als Kampf zwischen Willen und Willen. »Der neue Wille, der sich bereits in mir regte, [...] war noch zu schwach, den alten und festgewurzelten zu überwinden. So stritten in mir zwei Willen, ein alter und ein neuer, der eine fleischlich, der andere geistig, miteinander, und ihr Hader zerriß meine Seele.«[18] In diesem Kampf behauptet sich der alte Wille beharrlich gegen die Hingabe an den neuen Willen. Denn die Hingabe an den neuen Willen bedeutet, dass der alte Wille seine Selbstmächtigkeit aufgibt: »Was stellst du dich auf dich selbst und kannst so doch nicht stehen? Wirf dich auf ihn [i. e. Gott] und fürchte dich nicht! Ja, wirf dich getrost hin, er wird dich auffangen und gesund machen.«[19]

---

[14] AUGUSTIN, Bekenntnisse, VIII, 9, S. 208; MPL, Bd. 32, Sp. 758: »imperat animus sibi et resistitur«.

[15] AUGUSTIN, Bekenntnisse, VIII, 9, S. 208; MPL, Bd. 32, S. 758 f.: »Imperat animus ut velit animus, nec alter est, nec facit tamen. [...] Imperat [...] ut velit, quam non imperaret nisi vellet, ut non fit quod imperat.«

[16] AUGUSTIN, Bekenntnisse, VIII, 5, S. 198; MPL, Bd. 32, Sp. 753: »ligatus, non ferro alieno, sed mea ferrea voluntate«.

[17] AUGUSTIN, Bekenntnisse, VIII, 5, S. 199; MPL, Bd. 32, Sp. 754: »volens, quo nollem, perveneram«.

[18] AUGUSTIN, Bekenntnisse, VIII, 5, S. 199; MPL, Bd. 32, Sp. 753: »Voluntas autem nova, quae mihi esse coeperat, [...] nondum erat idonea ad superandam priorem vetustate roboratam. Ita duae voluntates meae, una vetus, alia nova, illa carnalis, illa spiritualis, confligebant inter se, atque discordando dissipabant animam meam.«

[19] AUGUSTIN, Bekenntnisse, VIII, 11, S. 213; MPL, Bd. 32, Sp. 761:»Quid in te stas, et non stas? Projice te in eum; noli metuere, non se substrahet ut cadas: projice te securus, excipiet et sanabit te.«

Diese Hingabe an den neuen Willen geschieht allein im Glauben. Damit geht einher, dass der Mensch nun auch das Gute wollen und vollbringen kann. »Denn dahin gehen, ja dahin gelangen war nichts anders als gehen wollen, freilich kraftvoll und ungeteilt es wollen, nicht halbgelähmt hin und her taumeln und schwanken mit einem sich selbst widerstreitenden, teils aufstrebenden, teils absinkenden Willen.«[20] Indem Augustin durch diese Selbsterfahrung der bittersten Zerknirschung hindurch zum Glauben gelangt und der Botschaft der Heiligen Schrift im Glauben zustimmt, bekommt der neue Wille gottgewirkt die Kraft, das Gute wollen zu können und es zu verwirklichen – »das war's, was du gewirkt: ganz und gar nicht mehr wollen, was ich wollte, und wollen, was du wolltest«.[21] In der gehorsamen Unterordnung unter den Willen Gottes wird der menschliche Wille erst zu einem wahrhaft freien Willen; er »ward urplötzlich herausgerufen, mein freier Wille«.[22] Der Mensch gelangt im Glauben nicht nur zu einem wahrhaft freien Willen, der das Gute wollen und vollbringen kann. Er gelangt auch allererst zu jener Gewissheit, in der die Seele zur Ruhe kommt und Gott wahrhaft genießen kann. Es »durchströmte mein Herz das Licht der Gewißheit, und alle Schatten des Zweifels waren verschwunden«.[23]

Augustin hat in der Alten Kirche die Lehre von der Sünde des Menschen als einer Verkehrung des Willens (*perversitas voluntatis*)[24] als anthropologische Grundaussage des lateinischen Christentums herausgestellt. In der Entwicklung seines Denkens hat er die Alleinwirksamkeit der Gnade zum Heil des Menschen zunehmend betont und vehement die durch den Menschen selbst unaufhebbaren Grenzen von Vernunft und freiem Willen behauptet. In Gestalt des Pelagius hat er gegen all jene gekämpft, welche die Verderbtheit des natürlichen Menschen nicht radikal genug denken. Gegen die Erkenntnis der Sünde sperrt sich die Vernunft und sperrt sich der ›freie‹ Wille. Die wahre Selbsterkenntnis des natürlichen Menschen und der Weg zur wahren Gotteserkenntnis sind daher dem Menschen aus sich heraus nicht möglich. Sie werden heraufgeführt durch die schriftvermittelte und gottgewirkte Selbsterfahrung, in welcher der Sünder seine schlechthinnige Abhängigkeit von der Gnade Gottes erkennt und zum Glauben kommt.

---

[20] AUGUSTIN, Bekenntnisse, VIII, 8, S. 207; MPL, Bd. 32, Sp. 758: »Nam non solum ire, verum etiam pervenire illuc, nihil erat aliud quam velle ire, sed velle fortiter et integre; non semisanciam hac atque hac versare et jactare voluntatem, parte assurgente cum alia parte cadente luctantem.«
[21] AUGUSTIN, Bekenntnisse, IX, 1, S. 217; MPL, Bd. 32, Sp. 763: »Et hoc erat totum nolle, quod volebam, et velle, quod volebas.«
[22] AUGUSTIN, Bekenntnisse, IX, 1, S. 217; MPL, Bd. 32, Sp. 763: »evocatum est in momento liberum arbitrium meum«.
[23] AUGUSTIN, Bekenntnisse, VIII, 12, S. 215; MPL, Bd. 32, Sp. 762: »luce securitatis infusa cordi meo, omnes dubitationis tenebrae diffugerunt.«
[24] Vgl. AUGUSTIN, Bekenntnisse, VII, 16, S. 182; MPL, Bd. 32, Sp. 744.

2. Der historische Grund des Glaubens und die Kirche als Garant der wahren Überlieferung

Insofern der christliche Glaube Glaube an Jesus Christus ist, ist er in grundlegender Weise bezogen auf ein geschichtliches Ereignis. Weil dies so ist und zum christlichen Glauben notwendig dazu gehört, insofern er von der Offenbarung Gottes in Jesus Christus als dem Erlöser sein Heil erwartet, ist der Glaubensvollzug des Einzelnen, so Augustin, auf die Verbürgung des Wahrheitsgehaltes der christlichen Überlieferung angewiesen; und diese gewährt allein die Kirche. Denn die Tradierung geschichtlicher Tatsachen bedarf, wie wir aus der alltäglichen Erfahrung wissen, glaubwürdiger Zeugen. Für dasjenige, was wir nicht selbst erfahren haben, müssen wir uns auf das verlässliche Zeugnis anderer verlassen.[25] Dies gilt auch für die christliche Botschaft. Auch sie bedarf – und zwar ihres geschichtlichen Charakters wegen – zur Verbürgung des Wahrheitsgehaltes der Überlieferung, auf der der Glaube fußt, einer glaubwürdigen Instanz ihrer Bezeugung. Für Augustin ist dies und kann dies nur die Kirche sein. Sie bürgt für die Wahrheit der Überlieferung und vermittelt damit eine Gewissheit, zu der der Einzelne als Einzelner nicht zu gelangen vermag, dafür vielmehr auf die Gemeinschaft der Kirche angewiesen ist.

Die Kirche tritt für die Wahrheit der christlichen Überlieferung ein und sie zieht damit zugleich die Grenzen, außerhalb derer diese Wahrheit gefährdet erscheint. Dies bedeutet konkret: Die Kirche legt den Kanon der biblischen Schriften fest, damit deutlich wird, welche Schriften wahrhaft den Anspruch erheben können, Zeugnis der Offenbarung Gottes zu sein, und welche sich aus anderen Quellen speisen. Die Kirche formuliert in der Glaubensregel (*regula fidei*) sodann dasjenige, was als Glaubensinhalt wesentlich zum christlichen Glauben gehört und für die Gemeinschaft der Christen bindend ist, um allem häretischen Missverstand Einhalt zu gebieten. Die Kirche bindet die Auslegung von Schrift und Glaubensregel an die kirchliche Tradition. Und nicht zuletzt beansprucht die Kirche, diejenige Institution zu sein, die die Weitergabe der Offenbarung und die Vermittlung des Heils gewährleistet, wofür das Bischofsamt in apostolischer Sukzession als konstitutiv erachtet wird.[26]

Sich an die Autorität der Kirche zu binden, ist nach Augustin für den Glauben notwendig wegen seiner Bezogenheit auf geschichtliche Tatsachen. Indem der Glaube des Einzelnen auf der Geschichte Jesu von Nazareth in der Einheit von Person und Werk fußt – darin seinen Glaubensgrund hat –, ist er, so Augustin, konstitutiv auf die wahrheitsgetreue Verbürgung der Überlieferung angewiesen. Diese Funktion erfüllt allein die katholische Kirche. So kann Augustin für sich selbst sagen: »Ich hingegen würde dem Evangelium keinen Glauben schenken, wenn mich nicht die Autorität der katholischen Kirche dazu bewo-

---

[25] Vgl. AUGUSTIN, Bekenntnisse, VI, 5, S. 141–143; MPL, Bd. 32, Sp. 722 f.

[26] Die durch die genannten Prozesse bereits vollzogene Formierung der katholischen Kirche bildet die Voraussetzung für Augustins Denken.

2. Der historische Grund des Glaubens und die Kirche als Garant der Überlieferung 61

gen hätte«.[27] Die Kirche bildet mithin gleichsam die Brücke für den Glauben des Einzelnen zwischen dem Damals in Zeit und Raum – der Offenbarung Gottes in Person und Werk Jesu von Nazareth – und dem Heute des eigenen Glaubensvollzugs.

Die gläubige Annahme der wahrheitsverbürgenden Überlieferung der Kirche ist für Augustin vonnöten, weil und insofern der Glaube auf geschichtlichen Tatsachen aufruht. Man ›hat‹ diese für sich nicht bzw. man kann diese für sich nicht ›haben‹, wenn man sich nicht der Autorität der Kirche, ihrem Lebenszusammenhang und ihrer Lehrüberlieferung unterstellt. Über die Kirche als Vermittlungsinstanz sucht Augustin mithin die *Gewissheitsfrage* zu lösen, die sich seiner Meinung nach auftut, indem der Glaubende auf die Geschichte Jesu Christi bezogen ist, an der er nicht unmittelbar selber partizipiert hat, und deshalb auf ihre wahrheitsgemäße Bezeugung angewiesen ist, wie sie die Kirche verbürgt.

»Mich hält [im Schoße der katholischen Kirche] die Übereinstimmung der Völker und Nationen, mich hält darin die durch Wunder begründete, durch Hoffnung genährte, durch Liebe gemehrte, durch das hohe Alter bekräftigte Autorität; es hält mich fest die vom Bischofssitz des Apostels Petrus, dem der Herr nach seiner Auferstehung seine Schafe zu weiden befohlen hat, bis zum Episkopat der Gegenwart sich fortsetzende Sukzession der Bischöfe [›Priester‹], schließlich auch der Name ›katholisch‹ selbst, den nicht ohne Grund unter so vielen Häresien diese Kirche allein festgehalten hat«.[28]

Genau dies wiederum – sich der Autorität der Kirche und ihrem Überlieferungszusammenhang zu unterstellen – ist, so Augustin, ein unauflösliches Problem für den Vernunftmenschen. Denn die Vernunft will *durch sich selbst* und *aus sich selbst heraus* die Wahrheit finden. Sie lässt sich bei der Wahrheitsfindung auf keine ihr äußerlich gegebene Autorität weder in Gestalt der historischen Erscheinung des Erlösers noch in Gestalt der Kirche ein. Augustin versteht dies als eine mit dem Wesen der Vernunft selbst gegebene, ihr inhärierende Grenze, insofern sie auf sich selbst gestellt sein will und dadurch von der Aneignung der vollkommenen Wahrheit ausgeschlossen bleibt, bzw. sich selbst von ihr ausschließt. Die Vernunft *strebt* nach der Wahrheit; sie lebt, webt und ist aber nicht in der Wahrheit, gelangt nicht zur wahrhaften Teilhabe an ihr, insofern sich diese nur von der Offenbarung in Jesus Christus her und im Zusammenhang der kirchlichen Überlieferung vollends erschließt. Die Platoniker kennen nach Au-

---

[27] AUGUSTIN, Wider den Brief des Mani, 5, Übersetzung nach: Kirchen- und Theologiegeschichte in Quellen, Bd. 1, ausgewählt, übersetzt und kommentiert von A. M. Ritter, 9. überarbeitete und ergänzte Auflage, Neukirchen-Vluyn 2007, S. 227; Contra Epistolam Manichaei quam vocant Fundamenti, 5, MPL, Bd. 42, Sp. 176: »Ego vero Evangelio non crederem, nisi me catholicae Ecclesiae commoveret auctoritas.«

[28] AUGUSTIN, Wider den Brief des Mani, 4; Kirchen- und Theologiegeschichte in Quellen, Bd. 1, S. 227; Contra Epistolam Manichaei, 4, MPL, Bd. 42, Sp. 175: »Tenet consensio populorum atque gentium: tenet auctoritas miraculis inchoata, spe nutrita, charitate aucta, vetustate firmata: tenet ab ipsa sede Petri apostoli, cui pascendas oves suas post resurrectionem Dominus commendavit, usque ad praesentem episcopatum successio sacerdotum: tenet postremo ipsum Catholicae nomen, quod non sine causa inter tam multas haereses sic ista Ecclesia sola obtinuit.«

gustin den Weg, das beglückende Vaterland zu sichten, aber nicht den Weg, der dort wohnen läßt. Es ist nämlich zu unterscheiden »zwischen denen, die sehen, wohin man gehen, aber nicht, wie man dahin gelangen soll, und dem, der der Weg ist und uns zum seligen Vaterland führt, nicht nur es zu schauen, sondern dort zu wohnen«.[29]

Damit hat Augustin eine zentrale Frage des Verständnisses des Glaubens aufgeworfen und sozusagen ›katholisch‹ beantwortet, indem er der Kirche die beschriebene Brückenfunktion in der Überwindung des historischen Grabens zwischen damals und heute zumisst. Es ist eine Antwort, die charakteristisch für das Selbstverständnis der katholischen Kirche geworden ist und für die Bedeutung, die diese der kirchlichen Tradition für das Verständnis der Weitergabe der Offenbarung zumisst. Denn nach der Lehre der katholischen Kirche kann die Offenbarung nur auf der Grundlage einer Verbindung von Schrift und kirchlicher Tradition[30] sowie im Lebenszusammenhang der katholischen Kirche wahrhaft erfasst werden.

3. Die Vernunft vor dem historischen Graben

Die Frage nach der Möglichkeit einer Überwindung des historischen Grabens zwischen damals und heute erhält unter den Bedingungen der Neuzeit in Theologie und Philosophie eine besondere Virulenz. Insofern der Glaube bezogen ist auf Jesus Christus wird hier verstärkt auf das Problem hingewiesen, wie das Damals der Geschichte Jesu zu einem mich heute, hier und jetzt entscheidend bestimmenden Geschehen mit Wahrheitsanspruch werden kann. Gotthold Ephraim Lessing hebt den »garstige[n] breite[n] Graben«[31] zwischen der Geschichte Jesu von Nazareth und dem vernünftigen Wahrheitsbewusstsein hervor und bringt das damit aus philosophischer Sicht gegebene Problem auf den Punkt, wenn er sagt: »Zufällige Geschichtswahrheiten können der Beweis von notwendigen Vernunftwahrheiten nie werden«.[32] Denn:

»Ein andres sind erfüllte Weissagungen, die ich selbst erlebe: ein andres erfüllte Weissagungen, von denen ich nur historisch weiß, daß sie andre wollen erlebt haben. Ein andres sind Wunder, die ich mit meinen Augen sehe und selbst zu prüfen Gelegenheit habe: ein andres sind Wunder, von denen ich nur historisch weiß, daß sie andre wollen gesehn und geprüft haben.«[33]

---

[29] Augustin, Bekenntnisse, VII, 20, S. 187; MPL, Bd. 32, Sp. 747: »inter videntes quo eundum sit nec videntes qua, et viam ducentem ad beatificam patriam, non tantum cernendam, sed et habitandam.«

[30] Vgl. dazu unten Kapitel XII und Kapitel XIV.

[31] Gotthold Ephraim Lessing, Über den Beweis des Geistes und der Kraft (1777), in: Ders., Die Erziehung des Menschengeschlechts und andere Schriften, Stuttgart 1977, S. 31–38, hier S. 36.

[32] Lessing, Über den Beweis des Geistes und der Kraft, S. 34.

[33] Lessing, Über den Beweis des Geistes und der Kraft, S. 32.

Die Vernunft nimmt Anstand daran, dass sie bleibend auf die Positivität eines geschichtlichen Ausgangspunktes bezogen sein soll. Umgekehrt gehört es zum Spezifikum des christlichen Glaubens, auf Person und Werk Jesu Christi bezogen zu sein. Dies hat Kierkegaard wider alle philosophische Bestreitung als entscheidendes Kennzeichen des christlichen Glaubens nachdrücklich herausgestellt. Denn ohne »diese kleine Anzeige, dies weltgeschichtliche N. B. [nota bene, C. A.-P.]«, »daß der Gott anno so und so sich gezeigt hat, [...] unter uns gelebt und gelehrt hat, und alsdann gestorben«[34] ist, gibt es, so Kierkegaard, kein Christentum. Daraus entspringt nach Kierkegaard das Paradox des Glaubens, insofern er sich auf das Geschehen einlässt, dass »das Ewige einmal in der Zeit gegenwärtig geworden ist«.[35] Das Denken wiederum nimmt unweigerlich Anstoß daran. Es bringt dagegen unnachgiebig die Fragen auf: »Kann es einen geschichtlichen Ausgangspunkt geben für ein ewiges Bewußtsein; inwiefern vermag ein solcher mehr als bloß geschichtlich zu interessieren; kann man eine ewige Seligkeit gründen auf ein geschichtliches Wissen?«[36]

Wie schon bei den Apologeten, so zeigt sich auch bei Augustin die Bedeutung der geschichtlichen Offenbarung und ihrer Vermittlung als zentrales Anliegen, das die Theologie zu verantworten hat, indem sie das Spezifikum des christlichen Glaubens, insofern er bezogen ist auf die Person und Geschichte Jesu Christi, entfaltet. In der Auseinandersetzung mit der antiken Philosophie wird die Frage nach dem Verhältnis von Vernunft und Glaube zur Geschichte virulent, deren Beantwortung der Theologie bleibend aufgegeben ist. Zudem behandelt Augustin die Frage nach der Vermittlung des Ursprungsgeschehens in Person und Geschichte Jesu Christi und damit die nach dessen Wirkungsgeschichte. Augustin gibt darauf eine katholische Antwort, indem er die Kirche nicht nur als Vermittlungsinstanz, sondern als Bürge für die Wahrheit der christlichen Überlieferung ansieht. Es ist dies eine Antwort, die im Zeitalter der Reformation zu einem zentralen Punkt in der Auseinandersetzung zwischen den evangelischen Kirchen und der katholischen Kirche wird und die konfessionsspezifische Wahrnehmung von Theologie bis zur Gegenwart bestimmt.[37]

---

[34] SÖREN KIERKEGAARD, Philosophische Brocken oder ein Bröckchen Philosophie von Johannes Climacus (1844), in: Gesammelte Werke, hg. von E. Hirsch/H. Gerdes, Abt. 10, 2. Auflage, Gütersloh 1985, S. 101; hier zitiert nach der Seitenzahl dieser Ausgabe, die am Rand den Verweis auf die *Samlede Værker* von Kierkegaard mitführt.
[35] SÖREN KIERKEGAARD, Das Buch über Adler, in: Gesammelte Werke, Abt. 36, 1986, S. 50.
[36] KIERKEGAARD, Philosophische Brocken, Titelblatt.
[37] Vgl. dazu die Kapitel XII–XIV.

Weiterführende Literatur:
PETER BROWN, Augustinus von Hippo. Eine Biographie, 2. Auflage, München 2000.
KARL HOLL, Augustins innere Entwicklung (1922), in: Ders., Gesammelte Aufsätze zur Kirchengeschichte, Bd. 3, Tübingen 1928, S. 54–116.
RUDOLF LORENZ, Gnade und Erkenntnis bei Augustin, in: ZKG 75 (1964), S. 21–78.
EKKEHARD MÜHLENBERG, Dogma und Lehre im Abendland. Von Augustin bis Anselm von Canterbury, in: Handbuch der Dogmen- und Theologiegeschichte, hg. von C. Andresen/A. M. Ritter, Bd. 1: Die Lehrentwicklung im Rahmen der Katholizität, 2., überarbeitete und erweiterte Auflage, Göttingen 1999, S. 406–463.
WOLFHART PANNENBERG, Christentum und Platonismus. Die kirchliche Platonrezeption Augustins in ihrer Bedeutung für das gegenwärtige christliche Denken, in: ZKG 96 (1983), S. 147–161.

VII. Thomas von Aquin: Gott als Gegenstand der Theologie als Wissenschaft

Textgrundlage:[1]
- THOMAS V. AQUIN, Summa Theologica, besonders Pars I, quaestiones 1–3.

1. Die Begründung der Theologie als Wissenschaft im Verbund der *universitas litterarum*

Sieht man auf den expliziten Gebrauch des Wortes ›Theologie‹ bei den Theologen der frühen Kirche, so fällt auf, dass es nur seltene Belege für die Bezeichnung ihres Denkens als Theologie gibt. Dies dürfte damit zusammenhängen, dass der Begriff als solcher biblisch kaum Anhalt hat und dass er zunächst negativ mit den Göttermythen der Dichter konnotiert wurde. Die Zurückhaltung gegenüber dem Begriff ›Theologie‹ ändert sich mit den Neugründungen von Universitäten im Mittelalter und der damit gestellten Herausforderung an die Theologie, sich als eine selbständige Disziplin im Verbund der *universitas litterarum* zu verorten.

Bei diesem Prozess spielt die starke Aristoteles-Rezeption im Mittelalter eine wichtige Rolle. Aristoteles gilt seit dem 13. Jahrhundert als ›der Philosoph‹ und als die schlechthin maßgebliche Bezugsinstanz des Denkens. Vor diesem Hintergrund muss die Theologie als eine eigenständige wissenschaftliche Disziplin an den neu entstehenden Universitäten behauptet werden. Dies hat zur Folge, dass die *sacra doctrina* – die heilige Lehre – in Auseinandersetzung mit den herrschenden wissenschaftstheoretischen Bedingungen – und diese sind die der aristotelischen Philosophie – zu entfalten ist. Das groß angelegte Unternehmen eines solchen Versuchs, die *sacra doctrina* als Theologie im Verbund der *universitas litterarum* entsprechend zu verorten, ist die *Summa Theologica* des Thomas von Aquin (geboren 1224 oder 1225, gestorben 1274). Seine Lehre wurde 1879 vom katholischen Lehramt offiziell zur bestimmenden Richtschnur der katholischen Theologie erklärt.

Dass Thomas die beschriebene Herausforderung, die Theologie als eigenständige wissenschaftliche Disziplin an der Universität zu verankern, mit Entschiedenheit aufgreift, zeigt der einleitende erste Teil, den er der Behandlung der einzelnen spezifisch dogmatischen Themen in der *Summa* voranstellt. In ihm widmet er sich unter dem Titel »Die heilige Lehre, ihre Art und ihr Gegenstand« der Frage, »welcher Art diese Lehre ist, die wir als die ›heilige Lehre‹ bezeichnen,

---

[1] THOMAS VON AQUIN, Summa Theologica. Vollständige, ungekürzte deutsch-lateinische Ausgabe, übersetzt von Dominikanern und Benediktinern Deutschlands und Österreichs, photomechanischer Nachdruck der 3., verbesserten Auflage von 1933 ff., Bd. 1, Graz/Wien/Köln 1982.

und worauf sie sich erstreckt«,[2] um sie als eine, ja als die *höchste* Wissenschaft zu begründen. Zu diesem Zweck werden die folgenden Fragen von ihm traktiert, wie Thomas vorab festhält:

»1. Ist diese Lehre notwendig? 2. Ist sie eine Wissenschaft? 3. Ist sie nur eine oder zerfällt sie in mehrere Wissenschaften? 4. Gehört sie zu den spekulativen oder zu den praktischen Wissenschaften? 5. Wie gestaltet sich ihr Verhältnis zu den anderen Wissenschaften? 6. Kann man sie Weisheit nennen? 7. Welches ist ihr Gegenstand? 8. Kennt sie ein Beweisverfahren? 9. Darf sie Sinnbilder und Gleichnisse verwenden? 10. Läßt die Hl. Schrift, die Quelle dieser Lehre, in ihrer Auslegung einen mehrfachen Sinn zu?«[3]

Dieser Fragenkatalog und seine ausführliche Beantwortung macht aufs Beste deutlich, dass bezüglich des Anspruchs der Theologie, eine eigenständige Wissenschaft zu sein, offenbar ein erhöhter Klärungsbedarf besteht. Dieser Klärungsbedarf ist, wie die Behandlung der ersten Frage sogleich zeigt, vor allem durch die aristotelische Philosophie aufgeworfen. Denn es scheint so, als ob neben der Philosophie eine eigenständige theologische Wissenschaft nicht nötig sei, da die Philosophie doch alles behandelt, was zum Bereich der Vernunft gehört, und sie innerhalb ihrer eigenen Disziplin auch die Gotteslehre erörtert. So formuliert der zweite Einwand gegen die Etablierung der Theologie als eigenständiger Wissenschaft, den Thomas aufgreift, um ihn zu widerlegen: »Nun handeln aber schon die philosophischen Wissenschaften von allen Bereichen des Seienden, auch von Gott, weshalb ein Teil der Philosophie nach Aristoteles auch ›natürliche Theologie‹ oder Gotteslehre heißt. Wir haben daher außer den philosophischen keine weitere Wissenschaft notwendig«.[4] Ist, was die Behandlung des Gottesgedankens angeht, in der Philosophie nicht schon alles, und zwar auf wissenschaftliche Weise gesagt? Wieso sollte es neben der Philosophie zusätzlich noch eine eigenständige theologische Disziplin geben?

Von diesen Fragen angetrieben setzt Thomas zu einer Begründung an mit dem Ziel, die Theologie als eine notwendige Disziplin zu erweisen, die als Wissenschaft im Verbund der Wissenschaften auftreten kann; mehr noch, die das Recht hat, den Anspruch zu erheben, nicht eine unter anderen und schon gar nicht eine der Philosophie untergeordnete, sondern selbst die *höchste Wissenschaft*[5] zu sein.

---

[2] Thomas v. Aquin, Summa Theologica, 1, q 1: »De sacra doctrina, qualis sit, et ad quae se extendat«.

[3] Thomas v. Aquin, Summa Theologica, 1, q 1: »1. De necessitate huius doctrinae. 2. Utrum sit scientia. 3. Utrum sit una vel plures. 4. Utrum sit speculativa vel practica. 5. De comparatione ejus ad alias scientias. 6. Utrum sit sapientia. 7. Quid sit subjectum ejus. 8. Utrum sit argumentative. 9. Utrum uti debeat metaphoricis vel symbolicis locutionibus. 10. Utrum sit Scriptura sacra hujus doctrinae secundum plures sensus exponenda.«

[4] Thomas v. Aquin, Summa Theologica, 1, q 1, a 1, praeterea: »Sed de omnibus partibus entis tractatur in philosophicis disciplinis, etiam de Deo: unde quaedam pars philosophiae dicitur theologia, sive scientia divina, ut patet per Philosophum in 6 Metaph. [lib. 5, cap. 1]. Non fuit necessarium, praeter philosophicas disciplinas, aliam doctrinam fieri sive haberi.«

[5] Vgl. Thomas v. Aquin, Summa Theologica, 1, q 1, a 5, respondeo: »[D]ie hl. Lehre [...] steht höher als alle anderen spekulativen und praktischen Wissenschaften.« »[I]sta scientia [...] omnes alias transcendit tam speculativas quam practicas.«

1. Die Begründung der Theologie als Wissenschaft im Verbund der *universitas litterarum* 67

Die Antwort, die Thomas auf die Infragestellung einer eigenständigen Theologie von Seiten der Philosophie gibt, hebt auf die *Notwendigkeit der Offenbarung* und damit auf das *spezifische Erkenntnisprinzip* der Theologie für das Heil der Menschen ab. »Das Heil der Menschen verlangt außer den philosophischen Wissenschaften, die im Bereich der menschlichen Vernunft bleiben, eine Lehre, die auf göttlicher Offenbarung beruht.«[6] Denn, so argumentiert Thomas weiter, der Mensch ist von Gott auf einen Endzweck – das höchste Gut – hin ausgerichtet worden, der das menschliche Fassungsvermögen jedoch übersteigt. Insofern der Mensch sein Denken und Handeln durch diesen Endzweck bestimmt sein lassen soll, um zu einem glückseligen Leben zu gelangen, muss derselbe ihm auch bekannt gemacht werden. »Das Ziel aber muß dem Menschen vorher bekannt sein, wenn er sein Wollen und Handeln darauf einstellen soll«;[7] und zwar macht Gott, so Thomas weiter, das Heilsziel den Menschen in einer solchen Weise bekannt, dass möglichst viele es auch sicher erkennen und sich wirklich aneignen können. Dazu dient die Offenbarung. »Sollten die Menschen daher in größerer Zahl und mit größerer Sicherheit das Heil erlangen, so mußte Gott ihnen diese Wahrheiten offenbaren«.[8]

Es ist neben dem Gegenstand der Theologie, welcher der philosophischen Erkenntnis nicht vollends zugänglich ist, insbesondere die Art und die Stärke der Gewissheit, die der theologischen Erkenntnis, insofern sie auf Offenbarung beruht, eignet, wodurch diese vor jener ausgezeichnet ist. Die durch die Offenbarung begründete Erkenntnis, indem sie von ihrem Inhalt und ihrer Form her auf *alle* Menschen ausgerichtet ist und unverbrüchliche *Gewissheit* mit sich führt, ist die Form der *höchsten* Gewissheit und daher vor aller philosophischen Erkenntnis in besonderer Weise ausgezeichnet. Insofern kann Thomas das Verhältnis der anderen Wissenschaften – auch das der Philosophie – zur Theologie als ein solches bezeichnen, dass jene dieser als ihre Mägde dienen.

»Denn sie enthält ihre Prinzipien nicht von einer anderen Wissenschaft, sondern unmittelbar von Gott durch die Offenbarung. Also entlehnt sie nicht von anderen Wissenschaften, als wären diese ihr überlegen, sondern sie bedient sich ihrer als der niederen, wie man sich von den Mägden bedienen läßt«.[9]

Damit macht Thomas die auf Offenbarung beruhende und unverbrüchliche Gewissheit mit sich führende Erkenntnis als das Spezifikum der Theologie geltend,

---

[6] Thomas v. Aquin, Summa Theologica, 1, q 1, a 1, respondeo: »quod necessarium fuit ad humanam salutem, esse doctrinam quandam secundum revelationem divinam, praeter philosophicas disciplinas, quae ratione humana investigantur.«
[7] Thomas v. Aquin, Summa Theologica, 1, q 1, a 1, respondeo: »Finem autem oportet esse praecognitum hominibus, qui suas intentiones et actiones debent ordinare in finem.«
[8] Thomas v. Aquin, Summa Theologica, 1, q 1, a 1, respondeo: »Ut igitur salus hominibus et communius et securius proveniat, necessarium fuit quod de divinis per divinam revelationem instruantur.«
[9] Thomas v. Aquin, Summa Theologica, 1, q 1, a 5, ad 2: »Non enim accipit sua principia ab aliis scientiis, sed immediate a Deo per revelationem. Et ideo non accipit ab aliis scientiis tamquam a superioribus, sed utitur eis tamquam inferioribus et ancillis«.

welches diese von der vernünftigen Gotteserkenntnis charakteristisch unterscheidet. Dies bedeutet wiederum nicht, dass er nun seinerseits die anderen Wissenschaften in ihrem Geltungsanspruch schlechterdings in Frage stellt. Vielmehr vertritt Thomas die Auffassung, »dass dieselben Dinge, soweit sie der Vernunft zugänglich sind, Gegenstand der philosophischen Wissenschaften und zugleich, soweit sie durch die Offenbarung erkannt werden, auch noch Gegenstand einer anderen Wissenschaft sein [können]«,[10] nämlich der Theologie. Diese erfasst die Dinge in der so nur ihr eigentümlichen Perspektive, will heißen, sie versteht alles, was ist, in der Beziehung auf Gott: *sub ratione Dei.* »Nun ist aber in der hl. Lehre Gott der einigende Leitgedanke, von dem alles beherrscht wird; und zwar handelt es sich entweder um Gott selbst oder um die Dinge, sofern sie Beziehung haben zu Gott als zu ihrem Ursprung und zu ihrem Ziel.«[11]

Die Theologie tritt damit nicht nur *neben* die anderen Disziplinen. Durch ihre Sicht auf die Dinge werden – und dies machen die weiteren Ausführungen des Thomas deutlich – die Sichtweisen der je anderen Wissenschaften vielmehr vervollkommnet. Denn alles, was ist, hat sein Dasein und sein Sosein von Gott als dem Ursprung und Endziel alles Seienden. Indem die Theologie diese spezifische Perspektive auf die Dinge wahrnimmt, macht sie etwas ausdrücklich, was in gewisser Weise an den Dingen aufscheint und in gewisser, wenn auch vorläufiger Weise von der natürlichen Vernunft erkannt wird. Darum ist das Verhältnis zwischen vernünftiger und auf Offenbarung beruhender Gottes-, Menschen- und Welterkenntnis das einer Vervollkommnung und Vollendung der ersteren durch die letztere.

»Ähnlich kann nun die hl. Lehre unbeschadet ihrer Einheit alles, was in den verschiedenen philosophischen Wissenschaften behandelt wird, unter einem Gesichtspunkt betrachten: soweit es Inhalt göttlicher Offenbarung sein kann; und so ist dann die hl. Lehre eine Art Einprägung des göttlichen Wissens, das in höchster Einheit und Einfachheit alles umfaßt.«[12]

---

[10] THOMAS V. AQUIN, Summa Theologica, 1, q 1, a 1, ad 2: »Unde nihil prohibet de eisdem rebus, de quibus philosophicae disciplinae tractant, secundum quod sunt cognoscibilia lumine naturalis rationis, et aliam scientiam tractare, secundum quod cognoscuntur lumine divinae revelationis [...].«

[11] THOMAS V. AQUIN, Summa Theologica, 1, q 1, a 7, respondeo: »Omnia autem tractantur in sacra doctrina sub ratione Dei: vel quia sunt ipse Deus; vel quia habent ordinem ad Deum, ut ad principium vel finem.«

[12] THOMAS V. AQUIN, Summa Theologica, 1, q 1, a 3, ad 2: »Et similiter ea quae in diversis scientiis philosophicis tractantur, potest sacra doctrina, una existens, considerare sub una ratione, inquantum scilicet sunt divinitus revelabilia: ut sit sacra doctrina sit velut quaedam impressio divinae scientiae, quae est una et simplex omnium«.

2. Natürliche und geoffenbarte Gotteserkenntnis

Kennzeichnend für den Charakter der *Summa Theologica* ist das Bestreben des Thomas, die Gotteserkenntnis der Vernunft, wie sie unter aristotelischen Bedingungen möglich scheint, mit der Gotteserkenntnis, die allein durch die Offenbarung eröffnet wird, in gelungener, dem Prinzip der Theologie angemessenen Weise zu verbinden. Thomas will beides miteinander festhalten: Die Möglichkeit natürlicher Gotteserkenntnis durch die Vernunft und die Notwendigkeit ihrer Ergänzung durch die geoffenbarte Gotteserkenntnis, die zur Erlangung des Heils unabdingbar ist.

Mit diesem Anspruch verbindet sich ein enormer Argumentationsaufwand, der sich im Aufbau und der Durchführung der einzelnen Artikel der *Summa* niederschlägt.[13] Thomas greift in jedem Artikel, den er behandelt, die möglichen Einwände der Gegner gegen die kirchliche Lehre einzeln auf, stellt ihnen im nächsten Schritt – »sed contra« – meistens biblische Belegstellen bzw. auch Argumente aus der Kirchenvätertradition und nicht selten ein Vernunftargument entgegen. Im dritten Schritt – der mit »*respondeo*« eingeleitet ist – entfaltet er seine eigene Antwort und sucht auf ihrer Grundlage sodann, die vorgebrachten Einwände im Einzelnen zurückzuweisen und so die kirchliche Lehre als vernünftig bzw. als nicht unvernünftig darzutun. Die eigene Auffassung des Thomas zu der jeweils traktierten Frage liegt im »*respondeo*« sowie in den daran anschließenden jeweiligen Antworten auf die vorgängig aufgeführten Einwände vor. Auf diese Weise führt Thomas gleichsam zu jedem Artikel ein Pro und Contra unter Disputierenden durch.

Im Blick auf das von ihm verfolgte »Beweisverfahren«[14] hält Thomas eine klare Hierarchie fest, was die Valenz in der Begründungsleistung der verschiedenen Argumente angeht. Die Theologie argumentiert, so Thomas, auf der Grundlage der Offenbarung; dies entspricht der ihr von ihrem Gegenstand her aufgegebenen Methode. Sie nimmt daneben zwar auch Vernunftargumente in Anspruch, aber »nicht, um den Glauben zu beweisen, denn dadurch würde sie das Verdienst des Glaubens aufheben; sondern um den einen oder anderen ihrer Lehrsätze näher zu erläutern. Da nämlich die Gnade die Natur nicht unterdrückt, sondern vollendet, so gehört es sich, dass die natürliche Vernunft ganz im Dienst des Glaubens stehe«.[15] Die

---

[13] In der *Praefatio* zur *Summa* schreibt Thomas – gegenläufig zu ihrem endgültigen Umfang – über deren Charakter und Zielsetzung, dass sie nicht nur für Fortgeschrittene geschrieben sei, sondern den Inhalt der christlichen Religion (»ea quae ad Christianam religionem pertinent«) so darbiete, dass auch Anfänger folgen könnten. Denn in den vorhandenen, viel zu weitschweifigen Lehrbüchern mangle es daran, sich auf das wirklich Wichtige zu konzentrieren und die Lehrgehalte in einer systematischen Ordnung zu präsentieren. Vgl. THOMAS V. AQUIN, Summa Theologica, S. 1.

[14] Vgl. THOMAS V. AQUIN, Summa Theologica, 1, q 1, a 8, wo die Frage traktiert wird, »ob diese Lehre ein Beweisverfahren kennt«. »Utrum haec doctrina sit argumentativa«.

[15] THOMAS V. AQUIN, Summa Theologica, 1, q 1, a 8, ad 2: »non quidem ad probandam fidem, quia hoc tolleretur meritum fidei; sed ad manifestandum aliqua quae traduntur in hac doctrina. Cum igitur gratia non tollat naturam, sed perficiat, oportet quod naturalis ratio subserviat fidei«.

philosophischen Argumente werden als gleichsam »system-fremde«[16] zur Unterstützung des Arguments, nicht jedoch zu seiner eigentlichen Begründung aufgenommen. Der eigentliche Beweis wird auf der Grundlage der Offenbarung geführt. Folglich kommt den Schriftbelegen nach Thomas die entscheidende Begründungsleistung im Beweisverfahren zu. Wie die Argumente aus der Philosophie dem Schriftbeweis eindeutig untergeordnet sind, so hat auch von den Kirchenväterzitaten zu gelten, dass sie »höchstens dazu dienen, eine Lehre wahrscheinlich zu machen.«[17] Nicht jedoch kommen sie gleichrangig mit den Schriftaussagen zu stehen. »Denn unser Glaube beruht auf der den Aposteln und Propheten gewordenen Offenbarung; diese Männer waren es, die die kanonischen Bücher geschrieben haben. Nicht aber stützt sie sich auf eine Offenbarung, die etwa einem anderen Lehrer geworden ist.«[18]

Das in der *Summa* verfolgte Argumentationsverfahren beschreibt Thomas einlässig, indem er die Frage, ob die Theologie eigentlich beweisführend vorgehe, wo sie doch von geoffenbarten Grundsätzen ausgehe und diese entfalte, in dem beschriebenen Sinne bejahend beantwortet. Thomas nimmt dabei eine zweifache Rationalität für sein Verfahren in Anspruch. In erster Linie wird in der Theologie auf der Grundlage von geoffenbarten Glaubenswahrheiten argumentiert. Dies bildet das spezifische *principium cognoscendi* der Theologie, das ihr von ihrem Gegenstand her vorgegeben ist und keinen weiteren ›externen‹ Beweis benötigt. »Diese Lehre [bedarf, C. A.-P.] der Beweise nicht, um ihre Prinzipien, die Glaubensartikel, zu begründen; sie geht vielmehr so vor, daß sie aus ihren Prinzipien irgendeine neue Wahrheit ableitet, wie z. B. der Apostel aus der Tatsache der Auferstehung Christi die allgemeine Auferstehung beweist (1 Kor 15, 12)«.[19]

Thomas zielt damit auf diejenige Rationalität, die *innerhalb* der Entfaltung der christlichen Lehre herrscht, indem auf der Grundlage geoffenbarter Glaubenswahrheiten argumentiert wird, aus den geoffenbarten Glaubenswahrheiten *nachvollziehbare* Folgerungen gezogen werden und so die christliche Lehre im Ganzen als eine *in sich schlüssige* Darstellung erscheint. Dies ist eine dem Gegenstand der Theologie angemessene interne Rationalität, die denjenigen zu überzeugen bzw. zur rechten Lehre zurückzuführen vermag, der die Ausgangsthese teilt, dass nämlich die Theologie ihrem eigenen *principium cognoscendi* folgt, d. h. auf der Grundlage geoffenbarter Wahrheiten argumentiert und aus diesen weitere

---

[16] Thomas v. Aquin, Summa Theologica, 1, q 1, a 8, ad 2: »quasi extraneis argumentis«.

[17] Thomas v. Aquin, Summa Theologica, 1, q 1, a 8, ad 2: »Auctoritatibus autem aliorum doctorum Ecclesiae, quasi arguendo ex propriis, sed probabiliter.«

[18] Thomas v. Aquin, Summa Theologica, 1, q 1, a 8, ad 2: »Innititur enim fides nostra revelationi apostolis et prophetis factae, qui canonicos libros scripserunt: non autem revelationi, si qua fuit aliis doctoribus facta.«

[19] Thomas v. Aquin, Summa Theologica, 1, q 1, a 8, respondeo: »haec doctrina non argumentatur ad sua principia probanda, quae sunt articuli fidei; sed ex eis procedit ad aliquid ostendendum, sicut Apostolus, ad 1 Cor 15, ex ressurectione Christi argumentatur ad ressurectionem communem probandam.«

Schlussfolgerungen zieht. Sie greift insofern nur, so Thomas, »solange der Gegner noch irgendeine von den geoffenbarten Wahrheiten annimmt«.[20]

Gleichwohl beschränkt sich Thomas nicht auf diese Art einer rein theologieinternen Verständigung. Vielmehr zielt er zugleich darauf ab, dass auch die ›von außen‹, aus reinen Vernunftgründen, vorgebrachten Einwände der Gegner der kirchlichen Lehre im Zuge der Entfaltung der theologischen Lehre entkräftet werden. Nach dieser Seite hin wird die Auseinandersetzung auf dem Boden der Vernunft mit Argumenten der Vernunft und unter der Annahme geführt, dass die Wahrheit, die nur *eine* sein kann, so zur Durchsetzung kommt. Daher ist auch diese Art der Auseinandersetzung keine der Theologie fremde, sondern ergibt sich vielmehr aus ihrem eigenen Prinzip. Insofern nämlich Gott die Wahrheit ist, und die Wahrheit nur *eine* sein kann, kann nichts, was wirklich als wahr erkannt ist, den Aussagen der Theologie widersprechen.

Diese Einsicht bringt die Theologie in vernunftrationaler Weise argumentativ zur Geltung, und zwar in der Annahme, dass es gegen die Glaubenswahrheit, insofern für sie Wahrheit beansprucht wird, keine überzeugenden, sprich wahrhaft vernünftigen Gründe geben kann, da die Wahrheit nur eine sein kann und alles Wahre miteinander übereinstimmen muss. Die gegen die Glaubenswahrheit gerichteten Gründe sind daher als bloß vermeintlich vernünftige aufzudecken und zu widerlegen. Diese Aufgabe fällt in das Geschäft der Theologie und sie ergibt sich aus dem mit dem Gottesgedanken verbunden Anspruch auf Wahrheit, die nur eine sein kann. Die Theologie sucht die Kritik an der kirchlichen Lehre als in sich vernunftwidrig zu erweisen und so zu entkräften. Thomas hält daher fest:

»So gehen wir gegen die Irrlehrer vor, indem wir uns auf die Hl. Schrift berufen, und beweisen den Glaubensartikel, den sie etwa leugnen, indem wir den einen Glaubensartikel als Beweis für den anderen verwerten. Sollte aber der Gegner die göttliche Offenbarung im ganzen ablehnen, so bleibt uns keine Möglichkeit, die Glaubensartikel irgendwie zu begründen; wir können nur noch versuchen, die Gründe zu entkräften, die der Gegner etwa gegen den Glauben vorbringt. Da der Glaube sich nämlich auf die unfehlbare Wahrheit stützt und der Wahrheit Widersprechendes nicht bewiesen werden kann, so sind auch die gegen den Glauben vorgebrachten Gründe von vorneherein hinfällig; es sind Scheingründe, die sich lösen lassen, keine Beweise.«[21]

Es ist nun wichtig zu sehen, dass Thomas mit dieser Aufgabe der Theologie zwar die Widerlegung der Gegenargumente verbindet, wodurch die gegnerische Seite

---

[20] Thomas v. Aquin, Summa Theologica, 1, q 1, a 8, respondeo: »si adversarius aliquid concedat eorum quae per divinam revelationem habentur.«
[21] Thomas v. Aquin, Summa Theologica, 1, q 1, a 8, respondeo: »sicut per auctoritates sacrae doctrinae disputamus contra haereticos, et per unum articulum contra negantes alium. Si vero adversarius nihil credat eorum quae divinitus revelantur, non remanet amplius via ad probandum articulos fidei per rationem, sed ad solvendum rationes, si quas inducit, contra fidem. Cum enim fides infallibili veritati innitatur, impossibile autem sit vero demonstrari contrarium, manifestum est probationes quae contra fidem inducuntur non esse demonstrationes, sed solubilia argumenta«.

durch Vernunftargumente in ihrer Kritik an der kirchlichen Lehre überwunden werden soll. Er verbindet mit dieser Form der Argumentation, die als vernünftiger Disput über Pro und Contra angelegt ist, jedoch nicht die Überzeugung, dass durch rationale Argumentation der Gegner die Wahrheit der Glaubenssätze auch für sich als wahr annehmen wird, der Glaubensassensus des Einzelnen gleichsam durch rationale Argumente andemonstriert werden könnte. Thomas ist nicht der Meinung, dass der Glaube selbst durch vernünftige Argumentation erzeugt werden kann. Zwar können die Inhalte des Glaubens als vernünftige erhellt und so die Gegenargumente widerlegt werden. Der Glaube als Vollzug hingegen wird dadurch nicht schon herbeigeführt, sondern verdankt sich einem Akt der Gnade.

Diese Grenze der Leistungsfähigkeit vernünftiger Argumentation und der Theologie als Wissenschaft hat Thomas genau im Blick. Er anerkennt die Notwendigkeit des vernünftigen Diskurses mit den kritischen Bestreitern der kirchlichen Lehre als zentrale Aufgabe der Theologie und gibt selber in seiner *Summa* ein eindrückliches Beispiel für die Wahrnehmung derselben. Die Theologie muss darum bemüht sein, die Vernunftkompatibilität ihrer Gehalte darzutun. Dies ist ihr von dem mit ihrer Sache verbundenen Wahrheitsanspruch aufgegeben. Die persönliche Annahme der Glaubenswahrheit im Glaubensvollzug jedoch kann durch vernünftige Argumentation nicht andemonstriert werden, sondern ist durch die Gnade gewirkt.

Weil der Glaube auf der Wahrheit beruht, setzt er seinerseits die Wahrheitserkenntnis der Vernunft, sofern sie wirkliche Wahrheitserkenntnis ist, nicht schlechterdings außer Kraft, vervollkommnet sie vielmehr. Die auf Offenbarung beruhende Lehre der Kirche hebt die Vernunfteinsicht nicht einfach auf, sondern führt diese über sich hinaus und vollendet sie. Umgekehrt führt die Vernunfterkenntnis auf die Offenbarungswahrheit hin, wenngleich sie diese aus sich selbst heraus nicht vollends zu erfassen und sie auch niemals den Vollzug des Glaubens zu bewirken vermag. Der Grund für die beschriebene Zuordnung von vernünftiger und geoffenbarter Gotteserkenntnis ist die *Einheit der Wahrheit*, die der Glaubenserkenntnis zugrunde liegt und auf die hin alle sonstige Erkenntnis von Wahrheit ausgerichtet ist, so dass dort, wo wirklich wahre Erkenntnis erreicht ist, sie nicht der Einheit der Wahrheit und daher auch nicht der Glaubenswahrheit schlechthin widerstreiten kann.

3. Die Gottesbeweise

Diese Zuordnung von natürlicher und geoffenbarter Gotteserkenntnis bildet die Grundüberzeugung des Thomas, der er in der Durchführung der *Summa Theologica* konsequenten Ausdruck verleiht. Ein bekanntes Beispiel für den Stellenwert, den er der natürlichen Gotteserkenntnis zuerkennt, bilden die Gottesbeweise in der *Summa*. Sie sind Ausdruck dafür, dass die Vernunft erkennen kann, *dass* Gott ist. Thomas führt in diesem Zusammenhang die sogenannten »fünf

Wege« möglicher kosmologischer Gottesbeweise an,[22] indem er jeweils vom Dasein und Sosein des Endlichen ausgeht und zurückschließt auf die dafür vorausgesetzte absolute Ursache, ohne die das Dasein und Sosein des endlichen Seienden nicht erklärt werden kann. So argumentiert Thomas in den fünf Wegen ausgehend von der Bewegung der Dinge, ihrem Verursachtsein durch anderes, ihrer Nicht-Notwendigkeit und Kontingenz, der Qualität ihres relativen Gutseins sowie der Zielgerichtetheit alles Seienden und schließt zurück auf das für das Dasein und jeweilige Sosein der Dinge Vorauszusetzende, das nicht selbst dem Weltzusammenhang angehören kann: Und dieses nennen wir, so Thomas, Gott.

Einen anderen Beweisgang, den des ontologischen Gottesbeweises, der von der Idee Gottes auf seine Existenz schließt, wie ihn in klassischer Weise Anselm von Canterbury[23] vorgeführt hat, lehnt Thomas hingegen ab. Anselm geht von dem Begriff ›Gott‹ aus, mit dem nach jedermanns Einsicht – so Anselm – dasjenige gemeint sei, »worüber hinaus Größeres nicht gedacht werden kann«,[24] und hält dafür, dass Gott folglich auch als existierend gedacht werden müsse. Denn würde dasjenige, worüber hinaus Größeres nicht gedacht werden kann, nur im Verstand allein sein und nicht zugleich in Wirklichkeit existieren (*esse in re*), dann könnte etwas gedacht werden, was sowohl im Verstand seiend als auch in Wirklichkeit existierend ist und damit etwas Größeres wäre, als das, was nur im Verstand ist und nicht auch in Wirklichkeit existiert.[25] Daher muss Gott als in Wirklichkeit existierend gedacht werden, da er dasjenige ist, über das hinaus Größeres nicht gedacht werden kann, sonst wäre nicht wirklich Gott gedacht. »Es existiert also ohne Zweifel etwas, über das hinaus Größeres nicht gedacht werden kann, [und zwar] sowohl im Verstande als auch in der Wirklichkeit.«[26] *Quod erat demonstrandum*. Anselm versteht dieses Argument als einen Vernunftschluss, der sich notwendig aus dem Begriff Gottes ergibt.

Thomas lehnt dieses Argument, das sich rein auf der Basis des Gedankens von Gott vollzieht, als nicht überzeugend ab. Denn nicht jeder verstehe unter ›Gott‹ dasjenige, über das hinaus Größeres nicht gedacht werden kann. Vielmehr gebe es solche, die mit dem Wort ›Gott‹ durchaus anderes – etwa einen Körper – verbänden. Während dieses Gegenargument seinerseits nicht besonders schlagkräftig

---

[22] Thomas v. Aquin, Summa Theologica, 1, q 2, a 3, respondeo: »Fünf Wege gibt es, das Dasein Gottes zu beweisen«. »[...] quod Deum esse quinque viis probari potest«.
[23] Vgl. zum Folgenden Anselm von Canterbury, Proslogion. Anrede. Lateinisch/Deutsch. Übersetzungen, Anmerkungen und Nachwort von R. Theis, Stuttgart 2005, Kap. 2, S. 20–23.
[24] Anselm v. Canterbury, Proslogion, Kap. 2, 4: »Aliquid quo maius nihil cogitari potest«.
[25] Vgl. Anselm v. Canterbury, Proslogion, Kap. 2, 9. 10: »Et certe id quo maius cogitari nequit, non potest esse in solo intellectu. Si enim vel in solo intellectu est, potest cogitari esse et in re, quod maius est.« »Und gewiss kann das, worüber hinaus Größeres nicht gedacht werden kann, nicht allein im Verstande sein. Denn wenn es nur im Verstande allein ist, so kann man denken, es sei auch in Wirklichkeit, was größer ist.«
[26] Anselm v. Canterbury, Proslogion, Kap. 2, 13: »Existit ergo procul dubio aliquid quo maius cogitari non valet, et in intellectu et in re.«

scheint, verfängt ein anderer Einwand des Thomas schon eher. Dieser zielt darauf, dass in Anselms Beweisführung, Gott nur als existierend *gedacht* werde, daraus aber das ›*esse in re*‹ Gottes keineswegs folge. Denn zwischen dem bloß als existierend *gedacht* Werden und dem in *Wirklichkeit* Existieren besteht ein gravierender Unterschied – nämlich der des ›*esse in re*‹. Darauf aber zielt der Gottesbeweis und muss der Gottesbeweis zielen, wenn er ein Beweis der Existenz Gottes sein soll. Auf dem Boden des ontologischen Arguments ist dies, so Thomas, nicht zu erreichen, weil der Überschritt vom bloß als existierend Gedachten zum wirklichen Existieren des Gedachten im Zusammenhang eines Vernunftschlusses aus der bloßen Idee und also auf dem Boden des reinen Denkens nicht gelingt.

»Aber auch zugegeben, daß jedermann unter dem Ausdruck ›Gott‹ ein Wesen verstehe, über das hinaus nichts Größeres gedacht werden kann, so folgt daraus noch nicht, daß man dieses durch den Namen ›Gott‹ bezeichnete Wesen auch wirklich als seiend erkenne, sondern nur, daß es sich in unserem Denken findet.«[27]

Deshalb plädiert Thomas für den kosmologischen Beweisgang als »*manifestior via*«[28], den besser begründeten Weg. Denn das Dasein und Sosein der Dinge bildet eine sicherere Erkenntnisgrundlage, als dies von der bloßen Idee gilt. Es kann nämlich mit guten Gründen aus der Wirkung auf die Ursache geschlossen werden,[29] insofern die Wirkung nicht wäre, wenn nicht auch die Ursache existierte. Vom Dasein der Dinge und ihrer Grundbeschaffenheit lässt sich auf deren erste Ursache zurückschließen, weil die Wirkung qua Seins-Teilhabe an der Ursache partizipiert.

»Ist uns nämlich eine Wirkung früher bekannt als ihre Ursache, so gelangen wir von der Wirkung aus zur Erkenntnis der Ursache. Nun kann aus jeder Wirkung wenigstens das Dasein ihrer eigenen Ursache bewiesen werden, vorausgesetzt, daß die Wirkung uns wirklicher bekannter ist als die Ursache, denn wenn die Wirkung gegeben ist, ist wegen der inneren Abhängigkeit der Wirkung von der Ursache auch das Dasein der Ursache selbst gegeben.«[30]

Voraussetzung für diese Argumentation von der Wirkung auf die Ursache ist die thomasische Ontologie, der zufolge alles Seiende überhaupt nur ist und in seinem Dasein erhalten wird durch Teilhabe an dem höchsten Seienden. Das Dasein und Sosein des Endlichen setzt Gott nicht nur als die *erste Ursache*, sondern auch

---

[27] THOMAS V. AQUIN, Summa Theologica, 1, q 2, a 1, ad 2: »Dato etiam quod quilibet intelligat hoc nomine Deus significari hoc quod dicitur, scilicet illud quo majus cogitari non potest; non tamen propter hoc sequitur quod intelligat id quod significatur per nomen, esse in rerum natura, sed in apprehensione intellectus tantum.«
[28] THOMAS V. AQUIN, Summa Theologica, 1, q 2, a 3, respondeo.
[29] Vgl. THOMAS V. AQUIN, Summa Theologica, 1, q 1, a 7, ad 1; sowie 1, q 2, a 1, respondeo; und 1, q 2, a 2, respondeo.
[30] THOMAS V. AQUIN, Summa Theologica, 1, q 2, a 2, respondeo: »Cum enim effectus aliquis est nobis manifestior quam sua causa, per effectum procedimus ad cognitionem causae. Ex quolibet autem effectu demonstrari potest propriam causam ejus esse, si tamen ejus effectus sint magis noti quoad nos: quia, cum effectus dependeant a causa, posito effectu necesse est causam praeexistere.«

als den *Erhalter* des Seienden notwendig voraus, weil sonst nicht etwas, sondern überhaupt nichts wäre. Denn alles Seiende ist dadurch bestimmt, nicht durch sich selbst sein zu können, sondern in seinem Dasein von Gott abhängig zu sein. Das von Gott geschaffene Seiende vermag sich auch nicht selbst im Dasein zu erhalten. Ihm eignet nicht die Kraft der Selbsterhaltung, vielmehr ist es auf die Erhaltung durch Gott angewiesen, der deshalb für das Dasein der Welt nicht nur im Sinne der ersten schöpferischen Ursache, die die Welt als solche hervorbringt, sondern auch als bleibende Erhaltungsursache des Seienden in seiner Dauer vorausgesetzt werden muss.

Im Ausgang von der nicht bestreitbaren Existenz des Seienden kann daher durch Vernunftschluss auf die Existenz Gottes geschlossen werden, weil Ersteres nicht wäre, würde Letzterer nicht existieren, so dass die Behauptung der notwendigen Existenz Gottes in den Zusammenhang natürlicher, von der Vernunft zu erlangender Gotteserkenntnis fällt. Die Vernunft muss, so argumentiert Thomas, Gott als Schöpfer und Erhalter der Welt verstehen, will sie das Dasein und Sosein alles Endlichen erfassen. Sie kann darüber hinaus auch auf einen intelligenten Regenten der Welt schließen, insofern sich in der Mannigfaltigkeit des Geschaffenen eine teleologische Ordnung zeigt, die auf ein »geistig-erkennendes Wesen« als Urheber derselben zurückschließen lässt:

»Die vernunftlosen Wesen sind aber nur insofern absichtlich, d. h. auf ein Ziel hin tätig, als sie von einem erkennenden geistigen Wesen auf ein Ziel hingeordnet sind [...]. Es muß also ein geistig-erkennendes Wesen geben, von dem alle Naturdinge auf ihr Ziel hingeordnet werden: und dieses nennen wir ›Gott‹.«[31]

So gelangt die Vernunft auf dem Weg des induktiven Rückschlussverfahrens im Ausgang von der geschaffenen Welt zum Beweis der Existenz Gottes. Die Vernunft bleibt in diesem Vollzug ihrer Erkenntnis und dem sich daraus erschließenden Gottesbegriff an diesen Ausgangspunkt ihres Erkenntnisvollzugs gebunden. Denn »der Mensch [kann] nur von den Geschöpfen aus durch die natürliche Vernunft zur Erkenntnis Gottes kommen.«[32] Das bedeutet, dass die auf dem Weg induktiven Rückschließens gewonnene Gotteslehre durch den Ausgang beim Endlichen bestimmt bleibt. Sie gelangt nur zu einer begrenzten Erkenntnis Gottes. »Können uns also die Werke Gottes auch nicht zu einer vollkommenen Wesenserkenntnis Gottes führen, so läßt sich aus ihnen doch das Dasein Gottes beweisen.«[33] Die natürliche Vernunft vermag indes nicht, das dreieinige Wesen Gottes in der Dreiheit und Unterschiedenheit der trinitarischen Personen zu erkennen.

---

[31] Thomas v. Aquin, Summa Theologica, 1, q 2, a 3, respondeo: »Ea autem quae non habent cognitionem, non tendunt in finem nisi directa ab aliquo cognoscente et intelligente [...]. Ergo est aliquid intelligens, a quo omnes res naturales ordinantur ad finem: et hoc dicimus Deum.«
[32] Thomas v. Aquin, Summa Theologica, 1, q 32, a 1, respondeo: »quod homo per rationem naturalem in cognitionem Dei pervenire non potest, nisi ex creaturis.«
[33] Thomas v. Aquin, Summa Theologica, 1, q 2, a 2, ad 3: »Et sic ex effectibus Dei demonstrari potest Deum esse, licet per eos non perfecte ipsum possimus cognoscere secundum suam essentiam.«

Erst damit aber wird das wahre Wesen Gottes als Grund und Ziel des menschlichen Heils erfasst. Insofern ist die Vernunft auf Offenbarung angewiesen. Sie bedarf der Vollendung durch die auf Offenbarung beruhende theologische Lehre.

Dass Thomas auch dort, wo er die Gotteserkenntnis der Vernunft aufgreift, keine ungebrochene Aristoteles-Rezeption vollzieht, ist noch eigens zu betonen. Er versucht vielmehr da, wo es ihm von der christlichen Überzeugung her notwendig erscheint, die Grundaussagen der christlichen Theologie gleichsam mit Aristoteles gegen eine bestimmte und seiner Auffassung nach einseitige Aristoteles-Interpretation – diejenige der im zeitgenössischen Wissenschaftsdiskurs wirkmächtigen Averroisten – zur Geltung zu bringen. Notwendig ist eine solche christlich geleitete Korrektur etwa mit Blick auf die Auffassung von der Ewigkeit der Materie, wie sie die Averroisten als aristotelisch behaupten. Denn mit ihr geht einher, dass Gott zwar als unbewegter Beweger des ewigen Kosmos, nicht aber als der freie Schöpfer der Welt, und die Welt nicht in ihrem kontingenten Dasein verstanden wird. Thomas versucht diesen, den christlichen Gedanken von Gott als Schöpfer und der in der Freiheit Gottes gründenden und darum kontingenten Welt gegen die Aristoteles-Rezeption der Averroisten wiederum selbst als aristotelisch nachzuweisen mit dem Ziel, dadurch den Gedanken Gottes als des Schöpfers als einen durchaus vernünftigen im Wissenschaftsdiskurs seiner Zeit zu bewähren.

4. Der vernünftige Gottesbegriff und die Trinitätslehre

Auf der Grundlage ihres rückschließenden Verfahrens vermag die Vernunft Gott als die *prima causa* zu erkennen und auch entsprechende vernunftgemäße Eigenschaften von Gott zu prädizieren, wie etwa Ewigkeit, Einfachheit, Vollkommenheit, Güte, Einheit, Unendlichkeit, Geistigkeit, Wahrheit. Dies alles gehört in den Bereich dessen, was vernünftige Gotteserkenntnis von Gott auszusagen vermag; und dies ist nicht unbedingt wenig. Die Vernunft kann jedoch Gottes *Wesen* nicht vollkommen erkennen. Denn »[e]s ist unmöglich, durch die natürliche Vernunft zur Erkenntnis der Dreiheit der Personen zu gelangen.«[34] Damit bringt Thomas den offenbarungstheologischen Ansatz der christlichen Theologie ins Spiel, wenn er den spezifisch christlichen Gottesgedanken zu entfalten sucht.

Durch den von ihm eingeschlagenen Weg, zunächst die natürliche Gotteserkenntnis zu behandeln, im Zuge dessen entsprechende Gottesprädikate festzuhalten und anschließend auf die Trinitätslehre einzugehen, entsteht das Problem, wie beides miteinander ins Verhältnis zu setzen ist; genauer, ob die trinitarische Bestimmung Gottes tatsächlich zum *grundlegenden* Gottesgedanken wird oder von den zuvor eruierten Gottesprädikaten bestimmt und abhängig bleibt. Wäre letzteres der Fall – und die Trinitätslehre der *Summa* zeigt eine Tendenz dazu –,

---

[34] THOMAS V. AQUIN, Summa Theologica, 1, q 32, a 1, respondeo: »impossibile est per rationem naturalem ad cognitionem Trinitatis divinarum personarum pervenire.«

dann stünde eben nicht die spezifisch christliche, nämlich trinitarische Bestimmung Gottes im prägenden Zentrum der Gotteslehre und sie würde nicht die Grundlage für alle weiteren Aussagen über Gott sowie das Verhältnis des trinitarischen Gottes zur Welt bilden. Vielmehr würde die auf der Basis der natürlichen Vernunft gewonnene Gotteslehre – und damit die Bestimmung Gottes als *prima causa* – sich als die gesamte Gotteslehre faktisch dominierend erweisen.

Darin zeigt sich ein grundlegendes Problem in der Zuordnung von natürlicher und geoffenbarter Gotteslehre, das hier nicht detailliert zu verfolgen ist. Es betrifft die zentrale Behauptung christlicher Theologie, dass das *Wesen* Gottes nur erfasst ist, wenn es als trinitarisches gedacht wird. Das Wesen Gottes wiederum ist als das allen konkreten göttlichen Eigenschaften zugrunde Liegende, in ihnen sich Ausdrückende zu verstehen, sonst wäre es nicht als das Wesen Gottes und die Eigenschaften Gottes nicht als solche seines Wesens verstanden. Dieser Gedanke wird offenbar unterlaufen, wenn sozusagen vorab – durch die vernünftige Gotteserkenntnis – bereits diejenigen Eigenschaften vollends bestimmt werden, die Gott zugehören sollen. Dann tritt die Frage auf, wie dazu die Aussagen der Trinitätslehre ins Verhältnis gesetzt werden. Daraus ergibt sich gleichsam unweigerlich das Problem, dass die Trinitätslehre als ein unvermittelter Zusatz zu stehen kommt, der den Charakter des bloß äußerlich Hinzugefügten hat. Es ist dies ein Problem, das die von Thomas verfolgte Zuordnung von natürlicher Gotteserkenntnis und Trinitätslehre mit sich führt. Sie stellt vor die Frage, wie unter dieser Bedingung die allererst mit der Trinitätslehre erreichte Bestimmung des Wesens Gottes als grundlegende Bestimmung aller Aussagen über Gottes Eigenschaften zum Zuge gebracht werden kann.

Trotz dieser kritischen Einlassung ist festzuhalten, dass Thomas entschieden betont, Gottes Wesen werde allererst wahrhaft erkannt, wenn er als der Dreieine verstanden wird; dies wiederum ist allein eröffnet durch die Offenbarung. Die Frage ist nur, ob er diese Behauptung in seiner Entfaltung der Gotteslehre in der *Summa* auch konsequent zur Geltung zu bringen vermag.

5. Gott als Gegenstand der Theologie als Wissenschaft

Thomas behauptet unter den zeitgenössischen Bedingungen der Vorherrschaft der aristotelischen Philosophie den Charakter der Theologie als Wissenschaft, um die Theologie an der Universität entsprechend zu positionieren. Dies hat unter den gegebenen wissenschaftstheoretischen Bedingungen die Folge, dass er den Gegenstand der Theologie als einer wissenschaftlichen Disziplin sowie die Einheit ihres Gegenstandsgebietes zu bestimmen hat. Die Antwort des Thomas auf diese Aufgabe lautet: »Gott ist Gegenstand dieser Wissenschaft [i. e. der Theologie, C. A.-P.]«.[35] Dies heißt nun wiederum nicht, dass *nur* Gott selbst Ge-

---

[35] THOMAS V. AQUIN, Summa Theologica, 1, q 1, a 7, respondeo: »Deus est subjectum hujus scientiae.«

genstand der Theologie ist. Es heißt vielmehr auch und gerade, dass schlechthin alles Seiende in seiner Beziehung auf Gott zu verstehen ist. Die Theologie bringt zum Zug, dass, wenn Gott gedacht wird, er als schöpferischer Ursprung und Ziel alles Seienden gedacht werden muss. Der Gottesgedanke bildet die Grundlage einer Ontologie, in der alles Seiende – wenn auch graduell zuhöchst von Gott unterschieden – ontologisch auf Gott als seinen Ursprung und sein Endziel bezogen und ausgerichtet ist. Sie entfaltet insofern aus *einem* Prinzip alle ihre Aussagen: Die Theologie ist diejenige wissenschaftliche Disziplin, die von Gott handelt und die, indem sie das tut, die theologische Perspektive für alles Seiende so zur Geltung bringt, dass dessen Bezogenheit auf Gott deutlich wird. Insofern die Theologie in besagtem Sinn Wissenschaft ist, versteht Thomas sie als *scientia*, und zwar als eine »mehr spekulative als praktische Wissenschaft«.[36]

Bei dieser Bestimmung der Theologie als eher spekulativer Wissenschaft darf nicht aus dem Blick geraten, dass Thomas Gott als Ursprung und vor allem als Zielgrund alles Seienden zu verstehen gibt, so dass die Theologie, indem sie die Gotteslehre entfaltet, alles Seiende auf sein Heilsziel hin ausgerichtet begreift. Insofern hat die Theologie keinen gleichsam abstrakten Charakter. Gott wird nicht allein um seiner selbst willen – losgelöst von der Welt – gedacht, vielmehr, *indem* er um seiner selbst willen gedacht wird, kommt er *zugleich* als Ursprung und Ziel der Welt in Betracht; und diesen Zusammenhang zu entfalten, ist nach Thomas die Aufgabe der Theologie. In der Lehre von Gott geht es folglich zugleich um die zielgerichtete Bestimmung all dessen, was ist. Dies bedeutet nun insbesondere für die Lehre vom Menschen, dass sein Leben *sub specie Dei* verstanden als fortwährendes Streben nach Gott als dem höchstem Ziel begriffen wird, von dem der Mensch während seines irdischen Lebens bewegt ist und das erst in der ewigen Seligkeit zur Erfüllung gelangt. Daher heißt es: »Das Ziel unserer Wissenschaft aber, nach ihrer praktischen Seite, ist die ewige Seligkeit«.[37] Die grundlegende Ausrichtung allen Seins auf Gott als das höchste Gut ist mitzubedenken, wenn Thomas die Theologie als eine mehr spekulative denn praktische Wissenschaft bezeichnet.

Weiterführende Literatur:
RICHARD HEINZMANN, Thomas von Aquin. Eine Einführung in sein Denken mit ausgewählten lateinisch-deutschen Texten, Stuttgart 1994.
OTTO HERRMANN PESCH, Thomas von Aquin. Grenze und Größe mittelalterlicher Theologie. Eine Einführung, 3. Auflage, Mainz 1995.
NOTGER SLENCZKA, Thomas von Aquin, in: Denker des Christentums, hg. von Chr. Axt-Piscalar/J. Ringleben, Tübingen 2004, S. 39–65.

---

[36] THOMAS V. AQUIN, Summa Theologica, 1, q 1, a 4, respondeo: »Magis tamen est speculativa, quam practica.«
[37] THOMAS V. AQUIN, Summa Theologica, 1, q 1, a 5, respondeo: »Finis autem hujus doctrinae, in quantum est practica, est beatitudo aeterna«.

VIII. Martin Luther: Der sündige Mensch und der rechtfertigende Gott als ›Gegenstand‹ der Theologie

Textgrundlage:[1]
- M. LUTHER, Heidelberger Disputation (1518).
- M. LUTHER, Vorrede zum ersten Band der lateinischen Schriften der Wittenberger Luther-Ausgabe (1545).
- M. LUTHER, Auslegung des Glaubensbekenntnisses im Großen Katechismus (1530).
- M. LUTHER, Auslegung des ersten Gebots im Großen Katechismus (1530).
- M. LUTHER, Vorrede zum ersten Band der deutschen Schriften (1539).
- M. LUTHER, De servo arbitrio (1525), besonders Studienausgabe, S. 247, 257, 285–287, 291–295, 457–473.

1. Das Evangelium von der Barmherzigkeit Gottes als Grund des Glaubens und der Theologie

Martin Luthers Auffassung von Theologie und der Art und Weise, wie sie wahrzunehmen sei, gründet in seinem Verständnis des paulinischen Evangeliums als der Botschaft von der unverdienten Gnade Gottes, durch die Gott den Sünder rechtfertigt, und die im Gekreuzigten, in dem die Liebe Gottes zur Welt erschienen ist, ihren Grund und Halt hat. Diese Erkenntnis erwächst Luther aus dem Studium der Heiligen Schrift und der Glaubenserfahrung, die ihm durch das Schriftwort eröffnet wird. Das Evangelium von der Rechtfertigung allein aus

---

[1] MARTIN LUTHER, Disputatio Heidelbergae habita. Probationes conclusionum: quae in Capitulo Heidelbergensi disputatae sunt Anno salutis nostrae M. D. XVIII, Mense Maio. Heidelberger Disputation. Beweise der Thesen, die im Ordenskapitel in Heidelberg disputiert worden sind im Jahre unseres Heils 1518 im Monat Mai; lat. in: Weimarer Ausgabe (= WA), hg. von H. Böhlau, Weimar 1883–2009, Bd. 1, S. 355–365; Übersetzung nach: Ders., lateinisch-deutsche Studienausgabe, Bd. 1, unter Mitarbeit von M. Beyer hg. und eingeleitet von W. Härle, Leipzig 2006, S. 35–69.

DERS., Vorrede zum ersten Band der lateinischen Schriften der Wittenberger Luther-Ausgabe (1545); lat. in: WA 54, S. 179–187; Übersetzung nach: lateinisch-deutsche Studienausgabe, Bd. 2, hg. und eingeleitet von J. Schilling, Leipzig 2006, S. 491–509.

DERS., Auslegung des Glaubensbekenntnisses, in: Großer Katechismus. Die Bekenntnisschriften der evangelisch-lutherischen Kirche (= BSLK), hg. im Gedenkjahr der Augsburgischen Konfession, 9. Auflage, Göttingen 1982, S. 646–662.

DERS., Auslegung des ersten Gebots, in: Großer Katechismus, BSLK, S. 560–572.

DERS., Vorrede zum ersten Band der deutschen Schriften (1539), WA 50, S. 657–661.

DERS., De servo arbitrio. Vom unfreien Willensvermögen, lat. in: WA 18, S. 600–787, besonders S. 614, 618f., 632–634, 635–636, 706–712. Übersetzung nach: Ders., lateinisch-deutsche Studienausgabe, Bd. 1, unter Mitarbeit von M. Beyer hg. und eingeleitet von W. Härle, Leipzig 2006, S. 219–661, besonders Studienausgabe, S. 247, 257, 285–287, 291–295, 457–473.

Gnade um des Gekreuzigten willen macht aus dem Sünder, der sich von ihm ergreifen lässt und so zum Glauben kommt, einen neuen Menschen. Für Luther wird dies zum Zentrum allen theologischen Denkens und Verkündigens.

Die an der Botschaft des Paulus gewonnene Erkenntnis des Evangeliums hat Luther als die für seine Existenz schlechthin befreiende Erfahrung beschrieben. Rückblickend auf die sein Glaubensleben wendende theologische Entdeckung schreibt er in der *Vorrede zum ersten Band der lateinischen Schriften* (1545):

»Ich aber, der ich, so untadelig ich auch als Mönch lebte, mich vor Gott als Sünder mit ganz unruhigem Gewissen fühlte und nicht darauf vertrauen könnte, durch mein Genugtun versöhnt zu sein, liebte Gott nicht, ja, ich hasste vielmehr den gerechten und die Sünder strafenden Gott und empörte mich im Stillen gegen Gott, wenn nicht mit Lästerung, so doch mit ungeheurem Murren und sagte: Als ob es nicht genug sei, dass die elenden und durch die Ursünde auf ewig verlorenen Sünder durch jede Art von Unheil niedergedrückt sind durch das Gesetz der Zehn Gebote, vielmehr Gott nun auch durch das Evangelium Schmerz zum Schmerz hinzufügt und uns mit seiner Gerechtigkeit und seinem Zorn zusetzt! So wütete ich mit wildem und verwirrtem Gewissen. Dennoch klopfte ich ungestüm an dieser Stelle bei Paulus [i. e. Röm 1, 17, C. A.-P.] an, verschmachtend vor Durst herauszubekommen, was der Heilige Paulus wolle. Bis ich, durch Gottes Erbarmen, Tage und Nächte darüber nachsinnend meine Aufmerksamkeit auf die Verbindung der Wörter richtete, nämlich: ›Die Gerechtigkeit Gottes wird darin offenbart, wie geschrieben steht: Der Gerechte lebt aus Glauben.‹ Da begann ich die Gerechtigkeit Gottes zu verstehen als diejenige, durch die der Gerechte als durch Gottes Gabe lebt, nämlich durch Glauben, und dass dies der Sinn sei: Durch das Evangelium werde die Gerechtigkeit Gottes offenbart, und zwar die passive, durch die uns der barmherzige Gott gerecht macht durch den Glauben, wie geschrieben steht: ›Der Gerechte lebt aus Glauben.‹ Hier fühlte ich mich völlig neugeboren und durch geöffnete Tore in das Paradies eingetreten zu sein. Da zeigte sich mir sogleich ein anderes Gesicht der ganzen Schrift. [...] Und wie sehr ich einst das Wort Gerechtigkeit Gottes abgrundtief gehasst hatte, mit ebensolcher Liebe erhob ich es als das mir allersüßeste Wort. So ist mir diese Stelle bei Paulus wirklich das Tor zum Paradies geworden.«[2]

---

[2] LUTHER, Vorrede zum ersten Band der lateinischen Schriften, Studienausgabe, Bd. 2, S. 505, Z. 29 – S. 507, Z. 20; WA 54, S. 185, Z. 21 – S. 186, Z. 16: »Ego autem, qui me, utcunque irreprehensibilis monachus vivebam, sentirem coram Deo esse peccatorem inquietissimae conscientiae, nec mea satisfactione placatum confidere possem, non amabam, imo odiebam iustum et punientem peccatores Deum, tacitaque si non blasphemia, certe ingenti murmuratione indignabar Deo, dicens: quasi vero non satis sit, miseros peccatores et aeternaliter perditos peccato originali, omni genere calamitatis oppressos esse per legem Decalogi, nisi Deus per euangelium dolorem dolori adderet, et etiam per euangelium nobis iustitiam et iram suam intentaret, Furebam ita saeva et perturbata conscientia, pulsabam tamen importunus eo loco Paulum [i. e. Röm 1, 17, C. A.-P.], ardentissime sitiens scire, quid S. Paulus vellet. Donec miserente Deo meditabundus dies et noctes connexionem verborum attenderem, nempe: Iustitia Dei revelatur in illo, sicut scriptum est: Iustus ex fide vivit. Ibi iustitiam Dei coepi intelligere eam, qua iustus dono Dei vivit, nempe ex fide, et esse hanc sententiam, revelari per euangelium iustitiam Dei, scilicet passivam, qua nos Deus misericors iustificat per fidem, sicut scriptum est: Iustus ex fide vivit. Hic me prorsus renatum esse sensi, et apertis portis in ipsam Paradisum intrasse; ibi continuo alia mihi facies totius scripturae apparuit. [...] Iam quanto odio vocabulum ›iustitia Dei‹ oderam ante, tanto amore dulcissimum mihi vocabulum extollebam, ita mihi iste locus Pauli fuit vere porta paradisi.«

Luther beschreibt hier die heilsame Wende, die ihm durch das neue Verständnis der Gerechtigkeit Gottes widerfahren ist. Zugleich gibt er Einblick darein, was es heißt, als Sünder ›unter dem Gesetz‹ als dem Willen Gottes leben zu müssen. In dieser Existenz findet das Gewissen keine Ruhe und keine Gewissheit. Auch der vermeintlich untadelig nach dem Willen Gottes Lebende – wie es dem Ideal der mönchischen Lebensweise entspricht – vermag den Gewissensqualen nicht zu entkommen. Sie rühren daher, dass der Sünder in seinem Willen, gottwohlgefällig zu sein, auf sich selbst und sein eigenes Vermögen zurückgeworfen ist, zugleich aber erfahren muss, dass er aus sich selbst heraus die Genugtuung vor Gott nicht zu erreichen vermag, dass er vor Gott nicht als untadelig und fromm gelten kann. Der Sünder fürchtet den ob seiner Verfehlungen zürnenden Gott, mit der Folge, dass er Gott hasst und sich ihm zu entziehen sucht, statt – wie es das erste Gebot sagt – sich zu Gott zu flüchten, ihn zu lieben und zu ehren.[3] Es ist von daher das Verständnis der Gerechtigkeit Gottes, sofern sie als distributive (strafende) Gerechtigkeit verstanden und erfahren wird, die in der fehlgeleiteten Perspektive der Erfahrung des Sünders den Keil in das Gottesverhältnis treibt. Den zürnenden und strafenden Gott kann der Mensch als Sünder nur fliehen wollen. Die Erfahrung des zürnenden und strafenden Gottes treibt ihn in die Verzweiflung der Gewissensqualen: Er kann das, was er soll, nicht aus eigenem Vermögen, und zugleich versucht er, aus eigenem Vermögen heraus vor Gott gerecht zu sein.

Indem sich ihm – wie Luther im Blick auf das Verständnis von Röm 1, 17 erläutert – ein anderes, durch die Schrift vermitteltes und insofern gottgewirktes Verständnis der Gerechtigkeit Gottes erschließt – »durch Gottes Erbarmen« –, tun sich ihm die »Tore in das Paradies« auf, will heißen, ein unmittelbares Vertrauensverhältnis zu Gott. Denn für Adam im Paradies gilt nach dem Schöpfungsbericht,[4] dass er in vertrautem Umgang mit Gott lebt; seine Beziehung zu Gott ist noch nicht durch die Sünde gestört. Für Adam nach dem Fall hingegen gilt dasjenige, was eben als Signum der Existenz des Sünders beschrieben wurde: Er »versteckte sich mit seiner Frau vor dem Angesicht Gottes des HERRN«, und auf die Frage Gottes »[w]o bist du?«, entgegnet er, »[i]ch hörte dich im Garten und fürchtete mich«.[5] Die Sünde treibt den Menschen immer weiter von Gott weg, während er allein im Vertrauen auf Gott sein Heil – den Grund und Halt seines Lebens – findet.

Indem Luther die Gerechtigkeit Gottes, wie sie sich ihm aus der Stelle Röm 1, 17 erschließt, nicht mehr als distributive verstehen muss, sondern als ein tätiges Handeln Gottes am Sünder, durch das Gott denselben durch den Glauben

---

[3] Dazu vgl. die Auslegung des ersten Gebots im *Großen Katechismus*. Als zentrale Aussage des Gebots hält Luther hier fest: Es »will soviel gesagt haben: siehe zu und lasse mich alleine Deinen Gott sein und suche je keinen andern; das ist, was Dir manglet an Gutem, des versiehe Dich zu mir und suche es bei mir und, wo Du Unglück und Not leidest, kreuch und halte Dich zu mir. ICH, ich will Dir gnug geben und aus aller Not helfen, laß nur Dein Herz an keinem andern hangen noch rugen«, BSLK, S. 560, Z. 34–42.

[4] Vgl. Gen 2, 5–25.

[5] Gen 3, 8–10.

und nicht aufgrund eigener Werke gerecht macht und ihn so von sich her in die Gottesgemeinschaft des Paradieses zurückholt, erfährt Luther die Gerechtigkeit Gottes als neuschöpferisches Handeln am Sünder. Denn wer sich in der Gemeinschaft mit Gott wähnen darf, ist »völlig neugeboren«. Er ist zu einem neuen Gottesverhältnis gelangt, mit dem ein neues Sein des Menschen vor Gott – er kann Gott nun lieben und auf ihn vertrauen – und darin *in einem* ein neues Selbst- und Weltverhältnis einhergeht.

Luther sieht im rechten Gottesverhältnis des Einzelnen den Grund wahren Selbst- und Weltverhältnisses des Menschen. Wo darum das Verhältnis zu Gott radikal verkehrt ist – im Zustand der Sünde –, da kann es auch zu keinem gelingenden Selbstverhältnis des Menschen kommen. Wo es wiederum aufgrund des gestörten Gottesverhältnisses zu keinem gelingenden Selbstverhältnis kommt, da kann es auch zu keinem gelingenden Verhältnis des Menschen zu seiner Welt kommen. In der Folge werden die Übergriffigkeit über anderes und den anderen oder die Selbstverweigerung, in der der Mensch sich dem anderen und nicht zuletzt sich selbst und seiner eigentlichen Bestimmung schuldig bleibt, zur Signatur des menschlichen Selbstvollzugs.

Indem sich das Handeln Gottes am Sünder so vollzieht, dass dieser zu einer neuen Gottesbeziehung gelangt, so dass er Gott nicht mehr fürchten muss, sondern auf ihn vertrauen kann, und in solchem Vertrauen auf Gott nicht mehr von dem her denkt, handelt und lebt, wie er selbst sich sieht und wie er von anderen gesehen wird, sondern so, wie er von dem barmherzigen Gott angesehen wird, erfährt er sich als »völlig neugeboren«. Dazu kommt es, wenn sich an ihm das Evangelium bewahrheitet, dass nämlich, wie Luther es mit Blick auf Röm 1, 17 beschreibt, mit ›Gerechtigkeit Gottes‹ diejenige Gerechtigkeit gemeint ist, durch die »uns der barmherzige Gott gerecht macht durch den Glauben«.

Die Botschaft von der Rechtfertigung des Sünders wird für Luther zum hermeneutischen Schlüssel für das Verstehen der ganzen Schrift. Diese, in der Einheit von Altem und Neuem Testament, bekommt ein völlig »anderes Gesicht«. Von dieser an der Schrift gewonnenen Einsicht her begreift er das dem Menschen gnädig zugewandte Wesen und Handeln Gottes, auf das der Glaube vertraut. In dem Sich-Verlassen auf Gott wird der Glaubende der göttlichen Barmherzigkeit, wie Gott sie in seiner Verheißung unverbrüchlich zusagt, gewiss und so der Verzweiflung entrissen. Dass Gott an seinem Wort festhält und seine Verheißung hinausführen wird, begründet die Gewissheit des Glaubens wider alle gegenteilige Welterfahrung, aus der heraus gelebt werden kann. An der Unverbrüchlichkeit der göttlichen Verheißung hängt die Glaubensgewissheit:

>»Aber wie wirst du gewiss und sicher sein, wenn du ihn [i. e. Gott] nicht als einen solchen kennst, der gewiss und unfehlbar und unwandelbar und notwendigerweise weiß und will und tun wird, was er zusagt? [...] Denn eben darin besteht der einzige und höchste Trost der Christen: in allen Widrigkeiten zu wissen, dass Gott nicht lügt«.[6]

---

[6] LUTHER, De servo arbitrio, Studienausgabe, Bd. 1, S. 257, Z. 20–37; WA 18, S. 619, Z. 6–20: »At quo modo certus et securus eris? nisi scieris illum, certo et infallibiliter et immutabiliter ac

Auf das sich allein im Glauben ereignende Geschehen der den Sünder rechtfertigenden Barmherzigkeit Gottes muss die Theologie nach Luther bezogen sein, will sie rechte Theologie sein. Denn sie redet nur dann wahrhaft von Gott, wenn sie von dem Vater Jesu Christi, den in ihm offenbaren Wesen Gottes und seinem barmherzigen Handeln am Sünder spricht, wie es allein der Heilige Geist im Glauben eröffnet.

»Denn wir künnden [...] nimmermehr dazu kommen, daß wir des Vaters Hulde und Gnade erkenneten ohn durch den HERRN Christum, der ein Spiegel ist des väterlichen Herzens, außer welchem wir nichts sehen denn einen zornigen und schrecklichen Richter. Von Christo aber künnten wir auch nichts wissen, wo es nicht durch den heiligen Geist offenbaret wäre«.[7]

Diese Stelle aus dem *Großen Katechismus* hebt prägnant und eindrücklich die Bedeutung des Verständnisses von Gott als dem *Dreieinen* für den Glauben hervor. Gewirkt durch den Heiligen Geist hält der Christenmensch sich im Glauben an Christus, der das Verständnis des barmherzigen Vaters erschließt. Luther sieht die Bedeutung des Bekenntnisses zum trinitarischen Gott – und insofern die Bedeutung der Trinitätslehre – darin, dass das Verständnis Gottes als des dreieinigen ihn als den *Deus pro nobis* entfaltet. Von daher legt Luther das Glaubensbekenntnis im *Großen Katechismus* genau so aus, dass die Aussagen über Gott den Vater, den Sohn und den Heiligen Geist in ihrem Für-Bezug für den persönlichen Glauben aufleuchten.

Im Blick auf den ersten Artikel von Gott dem Vater und allmächtigen Schöpfer kommt es darauf an, »daß *ich* Gottes Geschepfe bin, das ist, daß er *mir* geben hat und ohn Unterlaß erhält Leib, Seele und Leben«.[8] Der Glaube an Jesus Christus wiederum besagt, »daß Jesus Christus, wahrhaftiger Gottessohn, sei *mein* HERR worden. [...], daß er *mich* erlöset hat von Sunde, vom Teufel, vom Tode und allem Unglück«.[9] Der Glaube an den Heiligen Geist bedeutet, »daß *mich* der heilige Geist heilig machet, wie sein Name ist«.[10] In diesem Für-Bezug vollzieht sich das Wesen und Handeln des dreieinigen Gottes. Dem Für-Bezug göttlichen Handelns kann wiederum nur im Vollzug der existenzbestimmenden persönlichen Aneignung im Glauben entsprochen werden, wie es im »*ich* glaube« des Glaubensbekenntnisses ausgedrückt ist. Darum kann Luther sagen, dass

»diese Artikel des Glaubens [i. e. des *Credo*] uns Christen von allen andern Leuten auf Erden [scheiden]. Denn was außer der Christenheit ist, es seien Heiden, Türken, Jüden oder

---

necessario scire et velle et facturum esse, quod promittit. [...] Christianorum enim haec una et summa consolatio est in omnibus adversitatibus, nosse, quod Deus non mentitur«.

[7] LUTHER, Auslegung des dritten Glaubensartikels, BSLK, S. 660, Z. 38–47.
[8] LUTHER, Auslegung des ersten Glaubensartikels, BSLK, S. 648, Z. 12–14, Hervorhebung C. A.-P.
[9] LUTHER, Auslegung des zweiten Glaubensartikels, BSLK, S. 651, Z. 31–36, Hervorhebung C. A.-P.
[10] LUTHER, Auslegung des dritten Glaubensartikels, BSLK, S. 654, Z. 50f., Hervorhebung C. A.-P.

falsche Christen und Heuchler, ob sie gleich nur einen wahrhaftigen Gott gläuben und anbeten, so wissen sie doch nicht, was [i. e. wie, C. A.-P.] er gegen ihn gesinnet ist, können sich auch keiner Liebe noch Guts zu ihm versehen [...]. Denn sie den HERRN Christum nicht haben, dazu mit keinen Gaben durch den heiligen Geist erleuchtet und begnadet sind.«[11]

2. Dynamisierung des Gottesgedankens – das Geschehen zwischen Gott und Mensch

Die Fokussierung der Gotteserkenntnis auf Gottes Handeln am Sünder, wie es allein im Glauben (*sola fide*) kraft des Heiligen Geistes existenzbestimmend angeeignet werden kann, sowie – dem korrespondierend – auf die Selbsterkenntnis des Menschen in seinem radikalen Sündersein, der allein durch Gottes Gnade (*sola gratia*) um Christi willen (*propter Christum*) gerechtfertigt wird, ist für Luthers Theologiebegriff schlechthin prägend. Weder von Gott noch vom Menschen kann daher so geredet werden, dass sie je für sich als gleichsam vergegenständlichte Objekte wahrgenommen werden. Vielmehr ist sowohl das, was von Gott zu sagen ist, als auch dasjenige, was vom Menschen zu sagen ist, aus der *Beziehung* zwischen Gott und Mensch, genauer aus dem *Geschehen*, das zwischen Gott und Mensch statthat, zu begreifen. Das vorzügliche Medium des Handelns Gottes am Menschen ist sein Wirken durch sein Wort, das kraft des Heiligen Geistes den Glauben eröffnet, indem der Geist inwendig im Herzen dem Glaubenden das Wort Gottes als Zusage des Heils vergewissert und so Vertrauen auf Gott wirkt.

Dieses Geschehen hat sein Zentrum darin, dass der barmherzige Gott an dem Sünder, der aus sich heraus nichts zu seinem Heil tun kann, zu dessen Heil handelt. In diesem präzisen Sinne gehören Gotteserkenntnis und Selbsterkenntnis zusammen, so dass Luther sagen kann: »Cognitio Dei et hominis est sapientia divina et proprie theologica«,[12] was von ihm sogleich konkret auf das Rechtfertigungsgeschehen bezogen wird: »Der ureigene Gegenstand der Theologie ist der sündige und verlorene Mensch und Gott, der rechtfertigt und der Heiland des sündigen Menschen ist.«[13]

In Luthers Verständnis vom ›Gegenstand‹ der Theologie kommt ein gegenüber der Scholastik verändertes Paradigma des Gottesverständnisses sowie des Selbst- und Weltverständnisses des Menschen zum Ausdruck. Grob skizzierend gesagt, vollzieht Luther die Abkehr von dem durch Platon und Aristoteles sowie deren Ontologie bestimmten Paradigma hin zu einem Paradigma, das sich auf Paulus bezieht und am Geschehen der durch das Wort Gottes vollzogenen Rechtfertigung des Sünders orientiert ist sowie durch die Kategorie der Relation

---

[11] LUTHER, Auslegung des dritten Glaubensartikels, BSLK, S. 661, Z. 5–18.
[12] MARTIN LUTHER, Enarratio Psalmi LI, 1532 [1538], WA 40/2, S. 327, Z. 11.
[13] LUTHER, Enarratio Psalmi LI, WA 40/2, S. 328, Z. 17: »Theologiae proprium subiectum est homo peccati reus ac perditus et Deus iustificans ac salvator hominis peccatoris.«

als Vollzugsbestimmung zwischen Gott und Mensch verstanden wird. Dass das Wort der Schrift für Luther so sehr ins Zentrum seiner Theologie rückt – »Wer einen Gott hat on sein wort, der hat keinen Gott«[14] –, insofern Gottes Wort dasjenige Medium ist, durch welches er in der Kraft des Heiligen Geistes wirkt, ist ein Indiz für die beschriebene Orientierung am Geschehen, wodurch Gott am Menschen als Sünder handelt, und worin der Mensch sich als von Gott Begnadigter erfährt.

Vor diesem Hintergrund wird auch deutlich, dass Luther der scholastischen Theologie und ihrer durch die aristotelische Ontologie geprägten Gotteslehre, die für ihn im Verdacht steht, statische Seinsbestimmungen von Gott auszusagen, das Verständnis von Gottes Wirklichkeit als einer dynamischen, stets wirkenden gegenüberstellt. Die Wirklichkeit Gottes ist eine *semper actuositas*, von deren Handeln der Mensch und seine Welt immer schon und nicht allein im Glauben, sondern gerade auch außerhalb des Glaubens angegangen sind. Es gibt für den Menschen zu Gott als der alles bestimmenden und stets wirkenden Wirklichkeit kein Außerhalb.[15] So redet, wie Luther insistiert, die Schrift von Gott. »[D]er Hüter Israels schläft und schlummert nicht«.[16] Demgegenüber lehrt, so lautet Luthers Vorwurf, die scholastische Theologie mit Aristoteles und der »Herrin Vernunft« einen Gott, »der schläft und schnarcht«.[17]

Zudem radikalisiert Luther gegenüber der scholastischen Tradition das Verständnis des Sünderseins des Menschen. Dies hat wiederum Auswirkungen auf die Frage, wie der Mensch zu seinem Heil zu gelangen vermag und welche Grenzen der natürlichen Gotteserkenntnis gesteckt sind. Insofern der natürliche Mensch nach Luther von Grund auf ein in sich selbst verstrickter Sünder ist, vermögen seine natürlichen Kräfte rein gar nichts, um das Gute zu erkennen, es zu erstreben oder es in die Tat umzusetzen. Dies gilt sowohl für den Willen als auch für die Vernunft des natürlichen Menschen. Es gilt vom ganzen Menschen mit all seinen Vermögen. Sie können den barmherzigen Gott, um den es dem Menschen in seiner sündhaft verstrickten Existenz eigentlich zu tun sein muss, nicht erfassen und sie vermögen daher auch nicht aus dieser verzweifelten Grundsituation zu befreien.

Denn Wille und Vernunft sind in sich selbst so verfasst, dass sie gar nicht anders können, als sich gegen die wahre Gotteserkenntnis zu sperren. Der Wille des natürlichen Menschen will und kann Gott nicht Gott sein lassen wollen. Diese Bestimmtheit seines Wollens ist nichts, von dem er von sich aus lassen

---

[14] MARTIN LUTHER, Von Ehesachen (1530), WA 30/3, S. 213, Z. 34 f.
[15] Den Gedanken der Allwirksamkeit Gottes entfaltet Luther besonders in seiner Schrift *De servo arbitrio*.
[16] Psalm 121, 4.
[17] Vgl. LUTHER, De servo arbitrio, Studienausgabe Bd. 1, S. 457, Z. 13–18: »Einen solchen Gott, nämlich der schläft [...], zeichnet uns auch Aristoteles. Und (Herrin) Vernunft kann nicht anders über ihn urteilen« und urteilt »von Gott: als ob er schnarcht«; WA 18, S. 706, Z. 22–25: »Talem Deum nobis et Aristoteles pingit, qui dormiat«. »Nec Ratio aliter de ipso potest iudicare [...] iudicat et de Deo, quasi stertat«.

könnte. Er kann nicht anders wollen, als so, wie er will. Darum kann er sich aus sich selbst heraus nicht zum Guten hinwenden. Für Luther liegt in der Erkenntnis der Unfreiheit des Willens der Dreh- und Angelpunkt der christlichen Lehre. Denn wer dem menschlichen Willen etwas für die Erlangung des Heils zuerkennt, der mindert das Verständnis der Wirkmacht Gottes. Er verfehlt damit die Erkenntnis des Wesens Gottes. Wer wiederum die Erkenntnis Gottes verfehlt, der fällt der eigenen Verzweiflung anheim, indem er aus sich heraus etwas erlangen will, was er aus sich heraus nicht erlangen kann. Dies treibt ihn von Gott weg, während die in der Hingabe an Gottes allwirksamen Willen gewonnene Gotteserkenntnis zugleich gottverdankte Gewissheit und Zuversicht mit sich führt, aus der heraus gelebt werden kann.

»Also ist es für einen Christen [...] vor allem heilsam und notwendig zu wissen, ob der Wille etwas oder nichts vermag in den Dingen, die sich auf das Heil beziehen. [...] Genau hier liegt der Dreh- und Angelpunkt [...]. Es geht uns doch um die Frage, was denn nun das freie Willensvermögen kann, was es an sich geschehen lässt, wie es sich zur Gnade Gottes verhält. Wenn wir das nicht wissen, werden wir überhaupt nichts über christliche Angelegenheiten wissen, und wir werden schlimmer dran sein als alle Heiden. [...] Denn wenn ich nicht weiß, was, wie weit und wie viel ich vermag und tun kann gegenüber Gott, wird mir genauso unsicher und unbekannt bleiben, was, wie weit und wie viel Gott an mir vermag und tun kann. Denn Gott wirkt alles in allem. Kenne ich aber die Werke und die Macht Gottes nicht, dann kenne ich Gott selbst nicht. Kenne ich Gott nicht, kann ich ihn nicht verehren, loben, ihm Dank sagen und dienen.«[18]

Auch die Vernunft sitzt wie der Wille im Blick auf den wahren Gott, der allein die Existenz des sündhaften Menschen heilsam zu wenden vermag, unausweichlich einer Verblendung auf, weil auch sie in sich selbst verfangen ist und Gott, wie er außerhalb der Grenzen der bloßen Vernunft ist, nicht zu verstehen vermag. Sie nennt etwas ›Gott‹, was nicht wahrhaft Gott zu heißen verdient.

»Also spielt auch die vernunfft der blinden kue mit Gott und thut eytel feyl griffe und schlecht ymer neben hin, das sie das Gott heysst das nicht Gott ist, und widderumb nicht Gott heysst das Gott ist, wilchs sie keynes thet, wo sie nicht wuste, das Gott were, odder wuste eben, wilches odder was Gott were. Darumb plumbt sie so hereyn und gibt den namen und gottliche ehre und heysset Got, was sie dunkt das Got sey und trifft also nymer mehr den rechten Gott sondern allewege den teuffel odder yhr eygen dunckel, den der teuffel regirt«.[19]

---

[18] LUTHER, De servo arbitrio, Studienausgabe, Bd. 1, S. 247, Z. 20–37; WA 18, S. 614, Z. 1–14: »Igitur [...] imprimis salutare et necessarium Christiano, nosse, an voluntas aliquid vel nihil agat in iis, quae pertinent ad salutem. [...] hic est cardo [...], Nam hoc agimus [...], quid nam possit liberum arbitrium quid patiatur, quo modo se habeat ad gratiam Dei. Haec si ignoraverimus, prorsus nihil Christianarum rerum noscemus, erimusque omnibus gentibus peiores. [...] Nam si ignoravero, quid, quatenus et quantum ego possum et faciam erga Deum, pariter incertum et ignotum mihi erit, quid, quatenus et quantum Deus in me potest et faciat, cum Deus operetur omnia in omnibus. Ignoratis vero operibus et potentia Dei, Deum ipsum ignoro. Ignorato Deo, colere, laudare, gratias agere, servire Deo non possum«.

[19] MARTIN LUTHER, Der Prophet Jona ausgelegt (1526), WA 19, S. 207, Z. 3–10.

Die Vernunft gelangt allenfalls zur Annahme der Existenz Gottes und zu einem gleichsam abstrakten Gottesbegriff mit den entsprechenden Gottesprädikaten – ein Gottesbegriff, der, so Luther, den Menschen nicht wirklich, das heißt nicht existentiell angeht. Denn der Mensch ist allein von dem Gott wahrhaft angegangen, der ihm in seiner existentiellen Not heilsam begegnet. Weil der Mensch als Sünder in einer gegen Gott gerichteten Selbstverstrickung steckt, die seinen gesamten Selbst- und Weltvollzug destruktiv beherrscht und aus der heraus er sich nicht durch sich selbst zu befreien vermag, ist er schlechterdings angewiesen auf den Gott, der ihm in Wort und Sakrament gnädig zuvorkommt.

Es geht in der Theologie daher nicht um eine abstrakte Gotteserkenntnis, die Gottes Existenz und Sein losgelöst von seiner Offenbarung in Christus und ohne sein in Wort und Sakrament dem Menschen gnädig zugewandtes Handeln begreift. Vielmehr muss es der Theologie um diejenige Erkenntnis Gottes zu tun sein, durch die Gottes dem Menschen zugewandtes Wesen erfasst und er als derjenige verstanden wird, durch den der Mensch in ein neues Gottes- und ein darin gründendes neues Selbst- und Weltverhältnis gebracht wird – und daraufhin leben kann. Hierin liegt der existentielle Charakter allen wahrhaften Redens von Gott. Denn wahrhaft von Gott reden heißt, von dem *Gott für uns* – dem *Deus pro nobis* – reden, weil dies dem Wesen Gottes entspricht und weil der Mensch in seiner Not an *diesem* Gott ein existentielles ›Interesse‹ hat.

Auf dieses durch die Verkündigung des Evangeliums in Wort und Sakrament eröffnete Geschehen zwischen Gott und Mensch richtet Luther die Glaubenserfahrung aus. Deren Grund und Halt sieht er im Christusgeschehen, wie es in der Kraft des Heiligen Geistes im Glauben angenommen wird:

> »Denn da hat er selbs offenbaret und aufgetan den tiefsten Abgrund seines väterlichen Herzens und eitel unaussprechlicher Liebe [...]. Denn er hat uns eben dazu geschaffen, daß er uns erlösete und heiligte und über, daß er uns alles geben und eingetan hatte, was im Himmel und auf Erden ist, hat er uns auch seinen Sohn und heiligen Geist geben, durch welche er uns zu sich brächte«.[20]

3. *Theologia crucis*

Indem Luther auf die Offenbarung Gottes im Sohn, näherhin auf die Erkenntnis Gottes in der Niedrigkeit Jesu und seiner Hingabe am Kreuz abhebt, in der das Wesen Gottes sich auslegt und vollzieht, verwirft er schlechthin die aristotelische Philosophie und ihre Ontologie. Damit greift er zugleich die scholastische Theologie als eine ›*theologia gloriae*‹ an, weil sie Gott nicht vom Gekreuzigten her begreift, und setzt ihr die an Paulus gewonnene ›*theologia crucis*‹ entgegen: »Nicht der wird mit Recht ein Theologe genannt, der das unsichtbare [Wesen] Gottes erblickt, das durch das erkannt wird, was gemacht ist. [...] Sondern wer das Sichtbare und die dem Menschen zugewandte Rückseite Gottes erkennt, die

---

[20] LUTHER, Auslegung des dritten Glaubensartikels, BSLK, S. 660, Z. 28–38.

durch Leiden und Kreuz erblickt wird.«[21] Luther zieht 1 Kor 1, 19 heran – »so verdirbt er [i. e. Gott] die Weisheit der Weisen« – und rückt mit 1 Kor 1, 19 ff. das Wort vom Kreuz ins Zentrum seiner theologischen Argumentation, unterstreicht mit Joh 14, 6 und 10, 9 die alleinige Mittlerfunktion Jesu Christi und zieht die Summa: »Also ist im gekreuzigten Christus die wahre Theologie und Erkenntnis Gottes.«[22]

Dass Luther die Wirklichkeit Gottes vom Kreuzesgeschehen her zu erfassen versucht und im Wort vom Kreuz den Kern evangeliumsgemäßen Redens von Gott sieht, bildet den Fixpunkt seines theologischen Denkens. Luther hat damit die philosophische Gotteserkenntnis und die durch sie geprägte Theologie geradezu revolutioniert. Galt dieser die Vorstellung von der Unveränderlichkeit und Leidensunfähigkeit Gottes als ein Grundaxiom der Rede von Gott, so heißt es nun bei Luther, dass »Gott nur gefunden wird in den Leiden und im Kreuz«.[23] Luther hat damit die traditionelle Auffassung, der zufolge am Kreuz nur ein Mensch bzw. nur die menschliche Natur gelitten habe und gestorben sei, entschieden zurückgewiesen. Er hält dafür: »Wo es nicht solt heissen, Gott ist fur uns gestorben, sondern allein ein mensch, so sind wir verloren, Aber wenn Gottes tod und Gott gestorben in der woegschüssel ligt, so sincket er unter und wir faren, empor als eine leichte ledige schüssel«.[24] Damit ist für Luther der Punkt benannt, der den Kern des spezifisch christlichen Gottesverständnisses ausmacht; ein Kern, der der Weisheit dieser Welt, wie er mit Paulus herausstellt, eine Torheit ist,[25] ja, mit dem Gott die Weisheit dieser Welt zur Torheit gemacht hat.[26] Solch weltliche Weisheit ist für Luther nicht allein die der Vernunft, die ohnehin in Heilssachen völlig im Dunkeln tappt. Solch weltliche Weisheit ist für Luther auch eine Theologie, die nicht das Kreuz Jesu Christi zum Grund ihrer Aussagen über Gott und sein Verhältnis zu Mensch und Welt macht.

4. Dimensionen der Glaubenserfahrung

Es gehört zu Luthers Phänomenologie der Glaubenserfahrung unabdingbar hinzu – wie oben an der Passage aus der *Vorrede zum ersten Band der lateinischen Schriften* bereits deutlich wurde – zu betonen, dass Gott am Menschen ›paradox‹ handelt, indem er die Erfahrung der Gnade und des Heils durch die Er-

---

[21] LUTHER, Heidelberger Disputation, These 19 und 20, Studienausgabe, Bd. 1, S. 53, Z. 1–13; WA 1, S. 361 f., Z. 32–2: »Non ille digne Theologus dicitur, qui invisibilia Dei per ea, quae facta sunt, intellecta conspicit. [...] Sed qui visibilia et posteriora Dei per passiones et crucem conspecta intelligit.«
[22] LUTHER, Heidelberger Disputation, These 20, Studienausgabe, Bd. 1, S. 53, Z. 33 f.; WA 1, S. 362, Z. 18: »Ergo in Christo crucifixo est vera Theologia et cognitio Dei.«
[23] LUTHER, Heidelberger Disputation, These 21, Studienausgabe, Bd. 1, S. 55, Z. 6 f.; WA 1, S. 362, Z. 28 f.: »Deum non inveniri, nisi in passionibus et cruce«.
[24] MARTIN LUTHER, Von den Konziliis und Kirchen, WA 50, S. 590, Z. 13–16.
[25] Vgl. 1 Kor 1, 23.
[26] Vgl. 1 Kor 1, 20.

fahrung der Negation hindurch heraufführt. In die Erfahrung von abgrundtiefer Schuld und Anfechtung führt Gott den Glaubenden, um ihn so dazu zu bringen, dass er nichts mehr von sich selbst, sondern alles von der Gnade Gottes erwartet. Es ist eine Erfahrung, in der der Mensch von sich und seiner Selbstmächtigkeit – der radikalen Wurzel seiner Sündhaftigkeit – loslässt und sich gänzlich der Gnade Gottes anheim gibt. Für diese Erfahrung des ›paradoxen‹ Handelns Gottes zieht Luther bevorzugt 1 Sam 2, 6 heran: »Der Herr tötet und macht lebendig, führt in die Hölle hinunter und wieder heraus«. Dies ist Luther zufolge so zu verstehen, dass

> »der Herr uns demütigt und erschreckt durch das Gesetz und den Anblick unserer Sünden, so dass wir sowohl vor den Menschen als auch vor uns selbst nichts zu sein scheinen, Toren, Böse, ja, wir sind in Wahrheit solche. Wenn wir das erkennen und bekennen, ist in uns ›keine Gestalt noch Schönheit‹, sondern wir leben im Verborgenen Gottes, das heißt, in nacktem Vertrauen auf seine Barmherzigkeit, während wir in uns das Urteil der Sünde, der Torheit, des Todes und der Hölle haben«.[27]

In diesem Handeln Gottes, das den Sünder in die völlige Preisgabe seiner Selbstmächtigkeit führt, geschieht Gottes »fremdes Werk«, wie Luther mit Bezug auf Jes 28, 21 sagt:

> »Und das ist es, was Jesaja Kap. 28 ›das fremde Werk Gottes‹ nennt, damit er sein [eigenes] Werk wirke (das heißt, er demütigt uns in uns, indem er uns zu Verzweifelnden macht, um uns in seiner Barmherzigkeit zu erhöhen, indem er uns zu Hoffenden macht). So Hab 3: ›Wenn du erzürnt gewesen sein wirst, wirst du wieder der Barmherzigkeit gedenken.‹«[28]

Diese Dimension der Glaubenserfahrung, dass Gottes Handeln den Sünder in die Höllenfahrt der Sündenerkenntnis sowie zur völligen Preisgabe seiner Selbstmächtigkeit bringt und nur durch diese Erfahrung hindurch die Befreiung durch das Evangelium heraufführt, versteht Luther als die Grunddimension der Unterscheidung von Gesetz und Evangelium, die in Theologie und Verkündigung unbedingt zu wahren sei. Das Gesetz bewirkt die Erkenntnis der Sünde und der gänzlichen Unfähigkeit, dem Willen Gottes zu entsprechen; das Evangelium bringt den Sünder dazu, auf die verborgene Barmherzigkeit Gottes zu vertrauen. Insofern auch der Glaubende Zeit seines Lebens immer noch ein Sünder bleibt – er ist *simul iustus et peccator* –, da die Wirkmacht der Sünde im

---

[27] LUTHER, Heidelberger Disputation, These 4, Studienausgabe, Bd. 1, S. 39, Z. 19–26; WA 1, S. 356, Z. 36 – S. 357, Z. 4: »1. Reg. 2. Dominus mortificat et vivificat, deducit ad inferos et reducit. Hoc sic intelligitur, quod Dominus humiliat et perterrefacit nos Lege et conspectu peccatorum nostrorum, ut tam coram hominibus quam coram nobis videamur esse nihil, stulti, mali, imo vere tales sumus. Quod cum agnoscimus atque confitemur, nulla in nobis est species neque decor, sed vivimus in abscondito Dei (id est, in nuda fiducia misericordiae eius) in nobis habentes responsum peccati, stulticiae, mortis et inferni«.

[28] LUTHER, Heidelberger Disputation, These 4, Studienausgabe, Bd. 1, S. 39, Z. 28–33; WA 1, S. 357, Z. 6–9: »Et hoc est, quod Esaias cap. 28. vocat, opus alienum Dei, ut operetur opus suum (id est, nos humiliat in nobis, desperantes faciens, ut exaltet in sua misericordia, sperantes faciens), Sicut Hab. 3. Cum iratus fueris, misericordiae recordaberis«.

Glauben nicht gänzlich besiegt, wiewohl ihre Schuld vergeben ist, ist der Glaubende Zeit seines Lebens dem Gesetz, das die Sünde anklagt, ausgesetzt; freilich so, dass im Glaubenden Gottes Handeln durch das Gesetz auf sein *eigentliches* Werk zielt und hinführt, das sich in der Vergebung der Sünden vollzieht. Daher betont Luther, dass so zu reden nicht heißt, »Anlass zur Verzweiflung zu geben, sondern das Bemühen anzuspornen, sich zu demütigen und die Gnade Christi zu suchen«.[29] Denn die »Predigt der Sünde ist [...] eine Vorbereitung auf die Gnade, oder vielmehr die Anerkennung der Sünde und der Glaube an solche Predigt. Dann nämlich hebt das Verlangen nach Gnade an, wenn die Erkenntnis der Sünden entstanden ist«.[30]

Von dieser Wirkweise des fremden Werkes Gottes im Glaubenden ist die Wirkweise an den Nichtglaubenden noch einmal zu unterscheiden. Auch sie unterstehen dem Handeln Gottes, insofern er die alles bestimmende und stets wirksame Wirklichkeit ist. Allerdings bewirkt das fremde Werk Gottes bei diesen nicht die Preisgabe der Selbstmächtigkeit und Hingabe an das Evangelium, sondern deren Verhärtung und Fixierung in ihrer Selbstmächtigkeit. An ihnen wirkt Gottes fremdes Werk so, dass sie sich nur noch stärker in ihre Eigenmächtigkeit versteigen und immer mehr verstockt werden, wie Luther am Beispiel des Pharao veranschaulicht.[31]

Zur Erfahrung des Glaubenden, die wiederum nur im Glauben ausgehalten werden kann, gehört ferner die Erfahrung, dass es dem Bösen gut geht, während der Glaubende von mancherlei Not und Übel heimgesucht wird. Denn in der Welt geht es so zu,

»daß, die Gott und nicht dem Mammon trauen, Kümmer und Not leiden und der Teufel sich wider sperret und wehret, daß sie kein Geld, Gunst noch Ehre, dazu kaum das Leben behalten. Wiederümb, die dem Mammon dienen, haben Gewalt, Gunst, Ehre und Gut und alle Gemach fur der Welt«.[32]

Es ist dies eine Erfahrung, in der gerade der Glaubende, indem er sich an den einen Gott als die alles bestimmende Wirklichkeit hält, in besonderer Weise existentiell geprüft wird. Denn es ist ja der Glaubende, der in allem mit Gott rechnet, und der darum, wenn Übel und Not ihn bedrängen und die Welt sich so eigenmächtig gebärdet, als ob es Gott nicht gäbe, Gottes gnädige Seite in seinem Wirken an ihm sowie in und an der Welt als *verborgen* erfährt. Zum Glauben gehört es von daher, »wider solchen Schein gestellet« sich an Gottes Verheißungen zu

---

[29] LUTHER, Heidelberger Disputation, These 17, Studienausgabe, Bd. 1, S. 51, Z. 9–11; WA 1, S. 361, Z. 7 f.: »Nec sic dicere est desperandi causam dare, sed humiliandi et querendae gratiae Christi studium excitare.«

[30] LUTHER, Heidelberger Disputation, These 17, Studienausgabe, Bd. 1, S. 51, Z. 18–21; WA 1, S. 361, Z. 13–16: »Illa enim praedicatio peccati est praeparatio ad gratiam seu potius agnitio peccati, et fides talis praedicationis. Tunc enim surgit desiderium gratiae, quando orta est peccati cognitio«.

[31] Vgl. dazu LUTHER, De servo arbitrio, Studienausgabe, Bd. 1, S. 465–471; WA 18, S. 710–712.

[32] LUTHER, Auslegung des ersten Gebots, BSLK, S. 570, Z. 19–26.

halten, »und [zu] wissen, daß sie nicht liegen noch triegen, sondern wahr müssen werden«.[33] Der Glaube glaubt an gegen den Anschein, den die Welt hinterlässt, und vertraut darauf, dass Gott seine Verheißungen wahrmachen wird – sei es in diesem oder im jenseitigen Leben. Luther spitzt die Aussage über das verborgene Handeln Gottes und den Glauben, der wider diese Erfahrung gleichwohl an Gottes Güte und Treue festhält – darin, wie Luther sagt, seinen eigentümlichen Raum hat – aufs Höchste zu:

»So verbirgt Gott seine ewige Güte und seine Barmherzigkeit unter ewigem Zorn, seine Gerechtigkeit unter Ungerechtigkeit. An dieser Stelle liegt der höchste Grad des Glaubens: zu glauben, dass derjenige gütig ist, der so wenige rettet und so viele verdammt; zu glauben, dass derjenige gerecht ist, der uns nach seinem Willen notwendigerweise verdammungswürdig macht, so dass es scheint, [...] dass er die Qualen der Elenden genießt und eher hassens- als liebenswert ist. Wenn ich also auf irgendeine Weise begreifen könnte, wie dieser Gott barmherzig und gerecht sein kann, der so großen Zorn und so große Ungerechtigkeit beweist, wäre der Glaube nicht nötig. Nun aber, weil das nicht erfasst werden kann, wird Raum, Glauben zu üben [...]. Wenn Gott tötet, dann wird der Glaube an das Leben im Tod geübt.«[34]

Luther hebt schließlich noch eine weitere Dimension der Glaubenserfahrung hervor, die er vor allem in der *Auslegung des ersten Gebots* besonders ›ausmalt‹. Hier beschreibt er, dass der natürliche Mensch sich als in sich haltlos und sein Dasein als ein wesentliches ›Ungestelltsein‹ erfährt. Insofern kann der natürliche Mensch gar nicht anders, er muss sein Herz stets an etwas – an irdische Güter – hängen, in der vermeintlichen Hoffnung, sich damit sein Leben sichern zu können. So gebraucht er die endlichen Güter als seinen ›Gott‹.

»Es ist mancher, der meinet, er habe Gott und alles gnug, wenn er Geld und Gut hat, verläßt und brüstet sich drauf so steif und sicher, daß er auf niemand nichts gibt. Siehe, dieser hat auch einen Gott, der heißet Mammon, das ist Geld und Gut, darauf er alle sein Herz setzet, welchs auch der allergemeinest Abgott ist auf Erden«.[35]

Luther fügt die natürlichen Begabungen, Ehre und Freundschaftsbeziehungen, Einfluss und Macht hinzu, die in die Funktion einrücken, das Leben des Menschen sichern zu sollen. Er deckt auf, dass der Mensch aufgrund seiner besonderen Wesensstruktur gar nicht anders kann, als sein Herz an endliche Güter zu hängen, um sein Leben zu sichern. Damit macht er sich zugleich abhängig von

---

[33] LUTHER, Auslegung des ersten Gebots, BSLK, S. 570, Z. 27–30.
[34] LUTHER, De servo arbitrio, Studienausgabe, Bd. 1, S. 287, Z. 17–30; WA 18, S. 633, Z. 14–24: »Sic aeternam suam clementiam et misericordiam abscondit sub aeterna ira, Iustitiam sub iniquitate. Hic est fidei summus gradus, credere illum esse clementem, qui tam paucos salvat, tam multos damnat, credere iustum, qui sua voluntate nos necessario damnabiles facit, ut videatur [...] delectari cruciatibus miserorum et odio potius quam amore dignus. Si igitur possem ulla ratione comprehendere, quomodo is Deus sit misericors et iustus, qui tantam iram et iniquitatem ostendit, non esset opus fide Nunc cum id comprehendi non potest, fit locus exercendae fidei, [...] quam dum Deus occidit, fides vitae in morte exercetur«.
[35] LUTHER, Auslegung des ersten Gebots, BSLK, S. 561, Z. 9–17.

ihnen, was vor allem dann zu Tage tritt, wenn er diese Güter entbehren muss. »Da siehest Du [...], wie vermessen, sicher und stolz man ist auf solche Güter und wie verzagt, wenn sie nicht furhanden oder entzogen werden«.[36] Die Abhängigkeit von endlichen Gütern bildet mithin eine Erfahrung elementarer Unfreiheit des Menschen, die sich insbesondere – aber nicht nur – dann zeigt, wenn er sie entbehren muss. Im Grunde genommen ist der Mensch auch gerade dann, wenn er sie im Überfluss genießt, von ihnen abhängig.

Den Glauben an den wahren und rechten Gott legt Luther im Blick auf diese Erfahrung von Unfreiheit in der Abhängigkeit von den Gütern dieser Welt aus. Denn Glauben heißt, »mit dem Herzen hangen« an dem rechten Gott, und »ist nichts anders, denn sich gänzlich auf ihn verlassen«.[37] Indem der Glaube sich auf den wahren Gott verlässt, verlieren die Güter dieser Welt ihre Macht über ihn, wird er von diesen weggezogen:

»Darümb will er [i. e. Gott] uns von allem andern abwenden, das außer ihm ist, und zu sich ziehen, weil er das einige ewge Gut ist. Als sollt er sagen: was Du zuvor bei den Heiligen gesucht oder auf den Mammon und sonst vertrauet hast, das versiehe Dich alles zu mir und halte mich fur den, der Dir helfen und mit allem Guten reichlich überschutten will«.[38]

Dies sagt Gott in seiner Verheißung dem Glaubenden zu und stiftet so wider alle gegenteilige Erfahrung eine Lebensgewissheit, mit der die Freiheit eines Christenmenschen[39] einhergeht, der ein freier Herr ist über alle irdischen Güter, weil die Abhängigkeit von den endlichen Gütern nicht an die im Glauben angenommene und in Gottes Zusage gründende Freiheit rührt.

5. *Oratio, meditatio, tentatio* als Weg zur Gotteserkenntnis

So wie Gott in Jesus Christus zum Heil der Welt gehandelt hat und in seinem Wort und Sakrament gegenwärtig am Menschen handelt, kann er allein im Glauben ergriffen werden. So will er auch in der Theologie verstanden sein. Im Glauben vollzieht sich dasjenige Geschehen von Gott her, durch das Gottes dem Menschen zugewandtes Wesen bestimmt ist. Wer wahrhaft Theologie treiben will, der muss um dieses Geschehen wissen. Er muss darum einer sein, der durch die Glaubenserfahrung geprägt ist. Im Glauben vertraut der Christenmensch auf Gott und nimmt sein ganzes Leben aus Gottes Hand. »Ein Gott«, heißt nämlich, wie Luther in der *Auslegung des ersten Gebots* sagt, »das, dazu man sich versehen soll alles Guten und Zuflucht haben in allen Nöten«.[40] Der Glaube hat seinen eigentümlichen Raum als Vertrauen auf Gottes Treue und Barmherzigkeit

---

[36] LUTHER, Auslegung des ersten Gebots, BSLK, S. 561, Z. 43–46; vgl. Z. 17–21.
[37] LUTHER, Auslegung des ersten Gebots, BSLK, S. 563, Z. 8–10.
[38] LUTHER, Auslegung des ersten Gebots, BSLK, S. 563, Z. 10–17.
[39] Vgl. MARTIN LUTHER, Von der Freiheit eines Christenmenschen, dt. Fassung WA 7, S. 20–38; lat. Fassung WA 7, S. 39–73.
[40] LUTHER, Auslegung des ersten Gebots, BSLK, S. 560, Z. 10–13.

besonders dort, wo der Mensch in Schuld- und Anfechtungserfahrung gerät und von Übeln heimgesucht wird. Das Leben vor Gott, durch Anfechtung und Verdammnis hindurchgegangen, ist diejenige Erfahrung, die einen zu einem Theologen werden lässt. Denn das will Gott, so Luther, von uns haben: »[L]asse mich alleine Deinen Gott sein und suche je keinen andern; das ist, was Dir manglet an Gutem, des versiehe Dich zu mir und suche es bei mir und, wo Du Unglück und Not leidest, kreuch und halte Dich zu mir«.[41]

Diese Erfahrung bildet den rechten Theologen, denn in ihr wird Gott wahrhaft als Gott geehrt. Ein Theologe ist darum nicht einer, der sich bloß aufs Verstehen, Lesen und Spekulieren versteht, sondern er muss hindurchgegangen sein durch das ›paradoxe‹ Handeln Gottes, der tötet und verdammt, um lebendig zu machen.[42] Daher gehören für Luther *oratio* (Gebet), *meditatio* (Meditieren der Schriftworte) und *tentatio* (Erfahrung der Anfechtung) zu demjenigen, was einen rechten Theologen macht und zu wahrer Theologie führt. Denn in ihnen und durch sie handelt Gott selber am Menschen und wird der Mensch dazu gebracht, auf Gott als den Allwirksamen und Gnädigen zu vertrauen. In diesem Geschehen der Glaubenserfahrung ereignet sich gottgewirkte Gotteserkenntnis.

Die Theologie hat von daher im Wort Gottes ihren Gegenstand und Grund, insofern Gott durch sein Wort am Menschen handelt und solcherart wahre Gottes- und wahre Selbsterkenntnis eröffnet, womit einhergeht, dass der Christenmensch auch die Welt anders, nämlich im Lichte der Wirklichkeit Gottes begreift. Luther hält zwar am Theologiebegriff fest, versteht die Theologie jedoch ausdrücklich als praktische und nicht als spekulative Disziplin. »Vera theologia est practica«,[43] weshalb von der spekulativen gilt: »Speculativa igitur theologia, die gehort in die hell zum Teuffel«.[44] Die spekulative Theologie versteigt sich in theologische Distinktionen, die das Zentrum des christlichen Glaubens und der christlichen Gotteslehre verstellen. Die spekulative Theologie redet in ontologischen Bestimmungen von Gott, und sie redet ›über‹ Gott, will heißen, in ihrem Reden kommt nicht eigentlich zum Tragen, wodurch Gott sich als der erweist, der er ist, indem er sich in Jesus Christus geoffenbart hat und durch Wort und Sakrament am Menschen handelt.

Der Theologe ist auf die Heilige Schrift als die alleinige Quelle heilsamer Gotteserkenntnis angewiesen.[45] Denn Gott wirkt durch sein Wort in der Kraft des Heiligen Geistes den Glauben im Einzelnen. Die Bibel allein (*sola scriptura*) ist daher einziger und rechtmäßiger Prüfstein theologischer Lehre. Mit aller Entschiedenheit hat Luther die Schrift zum alleinigen Erkenntnisprinzip der Theologie erhoben. Er hat dem Anspruch der Vernunft in Sachen wahrer Gottes- und

---

[41] LUTHER, Auslegung des ersten Gebots, BSLK, S. 560, Z. 35–40.
[42] Vgl. MARTIN LUTHER, Operationes in Psalmos (1519–21), WA 5, S. 163, Z. 28: »Vivendo, immo moriendo et damnando fit theologus, non intelligendo, legendo aut speculando«.
[43] MARTIN LUTHER, Tischreden, WATR 1, Nr. 153.
[44] Ebd.
[45] Vgl. zu Luthers Schriftverständnis unten das Kapitel XI.

Selbsterkenntnis eine Grenze gezogen. Er hat die schwärmerische Behauptung unmittelbarer, nicht durch die Schrift vermittelter Geistwirksamkeit im Menschen zurückgewiesen. Er hat den Anspruch der römischen Kirche verworfen, die Schriftauslegung an die kirchliche Tradition zu binden und Glaubensgehorsam gegenüber den kirchlichen Lehrentscheiden zu fordern.

Allein das Studium der Schrift macht für Luther den rechten Theologen. Er soll die Bibel selbst studieren und so zu schriftbegründeter, eigener Erkenntnis gelangen. Durch das Studium der Schrift kann nämlich

»ein jglicher selbs [...] aus der frischen quelle trincken [...]. Denn so gut werdens weder Concilia, Veter, noch wir machen, wens auch auffs höchst und beste geraten kan, als die heilige Schrifft, das ist Gott selbs, gemacht hat, Ob wir wol auch den heiligen Geist, glauben, Göttliche rede und werck haben mussen, so wollen wir selig werden, Als die wir müssen die Propheten und Apostel lassen auff dem Pult sitzen und wir hie nieden zu jren Füssen hören, was sie sagen und nicht sagen, was sie hören müssen«.[46]

Dabei vertritt Luther keinen strikten Biblizismus, sondern versteht die Schrift von ihrer christologischen Mitte her und gebunden an das Wirken des Heiligen Geistes, der in, mit und unter dem Wort den Glauben wirkt.

Vom Verständnis des Wortes Gottes her erschließt sich so noch einmal das Zentrum von Luthers Theologieverständnis. Denn das Wort Gottes wirkt den Glauben und kann nur im Glauben ergriffen werden. Es ist im Kern Verheißung seiner Barmherzigkeit und Treue, wie er sie im Evangelium von der Rechtfertigung des Sünders um Christi willen zusagt. Die Kraft des Evangeliums ›hat‹ der Christenmensch – ›glaubst Du, so hast du‹[47] –, indem er sich auf die Unverbrüchlichkeit der Verheißung Gottes verlässt und sie, indem er sich auf sie verlässt, existenzbestimmend werden lässt: Denn darin kommt Gott zum Menschen und so der Mensch zu sich selbst.

Weiterführende Literatur:
JÖRG BAUR, Zur Aktualität des neuen Ansatzes in Luthers Theologie, in: Ders., Luther und seine klassischen Erben. Theologische Aufsätze und Forschungen, Tübingen 1993, S. 29–45.
OSWALD BAYER, Martin Luthers Theologie. Eine Vergegenwärtigung, 2. Auflage, Tübingen 2004.
GERHARD EBELING, Lutherstudien, Bd. 2: Disputatio de homine, Teil 3, Kapitel X, S. 1–84.
WILFRIED JOEST, Ontologie der Person bei Luther, Göttingen 1967.
DIETRICH KORSCH/VOLKER LEPPIN (Hg.), Martin Luther – Biographie und Theologie, Tübingen 2010.
JOACHIM RINGLEBEN, Gott im Wort. Luthers Theologie von der Sprache her, Tübingen 2010.

---

[46] LUTHER, Vorrede zum ersten Band der deutschen Schriften, WA 50, S. 657, Z. 22–30.
[47] Vgl. LUTHER, Von der Freiheit eines Christenmenschen, deutsche Fassung, WA 7, S. 24, Z. 13 f.: »glaubstu, so hastu, glaubstu nit, so hastu nit.«

IX. Melanchthon: Christus erkennen heißt, seine Wohltaten gegen uns erkennen

Textgrundlage:[1]
- PH. MELANCHTHON, Loci communes rerum theologicarum seu hypotyposes theologicae 1521/Grundbegriffe der Theologie oder Theologische Skizzen 1521, besonders das *Widmungsschreiben*, S. 12–17, sowie die *Einleitung*, S. 16–25 und den Abschnitt *Über das Evangelium*, S. 159–201.
- PH. MELANCHTHON, Loci praecipui theologici, besonders die *Anrede* sowie die *Vorrede*, S. 186–194.

1. Die Fokussierung auf das Wesen des christlichen Glaubens als Aufgabe der Theologie

Wie sehr die reformatorische Theologie ihr Selbstverständnis ausgedrückt sieht in der Orientierung am Rechtfertigungsgeschehen als der Mitte der Schrift, von der her alles, was Gott, Mensch und Welt betrifft, in ein rechtes Verstehen gerückt wird, macht die Erstausgabe von Melanchthons *Loci communes* von 1521 besonders deutlich. Melanchthons *Loci* gelten gemeinhin als die erste evangelische Dogmatik, will heißen als die erste zusammenhängende Entfaltung der christlichen Lehre in evangelischer Perspektive. Als eine an den einzelnen Lehrgehalten ausgerichtete systematische Darlegung der christlichen Lehre zum Zweck des akademischen Studiums unterscheiden sich die *Loci* im Stil und in der Darstellungsweise von Luthers Schrifttum. Melanchthon tritt mit den *Loci* an die Seite der im akademischen Schulbetrieb seiner Zeit maßgeblichen theologischen Kompendien und vollzieht im Vergleich zu diesen eine grundlegende Reform der theologischen Lehre.

Diese besteht in einer Neuordnung und Neuinterpretation der Themen der *sacra doctrina* – der kirchlichen Lehre – durch die Ausrichtung auf die Rechtfertigungsthematik. Sie wird als Zentrum und organisierendes Prinzip des Ganzen

---

[1] PHILIPP MELANCHTHON, Loci communes rerum theologicarum seu hypotyposes theologicae, 1. Auflage 1521, lateinisch-deutsch, übersetzt und mit kommentierenden Anmerkungen versehen von H.-G. Pöhlmann, hg. vom lutherischen Kirchenamt der VELKD, 2. Auflage, Gütersloh 1997. Die Seitenangaben im Folgenden beziehen sich, wenn nicht anders angegeben, auf die Ausgabe der *Loci* von 1521; in der Anm. wird der lateinische Text zitiert sowie die entsprechende Seitenzahl; die deutsche Übersetzung findet sich jeweils auf der gegenüberliegenden Seite (die Seitenangabe wird nicht gesondert angegeben).

DERS., Loci praecipui theologici nunc denua cura et diligentia summa recogniti multisque in locis copiose illustrati (1559), in: Melanchthons Werke in Auswahl, hg. von R. Stupperich, 2., neubearbeitete Auflage, Bd. 2, 1/2, Gütersloh 1978.

der christlichen Lehre zur Geltung gebracht. Dadurch soll der reformatorischen Wiederentdeckung der paulinischen Theologie auch im akademischen Unterricht zum Ausdruck verholfen und eine Grundlage gegeben werden, um evangelische Pfarrherren heranzubilden und den Kirchentümern ein evangelisches Profil zu geben. Der Herausforderung, dass die Durchsetzung des evangelischen Christentums eine entsprechende Ausbildung des akademischen Nachwuchses sowie der bereits amtierenden Pfarrerschaft bedarf[2] und die Kirchen eine ihnen gemeinsame Lehre und Sozialgestalt evangelischen Profils benötigen, kommt Melanchthon durch seine theologische Arbeit nach. In dieser *praktischen*, auf die Bedürfnisse der Kirche bezogenen Absicht dürfte es begründet liegen, dass Melanchthon von dem Theologiebegriff nur selten Gebrauch macht und stattdessen von ›sacra doctrina‹ bzw. von ›doctrina ecclesiastica‹ spricht. Eine solche ist vonnöten, weil unter der Bedingung der wechselseitigen Ab- und schließlich Ausgrenzung von katholischer und evangelischer Lehre (und Kirche) es darum zu tun sein muss, ihren evangelischen – als den schriftgemäßen – Charakter nach innen sowie nach außen hin bewusst zu machen und zu vertreten. Zudem gehören für Melanchthon die kirchliche Lehre und die Übereinstimmung in derselben – *de doctrina consentire* – unveräußerlich zum Leben der Kirche hinzu. Die Betonung der Bedeutung der Lehre für die Kirche und den Glauben, um sowohl innerhalb der evangelischen Kirche als auch in der Auseinandersetzung mit den Altgläubigen das spezifische Selbstverständnis evangelischen Christentums zu stärken, liegt im besonderen Interesse Melanchthons.

Mit der Fokussierung der theologischen Lehre auf die Rechtfertigungslehre nimmt Melanchthon nicht allein eine Neuordnung und Neuinterpretation der einzelnen Themen der Theologie vor. Er verabschiedet rundherum einige klassische Lehrstücke, die zum traditionellen Kanon des scholastischen Theologietreibens gehören, sofern sie nämlich dem intendierten Ziel und der Aufgabe evangelischer Lehre nicht entsprechen. Über diese seine Vorgehensweise gibt Melanchthon im Widmungsschreiben und in der Einleitung zu den *Loci* eigens Rechenschaft. Er nimmt Bezug auf die im zeitgenössischen theologischen Schulbetrieb maßgeblichen Werke von Johannes Damascenus und Petrus Lombardus, die er beide für gänzlich »unbrauchbare[]«[3] Entwürfe hält. »Denn Damascenus philosophiert zu viel, Lombardus wollte lieber Meinungen der Menschen zusammentragen als die Meinung der Schrift mitteilen«.[4]

Mit diesem Urteil vollzieht Melanchthon eine grundlegende Kritik am scholastischen Verständnis von Aufgabe und Methode der Theologie. In der scholastischen Theologie werde einerseits der Philosophie, andererseits den Auffassungen der Kirchenväter ein zu großer Stellenwert für die Begründung der theologi-

---

[2] Vgl. dazu PHILIPP MELANCHTHON, Unterricht der Visitatorn an die Pfarhern ym Kurfüstenhum zu Sachssen (1528) mit der diesen anempfehlenden Vorrede Luthers, CR 26, Sp. 29–96.
[3] MELANCHTHON, Loci communes, S. 18: »inepte utrumque«.
[4] Ebd.: »Nimium enim philosophatur Damascenus, Longobardus congerere hominum opiniones quam scripturae sententiam referre maluit«.

schen Lehre beigemessen. Melanchthon erwähnt die Bedeutung, die Origenes in der griechischen Kirche, Ambrosius und Hieronymus in der lateinischen Kirche zukommt.[5] Augustin hingegen erwähnt er nicht kritisch, was damit zusammenhängt, dass die Reformatoren bei Augustin einiges von dem, was sie selbst wieder in den Vordergrund der Theologie stellen wollen, erkannt haben, wie etwa die Bedeutung der Radikalität der Sünde und der Alleinwirksamkeit der Gnade, das Verhältnis von Geist und Buchstabe sowie das Verständnis des Sakraments als Verbindung von sinnlichem Zeichen und Verheißungswort.

Melanchthon bezieht sich zudem kritisch auf das sogenannte heilsgeschichtliche Schema, an dem die Ordnung der zu behandelnden Lehrstücke im scholastischen Schulbetrieb ausgerichtet ist. Dieses setzt mit der Lehre von Gott – seiner Existenz, seiner Einheit und Dreieinigkeit in sich selbst – ein, geht über zur Schöpfungslehre, behandelt im Anschluss daran die Anthropologie unter dem Gesichtspunkt von Urstand und Fall, entfaltet sodann die Christologie – als den Grund des Heils – sowie die Soteriologie und Ekklesiologie – unter dem Aspekt der Zu- und Aneignung des Heils – und schließlich die Eschatologie als Vollendung des Heils mit allen den damit jeweils zusammengehörenden, in der Scholastik vielfältig ausgebauten und bearbeiteten Distinktionen.[6]

Was Melanchthon bei den Scholastikern und ihrer Art Theologie zu treiben neben der unangemessenen Verwendung der Philosophie und dem Gebrauch von Kirchenväterzitaten als Quellen theologischer Erkenntnis vor allem vermisst, ist eine Konzentration der Lehre auf das *Wesentliche* des christlichen Glaubens. Melanchthon spricht nachdrücklich davon, dass es ihm in seinen *Loci* um dasjenige zu tun sei, was das *Wesen des Christentums*[7] ausmache. Darauf sei die theologische Lehre zu konzentrieren. Dieses könne durch die Erkenntnis der menschlichen Vernunft und des ihr eigenen Urteilsvermögens nicht erfasst werden. Dabei bestreitet er nicht, dass der Vernunft in den anderen Bereichen menschlichen Denkens und Handelns – Melanchthon nennt sie die ›res civilia‹ – eine durchaus zentrale Rolle zukommt, etwa im Staats- und Rechtswesen. Was jedoch das Wesen des christlichen Glaubens angeht, vermag die Vernunft nichts auszurichten. Im Blick auf den Kern des Glaubens gerät sie an eine unüberwindbare Grenze, gerade indem sie aus sich heraus und aufgrund eigenen Vermögens verstehen und urteilen will. Das Evangelium – und auf dieses kommt es in der *wahren* Gottes-, Selbst- und Welterkenntnis an – vermag die Vernunft nicht zu erfassen, verdreht und verstellt es vielmehr. »Das Evangelium ist keine Philosophie und kein Gesetz, sondern Sündenvergebung und Zuspruch der Versöhnung und des ewigen Lebens um Christi willen. Von diesen Dingen kann die mensch-

---

[5] Vgl. MELANCHTHON, Loci communes, S. 16.
[6] In den *Sententiarum libri IV* des Petrus Lombardus, die dem akademischen Schulbetrieb zugrunde gelegt wurden, handelt Lombardus in 32 Artikeln zur Trinität und in 22 Artikel zur Christologie.
[7] MELANCHTHON, Loci communes, S. 14: »forma christianismi«; Pöhlmann übersetzt »Wesensgestalt des Christentums«.

liche Vernunft an sich nichts ahnen.«⁸ Darum kann Melanchthon, was die Möglichkeit wahrer Gotteserkenntnis angeht, Kol 2, 8 als Grundsatzmahnung für die Theologie und den Glauben zum Zuge bringen: »Sehet zu, daß euch niemand einfange durch Philosophie und leeren Trug, gegründet auf die Lehre von Menschen und auf die Mächte der Welt und nicht auf Christus«.

2. Schrift und Rechtfertigungsglaube als Grundlage evangelischer Lehre

Für die Erkenntnis des Evangeliums, also dessen, was Jesus Christus für uns getan hat, worauf alle wahre Gottes-, Selbst- und Welterkenntnis gründet, ist der Mensch unabdingbar auf die Heilige Schrift angewiesen. Ihr hat »die Gottheit ihr vollkommenstes Bild eingeprägt«, so dass sie »anderswoher weder sicherer noch näher erkannt werden« kann.⁹ Aus der Schrift allein kann wahre Gotteserkenntnis geschöpft werden. Diese ist dem natürlichen Menschen wegen der Sünde verschlossen. Wahre Gotteserkenntnis bedarf der Offenbarung, in der Gott die Erkenntnis seiner selbst von sich her dem Menschen erschließt. Nur die Schrift ist daher das Medium, durch welches Gott durch das Wirken seines Geistes Glauben weckt und sich im Glauben dem Menschen zu erkennen gibt. Die Schrift allein begründet nach *Inhalt* und *Form* eine mit unverbrüchlicher Gewissheit verbundene Erkenntnis von Gottes Wirken, die dem natürlichen Menschen verborgen ist.

»Wenn aber die Erkenntnis der heiligen Dinge ganz und gar eine Prophetie und ein Anhauch [des Hl. Geistes] ist, warum erfassen wir nicht diese Art von Schriften, durch die der Hl. Geist sich ergießt? Oder bewirkt nicht Gott alle Werke seiner Rede? Denn vieles wird der Geist durch den Gebrauch der Schrift [...] lehren, was noch so große Anstrengung des menschlichen Geistes nicht erreichen kann.«¹⁰

Daher sieht Melanchthon die vornehmliche Aufgabe der christlichen Lehre darin, dass sie zum Studium der Schrift anregt und dabei zugleich *eine Anleitung für das Schriftstudium* gibt. Einer solchen Anleitung bedarf es ob des voluminösen Umfangs der Bibel und der Unterschiedlichkeit der biblischen Schriften, damit der Leser beim Lesen und Studieren auch wirklich das *Wesentliche* erfasst, nicht in weniger Wichtiges abschweift und sich vor allem nicht in irgendwelche Spitzfindigkeiten versteigt. Eine solche Orientierung zum Lesen und Verstehen der Schrift zu geben, darin sieht Melanchthon die primäre Aufgabe der kirch-

---

⁸ PHILIPP MELANCHTHON, Disputatio »De discrimine Evangelii et Philosophiae«, CR 12, Sp. 690: »Evangelium non est philosophia aut lex, sed est remissio peccatorum et promissio reconciliationis et vitae aeternae propter Christum, de quibus rebus nihil potest humana ratio per se suspicari.«

⁹ Ebd.: »in illis absolutissimam sui imaginem expresserit divinitas, non poterit aliunde neque certius neque proprius cognosci«.

¹⁰ MELANCHTHON, Loci communes, S. 16: »Quod si omnino prophetia et afflatus quidam est, cognitio sacrarum rerum, cur non hoc literarum genus amplectimur, per quod illabitur spiritus? Annon omnia sui sermonis opera deus efficit? Multa enim docebit scripturarum usu spiritus [...], quae quantavis humani ingenii industria non queat assequi«.

lichen Lehre. Sie soll die *wesentlichen Inhalte* des Christentums vermitteln, »damit die Jugend einsieht, wonach sie in der Schrift hauptsächlich fragen muß«.[11] Diese Hauptpunkte, die das Wesen des Christentums erfassen und in der christlichen Lehre vermittelt werden, sollen zum Lesen der Schrift anleiten und das Verstehen ihrer zentralen Botschaft erschließen helfen. Darauf zielt eine an den Kerngehalten des Glaubens ausgerichtete Theologie: Sie dient in erster Linie dem Verstehen der Schrift und ihrer evangeliumsgemäßen Auslegung.

Die christliche Lehre findet diese Kerngehalte, an denen sie das Verständnis des christlichen Glaubens ausrichtet, wiederum nicht anderswo, denn allein *in* der Schrift selbst.[12] Sie trägt insofern die Hauptpunkte zur verstehenden Orientierung in der Schrift nicht von außen an diese heran, sondern greift sie aus der Schrift auf und wendet das aus der Schrift selbst gewonnene Auslegungsprinzip auf diese an. Zu den Kerngehalten des christlichen Glaubens muss der »durch die heiligen Schriften Irrende hingeführt werden«,[13] damit er sodann erkennt, »wovon das Ganze der christlichen Lehre abhängt«.[14] Melanchthon behandelt in der Erstausgabe der *Loci* als solche Hauptpunkte der christlichen Lehre die folgenden: 1. Von den Vermögen des Menschen, besonders vom freien Willen; 2. Von der Sünde; 3. Vom Gesetz; 4. Vom Evangelium; 5. Von der Gnade; 6. Von der Rechtfertigung und vom Glauben; 7. Vom Unterschied zwischen Altem und Neuem Testament und der Aufhebung des Gesetzes; 8. Von den ›Zeichen‹ (Taufe, Buße, Einzelbeichte, Abendmahl); 9. Von der Liebe; 10. Von der Obrigkeit; 11. Vom Ärgernis (durch das entweder der Glaube oder die Liebe im Nächsten verletzt wird).[15]

Diese Kerngehalte sind auch in einer systematischen Ordnung zu entfalten, d. h. es ist zu zeigen, dass und wie das Ganze der christlichen Lehre sich vom Wesen des Evangeliums her erschließt. Auf der Notwendigkeit einer solchen, dem Kern der Sache selbst entsprechenden Ordnung des Ganzen der christlichen Lehre insistiert Melanchthon. Sie soll durch die Entfaltung der Lehre entlang der von ihm herausgestellten *Loci* deutlich werden. »Man pflegt in den einzelnen Wissenschaften gewisse Hauptpunkte herauszusuchen, in denen das Ganze jeder Wissenschaft zusammengefasst wird und die gleichsam als Ziel gelten, auf das wir das Studium ausrichten.«[16] So bestimmt Melanchthon gleich zu Beginn der Einleitung Sinn und Funktion seiner Vorgehensweise.

---

[11] MELANCHTHON, Loci communes, S. 12: »ut intelligat iuventus, et quae sint in scripturis potissimum requirenda«.

[12] Vgl. MELANCHTHON, Loci communes, S. 14: »Fallitur, quisquis aliunde christianismi formam petit quam e scriptura canonica«. »Es täuscht sich, wer sich anderswoher die Wesensgestalt des Christentums zu beschaffen sucht als aus der kanonischen Schrift«.

[13] Ebd.: »ad quos veluti divertendum est erranti per divina volumina«.

[14] Ebd.: »e quibus summa christianae doctrinae pendeat«.

[15] 1. De hominibus viribus adeoque de libero arbitrio 2. De peccato 3. De lege 4. De evangelio 5. De gratia 6. De iustificatione et fide 7. De discrimine veteris ac novi testamenti item de abrogatione legis 8. De signis 9. De caritate 10. De magistratibus 11. De scandalo.

[16] MELANCHTHON, Loci communes, S. 16: »Requiri solent in singulis artibus loci quidam, quibus artis cuiusque summa comprehenditur, qui scopi vice, ad quem omnia studia dirigamus, habentur«.

Indem die Theologie sich an den zentralen Gehalten orientiert und alles Weitere in systematischer Ordnung aus ihnen entfaltet, geht sie innerhalb ihres eigenen Gegenstandsbereichs formal gesehen methodisch nicht anders vor als andere Wissenschaften auch. Allerdings unterscheidet sie sich im Blick auf das *principium cognoscendi* grundlegend von diesen und insbesondere von der Philosophie. Diesen Unterschied hat Melanchthon in der Ausgabe der *Loci* von 1559 noch einmal pointiert herausgestellt. Die Philosophie folgt nämlich, so Melanchthon, der ›*demonstrativa methodus*‹, indem sie von den sinnlichen Eindrücken rückschließend oder von ersten Prinzipien deduktiv-ableitend vorgeht.[17] Demgegenüber geht die theologische Erkenntnis von den »dictis« – den Beweissprüchen Gottes selbst – aus, »die Gott durch gewisse und einleuchtende Zeugnisse dem Menschengeschlecht überliefert hat, durch welch unermessliche Güte er sich und seinen Willen kundgetan hat«.[18] Die Theologie folgt dieser ihr von ihrem Gegenstand her aufgegebenen ›Methode‹, indem sie auf der Grundlage des Schriftzeugnisses ihre Inhalte in einer systematischen, am Wesen des Glaubens orientierten Ordnung entfaltet.

Da die Offenbarung Gottes der Grund der theologischen Erkenntnis ist,[19] indem sie sowohl den Inhalt als auch die Gewissheit derselben im Einzelnen begründet, während die Vernunft auf einem anderen Weg zur Gewissheit ihrer Erkenntnis und ebenso zu einem anderen Verständnis von Gott gelangt, hält Melanchthon entschieden fest, dass die Gründe für die Gewissheit in beiden Wissenschaften – der Theologie und der Philosophie – grundverschieden sind.[20] Wahre Gotteserkenntnis kann nur von Gott selbst her erschlossen werden. Diejenige Offenbarung, durch welche sich das »vollkommenste Bild« Gottes zu erkennen gibt, ist die Heilige Schrift, indem Gott durch sie in der Kraft des Heiligen Geistes Glauben weckt, dem solcherart die *wahre* Erkenntnis Gottes, und zwar mit *Gewissheit*, gegeben ist. Die schriftvermittelte Gotteserkenntnis begründet insofern *dem Inhalt und dem Grade* nach eine Gewissheit, die von der vernünftigen Erkenntnis schlechterdings nicht erreicht werden kann. Die Vernunft hat daher innerhalb der Theologie nur eine dienende Rolle, insofern sie das formale Instrumentarium bereitstellt, um die theologischen Inhalte – sprachlich klar und in der Argumentation distinkt – in überzeugender Weise zur Darstellung zu bringen.

---

[17] Vgl. MELANCHTHON, Loci praecipui theologici, Bd. 2/1, S. 190; CR 21, Sp. 603f.

[18] MELANCHTHON, Loci praecipui theologici, Bd. 2/1, S. 190; CR 21, Sp. 604: »ex dictis, quae Deus certis et illustribus testimoniis tradidit generi humano, per quae immensa bonitate se et suam voluntatem patefecit«.

[19] Vgl. ebd.: »[I]ta in doctrina Ecclesiae certitudinis causa est revelatio Dei et considerandum est, quae sententiae a Deo traditae sint.« »So ist in der kirchlichen Lehre die Offenbarung Gottes der Grund der Gewissheit, und es ist in ihr von dem zu handeln, was durch die Schriftzeugnisse von Gott überliefert ist.«

[20] Vgl. MELANCHTHON, Loci praecipui theologici, Bd. 2/1, S. 191; CR 21, Sp. 604: »Sed causae certitudinis diversae sunt.« »Aber die Gründe der Gewissheit sind verschieden«.

Melanchthon betont somit die Schrift als die eigentliche Erkenntnisquelle der Theologie, insofern durch sie Gott *selbst* im Heiligen Geist die Erkenntnis im Glauben weckt, wodurch es allein zur wahrhaften Gotteserkenntnis kommen kann. Melanchthon betont ferner, dass die kirchliche Lehre die Kerngehalte des christlichen Glaubens zu bestimmen hat, mithin dasjenige, worin das Wesen des Christentums liegt, und hält fest, dass diese Hauptinhalte auch in einer dem Wesensgehalt des Christentums angemessenen Ordnung zu entfalten sind. In dieser Weise dient die theologische Lehre dem Studium der Heiligen Schrift, insofern sie dazu verhilft, das Wesentliche des christlichen Glaubens zu erfassen. Dadurch aber – und dies ist nun noch besonders hervorzuheben – verhilft die christliche Lehre dem Einzelnen dazu, ein *mündiger* Christenmensch zu werden, sprich, zu selbständigem Schriftgebrauch und Schriftverständnis und so zum Verstehen des eigenen Glaubens zu gelangen. Darin liegt der bildungsorientierte Grundzug reformatorischen Selbstverständnisses. Ziel theologischer Lehre und kirchlicher Verkündigung ist die Mündigkeit des Christenmenschen, dass »alle Christen sich möglichst frei nur in der heiligen Schrift umtun«[21] und zur »christlichen Erkenntnis«[22] gelangen mögen. Eine theologische Lehre, die dieses nicht leistet, indem sie nicht das Wesentliche im Blick hat und alles auf es hin ausrichtet, sondern sich in abstrakte Höhen und gedankliche Spitzfindigkeiten versteigt, die nicht zum selbständigen Gebrauch der Schrift und zum mündigen Verstehen des Glaubens anleitet, sondern sich als akademische Disziplin gleichsam gegenüber dem gemeinen Christenmenschen und der Kirche verselbständigt, verfehlt ihre Aufgabe. Und dies wirft Melanchthon der scholastischen Theologie vor.

Primäres Ziel der Theologie muss es sein, dass der einzelne Christenmensch zur Erkenntnis dessen gelangt, was das Wesen seines Glaubens ausmacht. Den Erkenntnischarakter des christlichen Glaubens betont Melanchthon nachdrücklich. Es hat diese Erkenntnis des Glaubens freilich nicht den Charakter einer gleichsam bloß distanzierten Kenntnisnahme theologischer Inhalte. Dies hängt wiederum mit dem eigentümlichen ›Gegenstandsbezug‹ des christlichen Glaubens und der in ihm erschlossenen Erkenntnis zusammen. Der Grund des Glaubens ist ganz offenbar von der Art, dass, wer ihn erkennt, indem dieser sich ihm zu erkennen gibt, sich nicht im Zustand der bloßen Kenntnisnahme zu ihm verhalten kann. Das Wesentliche nämlich, das die christliche Lehre zu vermitteln hat, ist die Erkenntnis Christi, genauer dasjenige, was er für uns getan hat. Dieses wird ergriffen allein im Glauben, der nicht nur durch die Momente *notitia* (Kenntnisnahme) und *assensus* (Zustimmung), sondern vornehmlich durch die *fiducia* (Vertrauen) auf das Heilsgeschehen in seinem die Existenz des Sünders freimachenden Charakter geprägt ist, wie es durch das Evangelium verkündigt und im Glauben existenzbestimmend persönlich angeeignet wird.

---

[21] MELANCHTHON, Loci communes, S. 14: »christianos omnes in solis divinis literis liberrime versari«.

[22] MELANCHTHON, Loci communes, S. 22: »christiana cognitio«.

3. »Christus erkennen heißt, seine Wohltaten gegen uns erkennen«

Melanchthon will seine *Loci* auf die Frage nach dem Heil des Menschen und also auf die Erkenntnis der Wohltaten Christi und die damit zusammenhängenden Gegenstände hin ausrichten. Denn, so lautet sein zentrales Dictum: »Das heißt Christus erkennen: seine Wohltaten erkennen«.[23] Hierin liegt das organisierende Prinzip für das Ganze der christlichen Lehre; von ihm her ist alles zu begreifen. Melanchthon hält dafür, dies sei das von Paulus im *Römerbrief* verfolgte Grundthema und die Summe einer am Evangelium orientierten Theologie. Er weist – unter Rekurs auf den *Römerbrief* als den »Abriß der christlichen Lehre«[24] – die Behandlung verschiedenster theologischer Topoi, wie sie in der scholastischen Theologie traktiert werden, als unnütz zurück.

»Hat Paulus etwa in dem Brief an die Römer, als er einen Abriß der christlichen Lehre verfasste, über die Geheimnisse der Dreieinigkeit, über die Art und Weise der Menschwerdung, über die aktive Schöpfung und die passive Schöpfung philosophiert? Aber was behandelt er? Doch sicherlich das Gesetz, die Sünde, die Gnade, von welchen Hauptthemen allein die Erkenntnis Christi abhängt.«[25]

Daher hält Melanchthon als die Hauptpunkte der christlichen Lehre die Trias »die Macht der Sünde, das Gesetz, die Gnade« fest, sieht darin das Wesen des christlichen Glaubens ausgedrückt und kann mithin folgern, dass er nicht sehe, wie er jemanden einen Christen nennen können soll, der diese Kerngehalte des Glaubens nicht kenne.[26] Zu diesem Wesensgehalt des christlichen Glaubens, zur Erkenntnis dessen, was Christus für die Sünder getan hat,[27] hinzuführen, darin liegt die Hauptaufgabe der Theologie; und Melanchthon betont, dass wir damit Christus »auf eine andere Art erkennen, als es die Scholastiker uns vorführen«,[28] indem sie »seine Naturen, die Art und Weisen der Menschwerdung betrachten«.[29]

---

[23] Ebd.: »hoc est Christum cognoscere beneficia eius cognoscere«.

[24] MELANCHTHON, Loci communes, S. 24: »doctrinae christianae compendium«.

[25] Ebd.: »Paulus in epistola, quam Romanis dicavit, cum doctrinae christianae compendium conscriberet, num de mysteriis trinitatis, de modo incarnationis, de creatione activa et creatione passiva philosophabatur? At quid agit? Certe de lege, peccato, gratia, e quibus locis solis Christi cognitio pendet«.

[26] MELANCHTHON, Loci communes, S. 22: »Reliquos vero locos, peccati vim, legem, gratiam, qui ignorarit, non video quomodo christianum vocem«.

[27] Vgl. dazu auch die Passage in der Apologie der *Confessio Augustana* zum Rechtfertigungsartikel: »Darum ists nicht gnug, daß ich wisse oder gläube, daß Christus geboren ist, gelitten hat, auferstanden ist, wenn wir nicht auch diesen Artikel, darum das alles endlich geschehen, gläuben, nämlich: Ich gläube, daß mir die Sunde vergeben sein. Auf den Artikel muß das ander alles gezogen werden.« BSLK, S. 170, Z. 37–44: »Itaque non satis est credere, quod Christus natus, passus, resuscitatus sit, nisi addimus et hunc articulum, qui est causa finalis historiae: remissionem peccatorum. Ad hunc articulum referri cetera oportet.«

[28] MELANCHTHON, Loci communes, S. 22: »oportet alio quodam modo cognoscamus, quam exhibent scholastici«.

[29] Ebd.: »quod isti docent, eius naturas, modos incarnationis contueri«.

3. »Christus erkennen heißt, seine Wohltaten gegen uns erkennen«

Diese andere, evangelische Art, Christus und sein Werk zu erkennen, besteht darin, dass von vornherein die *Wirkung* der Erscheinung Jesu Christi zum Heil des Einzelnen und der Welt im Blick ist. Darin, dieses zu erkennen, liegt, so Melanchthon, die »reiche Erkenntnis Christi«,[30] die der Apostel Paulus dem einzelnen Christenmenschen wünscht. Sie unterscheidet sich von jenen abstrakten, in diesem Sinne spekulativen, insofern unnützen scholastischen Distinktionen dadurch, dass in ihr der Glaubende als Empfänger des Heilswirkens Christi einbezogen ist und sich als in dieses einbezogen verstehen kann. Kurzum: Die Hauptinhalte der christlichen Lehre treffen die Person in ihrem Innersten. Darin liegt ihr *usus practicus*, dass »sie dir Christus ans Herz legen, […] das Gewissen stärken, […] den Geist gegen den Satan aufrichten«.[31]

Melanchthon fokussiert das Verständnis des an der Schrift gewonnenen *usus practicus* der theologischen Lehre auf die Unterscheidung und den rechten Gebrauch von Gesetz und Evangelium. Dazu hält er fest: »Die [Hl.] Schrift besteht aufs Ganze gesehen aus zwei Teilen, aus dem Gesetz und dem Evangelium. Das Gesetz hält die Sünde vor Augen, das Evangelium die Gnade«.[32] Das Gesetz klagt unausweichlich die Sünde an und führt den Einzelnen in die höchsten Gewissensqualen. In dieser Situation vermag nur das Evangelium den Verzagten zu trösten, indem es ihm die Barmherzigkeit Gottes gegenüber dem Sünder verheißt.

»So ist das Evangelium die Verheißung der Gnade oder Barmherzigkeit Gottes und somit die Vergebung der Sünde und das Zeugnis der Zuneigung Gottes zu uns. Durch dieses Zeugnis sollen unsere Herzen aus der Gewißheit der Güte Gottes glauben, ihnen sei jede Schuld vergeben; und sie sollen [wieder] aufgerichtet, Gott lieben, loben, in Gott fröhlich sein und aufjauchzen, wie wir es über die Kraft des Evangeliums ausführen werden. [D]as Faustpfand all' dieser Verheißungen ist Christus«.[33]

In der Wahrnehmung der rechten Unterscheidung von Gesetz und Evangelium dient die Theologie mithin sowohl der Selbsterkenntnis des in die Sünde verstrickten Menschen als auch und im Besonderen der Aufrichtung der verzagten Herzen sowie der Stärkung des Glaubens. Diesen ›seelsorgerlichen‹ Aspekt der evangelischen Lehre hebt Melanchthon nachdrücklich hervor. Einzig das Evangelium vermag das verzweifelte Gewissen zu trösten, indem es den Glaubenden der Gnade Gottes vergewissert.

---

[30] MELANCHTHON, Loci communes, S. 24: »locupletem Christi cognitionem«.
[31] Ebd.: »qui Christum tibi commendent, qui conscientiam confirment, qui animum adversus Satanam erigant«.
[32] MELANCHTHON, Loci communes, S. 158 f.: »Duae in universum scripturae partes sunt, lex et evangelium. Lex peccatum ostendit, evangelium gratiam«.
[33] MELANCHTHON, Loci communes, S. 162: »Ita evangelium est promissio gratiae seu misericordiae dei adeoque condonatio peccati et testimonium benevolentiae dei erga nos, quo testimonio certi animi nostri de benevolentia dei credant sibi condonatam omnem culpam et erecti ament, laudent deum, exhilarentur et exultent in deo, ut infra de vi evangelii dicemus. Porro illarum promissionum omnium pignus est Christus«.

Das göttliche Gesetz zielt demgegenüber auf die Selbsterkenntnis des Menschen als Sünder. Diese ist ihm aus sich selbst heraus verstellt. Der natürliche Mensch vermag die abgründige Dimension der Sünde nicht wirklich zu erkennen. Die Vernunft verharmlost die Sünde, indem sie sie auf eine bloße Neigung reduziert und sie als Übertretung einzelner Gebote begreift, während die Radikalität der Sünde darin besteht, dass sie das Herz des Menschen als Zentrum all seiner Gedanken, Worte und Taten verdirbt. Die Sünde beherrscht den Menschen in einer ihm unvorgreiflichen Weise; und die Radikalität ihrer Macht ist dadurch noch einmal gesteigert, dass sie vom Menschen nicht erkannt werden kann. Insofern kommt dem göttlichen Gesetz, das im Kern im Doppelgebot der Liebe und den Zehn Geboten ausgedrückt ist, die Funktion zu, die Sünde aufzudecken und so den Menschen zur Selbsterkenntnis zu führen. »Kurz gesagt: Das eigentliche Werk des Gesetzes ist die Enthüllung der Sünde, oder, um es klarer zu sagen, das Gewissen der Sünde [...]. Denn was ist das Gewissen der Sünde anderes als das Urteil des Gesetzes, das im Herzen unsere Sünde aufzeigt?«[34]

Das Gesetz deckt dasjenige auf, wodurch der Mensch immer schon beherrscht ist. Es bringt den Ursprung aller Sünde ans Licht, der in der mangelnden Gottesfurcht und dem mangelnden Gottvertrauen und damit im Widerspruch zum ersten Gebot liegt. Es führt die Schulderfahrung im Gewissen mit sich. Es treibt den Sünder in die Erfahrung, dass er aus sich selbst heraus dem Willen Gottes nicht zu entsprechen vermag. Das Werk des Gesetzes führt so dazu, dass der Sünder sich nach der Gnade Gottes ausstreckt, wie sie im Evangelium zugesagt wird.

»[D]ieses Werk des Gesetzes [ist] der Anfang der Buße, durch die der Geist Gottes gewöhnlich die Gewissen erschreckt und erschüttert. Denn die Natur kann nicht von sich aus die Scheußlichkeit der Sünde erkennen, noch viel weniger kann sie sie hassen. [...] Denn die Ertötung, das Gericht, die Erschütterung, die vom Geist Gottes durchs Gesetz gewirkt wird, sind erst der Anfang der Rechtfertigung und der wahren Taufe. Und wie von hier aus, nämlich von der Erkenntnis der Sünde, das christliche Leben zu beginnen hat, so hat die christliche Lehre mit dem Dienst des Gesetzes zu beginnen.«[35]

In dieser Weise unterstreicht Melanchthon die Bedeutung des Gesetzes für die Selbsterkenntnis des Menschen als Sünder sowie seine auf das Evangelium hinführende Funktion und bezieht darauf den Dienst am Evangelium, der die Gnade und Barmherzigkeit Gottes gegenüber dem Sünder zuspricht. »Der Dienst, der

---

[34] MELANCHTHON, Loci communes, S. 188: »In summa: proprium legis opus est peccati revelatio aut, ut clarius dicam, peccati conscientia [...]. Quid enim aliud est conscientia peccati quam legis sententia, in corde ostendens peccatum nostrum?«.

[35] MELANCHTHON, Loci communes, S. 190: »[H]oc opus legis initium esse poenitentiae, quo spiritus dei terrere ac confundere conscientias solet. Nam natura per sese peccati foeditatem non potest cognoscere, tantum abest, ut odisse possit. [...] Nam iustificationem hominis adeoque verum baptismum auspicatur mortificatio, iudicium, confusio, quae fit a spiritu dei per legem. Et sicut hinc, nempe a peccati cognitione, vita christiana auspicanda est, ita a legis officio christiana doctrina auspicanda est«.

zum Tod führt, ist das Gesetz, das das Gewissen nach der Aufdeckung und Offenbarung der Sünde erschüttert, erschreckt und tötet. Ein Dienst des Geistes ist das Evangelium [...], das die vorher erschreckten Herzen tröstet, aufrichtet, ihnen Leben einhaucht und sie belebt«.[36] Diesen Trost und diese Gewissheit für die verzagten Gewissen kann nur Gott selbst durch sein Evangelium spenden.

»Diejenigen, die das Gewissen derart in Schrecken versetzt hat, würden zweifellos verzweifeln, [...] wenn sie nicht durch die Verheißung der Gnade und Barmherzigkeit Gottes – Evangelium genannt – getröstet und aufgerichtet würden. Wenn hier das zerschlagene Gewissen der Verheißung der Gnade in Christus glaubt, wird es durch den Glauben wieder vom Tode erweckt und lebendig gemacht.«[37]

Indem der Glaube auf das Evangelium von der Barmherzigkeit Gottes um Christi willen vertraut, ergreift er den *effectus* des Heilswerkes Jesu Christi und gelangt darin zur wahren Erkenntnis Jesu Christi. Denn Christus erkennen bedeutet, seine Wohltaten erkennen, will heißen, dasjenige zu erkennen und existenzbestimmend anzuzeigen, was er zur Versöhnung der Sünde getan hat. Dies zu entfalten – die Macht der Sünde, das Werk des Gesetzes, die Heilstat Christi, das Evangelium von der Barmherzigkeit Gottes gegenüber dem Sünder –, darin liegt nach Melanchthon die eigentliche Aufgabe der christlichen Lehre, eine Aufgabe, die von der scholastischen Theologie und ihrem übersteigerten Hang zu begrifflichen Distinktionen und metaphysischem Denken verfehlt wird.

»Wenn man nicht weiß, zu welchem Nutzen Christus das Fleisch annahm und ans Kreuz geschlagen wurde, was nützte es, seine Historie zu kennen? [...] So müssen wir Christus, der uns als Heilmittel und – um ein Wort der Schrift zu gebrauchen – als Heil gegeben worden ist, auf eine andere Art erkennen, als es die Scholastiker uns vorführen. Dies ist schließlich die christliche Erkenntnis, zu wissen, was das Gesetz fordert, woher man die Kraft holen kann, das Gesetz zu erfüllen, woher man die Gnade für die Sünde bekommen kann, wie man den ins Wanken gekommenen Sinn gegen den Teufel, Fleisch und Welt aufrichtet, wie man das zerschlagene Gewissen tröstet.«[38]

Melanchthons Programm einer Konzentration der christlichen Lehre auf die für das christliche Erlösungsbewusstsein fundamentalen Inhalte unter Zurückwei-

---

[36] MELANCHTHON, Loci communes, S. 184: »Ministratio mortis lex est, quae ostenso revelatoque peccato confundit, conterret et occidit conscientiam. Ministratio spiritus evangelium est, [...], quod consolatur, erigit, animat, vivificat, ante pavefactas mentes«.

[37] MELANCHTHON, Loci communes, S. 192: »Quos ad eum modum terruit conscientia, ii haud dubie ad desperationem adigerentur, id quod in damnatis usu venit, nisi promissione gratiae ac misericordiae dei (quam evangelium dici constat) sublevarentur et erigerentur. Hic si credat afflicta conscientia promissioni gratiae in Christo, fide resuscitatur et vivificatur, id quod mirifice declarabunt exempla«.

[38] MELANCHTHON, Loci Communes, S. 22 f.: »Ni scias, in quem usum carnem induerit et cruci affixus sit Christus, quid proderit eius historiam novisse? [...] Ita Christum, qui nobis remedii et, ut scripturae verbo utar, salutaris vice donatus est, opportet alio quodam modo cognoscamus, quam exhibent scholastici. Haec demum christiana cognitio est scire quid lex poscat, unde faciendae legis vim, unde peccati gratiam petas, quomodo labascentem animum adversus daemonem, carnem et mundum erigas, quomodo afflictam conscientiam consoleris«.

sung aller aus dieser Perspektive bloß ›metaphysischen‹ Aussagen, die den *Deus pro nobis* nicht zu erfassen vermögen, hat in der Folgezeit immer wieder Anhänger gefunden. Dort, wo sich in der späteren Theologiegeschichte eine kritische Haltung gegenüber den sogenannten metaphysischen Distinktionen der theologischen Tradition bildet[39] – etwa im Blick auf die immanente Trinitätslehre oder die Zweinaturenlehre –, kann man die Konzentration evangelischer Lehre auf das Rechtfertigungsgeschehen betonen. Man beruft sich dafür auf Melanchthons Satz aus der Erstausgabe der *Loci*, dass Christus erkennen, seine Wohltaten gegen uns erkennen heiße, und eben nicht heißen könne, etwa extensiv darüber zu spekulieren, wie in ihm die göttliche und menschliche Natur eine Einheit zu bilden vermögen. In diesem Zusammenhang erhält dann auch Melanchthons Aussage in der Erstausgabe der *Loci* über die Trinität ein besonderes Gewicht, nämlich dass wir »die Geheimnisse der Gottheit [...] lieber anbeten [sollen], als sie zu erforschen«.[40]

4. Die wahre Katholizität evangelischer Lehre und Kirche

In der Ausgabe der *Loci* von 1559[41] greift Melanchthon dann stärker das heilsgeschichtliche Schema auf und beginnt die Behandlung der *sacra doctrina* mit der Gottes- und Trinitätslehre und schließt die Lehre von Schöpfung und Fall an. Indes den Grundsatz, dass alles, was in der Theologie gesagt wird, von der Erkenntnis des Heilswerkes Christi abhängt, sucht er auch hier weiterhin beizubehalten. Denn »über die Versöhnung kann nichts ohne Offenbarung der göttlichen Verheißung gewusst werden«.[42] Von daher fordert er, die Gotteslehre sei an die Erkenntnis Gottes, wie sie in Jesus Christus und durch das Evangelium erschlossen wird, zu binden.[43] Auch in der späteren Ausgabe der *Loci* hält er als die zentrale Aufgabe der christlichen Lehre gleich eingangs fest, sie habe »eine sichere und verständige Darlegung der einzelnen Artikel der christlichen Lehre zu geben«, und zwar in einer »entsprechenden Ordnung« und mit dem zentralen, nämlich entschieden praktischen Ziel, die Verzagten »aufzurichten, zu vergewissern und zu trösten«.[44]

---

[39] Etwa bei A. Ritschl, A. v. Harnack, E. Troeltsch, W. Herrmann.
[40] MELANCHTHON, Loci communes, S. 18: »Mysteria divinitatis rectius adoraverimus quam vestigaverimus«.
[41] Vgl. MELANCHTHON, Loci praecipui theologici nunc denuo cura et diligentia summa recogniti multisque in locis copiose illustrati (1559), Bd. 2/1 und 2.
[42] MELANCHTHON, Loci praecipui theologici, Bd. 2/1, S. 196: »de reconciliatione nihil novit sine revelatione divinae promissionis«.
[43] Vgl. MELANCHTHON, Loci praecipui theologici, Bd. 2/1, S. 196f.
[44] MELANCHTHON, Loci praecipui theologici, Bd. 2/1, S. 186f.: »Prodest firma et perspicua testimonia de singulis articulis doctrinae Christianae, ordine distributa, velut in tabella habere proposita, ut [...] sententiae certae in conspectu sint, quae trepidantes erudiant, erigant, confirment, consolentur«.

In den *Loci praecipui* betont Melanchthon zudem dasjenige eigens, was er vormals in dieser dezidierten Weise nicht herausgestellt hatte, für sein Verständnis der lutherischen Kirchen und ihrer Lehre jedoch bestimmend ist: nämlich die Übereinstimmung der evangelischen Lehre Wittenbergischer Prägung mit dem »*consensus Ecclesiae catholicae Christi*«.[45] Hiermit ist die Übereinstimmung der lutherischen Lehre mit derjenigen der katholischen Kirche, wie sie in den altkirchlichen Konzilsentscheiden enthalten ist, gemeint. Indem Melanchthon darauf abhebt, dass die evangelische Lehre Wittenbergischer Prägung in Übereinstimmung mit der Lehre der Alten Kirche steht, erhebt er für die evangelische Lehre und Kirche den Anspruch auf *wahre Katholizität*. Insofern die evangelische Lehre sich auf die Verkündigung der Apostel gründet, wie sie durch die Schrift bezeugt ist, und an den *Symbola* – den Glaubensbekenntnissen der Alten Kirche – festhält, ist sie als Ausdruck des wahren Glaubens der einen katholischen Kirche Jesu Christi anzuerkennen, so Melanchthon.[46] An der Betonung der Übereinstimmung der Wittenbergischen Lehre mit dem »*consensus Ecclesiae catholicae Christi*« ist Melanchthon nachdrücklich gelegen. Unter diesem Gesichtspunkt hebt er in den *Loci praecipui* die Bedeutung der altkirchlichen Bekenntnisse für den evangelischen Glauben und die lutherischen Kirchen besonders hervor. Nun mahnt Melanchthon unter Rückgriff auf Joh 17 an, dass es zur Aufgabe der Theologie gehöre, die Eintracht der Kirche zu befördern und darin dem Willen Gottes für seine Kirche nachzukommen.[47]

Weiterführende Literatur:
OSWALD BAYER, Theologie. Handbuch Systematischer Theologie, hg. von C. H. Ratschow, Bd. 1, Gütersloh 1994, S. 127–155.
WILHELM MAURER, Zur Komposition der Loci Melanchthons von 1521. Ein Beitrag zur Frage Melanchthon und Luther, in: Luther-Jahrbuch 25 (1958), S. 146–180.
DERS., Melanchthons Loci communes von 1521 als wissenschaftliche Programmschrift. Ein Beitrag zur Hermeneutik der Reformationszeit, in: Luther-Jahrbuch 27 (1960), S. 1–50.

---

[45] MELANCHTHON, Loci praecipui theologici, Bd. 2/1, S. 187 f.
[46] Vgl. dazu auch Kapitel XII.
[47] Vgl. MELANCHTHON, Loci praecipui theologici, Bd. 2/1, S. 188 f.

X. Die altprotestantische Orthodoxie: Theologie als System der christlichen Lehre

Textgrundlage:[1]
- J. F. KÖNIG, Theologia positiva acroamatica, besonders §§ 1–151.

1. Das theologische System nach heilsgeschichtlichem Schema

Die altprotestantische Orthodoxie – zu nennen sind hier für die lutherische Theologie Namen wie Johann Gerhard (1582–1637), Johann Andreas Quenstedt (1617–1688), Abraham Calov (1612–1686), Johann Musäus (1613–1681), Johann Friedrich König (1619–1664), David Hollaz (1648–1713) und für die reformierte Theologie Amandus Polanus von Polansdorf (1561–1610), Bartholomäus Keckermann (1572–1608), Johannes Wollebius (1586–1629), Johannes Coccejus (1603–1669), Johann Heinrich Heidegger (1633–1698) – hat im späten 16. und 17. Jahrhundert den Versuch unternommen, die evangelische Lehre als ein systematisch zusammenhängendes Ganzes zur Darstellung zu bringen. Sie löst sich dabei von Melanchthons Loci-Methode und entfaltet den Zusammenhang der einzelnen Glaubensgehalte nach der sogenannten analytischen Methode[2] in einer systematischen, auf den Heilszweck hin ausgerichteten Weise. Johann Friedrich König definiert die analytische Methode wie folgt: »Die Darstellungsweise der Theologie ist, da sie zu den praktischen Wissenschaften gehört, die analytische, die von der Erkenntnis des Zwecks und des Subjekts zu den

---

[1] JOHANN FRIEDRICH KÖNIG, Theologia positiva acroamatica (Rostock 1664), hg. und übersetzt von A. Stegmann, Tübingen 2006. Der vollständige Titel lautet: Theologia positiva acroamatica, synoptice tractata & in gratiam proficientium in universitate Rostochiensi adornata. Lehrbuch der positiven, acroamatischen, im Überblick behandelten und für fortgeschrittene Studenten der Universität Rostock eingerichteten Theologie. Wir zitieren den deutschen Text mit Angabe der Paragraphen- und Seitenzahl, sowie den lateinischen Text mit der entsprechenden Seitenzahl dieser Ausgabe.

[2] Wir beschränken uns im Folgenden auf die lutherische Orthodoxie und beziehen uns hauptsächlich auf Königs Theologia positiva. Die altprotestantische Orthodoxie hat zahlreiche Entwürfe hervorgebracht, die wir in ihrer Vielfalt hier nicht annähernd berücksichtigen können. Für einen ersten fundierten Überblick sei verwiesen auf: MARKUS MATTHIAS, Art. Orthodoxie I (Lutherische Orthodoxie), in: TRE, Bd. 25, S. 464–485. Zur reformierten Orthodoxie vgl. die Texte bei HEPPE/BIZER (s. Literaturhinweis). Zur reformierten Prinzipienlehre vgl. PAUL ALTHAUS, Die Prinzipien der deutschen reformierten Dogmatik im Zeitalter der aristotelischen Scholastik. Eine Untersuchung zur altprotestantischen Theologie, Leipzig 1914. Einen guten Überblick über die reformierte Theologie bietet: OLIVIER FATIO, Art. Orthodoxie I (Reformierte Orthodoxie), in: TRE, Bd. 25, S. 485–497.

Prinzipien, aufgrund derer, und den Mitteln, durch die der Zweck erreicht wird, voranschreitet.«[3] Die altprotestantische Orthodoxie greift dafür wieder auf die von den Reformatoren verworfenen begrifflichen und methodischen Mittel der aristotelischen Schulphilosophie zurück und behauptet diese als die für den akademischen Unterrichtsbetrieb an lutherischen Universitäten allein maßgebliche, wobei die reformierte im Unterschied zur lutherischen Orthodoxie dies nicht ganz so exklusiv handhabt, sondern auch andere philosophische Strömungen, wie den Ramismus und Cartesianismus, berücksichtigt.

Die lutherische Orthodoxie vollzieht den Rückgriff auf die aristotelische Philosophie, um im Kontext des damaligen, besonders durch den Neuaristotelismus geprägten Wissenschaftsgeistes, den Wahrheitsanspruch der evangelischen Theologie als Wissenschaft zu behaupten. Der damit einhergehende ›scholastische‹ Stil ihrer theologischen Entwürfe in Begrifflichkeit und Durchführung, die ›Wiederkehr der Metaphysik‹ und des ontologischen Denkens sowie nicht zuletzt der mit ihrem Theologieverständnis verbundene Anspruch, die ›Ortho-doxie‹ – die rechte Lehre[4] – zu vertreten, sollte nicht darüber hinwegtäuschen, dass die Theologien der altprotestantischen Orthodoxie darum bemüht sind, die am Heilsgeschehen zwischen Gott und Mensch orientierte Perspektive reformatorischer Theologie zum Zuge zu bringen. Dies ist der von ihnen verfolgte übergeordnete Gesichtspunkt, der durch die lehrmäßige, an einem gedanklich geschlossenen System orientierte Durchführung und der in ihr verwendeten Begrifflichkeit dem Leser vielfach eher verstellt ist.

Dass es in der Entfaltung der rechten Lehre dazu gekommen ist, dass die am Heilsgeschehen ausgerichtete Perspektive überlagert wird von der schulmäßigen Durchführung der Theologie, die in der Argumentation eher der aristotelischen Metaphysik und dem scholastischen Distinktionswesen gleicht, ist indes nicht zu bestreiten. Die allgemeine Gotteslehre, die neben die Trinitätslehre tritt, und in der die Erkennbarkeit Gottes sowie Existenz, Wesen und Eigenschaften Gottes behandelt werden, nimmt breiten Raum in der dogmatischen Lehre ein. Das heilsgeschichtliche Schema erhält für die Ordnung des Ganzen der systematischen Darstellung wieder zentrale Bedeutung. Die Ordnung selber und die einzelnen Artikel werden in einer begrifflichen Präzision durchgeführt, dass der systematische und streng lehrhafte Charakter dieser Entwürfe sofort ins Auge sticht. Die Systeme der altprotestantischen Orthodoxie erreichen bisweilen einen Umfang, dass ihr Gebrauch zur Ausbildung von Studierenden, wie Melanchthon es als Aufgabe der akademischen Lehre gefordert hatte, für den

---

[3] KÖNIG, Theologia positiva acroamatica, § 55, S. 25. »*Methodus* tractandi Theologiam, cum haec e numero habituum practicorum sit, *analytica* est, a cognitione finis & subjecti ad principia, a quibus, & media, per quae finis introducitur, procedens.« S. 24.
[4] Für die Vertreter der lutherischen Orthodoxie bedeutet ›rechte‹ Lehre vor allem, dass sie schriftgemäß ist und mit den ökumenischen *Symbola* der Alten Kirche sowie mit den lutherischen Bekenntnisschriften unter Einschluss der *Konkordienformel* übereinstimmt. Vgl. dazu KÖNIG, Theologia positiva, §§ 74–77.

heutigen Leser nur schwer vorstellbar ist.⁵ Die Theologie scheint den Charakter stupender Gelehrsamkeit anzunehmen, der, verbunden mit dem Anspruch, die rechtgläubige Lehre zu vertreten, den Zeitgenossen und der Nachwelt fast unweigerlich – und auch nicht ganz ohne Grund – den Eindruck vermittelt, hier werde die Lehre gegenüber dem Glaubensleben nicht nur überbetont, sondern der Glaubensvollzug selbst von der Zustimmung zur rechtgläubigen Lehre her verstanden. Vor allem im Pietismus⁶ und der durch ihn geprägten Theologie und Frömmigkeit erhebt sich daher in der Folgezeit eine kritische Gegenbewegung gegen die Fixierung der Orthodoxie auf die rechte Lehre, die den Eigensinn des persönlichen Glaubenslebens zu verteidigen und zu stärken sucht.

2. Die Bedeutung der rechten Lehre für die wahre Kirche und den rechten Glauben

Um die Bedeutung zu ermessen, die der rechten Lehre von den altprotestantischen Vätern zuerkannt wird, sollte man sich klarmachen, dass die Zeit der nachreformatorischen Theologie von den innerreformatorischen Streitigkeiten geprägt war, die im 16. Jahrhundert sowohl im jeweils eigenen konfessionellen Lager als auch zwischen Lutherischen und Reformierten ausgetragen wurden. Die *Konkordienformel* (1577)⁷ und die Festlegung der lutherischen Bekenntnisschriften im *Konkordienbuch* (1580)⁸ sind Ausdruck der durch sie für die lutherischen Kirchen lehrmäßig entschiedenen innerevangelischen Streitigkeiten. Diese drehten sich besonders um das Verständnis der Erbsünde (Artikel 1), die Möglichkeit der Hinwendung des menschlichen Willens zur Gnade (Artikel 2), das Verständnis der Rechtfertigung als Gerechterklärung (forensisch) oder als Gerechtmachung im Sinne Osianders (Artikel 3), die Frage der Notwendigkeit oder Schädlichkeit der guten Werke für die Seligkeit des Christenmenschen (Artikel 4), die Bedeutung des Gebrauchs des Gesetzes auch für die bereits Wiedergeborenen und Gerechtfertigten (Artikel 6). Ferner wurde gestritten über das Verhältnis von menschlicher und göttlicher Natur in der Einheit der Person Jesu Christi (Artikel 8), die Frage der Realpräsenz Jesu Christi im Abendmahl (Artikel 7) sowie die Prädestinationslehre (Artikel 11). Die durch die Konkordienformel festgelegten Lehraussagen bilden die lehrmäßige Grundlage für die

---

⁵ Freilich gibt es auch vielgelesene und häufig aufgelegte stärker kompendienhafte Darstellungen der Schuldogmatik wie etwa die *Theologia positiva* von König.

⁶ Vgl. dazu unten das Kapitel XIV zu Spener.

⁷ Der vollständige Titel lautet: »Konkordienfomel – Formula Concordiae. Gründliche [Allgemeine], lautere, richtige und endliche Wiederholung und Erklärung etlicher Artikel Augsburgischer Confession, in welchen ein Zeither unter etlichen Theologen/derselbigen zugetan/Streit vorgefallen, nach Anleitung Gottes Worts und summarischen Inhalt unser christlichen Lehr beigelegt und vorglichen«. Bekenntnisschriften der evangelisch-lutherischen Kirche, 9. Auflage Göttingen (= BSLK), S. 735–1100, hier S. 735.

⁸ Zur Bedeutung und Funktion der Bekenntnisschriften siehe Kapitel XII.

2. Die Bedeutung der rechten Lehre für die wahre Kirche und den rechten Glauben

systematische Entwicklung der theologischen Entwürfe der lutherischen Orthodoxie.

Müssen in den besagten Fragen innerevangelische Streitfragen gelöst und die reine lutherische Lehre gegen *Aberrationes* insbesondere philippistischer und reformierter Prägung behauptet werden, so ist zudem die evangelische Wahrheit gegen den gegenreformatorischen Ansturm des römischen Katholizismus zu verteidigen, wie er sich durch die Beschlüsse des Trienter Konzils (1566–1573) formiert hat, in Bellarmin (1542–1621) einen herausragenden Kontroverstheologen findet und überhaupt im Jesuitismus eine höchst wirksame Durchsetzungskraft beweist. Sodann kommt mit dem Sozinianismus im 16. und 17. Jahrhundert eine Strömung auf, die publizistisch äußerst einflussreich ist und für ein rational begründetes, von Dogmenzwang freies Christentum einsteht, welche es argumentativ zu widerlegen gilt. Schließlich ist die Autorität der Heiligen Schrift gegen die im 17. Jahrhundert sich entwickelnde Bibelkritik zu untermauern. Die Theologen der altprotestantischen Orthodoxie kämpfen mithin an allen Fronten gegen die Verfälschung des rechten Glaubens, und sie tun dies, indem sie die Lehrgehalte genauestens explizieren, sie gegen Kritik verteidigen und heterodoxe Strömungen zu widerlegen suchen.

Die teilweise erbitterten Auseinandersetzungen werden auf der Ebene der Theologie, insbesondere der dogmatischen Theologie, eben um die rechte Lehre geführt. Im Zeitalter der altprotestantischen Orthodoxie gewinnt die dogmatische Theologie gegenüber der Schriftauslegung zunehmend an Bedeutung, ja sie beginnt diese zu dominieren. Dabei wird die dogmatische Theologie zugleich als streng bibelfundiert verstanden. Ihre spezifische und über die reine Schriftauslegung hinausgehende Aufgabe ist es, *die heilsnotwendige Glaubenslehre* aus der Schrift zu erheben, zu erläutern, systematisch zu entfalten und sie gegen Kritik zu verteidigen. Es liegt in der Natur der Sache, dass die theologischen Fakultäten – zu nennen sind besonders Wittenberg, Jena, Tübingen, Gießen, Leipzig, Genf, Straßburg, Helmstedt – eine zentrale Rolle in den Auseinandersetzungen um die rechte Lehre spielen. Theologische Gutachten zu strittigen Einzelfragen werden in großer Anzahl verfasst, in regem Austausch Lehrstreitigkeiten untereinander ausgetragen.

Dies kann den Eindruck erwecken, als ob der gelehrte Eifer sich in der altprotestantischen Orthodoxie zu einem Selbstläufer entwickelt. Man darf jedoch davon ausgehen, dass die Streitigkeiten in der Überzeugung geführt werden, dass es bei der rechten Lehre eben um Heilswahrheiten geht, die deshalb mit allen zu Gebote stehenden Mitteln zu verfechten sind. Die altprotestantische Orthodoxie welcher couleur auch immer bezieht ihren Eifer aus der Bedeutung, die ihr zufolge der *inhaltlichen Bestimmtheit* des Glaubens für den Glauben zukommt. Das subjektive Moment des persönlichen Glaubensvollzugs – die *fides qua* – kann demgegenüber zurücktreten. Die *fides quae* – das, was der Glaube glaubt, um rechter Glaube, nämlich Heilsglaube zu sein – rückt als für den Glaubensvollzug entscheidend in den Vordergrund. Darum wird die rechte Lehre aufs Genaueste entfaltet, gegen Abweichungen abgegrenzt und gegen Kritik verteidigt.

Es sind die Kämpfe, von denen die Zeit der Orthodoxie geprägt ist, aus deren eigener Perspektive gesehen daher alles andere als bloße Gelehrtenstreitigkeiten. Und die Bedeutung derselben beschränkt sich keineswegs allein auf das Terrain der Universitäten und die Gelehrtenstuben. Die theologischen Streitigkeiten um die rechte Lehre haben massive Auswirkungen, nicht nur kirchlicher, sondern unter der Bedingung des landesherrlichen Kirchenregiments, mittels dessen der Landesherr für sein Territorium die Konfession vorgibt, der seine Untertanen anzugehören haben, auch höchst politischer Natur. Man verdeutliche sich: Wer reformiert ist, wird in lutherischen Landen nicht nur vom Abendmahl ausgeschlossen, sondern bis zum Westfälischen Frieden (1648) auch des Landes verwiesen.[9] Die Glaubensspaltung zwischen Evangelischen und Katholiken verursacht – verknüpft mit machtpolitischen Interessen – politische Spannungen im Reich, die schließlich zu den verheerenden, dreißig Jahre tobenden Religionskriegen in Europa führen.

3. *Theologia est eminens practica*

Trotz des unbestritten ›scholastischen‹ Stils in Durchführung und Begrifflichkeit, trotz des Rückgriffs auf die aristotelische Metaphysik, trotz der Überbetonung der rechten Lehre in ihrer Bedeutung für den Glauben, versucht die altprotestantische Theologie die Orientierung der Theologie an dem von Gott in Jesus Christus heraufgeführten, in der Kirche verkündigten, im Rechtfertigungsglauben zugeeigneten und in der Ewigkeit zu vollendenden Heil zur Geltung zu bringen. Die Theologie im Ganzen soll bei aller begriffslastigen Durchführung unter dem Gesichtspunkt des Heilszwecks entfaltet werden. Dies zeigt sich am deutlichsten dort, wo die Theologie als eine »*sapientia eminens practica*«[10] bestimmt wird. Der ausdrücklich *praktische* Charakter der Theologie – König bestimmt sie als »*habitus intellectus practicus*«[11] – liegt darin, dass sie den Weg des Sünders, zum Heil zu gelangen, entfaltet und diesen Weg zu erschließen hilft. Dazu bedarf es der Erkenntnis dessen, was Gott in Jesus Christus zum Heil für den Menschen getan hat, was zum wahren Glauben an Christus gehört und was für den Sünder zur Heiligung des christenmenschlichen Lebens sowie zur Erlangung des ewigen Lebens notwendig ist. Dabei sind die Väter der altprotestantischen Theologie nicht der Meinung, dass die Theologie bloße Lehrsätze entfaltet, die reflektiert zur Kenntnis genommen und im theologischen Diskurs bewährt werden sollen. Vielmehr sind sie von der Überzeugung geleitet, dass die entfaltete Lehre auch dazu verhilft, den Vollzug dessen, worauf sie zentral aus-

---

[9] Reichsrechtliche Regelungen für die Altgläubigen und die Anhänger der *Confessio Augustana* wurden bereits mit dem Augsburger Religionsfrieden getroffen (1555).
[10] HOLLAZ, Examen theologicum acroamaticum, Stargard, 2 Bde, Reprint der Erstausgabe von 1707, Darmstadt 1971, Prop. c. I, q. 1, S. 1.
[11] KÖNIG, Theologia positiva, § 54, S. 24.

gerichtet ist – die Rückführung des gefallenen Menschen zu Gott[12] – freizusetzen, mithin als Medium dient, den Heilsglauben zu bewirken. Dieser Aspekt findet entsprechenden Niederschlag in der Bestimmung des Verständnisses von Theologie, wie sie etwa von König gegeben wird:

»Die Definition der Theologie ist: Die Theologie ist das Befähigtsein der Vernunft zu einem bestimmten Handeln, das die [wahre, C. A.-P.] Religion betrifft und aus dem geschriebenen Wort Gottes geschöpft ist, damit durch seine Betätigung der Sünder durch den Glauben zum Leben geführt werde.«[13]

Die auf das Heil des Sünders hin orientierte Entfaltung der christlichen Lehre, welche die altprotestantische Theologie verfolgt und darlegt, gewinnt sie ihrem Selbstverständnis nach ausschließlich aus dem geoffenbarten Wort Gottes, der Heiligen Schrift. Dazu baut die altprotestantische Orthodoxie das Lehrstück von der Schrift zu einem Grundartikel aus und erklärt die Heilige Schrift zu dem alleinigen Erkenntnisprinzip der Theologie.[14] »Das Erkenntnisprinzip, aus dem alles in der Theologie zuvorderst abgeleitet wird und auf das letztlich alles zurückgeführt wird, ist dieses eine: Was immer die heilige Schrift lehrt, ist von Gott eingegeben und insoweit unfehlbar wahr.«[15] Das heißt indes nicht, dass die Dogmatik sozusagen nur Bibelaussagen referiert. Sie verfolgt vielmehr, wie oben bereits betont, ein spezifisches Verfahren, in welchem die heilsnotwendigen Glaubensgehalte aus der Schrift erhoben, in einen systematischen Zusammenhang gebracht sowie gegen Irrlehren abgegrenzt und gegen Kritik verteidigt werden. In dieser Aufgabe, die heilsnotwendigen Glaubensgehalte aus der Schrift allererst zu erheben und sie systematisch zu entfalten, liegt die eigentümliche Bedeutung der Dogmatik.[16]

Die Schrift bildet das *principium cognoscendi* zur Erfassung der heilsnotwendigen Glaubensgehalte. Der Vernunfterkenntnis ist die zentrale Heilswahrheit hingegen verschlossen. Der Vernunft bedient man sich, um die theologischen Inhalte nach formalen und logischen Regeln in ein organisches Ganzes zu bringen, nicht jedoch, um zu den heilsnotwendigen Inhalten der rechten Lehre zu gelangen. Eine gewisse Gotteserkenntnis des natürlichen Menschen wird gleichwohl zugestanden.[17] Und über die faktische Rezeption der aristotelischen Metaphysik und die apologetische Verteidigung der Glaubensgehalte gegen ihre rationale Kritik in der allgemeinen Gotteslehre erhält die Vernunfterkenntnis insgesamt

---

[12] Vgl. KÖNIG, Theologia positiva, §§ 41 u. 42; §§ 71 u. 72; §§ 105 u. 106 sowie § 150.
[13] KÖNIG, Theologia positiva, § 54, S. 25. »Definitio Theologiae haec est: Theologia est habitus intellectus practicus, e verbo DEI scripto de vera religione haustus, ut ejus opera homo peccator per fidem ad vitam perducatur.« S. 24; im Text kursiv.
[14] Vgl. dazu Kapitel XI.
[15] KÖNIG, Theologia positiva, § 46, S. 23. »Principium *cognoscendi*, e quo omnia Theologia primo deducuntur, & in quod ultimo omnia resolvunter, hoc unicum est: *Quicquid Scriptura sacra docet, divinitus inspiratum adeoque infallibiliter verum est.*« S. 22. Vgl. auch § 79. Zur evangelischen Schriftlehre vgl. Kapitel XI.
[16] Vgl. KÖNIG, Theologia positiva, §§ 131–133, S. 41.
[17] Vgl. KÖNIG, Theologia positiva, § 138, S. 41.

doch mehr Gewicht, als die Väter der altprotestantischen Theologie ihrem Selbstverständnis nach in Anschlag bringen wollen. Primär jedoch verstehen sie die Theologie als eine durch die Schriftaussagen begründete Entfaltung der zum Heil führenden Gehalte. Sie ist von daher »eine in höchstem Maße praktische Weisheit, die erhoben aus dem geoffenbarten Wort Gottes alles lehrt, was zum wahren Glauben an Christus zu wissen und zur Heiligung des Lebens zu tun notwendig ist für den Menschen als Sünder, der das ewige Heil erlangen soll«.[18]

Damit rücken der von Gott zum Heil bestimmte Mensch und die zur Erlangung des Heils notwendigen Heilsmittel verstärkt in das Zentrum der Theologie. Diese Perspektive bleibt indes eng an die Gotteslehre als den primären Gegenstand der Theologie gebunden. Denn in der Verwirklichung des Heils am Sünder erweist sich die Ehre Gottes. Umgekehrt besteht das ewige Heil des Menschen darin, Gott zu verherrlichen. Der Zweck der Theologie ist insofern »entweder absolut die Ehre Gottes, oder in bestimmter Hinsicht das ewige Heil der Menschen. Er ist entweder als objektiver Gott selbst, oder als formaler das Genießen und Verherrlichen Gottes«.[19] Dem von der Theologie als einer dezidiert praktischen Wissenschaft zu verfolgenden Zusammenhang von Gotteslehre und Heilszueignung kommt sie nach, indem sie, wie König bündig festhält, in folgende drei Teile gegliedert wird:

»Der erste handelt zum einen vom objektiven Zweck, Gott, zum anderen vom formalen, dem Genießen Gottes oder dem ewigen Leben; der zweite vom Subjekt des Handelns, dem gefallenen, zu Gott zurückzuführenden Menschen; der dritte von den Prinzipien und Mitteln des Heils, die zu diesem Zweck führen.«[20]

4. Die Lehre von den Fundamentalartikeln

Im Blick auf das Ganze der aus der Schrift zu erhebenden dogmatischen Aussagen nimmt die altprotestantische Orthodoxie Differenzierungen vor, um die dogmatischen Aussagen unterschiedlich zu gewichten. Zunächst werden solche, die den Glauben nicht betreffen – zu denen König »sittliche Vorschriften und Drohungen sowie Verheißungen des Gesetzes, ebenso Geschichtserzählungen, die nur moralische Unterweisung erhalten«,[21] rechnet –, von den Aussagen un-

---

[18] HOLLAZ, Examen theologicum acroamaticum, Prop. cap. I, q. 1, S. 1: »sapientia eminens practica, e verbo Dei revelato docens omnia, quae ad veram in Christum fidem cognitu et ad sanctimoniam vitae factu necessaria sunt homini peccatori, aeternam salutem adepturo.«

[19] KÖNIG, Theologia positiva, §§ 41 u. 42, S. 23: »vel *absolute* talis, gloria DEI: vel *secundum quid* talis, aeterna hominum salus«; »*Objectivus*, ipse DEUS: vel ... *formalis*, DEI nempe fruitio & glorificatio«. S. 22.

[20] KÖNIG, Theologia positiva, § 56, S. 25. »*prima* de *Fine* tum objectivo, DEO; tum *formali*, DEI nempe fruitione seu vita aeterna: *altera* de *Subjecto* operationis, homine sc. lapso ad DEUM reducendo; *tertia* de *Principiis* salutis & *Mediis* ad hunc finem spectantibus agit.« S. 24.

[21] KÖNIG, Theologia positiva, § 125, S. 39. »praecepta morum & comminationes ac promissiones legales, item historica, non nisi morales doctrinas continentia.« S. 38.

terschieden, die den Glauben betreffen. Diese – »*articuli fidei*« genannt – sind als den Glauben angehende unmittelbar heilsrelevant. Deren »Seinsprinzip« ist Gott selbst, insofern er Urheber der Heiligen Schrift ist, aus der die Glaubensartikel geschöpft werden: »Das Seinsprinzip dieser Artikel ist Gott allein. Denn dieser allein hat als der erste und höchste Urheber seines Wortes die Vollmacht, Glaubensartikel festzusetzen.«[22] Diesen muss im Glauben zugestimmt werden. Es sind solche Artikel, an deren Kenntnis und Bejahung die Seligkeit hängt.

»Die Glaubensartikel, von denen hier die Rede ist, beziehen sich nicht auf den Glauben, mit dem geglaubt und das Verdienst Christi ergriffen wird, sondern auf den Glauben, der geglaubt wird, d. h. auf die lehrhaften Glaubensaussagen. [...] Sie werden auch ›das, was jeder glauben muß‹ genannt«.[23]

Die grundlegenden Glaubensartikel (*articuli fundamentales*) »können nicht ohne Beeinträchtigung des Glaubensgrundes nicht gewußt oder geleugnet werden«.[24] Denn in den Fundamentalartikeln geht es um dasjenige, »was in naher, näherer oder allernächster Verbindung zum Glaubensgrund steht«.[25] Dabei versteht König unter dem Glaubensgrund (*fundamentum fidei*) die aus der Schrift gewonnene dogmatische Lehre von dem im Gnadenwillen Gottes begründeten Heilsgeschehen in Jesus Christus und von der im Heilswerk Jesu Christi grundgelegten, allein im Glauben zugeeigneten Rechtfertigung des Sünders um Christi willen. Die Glaubensartikel werden insgesamt nach Maßgabe ihrer graduell unterschiedlichen Nähe zum Glaubensgrund bestimmt. Die durch die Fundamentalartikel »in Lehrsätzen formulierte Grundlage des Glaubens«[26] muss gewusst und ihr muss im Glauben zugestimmt werden, wenn die Seligkeit erreicht werden will, ja mehr noch, die Lehrsätze selbst werden als den Heilsglauben vermittelnd verstanden.

»Der Zweck ist das ewige Heil, das sie entweder direkt bewirken oder zu dem sie indirekt durch Beseitigung von Heilshindernissen führen. Ihre besondere Eigenschaft ist die Notwendigkeit und die Bezogenheit auf den Glauben, soweit er heilbringend ist, und auf das von ihm abhängige Heil.«[27]

---

[22] KÖNIG, Theologia positiva, § 130, S. 39. »*Principium horum articulorum in essendo* solus Deus est: hic enim, uti verbi sui primus atque supremus existit Auctor, ita etiam solus potestatem condendi fidei articulos habet.« S. 38.

[23] KÖNIG, Theologia positiva, §§ 128, 129, S. 39. »*Fides*, cujus articuli dicuntur, hic intelligitur non ea, *qua* creditur, seu apprehenditur Christi meritum: sed *fides, quae* creditur, h. e. doctrina fidei«. »*Dicuntur etiam credenda*«. S. 38.

[24] KÖNIG, Theologia positiva, § 141, S. 43. »*Fundamentales* sunt, *qui ignorari, vel salutem negari salvo fidei fundamento nequeunt.*« S. 42.

[25] KÖNIG, Theologia positiva, § 142, S. 43. »sunt credenda, fundamento fidei propinqua, propinquiora, proxima.« S. 42.

[26] KÖNIG, Theologia positiva, § 151, S. 45. »Fundamentum [...] fidei dogmaticum constituunt recensiti modo articuli«. S. 44.

[27] KÖNIG, Theologia positiva, § 144, § 145, S. 43. »*Finis* est salus aeterna, ad quam perducunt, vel *directe*, in effectum illum influendo, vel *indirecte*, impedimenta scilicet salutis removendo.« »*Affectio propria* est necessitas & proportio ad fidem, quatenus salvifica ea est, & dependentem inde salutem.« S. 42.

Von daher heißt es bei König: »Und dieses Dogma [i. e. die miteinander zusammenhängenden verschiedenen Glaubensartikel von fundamentaler Bedeutung, C. A.-P.] ist der ursprüngliche Glaubensgrund und der nächste und unmittelbare Ursprung, aus dem der Heilsglaube hervorgeht.«[28] Damit bindet die altprotestantische Theologie den Glaubensvollzug an die *fides quae*, behauptet die Fundamentalartikel als Glauben vermittelnde und versteht die Theologie, indem sie die Glaubensartikel entfaltet, als einen Vollzug, der selbst auf die Vermittlung des Glaubens zielt und darin seinen praktischen Zweck hat.

Die Gruppe der Fundamentalartikel wird gemäß dem oben genannten Kriterium der Nähe zum Glaubensgrund in sich noch einmal differenziert. König unterscheidet erstrangige und zweitrangige Glaubensartikel. Von den erstrangigen gilt, dass sie »ohne Beeinträchtigung der Glaubensgrundlage nicht einmal nicht gewußt werden«[29] können. Innerhalb der erstrangigen Artikel gibt es solche, die den Glaubensgrund »innerlich und unmittelbar« begründen.[30] Diese »bewirken unmittelbar den Glauben«.[31] Und es gibt andere Artikel, die nur »mittelbare Voraussetzung des Glaubensgrundes«[32] sind. Diese Artikel »legen zwar den Glaubensgrund nicht innerlich«, bilden aber »seine notwendige Bedingung und Voraussetzung«.[33] Zu diesen zählt König etwa die Lehrstücke vom dreieinigen Gott, von der Gottheit Jesu und seiner Sündlosigkeit, von Leiden, Tod und Auferstehung Jesu als Teile seines Mittleramtes, vom ewigen Leben und jüngsten Gericht.[34] Man kann sich deren Funktion als Bedingung und Voraussetzung für den Glaubensgrund daran klarmachen, dass etwa die Lehraussage von der Bedeutung des Heilswerkes Jesu Christi für die Menschheit, die zu den erstrangigen, glaubensbegründenden Fundamentalartikeln gehört, daran hängt, dass Jesus Christus kein bloßer Mensch, sondern der Sohn Gottes war, was wiederum die Lehre vom dreieinigen Gott zu seiner Voraussetzung hat.

Zu den erstrangigen Fundamentalartikeln, die den Glauben unmittelbar bewirken, gehören König zufolge die

»Aussagen der christlichen Lehre von der unsere Sünden sühnenden und Gott versöhnenden Genugtuung des Gottessohnes, vom allgemeinen Wohlwollen Gottes gegen das gefal-

---

[28] KÖNIG, Theologie positiva, § 151, S. 45. »Atque hoc dogma genuinum fidei fundamentum, ac proximum & immediatum generandae fidei salvificae principium est.« S. 44. Vgl. auch die zusammenfassende Formulierung des Inhalts des Dogmas § 151, S. 45.

[29] KÖNIG, Theologia positiva, § 147, S. 43. »qui salvo fidei fundamento ne ignorari quidem possunt.« S. 42.

[30] KÖNIG, Theologia positiva, § 148, S. 43. »Alii enim fundamentum fidei *antecedenter* se habent; alii illud ipsum *intrinsece & immediate* constituunt.« S. 42.

[31] KÖNIG, Theologia positiva, § 150, S. 43. »Articuli fundamentales *constitutivi* sunt ii, *fidem immediate causantur.*« S. 42.

[32] KÖNIG, Theologia positiva, § 148, S. 43. »Alii enim fundamentum fidei *antecedenter* se habent«. S. 42.

[33] KÖNIG, Theologia positiva, § 149, S. 43 »fundamentum fidei intrinsece non constituunt, sunt tamen necessaria ejusdem praerequisita, seu praesupposita«. S. 42.

[34] Vgl. KÖNIG, Theologia positiva, § 149, S. 43.

lene menschliche Geschlecht, vom allen Menschen geltenden Verdienst Christi, von der ernsthaften Absicht Gottes, allen Christi Verdienst zukommen zu lassen und das Mittel der Zueignung dieses Verdienstes zu geben, den Glauben nämlich für alle, und von der Rechtfertigung durch das im Glauben angeeignete Verdienst Christi«.[35]

Alle erstrangigen Fundamentalartikel gelten als solche, die »nicht einmal nicht gewusst werden« können, wenn es zum heilbringenden Glauben kommen können soll. Von diesen unterschieden sind die »zweitrangig-grundlegenden Artikel«, die nicht gewusst werden können, aber nicht geleugnet werden dürfen.[36] Zu ihnen gehören nach König etwa die zwischen Lutheranern und Reformierten strittigen Lehren von der Idiomenkommunikation der göttlichen an die menschliche Natur Christi und der Allgegenwart des Menschen Christus sowie die innerlutherisch vollzogene Ablehnung von Osianders Verständnis der Rechtfertigungsgnade als einer im Glaubenden einwohnenden Gerechtigkeit.[37]

An sich böte die Differenzierung im Blick auf die Lehraussagen in fundamentale, weniger fundamentale und nicht fundamentale eine Möglichkeit, die Lehrunterschiede zwischen den Konfessionskirchen so zu behandeln, dass man sich rein an den fundamentalen Glaubenslehren orientiert und hier die Übereinstimmung feststellt bzw. sucht, die konfessionellen Lehrunterschiede hingegen, die nicht die zentralen Fundamentalartikel betreffen, als solche einstuft, die keinen kirchentrennenden Charakter haben. In der reformierten Orthodoxie gab es Theologen, die so argumentiert haben und mit Verweis auf die Einigkeit im Fundament des Glaubens für die Anerkennung der Reformierten Kirchen im Reich eingetreten sind. Die lutherische Orthodoxie hat sich dieser Argumentation weitgehend verschlossen. Sie bildete im Gegenzug dazu die Lehre von den Fundamentalartikeln gerade auch in der Absicht aus, die Unterschiede zu den Reformierten dezidiert herauszustellen. So hat sie über die spezifische Ausgestaltung der dogmatischen Lehre den Prozess der Konfessionalisierung des Luthertums vehement vorangetrieben.

---

[35] Vgl. KÖNIG, Theologia positiva, § 150, S. 43–45: »Cujusmodi sunt capita doctrinae Christianae de satisfactione Filii Dei peccata expiante, & Deum reconciliante, de universali benevola Dei voluntate erga genus humanum lapsum, de universali merito Christi, de seria Dei intentione applicandi Christi meritum omnibus,& dandi applicationis medium, fidem scil. omnibus, de justifactione per unicum Christi meritum fide apprehensum.« S. 42. Indem König den auf *alle* Menschen gerichteten Charakter des Heilswillen Gottes, des Versöhnungswerkes Jesu Christi und der Heilsmittel so betont herausstellt, vollzieht er zugleich eine Abgrenzung gegenüber der reformierten Lehre von der im ewigen Willen Gottes gründenden doppelten Prädestination, die aus Sicht der Lutheraner die Heilsungewissheit perenniert. Vgl. auch Königs Zusammenfassung der Glaubensgrundlage im »Dogma« § 151, S. 45.
[36] Vgl. KÖNIG, Theologia positiva, § 152, S. 45.
[37] Vgl. KÖNIG, Theologia positiva, § 152.

Weiterführende Literatur:
OLIVIER FATIO, Art. Orthodoxie I (Reformierte Orthodoxie), in: TRE, Bd. 25, S. 485–497.
HUBERT FILSER, Dogma, Dogmen, Dogmatik. Eine Untersuchung zur Begründung und Entstehungsgeschichte einer theologischen Disziplin von der Reformation bis zur Spätaufklärung, in: Studien zur systematischen Theologie und Ethik, Bd. 28, hg. von E. Lessing/P. Neuner/D. Ritschl, Münster/Hamburg u. a. 2001.
HEINRICH HEPPE, Die Dogmatik der evangelisch-reformierten Kirche, dargestellt und aus den Quellen belegt von H. Heppe, neu durchgesehen und hg. von E. Bizer, Neukirchen-Vluyn 1958.
MARKUS MATTHIAS, Art. Orthodoxie I (Lutherische Orthodoxie), in: TRE, Bd. 25, S. 464–485.
FRIEDERIKE NÜSSEL, Das traditionelle heilsgeschichtliche Schema der Dogmatik – Leitfaden oder Fessel?, in: Systematische Theologie heute. Zur Selbstverständigung einer Disziplin, hg. von H. Deuser/D. Korsch, Gütersloh 2004, S. 41–59.
HEINRICH SCHMID, Die Dogmatik der evangelisch-lutherischen Kirche, dargestellt und aus den Quellen belegt, neu hg. von H. G. Pöhlmann, 12. Auflage, Gütersloh 1998.
WALTER SPARN, Wiederkehr der Metaphysik. Die ontologische Frage in der lutherischen Theologie des frühen 17. Jahrhunderts, Stuttgart 1976.
ANDREAS STEGMANN, Johann Friedrich König. Seine »Theologia positiva acroamatica« (1664) im Rahmen des frühneuzeitlichen Theologiestudiums, Tübingen 2006.
JOHANNES WALLMANN, Der Theologiebegriff bei Johann Gerhard und Georg Calixt, Tübingen 1961.
HANS EMIL WEBER, Reformation, Orthodoxie, Rationalismus. Teil 2: Der Geist der Orthodoxie, Gütersloh 1951.

XI. Die Kontroverse um die Schrift als alleiniges Erkenntnisprinzip der Theologie

Textgrundlage:[1]
- M. LUTHER, Assertio omnium articulorum M. Lutheri per bullam Leonis X. novissimam damnatorum (1520).
- M. LUTHER, De servo arbitrio, besonders S. 606, Z. 12 – S. 609, Z. 29.
- Trienter Konzil, Dekret über die Annahme der heiligen Bücher und der Überlieferungen; Dekret über die Vulgata-Ausgabe der Bibel und die Auslegungsweise der Heiligen Schrift.
- II. Vatikanisches Konzil, Dogmatische Konstitution über die göttliche Offenbarung *Dei Verbum*.
- J. F. KÖNIG, Theologia positiva acroamatica, besonders §§ 78–120.
- H. SCHMID, Die Dogmatik der evangelisch-lutherischen Kirche, besonders Kapitel 4, §§ 6–12.
- H. HEPPE, Die Dogmatik der evangelisch-reformierten Kirche, besonders Locus II und III, S. 10–37.

1. Luthers Schriftverständnis

a. Die Schrift als oberste Richtschnur von Theologie und Glaube

Die emphatische Betonung der Schriftautorität *sola scriptura* – in Verbindung mit dem *sola fide* (allein aus Glauben) und dem *solo Christo* (allein durch Christus) sowie dem *sola gratia* (allein aus Gnade) – gehört zum Identitätsmerkmal evangelischen Christentums. Luther hat die Autorität der Schrift als alleinige Richtschnur

---

[1] MARTIN LUTHER, Assertio omnium articulorum M. Lutheri per bullam Leonis X. novissimam damnatorum (1520), lateinisch in: WA 7, S. 94–151; deutsch in: Ders., lateinisch-deutsche Studienausgabe, Bd. 1, unter Mitarbeit von M. Beyer hg. und eingeleitet von W. Härle, Leipzig 2006, S. 77–84.

DERS., De servo arbitrio, WA 18, S. 551–787; deutsch in: lateinisch-deutsche Studienausgabe, Bd. 1, unter Mitarbeit von M. Beyer hg. und eingeleitet von W. Härle, Leipzig 2006, S. 235, Z. 18 – S. 239, Z. 39.

Konzilstexte werden zitiert nach: HEINRICH DENZINGER, Kompendium der Glaubensbekenntnisse und kirchlichen Lehrentscheidungen, verbessert, erweitert, ins Deutsche übertragen und unter Mitarbeit von H. Hoping hg. von P. Hünermann, 37. Auflage, Freiburg i. Br. 1991 (= DH); vgl. besonders DH 1501, 1507 aus dem Trienter Konzil; 4212, 4214, 4228 aus dem II. Vatikanischen Konzil.

JOHANN FRIEDRICH KÖNIG, Theologia positiva acroamatica (Rostock 1664), hg. und übersetzt von A. Stegmann, Tübingen 2006.

HEINRICH SCHMID, Die Dogmatik der evangelisch-lutherischen Kirche, dargestellt und aus den Quellen belegt, neu hg. von H. G. Pöhlmann, 12., durchgesehene Auflage, Gütersloh 1998.

HEINRICH HEPPE, Die Dogmatik der evangelisch-reformierten Kirche, dargestellt und aus den Quellen belegt von H. Heppe, neu durchgesehen und hg. von E. Bizer, Neukirchen-Vluyn 1958.

der Theologie geltend gemacht, um den Anspruch der Papstkirche auf letztinstanzliche Autorität in Glaubenssachen in die Grenzen zu weisen und Glaube, Theologie und Kirche auf dasjenige Fundament zu stellen, das ihrer Sache allein angemessen ist. So hält er dafür, dass er »durch überhaupt keine Autorität irgendeines Heiligen Vaters genötigt werden will, es sei denn, insofern er durch das Urteil der Heiligen Schrift bestätigt wird.«[2] Die Betonung der Schriftautorität steht dabei im Interesse an der Heilsgewissheit des Einzelnen. Diese kann allein aus Gottes eigenem Wort erwachsen. Nur indem der Glaubende sich auf die Verheißung Gottes verlässt, der nicht lügen und trügen kann und für sein Wort selbst einsteht, kann er zur Gewissheit des Heils gelangen. Gegen die Gewissensqualen, wie sie Luther erfahren hat,[3] kommt allein Gottes eigenes Wort an. Lehrentscheidungen der Kirche sind dagegen bloß menschliche Meinungen. Sie binden und beschweren zu Unrecht das Gewissen der Einzelnen. Daher bringt Luther die Autorität der Schrift gegen die Übergriffigkeit der katholischen Kirche auf die Gewissen der Christenmenschen, die allein durch Gottes Wort gebunden sind, zum Zug.

Das Interesse an der Heilsgewissheit lässt Luther zudem die Bedeutung des äußeren Wortes der Schrift gegen diejenigen ins Feld führen, die eine unmittelbare mystische Gotteserfahrung meinen behaupten zu sollen. Hierin sieht Luther das Abgleiten in den ›Subjektivismus‹, mit dem ebenfalls keine Heilsgewissheit einhergeht, insofern der Einzelne nicht gewiss sein kann, es in der unmittelbaren Gotteserfahrung wirklich mit Gott zu tun zu haben. Die Betonung der äußeren Klarheit der Schrift (*claritas externa*), die eine antirömische Stoßrichtung hat, und die Bindung der geistgewirkten Heilserfahrung an das äußere Wort, mit der eine antischwärmerische Kritik verbunden ist, gehören zu den Grundaussagen Luthersche Schriftlehre. Im Kern ist Luther von dem Anliegen geleitet, die Schrift als Wort Gottes und Grund der *individuellen Heilsgewissheit* zu verstehen.

Beim Auslegen der Schrift muss diese selbst gehört werden. Sie ist aus ihr selbst heraus zu verstehen und nicht nach der Auslegung der Kirchenväter oder des römischen Lehramts. Nur indem man auf die Schrift selbst zurückgeht, lässt sich – so Luther – der ihr eigentümliche Geist, der der göttliche ist, gewahren, während man es in der Auslegung der Kirchenväter und Päpste lediglich mit menschlichen Meinungen zu tun hat, die irren und sich widersprechen können. Hermeneutische Grundregel für das Verstehen der Schrift ist mithin, »dass die Schriften nur durch denjenigen Geist zu verstehen sind, in dem sie geschrieben worden sind. Dieser Geist kann nirgendwo gegenwärtiger und lebendiger gefunden werden als eben in seinen Heiligen Schriften, die er geschrieben hat.«[4] Der Heilige Geist wirkt durch die Schrift im Menschen. Er kann »überhaupt nicht

---

[2] LUTHER, Assertio omnium articulorum, Studienausgabe, S. 77, Z. 1–4; WA 7, S. 96, Z. 1–3: »me prorsus nullius quantumlibet sancti patris autoritate cogi velle, nisi quatenus iudicio divinae scripturae fuerit probatus.«

[3] Vgl. dazu Kapitel XVIII, S. 80–82.

[4] LUTHER, Assertio omnium articulorum, Studienausgabe, S. 79, Z. 12–15; WA 7, S. 97, Z. 1–3: »scripturas non nisi eo spiritu intelligendas esse, quo scriptae sunt, qui spiritus nusquam praesentius et vivacius, quam in ipsis sacris suis, quas scripsit, literis inveniri potest.«

gefunden [werden], außer in der Schrift«.[5] Die Schrift muss daher in Dingen des Heils die alleinige Richtschnur bilden. Von ihr ist »wie von einem ersten Prinzip zum Urteil über alle anderen Worte Gebrauch [zu] machen«.[6] Denn nur durch die Worte Gottes wird geistgewirkte klare und gewisse Erkenntnis begründet. Durch sie »verleiht der Geist ganz klar Erleuchtung und lehrt, dass Erkenntnis allein durch die Worte Gottes verliehen wird«.[7] Folglich »sollen die ersten Prinzipien der Christen nichts als die göttlichen Worte sein, aller Menschen Worte aber daraus gezogene Schlussfolgerungen, die auch wieder darauf zurückgeführt und daran erwiesen werden müssen«.[8]

b. Der Literalsinn der Schrift und ihre claritas externa

Luthers Beharren auf der Schrift als dem ersten Prinzip der Theologie, von dem her alle theologischen Aussagen zu gewinnen sind und sichere und klare Erkenntnis begründet wird, basiert auf der Überzeugung, dass die Schrift »durch sich selbst ganz gewiss ist, ganz leicht zugänglich, ganz verständlich, ihr eigener Ausleger«.[9] Genau dies wird von der katholischen Kirche bestritten, die im Blick auf dunkle und unklare Stellen in der Schrift die Notwendigkeit der kirchenväterorientierten und lehramtlichen Auslegung behauptet. Dem im Streit mit Luther von Erasmus nachdrücklich geltend gemachten Einwand, dass, weil es viele dunkle und unverständliche Stellen in der Schrift gebe, die lehramtliche Auslegung vonnöten sei, begegnet Luther mit der These von der Klarheit der Schrift. Dabei unterscheidet Luther die äußere Klarheit (*claritas externa*) von ihrer inneren Klarheit (*claritas interna*). Erstere bezieht sich auf den Literalsinn der Schriftworte, der jedem Schriftleser durch das Lesen der Schrift zugänglich ist. An ihn muss man sich zunächst halten, wenn man die Schrift verstehen will, d. h. man hat beim äußeren Wort anzusetzen. Hier nun gilt, so Luther, dass die Schriftworte an sich völlig klar und eben nicht undeutlich und dunkel sind, wie die katholische Theologie behauptet, um für die Forderung nach lehramtlicher Auslegung die Tür zu öffnen. Es ist nicht zu bestreiten, »dass die Dinge der Schrift ganz klar zu Tage liegen«[10] und »die Sache am Licht ist«,[11] wie Luther mit Nachdruck geltend macht.

---

[5] LUTHER, Assertio omnium articulorum, Studienausgabe, S. 79, Z. 23 f.; WA 7, S. 97, Z. 8 f.: »nisi in scriptura prorsus non invenitur.«

[6] LUTHER, Assertio omnium articulorum, Studienausgabe, S. 81, Z. 16 f.; WA 7, S. 97, Z. 31–32: »eis velut principio primo usus fueris«.

[7] LUTHER, Assertio omnium articulorum, Studienausgabe, S. 81, Z. 8–10; WA 7, S. 97, Z. 26 f.: »clare spiritus tribuit illuminationem, et intellectum dari docet, per sola verba dei«.

[8] LUTHER, Assertio omnium articulorum, Studienausgabe, S. 81, Z. 30–33; WA 7, S. 98, Z. 4–6: »Sint ergo Christianorum prima principia, non nisi verba divina, omnium autem hominum verba, conclusiones hinc eductae et rursus illuc reducendae et probandae«.

[9] LUTHER, Assertio omnium articulorum, Studienausgabe, S. 81, Z. 2–4; WA 7, S. 97, Z. 23: »ipsa per sese certissima, facillima, apertissima, sui ipsius interpres«.

[10] LUTHER, De servo arbitrio, Studienausgabe, S. 237, Z. 4 f.; WA 18, S. 606, Z. 31 f.: »res scripturae esse omnes in luce positas clarissima«.

[11] LUTHER, De servo arbitrio, Studienausgabe, S. 237, Z. 11; WA 18, S. 606, Z. 36: »res sit in luce«.

Wenn gleichwohl dem Leser einige Stellen als undeutlich und schwer verständlich erscheinen, dann liegt dies nicht an den Schriftworten, die an sich völlig verständlich sind, sondern an der Unkenntnis einzelner Vokabeln und der Grammatik, also am Unvermögen des Menschen, der noch nicht kundig genug ist, die Schrift ihrem Literalsinn nach vollends zu verstehen, oder der in Stumpfsinn und Blindheit verharrt. »Dass aber vielen vieles dunkel bleibt, geschieht nicht durch die Undeutlichkeit der Schrift, sondern durch die Blindheit und den Stumpfsinn derer, die nichts tun, um die überaus klare Wahrheit zu sehen.«[12] Was die *zentralen Gehalte* angeht, die die Schrift bezeugt, so besteht für den unbefangenen Leser bezüglich ihrer überhaupt keine Undeutlichkeit. Denn, dass »Christus, der Sohn Gottes, Mensch geworden ist, dass Gott dreifaltig ist und ein einziger, dass Christus für uns gelitten hat und herrschen wird in Ewigkeit«[13] – das, so Luther, ist »sogar in Elementarschulen bekannt«,[14] gehört also zu dem, was sich jedem unbefangenen Leser als Zentralgehalt des Schriftzeugnisses erschließt. Jeder kann der Schrift entnehmen, dass die Menschwerdung, die Dreieinigkeit Gottes, dass Christus für uns gelitten hat und in Ewigkeit herrschen wird, die Grundaussagen des christlichen Glaubens bilden. Dazu braucht es nichts weiter als eine unbefangene Wahrnehmung, die sich auf den Literalsinn der Schrift richtet.

Mit der Betonung des Literalsinns und der prinzipiellen Klarheit der Schrift – insbesondere im Blick auf ihre zentralen Aussagen – verbindet Luther die hermeneutische Regel, dass undeutliche Stellen von den klaren Stellen her zu interpretieren sind, und dass dieser Auslegungsgrundsatz vor allem von der christologischen Mitte her zu vollziehen ist: »Nimm Christus aus den Schriften – was wirst du noch in ihnen finden?«[15] Folglich gilt: »Wenn Du von der äußeren Klarheit sprichst, ist ganz und gar nichts Dunkles und Zweideutiges übrig. Vielmehr ist alles durch das Wort ans ganz und gar sichere Licht gebracht, und der ganzen Welt [...] erklärt.«[16]

In Luthers Betonung des Literalsinns und der äußeren Klarheit der Schrift kommt nicht allein sein Widerstand gegen den übergriffigen Anspruch der katholischen Kirche in Sachen Schriftauslegung zum Ausdruck. Sie macht auch

---

[12] LUTHER, De servo arbitrio, Studienausgabe, S. 237, Z. 27–30; WA 18, S. 607, Z. 9–11: »Quod vero multis multa manent abstrusa, non hoc fit scripturae obscuritate, sed illorum caecitate vel socordia, qui non agunt, ut clarissimam veritatem videant«.

[13] LUTHER, De servo arbitrio, Studienausgabe, S. 235, Z. 39–42; WA 18, S. 606, Z. 26–28: »Christum filium Dei factum hominem, Esse Deum trinum et unum, Christum pro nobis passum et regnaturum aeternaliter«.

[14] LUTHER, De servo arbitrio, Studienausgabe, S. 235, Z. 42; WA 18, S. 606, Z. 28f.: »Nonne haec etiam inbiviis sunt nota et cantata«.

[15] LUTHER, De servo arbitrio, Studienausgabe, S. 237, Z. 1; WA 18, S. 606, Z. 29: »Tolle Christum e scripturis, quid amplius in illis invenies?«.

[16] LUTHER, De servo arbitrio, Studienausgabe, S. 239, Z. 36–39; WA 18, S. 609, Z. 12–14: »Si de externa [claritate, C. A.-P.] dixeris, Nihil prorsus relictum est obscurum aut ambiguum, sed omnia sunt per verbum in lucem producta certissimam, et declarata toto orbi quaecunque sunt in scripturis.«

deutlich, dass Luther zum selbständigen Schriftstudium des Einzelnen anhalten und so die Mündigkeit des Christenmenschen fördern will. Diesem Zweck dient neben der Abfassung der Katechismen und der Dichtung von Chorälen vor allem seine Übersetzung der Bibel ins Deutsche.

c. Das Wirken des Geistes und die claritas interna der Schrift

Von der äußeren Klarheit der Schrift, in der diese, insbesondere im Blick auf ihre Grundaussagen, für jedermann durchsichtig und erkennbar ist, unterscheidet Luther die innere Klarheit, die sich dem an das Schriftwort gebundenen Wirken des Heiligen Geistes verdankt und die existenzbestimmende persönliche Aneignung des Schriftwortes im Einzelnen erschließt. Denn dass die Schrift ihrer äußeren Klarheit nach verstanden werden kann, heißt noch nicht, dass sie auch existenzbestimmend angeeignet wird; heißt noch nicht, dass es zum persönlichen Glauben kommt. Dies hängt vom Wirken des Heiligen Geistes ab, der an das Wort gebunden, mithin selbst worthaft und nicht im Sinne unmittelbaren mystischen Geistwirkens den Glauben im Einzelnen begründet. Der göttliche Geist bewirkt, dass der Glaubende das, was in der Schrift ihrer äußeren Klarheit nach bezeugt ist, als ihn und seine Existenz betreffend ergreift, an Gott als den *Deus pro nobis* glaubt und so der Verheißung Gottes gewiss wird. Ohne den Geist Gottes, der die innere Klarheit der Schrift erschließt, »glauben sie [i. e. die Menschen, C. A.-P.] nicht an Gott und nicht daran, dass sie Geschöpfe Gottes sind, noch irgendetwas anderes«.[17] Das Wirken des Geistes bewahrheitet so das äußere Schriftwort, indem es den Glauben als Vertrauen auf den *Deus pro nobis* begründet. Darin kommt das Wort der Schrift als Wort Gottes zu seinem Ziel. Denn Gott selbst wirkt durch sein Wort in der Kraft des Heiliges Geistes die Gewissheit des Glaubens von seiner Barmherzigkeit.

»[W]er das wortt Gottes liesset, mit denen redet auch der heilige Geist. [...] Also ist des Heiligen geistes reden sein schreiben und versiegeln. Wen der Heilige Geist prediget und hat die fedder in der Handt und drucket die buchstaben auff ins hertz, do werden die leuthe gahr anders und verendert, und ein solcher ist gewiss, den es ist ihme in sein hertz geschrieben und gedruckt, ehr tregt ein pfandt, einen rieng und pietzschafft, das ehr keinen zweiffel dran hat«.[18]

Dass das Wirken des Geistes an das äußere Wort gebunden ist, macht Luther mit kritischer Verve besonders gegen die von ihm so betitelten ›Schwärmer‹ geltend. Das sind all jene, die von einem unmittelbaren Geistwirken im Innern des Menschen ausgehen. Luther bekämpft sie in Gestalt Thomas Müntzers und der Täuferbewegung sowie Zwinglis und der Zwinglianer. Deren und jedweder schwärmerischen Position gegenüber hält Luther dafür:

---
[17] LUTHER, De servo arbitrio, Studienausgabe, S. 239, Z. 33 f.; WA 18, S. 609, Z. 9 f.: »neque credunt Deum, nec sese esse creaturas Dei, nec quicquam aliud«.
[18] MARTIN LUTHER, Auslegung des dritten und vierten Kapitels Johannis in Predigten (1538–1540), WA 47, S. 184, Z. 17–26.

»So nu Gott seyn heyliges Euangelion hat auslassen gehen, handelt er mit uns auff zweyerley weyse. Eyn mal eusserlich, das ander mal ynnerlich. Eusserlich handelt er mit uns durchs mündliche wort des Euangeli und durch leypliche zeychen, alls do ist Tauffe und Sacrament. Ynnerlich handelt er mit uns durch den heyligen geyst und glauben sampt andern gaben. Aber das alles, der massen und der ordenung, das die eusserlichen stucke sollen und müssen vorgehen. Und die ynnerlichen hernach und durch die eusserlichen komen, also das ers beschlossen hat, keinem menschen die ynnerlichen stuck zu geben on durch die eusserlichen stucke. Denn er will niemant den geyst noch glauben geben on das eusserliche wort und zeychen, so er dazu eyngesetzt hat«.[19]

d. Die Mitte der Schrift als hermeneutische Anleitung zum Schriftverstehen

Obwohl Luther in der beschriebenen Weise von der Inspiriertheit der Schrift und ihrer Klarheit spricht, versteht er die Schrift nicht im Sinne eines in sich gleichrangigen Aussagezusammenhangs, will heißen, er sieht nicht alle Sätze der Bibel, auch nicht alle ihre einzelnen Schriften als gleichrangig an. Vielmehr plädiert er im Blick auf die Vielzahl ihrer Teile und die Vielgestaltigkeit ihrer Aussagen für einen hermeneutischen Umgang mit der Schrift, bei dem ihre verschiedenen Aussagen von ihrem Zentrum her interpretiert werden. Luther hebt einen ›Kanon im Kanon‹ – also einen Kerngehalt im Ganzen der Vielfalt der alttestamentlichen und neutestamentlichen Schriften – hervor, der als hermeneutisches Prinzip für das Verständnis der biblischen Schriften zur Geltung kommen soll. Diesen Kanon im Kanon, den er auch die ›res‹ der Schrift nennt, sieht Luther ausgedrückt in dem, »was Christum treibet«. »Auch ist das der rechte prufsteyn alle bucher zu taddelln, wenn man sihet, ob sie Christum treyben, odder nit«.[20] Das, »was Christum treibet«, ist die Rechtfertigung des Sünders. Diese ›res‹ wird als kritisches Auslegungsprinzip für die Vielgestaltigkeit des biblischen Kanons zum Zug gebracht. Dabei ist es für Luther keineswegs so, dass nur im Neuen Testament von dieser ›res‹ die Rede ist. Auch das Alte Testament gibt nach Luther Zeugnis davon und ist von dieser Mitte her und auf diese Mitte hin auszulegen.

In diesem Verstehensprozess von ihrer Mitte her wird die Schrift nicht ihr fremden Kriterien und Maßstäben unterworfen. Sie legt sich vielmehr selber aus (*sui ipsius interpres*), indem sie das Verstehen ihrer selbst aus sich selbst heraus bewirkt. Dabei kommt es von der Mitte der Schrift her zu einem Verstehen, das nicht bloß distanziertes Zur-Kenntnis-Nehmen eines sprachlichen Sachverhalts ist. Der Inhalt der Schrift zielt – seinem Wesen als Heilszusage entsprechend – vielmehr auf ein Verstehen im Glauben, will heißen auf eine lebensbestimmende Aneignung durch den Einzelnen. Dieses Geschehen als ein sprachliches Geschehen, das in der Kraft des Heiligen Geistes sich in der glaubenden Aneignung vollzieht, wird durch das Wort der Schrift eröffnet. Der Heilige Geist wirkt in, mit und durch das Wort der Schrift und so den Glauben.

---

[19] MARTIN LUTHER, Wider die himmlischen Propheten, 2. Teil (1525), WA 18, S. 136, Z. 9–18.
[20] MARTIN LUTHER, Vorrede auf die Episteln Sanct Jacobi und Judas, in: Ders., Kritische Gesamtausgabe (Weimarer Ausgabe), hg. von H. Böhlau, Weimar 1883–2009, Abteilung 3, Die deutsche Bibel (= WADB), Bd. 7, S. 384–387; hier S. 384, Z. 26 f.

An der aufgestellten Regel für den Umgang mit der Bibel wird deutlich, dass Luther nicht biblizistisch mit der Schrift umgeht. Es gibt für ihn Lieblingsstücke, weil in ihnen das Heilswirken Christi besonders deutlich hervortritt, nämlich den Römerbrief und das Johannesevangelium, aber auch die Schöpfungs- und Bundesaussage der Genesisgeschichte sowie das *Sche'ma Israel* und der Psalter gehören dazu. Es gibt auch eine »rechte strohrene Epistel«, die im Vergleich zu den Schriften des Neuen Testaments, die das Evangelium zu ihrem Zentrum haben, »doch kein Euangelisch art an yhr hat«,[21] wie den Jakobusbrief mit seiner für Luther zu einseitigen Betonung der guten Werke, so dass er sich nicht scheut, dafür zu plädieren, diesen ins Feuer zu werfen, und ihn letztlich an den Schluss der biblischen Bücher reiht.

2. Schrift und Tradition als Grundlage katholischer Lehre[22]

Das *Trienter Konzil* verwirft das reformatorische Schriftprinzip und dogmatisiert gegenüber dem evangelischen Grundsatz *sola scriptura* die katholische Lehraussage, dass die göttliche Offenbarung »in geschriebenen Büchern und ungeschriebenen Überlieferungen enthalten« sei.[23] Den Prozess der Weitergabe der göttlichen Offenbarung beschreibt das Konzil dahingehend, dass sie »in geschriebenen Büchern und ungeschriebenen Überlieferungen [...], die, von den Aposteln aus dem Munde Christi selbst empfangen oder von den Aposteln selbst auf Diktat des Heiligen Geistes gleichsam von Hand zu Hand weitergegeben, bis auf uns gekommen«[24] ist, wobei dem bischöflichen Amt in apostolischer Sukzession zentrale Bedeutung für die fortwährende Weitergabe der Offenbarung zugeschrieben wird. Das Konzil beansprucht mithin für die kirchliche Tradition eine unveräußerliche Rolle bei der Überlieferung der göttlichen Offenbarung, die sowohl die Lehre des Glaubens als auch die Sittenlehre beinhaltet, so dass es pointiert heißt: Die Heilige Schrift und die kirchlichen Traditionen sind »mit dem gleichen Gefühl der Dankbarkeit und der gleichen Ehrfurcht« anzunehmen und zu verehren.[25] Die kirchlichen Traditionen haben insofern den Charakter einer ›veritas salutaris‹, was impliziert, dass ihnen eine die Gewissen bindende Autorität zukommt. Dabei ist freilich zu berücksichtigen, dass nicht alles, was das römische Lehramt verlautbart, denselben Charakter an Autorität hat, und es

---

[21] MARTIN LUTHER, Vorrede zum Neuen Testament Deutsch (1522), in: WADB, Bd. 6, S. 2–13; hier S. 10, Z. 34.

[22] Vgl. dazu auch das Kapitel XIII zum Verständnis des Dogmas.

[23] Dekret über die Annahme der heiligen Bücher und Überlieferungen, DH 1501: »in libris scriptis et sine scripto traditionibus«.

[24] Dekret über die Annahme der heiligen Bücher und Überlieferungen, DH 1501: »quae ab ipsius Christi ore ab Apostolis acceptae, aut ab ipsis Apostolis Spiritu Sancto dictante quasi per manus traditae ad nos usque pervenerunt«.

[25] Dekret über die Annahme der heiligen Bücher und Überlieferungen, DH 1501: »pari pietatis affectu ac reverentia«.

dementsprechend eine gestufte Gewissenspflicht des Gläubigen gegenüber der Lehre der kirchlichen Tradition gibt.

Diese Überzeugung einer Vermittlung der göttlichen Offenbarung durch die Schrift und die ungeschriebenen Überlieferungen der Kirche ist im *I. Vatikanischen Konzil* erneuert worden,[26] und auch das *II. Vatikanische Konzil* nimmt die Aussagen des Trienter Konzils auf, dass die Überlieferung und die Heilige Schrift aus demselben göttlichen Quell entspringen,[27] die Kirche aus beiden ihre Gewissheit über das Geoffenbarte bezieht und daher beide mit gleicher Liebe und Achtung anzunehmen und zu achten sind. Es formuliert dies mit nach wie vor deutlich anti-evangelischer Spitze, wenn es heißt, »daß die Kirche ihre Gewißheit über alles Geoffenbarte nicht aus der Heiligen Schrift allein schöpft«.[28]

In der Auseinandersetzung mit der reformatorischen Theologie und Kirche hat das *Trienter Konzil* des Weiteren eine zweite katholische Grundaussage dogmatisiert, indem die Aufgabe der verbindlichen Auslegung des Wortes Gottes, wie es in der Schrift gegeben ist, dem Lehramt der Kirche als der letztverbindlichen Auslegungsinstanz zugeschrieben wird. Dadurch untersteht alle Schrifterklärung letztinstanzlich der Kirche und ihrem Lehramt. Denn niemand soll wagen »diese selbe heilige Schrift gegen jenen Sinn, den die heilige Mutter Kirche festgehalten hat und festhält, deren Aufgabe es ist, über den wahren Sinn und die Auslegung der heiligen Schriften zu urteilen, oder auch gegen die einmütige Übereinstimmung der Väter auszulegen«.[29] Daher werden jene angegriffen, die »die heilige Schrift nach den eigenen Ansichten [...] verdrehen.«[30] Gemeint sind hier vor allem die Evangelischen. Der Vorwurf gegen sie lautet auf Subjektivismus, der sich nach Auffassung der katholischen Kirche unweigerlich dann einstellt, wenn die Auslegung der Schrift nicht an das kirchliche Lehramt gebunden bleibt, das die Objektivität und Wahrheit der Schriftauslegung garantiert.[31]

---

[26] Vgl. I. Vatikanisches Konzil, Dogmatische Konstitution *Dei Filius* über den katholischen Glauben, DH 3006.

[27] Vgl. Dei Verbum, Nr. 9, DH 4212: »ex eadem divina scaturigine promanantes«.

[28] Dei Verbum, Nr. 9, DH 4212: »ut Ecclesia certitudinem suam de omnibus revelatis non per solam Sacram Scripturam hauriat«.

[29] Dekret über die Vulgata-Ausgabe der Bibel und die Auslegungsweise der Heiligen Schrift, DH 1507: »contra eum sensum, quem tenuit et tenet sancta mater Ecclesia, cuius est iudicare de vero sensu et interpretatione Scripturarum sanctarum, aut etiam contra unaninem consensum Patrum ipsam Scripturam sacram interpretari audeat«.

[30] Dekret über die Vulgata-Ausgabe der Bibel und die Auslegungsweise der Heiligen Schrift, DH 1507: »sacram Scripturam ad suos sensus contorquens«.

[31] Dass der Verweis auf die alleinige Autorität der Heiligen Schrift nicht überzeugend ist wegen der verschiedenen möglichen Auslegungen, bildet ein zentrales Argument, mit dem Vinzenz von Lerin die Notwendigkeit der kirchlich autoritativen Auslegung der Schrift begründet: »Hier möchte vielleicht einer fragen: Da der Schriftkanon vollkommen ist und für sich allein zu allem genug und übergenug hinreicht, warum ist es nötig, mit demselben die Autorität der kirchlichen Erkenntnis zu verbinden? Deshalb, weil nämlich nicht alle die heilige Schrift vermöge der ihr eigenen Tiefe in einem und demselben Sinne nehmen, sondern ihre Aussprüche der eine so, der andere anders deutet, so daß es fast den Anschein hat, es könnten daraus ebenso viele Meinungen, als es Menschen gibt, entnommen werden. [...]. Deshalb ist es wegen der großen

2. Schrift und Tradition als Grundlage katholischer Lehre 127

Die Lehraussage von der letztinstanzlichen Bedeutung des Lehramtes für die traditionsgebundene Auslegung der Schrift hatte zur Folge, dass die katholische Kirche sich lange Zeit äußerst schwertat mit der Anerkennung der Bedeutung der wissenschaftlichen Exegese für die Schriftauslegung. Erst mit dem *II. Vatikanischen Konzil* und dessen Konstitution *Dei Verbum* hat es diesbezüglich eine gewisse Bewegung gegeben. Das Konzil gesteht nämlich zu, dass die lehramtliche Auslegung sich an den von den biblischen Schriften intendierten Sinn zu halten hat, wobei auf die literarischen Gattungen und die historischen Umstände der Abfassungszeit zu achten ist.[32] Es wird nun auch betont: Das Lehramt der Kirche »steht [...] nicht *über* dem Wort Gottes, sondern *dient* ihm«,[33] freilich so, dass es dabei »nur lehrt, was überliefert ist«.[34] Insofern bleibt das Neben- und Miteinander von Schrift und Tradition, wie es das Trienter Konzil dogmatisiert hat, gültiger Maßgabe der katholischen Kirche. Dementsprechend heißt es: »Die Heilige Überlieferung und die Heilige Schrift bilden die eine der Kirche anvertraute heilige Hinterlassenschaft des Wortes Gottes«.[35] Folglich kommt nicht der Schrift allein, sondern der Schrift im Verbund mit der kirchlichen Tradition die Funktion der höchsten Richtschnur für den Glauben der Kirche zu.[36] Es wird zugleich mit Entschiedenheit festgehalten, dass alles, was zur Schriftauslegung gehört, letztinstanzlich dem Urteil der Kirche untersteht. Damit wird die traditions*kritische* Funktion der Schrift, die von evangelischer Seite zu betonen ist, wieder relativiert bzw. eingezogen.

Winkelzüge so verschiedenen Irrtums sehr notwendig, daß bei der Auslegung der prophetischen und apostolischen Bücher die Richtschnur nach der Norm des kirchlichen und katholischen Sinnes gezogen werde.« VINZENZ VON LERIN, Commonitorium pro catholicae fidei antiquitate et universitate adversus omnium haereticorum novitates, hg. von A. Jülicher, Freiburg i. Br. 1895, cap. II, 2, S. 3, Z. 5–18: »Hic forsitan requirat aliquis: Cum sit perfectus scripturarum canon sibique ad omnia satis superque sufficiat, quid opus est, ut ei ecclesiasticae intelligentiae iungatur auctoritas? Quid videlicet scripturam sacram pro ipsa sui altitudine non uno eodemque sensu universi accipiunt, sed eiusdem eloquia aliter atque aliter alius atque alius interpretatur, ut paene, quot homines sunt, tot illinc sententiae erui posse videantur. [...]. Atque idcirco multum necesse est propter tantos tam varii erroris amfractus, ut propheticae et apostolicae interpretationis linea secundum ecclesiastici et catholici sensus normam dirigatur.« Deutsche Übersetzung nach: U. Uhl, Bibliothek der Kirchenväter, hg. von F. Reithmayr, Kempten 1870, S. 23 f.

[32] Vgl. Dei Verbum, Nr. 12, DH 4216.
[33] Dei Verbum, Nr. 10, DH 4214: »Quod quidem Magisterium non supra verbum Dei est, sed eidem ministrat«.
[34] Dei Verbum, Nr. 10, DH 4214: »docens nonnisi quod traditum est«.
[35] Dei Verbum, Nr. 10, DH 4213: »Sacra Traditio et Sacra Scriptura unum verbi Dei sacrum depositum constituunt Ecclesiae«.
[36] Dei Verbum, Nr. 21, DH 4228: »Eas una cum Sacra Traditione semper ut supremam fidei suae regulam habuit et habet«.

3. Die Schriftlehre der altprotestantischen Orthodoxie

Die altprotestantische Orthodoxie reagiert auf die Verwerfung, die das *Trienter Konzil* gegen das reformatorische Prinzip des *sola scriptura* formuliert hat. Zudem herausgefordert durch die vom Konzil vollzogene Festschreibung der einander zugeordneten Zweiheit von Schrift und kirchlicher Tradition sowie durch die Betonung der Funktion des Lehramts für die Auslegung der Schrift arbeitet die altprotestantische Orthodoxie die Lehre von der Schrift zu einem eigenen dogmatischen Lehrstück aus. Dieses wird in den Prolegomena, die das Erkenntnisprinzip der Theologie klären, ausführlich behandelt, wodurch die einschlägige Funktion des Schriftprinzips für die evangelische Theologie nachdrücklich unterstrichen und begründet wird. Die altprotestantische Orthodoxie tut dies mit dem Ziel, die Schrift als den einzig gültigen Grund und Prüfstein theologischer Aussagen darzutun; und sie tut dies in dem Bewusstsein, damit ein grundlegendes Moment der Identität reformatorischer Theologie zum Zuge zu bringen.

In Abgrenzung zur Lehre des *Trienter Konzils* hat sie die Grundelemente der evangelischen Auffassung von der Schrift systematisiert in der Lehre von den sogenannten *affectiones* der Schrift und dadurch den Gegensatz zum katholischen Traditionsprinzip und dem Anspruch des Lehramts auf Auslegung der Schrift entschieden zum Ausdruck gebracht. Die altprotestantische Orthodoxie schreibt der Heiligen Schrift die folgenden Eigenschaften zu: Autorität (*auctoritas*), Vollkommenheit (*sufficientia*) und Klarheit (*perspicuitas*) im Blick auf dasjenige, was zum Heil zu wissen notwendig ist, und schließlich Wirksamkeit (*efficatia*), dass die Schrift nämlich durch sich selbst dasjenige zu bewirken vermag, worin das Heil des Menschen liegt, und dies ist der Glaube.

Diese Eigenschaften sollen sicherstellen, dass die Schrift in Sachen Heilserkenntnis und Konstitution des Heilsglaubens *sui-suffizient* ist, mithin weder auf eine Ergänzung durch die Tradition noch auf ihre Auslegung durch das kirchliche Lehramt angewiesen ist. Dabei geht es bei der Sui-Suffizienz der Schrift um dasjenige, was zu wissen heilsnotwendig ist. Die Schrift enthält nach der Lehre der altprotestantischen Orthodoxie alles, was für das Heil des Menschen zu wissen notwendig ist (*sufficientia*), und sie enthält es so, dass es aus ihr selbst heraus klar und gewiss erkannt werden kann (*perspicuitas*). Insofern bedarf es diesbezüglich keiner Ergänzung durch die kirchliche Tradition; und es bedarf auch nicht der Auslegung durch das Lehramt, um den heilsrelevanten Kern der Schrift zu verstehen. Die Schrift legt sich vielmehr selber aus. Die für die Schrift festgehaltene Wirksamkeit (*efficatia*) wiederum zielt darauf, dass die Schrift nicht allein den Inhalt des Glaubens in sich birgt, sondern dass sie darüber hinaus den Heilsglauben kraft des Heiligen Geistes im Menschen auch zu bewirken vermag. Der Gebrauch der Schrift zielt darauf, dass sie zum Glauben führt. Die Schrift bewahrheitet sich selbst als Wort Gottes, indem sie Glauben wirkt; darin liegt ihre göttliche Autorität begründet.

»Die unfehlbaren [Eigenschaften der Schrift C. A.-P.], durch welche die Autorität der Schrift so unfehlbar erwiesen wird, daß sie mit göttlichem Glauben angenommen wird, sind (1) das Zeugnis, das die Schrift von sich selbst und von der ihr innewohnenden göttlichen Herkunft und Autorität darbietet, (2) das Wirken des Heiligen Geistes, durch das er in uns mittels der Schrift göttlichen Glauben wirkmächtig hervorbringt und besiegelt.«[37]

Die altprotestantische Orthodoxie leugnet gleichwohl nicht eine gewisse, der Vernunft des Menschen mögliche und insofern natürliche Gotteserkenntnis. Sie kann begreifen, dass es Gott gibt und ihm gewisse Eigenschaften zuschreiben. Indes an dieser Gotteserkenntnis kann dem Menschen eigentlich kaum gelegen sein; denn er ist als ein Sünder existentiell auf den *Deus pro nobis* angewiesen. Dieser aber wird dem Glaubenden allein durch die geoffenbarte Gotteserkenntnis erschlossen, wie sie durch die Schrift kraft des Heiligen Geistes bewirkt wird.

In der Absicht die Schrift als einzige Norm und Richtschnur und ausschließliche Quelle der Wahrheit zu behaupten, vollzieht die altprotestantische Orthodoxie einen Schritt, der sich aus strategischen Gründen in der zeitgenössischen Auseinandersetzung mit dem Katholizismus gleichsam aufzudrängen schien, für die Folgezeit jedoch kein geringes Problem hinterlässt. Luther pflegt, wie wir gesehen haben, keinen biblizistischen Umgang mit der Schrift und sieht auch nicht alles, was in der Bibel steht, als gleichrangig an. Vielmehr lässt er eine an die christologische ›res‹ gebundene hermeneutische Freiheit im Umgang mit den biblischen Schriften walten und kennt eine graduell gestufte Wertschätzung der einzelnen biblischen Schriften bis hin zu einer begründeten Randstellung einzelner Schriften wie etwa des Jacobusbriefs.

Demgegenüber vertritt die altprotestantische Orthodoxie, was die Auffassung der Inspiriertheit der Schrift durch den Heiligen Geist angeht, die sogenannte Verbalinspiration. Diese meint den altprotestantischen Vätern zufolge, dass der gesamte Wortlaut der Bibel bis ins Einzelne hinein als inspiriert durch den Heiligen Geist zu gelten hat. »Die hauptsächliche [Wirkursache der Schrift] ist der dreieine Gott, der nicht nur die Sachaussagen, sondern auch den Wortlaut der Schrift eingibt. Darum soll es als Frevel gelten zu sagen, daß es in irgendeinem Teil des heiligen Buches sprachlich falsche Ausdrücke und Wendungen gibt.«[38]

Demgemäß wird der buchstäbliche Schriftsinn nachdrücklich hervorgehoben und betont, dass es für ein Schriftwort »wegen seines einen und selben Urhebers aufgrund der Absicht und Gesinnung des Heiligen Geistes formal nur einen durch sich selbst beabsichtigten buchstäblichen Sinn«[39] gibt. Wort Gottes und buchstäbliches Schriftwort wird in der altprotestantischen Theologie ineins ge-

---

[37] KÖNIG, Theologia Positiva, § 113, S. 35; lat. S. 34: »*Infallibilia*, quibus auctoritas Scripturae infallibiter persvadetur, ita ut divina fide suscipiatur, sunt (1) testimonium, quod Scriptura de se ipsa & theopneustia ac divina sua auctoritate perhibet […]. (2) Ipsa Spiritus Sancti operatio, qua ille per Scripturam in nobis efficax est ad producendam in nobis fidem divinam, eandemque obsignandam«.
[38] KÖNIG, Theologia positiva, § 86, S. 31; lat. S. 30: »Principalis [causa efficiens Scripturae] est DEUS unitrinus, inspirans non tantum res, sed ipsa etiam Scripturae verba […]. Nefas ergo sit dicere, Barbarismos & Soloecismos dari ulla sacri Codicis parte«; im Text teilweise kursiv.
[39] KÖNIG, Theologia Positiva, § 95, S. 33; lat. S. 32: »Unius dicti ratione unius ejusdemque subjecti, ex intentione ac mente Spiritus S. formaliter non nisi unus literalis per se intentus sensus est«; im Text kursiv.

setzt. »Die Heilige Schrift ist das Wort Gottes, das aufgrund der unmittelbaren Eingebung des Heiligen Geistes durch die Propheten im Alten sowie durch die Evangelisten und Apostel im Neuen Testament schriftlich aufgezeichnet wurde, um den Menschen zu seinem Heil zu unterweisen.«[40]

Dies bedeutet eine im Vergleich zu Luther tiefe und folgenschwere Verschiebung im Verständnis der Inspiriertheit der Schrift durch den Heiligen Geist. Denn nun gilt jeder Satz und jedes einzelne Wort als vom Geist eingegeben; und der Heilige Geist kann bekanntlich nicht irren. Es lässt sich erahnen, was es bedeuten muss, wenn mit dem Aufkommen der historisch-kritischen Methode die Ungereimtheiten in den biblischen Schriften aufgewiesen werden und damit zugleich die Gradlinigkeit des Heiligen Geistes in Frage gestellt wird. Nicht nur dass der Heilige Geist sich ganz offenbar nicht auf dem neuesten Stand naturwissenschaftlicher Erkenntnis bewegt, mehr noch, dass er gleichsam in seinem ureigensten Terrain – den Heilsinhalten – Ungereimtheiten und unterschiedliche Tendenzen in deren Darlegung zeigt, wird nun im Interesse aufklärerischer Emanzipation mit der höchsten kritischen Verve gegen die Auffassung von der Inspiriertheit der Heiligen Schrift und die daraus abgeleitete kirchliche Lehre ins Feld geführt.[41]

Weil die Schriftautorität von der altprotestantischen Orthodoxie zur Abwehr des katholischen Traditionsprinzips und der Autorität der Lehramts mit solcher Akribie verteidigt und durch die Lehre von der Verbalinspiration gesichert worden war, gerät sie nun umso schneller ins Wanken. Denn unter dieser Bedingung bedeutet der Aufweis von Widersprüchlichkeiten und unterschiedlichen Tendenzen in den einzelnen biblischen Schriften, dass sie eher historisch bedingte Dokumente darstellen, dass mithin die Lehre von der Verbalinspiration nicht mehr zu halten ist und damit das Fundament, auf das Theologie und Kirche ihren Anspruch begründeten, massiv zu bröckeln scheint. Dabei hat Johann Andreas Quenstedt, ein Verfechter der strengen Inspirationslehre, indem er die Folgen einer lockereren Lehrweise bezüglich der Schrift als eine offene Tür für den Katholizismus darstellt, den Effekt auch bei ergänzter Feindeslage, wie sie sich späterhin mit dem Aufkommen der historisch-kritischen Methode entwickelt,[42] bereits vorweggenommen. Wenn man einräume, dass irgendetwas in der Schrift auf menschliche Weise entstanden sei, gehe der Anspruch auf ihre göttliche Autorität verloren. Quenstedt hält zur Verteidigung der strengen Inspirationslehre fest: »Sobald man zugesteht, daß auch nur ein einziger Vers ohne den unmittelbaren Einfluß des Hl. Geistes geschrieben ist, wird der Satan sofort dasselbe von dem ganzen Kapitel, einem ganzen Buch und schließlich von der gesamten Bibel behaupten und damit alle Autorität der Bibel aufheben«.[43] Blickt man voraus auf

---

[40] KÖNIG, Theologia positiva, § 107, S. 35; lat. S. 34: »Scriptura sacra est verbum DEI, immediato instinctu Spiritus Sancti per Prophetas in veteri, Evangelistas & Apostolos in novo Testamento literis consignatum, ut per illud homo informetur ad salutem«; im Text kursiv.

[41] Vgl. dazu unten das Kapitel XV, Abschnitt 4.

[42] Vgl. dazu das Kapitel XVI.

den Ansturm der historischen Kritik auf die Autorität der Bibel, wird man sagen können, dass ganze Horden an Satanen sich ans Werk machen werden.

Weiterführende Literatur:
Jörg Baur, Sola scriptura – historisches Erbe und bleibende Bedeutung, in: Ders., Luther und seine klassischen Erben. Theologische Aufsätze und Forschungen, Tübingen 1993, S. 46–113.

Friedrich Beisser, »Claritas scripturae« bei Luther, Göttingen 1966.

Josef Rupert Geiselmann, Die Heilige Schrift und die Tradition – zu den neueren Kontroversen über das Verhältnis der Heiligen Schrift zu den nichtgeschriebenen Traditionen, Freiburg i. Br. 1962.

Eilert Herms, Äußere und innere Klarheit des Wortes Gottes bei Paulus, Luther und Schleiermacher, in: Jesus Christus als die Mitte der Schrift. Studien zur Hermeneutik des Evangeliums, Festschrift Otfried Hofius, hg. von Chr. Landmesser/H. J. Eckstein/H. Lichtenberger, Berlin u. a. 1997, S. 3–72.

Rudolf Hermann, Von der Klarheit der Schrift in »de servo arbitrio«, in: Ders., Studien zur Theologie Luthers und des Luthertums. Gesammelte und nachgelassene Werke, Bd. 2, Berlin 1981, S. 170–255.

---

[43] Johann Andreas Quenstedt, Theologia didactico-polemica, sive systema theologicum, in duas sectiones, didacticam et polemicam, divisum, Wittenberg 1691, p I, c. IV, sect. II, S. 71: »Si enim unicus Scripturae versiculus, cessante immediato Spiritus S. influxu, conscriptus est, proptum erit Satanae, idem de toto capite, de integro libro, de universo denique codice Biblico excipere, & per consequens, omnem Scripturae auctoritatem elevare«.

XII. Bedeutung und Funktion des Bekenntnisses für die evangelischen Kirchen

Textgrundlage:[1]
- Confessio Augustana (1530), besonders die Vorrede, BSLK, S. 44–49.
- Konkordienformel (1577), besonders BSLK, S. 739–766; 767–769; 829–832.
- Die Barmer Theologische Erklärung (1934).
- Die Leuenberger Konkordie (1973).

1. Das Verständnis des Bekenntnisses in den lutherischen Kirchen

a. Bedeutung und Funktion von Bekennen und Bekenntnis

Das öffentliche, lehrmäßig entfaltete Bekenntnis des christlichen Glaubens, wie ihn die evangelischen Kirchen in Rückbindung an die Schrift verstanden und wieder neu zur Geltung gebracht haben, gewinnt in der Reformationszeit entscheidendes Gewicht für das Selbstverständnis der evangelischen Kirchen sowohl lutherischer als auch reformierter Prägung. Die katholische Kirche kennt im eigentlichen Sinn kein Bekenntnis, sondern sie spricht vom Dogma der Kirche. Auf den Unterschied zwischen Bekenntnis und Dogma[2] wird im Folgenden noch genauer einzugehen sein ebenso wie auf die Differenz zwischen lutherischem und reformiertem Verständnis des Bekenntnisses.

Gleichsam als eine Ursituation für einen Akt evangelischen Bekennens kann Luthers Erklärung auf dem Wormser Reichstag von 1521 gelten, in der er auf die unbedingte Bindung seines Gewissens an das Zeugnis der Heiligen Schrift verweist und dies vor Kaiser und Reichsfürsten öffentlich erklärt.

»Es sey dann, das ich durch getzeugnuß der schrifft uberwunden werd oder aber durch scheynlich vrsachen (dann ich glaub wider dem Bapst nach den Concilien allein, weil es am tag ist, das dieselben zu mermaln geirrt und wider sich selbs geredet habben) uberwunden

---

[1] Confessio Augustana (1530) (= CA), in: Die Bekenntnisschriften der evangelisch-lutherischen Kirche (= BSLK), hg. im Gedenkjahr der Augsburgischen Konfession, 9. Auflage, Göttingen 1982, S. 44–137; zitiert nach Artikel und Seitenzahl.
Konkordienformel, BSLK, S. 735–1100.
Die Barmer Theologische Erklärung (1934) und die Leuenberger Konkordie (1973), in: Evangelische Bekenntnisse: Bekenntnisschriften der Reformation und neuere theologische Erklärungen. Im Auftrag des Rates der Evangelischen Kirche der Union, gemeinsam mit I. Dingel u. a. hg. von R. Mau, Teilbd. 2, Bielefeld 1997, Barmer theologische Erklärung (= BThE) S. 259–279; Leuenberger Konkordie (= LK) S. 289–297.
[2] Vgl. dazu das folgende Kapitel XIII.

werd Ich bin uberwunden durch die schrifften, so von mir gefurt, und gefangen im gewissen an dem wort Gottes.«³

An dieser Erklärung lässt sich ablesen, was grundlegend ist für einen solchen Akt des Bekennens. Zu ihm gehören das Sich-Bekennen zu Jesus Christus als dem Herrn und dem in ihm geschenkten Heil – wie es sich Luther aus dem Wort der Schrift erschlossen hat –, die unbedingte Bindung des Gewissens an das Wort Gottes sowie der Öffentlichkeitscharakter des Bekennens. Das Bekennen findet nicht privatim statt, sondern wird öffentlich vollzogen. Es bezeugt die Zugehörigkeit zu Christus und die unbedingte Bindung an das Evangelium, sei es vor der versammelten Gemeinde, sei es unter Anfeindungen, die ein ausdrückliches Bekenntnis zu Jesus Christus auch unter Gefahr für das eigene Leben notwendig machen. Solche Anfeindung findet vielfach von Seiten des Staates, anderer Religionen oder – wie im Falle der Reformationszeit – auch von Seiten der herrschenden Kirche statt.

Die Situation des öffentlichen Bekennens zu Jesus Christus ist im Neuen Testament bezeugt als ein Grundakt der ersten Christen und Gemeinden. »Wenn du mit deinem Munde bekennst, dass Jesus der Herr ist, und in deinem Herzen glaubst, dass ihn Gott von den Toten auferweckt hat, so wirst du gerettet.«⁴ Das Wort des Paulus vom rettenden Charakter des Bekenntnisses zu Jesus Christus als dem Herrn entspricht der Zusage Jesu, wie es Matthäus überliefert: »Wer mich bekennt vor den Menschen, den will ich auch bekennen vor meinem himmlischen Vater.«⁵ Die Reformatoren knüpfen an dieses in der Bibel bezeugte Verständnis des Bekennens an. Gleichwohl unterscheiden insbesondere die lutherischen Kirchen im Zuge ihrer Bekenntnisbildung den Vollzug des *aktuellen* Bekennens noch einmal von dem lehrmäßig verfassten Bekenntnis, dem in den lutherischen Kirchen *kirchenordnende* Funktion zukommt. Es formuliert die evangeliumsgemäße Lehre, nach der in den lutherischen Kirchen Verkündigung und Sakramentsverwaltung, Unterricht und Lehre sowie die Sozialgestalt der Kirche auszurichten sind. Dieser kirchenordnende Charakter unterscheidet das lutherische Bekenntnis seiner Funktion nach von dem Vollzug je aktuellen Bekennens. Dem entsprechend heißt es in der Vorrede zur *Confessio Augustana* im Blick auf deren Funktion:

»Hierumb und Euer Kaiserlichen Majestat zu untertänigster Gehorsamung uberreichen und ubergeben wir unserer Pfarrner, Prediger und ihrer Lehren, auch unsers Glaubens Bekenntnus, was und welchergestalt sie, aus Grund gottlicher heiligen Schrift, in unseren Landen, Furstentumben, Herrschaften, Städten und Gebieten predigen, lehren, halten und Unterricht tun.«⁶

---

³ MARTIN LUTHER, Erklärung vor Kaiser und Reich, Worms 18. IV. 1521, lateinischer Bericht verdeutscht, WA 7, S. 876, Z. 11–877, Z. 4: »Nisi convictus fuero testimoniis scripturarum aut ratione evidente (nam neque Papae neque conciliis solis credo, cum constet eos et errasse sepius et sibiipsis contradixisse), victus sum scripturis a me adductis et capta conscientia in verbis dei«. WA 7, S. 838, Z. 4–7.
⁴ Röm 10, 9; vgl. 1 Tim 6, 12.
⁵ Mt 10, 32; vgl. Mk 8, 38; Lk 9, 29.
⁶ BSLK, S. 45, Z. 28–46, Z. 3. Vgl. auch die Selbstverpflichtung der Unterzeichner, mit der die Vorrede des *Konkordienbuchs* schließt: »So wollen wir uns auch weiter freundlichen ver-

b. Die Schriftgemäßheit des Bekenntnisses und der Anspruch auf wahre Katholizität

Das öffentliche,[7] lehrmäßig entfaltete Bekenntnis des christlichen Glaubens wird in der Reformationszeit, in einer Situation, in der die evangelischen Kirchen angesichts der Hinterfragung ihrer Rechtmäßigkeit durch Rom den eigenen Glauben, in dessen Zentrum *das Evangelium von der Rechtfertigung des Sünders allein aus Gnaden* steht, als den schriftgemäßen Glauben behaupten, geradezu zu einem Identitätsmerkmal ihres Selbstverständnisses. In ihrer Legitimität in Frage gestellt durch die römisch-katholische Kirche erklären sie den evangelischen Glauben, behaupten ihn als den *der Schrift gemäßen* und beanspruchen ihn zugleich als den *wahrhaft katholischen*, weil und insofern er dem Zeugnis der Schrift entspricht und in Übereinstimmung mit dem Glauben der Alten Kirche steht.

Das lutherische Bekenntnis will *schriftgemäßes* Bekenntnis und als solches zugleich *wahrhaft katholisches* Bekenntnis des christlichen Glaubens sein. Zwar ist es in einer konkreten historischen Situation entstanden, in der aus Sicht der Reformatoren das Bekenntnis zu Jesus Christus als dem Herrn und das Kirchesein der Kirche durch Lehre und Praxis der römisch-katholischen Kirche verstellt war. Dies bedeutet aber nicht, dass das lutherische Bekenntnis ein Text von bloß historischer Bedeutung wäre. *Indem* es den *schriftgemäßen* Glauben an das *Evangelium* von der Rechtfertigung des Sünders allein aus Gnaden bekennt, wie ihn die Reformatoren im Rückbezug auf die Schrift wiederentdeckt haben, hat es für die lutherischen Kirchen *verbindlichen* Charakter und ist kein bloß historisch bedingt entstandenes Gebilde, wie es in der kontroverstheologischen Auseinandersetzung von Seiten der römisch-katholischen Kirche und den orthodoxen Kirchen gegenüber den reformatorischen Bekenntnissen seither vorgebracht wird.

Mit dem besagten Verständnis, dass der schriftgemäße zugleich der wahrhaft katholische Glaube sei, hängt es zusammen, dass die Reformatoren der Überzeugung waren, keine neue Kirche zu gründen. Sie verstehen die evangelischen Kirchen vielmehr als Glieder der einen, heiligen, katholischen Kirche Jesu Christi. Dies gehört zentral zum Selbstverständnis reformatorischer Kirchen sowohl lutherischer als auch reformierter Prägung.[8] So hält das *Konkordienbuch* fest:

---

gleichen, welchergestalt in unsern Landen durch fleißige Visitation der Kirchen und Schulen, Aufsehung auf die Druckereien und andere heilsame Mittel nach unser selbst und jedes Orts Gelegenheit über diesem Concordienwerk ernstlich zu halten«. BSLK, S. 15, Z. 17–23.

[7] Der Öffentlichkeitscharakter des Bekenntnisses des evangelischen Glaubens wird sowohl in der Vorrede zur *Confessio Augustana* als auch in der Vorrede zum *Konkordienbuch* eigens unterstrichen. Vgl. BSLK, S. 49, Z. 10f. sowie besonders S. 3, Z. 23f. und Z. 29–33, wo es im Blick auf die *Confessio Augustana* heißt, dass sie ein »aus göttlicher, prophetischer, apostolischer Schrift [...] kurz Bekenntnüs zusammengefasset« ist, dem Kaiser übergeben wurde und »für allen Ständen des Reichs dargetan und öffentlich durch die ganze Christenheit in der weiten Welt ausgebreitet worden und erschollen ist«.

[8] Die reformierte Theologie macht dies weniger am Bekenntnis fest, insofern sie die Bekenntnisse als historisch bedingte und in ihrer Verbindlichkeit regional begrenzte Texte auffasst (vgl. unten Abschnitt 2). Gleichwohl verstehen die reformierten Kirchen sich nicht lediglich als

»Als haben sich folgents zu solchem Bekenntnüs viel Kirchen und Schulen als dieser Zeit zum Symbolo ihres Glaubens in den fürnehmbsten streitigen Artikeln wider das Papsttumb und allerlei Rotten bekennet und darauf in christlichem, einmütigen Verstand [...] berufen und die darin begriffene und in göttlicher Schrift wohlgegründte, auch in den bewährten alten Symbolis kurz vorfaßte Lehre für den einigen alten und von der allgemeinen rechtlehrenden Kirchen Christi geglaubet, wider viel Ketzereien und Irrtumben erstrittenen und wiederholeten Konsens erkannt, fest und beständig gehalten.«[9]

Die *Confessio Augustana* (1530)[10] – von Melanchthon verfasst – wurde von den lutherischen Reichsständen dem Kaiser als Ausdruck des evangelischen Glaubens unterbreitet. Sie gilt als das Grundbekenntnis innerhalb der lutherischen Bekenntnisschriften, wie sie im *Konkordienbuch* zusammengefasst sind. Diese Bedeutung der *Confessio Augustana* wird in der Vorrede zum *Konkordienbuch* nachdrücklich festgehalten, wenn es heißt,

»daß unser Gemüt und Meinung gar nicht wäre, einige andere oder neue Lehre anzunehmen, zu verteidigen oder auszubreiten, sondern bei der zu Augsburg Anno 1530 einmal erkannten und bekannten Wahrheit vermittelst göttlicher Verleihung beständiglich zu verharren und zu bleiben«.[11]

An einigen Stellen der *Confessio Augustana* – so etwa im ersten Artikel »de Deo« (über Gott) und im dritten Artikel »de filio Dei« (von dem Sohne Gottes) – ist der Bezug zu den altkirchlichen Konzilsentscheiden ausdrücklich hergestellt. Es wird im Blick auf die Lehre von Gott und die Lehre von Christus mit dem ›*magnus consensus ecclesiae*‹ – wie er in den altkirchlichen Symbola ausgedrückt ist – gelehrt. »Ecclesiae magno consensu apud nos docent, decretum Nicaenae synodi« ist laut CA I der Artikel von Gott formuliert.[12] Dabei verstehen die Lutherischen die altkirchlichen Symbola als Ausdruck des schriftgemäßen Glaubens. *Deswegen* werden sie rezipiert. *Deswegen* wird die Übereinstimmung der evangelischen Lehre mit den altkirchlichen Symbola betont. Das *Konkordienbuch* (1580) – die

---

bloße Partikularkirchen, sondern erheben für sich den Anspruch, Glieder der einen, heiligen, katholischen und apostolischen Kirche zu sein – ein Anspruch, den sie in der reinen Verkündigung des Evangeliums und der rechten Verwaltung der Sakramente sowie der vierfach gegliederten Ämterordnung begründet sehen, wobei ›wahr‹ und ›recht‹ nach gemeinevangelischer Auffassung schriftbegründet heißt. Nach lutherischer Überzeugung gehört das vierfach gegliederte Amt nicht zu den Kennzeichen der wahren Kirche; dass die Kirche Jesu Christi dort ist, wo das Evangelium rein und die Sakramente einsetzungsgemäß verwaltet werden, bildet nach CA VII die Wesensbestimmung der Kirche. Vgl. BSLK, S. 61.

[9] Vorrede zum Konkordienbuch, BSLK, S. 3, Z. 35 – S. 4, Z. 2.

[10] Vgl. Confessio oder Bekenntnus des Glaubens etlicher Fürsten und Städte uberantwort Kaiserlicher Majestat zu Augsburg Anno 1530. Der lateinische Titel lautet: Confessio fidei exhibita invictissimo Imperatori Carolo V. Caesari Augusto in comitiis Augustae Anno MDXXX, BSLK, S. 31. In der Apologie zur *Confessio Augustana* wird sie gegen die Einwände und Verwerfungen von Seiten der Altgläubigen verteidigt. Vgl. BSLK, S. 140–404.

[11] BSLK, S. 5, Z. 35–42.

[12] CA I, BSLK, S. 50, Z. 3–5. Im deutschen Text heißt es: »Erstlich wird einträchtiglich gelehrt und gehalten, lauts des Beschluß Concilii Nicaeni«.

abschließende Sammlung der lutherischen Bekenntnistexte – stellt die Symbola der Alten Kirche – das *Nicäno-Constantinopolitanum*, das *Apostolicum* und das *Athanasianum* – den Texten der eigenen Tradition voran und gibt damit dem ekklesiologischen Selbstverständnis der lutherischen Kirchen, Glied der einen, heiligen, katholischen Kirche zu sein, dezidierten Ausdruck.

Die Lutherischen rezipieren die altkirchlichen Symbola und anerkennen sie als Ausdruck der Gemeinschaft im Glauben der allgemeinen katholischen Kirche, weil und insofern sie sie als Ausdruck des schriftgemäßen Glaubens verstehen. Dass die altkirchlichen Bekenntnisse nichts anderes sind – und auch ihrem Selbstverständnis nach nichts anderes sein wollen – als Bekenntnis des in der Schrift bezeugten Glaubens, hebt Luther mit Bedacht hervor:

»Also haben wir die vier Heubtconcilia und die ursachen, warumb sie gehalten sind. Das erste zu Nicea hat die Gottheit Christi wider Arium verteidigt. Das ander zu Constantinopel hat die Gottheit des heiligen Geists wider Macedonium verteidigt. Das dritte zu Epheso in Christo eine Person wider Nestorium verteidigt. Das vierde zu Calcedon zwo natur in Christo wider Eutychen verteidigt. Aber damit haben sie keinen neuen Articel des glaubens gestellet. Denn solche vier Artickel sind gar viel reichlicher und gewaltiger auch allein in S. Johannis Evangelio gestellet, wenn gleich die ander Evangelisten und S. Paulus, S. Petrus hie von nichts hetten geschrieben, die doch solchs alles auch gewaltiglich leren und zeugen sampt allen Propheten.«[13]

Für Luther gilt daher: Die vier Hauptkonzilien haben »nichts Neues wollen noch können in Glaubensartikeln machen und setzen, wie sie selbst bekennen«.[14]

Die ökumenischen Konzilsentscheide werden in den evangelischen Kirchen und der evangelischen Theologie nicht rezipiert, weil sie als autoritativ verbindliche Dogmen der Kirche zu glauben sind. Sie werden vielmehr anerkannt, weil und insofern sie als schriftgemäßer Ausdruck des Heilsglaubens gelten und weil sie – gesamtkirchlich rezipiert – ein Ausdruck der Einheit der Kirche im Glauben sind. Ganz entsprechend urteilt auch Calvin: »So nehmen wir die *alten Synoden* [...], die zur Widerlegung von Irrtümern gehalten worden sind, gerne an, wir verehren sie als heilig, soweit es die *Glaubenssätze* betrifft; denn sie enthalten nichts als eine reine und ursprüngliche Auslegung der Schrift«.[15]

Dieses Verständnis der altkirchlichen Symbola und ihrer Bedeutung für die Reformatoren ist eigens zu unterstreichen, und zwar aus mehreren Gründen. Zum einen manifestiert sich in der Anerkennung der Symbola das Selbstverständnis der Evangelischen mit dem schriftgemäßen Zeugnis des evangelischen Glaubens in der allgemeinen katholischen Kirche zu stehen, der die Verheißung gegeben ist,

---

[13] MARTIN LUTHER, Von den Konziliis und Kirchen (1539), WA 50, S. 605, Z. 15–24.

[14] LUTHER, Von den Konziliis und Kirchen, S. 605, Z. 29–30.

[15] Institutio christianae religionis, 1559, IV, 9, 8. Übersetzung nach: JOHANNES CALVIN, Unterricht in der christlichen Religion. Nach der letzten Ausgabe übersetzt und bearbeitet von O. Weber, 3. Auflage, Neukirchen-Vluyn 1984, S. 798. CR, Bd. 30, S. 862: » Sic priscas illas synodos, [...] quae confutandis erroribus habitae sunt, libenter amplectimur, reveremurque ut sacrosanctas, quantam attinet ad fidei dogmata. Nihil enim continent quam puram et nativam scripturae interpretationem«.

dass sie immer bleiben wird.[16] Zum andern ist darin ausgedrückt, dass sie die altkirchlichen Symbola als Formulierung des schriftgemäßen Glaubens anerkennen, was genauer dahingehend zu verstehen ist, dass sie die Symbola durchaus als Ausdruck des im Evangelium von der Rechtfertigung des Sünders zusammengefassten Glaubens begreifen, den sie als die Mitte der Schrift und als hermeneutischen Zugang zum Ganzen der Schrift verstehen und neu zur Geltung bringen.[17]

Diese Auffassung festzuhalten, ist wiederum für die innerevangelische Debatte in der Neuzeit nicht ohne Belang. Denn im Neuprotestantismus haben nicht wenige Theologen den befremdlichen Charakter der altkirchlichen Symbola in Sprache und Inhalt zum Anlass genommen, den lutherischen Kirchen der Reformationszeit vorzuwerfen, nicht reinen Tisch gemacht zu haben mit den ›metaphysisch‹ durchsetzten Aussagen der altkirchlichen Symbola. Luther habe in dieser Hinsicht nicht ernst genug die Einsicht in den Charakter des Evangeliums und des Rechtfertigungsglaubens zum Zuge gebracht; und Melanchthon nach anfänglicher Entschiedenheit in der Sache – wie die Erstauflage der *Loci* sie zeige – zunehmend auch nicht mehr. Ihm sei dann doch zu sehr an der Einheit der Kirche und der Übereinstimmung in der wahrhaft katholischen Lehre gelegen gewesen. Diejenigen, die so argumentieren,[18] tun dies im Interesse der Wiederentdeckung des Evangeliums durch Luther, das sie in der Entwicklung der altkirchlichen Dogmen zunehmend verfremdet sehen; und sie tun es im Interesse des Glaubensbewusstseins, das mit der Terminologie der Symbola und ihrer Gedankenwelt nicht beschwert werden soll.

Diesem Argument kann überzeugend nicht allein mit dem Verweis darauf begegnet werden, dass die altkirchlichen Symbola *faktisch* in die Bekenntnissammlung des *Konkordienbuches* aufgenommen worden sind, dass auf sie in der *Confessio Augustana* Bezug genommen wird, dass die Väter der Reformation sie als schriftgemäßen Ausdruck des Glaubens verstanden haben. Dies Letztere – dass sie schriftgemäßer Ausdruck des Heilsglaubens sind – wäre vielmehr eigens zu zeigen. Das heißt, es müssten die Symbola als Ausdruck des mit dem Glauben verbundenen *soteriologischen* Interesses begriffen werden. Für das *Apostolikum* hat Luther in seiner Auslegung im *Großen Katechismus* dafür ein eindrückliches Beispiel gegeben, indem er die Aussagen des Glaubensbekenntnisses in ihrem »Für-Bezug« für den Glaubenden darlegt.[19]

---

[16] Der Artikel über die Kirche greift die biblische Verheißung für die Kirche auf. CA VII, BSLK, S. 61: »Item docent, quod una sancta ecclesia perpetuo mansura sit«. »Es wird auch gelehret, daß alle Zeit musse eine heilige christliche Kirche sein und bleiben«.

[17] Daher hält die *Leuenberger Konkordie* für die Kirchen lutherischer und reformierter Konfession fest, dass den Kirchen der Reformation gemeinsam war, »mit der ganzen Christenheit das in den altkirchlichen Symbolen ausgesprochene Bekenntnis zum Dreieinigen Gott und zur Gott-Menschheit Jesu Christi aufgenommen und bekannt zu haben« (LK, Nr. 4).

[18] Zu nennen sind etwa E. Troeltsch, A. v. Harnack, W. Herrmann.

[19] Vgl. MARTIN LUTHER, Großer Katechismus. Auslegung des Glaubensbekenntnisses, BSLK, S. 646–662; siehe dazu unten S. 83. Zu Luthers auf die persönliche Aneignung im Glauben zielender Auslegung der Aussagen des *Credo* in ihrem Für-Bezug vgl. ferner: Eine kurze Form des Glaubensbekenntnisses (1520), in: LD, Bd. 6, S. 16–21; WA 7, 214–220.

c. Das Evangelium von der Rechtfertigung des Sünders als Mitte von Schrift und Bekenntnis

Die evangelischen Kirchen bringen in ihren Bekenntnisschriften im Kern ihr Verständnis von der Rechtfertigung allein aus Glauben ohne menschliches Verdienst zum Ausdruck, das sie als die Mitte der Heiligen Schrift und – dies betonen vor allem die lutherischen Bekenntnisschriften – als hermeneutischen Schlüssel zum Verständnis aller Aussagen des Alten und Neuen Testaments behaupten. Diese Überzeugung von der Mitte der Schrift, wie sie im Evangelium von der Rechtfertigung des Sünders gesehen wird, ist auch für das Verständnis der *Confessio Augustana* und ihrer Artikel zum Zuge zu bringen, will heißen, Artikel IV, der von der Rechtfertigung handelt, hat als der zentrale Artikel der *Confessio Augustana* zu gelten, von dem her und auf den hin die übrigen Artikel zu lesen sind.

Den lutherischen Bekenntnisschriften kommt *bindender* Charakter zu für die kirchliche Lehre, die öffentliche Verkündigung, den Unterricht und die Sozialgestalt der Kirchen. Indem die Bekenntnisse jedoch selber nichts anderes sein wollen als Ausdruck des Heilsglaubens, wie ihn die Heilige Schrift bezeugt, bilden sie für die lutherischen Kirchen keine schlechterdings unhinterfragbare Lehre. Vielmehr sind die Bekenntnisschriften als ›norma normata‹ der Heiligen Schrift als der ›norma normans‹ unterstellt. Dies wird ausdrücklich für das Selbstverständnis der Bekenntnisschriften festgehalten: »Wir glauben, lehren und bekennen, daß die einige Regel und Richtschnur, nach welcher zugleich alle Lehren und Lehrer gerichtet [...] werden sollen, seind allein die prophetischen und apostolischen Schriften Altes und Neues Testamentes«.[20] Die Heilige Schrift gilt als der »Probierstein«, nach welchem die eigene, evangeliumsgemäße Lehre formuliert und die abweichende Lehre verurteilt wird.

»Solchergestalt wird der Unterschied zwischen der Heiligen Schrift Altes und Neuen Testamentes und allen andern Schriften erhalten, und bleibt allein die Heilige Schrift der einig Richter, Regel und Richtschnur, nach welcher als dem einigen Probierstein sollen und müssen alle Lehren erkannt und geurteilt werden [...]. Die andere Symbola aber und angezogene Schriften [i. e. der eigenen Bekenntnistradition, C. A.-P.] sind nicht Richter wie die Heilige Schrift, sondern allein Zeugnis und Erklärung des Glaubens, wie jderzeit die Heilige Schrift in streitigen Artikuln in der Kirchen Gottes von den damals Lebenden vorstanden und ausgelegt, und derselben widerwärtige Lehr vorworfen und vordambt worden.«[21]

---

[20] Konkordienformel, Epitome. Summarischer Begriff der streitigen Artikel, BSLK, S. 767: »Credimus, confitemur et docemus, unicam regulam et normam, secundum quam omnia dogmata omnesque doctores aestimari et iudicari oporteat, nullam omnino aliam esse quam prophetica et apostolica scripta cum Veteris tum Novi Testamenti«.

[21] Konkordienformel, Epitome, BSLK, S. 769: »Hoc modo luculentum discrimen inter sacras Veteris et Novi testamenti litteras et omnia aliorum scripta retinetur et sola sacra scriptura iudex, norma et regula agnoscitur, ad quam ceu ad Lydium lapidem omnia dogmata exigenda sunt et iudicanda [...]. Cetera autem symbola et alia scripta [...] non obtinent auctoritatem iudicis; haec enim dignitas solis sacris litteris debetur: sed duntaxat pro religione nostra testimonium

1. Das Verständnis des Bekenntnisses in den lutherischen Kirchen 139

In diesem Selbstverständnis, das die Schrift als einzige Richtschnur und einzigen Prüfstein der kirchlichen Lehre anerkennt und damit die Möglichkeit der Kritik der Bekenntnisaussagen von der Schrift her zugesteht – dann und insofern nämlich, wenn sie der von Luther wiederentdeckten und zur Geltung gebrachten Mitte der Schrift widersprechen –, unterscheiden sich die reformatorischen Bekenntnisschriften von der Auffassung, die die katholische Kirche vom Dogma als der verbindlichen Grundlage von Leben und Lehre der Kirche hat. Denn für das durch das kirchliche Lehramt verbürgte katholische Dogma gilt, dass dieses »von der Kirche – sei es in feierlicher Entscheidung oder kraft ihres gewöhnlichen und allgemeinen Lehramtes – als von Gott geoffenbart zu glauben vorgelegt wird«.[22] Dieses Verständnis von der kirchlichen Lehre[23] teilen die evangelischen Kirchen insofern nicht, als sie die kirchliche Lehre der Schrift als alleinigem Kriterium unterordnen und damit deren Kritik von der Schrift her nicht nur nicht prinzipiell ausschließen, sondern ihre Prüfung an der Schrift auch beständig fordern.

Sodann kann unter evangelischen Bedingungen die kirchliche Lehre nicht wie das Dogma in der katholischen Kirche zum die Gewissen des einzelnen Christenmenschen bindenden Glaubensgegenstand erhoben werden. Die Bekenntnisse haben ihre Funktion und Bedeutung für Leben und Lehre der Kirche, weil und insofern sie ein summarischer Ausdruck des schriftgemäßen Glaubens und zugleich Anleitung zu seinem Verständnis sind. Dabei bleiben die Bekenntnisse immer rückgebunden an dasjenige, was sie von ihrem Anspruch her sein wollen: summarischer Ausdruck des schriftgemäßen Heilsglaubens, so dass der Bezug auf die Schrift und darüber auf das Evangelium in Person Jesu Christi immer der übergeordnete Rahmen für die Anerkennung – und die Kritik – der Bekenntnisaussagen ist.[24] Die Rückgebundenheit an die Schrift als dem einzigen Kriterium rechter Lehre und die damit verbundene Möglichkeit zur Kritik der Bekenntnisaussagen gilt unbeschadet der beanspruchten Verbindlichkeit, die insbesondere die lutherischen Kirchen für ihre Bekenntnisgrundlage behaupten. Denn sie sind verbindlich, *indem* sie den schriftgemäßen Heilsglauben zum Ausdruck bringen.

Die Bezogenheit auf die Schrift zeigt sich auch darin, dass die Bekenntnisschriften nicht allein bloße Darstellung des evangelischen Lehrgehalts im Sinne

---

dicunt eamque explicant ac ostendunt, quomodo singulis temporibus sacrae litterae in articulis controversis in ecclesia Dei a doctoribus, qui tum vixerunt, intellectae et explicatae fuerint, et quibus rationibus dogmata cum sacra scriptura pugnantia reiecta et condemnata sint.«

[22] I. Vatikanische Konzil, DH, 3011: »ab Ecclesia sive solemni iudicio sive ordinario et universali magisterio tanquam divinitus revelata credenda propuntur«.

[23] Das II. Vatikanische Konzil nimmt im Vergleich zum Trienter Konzil und dem I. Vatikanischen Konzil in der Zuordnung von Schrift und Tradition sowie im Verständnis des Dogmas der Kirche eine differenziertere Bestimmung vor. Siehe dazu unten Kapitel XIII.

[24] Die Ordinationsverpflichtung hält dies entsprechend fest. So heißt es in der Ordinationsurkunde der bayerischen Landeskirche, dass die/der Ordinierte vor Gott und der Gemeinde gelobt habe, »das Evangelium, wie es in der Heiligen Schrift gegeben und im Bekenntnis unserer Evangelisch-lutherischen Kirche bezeugt ist« lauter und rein zu predigen und die Sakramente ihrer Einsetzung gemäß zu verwalten.

einer verbindlichen Lehrmeinung sein wollen. Vielmehr dienen sie selber als hermeneutische Anleitung zur Erschließung des in der Schrift bezeugten Heilsglaubens und wollen so das Verstehen des eigenen Glaubens eröffnen, will heißen, sie wollen einen mündigen Glaubensvollzug, der den Kern des Heilsglaubens begreift, eröffnen. Deshalb sollen die öffentliche Verkündigung und der Unterricht an ihnen ausgerichtet sein. In dieser hermeneutischen Funktion, den mündigen Glauben in der Ausrichtung auf das Evangelium zu fördern, liegt die Bedeutung der Bekenntnisschriften auch für den individuellen Glaubensvollzug. Dies gilt in besonderer Weise für Luthers *Großen* und *Kleinen Katechismus* – und ganz entsprechend auch für den *Heidelberger Katechismus* in seiner Bedeutung für die reformierten und unierten Kirchen. Die lutherischen Bekenntnisschriften geben insofern eine bekenntnishermeneutische Anweisung zu ihrem Verständnis und Anspruch an die Hand, die auf das Zentrum des Heilsglaubens und den mündigen Glaubensvollzug zielt. Sie formulieren die ›Mitte der Schrift‹, von der her sie sich in ihrem gottgewirkten Charakter erschließt, und machen die Ausrichtung auf das Evangelium als Mitte der Schrift zur *verbindlichen* Richtschnur für die öffentliche Verkündigung und Sakramentsverwaltung, den Unterricht und die Sozialgestalt der Kirche.

Insofern haben die Bekenntnisschriften durchaus eine *normierende* Funktion für das Schriftverstehen. Dies gilt *zugleich* mit der behaupteten Funktion der Schrift als ›*norma normans*‹ für die Bekenntnisschriften. Denn das, was die Bekenntnisschriften als Mitte der Schrift und orientierende und normierende Anleitung zum Schriftverstehen sowie für die Verkündigung ansehen, ist verstanden als der zentrale Gehalt, der sich aus der Schrift durch sie selbst als deren Mitte zu verstehen gibt, insofern sich die Schrift selbst auslegt. Es ist also das, was aus der Schrift qua Geistwirken sich dem Glaubenden als Evangelium erschließt, dasjenige, worauf die Bekenntnisschriften mit der Formulierung der Mitte der Schrift für das Verstehen der Schrift zielen und was sie, indem sie alles Schriftverstehen und die Verkündigung darauf ausrichten, auch eröffnen wollen.

d. Die Funktion des Bekenntnisses für die Einheit der Kirchen

Der kirchlichen Lehre, dies ist abschließend zu betonen, kommt die Funktion zu, die Einigkeit der lutherischen Kirchen im Verständnis des Evangeliums und der rechten Sakramentsverwaltung – »consentire de doctrina evangelii et de administratione sacramentorum«[25] – auszudrücken und so eine Grundlage für die Einigheit in Lehre, Verkündigung, Unterricht und Sozialgestalt zu geben. Dies hält die *Konkordienformel* als eine unabdingbare Aufgabe kirchlicher Lehre und als ein unabdingbares Erfordernis für die Kirche fest.

---

[25] Nach CA VII ist es »gnug zu wahrer Einigkeit der christlichen Kirchen, daß da einträchtiglich nach reinem Verstand das Evangelium gepredigt und die Sakrament dem göttlichen Wort gemäß gereicht werden.« BSLK, S. 61, Z. 8–12. »Et ad veram unitatem ecclesiae satis est consentire de doctrina evangelii et de administratione sacramentorum«. BSLK, S. 61, Z. 6–9.

»[Z]u gründlicher beständiger Einigkeit in der Kirchen [ist] vor allen Dingen vonnöten, daß man ein summarischen, einhelligen Begriff und Form habe, darin die allgemeine summarische Lehre, darzu die Kirchen, so der wahrhaftigen christlichen Religion sind, sich bekennen, aus Gottes Wort zusammengezogen, wie dann die alte Kirche allwege zu solchem Brauch ihre gewisse Symbola gehabt, und aber solchs nicht auf Privatschriften, sondern auf solche Bücher gesetzt werden solle, die in Namen der Kirchen, so zu einer Lehr und Religion sich bekennen, gestellt, approbiert und angenummen [sind]«.[26]

2. Lutherische und reformierte Bekenntnisbildung

Im *Konkordienbuch* (1580), das die altkirchlichen *Symbola*, die von Melanchthon verfasste *Confessio Augustana* (1530) samt *Apologie der Confessio Augustana* (1530), Luthers *Schmalkalische Artikel* (1537) sowie Luthers *Großen und Kleinen Katechismus* (1529), Melanchthons *de potestate papae* (1537) und die über die innerreformatorischen Streitigkeiten urteilende *Konkordienformel* (*Epitome* und *Solida Declaratio* 1577) enthält, hat das Luthertum seine Bekenntnisschriften abschließend zusammengefasst.[27] Die Verbindlichkeit *aller* dieser Schriften ist indes nicht von allen lutherischen Kirchen anerkannt. Dies gilt nur für die *Confessio Augustana invariata* von 1530 sowie für Luthers Katechismen. Das Luthertum sieht den Prozess der Bekenntnisbildung mit dem *Konkordienbuch* als abgeschlossen an. Dies ist zunächst rein faktisch so, insofern bislang keine weiteren Texte als Bekenntnisse überregional rezipiert wurden. Die Abgeschlossenheit der Bekenntnisbildung ist inhaltlich damit begründet, dass alles, was zur rechten evangelischen Lehre, Verkündigung und Sakramentsverwaltung notwendig ist, im *Konkordienbuch* einer hinreichenden Klärung zugeführt wurde. Ein gewisser Spielraum hinsichtlich der Rezeption der im *Konkordienbuch* zusammengefassten Texte ist damit durchaus gegeben, wie die jeweiligen Grundordnungen der lutherischen Kirchen zeigen. Die behauptete Abgeschlossenheit muss auch nicht bedeuten, dass über das *Konkordienbuch* hinaus prinzipiell keine weiteren Texte als verbindliche Lehrdokumente in den lutherischen Kirchen angenommen werden könnten. Jedes mögliche neue, als verbindlich zu rezipierende Lehrdokument untersteht allerdings der Geltung der Bekenntnisse des 16. Jahrhunderts, d. h., es muss von ihnen her als *bekenntniskonform* verstanden werden können.

---

[26] Konkordienformel, Solida Declaratio, BSLK, S. 833, Z. 9–23. »Primo ad solidam, diuturnam et firmam concordiam in ecclesia Dei constituendam necessarium omnino est, ut certa compendiaria forma et quasi typus unanimi consensu approbatus exstet, in quo communis doctrina, quam ecclesiae sincerioris et reformatae religionis profitentur, e verbo Dei collecta exstet. Etenim ea in re exemplum primitivae ecclesiae sequimur, quae in talem usum sua quaedam certa symbola semper habuit. Cum vero compendiaria illa doctrinae forma non privatis, sed publicis scriptis niti debeat, quae confecta, approbata et recepta sint earum ecclesiarum nomine, quae sinceram doctrinam et religionem unanimi consensu profitentur«. BSLK, S. 833, Z. 9–26.

[27] Vgl. BSLK, S. V f.

Im Unterschied zum Luthertum haben die reformierten Kirchen bis in das 17. Jahrhundert und darüber hinaus eine Vielzahl an Bekenntnissen formuliert.[28] Von diesen hat keines eine mit der *Confessio Augustana* als dem Grundbekenntnis der lutherischen Bekenntnisschriften vergleichbare bindende und die einzelnen regionalen Kirchen übergreifende Autorität beansprucht und erlangt. Allenfalls für den *Heidelberger Katechismus* gilt, dass ihm im Reformiertentum eine gewisse überregionale Bedeutung zukommt, insbesondere in Deutschland, der Schweiz und Ungarn.

Die Bekenntnisbildung des Reformiertentums vollzieht sich nach dessen Selbstverständnis in einem fortdauernden Prozess des Bekennens angesichts solcher Situationen, die zum Bekenntnis herausfordern. Dies hängt zusammen mit der reformierten Betonung der *Zeitgemäßheit* des Bekennens, das von einer jeweiligen *Partikularkirche* angesichts einer konkreten aktuellen Herausforderung vollzogen wird. »*Wir, hier, jetzt* – bekennen *dies*«.[29] Das Reformiertentum weltweit kennt eine ganze Fülle an Bekenntnissen, die jeweils in einer bestimmten Situation von einer konkret umschriebenen christlichen Gemeinschaft formuliert werden und für diese bis auf Weiteres maßgeblich sind. Ein für die reformierten Kirchen weltweit bedeutsames gemeinsames Bekenntnis gibt es indes nicht, und die Bedeutung regional rezipierter Bekenntnisse steht prinzipiell unter dem Vorbehalt, nur für eine bestimmte Situation und in einer bestimmten Zeit zu gelten.

Das reformierte Verständnis schließt insofern auch die Möglichkeit ein, ein Bekenntnis für ungültig zu erklären oder zu verwerfen, wie das mit der *Helvetischen Konsensusformel* geschehen ist, die in Basel bereits 1686 und seit 1722 in der ganzen Schweiz verworfen wurde. Zudem ist es möglich, die Bekenntnisbindung für die Kirchen überhaupt aufzuheben, was im 19. Jahrhundert die reformierten Kirchen der Schweiz vollzogen haben. In den reformierten und unierten Kirchen in Deutschland sind in der Regel der *Heidelberger Katechismus*, die *Confessio Augustana variata*[30] sowie die *Barmer Theologische Erklärung* in den jeweiligen Grundordnungen als Richtschnur für Lehre und Leben der Kirchen genannt.

---

[28] Vgl. Confessio tetrapolitana 1530; Fidei ratio 1539; Confessio Helvetica 1536; Confessio Helvetica posterior 1562; Confessio Gallicana 1559; Confessio Belgica 1561; Confessio Scotica 1560; Heidelberger Katechismus 1563; Dordrechter Synode 1617; Helvetische Konsensusformel 1675; die Barmer Theologische Erklärung 1934; die Kirchenordnung der Nederlandse Hervormde Kerk 1951 sowie die 1949 von der Generalsynode veröffentlichten Fundamenten en Perspectieven van Belijden und den von ihr 1967 approbierte Hirtenbrief De tussenmuur weggebroken.

[29] KARL BARTH, Die Wünschbarkeit und Möglichkeit eines allgemeinen reformierten Glaubensbekenntnisses, in: Ders., Gesammelte Vorträge, Bd. 2: Die Theologie und die Kirche, München 1928, S. 76–105; hier S. 87.

[30] Die *Confessio Augustana variata* ist für die Religionsgespräche der Jahre 1540/41 von Melanchthon verfasst worden und vertritt eine in der Abendmahlslehre sich der Auffassung Calvins annähernde Position. Dieser hat 1541 die *Confessio Augustana variata* unterzeichnet. Dagegen ist die *Confessio Augustana invariata* im *Konkordienbuch* als die für das Luthertum verbindliche Fassung festgeschrieben worden.

3. Die *Barmer Theologische Erklärung* und die *Leuenberger Konkordie*

Es ist wichtig, sich das Selbstverständnis evangelischen Bekenntnisses in seinen Ursprüngen und von seinem Anspruch her vor Augen zu führen, um dann auch die *Barmer Theologische Erklärung* (1934) und die *Leuenberger Konkordie* (1973) zu verstehen und im Kontext der Bekenntnisbildung richtig einzuordnen. Für beide Texte gilt: Sie wollen den schriftgemäßen Heilsglauben bezeugen; dies ist ihre primäre Funktion. Indem sie den schriftgemäßen Heilsglauben bezeugen und diesen auf der Basis eines kirchlichen Konsensus konfessionsverschiedener Kirchen in Anerkennung ihrer jeweiligen Bekenntnisbindung formulieren, kommt beiden Erklärungen der Charakter verbindlicher Lehre zu. Beide Erklärungen wurden notwendig in einer Situation, durch die sich die Kirche zu einem verbindlichen Zeugnis herausgefordert sah. Wenn man die Frage nach der Bedingung, die für ein öffentliches, verbindliches Zeugnis der Kirche gegeben sein muss, nicht im Sinne der reformierten Tradition, sondern enger gefasst versteht, ist eine solche Situation dann gegeben, wenn das Bekenntnis zu Jesus Christus als dem Herrn und das Kirchesein von Kirche betroffen sind.

Für die *Barmer Theologische Erklärung* ist dies eine vor allem politisch bestimmte Situation. Sie bezeugt den Glauben an Jesus Christus als den Herrn angesichts des Versuchs der Gleichschaltung der Kirche für die machtpolitischen und rassistischen Interessen durch die Deutschen Christen. Die *Leuenberger Konkordie* reagiert auf die innerkirchlichen Spaltungen der evangelischen Kirchen aufgrund der Konfessionsunterschiede und ist der für die innerevangelische Ökumene zentrale Text der evangelischen Kirchen.

Beide Erklärungen behandeln ein das *Kirchesein der Kirche* berührendes Problem. Die *Barmer Theologische Erklärung* verteidigt das Selbstverständnis der Kirche gegen den Übergriff totalitärer Weltanschauungen. Sie ist zwar in einer historischen Situation zur Abwehr der Gleichschaltungspolitik der Deutschen Christen entstanden, formuliert jedoch in der Zurückweisung totalitärer Weltanschauungen und ihres Anspruchs auf Mensch, Welt und nicht zuletzt die Kirche eine grundlegende Lehre der Kirche, die sich aus ihrem genuinen Selbstverständnis als Kirche Jesu Christi heraus ergibt. Die *Leuenberger Konkordie* behandelt mit der Frage nach den Bedingungen für die Erklärung von Kirchengemeinschaft angesichts der verschiedenen evangelischen Konfessionskirchen das Problem der Einheit der Kirche, wie es sich aus dem Selbstverständnis der Kirche ergibt. Die *Leuenberger Konkordie* hat auf der Basis des evangelischen Verständnisses von der Kirche, wie es in CA VII formuliert ist, die Bedingungen, die zur Erklärung wechselseitiger Kirchengemeinschaft gegeben sein müssen, bestimmt und entsprechend umgesetzt. Sie hat damit ein Modell von Kirchengemeinschaft unter gleichzeitiger Anerkennung der unterschiedlichen Bekenntnistraditionen der evangelischen Konfessionskirchen entwickelt, das für die evangelischen Kirche von grundsätzlicher Bedeutung ist für die Frage nach den Bedingungen der Ökumene.

Beide Erklärungen nehmen für sich nicht in Anspruch, auf *derselben Ebene* wie die reformatorischen Bekenntnisschriften zu stehen. Sie verstehen sich vielmehr als *Auslegung und Anwendung derselben*, jeweils hervorgerufen durch eine Situation, die von grundlegender Bedeutung ist, insofern sie die Frage des Kircheseins von Kirche betrifft. Am Selbstverständnis der *Barmer Theologischen Erklärung* und der *Leuenberger Konkordie* wird deutlich, dass sie sich in Kontinuität zu den reformatorischen Grundbekenntnissen verstehen und selbst keine neuen »Bekenntnisse« sein wollen, die auf derselben Ebene wie jene zu stehen kommen. Deshalb werden zu ihrer Selbstbezeichnung bewusst die Ausdrücke ›Erklärung‹ bzw. ›Konkordie‹ gebraucht.

Die *Barmer Theologische Erklärung* ist vor allem von den unierten Kirchen und einigen lutherischen Kirchen in Ostdeutschland in deren Grundordnungen übernommen worden. In die Grundordnung der VELKD sind die Verwerfungssätze der *Barmer Theologischen Erklärung*, nicht jedoch die positiven Thesen aufgenommen. Die EKD »bejaht« die Entscheidungen der *Barmer Theologischen Erklärung*.[31] In den lutherischen Kirchen ist nicht die theologische und kirchengeschichtliche Bedeutung der *Barmer Theologischen Erklärung*, wohl aber ihr Status als *Bekenntnis* strittig, weil zum einen das Luthertum stärker von der Abgeschlossenheit der Bekenntnisbildung durch das *Konkordienbuch* ausgeht und weil zum anderen die Interpretation der positiven Thesen aus lutherischer Perspektive nicht unproblematisch scheint.

Inhaltlich bezieht sich die Debatte vor allem auf das Verständnis der 1. These sowie der 2. und 5. These der *Barmer Theologischen Erklärung*. Dabei spielt die Frage eine entscheidende Rolle, ob die *Barmer Theologische Erklärung* als Ausdruck der Theologie Karl Barths zu verstehen ist. Wird nämlich die 1. These unter dem Vorzeichen der Theologie Karl Barths und ihres ›Christomonismus‹ gelesen, dann sehen die Lutheraner die Aussage nicht mehr eingeholt – ja mit dem Verdacht auf ›natürliche Theologie‹ belegt und dezidiert ausgeschlossen –, dass Gott nicht allein und ausschließlich in Jesus Christus handelt, sondern auch durch das Gesetz, in der Geschichte, im Gewissen und auch in anderen Religionen. Werden die 2. und die 5. These unter dem Vorzeichen Barthscher Theologie gelesen, dann – so der Vorbehalt der Lutherischen – ist die Zwei-Reiche-Lehre nicht konsequent genug festgehalten.

---

[31] In der Grundordnung der EKD heißt es: »Mit ihren Gliedkirchen bejaht die Evangelische Kirche in Deutschland die von der ersten Bekenntnissynode in Barmen getroffenen Entscheidungen. Sie weiß sich verpflichtet, als bekennende Kirche die Erkenntnisse des Kirchenkampfes über Wesen, Auftrag und Ordnung der Kirche zur Auswirkung zu bringen. Sie ruft die Gliedkirchen zum Hören auf das Zeugnis der Brüder. Sie hilft ihnen, wo es gefordert wird, zur gemeinsamen Abwehr kirchenzerstörender Irrlehre«. Einen Überblick über die kirchenrechtliche Aufnahme der *Barmer Theologischen Erklärung* durch die deutschen evangelischen Kirchen findet sich in: Die Barmer Theologische Erklärung. Einführung und Dokumentation, hg. von A. Burgsmüller/R. Weth, 2. Auflage, Neukirchen-Vluyn 1984, S. 68–78; sowie in der überarbeiteten und erweiterten 7. Auflage, hg. von M. Heimbucher/R. Weth, Neukirchen-Vluyn 2009, S. 77–88; die Passage aus der Grundordnung der EKD siehe S. 81.

3. Die *Barmer Theologische Erklärung* und die *Leuenberger Konkordie* 145

a. Die Barmer Theologische Erklärung: Abwehr totalitärer Weltanschauungen

Die *Barmer Theologische Erklärung* betont in der Präambel als die »unantastbare Grundlage« der Deutschen Evangelischen Kirche »das Evangelium von Jesus Christus, wie es uns in der Heiligen Schrift bezeugt und in den Bekenntnissen der Reformation neu ans Licht getreten ist«,[32] und versteht sich selbst von dieser Grundlage her. Die einzelnen Thesen sind so gestaltet, dass sie jeweils mit Schriftzitaten beginnen, daraufhin eine affirmative Aussage treffen und sodann die jeweiligen Verwerfungssätze anfügen. So beginnt die Erklärung der »evangelischen Wahrheiten« in These 1, die hier wiedergegeben sei, mit Schriftzitaten aus Joh 14, 6 und Joh 10, 1. 9 und hält begründet durch die Schriftworte sodann die positive Aussage fest: »Jesus Christus, wie er uns in der Heiligen Schrift bezeugt wird, ist das eine Wort Gottes, das wir zu hören, dem wir im Leben und im Sterben zu vertrauen und zu gehorchen haben«.[33] Daraufhin wird die Irrlehre in Bezugnahme auf die zeitgenössischen kirchenpolitischen Verhältnisse verworfen: »Wir verwerfen die falsche Lehre, als könne und müsse die Kirche als Quelle ihrer Verkündigung außer und neben diesem einen Worte Gottes auch noch andere Ereignisse und Mächte, Gestalten und Wahrheiten als Gottes Offenbarung anerkennen.«[34]

Für das Verständnis der *Barmer Theologischen Erklärung* ist des Weiteren wichtig, dass sie eine Erklärung von Vertretern »lutherischer, reformierter und unierter Kirchen, freier Synoden, Kirchentage und Gemeindekreise«,[35] mithin ein wichtiges Zeugnis innerevangelischen Konsenses ist. Dass das durch die historische Situation notwendig gewordene *gemeinsame* Zeugnis von lutherischen, reformierten und unierten Kirchen, wie es in der *Barmer Theologischen Erklärung* vollzogen wird, auch etwas bedeutet für die Frage der innerevangelischen Ökumene, ist den Synodalen bewusst, indem sie formulieren: »Wir befehlen es Gott, was dies für das Verhältnis der Bekenntniskirchen untereinander bedeuten mag.«[36]

Dabei wird festgehalten – was dann auch für die *Leuenberger Konkordie* so gilt –, dass die unterschiedliche Bekenntnistradition der konfessionsverschiedenen Kirchen durch das gemeinsame Zeugnis in Form der *Barmer Theologischen Erklärung* nicht aufgehoben wird. Es wird vielmehr beides zusammen betont: die bleibende Geltung der unterschiedlichen Bekenntnistraditionen und das gemeinsame Zeugnis. »Gerade weil wir unseren verschiedenen Bekenntnissen treu sein und bleiben wollen, dürfen wir nicht schweigen, da wir glauben, daß uns [...] ein gemeinsames Wort in den Mund gelegt ist«.[37] Als Basis dafür, als bekenntnisverschiedene Kirchen gemeinsam Zeugnis ablegen zu können, führt die

---

[32] BThE, S. 259.
[33] BThE, S. 261.
[34] Ebd., im Original kursiv.
[35] BThE, Präambel, S. 259.
[36] Ebd.
[37] BThE, S. 260f.

Barmer Theologische Erklärung in der Präambel das den evangelischen Kirchen gemeinsame »Bekenntnis zu dem einen Herrn der einen, heiligen, allgemeinen und apostolischen Kirche«[38] an. Sie macht damit deutlich, dass es der Herr der Kirche selber ist, der die Kirche als Kirche schafft und erhält, und auf den sich alles Bekennen der Kirche zu richten hat.

Die *Barmer Theologische Erklärung* ist *öffentliche*, lehrmäßige Bezeugung des Evangeliums. Den Öffentlichkeitscharakter hält die Präambel ausdrücklich fest: »Wir erklären vor der Öffentlichkeit aller evangelischen Kirchen Deutschlands«.[39] Die Veranlassung zur öffentlichen Erklärung wird in der Machtpolitik der Deutschen Christen und deren Auswirkungen auf den Bund der Deutschen Evangelischen Kirche gesehen. Angeklagt wird dies als Angriff auf das Bekenntnis zu Jesus Christus als dem Herrn und das Kirchesein der Kirche. Zugleich wird festgehalten, dass das von den Deutschen Christen verfolgte Kirchenverständnis dem reformatorischen Bekenntnisstand widerspricht. Damit wird das Zeugnis der Schrift und werden die reformatorischen Bekenntnisse – ihr Verständnis vom Evangelium und damit zusammenhängend ihr Verständnis vom Kirchesein der Kirche – als Maßstab für die Beurteilung der Machtpolitik der Deutschen Christen gebraucht und deren gleichschaltende Übergriffigkeit auf den Bund der Deutschen Evangelischen Kirche als im Widerspruch zum Evangelium und zu den reformatorischen Bekenntnissen verworfen. Denn »bei deren Geltung [der Grundsätze der Deutschen Christen, C. A.-P.] hört die Kirche nach allen bei uns in Kraft stehenden Bekenntnissen auf, Kirche zu sein«.[40]

So werden die Bekenntnisse und ihre verbindliche Geltung für das Selbstverständnis der Kirche in einer akuten historischen Herausforderung, die das Bekenntnis zu Jesus Christus als dem Herrn und das Kirchesein von Kirche betrifft und insofern als Häresie aufgedeckt und verworfen wird, als kritischer und verbindlicher Maßstab für das Handeln der Kirche zum Zuge gebracht.

b. Die Leuenberger Konkordie: Einheit in versöhnter Verschiedenheit

Die Bedeutung der *Leuenberger Konkordie* liegt in ihrer Funktion für die innerevangelische Ökumene, und zwar unter gleichzeitiger Anerkennung der verschiedenen Bekenntnistraditionen der Signatarkirchen. Die Grundlage für die Frage nach der Einheit der Kirchen bildet Artikel VII der *Confessio Augustana*, wonach es zum Wesen der Kirche gehört, dass in ihr das Evangelium rein verkündigt und die Sakramente recht verwaltet werden und dass die Übereinstimmung in beidem genug sei zur Einheit der Kirche.

»Es wird auch gelehret, daß alle Zeit musse ein heilige christliche Kirche sein und bleiben, welche ist die Versammlung aller Glaubigen, bei welchen das Evangelium rein gepredigt und die heiligen Sakrament lauts des Evangelii gereicht werden. Dann dies ist gnug zu

---

[38] BThE, Präambel, S. 259.
[39] BThE, S. 259.
[40] Ebd.

wahrer Einigkeit der christlichen Kirchen, daß da einträchtiglich nach reinem Verstand das Evangelium gepredigt und die Sakrament dem gottlichen Wort gemäß gereicht werden.«[41]

Die *Leuenberger Konkordie* setzt diese Bestimmung von CA VII zum Wesen der Kirche und zur Frage ihrer Einheit um. Die Einigkeit in der reinen Evangeliumsverkündigung und rechten Sakramentsverwaltung wird als die Grundbedingung wahren Kircheseins von Kirche angesehen. Daraufhin kann gesagt werden, dass, wo diese Einigkeit besteht, auch Kirchengemeinschaft erklärt werden kann, mit der die Gewährung von Kanzel- und Abendmahlsgemeinschaft einhergeht.

Dabei hält die *Leuenberger Konkordie* fest, dass die Signatarkirchen den schriftgemäßen Heilsglauben als das ihnen gemeinsame Evangelium begreifen und dass sie sich sowohl in Kontinuität zu den altkirchlichen Symbolen als auch in der Kontinuität zu den reformatorischen Bekenntnissen begreifen. So heißt es in der *Leuenberger Konkordie* Nr. 12:

»Mit diesem Verständnis des Evangeliums stellen wir uns auf den Boden der altkirchlichen Symbole und nehmen die gemeinsame Überzeugung der reformatorischen Bekenntnisse auf, daß die ausschließliche Heilsmittlerschaft Jesu Christi die Mitte der Schrift und die Rechtfertigungsbotschaft als die Botschaft von der freien Gnade Gottes Maßstab aller Verkündigung der Kirche ist.«[42]

Dass bekenntnisverschiedene Kirchen, indem sie einander als wahre Kirche Jesu Christi anerkennen, Kirchengemeinschaft zwischen sich erklären und praktizieren, ist innerevangelische ökumenische Realität in der Leuenberger Kirchengemeinschaft, jetzt *Gemeinschaft evangelischer Kirchen in Europa* (GEKE). Die erklärte und praktizierte Kirchengemeinschaft hat ihre Grundlage in den sich aus dem evangelischen Kirchenverständnis ergebenden Kriterien für die Frage danach, wann eine christliche Gemeinschaft als wahre Kirche Jesu Christi anzuerkennen ist. Nach evangelischem Verständnis ist dies dann der Fall, wenn in ihr »nach reinem Verstand das Evangelium gepredigt und die Sakramente dem gottlichen Wort gemäß gereicht werden«. Diese Kriterien des Kircheseins sind nach Auffassung der Signatarkirchen *genug und für sich hinreichend*. Darum steht, wo sie gegeben sind, der wechselseitigen Erklärung und Praktizierung von Kirchengemeinschaft nichts im Weg, wenn nämlich die Einigkeit im Blick auf die reine Evangeliumsverkündigung und die rechte Sakramentsverwaltung besteht, was durch Lehrgespräche geklärt und durch die Kirchenleitungen erklärt wird.

Damit macht die *Leuenberger Konkordie* das für die Evangelischen Kirchen unaufgebbar Wesentliche des evangelischen Verständnisses von Kirchesein zur Grundlage für die Erklärung von Kirchengemeinschaft. Die Kirchen der GEKE

---

[41] CA VII, BSLK, S. 61: »Item docent, quod una sancta ecclesia perpetuo mansura sit. Est autem ecclesia congregatio sanctorum, in qua evangelium pure docetur et recte administrantur sacramenta. Et ad veram unitatem ecclesiae satis est consentire de doctrina evangelii et de administratione sacramentorum.«

[42] LK, Nr. 12, S. 292.

sehen diese Grundlage in der reinen Evangeliumsverkündigung und der rechten Sakramentsverwaltung als bindend an, weil sie in ihr die *schriftgemäße* Bestimmung des Kircheseins von Kirche erkennen und sie als für das evangelische Selbstverständnis von Kirche verbindlich bekennen. Die *Leuenberger Konkordie* formuliert und praktiziert auf dieser Grundlage ein Modell von Kirchengemeinschaft, das bei Einigkeit in der Evangeliumsverkündigung und Sakramentsverwaltung die gegebenen Unterschiede der konfessionsverschiedenen Kirchen zugleich anerkennen kann und anerkennt. Die zustimmenden Kirchen erklären die Kirchengemeinschaft »in der Bindung an die sie verpflichtenden Bekenntnisse oder unter Berücksichtigung ihrer Traditionen«, wie es in der *Leuenberger Konkordie* Nr. 30 heißt. Diesbezüglich wird in der *Leuenberger Konkordie* Nr. 37 ergänzend festgehalten:

>»Die Konkordie läßt die verpflichtende Geltung der Bekenntnissse in den beteiligten Kirchen bestehen. Sie versteht sich nicht als ein neues Bekenntnis. Sie stellt eine im Zentralen gewonnene Übereinstimmung dar, die Kirchengemeinschaft zwischen Kirchen verschiedenen Bekenntnisstandes ermöglicht.«[43]

Voraussetzung für die Erklärung von Kirchengemeinschaft ist der durch Lehrgespräche festgestellte Konsens in dem für das Kirchesein von Kirche grundlegenden Verständnis des Evangeliums und der Sakramentsverwaltung. Unter der Vorraussetzung des erreichten Konsenses in den für das Kirchesein von Kirche *notwendigen* und als solche *hinreichenden* Bedingungen wird erklärt, dass »die in den Bekenntnisschriften ausgesprochenen Lehrverurteilungen [...] den gegenwärtigen Stand der Lehre der zustimmenden Kirchen«[44] nicht mehr treffen.

Damit hat die *Leuenberger Konkordie* ein Modell von Kirchengemeinschaft begründet und praktiziert, das als Modell der ›Einheit in versöhnter Verschiedenheit‹ verstanden wird. Es wird von den evangelischen Kirchen auch in den ökumenischen Dialog mit den nicht-evangelischen Konfessionskirchen um die Frage nach den Bedingungen von Kirchengemeinschaft eingebracht. Dabei sind die evangelischen Kirchen der GEKE von der Überzeugung geleitet, dass für die Kirchengemeinschaft die Einigkeit in der Evangeliumsverkündigung und der Sakramentsverwaltung hinreichend sind. Denn in diesen Vollzügen bezeugt die Kirche die Selbstvergegenwärtigung Jesu Christi zum Heil der Glaubenden, der dadurch *selber der alleinige Grund der Kirche sowie ihrer Einheit* ist.

Weiterführende Literatur:
CHRISTINE AXT-PISCALAR, Das evangelische Verständnis von Kirche, Amt und Kirchengemeinschaft. Anfragen an das Ökumenismusdekret aus reformatorischer Sicht, in: Unitatis redintegratio. 40 Jahre Ökumenismusdekret – Erbe und Auftrag, hg. von W. Thönissen, Paderborn/Frankfurt a. M. 2005, S. 245–260.

---

[43] LK, Nr. 37, S. 296.
[44] LK, Nr. 32, S. 295.

DIES., Theologie – Dogma – Bekenntnis. Überlegungen aus evangelischer Sicht zu ihrer Bedeutung und Funktion, in: ÖR 57 (2008), S. 3–21.

DIES., Das lutherische Verständnis von Bekenntnis und die Frage nach einer möglichen Rezeption der Barmer Theologischen Erklärung durch die lutherischen Kirchen, in: KuD 57 (2011), S. 338–345.

WILHELM HÜFFMEIER (Hg.), Die Kirche Jesu Christi. Der reformatorische Beitrag zum ökumenischen Dialog über die kirchliche Einheit. Beratungsergebnis der 4. Vollversammlung der Leuenberger Kirchengemeinschaft, 9. Mai 1994, Frankfurt a. M. 1995.

JAN ROHLS, Die Confessio Augustana in den reformierten Kirchen Deutschlands, in: ZThK 105 (2008), S. 315–331.

NOTGER SLENCZKA, Die Bedeutung des Bekenntnisses für das Verständnis der Kirche und die Konstitution der Kirche in lutherischer Sicht, in: Profil – Bekenntnis – Kirche. Was lutherische Kirche prägt, hg. von K. Grünwaldt/U. Hahn, Hannover 2003, S. 9–34.

XIII. Die katholische Lehre vom Dogma

Textgrundlage:[1]
- II. Vatikanisches Konzil: Dogmatische Konstitution über die göttliche Offenbarung *Dei Verbum*.
- II. Vatikanisches Konzil: Dogmatische Konstitution über die Kirche *Lumen Gentium*.
- II. Vatikanisches Konzil: Dekret über den Ökumenismus *Unitatis Redintegratio*.
- W. KASPER, Art. Dogma/Dogmenentwicklung.
- M. LUTHER, De servo arbitrio, vgl. besonders WA 18, S. 603–605, bzw. Studienausgabe, S. 227–229.

1. Das Dogma als verbindliche Lehre der Kirche

Das vorangehende Kapitel hat gezeigt, dass die evangelischen Kirchen für diejenigen Lehraussagen, denen Verbindlichkeit für Lehre, Verkündigung und Sozialgestalt der Kirchen zukommt, den Ausdruck Bekenntnis bzw. Bekenntnisschriften gebrauchen. Sogenannte bekenntnisgebundene Kirchen sind ein Phänomen, das mit den aus der Reformation hervorgegangenen Kirchen verbunden ist. Das Bekenntnis hat – vor allem für die lutherischen Kirchen – überregional verbindlichen Charakter. Seinem Selbstverständnis nach ist es der Heiligen Schrift als kritischer Norm unterstellt. Es erhebt den Anspruch, die sich aus der Schrift selbst erschließende Mitte – das Evangelium von der Rechtfertigung des Sünders – und die damit verbundenen Lehraussagen zu formulieren, sie als hermeneutische Anleitung zum Verstehen der Schrift zur Geltung zu bringen und so Verkündigung und Lehre der Kirche an der Mitte der Schrift zu orientieren. Indem es *schriftgemäß* ist, hat das Bekenntnis verbindliche Geltung in den lutherischen Kirchen. Insofern es als Orientierung zum rechten Schriftverstehen und zur rechten Lehre dient, hat es selbst normierende Funktion. Denn es rückt das,

---

[1] II. Vatikanisches Konzil: Dogmatische Konstitution über die göttliche Offenbarung *Dei Verbum* (= DV); Dogmatische Konstitution über die Kirche *Lumen Gentium* (= LG); Dekret über den Ökumenismus *Unitatis Redintegratio* (= UR), in: HEINRICH DENZINGER, Kompendium der Glaubensbekenntnisse und kirchlichen Lehrentscheidungen, verbessert, erweitert, ins Deutsche übertragen und unter Mitarbeit von H. Hoping hg. von P. Hünermann, 37. Auflage, Freiburg i. Br. 1991 (= DH).
WALTER KASPER, Art. Dogma/Dogmenentwicklung, in: Neues Handbuch theologischer Grundbegriffe, erweiterte Neuausgabe in 5 Bänden, hg. von P. Eicher, München 1991, Bd. 1, S. 292–309.
MARTIN LUTHER, De servo arbitrio, lateinisch in: WA 18, S. 551–787. Übersetzung nach: Ders., lateinisch-deutsche Studienausgabe, Bd. 1, unter Mitarbeit von M. Beyer hg. und eingeleitet von W. Härle, Leipzig 2006, S. 219–661.

was sich aus der Schrift selbst als deren Mitte ergibt, in das Zentrum von Verkündigung und Lehre der Kirche.

Die Überordnung der Schrift über das kirchliche Bekenntnis ist für das Selbstverständnis der evangelischen Kirchen grundlegend. Daher wird auch das Glaubensbewusstsein der einzelnen Christen durch die Lehre der Kirche nicht in der Weise gebunden, dass diese gleichsam zum Glaubensgegenstand würde. Das Bekenntnis soll dem Glaubensbewusstsein zur Orientierung hinsichtlich der zentralen Heilsbotschaft dienen. Es tut dies, indem es Verkündigung, Sakramentsverwaltung, Unterricht und Sozialgestalt der Kirche auf das Evangelium hin ausrichtet. Das Bekenntnis hat aber nicht einen die Gewissen des einzelnen Christenmenschen bindenden Charakter. Dies kommt im evangelischen Christentum einzig dem von der Heiligen Schrift bezeugten Evangelium zu, wie es sich kraft des Heiligen Geistes im Glauben bezeugt. So hat es in der evangelischen Kirchengeschichte nicht selten auch Strömungen gegeben, in denen das Glaubensbewusstsein der Einzelnen und ganzer Gemeinden sich unter Rückgriff auf die individuelle Glaubenserfahrung und deren Gebundenheit an das Wort der Heiligen Schrift gegen eine Überbetonung der kirchlichen Lehre zur Wehr gesetzt haben, wie es vor allem im Pietismus,[2] in der Aufklärung,[3] in den meisten Freikirchen und in der modernen Erscheinung der individualisierten Privatreligion der Fall ist.

Wenn wir von diesen Überlegungen herkommend auf die Bedeutung und Funktion des Dogmas in der katholischen Kirche sehen, dann liegt der Unterschied zu den evangelischen Kirchen nicht darin, dass in jener für die kirchliche Lehre eine grundlegende Funktion für Lehre und Leben der Kirche behauptet wird. Auch die evangelischen Kirchen – wir beschränken uns hier auf diejenigen in Deutschland – sind keine Gebilde ohne verbindliche Lehr- und Bekenntnisgrundlage. Allerdings kann für diese selbst keine die Gewissen der Glaubenden bindende Autorität beansprucht werden. Genau dies aber ist der Fall, wenn in der katholischen Kirche vom Dogma im strengen Sinn gesprochen wird.

Im Blick auf das katholische Verständnis vom Dogma ist zunächst zu bedenken: Nicht alles und jedes, was Rom verlautbaren lässt, hat den Rang eines Dogmas, das die Kirchen unter dem Primat von Rom und das einzelne Glaubensbewusstsein bindet sowie den abgesteckten Rahmen für die Arbeit der wissenschaftlichen Theologie bildet. Dogma in diesem *strengen Sinn* ist nur dasjenige, was »von der Kirche in definitiv und kirchlich allgemeinverbindlicher Weise als Offenbarungswahrheit vorgelegt«[4] wird, wobei dies entweder durch das ordentliche und allgemeine Lehramt der Kirche oder durch ein Konzil vollzogen werden kann. Dogma in diesem strengen Sinn ist zudem dasjenige, was der Papst in der berüchtigten Formulierung des *I. Vatikanischen Konzils* »*ex cathedra*« –

---

[2] Vgl. Kapitel XIV.
[3] Vgl. Kapitel XV.
[4] KASPER, Art. Dogma/Dogmenentwicklung, S. 301.

nämlich als Träger des die Gesamtkirche repräsentierenden Lehramtes – und »*ex sese*« – also allein durch sich selbst ohne weitere Zustimmung durch andere kirchliche Instanzen – unfehlbar und unabänderlich erklärt:

»Wenn der Römische Bischof ›ex cathedra‹ spricht, das heißt, wenn er in Ausübung seines Amtes als Hirte und Lehrer aller Christen kraft seiner höchsten Apostolischen Autorität entscheidet, daß eine Glaubens- oder Sittenlehre von der gesamten Kirche festzuhalten ist, [...] sind solche Definitionen des Römischen Bischofs aus sich, nicht aber aufgrund der Zustimmung der Kirche unabänderlich.«[5]

Was diesen Status hat, ist bindende Lehre der Kirche und muss vom ganzen Kirchenvolk rezipiert werden. Für die Dogmen in diesem engen Sinn genommen gilt, was das *I. Vatikanische Konzil* wie folgt festhält:

»Mit göttlichem und katholischen Glauben ist [...] all das zu glauben, was im geschriebenen oder überlieferten Wort Gottes enthalten ist und von der Kirche – sei es in feierlicher Entscheidung oder Kraft ihres gewöhnlichen und allgemeinen Lehramtes – als von Gott geoffenbart zu glauben vorgelegt wird«.[6]

Dogmen binden das kirchenleitende Denken und Handeln der Bischöfe, binden das Glaubens- und Moralbewusstsein der Gläubigen und geben einzuhaltende Rahmenbedingungen ab für die wissenschaftliche Theologie.

Was nun den Gebrauch des Wortes ›Dogma‹ in diesem engen Sinn, mit dem auch eine entsprechende kirchenrechtliche Dimension einhergeht, betrifft, so taucht er vermehrt erst im 16. Jahrhundert auf. Dies deutet darauf hin, dass die verstärkte Bedeutung, die dem Dogma nun zukommt, als Reaktion auf die Reformation zu verstehen ist, die auf Seiten der katholischen Kirche eine entsprechende Selbstpositionierung nach sich zieht. Die Herausforderung durch die reformatorischen Kirchen führt dazu – wie im *Trienter Konzil* geschehen –, dass die katholische Kirche ihre Lehre in den vor allem mit Luther strittigen Punkten – diese betreffen das Verhältnis von Schrift und Überlieferung sowie das Verständnis von Sünde, Rechtfertigung, Sakramenten und Amt – im strikten Sinne dogmatisiert und zugleich die abweichenden Lehren als Häresien verwirft und mit dem *Anathema* belegt.

Das Dogma erhält in der Folgezeit dann vor allem in der Epoche der Aufklärung ein gesteigertes Gewicht. Dies wiederum verdankt sich einer Gegenbewegung der katholischen Kirche gegen die autoritätskritische Rolle der Vernunft und des damit einhergehenden liberaleren Umgangs mit dogmatischen Lehraus-

---

[5] I. Vatikanisches Konzil, DH 3074: »Romanum Pontificem, cum ex cathedra loquitur, id est, cum omnium Christianorum pastoris et doctoris munere fungens pro suprema sua Apostolica auctoritate doctrinam de fide vel moribus ab universa Ecclesia tenendam definit [...]; ideoque eiusmodi Romani Pontificis definitiones ex sese, non autem ex consensu Ecclesiae, irreformabiles esse.«

[6] I. Vatikanisches Konzil, DH 3011: »Porro fide divina et catholica ea omnia credenda sunt, quae in verbo Dei scripto vel tradito continentur et ab Ecclesia sive solemni iudicio sive ordinario et universali magisterio tamquam divinitus revelata credenda proponuntur«.

sagen, von dem Theologie und Kirche in der Neuzeit aus Sicht der katholischen Kirche erfasst zu werden drohen. Vor diesem Hintergrund ist das I. Vatikanische Konzil zu verstehen, das den päpstlichen Jurisdiktionsprimat sowie die Unfehlbarkeit des Papstes bei *ex cathedra* vollzogenen Entscheidungen in Glaubens- und Sittenlehren als Dogma formuliert sowie die abweichende Lehre verwirft.[7] Die Selbstpositionierung angesichts der Herausforderung zunächst durch die Reformation und dann durch Aufklärung und Moderne führt die katholische Kirche dazu, den engen Begriff des Dogmas konsequenter, als dies vormals der Fall war, zur Geltung zu bringen. Sie bestimmt das Dogma als etwas, was das kirchliche Lehramt aufgrund seiner Autorität hinsichtlich der Auslegung der Offenbarung als *glaubensbindende* Lehraussagen vorlegt, für die der Charakter einer *Offenbarungswahrheit* beansprucht wird, so dass die Abweichung davon als häretisch zu gelten hat.

»Ein Dogma im strengen, seit dem 18. Jh. allgemein üblichen Sprachgebrauch ist eine Lehre, in der die Kirche eine Wahrheit der Offenbarung Alten und Neuen Bundes in endgültiger und allgemein verbindlicher Weise als Offenbarungswahrheit so verkündet, daß ihre Leugnung als Häresie verworfen und mit dem Anathem belegt wird«.[8]

Das II. Vatikanische Konzil greift die Ausführungen des I. Vatikanischen Konzils zum Verständnis des Papstamtes sowie dem damit verknüpften Verständnis des Dogmas auf und führt sie zugleich weiter, indem es das Papstamt stärker eingebunden in das Bischofskollegium versteht und die Unfehlbarkeitsaussage auch für den Gesamtepiskopat und die Kirche als Ganze geltend macht. Einschlägig ist hier Nr. 25 von *Lumen Gentium*. Mit Bezugnahme auf das I. Vatikanische Konzil wird zunächst die Unfehlbarkeit des Papstes festgehalten, »wenn er als oberster Hirte und Lehrer aller Christgläubigen [...] eine Lehre über den Glauben oder die Sitten in einem endgültigen Akt verkündet«.[9] Es wird ferner gesagt, dass in diesem Fall »seine Bestimmungen zu recht aus sich und nicht aus der Zustimmung der Kirche heraus unveränderlich« sind und sie »deshalb keiner Bestätigung durch andere bedürfen noch irgendeine Berufung an ein anderes Urteil zulassen«.[10] Denn der Papst legt dann »als oberster Lehrer der gesamten Kirche, dem auf einzigartige Weise die Gnadengabe der Unfehlbarkeit der Kirche selbst innewohnt, die Lehre des katholischen Glaubens aus und schützt sie«.[11] Daraufhin wird »die der Kirche verheißene Unfehlbarkeit« auch von der »Körperschaft

---

[7] Vgl. I. Vatikanisches Konzil, DH 3053–3075.
[8] KASPER, Art. Dogma/Dogmenentwicklung, S. 301.
[9] LG 25, DH 4149: »quando, ut supremus omnium christifidelium pastor et doctor, [...] doctrinam de fide vel moribus definitivo actu proclamat.«
[10] LG 25, DH 4149: »Quare definitiones eius ex sese, et non ex consensu Ecclesiae, irreformabiles merito dicuntur«; »ideoque nulla indigeant aliorum approbatione, nec ullam ad aliud iudicium appelationem patiantur.«
[11] LG 25, DH 4149: »universalis Ecclesiae magister supremus, in quo charisma infallibilitatis ipsius Ecclesiae singulariter inest, doctrinam fidei catholicae exponit vel tuetur.«

der Bischöfe« ausgesagt, »wenn sie das oberste Lehramt zusammen mit dem Nachfolger des Petrus ausübt«.[12]

Das Konzil verwendet in *Lumen Gentium* zwar nicht den Begriff des Dogmas, gibt aber gleichwohl der Sache nach eine Bestimmung desselben, indem es anschließend an das eben Ausgeführte heißt:

»Wenn aber der Römische Bischof oder die Körperschaft der Bischöfe in Verbindung mit ihm einen Satz definieren, legen sie ihn gemäß der Offenbarung selbst vor, zu der zu stehen und nach der sich zu richten alle gehalten sind, und die in Schrift oder Überlieferung durch die rechtmäßige Nachfolge der Bischöfe und insbesondere durch die Sorge des Römischen Bischofs selbst unversehrt weitergegeben und im Lichte des Geistes der Wahrheit in der Kirche unantastbar bewahrt und getreu ausgelegt wird.«[13]

Natürlich gab es auch in der altkirchlichen und mittelalterlichen Kirche bereits eine autoritative Bindung an die für die Kirche als maßgeblich anerkannte Lehre. Dies hängt zusammen mit der für die katholische Kirche und ihr Selbstverständnis schon früh grundlegenden Verbindung von Schrift und Tradition sowie der Bedeutung, die sie dem Amt in apostolischer Sukzession zuerkennt: Sie gelten als diejenigen ›Medien‹, durch welche die Offenbarung unversehrt und unverfälscht weitergegeben wird.

Das für das katholische Selbstverständnis konstitutive Traditionsprinzip hat Vinzenz von Lerin im 5. Jahrhundert in einer für die katholische Kirche spezifischen und ihre diesbezügliche Auffassung repräsentierenden Weise formuliert. Dies gilt unbeschadet dessen, dass die schmale Schrift während des ganzen Mittelalters verschollen war und erst im Zuge seiner Wiederentdeckung durch die Humanisten im 16. Jahrhundert ihre eigentliche Wirkung entfaltete, als es 35 Ausgaben und 22 Übersetzungen von diesem Werk gab. Vinzenz von Lerin behauptet gegen die ›neuen Dogmen‹ der Häretiker das *dogma catholicum* seinem *Inhalt* nach als dasjenige, was in der wahren Kirche zu gelten hat und auf dessen Grundlage die dem Dogma fremden Lehren als Häresien auszuschließen sind. Und er bestimmt das Dogma zudem nach dem *formalen* Kriterium als dasjenige, »was überall, was immer, was von allen geglaubt wird«.[14]

Diese Bestimmung hält fest, dass das katholische Dogma dasjenige ist, was zu allen Zeiten und an allen Orten geglaubt wird, und verknüpft dies mit dem Kriterium des Konsenses – »das, was von allen geglaubt wird«. Das wirft die Frage

---

[12] LG 25, DH 4149: »Infallibilitas Ecclesiae promissa in corpore Episcoporum quoque inest, quando supremum magisterium cum Petri Successore exercet.«

[13] LG 25, DH 4150: »Cum autem sive Romanus Pontifex sive Corpus Episcoporum cum eo sententiam definiunt, eam proferunt secundum ipsam Revelationem, cui omnes stare et conformari tenentur et quae scripta vel tradita per legitimam Episcoporum successionem et imprimis ipsius Romani Pontificis cura integre transmittitur, atque praelucente Spiritu veritatis in Ecclesia sancte servatur et fideliter exponitur.«

[14] VINZENZ VON LERIN, Commonitorium pro catholicae fidei antiquitate et universitate adversus omnium haereticorum novitates, hg. von A. Jülicher, Freiburg i. Br. 1895, cap. II, 3, S. 3, Z. 21–22: »quod ubique, quod semper, quod ab omnibus creditum est«.

auf, welche die diesen Konsensus tragenden Gruppen bilden. Diesbezüglich scheint dem *consensus fidelium* offenbar eine gewisse Rolle zugemessen zu werden bzw. zugemessen werden zu können. Ein solches Verständnis ist durch die Konsensusbestimmung des Vinzenz von Lerin zumindest nicht ausgeschlossen, sondern durchaus möglich. Vinzenz selbst knüpft die Übereinstimmung in der Lehre freilich vor allem an die Priester und Gelehrten.[15] Die katholische Kirche hat dann im *I. Vatikanischen Konzil* den Konsensus dezidiert an das kirchliche Lehramt gebunden. Das formale Kriterium des Vinzenz ermöglicht es gleichwohl, hierbei auch den *consensus fidelium* einzubeziehen. Diesen Aspekt stärkt das *II. Vatikanische Konzil* – zumindest in gewisser Weise. Der *consensus fidelium* umfasst nicht nur die kirchenleitenden Bischöfe, sondern das gesamte ›heilige Gottesvolk‹. Damit wäre das Dogma der Kirche, wenn auch durch das kirchenleitende Amt in Gestalt von Papst und Bischöfen proklamiert, gleichwohl nicht einseitig als rein lehramtlich verantwortetes Dekret verstanden, sondern an den Glaubenssinn des Kirchenvolks und die Rezeption der Dogmen durch die Kirche als Ganzer gebunden.

Das *II. Vatikanische Konzil* jedenfalls unterstreicht die Bedeutung des gesamten ›heiligen Gottesvolks‹ und hebt dies im Vergleich zur vormaligen Lehre der katholischen Kirche und in Reaktion auf die verstärkten Laienbewegungen des 20. Jahrhunderts in besonderer Weise hervor. Das Konzil gibt den *consensus fidelium*, die Leitung durch die Bischöfe und das kirchliche Lehramt als ein freilich geordnet (!) zusammenwirkendes Ganzes zu verstehen, in dem das eine nicht von dem anderen separiert werden kann. So heißt es:

»Das heilige Volk Gottes nimmt auch teil am prophetischen Amt Christi, indem es sein lebendiges Zeugnis vor allem durch ein Leben in Glauben und Liebe verbreitet [...]. Die Gesamtheit der Gläubigen [...] kann im Glauben nicht fehlgehen, und diese ihre besondere Eigenschaft macht sie mittels des übernatürlichen Glaubenssinns des ganzen Volkes dann kund, wenn sie ›von den Bischöfen bis zu den letzten gläubigen Laien‹ ihre allgemeine Übereinstimmung in Sachen des Glaubens und der Sitten äußert. Durch jenen Glaubenssinn nämlich, der vom Geist der Wahrheit geweckt und erhalten wird, hängt das Volk Gottes unter der Leitung des heiligen Lehramtes, in dessen treuer Gefolgschaft es nicht mehr das Wort von Menschen, sondern wahrhaft das Wort Gottes empfängt (vgl. 1 Thess 2, 13), dem einmal den Heiligen übergebenen Glauben (vgl. Jud 3) unwiderruflich an, dringt mit rechtem Urteil immer tiefer in ihn ein und wendet ihn im Leben voller an.«[16]

---

[15] Ebd., cap. II, S. 3, Z. 31 f.
[16] LG 12, DH 4130: »Populus Dei sanctus de munere quoque prophetico Christi participat [...]. Universitas fidelium [...] in credendo falli nequit, atque hanc suam peculiarem proprietatem mediante supernaturali sensu fidei totius populi manifestat, cum ›ab Episcopis usque ad extremos laicos fideles‹ universalem suum consensum de rebus fidei et morum exhibet. Illo enim sensu fidei, qui a Spiritu veritatis excitatur et sustentatur, Populus Dei sub ductu sacri magisterii, cui fideliter obsequens, iam non verbum hominum, sed vere accipit verbum Dei [cf. 1 Thess 2,13], semel traditae sanctis fidei [cf. Iud 3], indefectibiliter adhaeret, recto iudicio in eam profundius penetrat eamque in vita plenius applicat.«

Freilich betont nun derselbe Abschnitt, *Lumen Gentium* Nr. 12, und dann vor allem Nr. 25 von *Lumen Gentium* auch nachdrücklich, dass allein dem Lehramt die authentische Auslegung von Schrift und Tradition zukommt und von den Gläubigen ein entsprechender Glaubensgehorsam verlangt sei, so dass von einem *hierarchisch* geordneten Zusammenwirken des heiligen Gottesvolks geredet wird. Dabei scheint zumindest dies festgehalten zu sein, dass die kirchenleitenden Organe nicht an dem Glaubenssinn der Laien *vorbei* oder *gegen* ihn agieren können, wenngleich das *hierarchisch* geordnete Zusammenwirken im Sinne des Gehorsams des Glaubensvolkes gegenüber dem kirchlichen Lehramt betont wird.

»Wenn Bischöfe in Gemeinschaft mit dem Römischen Bischof lehren, sind sie von allen als Zeugen der göttlichen und katholischen Wahrheit zu verehren; die Gläubigen aber müssen mit einer im Namen Christi vorgetragenen Entscheidung ihres Bischofs über den Glauben und die Sitte übereinkommen und ihr mit dem religiösen Gehorsam ihres Herzens anhangen. Dieser religiöse Gehorsam des Willens und des Verstandes ist aber in besonderer Weise dem authentischen Lehramt des Römischen Bischofs zu leisten, auch wenn er nicht ex cathedra spricht; nämlich so, daß sein oberstes Lehramt ehrfürchtig anerkannt und den von ihm vorgetragenen Entscheidungen aufrichtig angehangen wird«.[17]

2. Dogma und Schrift

Im Blick auf den Anspruch des Lehramts auf authentische Auslegung von Schrift und Tradition vollzieht das *II. Vatikanische Konzil* auch eine stärkere Gewichtung der Heiligen Schrift in ihrer Bedeutung für die kirchliche Lehre, wenn es *Dei Verbum* Nr. 10 heißt, dass das Lehramt dem Wort Gottes dient. »Das Lehramt steht also nicht über dem Wort Gottes, sondern dient ihm, indem es nur lehrt, was überliefert ist«.[18] Freilich lässt die nähere Konkretisierung des Dienstes am Wort Gottes auf dasjenige, »was überliefert ist«, den Dienst am Wort Gottes sogleich wieder von der Verbindung von Schrift und Tradition her verstehen und damit für evangelische Leser die Frage aufkommen, ob hier die Schrift wirklich als das übergeordnete und schlechthin *normierende* Prinzip der kirchlichen Lehre verstanden wird, wie das für die evangelische Bestimmung des Verhältnisses von Schrift und kirchlicher Lehre grundlegend ist.

---

[17] LG 25, DH 4149: »Episcopi in communione cum Romano Pontifice docentes ab omnibus tamquam divinae et catholicae veritatis testes venerandi sunt; fideles autem in sui Episcopi sententiam de fide et moribus nomine Christi prolatam concurrere, eique religioso animi obsequio adhaerere debent. Hoc vero religiosum voluntatis et intellectus obsequium singulari ratione praestandum est Romani Pontificis authentico magisterio etiam cum non ex cathedra loquitur; ita nempe ut magisterium eius supremum reverenter agnoscatur, et sententiis ab eo prolatis sincere adhaereatur, iuxta mentem et voluntatem manifestatam ipsius, quae se prodit praecipue sive indole documentorum, sive ex frequenti propositione eiusdem doctrinae, sive ex dicendi ratione.«

[18] DV 10, DH 4214: »Quod quidem Magisterium non supra verbum Dei est, sed eidem ministrat, docens nonnisi quod traditum est«.

Insbesondere Nr. 9 von *Dei Verbum* beschreibt die Bedeutung, die der Überlieferung neben der Heiligen Schrift zukommt, derart, dass die reformatorische Auffassung ausdrücklich zurückgewiesen wird, indem gesagt wird, »daß die Kirche ihre Gewißheit über alles Geoffenbarte nicht aus der Heiligen Schrift allein schöpft«, und daher Schrift und Tradition »mit dem gleichen Gefühl der Dankbarkeit und der gleichen Ehrfurcht anzunehmen und zu verehren« sind.[19] Dezidiert wird gelehrt: »Die Heilige Überlieferung und die Heilige Schrift bilden die eine der Kirche anvertraute heilige Hinterlassenschaft des Wortes Gottes.«[20] Insofern wird festgehalten, dass die katholische Kirche in den göttlichen Schriften »zusammen mit der Heiligen Überlieferung […] die höchste Richtschnur ihres Glaubens« sah und noch immer sieht.[21] Demgemäß vermeidet *Dei Verbum* Nr. 10, nachdem die Bedeutung der Schrift hervorgehoben und das Lehramt als Dienst am Wort Gottes verstanden wird, in der abschließenden Zuordnung von Schrift, Tradition und Lehramt eine Überordnung der Schrift auszusagen. Vielmehr heißt es die gesamten Ausführungen zur »Weitergabe der Offenbarung« zusammenfassend:

»Es zeigt sich also, daß die Heilige Überlieferung, die Heilige Schrift und das Lehramt der Kirche gemäß dem überaus weisen Ratschluß Gottes so miteinander verknüpft und einander zugesellt sind, daß das eine nicht ohne die anderen besteht und alle zusammen, jedes auf seine Weise, durch das Tätigsein des einen Heiligen Geistes wirksam zum Heil der Seelen beitragen«.[22]

Die evangelische Theologie hat im Blick auf die normative Bedeutung der Schrift, mit der nach ihrer Auffassung auch eine traditions*kritische* Funktion der Schrift gegenüber der kirchlichen Lehre einhergeht, zurückzufragen, ob die katholische Lehre dies zulässt. Diese kritische Rückfrage hat auch dann zu geschehen, wenn prinzipiell anzuerkennen ist, dass »noch nie ein Konzil oder überhaupt das höchste Lehramt der katholischen Kirche so intensiv und so ausführlich über das Wort Gottes und über die Heilige Schrift gesprochen«[23] hat.

---

[19] DV 9, DH 4212: »ut Ecclesia certitudinem suam de omnibus revelatis non per solam Sacram Scripturam hauriat. Quapropter utraque pari pietatis affectu ac reverentia suscipienda et veneranda est.« Vgl. insgesamt die Ausführungen des Konzils zur »Weitergabe der göttlichen Offenbarung« DV 7–10, DH 4207–4214.

[20] DV 10, DH 4213: »Sacra Traditio et Sacra Scriptura unum verbi Dei sacrum depositum constituunt Ecclesiae commissum«.

[21] DV 21, DH 4228: »Eas una cum Sacra Traditione semper ut supremam fidei suae regulam habuit et habet«.

[22] DV 10, DH 4214: »Patet igitur Sacram Traditionem, Sacram Scripturam et Ecclesiae Magisterium, iuxta sapientissimum Dei consilium, ita inter se connecti et consociari, ut unum sine aliis non consistat, omniaque simul, singula suo modo sub actione unius Spiritus Sancti, ad animarum salutem efficaciter conferant.«

[23] KARL RAHNER/HERBERT VORGRIMMLER, Einleitung zu Dei Verbum, in: Kleines Konzilskompendium. Alle Dekrete und Erklärungen des zweiten Vaticanums in der bischöflich beauftragten Übersetzung, 6. Auflage, hg. von K. Rahner und H. Vorgrimmler, Freiburg i. Br. 1966, S. 366.

3. Die Geschichtlichkeit dogmatischer Aussagen und die Fortentwicklung des Dogmas

Trotz des für das Dogma beanspruchten untrüglichen Wahrheitsgehalts anerkennt das II. Vatikanische Konzil die geschichtliche Bedingtheit der dogmatischen Aussagen in ihrer sprachlichen Gestalt.[24] Zudem macht es deutlich, dass es angesichts der »Zeichen der Zeit«[25] orientierende und verbindliche Antworten geben will, und vollzieht eine produktive Fortbildung der kirchlichen Lehre. In Nr. 4 von *Gaudium und Spes* etwa wird diesbezüglich Folgendes festgehalten:

»Zur Erfüllung dieser Aufgabe obliegt der Kirche allzeit die Pflicht, die Zeichen der Zeit zu erforschen und im Licht des Evangeliums zu deuten, so daß sie in einer der jeweiligen Generation angemessenen Weise auf die bleibenden Fragen der Menschen nach dem Sinn des gegenwärtigen und des zukünftigen Lebens und nach dem Verhältnis beider zueinander Antwort geben kann. Es gilt also, die Welt, in der wir leben, ihre Erwartungen, Bestrebungen und ihren oft dramatischen Charakter zu erkennen und zu verstehen.«[26]

Das II. Vatikanische Konzil reflektiert zum einen die Geschichtlichkeit dogmatischer Aussagen in ihrer sprachlichen Formulierung und unterscheidet zwischen sprachlicher Gestalt und Gehalt des Dogmas. Zum andern vollzieht es selbst eine Fortentwicklung des Dogmas.

Hierin liegt ein zentraler Unterschied zum Verständnis des Dogmas in der orthodoxen Tradition. Die orthodoxe Theologie versteht das Dogma als die authentisch-verbindliche Entscheidung der Kirche in Glaubensfragen und sie begreift die Dogmen als von Gott geoffenbarte Wahrheiten, die darum unwiderruflichen und absolut verbindlichen Charakter haben. Diese geoffenbarten Dogmen werden unter Beistand des Heiligen Geistes auf ökumenischen Konzilien beschlossen, man muss genauer sagen, sie wurden beschlossen. Denn die orthodoxe Theologie anerkennt nur die auf den ökumenischen Konzilien, will heißen nur die von Ost- und Westkirche gemeinsam auf den sieben Ökumenischen Konzilien beschlossenen Dogmen als verbindliche Lehre an. Die Lehre der Kirche ist für sie mit dem *II. Nicaenum* (787) abgeschlossen. Ein geschichtliches Verständnis des Dogmas und ebenso die Vorstellung, dass dieses angesichts der »Zeichen der Zeit« eine produktive Fortschreibung verlangt, kann sich die orthodoxe Theologie kaum vorstellen. Allerdings hat man im Blick auf das Verständnis dessen, was ein Dogma für die orthodoxe Theologie und Kirche ist, zu

---

[24] Vgl. II. Vatikanisches Konzil, Pastoralkonstitution über die Kirche in der Welt von heute Gaudium et Spes 62.

[25] Vgl. Gaudium et Spes 3f.; 10f.; 22; 40; 42f.

[26] Gaudium et Spes 4, DH 4304: »Ad tale munus exsequendum, per omne tempus Ecclesiae officium incumbit signa temporum perscrutandi et sub Evangelii luce interpretandi; ita ut, modo unicuique generationi accommodato ad perennes hominum interrogationes de sensu vitae praesentis et futurae deque earum mutua relatione respondere possit. Oportet itaque ut mundus in quo vivimus necnon eius expectationes, appetitiones et indoles saepe dramatica cognoscantur et intelligantur«.

3. Die Geschichtlichkeit dogmatischer Aussagen und die Fortentwicklung des Dogmas 159

beachten, dass sie die Dogmen viel weniger als Lehrsätze verstehen. Die Dogmen gehören vielmehr zur Heiligen Liturgie der Kirche. Sie sind solcherart – als vollzogene Doxologie[27] – gleichsam Medium der Vergegenwärtigung des Heilsgeschehens für die Glaubenden. Die Dogmen nehmen im doxologischen Vollzug die Glaubenden hinein in die göttliche Wahrheit, wie sie in der Liturgie ekklesiologisch gegenwärtig wird.

Die produktive Fortschreibung, wie sie für das katholische Verständnis von der Dogmenbildung behauptet wurde, vollzieht sich freilich auch hier, ohne bereits getroffene dogmatische Entscheide aufzuheben. Das kann unter den dogmenhermeneutischen Grundsätzen der katholischen Kirche auch nicht anders sein. Sie knüpft vielmehr an die vorangegangenen Konzilsentscheide und die Tradition der Väter an, macht dies in ihren lehramtlichen Verlautbarungen ausdrücklich und versucht zugleich, die eigene katholische Lehrtradition produktiv fortzuschreiben. Auch die Berücksichtigung der geschichtlichen Bedingtheit dogmatischer Aussagen in ihrer sprachlichen Gestalt ist nach lehramtlichem Verständnis nicht so zu verstehen, als ob dies in irgendeiner Weise eine Relativierung von deren Wahrheitsanspruch bedeutete. Das nähere Verständnis der Geschichtlichkeit dogmatischer Aussagen sowie der Fortentwicklung des Dogmas in ihrer Bedeutung für den mit dem Dogma verbundenen Wahrheitsanspruch gehört zu den zentralen Themen der katholischen Lehre vom Dogma, die seit dem 19. Jahrhundert diskutiert und unterschiedlich beurteilt werden.[28] Angesichts der durch die Formulierungen des II. Vatikanischen Konzils freigesetzten ›liberalen‹ Lesart hat die Glaubenskongregation die Notwendigkeit gesehen, eine diesbezügliche Klärung zu vollziehen und für das Verständnis der Konzilaussagen vorzugeben.

Die Erklärung der Glaubenskongregation *Mysterium ecclesiae* vom 24. Juni 1973, die für die lehramtliche Steuerung der nachkonziliaren theologischen Debatte um das II. Vatikanische Konzil insgesamt von besonderem Gewicht ist, hält im Blick auf die Frage nach der historischen Bedingtheit dogmatischer Aussagen zunächst fest, dass »der Sinn, den die Glaubensaussagen enthalten, teilweise von dem zu einer bestimmten Zeit und unter bestimmten Umständen ›gegebenen‹ Bedeutungsgehalt der verwendeten Sprache abhängt«; ferner, dass »eine dogmatische Wahrheit zuerst auf unvollkommene, jedoch nicht falsche Weise ausge-

---

[27] Den doxologischen Charakter des Dogmas betont durchaus auch die katholische Kirche, indem sie festhält, dass das Dogma im Gesamtzusammenhang von Lehre und gottesdienstlichem Leben der Kirche zu verstehen ist. »Das Dogma hat […] seinen ›Sitz im Leben‹ in der Kommunikationsgemeinschaft Kirche und muß im Zusammenhang mit der kirchlichen Liturgie, Verkündigung, Katechese, Apologetik und der gesamten kirchlichen Praxis interpretiert werden.« W. KASPER, Art. Dogma, Dogmenbildung, S. 303. Siehe dazu auch unten Anm. 37. Gleichwohl liegt im Verständnis der katholischen Kirche ein stärkerer Akzent auf dem lehrhaften Charakter des Dogmas, als dies in der orthodoxen Theologie der Fall ist. Die doxologische Dimension des altkirchlichen Dogmas wird auch in den evangelischen Kirchen anerkannt und kommt durch den liturgischen Gebrauch von *Apostolicum* und *Nicaenum* im Gottesdienst zum Ausdruck. Allerdings heben die evangelischen Kirchen wiederum stärker den Verweischarakter des Bekenntnisses auf den ihm vorausgesetzten Heilsgrund in Jesus Christus hervor.

[28] Vgl. dazu die Ausführungen bei KASPER, Art. Dogma/Dogmenentwicklung, S. 303–308.

drückt wird und hernach, im weiteren Zusammenhang des Glaubens oder der menschlichen Erkenntnisse betrachtet, vollständiger und vollkommener verdeutlicht wird«.[29] Die Glaubenskongregation betont zudem, dass die Kirche »mit ihren neuen Aussagen, das, was in der Heiligen Schrift oder in vorangegangenen Ausführungen der Überlieferung schon irgendwie enthalten ist, zu bestätigen und zu erhellen« beabsichtigt und zugleich auch »an die Lösung bestimmter Fragen oder die Beseitigung von Irrtümern zu denken« hat.[30] Es wird auch zugestanden, dass sich »Spuren« zeitbedingter und wandelbarer Vorstellungen in den Aussagen des Lehramts finden können.[31] All dies wird festgehalten und gleichwohl wird letztinstanzlich darauf bestanden, dass dies den Gehalt des Dogmas und den für es geltend gemachten Wahrheitsanspruch nicht tangiert: »Der *Sinn* der dogmatischen Formeln selbst aber bleibt in der Kirche immer wahr und in sich stimmig, auch wenn er mehr erhellt und vollständiger erkannt wird.«[32] Von daher wird der Irrtum des »dogmatischen Relativismus«, der in lehramtlichen Aussagen bloß Annäherungen an die Wahrheit sehe, mit Verweis auf die Unfehlbarkeit dogmatischer Aussagen zurückgewiesen.[33] Diese knappen Ausführungen zur Frage der Geschichtlichkeit des Dogmas lassen eines deutlich werden: »Das Grundproblem ist also nach wie vor das Problem der Geschichtlichkeit des Dogmas im Verhältnis zu dessen universalem Wahrheitsanspruch«.[34]

4. Der Glaubensgrund und die Weitergabe der Offenbarung

Damit rückt die diesbezüglich entscheidende Frage in den Fokus, nämlich die nach dem Verhältnis zwischen dem Glaubensgrund, wie er in Jesus Christus gelegt ist, und der Wirklichkeit der Kirche sowie ihrer Vollzüge in ihrer Bedeutung für den Glauben. Im Rahmen der lehramtlichen Verständigung der katholischen Kirche stellt sich dies als die Frage nach dem Verhältnis des Heilsgrundes zur »Weitergabe der Offenbarung«[35] dar, wie es die Konstitution über die göttliche

---

[29] Mysterium ecclesiae. Deklaration über die Kirche und ihre Verteidigung gegen einige Irrtümer von heute 5, DH 4539: »Ad ... historicam condicionem quod attinet, initio observandum est sensum, quem enuntiationes fidei continent, partim pendere e linguae adhibitae vi significandi certo quodam tempore certisque rerum adiunctis«; »ut veritas aliqua dogmatica primum modo incompleto, non falso tamen, exprimatur, ac postea, in ampliore contextu fidei aut humanarum cognitionum considerata, plenius et perfectius significetur.«
[30] Mysterium ecclesiae 5, DH 4539: »Ecclesia novis suis enuntiationibus, ea quae in Sacra Scriptura aut in praeteritis Traditionis expressionibus iam alioquomodo continentur, confirmare aut dilucidare intendit, sed simul de certis quaestionibus solvendis erroribusve removendis cogitare solet.«
[31] Vgl. ebd.
[32] Mysterium ecclesiae 5, DH 4540: »Ipse autem *sensus* formularum dogmaticarum semper verus ac secum constans in Ecclesia manet, etiam cum magis dilucidatur et plenius intelligitur.«
[33] Vgl. ebd.
[34] KASPER, Art. Dogma/Dogmenentwicklung, S. 298 f.
[35] DV, zweites Kapitel, DH 4207: »De divinae revelationis transmissione«.

4. Der Glaubensgrund und die Weitergabe der Offenbarung 161

Offenbarung »*Dei Verbum*« bestimmt. Die Konstitution setzt ein mit dem in Gottes Handeln gründenden Geschehen der Offenbarung im Alten und in unüberbietbarer Weise im Neuen Bund.[36] Sie verknüpft damit sodann die Frage nach der »Weitergabe der göttlichen Offenbarung«, denn: »Was Gott zum Heil aller Völker geoffenbart hatte, das sollte – so hat er in seiner großen Güte verfügt – auf ewig unversehrt fortdauern und allen Geschlechtern weitergegeben werden.«[37] Die *unversehrte* Weitergabe der Offenbarung wiederum sieht das Konzil dadurch gewährleistet, dass die Offenbarung sowohl durch die Apostel, die sie schriftlich niedergeschrieben haben, als auch durch die Apostel, welche sie mündlich weitergaben, bewahrt wurde. Damit wiederum ist die Aussage vorbereitet, dass das Bischofsamt in apostolischer Sukzession die unerlässliche Bedingung für die unversehrte Weitergabe der Offenbarung darstellt. »Damit aber das Evangelium in der Kirche stets unversehrt und lebendig bewahrt werde, haben die Apostel als ihre Nachfolger Bischöfe zurückgelassen, denen sie ›ihr eigenes Lehramt übergaben‹«.[38]

Von der von den Aposteln an die Bischöfe weitergegebenen Offenbarung wiederum wird gesagt, dass sie alles das umfasst, »was zu einer heiligen Lebensführung des Volkes Gottes und zur Mehrung des Glaubens beiträgt«,[39] die Kirche mithin den Glaubensschatz in seiner ganzen Fülle hat und bewahrt, aus dem sie das Glaubensvolk speist. Dies soll nach dem II. Vatikanischen Konzil eine Entwicklung der kirchlichen Überlieferung gleichwohl nicht ausschließen. »Diese Überlieferung, die von den Aposteln stammt, entwickelt sich in der Kirche unter dem Beistand des Heiligen Geistes weiter [...]. Denn die Kirche strebt im Lauf der Jahrhunderte ständig der Fülle der göttlichen Wahrheit entgegen, bis sich an ihr die Worte Gottes erfüllen«.[40]

Die Konstitution hebt damit das Offenbarungshandeln Gottes in Jesus Christus als den der Kirche vorgegebenen Grund hervor, den sie wiederum so versteht, dass er aus sich heraus die kirchlichen ›Media‹ der Weitergabe der Offenbarung, wie sie in der katholischen Kirche gegeben sind – wozu neben der Schrift die Heilige Überlieferung (*Sacra Traditio*) sowie das Amt in apostolischer Sukzession gehören – begründet hat, damit das Evangelium unversehrt bewahrt bleibe.

Wir können die weitere Entfaltung der Verhältnisbestimmung von Offenbarung, Weitergabe der Offenbarung und deren Gebundenheit an das Amt in apostolischer Sukzession nicht näher erörtern. Stattdessen sei eine Frage gestellt, die

---

[36] Vgl. DV 2–6, DH 4202–4206.
[37] DV 7, DH 4207: »Quae Deus ad salutem cunctarum gentium revelaverat, eadem benignissime disposuit ut in aevum integra permanerent omnibusque generationibus transmitterentur.«
[38] DV 7, DH 4208: »Ut autem Evangelium integrum et vivum iugiter in Ecclesia servaretur, Apostoli successores reliquerunt Episcopos, ipsis ›suum ipsorum locum magisterii tradentes‹«.
[39] DV 8, DH 4209: »Quod vero ab Apostolis traditum est, ea omnia complectitur quae ad Populi Dei vitam sancte ducendam fidemque augendam conferunt«.
[40] DV 8, DH 4210: »Haec quae est Apostolis Traditio sub assistentia Spiritu Sancti in Ecclesia proficit [...]. Ecclesia scilicet, volventibus saeculis, ad plenitudinem divinae veritatis iugiter tendit, donec in ipsa consummentur verba Dei.«

aus evangelischer Sicht für die Beurteilung der katholischen Lehre und das in ihr ausgedrückte Selbstverständnis der katholischen Kirche zentral ist: Hält die katholische Kirche die Selbstunterscheidung der Kirche von ihrem Grund in Jesus Christus hinreichend fest?

5. Die Hierarchie der Wahrheiten

Im Blick auf das Ganze der dogmatischen Aussagen macht das II. Vatikanische Konzil eine hermeneutische Regel geltend und verlangt die Berücksichtigung der Hierachie der Wahrheiten für das Verstehen kirchlicher Lehraussagen. Es dürfen – trotz der prinzipiellen Verbindlichkeit *aller* Dogmen – nicht alle Lehraussagen als gleichgewichtig angesehen werden. Das Konzil spricht von einer Hierarchie der Wahrheiten, die es zu beachten gilt, und es bestimmt das Prinzip der Ordnung, nach der dieselbe gestuft ist. »Beim Vergleich der Lehren sollen sie [i. e. die katholischen Theologen] daran denken, daß es eine Ordnung bzw. ›Hierarchie‹ der Wahrheiten der katholischen Lehre gibt, da ihr Zusammenhang mit dem Fundament des christlichen Glaubens verschieden ist.«[41] In der Betonung dessen, was mit der Hierarchie der Wahrheiten für das Selbstverständnis der konziliaren Lehre und ihrer Auslegung zum Ausdruck gebracht wird, stellt das *Ökumenismusdekret* das *fundamentum fidei* in der Christusoffenbarung als denjenigen Bezugspunkt heraus, von dem her und auf das hin die kirchliche Lehre auszulegen ist. Dies soll den prinzipiellen Grundsatz hinsichtlich der Dogmen, »daß die formale Verbindlichkeit aller Dogmen dieselbe ist«,[42] indes nicht relativieren. Es soll jedoch festgehalten werden, dass ihnen »inhaltlich ein unterschiedliches Gewicht und ein unterschiedlicher Stellenwert [zukommt], je nach ihrer Nähe zum christologischen Fundament.«[43]

6. Der Glaube und die Zustimmung zum Dogma

Indem das Dogma der Kirche als Offenbarungswahrheit verstanden wird, impliziert der für das Dogma behauptete Anspruch, dass es gehorsame Zustimmung erfährt, weil der Glaubende nur so an dem Sein in der Wahrheit, wie es im Lebens- und Überlieferungszusammenhang der katholischen Kirche gegeben ist, teilhat und teilhaben kann. Damit ist die für das evangelische Verständnis zentrale Frage aufgeworfen, woran der Wahrheitsanspruch der Kirche festgemacht

---

[41] UR 11, DH 4192: »In comparandis doctrinis meminerint existere ordinem seu ›hierarchiam‹ veritatum doctrinae catholicae, cum diversus sit earum nexus cum fundamento fidei christianae.«
[42] KASPER, Art. Dogma/Dogmenentwicklung, S. 301. Die Glaubenskongregation hat diesen Grundsatz noch einmal gegenüber einem Verständnis, das einer relativierenden Lesart der Dogmen Vorschub leistet, eingeschärft. Vgl. Mysterium ecclesiae 5, DH 4539–4540.
[43] KASPER, Art. Dogma/Dogmenentwicklung, S. 301.

wird und worauf die Zustimmung im Glauben sich richtet – auch auf das Dogma oder nur auf Jesus Christus und das Evangelium als Grund des Glaubens.

Diese Rückfragen seien noch einmal vorgebracht gegenüber den Ausführungen, die Walter Kasper für die theologische Grundlegung des Dogmas und seines Verständnisses in der katholischen Kirche gegeben hat. Kasper hält fest, dass »die Wahrheit von Jesus Christus die endgültige Wahrheit über Gott wie über den Menschen« ist; und er fährt fort:

> »Diese Selbstmitteilung der Wahrheit und Wirklichkeit Gottes an die Welt kommt aber erst dort zu ihrem Ziel, wo sie im Heiligen Geist endgültig angenommen und öffentlich bezeugt wird. Die eschatologische Offenbarung der Wahrheit in Jesus Christus schließt deshalb die Kirche als eschatologisch-endgültige, öffentliche und untrügliche Zeugin dieser Wahrheit ein. Der Gehalt der christlichen Botschaft ist darum nicht anders als in Gestalt des Dogmas möglich. In diesem Sinn gilt der Satz Luthers: ›Tolle assertiones et christianismum tulisti (WA 18, 603)‹«.[44]

Es ist freilich vielsagend, dass Luther an besagter Stelle – sie findet sich in seiner Auseinandersetzung mit Erasmus, in der es um die Klarheit der Schrift und die Bestreitung des Anspruchs des kirchlichen Lehramtes, die letztverbindliche Auslegungsinstanz der Schrift zu sein, geht – für die lehramtlichen Aussagen, also mithin für das Dogma der römisch-katholischen Kirche, den Anspruch bestreitet, eine *untrügliche* und *gewissheitsverbürgende* Wahrheit zu sein. Luther reklamiert dies ausschließlich für die Aussagen der Schrift.[45] Die in der Schrift bezeugten Wahrheiten gelten ihm als gewiss und sie erfahren im Glauben ›Zustimmung‹ und persönliche Aneignung aufgrund geistgewirkter Gewissheit.

> »Denn so ist ein Christ nicht gesinnt, dass er keinen Gefallen hat an Wahrheitsbezeugungen. Vielmehr muss er sich an Wahrheitsbezeugungen erfreuen – oder er ist kein Christ! [...] [I]ch [...] nenne ›assertio‹ [Wahrheitsbezeugung]: beständig anhängen, bekräftigen, bekennen, beachten und unerschütterlich ausharren. [...] Weiter spreche ich von den Dingen als solchen, die als Wahrheit zu bezeugen sind, die uns in der Heiligen Schrift durch Gott überliefert sind.«[46]

Die Wahrheitsbezeugungen des Christen beziehen sich auf Jesus Christus selbst – nicht auf das Dogma der Kirche –, und sie hängen insofern vom Zeugnis der Schrift und dem Gewissheit begründenden Wirken des Heiligen Geistes ab, das Jesus Christus im Glauben vergegenwärtigt und solcherart das persönliche Gewissen bindet.

---

[44] KASPER, Art. Dogma/Dogmenentwicklung, S. 300.
[45] Dabei kann Luther – wie sein Verständnis der altkirchlichen Symbola zeigt – kirchliche Lehraussagen durchaus anerkennen, dann nämlich, wenn sie mit der Mitte der Schrift übereinstimmen. Vgl. dazu Kapitel XII, S. 136 f.
[46] LUTHER, De servo arbitrio, Studienausgabe, S. 227, Z. 21–29; WA 18, S. 603, Z. 10–15: »Non est enim hoc Christiani pectoris, non delectari assertionibus, imo delectari assertionibus debet, aut Christianus non erit. Assertionem autem voco [...] constanter adherere, affirmare, confiteri, tueri atque invictum perseverare [...]. Deinde loquor de rebus illis asserendis, quae nobis traditae sunt divinitus in sacris literis«.

»Ich frage dich, wie oft fordert der Apostel Paulus jene Plerophorie, das heißt, jene so feste und so sichere Wahrheitsbezeugung des Gewissens? In Röm 10 nennt er sie Bekenntnis: ›Wer mit dem Mund bekennt, wird selig.‹ Und Christus spricht: ›Wer mich vor den Menschen bekennt, den werde ich bekennen vor meinem Vater.‹ Petrus befiehlt, Rechenschaft abzulegen über die Hoffnung, die in uns ist. Was ist noch viel zu sagen? Nichts ist bei den Christen bekannter und mehr im Gebrauch als die Wahrheitsbezeugung. Nimm die Wahrheitsbezeugungen weg, und du hast das Christliche weggenommen. Ja, es ist doch sogar der Heilige Geist ihnen vom Himmel gegeben, dass er Christus verherrliche und bekenne bis zum Tod.«[47]

Auf den traditions- und dogmen*kritischen* Aspekt der Rückgebundenheit aller Lehraussagen an die Schrift und die durch den Geist gewirkte Glaubensgewissheit insistiert Luther gegenüber Erasmus, wenn dieser sagt, er glaube unhinterfragt, was die Kirche glaubt. Für Luther heißt dies, sich auf bloß menschliche Meinungen zu verlassen und das vom Glauben selbst Geforderte zu unterlaufen, nämlich den Glauben auch zu verstehen und die kirchliche Lehre an der Schrift zu überprüfen.

»Ist es nicht genug, seine Meinung den Schriften zu unterwerfen? Du [i. e. Erasmus, C. A.-P.] unterwirfst dich dazu noch den Lehrentscheidungen der Kirche? Was kann die bestimmen, was nicht in der Schrift schon bestimmt wäre? Wo bleiben dann die Freiheit und die Kraft des Urteils über jene Entscheidungsträger, wie Paulus 1 Kor 14 lehrt«.[48]

Zugleich weist Luther eine skeptische Haltung in Glaubenssachen mit dem Hinweis darauf zurück, dass die Schrift die zentralen Gehalte des Glaubens klar bezeuge und insofern selbst der Bürge ihrer Wahrheit und der geistgewirkten Gewissheit im Glaubenden sei. »Der Heilige Geist ist kein Skeptiker! Er hat uns keine Zweifel oder bloße Meinungen in unsere Herzen geschrieben, sondern Wahrheitsgewissheiten, gewisser und fester als das Leben selbst und alle Erfahrung.«[49] Eine Untrüglichkeit der Kirche in ihren lehramtlichen Aussagen wird von Luther mit Rückgriff auf das allein wahrheits- und gewissheitsverbürgende Wort Gottes entschieden zurückgewiesen. »Es gilt nicht, daß man aus der heili-

---

[47] LUTHER, De servo arbitrio, Studienausgabe S. 227, Z. 42 – S. 229, Z. 10; WA 18, S. 603, Z. 23–30: »Paulus Apostolus, quoties rogo Pleropheriam illam exigit, id est, certissimam illam ac firmissimam conscientiae assertionem? Ro. 10. confessionem dicens Ore confessio fit ad salutem. Et Christus, Qui me confitetur coram hominibus, confitebor ego eum coram Patre meo. Petrus rationem reddere iubet de ea quae in nobis est spe. Quid multis opus est? Nihil apud Christianos notius et coelebratius, quam assertio. Tolle assertiones, et Christianismum tulisti. Quin spiritus sanctus de coelo illis datur, ut clarificet Christum et confiteatur usque ad mortem«.

[48] LUTHER, De servo arbitrio, Studienausgabe S. 231, Z. 30–35; WA 18, S. 604, Z. 36–39: »Non satis est submisisse sensum scripturis? Etiam Ecclesiae decretis submittis? Quid illa potest decernere, non decretum in scripturis? Deinde ubi manet libertas et potestas iudicandi decretores illos? ut Paulus 1. Corin. 14 docet«.

[49] LUTHER, De servo arbitrio, Studienausgabe S. 233, Z. 39–42; WA 18, S. 605, Z. 32–34: »Spiritus sanctus non est Scepticus, nec dubia aut opiniones in cordibus nostris scripsit, sed assertiones ipsa vita et omni experientia certiores et firmiores.«

gen Väter Werk oder Wort Artikel des Glaubens macht. [...] Es heißt, Gottes Wort soll Artikel des Glaubens stellen und sonst niemand, auch kein Engel.«[50]

Kasper weiß dies natürlich und er spitzt die diesbezügliche kontroverstheologische Auseinandersetzung denn auch auf den entscheidenden Punkt zu. Dieser liegt in der Frage, »ob und inwiefern die Untrüglichkeit der Kirche in namentlichen, öffentlich bekannten und anerkannten, d. h. amtlichen Zeugen gewissermaßen eine Stimme besitzt, durch die sie sich konkret und verbindlich artikulieren kann«.[51] Diese Auffassung vom Dogma wiederum setzt die Unfehlbarkeit des kirchlichen Lehramts voraus. So unterstreicht Kasper, »daß das Dogma ohne eine solches unfehlbares Lehramt nicht möglich ist«.[52] Für das Verständnis des Dogmas wird in der Folge der Charakter einer *Offenbarungswahrheit* beansprucht, für welche gehorsame Zustimmung im Glauben zu verlangen ist. »Diese Wahrheit muß von der Kirche in definitiv und kirchlich allgemeinverbindlicher Weise als Offenbarungswahrheit vorgelegt werden«.[53] Damit wird dem Dogma selber Offenbarungscharakter zugesprochen, so dass Kasper für das Dogma der Kirche dasjenige beansprucht, was auf evangelischer Seite für die Verkündigung des Evangeliums in Gestalt von Wort und Sakrament durch die Kirche, »wo und wann Gott will«,[54] gesagt wird. Er hält nämlich fest: »Das Dogma spricht nicht nur ›über‹ die Wahrheit des Heils, sondern macht, wie alle Verkündigung, diese auch gegenwärtig; es ist *verbum efficax*, das im Glauben das gibt, was es sagt und fordert«.[55]

Für die evangelischen Kirchen stellt diese Auffassung von Offenbarungswahrheit ein grundlegendes Problem dar. Es geht dabei im Kern um die Frage, worauf der Glaube gerichtet ist, indem er glaubt; und umgekehrt, wofür der Charakter der Offenbarungswahrheit in welchem Sinn behauptet wird. Den »formell definierten Dogmen« kann dies die evangelische Theologie nicht zuer-

---

[50] LUTHER, Schmalkaldische Artikel, BSLK, S. 421, Z. 18–25.
[51] KASPER, Art. Dogma/Dogmenentwicklung, S. 300.
[52] KASPER, Art. Dogma/Dogmenentwicklung, S. 300.
[53] KASPER, Art. Dogma/Dogmenentwicklung, S. 301.
[54] Confessio Augustana, Artikel V, BSLK, S. 58, Z. 7f.
[55] KASPER, Art. Dogma/Dogmenentwicklung, S. 302. Vgl. auch oben das Zitat unter Anm. 29. In diesem Zusammenhang macht Kasper sehr erhellende und weitreichende Bemerkungen zur eschatologischen Dimension des Dogmas, auf die wir hier nicht weiter eingehen können. Kasper betont: »Das Dogma antizipiert die eschatologische Vollendung der Heilsoffenbarung in der Schau Gottes von Angesicht zu Angesicht. Das Dogma ist darum eine proleptische Aussage, die unter dem Gesetz des Schon und des Noch-nicht, des Endgültigen und des Noch-nicht-Vollendeten steht« (ebd.). Der eschatologische Charakter drückt sich zudem auch in der doxologischen Struktur des Dogmas aus (vgl. ebd.). Diese Aussagen sind erhellend und weiterführend, weil sie von dem deutlichen Willen getragen sind, das Verständnis vom Dogma als allgemeinverbindlichen Lehrsätzen zu korrigieren und die Dogmen im Gesamtzusammenhang des Lebens der Kirche zu verankern und sie in ihrer Ausrichtung auf den Glaubensgrund – und Unterscheidung von diesem – zu verstehen. Auch im Blick auf den proleptischen Charakter der Dogmen müsste ihr universaler Wahrheitsanspruch indes noch einmal eigens problematisiert werden.

kennen, auch dann nicht, wenn sie, wie Kasper mit Verve betont, nur »im Zusammenhang der gesamten Lehre und des gesamten Lebens der Kirche recht verstanden und angeeignet werden«[56] können.

Abschließend sei noch einmal festgehalten: Die katholische Kirche hat im *II. Vatikanischen Konzil* für das, was uns hier interessiert – das Verständnis des Dogmas – eine produktive Fortschreibung ihrer Lehre vollzogen und durchaus gewisse Umgewichtungen vorgenommen. Wir haben die wichtigsten Aspekte hervorgehoben: Die Anerkennung der Geschichtlichkeit der dogmatischen Aussagen, die Fortentwicklung des Dogmas angesichts der Zeichen der Zeit, das Geltendmachen der Hierarchie der Wahrheiten für das Verständnis der Lehraussagen, eine gewisse stärkere Betonung der Bedeutung der Schrift für die kirchliche Lehre, eine gewisse Gewichtung des *consensus fidelium*. Dies anzuerkennen heißt nicht, die dazu gegenläufigen Aussagen zu übersehen und die evangelische Kritik an der katholischen Lehre vom Dogma, die von grundsätzlicher Natur ist, zurückzuhalten. Es heißt aber wohl, sich darum zu bemühen, dasjenige wahrzunehmen, was sich in der katholischen Lehre mit dem *II. Vatikanischen Konzil* – salopp gesagt – durchaus getan hat, und dies nun mit vielen katholischen Theologen zusammen gegenüber jenen Strömungen in der katholischen Kirche festzuhalten, die den Geist des *II. Vatikanischen Konzils* wieder von dem des vorkonziliaren Denkens überholt sehen wollen.

Weiterführende Literatur:
Christine Axt-Piscalar, Kirche – auf katholisch, in: Religion und Ethik als Organisationen – eine Quadratur des Kreises?, hg. von J. Hermelink/S. Grotefeld, Zürich 2008, S. 93–118.
Joachim Drumm, Art. Dogma, in: LThK 3, Sp. 283–286.
Ders., Art. Dogmenentwicklung, in: LThK 3, Sp. 293–298.
Martin Elze, Der Begriff des Dogma in der Alten Kirche, in: ZThK 61 (1964), S. 421–438.
Eilert Herms/Lubomir Zak (Hg.), Grund und Gegenstand des Glaubens nach römisch-katholischer und evangelisch-lutherischer Lehre, Tübingen 2008.
Wolfhart Pannenberg, Was ist eine dogmatische Aussage?, in: Ders., Grundfragen systematischer Theologie. Gesammelte Aufsätze, Bd. 1, 3. Auflage, Göttingen 1979, S. 159–180.
Georg Söll, Dogma und Dogmenentwicklung, Freiburg i. Br. 1971.

---

[56] Kasper, Art. Dogma/Dogmenentwicklung, S. 301.

XIV. Philipp Jacob Spener: Die religiöse Erfahrung in Wiedergeburt und Heiligung als Grund und Ziel der Theologie

Textgrundlage:[1]
- P. J. SPENER, Pia Desideria: Oder hertzliches Verlangen / Nach Gottgefälliger Besserung der wahren Evangelischen Kirchen / sampt einigen dahin einfältigen abzweckenden Christlichen Vorschlägen, besonders S. 18–30; S. 106–167.
- P. J. SPENER, Der hochwichtige Articul von der Wiedergeburt, besonders den Auszug in: Kirchen- und Theologiegeschichte in Quellen, Bd. 4, S. 38–42.

1. Die Forderung nach geistlicher Erneuerung der lutherischen Kirchen

Philipp Jacob Speners Programmschrift *Pia Desideria: Oder Hertzliches Verlangen / Nach Gottgefälliger Besserung der wahren Evangelischen Kirchen / sampt einigen dahin einfältigen abzweckenden Christlichen Vorschlägen* (1676) trägt Ziel und Absicht seines Werks im Titel. Es geht Spener um eine durchgreifende Reform der evangelischen Kirchen nach einer gottwohlgefälligen Weise. Eine solche Reform sieht Spener als dringend notwendig an. Es bestünden – Spener hat die Verhältnisse der lutherischen Kirchen des 17. Jahrhunderts vor Augen – evidente Missstände und Mängel in der Kirchenlandschaft. Dabei zielt Speners Zeitdiagnose in den *Pia Desideria* nicht vornehmlich auf die Situation der evangelischen Kirchen angesichts der Rekatholisierungsmaßnahmen, die vor allem von Maria Theresia und Ludwig XIV. betrieben wurden und Spener eine neue Gegenreformation befürchten lassen.[2] Seine Zeitdiagnose zielt auch nicht primär auf den »weltlichen Stand«, also die Obrigkeit, die Religion und Bekenntnis aus politischem Kalkül nutze, zum »Cäsaropapismus« neige, nicht aber der wahren Beförderung der christlichen Religion diene.[3] Spener geht es vielmehr um den inneren Zustand der lutherischen Kirchen. Von diesen sagt Spener, dass sie »das

---

[1] PHILIPP JACOB SPENER, Pia Desideria: Oder hertzliches Verlangen / Nach Gottgefälliger Besserung der wahren Evangelischen Kirchen / sampt einigen dahin einfältigen abzweckenden Christlichen Vorschlägen (1676), dt.-lat. Studienausgabe, hg. von B. Köster, Gießen/Basel 2005.
DERS., Der hochwichtige Articul von der Wiedergeburt (1696), hg. von E. Beyreuther, Bd. 7, 1, eingeleitet von J. O. Rittgardt und D. Blaufuß, Hildesheim 1994 (Nachdruck der 2. Auflage, Frankfurt a. M. 1715). Einen Auszug aus diesem Text mit den wichtigsten Stellen siehe in: Kirchen- und Theologiegeschichte in Quellen, Bd. 4, neu bearbeitet und hg. von M. Greschat, 2. Auflage, Neukirchen-Vluyn 2008, S. 38–42.
[2] Vgl. SPENER, Pia Desideria, S. 22 ff.
[3] Vgl. SPENER, Pia Desideria, S. 26 f.

theure und reine Evangelium, so durch den seligen Rüstzeug Gottes D. Lutherum in dem vergangenen Seculo wiederumb deutlich gezeiget worden, der äusserlichen bekanntnuß nach« angenommen haben, »in welche[n] wir deßwegen die wahre kirche allein noch sichtbar zu seyn erkennen müssen«.[4] Bekenntnis und rechte Lehre allein – so lautet Speners Überzeugung – machten indes noch nicht die wahre Kirche aus. Das »*geistliche elend* unserer armen Kirchen«[5] sei nicht zu übersehen, es fehle der Kirche, dem Pfarrstand und den Gemeindegliedern nämlich an wahrem Glaubensleben. Dasjenige, was das wahre Christentum ausmache – das »erste practische principium deß Christenthums« –, sei die »*verläugnung sein selbs*«,[6] und daran mangle es durchwegs. Es fehle an »der ernstlichen innerlichen gottseligkeit«.[7]

Die lutherischen Kirchen benötigen eine innere Reform, zu der Spener aufruft. Das setzt eine grundlegende Reflexion darauf voraus, was die Kirche zur Kirche macht und zu welchem Ziel und Zweck sie Kirche in der Welt ist. Die Grundüberlegung darauf, was die Kirche zur Kirche macht, ist unmittelbar verknüpft mit der Frage danach, was den Christenmenschen zum Christenmenschen macht; wie das Verhältnis zwischen dem Pfarrer als einem zu diesem Dienst speziell Ausgebildeten und dem mündigen Christenmenschen in der Gemeinde zu denken ist; und wie mit Blick darauf die theologische Ausbildung für die Wahrnehmung des pfarramtlichen Dienstes an den Universitäten auszusehen hat. Wissenschaftliche Theologie wird bei Spener in strikter Ausrichtung auf *den praktischen Dienst in der Kirche* und am Christenmenschen hin verstanden. Daher verbindet Spener mit der Forderung nach einer grundlegenden Reform des innerkirchlichen Lebens auch die nach einer ihrer praktischen Aufgabe angemessenen Reform von universitärer Theologie und kirchlicher Lehre, wie noch genauer zu sehen ist.

Es besteht für Spener das dringende Erfordernis einer Erneuerung der evangelischen Kirchen in allen drei Hinsichten: auf der Ebene der einzelnen Christenmenschen, auf der des Pfarrstandes und auf der der universitären Theologie. Denn auf allen drei Ebenen zeigen sich gravierende Mängel, und alle drei Ebenen sind wiederum wechselseitig aufeinander bezogen. Für die Wahrnehmung der universitären Theologie bedeutet dies, dass sie auf die Ausbildung von tauglichen Pfarrern ausgerichtet sein muss, um mittels ihrer zur Besserung des christenmenschlichen Lebens beitragen zu können und so die Kirche nach innen hin ebenso wie im Kontext der Welt zu stärken.

---

[4] SPENER, Pia Desideria, S. 20.
[5] SPENER, Pia Desideria, S. 22, kursiv Gesetztes im Original gesperrt.
[6] SPENER, Pia Desideria, S. 30, kursiv Gesetztes im Original gesperrt.
[7] SPENER, Pia Desideria, S. 34.

2. Mündiges Christsein als Basis des Gemeindelebens

Im Vordergrund von Speners Erneuerungsprogramm steht die Heranbildung des Einzelnen zum mündigen Christenmenschen. Dass dies nur im Zusammenhang einer lebendigen Gemeinde gelingen kann, steht für Spener außer Frage. Ein lebendiges Glaubensleben im Einzelnen sowie in der Gemeinde vermag wiederum nur die Heilige Schrift kraft des Heiligen Geistes zu wirken. Nur vermittels der Schrift wird der Glaube eröffnet und genährt; und es ist der persönlich angeeignete Glaube, in dem der Einzelne sich des Heils gewiss sein kann, und zwar so, dass er zu einem mündigen Glaubensleben gelangt. Bei der Forderung nach Besserungsmaßnahmen für das kirchliche Leben hängt darum alles daran, »*das Wort GOttes reichlicher unter uns zu bringen*«.[8] Denn das Wort Gottes ist kraft des Heiligen Geistes das alleinige Medium, um zum rechten und gewissen Glauben zu gelangen. Die Gemeinde wiederum lebt davon, dass ihre einzelnen Glieder mündige Christenmenschen sind und im wechselseitigen Zusammen- und Aufeinanderwirken einen lebendigen Organismus bilden; wie umgekehrt der Einzelne seinen Glauben nur wirklich leben kann im Zusammenhang der christlichen Gemeinde.

Spener legt entscheidendes Gewicht darauf, dass die Schrift, indem sie Glauben wirkt, den Einzelnen in einen geistlichen Stand versetzt, in dem er ein mündiges christenmenschliches Glaubensleben zu führen vermag. Dies nennt Spener mit Rückgriff auf Luther und 1 Petr 2, 9 das geistliche Priestertum der Gläubigen. Auf dieses zielt seine Betonung des eifrigen Gebrauchs der Heiligen Schrift nicht allein im öffentlichen Gottesdienst der Gemeinde, sondern auch im kleinen Kreis der Bibelfreunde ab: auf die »*auffrichtung und fleissige übung deß Geistlichen Priesterthums* [...]. [D]a nicht nur der Prediger, sondern alle Christen von ihrem Erlöser zu Priestern gemacht, mit dem Heiligen Geist gesalbet und zu geistlichen, priesterlichen verrichtungen gewiedmet sind«.[9]

Die Bedeutung dieser Aussage für das Gegenüber von Pfarrer und Gemeinde liegt auf der Hand. Spener hat die Vorstellung von der Kirche als einem lebendigen Organismus, in dem die einzelnen Glieder als mündige Christenmenschen selbsttätig mitwirken zum Gelingen des Ganzen. Diese Vorstellung sucht er zu stärken gegenüber einem primär an der Bedeutung des kirchlichen Amtes und der Betonung der kirchlichen Lehre für den Glaubensvollzug ausgerichteten Verständnis der Kirche, wie er es in den lutherischen Kirchen seiner Zeit gegeben und in der Theologie vertreten sieht. Die einzelnen Christenmenschen sind durch den persönlichen Glauben zum selbsttätigen Mitwirken am Gemeindeleben ermächtigt. Der Glaube wiederum wird gewirkt durch die Heilige Schrift, zu deren selbständigem und lebhaftem Gebrauch jeder Einzelne und die Gemeinde im Ganzen aufgerufen sind.

---

[8] SPENER, Pia Desideria, S. 108, kursiv Gesetztes im Original gesperrt.
[9] SPENER, Pia Desideria, S. 118, kursiv Gesetztes im Original gesperrt.

3. Wiedergeburtserfahrung und Liebesverantwortung als Kennzeichen des wahren Christentums

Unter dem selbsttätigen Mit- und Aufeinanderwirken im Gemeindeleben versteht Spener nicht allein die geistliche Verbundenheit der Christen im Glauben, im gemeinsamen Bibellesen und im Gottesdienst. Er insistiert mit Nachdruck darauf, dass mit dem Glauben zugleich ein geheiligtes christenmenschliches Leben einhergehen muss, so dass der Christ sich durch Buße und innere Erneuerung hindurch von allen Lastern fernhält und in tätiger Mitmenschlichkeit das Gebot Gottes erfüllt. Das wahre Christentum besteht für Spener in der Einheit von Glaube und Liebe, von innerer Erneuerung und tätiger Liebesverantwortung. Beides muss in der christenmenschlichen Existenz zusammengehalten werden.

Daher kritisiert Spener jene Auffassung von Glaube, Taufe und Abendmahl, die darauf hinausläuft, dass sich der Einzelne (und die Gemeinde) am Zuspruch der Gnade so Genüge sein lässt, dass er sich nicht *zugleich* in die bußfertige Erneuerung des eigenen Lebens und in die Liebesverantwortung gegenüber dem Mitmenschen gestellt sieht. Vielmehr ist, so Spener, »das Wort das kräfftige mittel, indem der glaube auß dem Evangelio entzündet werden muß, das Gesetz aber [giebet] die regel [...] der guten wercke und viel herrlichen antrieb denselben nachzujagen«.[10] Das Leben im Geist der inneren Erneuerung und der tätigen Nächstenliebe bildet für Spener ein *Kennzeichen der wahren Kirche*. Er hält dafür, »daß man die Christen ins gemein an ihrem gottseligen leben gekant, und von andern leuten unterschieden habe«.[11] Dies gelte wie für die Urgemeinde so auch für die zu erneuernde Kirche der Gegenwart. Am geheiligten Lebenswandel werde der Christ und werde die christliche Gemeinde erkannt; und da, wo der geheiligte Lebenswandel vollzogen werde, gäben die Kirche und der Einzelne auch ein klares Zeugnis des Glaubens vor der Welt, während sie, wo der christliche nicht vom weltlichen Lebenswandel unterschieden sei, den kirchenkritischen sowie den religiös andersgläubigen Zeitgenossen ein Anlass zu berechtigter Kritik böten.

Speners Votum für die *praxis pietatis*, die auf keinen Fall fehlen darf, wenn von einem wahrhaftigen christenmenschlichen Leben die Rede sein soll, ist grundsätzlicher Art. Glaube hat nicht bloß und auch nicht vordringlich mit dem Wissen und Fürwahrhalten der christlichen Glaubensinhalte und der kirchlichen Lehre zu tun, sondern vor allem mit der schriftgewirkten persönlichen Aneignung des Heils in einem mündigen christenmenschlichen Leben, das eine durch Buße und innere Erneuerung vermittelte neue Selbsterfahrung mit sich führt, die zugleich ein entsprechendes Handeln aus sich heraussetzt. Darum wird der christenmenschliche Stand auch nicht schon durch die Kindertaufe vollends begründet, und die Kirche wird nicht von den bloß nominellen Christen gebildet. Vielmehr besteht in der steten Zusammengehörigkeit von erneuernder Selbsterfahrung und christlichem Handeln die *praxis pietatis*, die einen Christen zum

---

[10] SPENER, Pia Desideria, S. 110.
[11] SPENER, Pia Desideria, S. 100.

wahren Christen macht und zum Kennzeichen der wahren Kirche gehört. Die bloße Zugehörigkeit zur sichtbaren Kirche qua Taufe, das bloße Bekenntnis des Glaubens im *Credo*, das bloße Glaubenswissen der christlichen Lehre machen hingegen noch keinen wahren Christenmenschen, keinen guten Pfarrer und keinen guten Theologen aus. Spener hält fest,

»daß es nicht gnug seye, getaufft seyn, sondern, daß unser innerlicher Mensch, darinnen wir Christum vermittels desselben angezogen, ihn auch müsse anbehalten und dessen zeugnuß davon an dem äusserlichen leben zeigen [...]. Darauff, weil darinnen die rechte krafft deß gantzen Christenthums stehet, sind billich insgemein die Predigten zurichten«.¹²

Die Heilige Schrift kommt durch das Wirken des Geistes zu ihrem Ziel, indem sie Glauben weckt. Der Glaube ist diejenige individuelle Erfahrung, in und durch welche der Einzelne sich des Heils gewiss ist. Für Spener ist der Glaube eine Erfahrung, die das Subjekt an sich selbst macht und die ihm, insofern sie eine an sich selbst erfahrene ist, in vorzüglicher Weise gewiss ist. Die Heilsteilhabe als Erfahrung, die der Glaubende an sich selbst macht, indem er nämlich von einem sündigen zu einem neuen Menschen wird, ist – wie Spener meint – von untrüglicher Gewissheit. Und insofern die Wiedergeburt eine Erfahrung des Ichs an sich selbst von evidenter Gewissheit ist, wird sie für Spener zum Angelpunkt seiner Überlegungen über Grund und Ziel der Theologie.

In der religiösen Erfahrung ist Gewissheit von der erfahrenen Tatsache – der im Subjekt geschehenen Umwandlung vom alten zum neuen Menschen – gegeben, und damit ist im Glauben auch die Erkenntnis davon begründet, was das Heil bedeutet und ausmacht. Außerhalb des Glaubens und der durch ihn gewirkten Erleuchtung ist eine Erkenntnis des Heils nicht möglich. Der Glaube aber ist individuelle Erfahrung – als schriftgewirkte und geistvermittelte Selbsterfahrung der inneren Erneuerung –, und mit dieser geht persönliche Gewissheit einher. Der Glaubende *hat*, was er glaubt, indem er zu einem neuen Menschen geworden und sich dieses gewandelten Selbststandes unzweifelhaft gewiss ist. Weil Spener den Glauben als Selbsterfahrung des Subjekts von untrüglicher Gewissheit versteht, behauptet er die religiöse Selbsterfahrung als unabdingbare Voraussetzung jedweden Redens von Gott – sei es das des einzelnen Christenmenschen, des Pfarrers oder des Universitätstheologen. Damit ist auch deutlich, dass Rede von Gott, wie sie aus der Selbsterfahrung des neuen Menschen heraus geschieht, ihren inhaltlichen Fokus in dieser Erfahrung der Erneuerung des alten zu einem neuen Menschen hat. Sie ist zuvörderst Auslegung dieser Erfahrung und ihrer Bedingungen im Handeln Gottes am reumütigen Sünder.

Oben wurde betont, dass der Glaubende im Glauben zu einem mündigen christenmenschlichen Leben instand gesetzt ist. Dies schließt jenen weiteren Aspekt des Glaubensstandes mit ein, auf den Spener mit Verve abstellt. Denn der Glaube, indem er aus dem alten einen neuen Menschen macht, ist und kann kein müßiger Glaube sein und bleiben. Vielmehr verwirklicht er sich im bußfertigen

---

¹² SPENER, Pia Desideria, S. 164.

Leben und christusgemäßen Handeln – in der Heilung des christenmenschlichen Lebens. Spener gebraucht für dieses Geschehen der Erneuerung des Menschen im Glauben zu einem neuen Leben den Ausdruck »Wiedergeburt«.[13] Dieser deutet auf die heilsame Wende vom alten zum neuen Menschen hin. Buße, Bewusstsein der Sünde und wahrhafte Reue bilden den Anfang der Wiedergeburt, die durch Gottes Wirken zum Glauben führt, der die Vergebung der Sünden ergreift und mit dem ein von der Sünde und den Lastern abgekehrtes, im Heiligen Geist geführtes neues Leben einhergeht.[14] Diese Stücke der Wiedergeburtserfahrung – Buße, Glaube und die in ihm zuteil werdende Vergebung der Sünden sowie ein geheiligtes christenmenschliches Leben – bilden eine unauflösliche Einheit, oder wie Spener sagt, »sie geschehen zugleich, sozureden in einem augenblick. Dann sobald der mensch glaubet, sobald hat er die vergebung der sünden, und sobald er diese hat, ist auch die neue göttliche natur da«,[15] die sich sodann in einem gottwohlgefälligen Leben ausdrückt. Wo die Erneuerung zu einem von den Lastern des alten Adam abgekehrten Leben fehlt, da, so Spener, fehlt auch der rechte Rechtfertigungsglaube, so dass die Heilung des christenmenschlichen Lebens ein untrügliches Zeichen des neuen Lebens im Geist ist. »[D]ie neue natur, da wir sie bey uns haben und gleichsam fühlen, oder sie bey andern auß ihren früchten sehen, [haben wir] vor das rechte zeugniß der rechtfertigung zu erkennen.«[16] Denn »an der würkung eines neuen menschen [haben] wir die probe [zu] suchen, ob auch unser glaub [...], der rechten art [ist]«.[17]

Da wir im Gesamtzusammenhang unserer Darstellung nicht eigens zur Soteriologie handeln, kann die genauere Entfaltung des Geschehens der Wiedergeburt hier auf sich beruhen bleiben. Es ist auch nicht näher darauf einzugehen, ob und inwiefern Speners Bestimmung der Wiedergeburtserfahrung und ihrer Funktion für die theologische Erkenntnis mit Luthers Einsicht von der Rechtfertigung aus Glauben und seinem Theologieverständnis übereinstimmt oder davon abweicht.[18] Für das Verständnis von Speners Position ist es darum zu tun, dass die Bedeutung seines Beharrens auf der persönlichen Wiedergeburtserfahrung unter besonderer Betonung der Heilung des christenmenschlichen Lebens für sein Theologieprogramm deutlich wird. Diesbezüglich lässt sich aus den bisherigen Ausführungen soviel erkennen: Wenn in der religiösen Erfahrung das Ziel der Wege Gottes mit den Menschen liegt, dann muss der pfarramtliche Dienst dazu tauglich und dienstbar sein, die religiöse Erfahrung zu eröffnen und zu stärken. Dazu müssen Pfarrer wissen, wovon sie sprechen, will heißen sie haben selber frommgläubige Menschen zu sein; genauer gesagt, sie müssen die

---

[13] Vgl. SPENER, Der hochwichtige Articul von der Wiedergeburt, S. 150f.
[14] Vgl. SPENER, Der hochwichtige Articul von der Wiedergeburt, S. 152.
[15] SPENER, Der hochwichtige Articul von der Wiedergeburt, S. 152f.
[16] SPENER, Der hochwichtige Articul von der Wiedergeburt, S. 154.
[17] SPENER, Der hochwichtige Articul von der Wiedergeburt, S. 155.
[18] Spener selbst hat sich als Theologe der lutherischen Kirche verstanden und versucht, seine Ausführungen sowohl durch Rekurs auf Luther als auch auf einige Vertreter der lutherischen Orthodoxie als deren Intention gemäß darzutun.

Wiedergeburtserfahrung an sich erlebt haben, so dass sie von ihr Zeugnis ablegen können, und zwar in Wort und Tat.

Auf diesen Kern – die Wiedergeburtserfahrung des Christenmenschen, ihre Förderung und Vergewisserung in der Gemeinde und im Einzelnen – hin ausgerichtet ist der pfarramtliche Dienst zu verstehen. Zu dessen zentralen Aufgaben gehört es, den Glauben zu stärken. Glauben aber heißt, sich in einem neuen geistlichen Stand zu wissen und danach zu handeln. Der Dienst des Pfarrers hat Verkündigung des Wortes Gottes zu sein, die ihre orientierende Mitte in der Ausrichtung auf die Wiedergeburtserfahrung als eine tägliche *praxis pietatis* hat, und zwar in der auf sich gerichteten Selbsterfahrung des bußfertigen Subjekts, mit der zugleich die Praxis eines gottwohlgefälligen Lebens und Handelns einhergeht. Daher kann Spener von den Pfarrern fordern, dass »man den leuten wol einbilde, und sie bald dahin gewehne, zu glauben, daß es mit dem Wissen in dem Christenthum durchaus nicht gnug seye, sondern es vielmehr in der praxi bestehe«.[19]

4. *Theologia est habitus practicus*

Mit der Forderung nach einem gelebten Christentum verbindet sich des Weiteren – da die Ausbildung der Pfarrer in den Aufgabenbereich der universitären Theologie fällt –, dass diese auf den *praktischen* Charakter des christenmenschlichen Lebens hin ausgerichtet sein muss.

»Wie aber der Prediger ampt in allen diesen dingen, die der Kirchen besserung betreffen, das allermeiste thun muß, daher gleichwie die mängel an ihnen grossen schaden thun, also soviel mehr daran gelegen ist, daß man solche leute habe, die zum allerförderisten selbs wahre Christen seyen und dann die Göttliche weißheit haben, auch andere auff den Weg des HErrn vorsichtig zu führen [...]. Solle man aber dergleichen tüchtige Personen zu dem Kirchendienst beruffen, so muß man auch solche haben, und daher in den Schulen und auff Universitäten erziehen«.[20]

Voraussetzung rechten Theologietreibens ist, dass der Theologe selbst ein Gläubiger ist, weil nur dem Gläubigen sich das Heil erschließt, so dass nur der Wiedergeborene dies auch glaubhaft weiterzuvermitteln versteht.

Dies ist der Kern, dem sich ein wissenschaftlicher Theologe zu widmen hat. Alles andere ist zu tolerierendes Beiwerk, dem aber in keinem Fall ein zu starkes Gewicht für die Ausbildung der Studierenden beigemessen werden darf. Insbesondere schärft Spener ein, dass die »Controversien«, also die Lehrstreitigkeiten und das Disputieren, einzudämmen seien, ihnen zumindest keine solche Bedeutung mehr beigemessen werden dürfe, wie es in der altprotestantischen Orthodoxie[21] und den durch sie geprägten Kirchentümern der Fall war und noch ist.

---

[19] SPENER, Pia Desideria, S. 124.
[20] SPENER, Pia Desideria, S. 138.
[21] Vgl. dazu Kapitel X.

Spener mahnt, »daß wirs nicht bloß alles [...] auff das disputiren setzeten. Es ist zwar an dem, daß die vertheidigung der reinen warheit, und also auch das disputiern, so ein theil derselben ist, muß in der Kirchen so wol erhalten werden, als andere zu der erbauung verordnete verrichtungen«.[22] Er hält jedoch dafür, »[d]aß die lauterkeit der Lehre und deß Gött'lichen Worts nicht allein mit disputiren und vielen Büchern erhalten werde, sondern auch mit wahrer busse und heiligem Leben«.[23]

Spener lehnt die kirchliche und akademische Lehre sowie die Bedeutung des Bekenntnisses für das Leben der Kirche nicht rundweg ab, aber er weist ihnen nicht diejenige Rolle zu, die sie für die altprotestantische Theologie und die durch sie geprägten Kirchentümer hatten und zu seiner Zeit noch haben. Es ist der *Eigensinn der religiösen Erfahrung*, der hier gegen die Überbetonung von Lehre und Bekenntnis – die *fides qua* gegen die *fides quae* – kritisch zum Zuge gebracht wird. Darin liegt ein besonderes Merkmal von Speners Reformprogramm und der dadurch geprägten pietistischen Frömmigkeitskultur.

Eine *theologia irregenitorum*, eine Theologie des Nichtwiedergeborenen, ist für Spener undenkbar. Vielmehr ist die religiöse Erfahrung der Grund aller förderlichen und heilsamen theologischen Erkenntnis, insofern sie Erkenntnis der Selbsterfahrung in der inneren Erneuerung des alten zu einem neuen Menschen ist. Daher muss erwartet werden, dass derjenige, der dazu da ist, diejenigen auszubilden, die dem Glauben und seiner Stärkung dienen sollen, selber ein Gläubiger, will heißen einer zu sein hat, der an sich selbst dasjenige erfahren hat und dessen persönlich gewiss ist, worüber er andere zu unterrichten gedenkt.

»Gleichwie nun hier die Herren Professores mit ihrem Exempel selbs ein grosses thun können, (ja, ohne solches schwerlich die rechte besserung zu hoffen [ist]) wo sie sich darstellen als solche leute, die der welt abgestorben, in nichts ihre eigene ehre, gewinn oder wollust, sondern in allem allein ihres Gottes Ehre und der anvertrauten heil suchten und nach solchem Zweck alle ihre Studia, Bücherschreiben, Lectionen, Collegia, Disputationen und Verrichtungen einrichteten: damit also Studiosi ein lebendiges muster hätten, nachdem sie allerdings ihr leben zu reguliren. Weil wir je so geartet sind, daß Exempel bey uns soviel als die Lehr selbs, zuweilen auch noch mehr außrichten«.[24]

Nun hat auch die altprotestantische Orthodoxie durchaus den *praktischen* Charakter des Inhalts der christlichen Lehre betont. Dabei ist sie davon ausgegangen, dass die Entfaltung der christlichen Lehre, die ›rechtgläubig‹ zu heißen verdient aufgrund der Übereinstimmung mit der Schrift und den Bekenntnisschriften, das Heil des Menschen und dessen christologische und letztlich theologische Grundlage zu ihrem primären Gegenstand hat.[25] Sie hat es aber vermieden – zumindest weitgehend –, die Glaubenserfahrung des Theologen selbst unter die Bedingungen der *ratio cognoscendi* der Theologie zu zählen. Dies gilt der altpro-

---

[22] SPENER, Pia Desideria, S. 130 f.
[23] SPENER, Pia Desideria, S. 132, kursiv Gesetztes im Original gesperrt.
[24] SPENER, Pia Desideria, S. 140.
[25] Vgl. dazu Kapitel X.

testantischen Orthodoxie nicht als ein unbedingtes Erfordernis für den Vollzug der Theologie. Diese ist für sie dann *rechtgläubige* Lehre, wenn ihre Aussagen aus Schrift und Bekenntnis gewonnen sind. Sie entfaltet ihre Inhalte als solche, die an Schrift und Bekenntnis bewährt wurden und dadurch wahre Einsichten sind, deren Wahrheitsgehalt mithin nicht dadurch bedingt ist, dass derjenige, der sie darlegt, ein gläubig Affizierter ist.

Die altprotestantische Theologie geht natürlich auch davon aus, dass der Theologe von dem, was er sagt und schreibt, überzeugt ist. Und sie entfaltet den Inhalt der christlichen Lehre als einen solchen, der zum Heil, und das heißt zum seligmachenden Glauben führt. Aber die persönliche, subjektive Erfahrung ist für sie nicht die *ratio cognoscendi*, aus der die Inhalte der Theologie zu entwickeln sind. Dazu dienen ihr vielmehr die Schrift und die Bekenntnisse und die aus ihnen gewonnene zusammenhängende Darstellung der zur Heilsordnung und zum Heilsgewinn gehörenden Inhalte. Nach dem Selbstverständnis der altprotestantischen Orthodoxie kann eine solche systematische Entfaltung der theologischen Lehre prinzipiell auch derjenige leisten, der nicht wiedergeboren ist, weil der Erkenntnisgrund für die Inhalte der Theologie nicht in der religiösen Selbsterfahrung des Theologen liegt, sondern in den objektiv zu erhebenden Aussagen von Schrift und Bekenntnis, die in einen an der Heilsordnung und dem Heilszweck ausgerichteten inneren Zusammenhang zu bringen sind. Für Spener hingegen ist eine *theologia irregenitorum* undenkbar, weil ihm zufolge die Theologie in einer ganz bestimmten Weise auf ihren praktischen Zweck hin fokussiert wird; und das heißt, dass sie in der Erfahrung von Wiedergeburt und Heiligung ihren Grund und ihr Ziel – die *ratio cognoscendi et essendi* – hat.

Diese Auffassung bedeutet, dass Spener Schriftauslegung, theologische Lehre und kirchliches Bekenntnis auf dieses Zentrum – die Wiedergeburtserfahrung – hin ausgerichtet sehen will. Das hat wiederum zur Folge, dass das Verhältnis des Christgläubigen zur theologischen Lehre und dem kirchlichen Bekenntnis insofern ein mündiges ist, als er an diese nicht unmittelbar gebunden ist, sondern die persönliche Wiedergeburtserfahrung den letztinstanzlichen Maßstab bildet, um die Lehre und das Bekenntnis der Kirche zu beurteilen. Dem persönlichen Glaubensleben wird ein Eigensinn zuerkannt, der sich nun auch in kritischer Distanz zu Lehre und Bekenntnis der verfassten Kirche ausdrückt. Die Geltung von theologischer Lehre und kirchlichem Bekenntnis hat an der Wiedergeburtserfahrung ihren Maßstab. Daraus ergibt sich ein eher distanziertes Verhältnis zu theologischer Lehre und kirchlichem Bekenntnis auf Seiten des Wiedergeborenen, das sich weniger bei Spener selbst, der zeitlebens auf der Übereinstimmung seiner Überzeugungen mit dem lutherischen Bekenntnis bestanden hat, als bei den durch sein Denken beeinflussten pietistischen Kreisen und Gemeinden zeigt.

Die Einigkeit in der Grunderfahrung der Wiedergeburt ist für Spener entscheidend für das kirchliche Zusammenleben. Formulierungen in der Lehre, Unterschiede im Bekenntnis, wenn sie das Zentrum der religiösen Grunderfahrung nicht unmittelbar betreffen, gehören für ihn zu demjenigen, in Bezug worauf religiöse Toleranz walten sollte. Spener leugnet mithin nicht rundweg die Bedeutung der Lehre und des Bekenntnisses für die Kirche. Die religiöse Selbsterfahrung aber soll als schriftgewirkte den Maßstab für die Geltung der Aussagen der kirchlichen Lehre und die Predigt abgeben, »weil ja unser gantzes Christenthum bestehet *in dem innern oder neuen menschen*, dessen Seele der Glaube und seine würckungen die früchten deß lebens sind«.[26] Damit geht ein distanziertes Verhältnis des Wiedergeborenen zu Lehre und Bekenntnis einher bzw. zumindest eine gewisse Relativierung von deren Bedeutung für den persönlichen Glauben und das Leben der Gemeinde. Zugleich eröffnet sich von dieser Überzeugung her die Möglichkeit, auf der Basis der gemeinsam geteilten religiösen Grunderfahrung eine Übereinstimmung zwischen den Christen über die Konfessionsgrenzen hinweg zu sehen.

5. Der praktische Zweck der theologischen Ausbildung: das gemeinsame fromme Glaubensleben

Die Ausrichtung an der Wiedergeburtserfahrung bildet auch den Fokus für die Wahrnehmung universitärer Theologie sowohl was deren Inhalt als auch was die Frage des für das Theologietreiben vorauszusetzenden theologischen Habitus angeht. Sie ist gehalten, alles, was von dem Zentrum der religiösen Wiedergeburtserfahrung und der damit unmittelbar zusammenhängenden Inhalte fernliegt, wenn schon nicht vollends zu unterlassen, so doch jedenfalls nicht als maßgeblich für die theologische Ausbildung zu behaupten und auch nicht so zu handhaben. Gottesgelehrtheit um der Gelehrsamkeit willen, wie er es in den Systemen der altprotestantischen Orthodoxie gegeben sieht, ist für Spener Rückkehr des scholastischen Denkens in die evangelische Theologie und zielt am Zweck aller Theologie – der religiösen Herzensbildung – vorbei. Auch die Frage nach dem Charakter der Theologie als einer akademischen Disziplin ist nichts, was aus Speners Sicht von besonderem Belang ist. Es liegt in der Linie seiner an der *praxis pietatis* in der Zusammengehörigkeit von religiöser Selbsterfahrung und christlichem Handeln ausgerichteten Reformvorstellungen, dass Spener Wert darauf legt, die Form des universitären Lernens durch ein Leben und Lernen außerhalb der Universität in den *collegia pietatis* ergänzt sehen zu wollen. Denn »Theologia [ist] ein habitus practicus«, in der »alles zu der praxi deß Glaubens und Lebens [hin] gerichtet werden muß«.[27] Sie »*stehet nicht in blosser wissenschaft, sondern deß hertzens affect und in der übung*«.[28] In seiner Betonung der religiösen Erfahrung ist es begründet, dass Spener im Blick auf die Festlegung eines Ausbildungskanons für das universitäre Studium neben der Empfehlung zu vertieftem Schriftstudium und der Lektüre der Werke Luthers dazu aufruft, ebenso Taulers Schriften zur mystischen Theologie zu studieren und zusammen mit den *Pia Desideria* auch Johann Arndts *Kirchenpostille* anempfiehlt.

---

[26] SPENER, Pia Desideria, S. 162, kursiv Gesetztes im Original gesperrt.
[27] SPENER, Pia Desideria, S. 142.
[28] SPENER, Pia Desideria, S. 144, kursiv Gesetztes im Original gesperrt.

Speners Reformprogramm zielt nicht vorwiegend auf die Stärkung eines gleichsam volkskirchlichen Christentums, das aus seiner Sicht eher einer Verwässerung des kirchlichen Lebens gleichkommt. Spener hat vielmehr die Stärkung jener Gemeinden im Blick, in denen die Erfahrung der Wiedergeburt und das geheiligte christenmenschliche Leben über die Zugehörigkeit zu ihnen entscheidet und in deren lebendigem Austausch von Erfahrung und Handeln mit- und untereinander er das eigentliche Glaubensleben verwirklicht sieht. Auf diesen Zweck hin soll der pfarramtliche Dienst ausgerichtet und die universitäre Theologie wahrgenommen werden.

Die Frage nach der Wissenschaftlichkeit von Theologie im Kontext der Universität ist keine, die Spener wirklich umtreibt. Das Verhältnis zwischen Vernunft und Offenbarung wird nicht eigentlich als Problem empfunden. Es ist zugunsten der Selbstauslegung der religiösen Erfahrung gelöst. Spener sieht Grund wie Zweck aller Theologie in der religiösen Selbsterfahrung und im durch sie lebendig gehaltenen Gemeindeleben. Sie zu stärken, sie durchsichtig zu machen auf ihre Bedingungen und ihren Gehalt hin, sie wechselseitig mitzuteilen, ist dasjenige, worauf alle Theologie, in welchen Kontexten auch immer, abzustellen hat. Darum schärft Spener ein, dass insbesondere auch die universitäre Theologie diese praktische Ausrichtung wahrnehmen müsse und also die Studenten auf das geheiligte Leben hin ausrichten solle,

»daß die Theologia ein habitus practicus ist, und nicht in blosser wissenschafft bestehet, nicht gnug ist das blosse studiren, und anderseits blosse profitiren und informiren. So wäre dahin zugedencken, wie allerhand übungen angestellet werden möchten, in denen auch das gemüth zu den jenigen dingen, die zu der praxi und der eigenen erbauung gehören, gewehnet und darinn geübet würde«.[29]

Mithin sind auch Lebensregeln einzuschärfen, und es ist den Studiosi die religiöse Selbstprüfung anzutragen. So fordert Spener, dass »ihnen auch an die hand gegeben würde, wie sie gottselige betrachtungen anstellen, wie sie in prüffung ihrer selbs sich besser erkennen, wie sie den lüsten deß fleisches widerstreben, wie sie ihre begierde zähmen, der Welt [...] absterben«.[30] Von einer solchen Theologie, die auf das Studium der Schrift und den Eigensinn der religiösen Erfahrung abhebt, wird der einzelne Frommgläubige zu einem freieren Umgang mit der universitären Lehre in Gestalt einer wissenschaftlichen Disziplin, mit der kirchlichen Schriftauslegung und der Geltung des Bekenntnisses ebenso wie zur Kritik an den institutionellen Formen, in denen universitäre Theologie und Kirche sich Gestalt geben, ermächtigt.

Auf der Grundlage dieses freieren Umgangs mit den dogmatischen Gehalten der theologischen Lehre kann Spener dafür eintreten, die kirchentrennend wirkenden Unterschiede zwischen den Konfessionen einer genaueren Prüfung zu unterziehen. Einigkeit in der religiösen Grunderfahrung, so seine Überzeugung,

---

[29] SPENER, Pia Desideria, S. 156.
[30] Ebd.

sollte das Kriterium für die Frage nach Kirchengemeinschaft abgeben; und nur solche Lehrunterschiede, die diese Einigkeit unmittelbar betreffen, seien als wirklich kirchentrennend zu behaupten. Theologische Streitigkeiten – ausgetragen auf der Basis von Gelehrtenwissen – sind nach Spener hingegen einzudämmen, was möglich und geboten ist, wenn die Theologie sich darauf besinnt, worin ihr Grund und ihre eigentliche Aufgabe bestehen.

Weiterführende Literatur:
EMANUEL HIRSCH, Geschichte der neuern evangelischen Theologie im Zusammenhange mit den allgemeinen Bewegungen des europäischen Denkens, Bd. 2, 3. Auflage, Gütersloh 1964, S. 91–155.
MARTIN SCHMIDT, Speners Pia Desideria. Versuch einer theologischen Interpretation, in: Ders., Gesammelte Studien zur Geschichte des Pietismus, Witten 1969, S. 129–168.
DERS., Speners Wiedergeburtslehre, in: Ders., Gesammelte Studien zur Geschichte des Pietismus, Witten 1969, S. 169–194.
JOHANNES WALLMANN, Philipp Jacob Spener und die Anfänge des Pietismus, 2., überarbeitete und erweiterte Auflage, Tübingen 1986.

XV. Aufgeklärtes Christentum: Das Zutrauen in die Fähigkeiten der menschlichen Natur

Textgrundlage:[1]
- F. NICOLAI, Das Leben und die Meinungen des Herrn Magister Sebaldus Nothanker, besonders Bd. 2 (1775), 4. Buch, 1. Abschnitt, besonders S. 161–169.
- J. S. SEMLER, Abhandlung von freier Untersuchung des Canon, besonders die Vorrede.
- J. S. SEMLER, Letztes Glaubensbekenntnis über natürliche und christliche Religion, besonders den Auszug in: Kirchen- und Theologiegeschichte in Quellen, Bd. 4, S. 130–132.
- J. LOCKE, Ein Brief über Toleranz.

1. Das Zutrauen in die Fähigkeiten der menschlichen Natur

Im ausgehenden 17. und beginnenden 18. Jahrhundert vollzieht sich ein Paradigmenwechsel im Selbstverständnis des Menschen, von dem insbesondere der angestammte Anspruch von Theologie und Kirche betroffen ist. Es ist die Zeit des englischen Deismus und der Beginn der französischen und deutschen Aufklärung. Der Mensch beginnt, wie Kant es späterhin klassisch formuliert hat, aus »seiner selbstverschuldeten Unmündigkeit« herauszugehen. Er fängt an, die Vormundschaft von traditionellen Autoritäten kritisch zu hinterfragen und sie, wo es nötig erscheint, abzutun. Dieser Prozess geht mit dem Erstarken des Zutrauens in die Fähigkeiten der menschlichen Natur, vor allem die der Vernunft einher. Sich seines eigenen Verstandes zu bedienen und nur dasjenige gelten zu lassen, was sich vor dem Forum der Vernunft als wahr erweist, wird zum Kennzeichen dessen, was man die Epoche der Aufklärung nennt. Denn, wie Kants berühmte Bestimmung lautet,

---

[1] FRIEDRICH NICOLAI, Das Leben und die Meinungen des Herrn Magister Sebaldus Nothanker, 3 Bde, Berlin/Stettin 1773–1776, kritische Ausgabe, hg. von B. Witte, Stuttgart 1991, 4. Buch, 1. Abschnitt.
JOHANN SALOMO SEMLER, Abhandlung von freier Untersuchung des Canon, 1. Teil 1771, 2. Teil 1772; zitiert wird im Folgenden nach der Nummerierung der Thesen. Textgrundlage ist ein Auszug abgedruckt in: Kirchen- und Theologiegeschichte in Quellen, Bd. 4, neu bearbeitet und hg. von M. Greschat, 2. Auflage, Neukirchen-Vluyn 2008, S. 128–130.
DERS., Letztes Glaubensbekenntnis über natürliche und christliche Religion, hg. von C. G. Schütz, Königsberg 1792. Ein Auszug daraus ist abgedruckt in: Kirchen- und Theologiegeschichte in Quellen, Bd. 4, neu bearbeitet und hg. von M. Greschat, 2. Auflage, Neukirchen-Vluyn 2008, S. 130–132. Wir zitieren nach beiden Ausgaben in der Reihenfolge Ausgabe Schütz/Ausgabe Greschat.
JOHN LOCKE, Ein Brief über Toleranz (1689). Englisch-deutsch, übersetzt, eingeleitet und in Anmerkungen erläutert von J. Ebbinghaus, Hamburg 1957.

»Aufklärung ist der Ausgang des Menschen aus seiner selbst verschuldeten Unmündigkeit. Unmündigkeit ist das Unvermögen, sich seines Verstandes ohne Leitung eines anderen zu bedienen. Selbstverschuldet ist diese Unmündigkeit, wenn die Ursache derselben nicht am Mangel des Verstandes, sondern der Entschließung und des Muthes liegt, sich seiner ohne Leitung eines andern zu bedienen. Sapere aude! Habe Muth, dich deines eigenen Verstandes zu bedienen! ist also der Wahlspruch der Aufklärung«.[2]

Dort, wo die Vernunft sich in dieser Weise ihrer selbst bewusst wird, schwingt sie sich gegen die bevormundende Leitung ›durch einen andern‹ auf. So geraten in einem ersten Ansturm vornehmlich jene Instanzen unter die Kritik, die mit Autoritätsansprüchen den Menschen in Unmündigkeit zu halten versuchen; und dies sind für die aufgeklärten Zeitgenossen allen voran Kirche und Theologie.

Der sich vollziehende Umschwung in der Geisteslage wird vor dem Hintergrund der Grundüberzeugungen in der Anthropologie, wie Theologie und Kirche sie traditionellerweise vertraten, besonders deutlich. Die Vernunft wurde vormals als eine in Sachen des Heils weitgehend unfähige Instanz aufgefasst. Sie stand, wie die gesamte Natur des Menschen, unter dem Vorzeichen der Verderbtheit durch die Sünde. Der natürliche Mensch, so lautet die theologische Grundannahme besonders in der evangelischen Theologie, ist in allen seinen Vermögen von Grund auf verderbt, so dass ihm aus eigenen Kräften heraus etwas, was vor Gott gut zu heißen verdient, nicht wirklich gelingen kann. Und auch dort, wo der Vernunft ein gewisses Vermögen zur Gotteserkenntnis zugetraut wurde, war ihr lediglich der Platz im Vorhof des Tempels zugewiesen. Der Zugang zur eigentlichen Heilserkenntnis war allein der aus der Offenbarung gewonnenen Einsicht und dem vertrauenden Glauben zuerkannt. Mit dieser Sicht vom Menschen bricht die Aufklärung in entschiedener Weise. Nun gilt die Natur des Menschen als gut und die Vernunft als ihr bestes Vermögen. Der Mensch traut sich in bislang ungeahnter Weise etwas zu. Er befreit sich aus der bevormundenden Umklammerung, die insbesondere Kirche und Theologie ihm bereiteten. Freilich sind von diesem erstarkten Selbstbewusstsein zunächst vor allem die Bildungseliten und bürgerlichen Kreise erfasst. Sie werden zum Träger eines neuen epochalen Bewusstseins, das sich wirkungsvoll Bahn bricht. Nach und nach kommen die Geisteskultur umgestaltende Entwicklungen in Gang, die in der behaupteten Vormachtstellung der Vernunft als dem alleinigen Kriterium von Wahrheitsansprüchen ihr kritisches Movens haben. Dies führt zur allmählichen Loslösung der einzelnen Wissenschaften aus der Dominanz von Theologie und Kirche. Insbesondere die Naturwissenschaften verselbständigen sich zunehmend von der Theologie und erheben einen immer stärker werdenden Anspruch auf umfassende Welterklärung, bis sie schließlich die Welt ›ohne die Hypothese Gott‹ meinen begreifen zu können.

---

[2] IMMANUEL KANT, Beantwortung der Frage: Was ist Aufklärung?, in: Gesammelte Schriften, hg. von der Königlich Preußischen Akademie der Wissenschaften, Bd. 8, Berlin 1923, S. 35; und in: Werke in sechs Bänden, hg. von W. Weischedel, Bd. 6, 6., unveränderte Auflage, Darmstadt 2005, Originalpaginierung S. 481, teilweise kursiv.

Die Theologie, vor allem die protestantisch geprägte, reagiert auf den beginnenden Umschwung in der allgemeinen Geisteslage nicht nur abwehrend. Es gibt eine ganze Reihe einflussreicher Theologen, nicht allein in akademischen, sondern auch in kirchenleitenden Ämtern, die den Geist der neuen Zeit konstruktiv aufgreifen. Sie werden ›Neologen‹ genannt, Vertreter der neuen Lehre. Zu ihnen zählen Johann Gottlieb Töllner (1724–1774), Wilhelm Abraham Teller (1734–1804), Johann Friedrich Wilhelm Jerusalem (1709–1789), Johann Joachim Spalding (1714–1804) und Johann Salomo Semler (1725–1791). Sie alle sind bestrebt, auf die neue Denkungsart der Zeit einzugehen und das aufklärerische Anliegen auch in der Theologie zu rezipieren. Zu diesem Zweck vollziehen sie eine entsprechende Umbildung der christlichen Lehre und werden so als Theologen selbst zu einem Motor des neuen Zeitgeistes.

Dies gelingt ihnen, indem sie zunächst bei der Anthropologie ansetzen und die Bedeutung der Sünde für das Verständnis des Menschen ermäßigen. Diese gilt nicht mehr als eine Grundverderbtheit des Menschen, die ihn in allen Vollzügen seines Daseins unausweichlich bestimmt, sondern als eine gewisse Neigung zum Bösen, in der sich der Mensch durch stete Betätigung im Bösen verfangen kann, die er aber durch religiös-sittliche Überbildung durchaus auch zu überwinden vermag. Statt der radikalen Sündenlehre heben die Neologen die Bestimmung des Menschen zur *Gottebenbildlichkeit* hervor, die sie als etwas begreifen, was im Vollzug des eigenen Lebens durch eine religiös-sittliche Grundeinstellung zumindest annähernd verwirklicht werden kann – natürlich nur mit Unterstützung der göttlichen Gnade, aber eben nicht gänzlich ohne Selbsttätigkeit des Menschen, vielmehr durch seine kräftige Mitwirkung. Dem entsprechend heben die Neologen in der Gotteslehre die im Leben des Einzelnen und der Menschheit im Ganzen zu einer guten Entwicklung waltende *göttliche Vorsehung* als zentrale Aussage über Gott hervor. Und insgesamt setzen sie das Christentum mit der natürlichen, will heißen der vernünftigen Religion ineins, die darauf angelegt ist, den Menschen religiös-sittlich zu überbilden und ihn dem Ideal der Glückseligkeit schon in diesem Leben näherzubringen.

Die Neologen verstehen die religiös-sittliche Lebensführung als das Zentrum der christlichen Religion, insofern sich darin die von Gott gegebene Bestimmung des Menschen zur Gottebenbildlichkeit verwirklicht. Und sie machen geltend, dass die genuinen Grundsätze der christlichen Religion zugleich der Einsicht in eine vernünftige Lebensführung entsprechen. Die aufklärerische Forderung nach einer vernünftig einsichtigen und selbstbestimmten sittlichen Lebensführung ist aus Sicht der Neologen nicht etwas von außen an das Christentum Herangetragenes, ihm Fremdes. Es macht vielmehr den Kern der christlichen Religion aus; sie bildet ihnen zufolge den Horizont für die Ermöglichung einer gelingenden, das heißt am Guten ausgerichteten Lebensführung. Denn dass der Mensch von sich aus, rein aus Vernunft, zu einer solchen zu gelangen vermag, das stellen die Neologen durchaus in Frage. Der Mensch ist zwar nicht von Grund auf verderbt und schlechterdings unfähig zum Guten, sondern dazu bestimmt, ein gutes, will heißen gottwohlgefälliges Leben zu führen, wozu mitzuwirken er prinzipiell auch imstande sein muss. Indes ist die Verwirklichung seiner Bestimmung zur Gottebenbildlichkeit durch seine Neigung zum Bösen und seine Trägheit doch gehemmt, so dass die Religion ein unentbehrliches Hilfsmittel zur Beförderung eines gelingenden, wahrhaft vernunftgemäßen Lebens darstellt. Kurzum: Die führenden Vertreter der neuen theologischen Denkungsart machen die Aufklärung zu einer ureigensten Angelegenheit des Christentums, was sich auch in entsprechenden volkspädagogischen Bemühungen niederschlägt. So verstehen sie die Predigt zum Zweck der Heranbildung zum aufgeklärten Christentum. Es werden entsprechende Konzepte für einen aufgeklärten Religionsunterricht[3] verfasst und insgesamt wird die Möglichkeit der Publizistik – neben Büchern vor allem die neugegründeten Zeitschriftenorgane – dazu genutzt, den lesenden bürgerlichen Kreisen die Religion in ihrer Bedeutung für die ›Bestimmung des Menschen‹[4] anzuempfehlen.

Eine vernünftige sittlich-religiöse Lebensführung gehört, um es mit einem Buchtitel von Johann Friedrich Wilhelm Jerusalem (1709–1789) zu sagen, zu den *vornehmsten Wahrheiten der christlichen Religion* (1768) – ein Buch, das in nur acht Jahren fünf Auflagen erreicht hat. Die maßgeblichen Vertreter der Neologie preisen selbstbewusst den vorzüglichen Wert der menschlichen Natur. Sie unterstreichen deren Vollkommenheit als eine ihr vom Schöpfer verliehene und als solche unverlierbare Gabe. »Was hat der Mensch stärkeres als die große Vollkommenheit seiner Natur?« – »Wir besitzen Kräfte zum Guten«, aufgrund derer »wir Tugenden und edle Taten ausüben«, gibt Friedrich Nicolai beherzt zu bedenken.[5] Der Mensch soll sich von dem her verstehen, was ihn eigentümlich auszeichnet und vom Tier unterscheidet. Das ist seine Gottebenbildlichkeit. Diese wird vornehmlich in seinem Vernunftvermögen und seiner Bestimmung zur Freiheit gesehen. Dem mit der sogenannten Erbsündenlehre verbundenen Sündenpessimismus und der Lehre von der Alleinwirksamkeit der Gnade zum Heil des Menschen wird daher von der Schöpfungslehre her eine entschiedene Absage erteilt.

Nicolai lässt diese Auseinandersetzung um das Verständnis des Menschen sich austragen zwischen Sebaldus Nothanker, der Hauptfigur seines Bildungsromans, und einem Pietisten, dem jener auf seiner Wanderschaft begegnet und mit ihm einen Teil der Wegstrecke geht. Der Pietist stimmt Sebaldus gegenüber sogleich ein in die Klage über die Sünde des Menschen: »Ach mein lieber Bruder, die arme menschliche Natur ist ganz verderbt. Wenn wir nicht durch die Gnade ergriffen werden, so sind wir in grundlosem unerforschlichem tiefem Verderbnisse«.[6] Als

---

[3] Vgl. etwa CHRISTIAN G. SALZMANN, Über die wirksamsten Mittel, Kindern Religion beizubringen, Leipzig 1780.

[4] JOHANN J. SPALDINGS seinerzeit vielgelesene Schrift *Betrachtung über die Bestimmung des Menschen* (1748), in: Ders., Kritische Ausgabe, hg. von A. Beutel, Abt. I: Schriften, Bd. 1, Tübingen 2006, trägt das Grundthema des aufgeklärten Religionsverständnisses im Titel. Ein Jahr später erschien die kleine Schrift Spaldings bereits in der dritten Auflage.

[5] NICOLAI, Das Leben und die Meinungen des Herrn Magister Sebaldus Nothanker, S. 163.

[6] NICOLAI, Das Leben und die Meinungen des Herrn Magister Sebaldus Nothanker, S. 162.

1. Das Zutrauen in die Fähigkeiten der menschlichen Natur   183

Sebaldus erwidert, er könne das Menschengeschlecht nicht als so gänzlich verderbt ansehen, es gebe doch die menschliche Neigung, in Gemeinschaft miteinander zu leben und sich wechselseitig zu unterstützen, weist der Pietist ihn zurecht mit der Auffassung von der gänzlichen Alleinwirksamkeit der Gnade zum Guten. Wo angenommen werden wolle, dass Gutes getan werde, da sei dieses allein durch die göttliche Gnade gewirkt. »Ach wir armen Menschen! wie könnten wir uns unterstützen, wenn uns die Gnade nicht unterstützte, wie könnten wir etwas gutes wirken, wenn es die alleinwirkende Gnade nicht wirkte!«[7]

Sebaldus ist empört darüber, in dieser Weise die Vorzüge der menschlichen Natur untergraben zu sehen, und hebt nun seinerseits dazu an, die dem Menschen vom Schöpfer gegebene Bestimmung gegen jene Tirade des Pietisten ins Feld zu führen.

»Freylich! wir haben alles durch die göttliche Gnade. Aber die Gnade wirkt nicht wie der Keil auf den Klotz. Gott hat die Kräfte zum Guten in uns selbst gelegt. Er hat uns Verstand und Willen, Neigungen und Leidenschaften gegeben. Er will, daß wir thätig seyn sollen, so viel gutes zu thun, als uns möglich ist. Er hat Würde und Güte in die menschliche Natur gelegt«.[8]

Da der Pietist unbeirrbar an der Selbsterkenntnis des Menschen als Sünder und seiner gänzlichen Unfähigkeit zum Guten festhält, betont Sebaldus erneut das Zutrauen in die Güte der menschlichen Natur und ihre Fähigkeiten zum Guten:

»Wir besitzen Kräfte zum Guten. Wer dieß läugnen wollte, würde Gottes Schöpfung schänden, der uns so viele Vollkommenheiten gegeben hat. Ohne den Einfluß einer übernatürlich wirkenden Gnade zu erwarten, können wir Tugenden und edle Thaten ausüben. Oder sind etwan Wohlwollen, Menschenliebe, Freundschaft, Großmuth, Mitleiden, Dankbarkeit nicht Tugenden?«[9]

Welche Welten hier unversöhnlich aufeinandertreffen, macht die Antwort des Pietisten überdeutlich, der das Vertrauen auf die eigenen Vermögen des Menschen mit der Aussicht auf die ewigen Höllenstrafen verdammt.

»Scheintugenden, mein lieber Bruder, weltliche ehrbare Scheintugenden. Mit solchem Bettlersmantel, will der unwiedergebohrne Mensch, den Aussatz seiner natürlich verderbten Natur bedecken. Mit diesen sogenannten Tugenden aber, kann man auf ewig in den Schwefelpfuhl geworfen werden, aus welchem keine Erlösung ist. Dieß sind nicht die wahren gottgefälligen Tugenden. Wenn Tugenden nicht aus der Gnade entspringen; so sind sie geschminkte Laster zu nennen«.[10]

Dass es mit den gottwohlgefälligen Tugenden auch bei dem Pietisten wahrlich nicht gut bestellt ist, zeigt der Fortgang der Geschichte, in der die beiden zeitweiligen Weggefährten von Räubern überfallen werden – Nicolai gestaltet sie in

---

[7] Ebd.
[8] Ebd.
[9] NICOLAI, Das Leben und die Meinungen des Herrn Magister Sebaldus Nothanker, S. 163.
[10] Ebd.

Anlehnung an das Gleichnis vom barmherzigen Samariter[11] – und der Wiedergeborene als Scheinheiliger entlarvt wird.

Die natürlichen Vermögen des Menschen zum Guten, die von den Neologen betont werden, verstehen sie nicht als losgelöst von der christlichen Religion und deren Gottesverständnis. Die Neologen sind fürwahr keine Atheisten. Sie sind vielmehr der Überzeugung, dass die christliche Religion die vernünftige ist und dass sie zur Beförderung einer religiösen und sittlichen – das eine ist nicht ohne das andere zu haben – Grundeinstellung des Menschen und der Menschheit förderlich ist. Gott, Tugend und Glückseligkeit bilden für die Neologen eine zusammengehörende Einheit und die Basis einer vernunftgemäßen Lebensführung.

Es ist mithin keineswegs so, dass in der Neologie der Gottesgedanke gänzlich verabschiedet oder vollends in den Hintergrund gerückt würde. Allerdings finden diesbezüglich eindeutige Verschiebungen zugunsten der natürlich einsichtigen, an der religiös-sittlichen Überbildung von Mensch und Welt orientierten Gottesgelehrtheit statt. Damit geht einher, dass bestimmte traditionelle Grundaussagen der christlichen Lehre zurückgedrängt und – wie etwa im Fall der Lehre von der verderbten Natur des Menschen – scharf kritisiert werden. Ziel der von den Neologen angestrebten Umformung der christlichen Lehre ist es, die christliche Religion in ihrer Ausrichtung auf die Ermöglichung einer gelingenden, am Guten orientierten Lebensführung zu erweisen, die eine Lebensaufgabe für jeden Einzelnen darstellt, bei der er nicht bloß rein passiv dabei ist, sondern selbsttätig mitwirkt.

Von daher treten die Aussage von der Bestimmung des Menschen zur Gottebenbildlichkeit als Vollzug religiös-sittlicher Lebensführung und diejenige von der gütigen Vorsehung Gottes, die den Einzelnen und die gesamte Menschheit ihrer höheren Bestimmung zuführt, in den Mittelpunkt der theologischen Lehre, während andere Aussagen, welche die Selbsttätigkeit des Menschen zu unterlaufen drohen, einer Kritik und Umbildung unterzogen werden. Neben der Sündenlehre und der Auffassung von der Alleinwirksamkeit der Gnade im Menschen zielt die neologische Kritik besonders auf die Auffassung von der stellvertretenden Genugtuung des Kreuzestodes Jesu für die Sünde der Menschheit. Dazu sei noch einmal aus *Sebaldus Nothanker* zitiert. Der Wiedergeborene mahnt seinen Weggefährten – mit Verweis auf die »Quaal ohne Ende für den Sünder«: »Ach lieber! laß dich von der alleinwirksamen Gnade ergreifen. Laß dich von der Kraft des Bundesblutes anfassen. Bete herzlich um die Wiedergeburt. Bete daß du bald zum Durchbruch kommen mögest. Bete, bete, ich will mit dir beten, lieber Bruder.« Dies kontert Sebaldus, wie es heißt »sehr kalt«: »Ich pflege das Vater unser zu beten, darinn steht nichts vom Durchbruche, nichts vom Bundesblute, nichts von der Wiedergeburt und von der alleinwirkenden Gnade«.[12]

---

[11] Lk 10, 25–35.
[12] NICOLAI, Das Leben und die Meinungen des Herrn Magister Sebaldus Nothanker, S. 164.

2. Vernunft und Offenbarung

Mit dem sich anbahnenden Paradigmenwechsel hin zur Vorherrschaft des Anspruchs der Vernunft kommt es zugleich zu einer grundlegenden Verschiebung in der Zuordnung zwischen natürlicher und geoffenbarter Theologie, zwischen *theologia naturalis* und *theologia revelata*. Ehedem war die theologia naturalis lediglich im Vorhof der eigentlichen Gotteserkenntnis angesiedelt, während allein die auf Offenbarung beruhende Theologie den Anspruch erheben konnte, wahre Gotteserkenntnis zu vermitteln. Dies galt durch die gesamte Geschichte der Theologie hindurch, auch wenn es noch einmal unterschiedliche Gewichtungen in Rücksicht darauf gab, was man der natürlichen Theologie an möglicher Gotteserkenntnis zugestand und wie man dieselbe im ›System‹ der Theologie einband. Dass die eigentliche, zum Heil führende Gotteserkenntnis nur durch Offenbarung zustande kommt, bildete durchwegs den Kern des Selbstverständnisses der Theologie. Nun aber verschiebt sich die Zuordnung zwischen *theologia naturalis* und *revelata*. Nun ist es die Vernunft, die als die Begründungsinstanz allgemeingültiger Aussagen auch im Blick auf die Gehalte der Religion als entscheidender Maßstab zum Zuge gebracht wird. Denn allein für allgemeingültige Gehalte kann beansprucht werden – so die Überzeugung der zeitgenössischen Denker –, dass sie durch freie Zustimmung des Einzelnen angeeignet werden und damit eine Religion der mündigen Gottesverehrer befördert wird.

Die Neologen haben diesbezüglich eine gemäßigte Auffassung vertreten, indem sie die christliche Religion als vereinbar mit den Grundsätzen der natürlichen und als solchen vernunftgemäßen Religion behaupten. Die Vertreter des theologischen Rationalismus[13] verschärfen diese Überzeugung dahingehend, dass die Forderung nach Vernunftkompatibilität der religiösen Gehalte zum Programm erhoben wird, so dass alle supranaturalen Inhalte der christlichen Religion einer scharfen Kritik unterzogen werden. Der theologische Rationalismus ist einzig an der vernünftig nachvollziehbaren Einsicht ausgerichtet und wirft damit ganz grundlegend die Frage auf, ob überhaupt und wenn ja, welcher Stellenwert der geoffenbarten gegenüber der natürlichen Gotteserkenntnis noch zukommen kann. Er antwortet auf diese Frage, indem er das Vernunftprinzip in strikter Weise zur Geltung bringt, derart nämlich, dass nur dasjenige, was sich in der Religion als kompatibel mit den Erkenntnissen der Vernunft erweist, akzeptiert werden kann. Dasjenige hingegen, was sich in den Aussagen der heiligen Schrift und der theologischen und kirchlichen Lehre als nicht vernunftkompatibel erweist, fällt der vernünftigen Kritik zum Opfer. Denn was nicht vernunftgemäß ist, gilt als unberechtigte Zumutung an den Menschen.

---

[13] Neben den im Folgenden erwähnten Vertretern des theologischen Rationalismus sind noch Julius August Ludwig Wegscheider (1771–1849) und Karl Gottlieb Bretschneider (1776–1848) eigens zu nennen. Zu den Hauptvertretern des philosophischen Rationalismus werden Descartes, Leibniz und Spinoza sowie Christian Wolff gezählt.

Auch diese gegenüber der Neologie noch einmal verschärfte Position hat nicht zur Folge, dass die Religion gänzlich verabschiedet wird. Der Rationalismus hält an der Religion durchaus fest, aber eben im Sinne einer Religion, die am Maßstab der Vernunft auszurichten ist; einer Religion, die für die *vernünftigen Verehrer Gottes* – so ein Titel von Hermann Samuel Reimarus (1699–1768)[14] – annehmbar und die als solche auch gemeinwohlverträglich ist. Dies ist die Religion der sittlich-religiösen Humanität. Von ihr sind die Rationalisten als einem Ideal erfasst, und von der Ausrichtung auf dieses Ideal erwarten sie die Überwindung der alten Zöpfe geoffenbarter Lehre und verkrusteter Kirchlichkeit. Vielsagend ist diesbezüglich, was als Axiom des Rationalismus von Johann Friedrich Röhr (1777–1848) festgehalten wird: »Die christliche Religion ist die Maxime, die positive und geschichtliche Religionslehre Christi und seiner Apostel darum für glaubwürdig zu halten, weil sie in der vernünftig-sittlichen Natur des Menschen begründet ist«.[15] Der Rationalismus in all seinen Varianten nimmt die der Vernunft einleuchtenden sittlich-religiösen Überzeugungen als Grundlage einer um ihre vernunftanstößigen Ecken und Kanten bereinigten Religion, die als neue Denkungsart durch Zuversicht in die positive Entwicklung des Einzelnen und der ganzen Menschheit bestimmt ist.

Dass die Vernunftreligion im Blick auf ihre *Inhalte* einer Ergänzung durch Offenbarung bedarf, wird von den Rationalisten in aller Regel bestritten. Wenn in diesem Zusammenhang der Offenbarung eine Bedeutung zugemessen wird, dann diejenige, dass sie das, was der Vernunft *an sich* einleuchtet, durch Offenbarung und damit in einer Form vorstellig macht, durch welche die vernünftigen Gehalte so unter das Volk gebracht werden, dass dieses in der Breite von ihnen erfasst wird. Denn der Weg über die Vernunfteinsicht ist der beschwerlichere und wird nur von Einzelnen beschritten, der über die Religion hingegen ist der leichtere und für die vielen zugänglichere Weg. Daher kann die Religion, sofern sie nach Grundsätzen der Vernunft bestimmt ist, als ein hilfreiches Introduktionsmittel einer vernünftigen sittlichen Gesinnung angesehen werden.

3. Die politische Funktion des Programms der natürlichen Religion

Die erste grundlegende Umbildung der traditionellen konfessionsbestimmten und schriftbegründeten Religionslehre vollzieht der Deismus in England. Er interessiert nicht allein als Vorbereiter des Rationalismus in Deutschland, sondern vor allem wegen seines Programms der vernünftigen Religion, die er in ihrer

---

[14] HERMANN SAMUEL REIMARUS, Apologie oder Schutzschrift für die vernünftigen Verehrer Gottes (1736–1768); vgl. die im Auftrag der Joachim Jungius Gesellschaft erstmals vollständig veröffentlichte, von G. Alexander besorgte Ausgabe, 2 Bde, Frankfurt a. M. 1972.

[15] JOHANN FRIEDRICH RÖHR, Briefe über den Rationalismus: zur Berichtigung der schwankenden und zweideutigen Urtheile, die in den neusten dogmatischen Consequenz-Streitigkeiten über denselben gefällt worden sind, Aachen 1813, S. 31.

politischen Funktion zur Geltung zu bringen sucht. Der Deismus reagiert mit dem Programm der vernünftigen Religion auf die verheerenden Folgen, die die Konfessionskriege über Europa brachten. Es waren die von den Konfessionen erbittert hochgehaltenen Lehrunterschiede, die dahinter stehenden kirchenpolitischen Strategien sowie die damit verbundenen nationalstaatlichen Interessen, die zu unbarmherzigen Kriegen und Terror in Europa geführt hatten.

Wenn Religion angesichts dessen überhaupt noch die Grundlage der gesellschaftlichen Ordnung bilden können soll, so die Meinung der Deisten, dann ist sie auf eine allgemeingültige, und das heißt vernünftige Basis zu stellen, so dass sie von allen Individuen gleichermaßen akzeptiert werden kann. Denn was vernünftig ist, zu dem kann allgemeine Zustimmung gefordert werden. Dasjenige hingegen, was auf spezieller Offenbarung beruht, und solches, was zu den historisch bedingten konfessionellen Ausprägungen der Religion gehört, vermag keinen befriedenden Konsens in Sachen Religionsangelegenheiten zu begründen, wie die Erfahrung gezeigt hatte. Von den Spezifika der einzelnen Konfessionen sollte mithin abstrahiert werden, auch von demjenigen an der christlichen Religion, an dem die Vernunft unweigerlich Anstand nimmt. Es sollte vielmehr dargetan werden, dass und inwiefern die von ihrem Wesen her verstandene und von unnötigem Beiwerk entschlackte christliche Religion eine solche, ja *die* vernünftige Religion darstellt, die als Grundlage einer friedvollen politischen Gemeinschaft dienen kann.

Die Titel der klassischen Werke des englischen Deismus spiegeln diese Überzeugung wider. Herbert von Cherbury schreibt über die Religion des Menschengeschlechts *de religione gentilium* (1645). John Locke verfasst ein Werk über *The reasonableness of christianity as dilivered in the Scriptures* (1695). Die Programmschrift von John Toland heißt *Christianity not mysterious* (1696) und Matthew Tindals programmatisches Buch, das von J. L. Schmidt übersetzt (1741) und dadurch auch in Deutschland breitenwirksam wurde, heißt *Christianity as old as creation or the gospel a republication of the religion of nature* (1730). Die Vernunftgemäßheit der Religion gilt als Ausweis ihrer Qualität als Offenbarung. Deren Kern wiederum wird in den sittlich-religiösen Inhalten gesehen. Gegenüber den im engeren Sinne dogmatischen Stücken der kirchlichen Lehre – wie etwa die Trinitäts- und Zweinaturenlehre – gibt es eine nüchterne Abständigkeit. Stattdessen wird die Bedeutung der Religion für das individuelle Leben in Tugend und Frömmigkeit unterstrichen.

Eine solchermaßen vernünftige Religion wird als durchaus brauchbare, ja kaum ersetzbare Grundlage für ein friedfertiges Miteinander der Menschen im Staat angesehen. Denn ganz auf Religion zu verzichten, hieße auf diejenige Ressource zu verzichten, die für die Bildung von Moralität im Herzen der Menschen die am besten geeignete ist. In Sachen Herzensbildung kommt der Religion eine besondere Bedeutung zu. Denn allein über die Vernunft kann das Volk als Ganzes nicht sittlichkeitskonform überbildet werden, sie vermag nur einzelne Individuen zu einer vernunftgemäßen Gesinnung zu führen. Auch das staatliche Recht vermag die Region der Herzensbildung im Menschen nicht zu erreichen, weil es im Verhältnis zum Recht lediglich auf die äußere Übereinstimmung mit seinen Grundsätzen, nicht auf die dahinter stehende Gesinnung ankommt. Zudem, so macht insbesondere John Locke geltend, ist die Durchsetzung des staatlichen Rechts streng auf die Bereiche der politischen Ordnung und ihrer Einhaltung zu beschränken und die Staatsgewalt darauf zu verpflichten, nicht in die Herzen der Menschen hineinregieren zu wollen. Es ist strikt darauf zu achten, so Locke, »zwischen dem Geschäfte der staatlichen Gewalt und dem der Religion genau zu unterscheiden und die rechten Grenzen festzusetzen, die zwischen beidem liegen«.[16]

Insofern ist es im eigenen Interesse des Staates, da er auf gemeinwohlverträgliche und das Gemeinwohl fördernde Bürger angewiesen ist, die Bedingungen zu gewährleisten, dass vernünftige Religion ihre letztlich auch staatsförderliche Aufgabe am Menschen erfüllen kann, indem sie auf die Gesinnung der Menschen, die dem Zugriff des Staates entzogen ist, einwirkt. Mithin ist von Staats wegen die Ausübung der Religionsfreiheit zu gewähren, und zwar den Mitgliedern aller christlichen Konfessionen und zudem auch den Mitgliedern nichtchristlicher Religionen. Die Toleranz ist einzig an die Voraussetzung geknüpft, dass die Religionen ihrerseits die Grundlagen des Staates durch ihre religiösen Überzeugungen nicht unterlaufen. In diesem Sinne tritt Locke in seinem 1689 verfassten *Brief über Toleranz* für die Duldung der unterschiedlichen Konfessionen und der nichtchristlichen Religionen ein.[17] Diese Duldung hat dort ihre Grenze, wo der Staat in seinen Grundlagen tangiert wird. Für Locke ist dies der Fall bei Atheisten, weil die Akzeptanz des Gottesgedankens zur Beförderung

---

[16] LOCKE, Ein Brief über Toleranz, S. 11. Diese Forderung wird dann auch in Kants *Religionsschrift* für das Verhältnis zwischen Staat und Kirche erhoben. Die Kirche – so argumentiert Kant –, sofern sie auf die religiös-moralische Gesinnung ihrer Mitglieder gegründet ist und eine Gemeinschaft nach Tugendgesetzen bildet, ist und muss dem Zugriff des Staates entzogen sein, der in die Herzen der Menschen weder schauen noch auf sie durch Rechtsstatuten oder gar Zwang einwirken wollen kann. Der Staat kann und darf nur auf der Grundlage des Rechts seine Bürger zur Einhaltung der Rechtsnormen nötigen, wozu die legalistische Übereinstimmung mit den Rechtsnormen auf Seiten der Bürger ausreicht. Die Herzensbildung im Guten hingegen, indem sie in der persönlichen Gesinnung gründet, ist vornehmlich Sache der Kirche. Ein Staat, der über die Ausübung seiner Rechtsgewalt hinaus an einer gemeinwohlverträglichen Tugendgesinnung seiner Bürger Interesse hat, wird sich dazu der Religion bedienen, freilich nur einer solchen Religion – so Kant –, deren religiöse mit den vernünftigen Einsichten kompatibel sind. Vgl. IMMANUEL KANT, Die Religion innerhalb der Grenzen der bloßen Vernunft, 1. Auflage 1793, in: Gesammelte Schriften, hg. von der Königlich Preußischen Akademie der Wissenschaften, Bd. 6, Berlin 1907, S. 93–147; und in: Werke in sechs Bänden, hg. von W. Weischedel, Bd. 4, 6., unveränderte Auflage, Darmstadt 2005. Drittes Stück: »Der Sieg des guten Prinzips über das böse und die Gründung eines Reichs Gottes auf Erden«, S. 127–222 nach der Originalpaginierung. Zur Gewährung der Religionsfreiheit des Einzelnen durch den Staat vgl. auch die staatskirchenrechtlichen Bestimmungen des 1794 unter Friedrich dem Großen eingeführten »allgemeinen Landrechts für die preußischen Staaten«.

[17] Mit den Prinzipien der Toleranz gegenüber den Religionsgemeinschaften unter der Bedingung einer Trennung von Kirche und Staat hat Locke Grundsätze formuliert, die für den modernen Verfassungsstaat prägend sind.

der guten Gesinnung der Bürger unabdingbar ist. Dies ist ferner der Fall, wenn die Unterscheidung zwischen Staats- und Kirchengewalt und die damit verbundene Anerkennung ihrer voneinander unterschiedenen Zuständigkeitsbereiche nicht eingehalten wird. Denn dadurch sieht Locke die Gefahr gegeben, dass dem für ein friedliches Zusammenleben der Bürger auf der Grundlage staatlicher Rechtsnormen zu fordernden Gehorsam gegenüber der Regierungsgewalt durch die Grundsätze der jeweiligen Religion und Kultusgemeinschaft nicht entsprochen wird.

4. Historisch-kritische Erforschung der Schrift

Die mit dem erstarkten Selbstbewusstsein des Menschen in Gang gesetzte Lawine rollte zuerst und zuvörderst auf Theologie und Kirche zu; und dies mit einer klarsichtigen Folgerichtigkeit. Denn es geht der sich ihrer selbst bewusst werdenden Vernunft um die Loslösung von den aus ihrer Sicht nicht wahrhaft legitimierten, den Menschen entmündigenden Autoritäten. Als solche Autoritäten gelten Kirche und Theologie. Sie geraten unter den Beschuss der Vernunft, und zwar in einem weiteren zentralen Punkt, durch den sie ihren Autoritätsanspruch zu legitimieren versuchen; und das ist die Geltung der heiligen Schrift. Auch dieser Prozess des Ansturms der historischen Kritik auf die Autoritätsgrundlage von Theologie und Kirche – die heilige Schrift – ist aus der Theologie selbst heraus mit in Gang gebracht und vollzogen worden. Auch dieser Prozess ist keiner, auf den sie als einen ihr von außen aufgenötigten lediglich reagiert hat. Vielmehr ist die evangelische Theologie selbst eine der treibenden Kräfte in dieser Entwicklung, und man kann mit Recht behaupten, Luthers Insistieren auf dem buchstäblichen Schriftsinn[18] als des für die Auslegung maßgeblichen habe die Grundlage dafür gelegt, dass die historisch-kritische Behandlung der Schrift nach allen Regeln der Kunst sich in der evangelischen Exegese[19] in der Neuzeit Bahn brach.

An erster Stelle ist hier Johann Salomo Semlers (1725–1791) wirkmächtige Schrift *Von freier Untersuchung des Canons* (1772) zu nennen. Die freie Untersuchung des Kanons führt zur Erkenntnis, dass der Kanon ein zutiefst historisch

---

[18] Vgl. dazu Kapitel XI, S. 121 f.
[19] Im Unterschied dazu hat die katholische Kirche sich gegen diese Entwicklung gestemmt, was in der Einführung des Antimodernisteneids (1910, vgl. bereits den *Syllabus Errorum* von 1864) seinen Ausdruck gefunden hat, in dem die von allen Voraussetzungen (vor allem die der Bindung an die kirchliche Überlieferung) freie Schriftforschung als Irrtum verworfen wird. Der Antimodernisteneid wurde 1967 aufgehoben, ebenso die Verwerfungssätze, die er formuliert hat. Zugleich wurde das Glaubensbekenntnis der Kirche – die *professio fidei* – von Papst Paul VI. 1968 als verbindliche Grundlage für das Glaubensvolk zur Abwehr der liberalen Strömungen innerhalb der katholischen Theologie und Kirche proklamiert. Das II. Vatikanische Konzil hat bezüglich der historisch-kritischen Bibelforschung eine vorsichtige Öffnung formuliert. Siehe dazu unten S. 127.

gewordenes Gebilde ist. Keine Rede kann mehr davon sein, dass die Schrift in der Zusammengehörigkeit von Altem und Neuem Testament in allen ihren Teilen gleichermaßen inspiriert, nämlich als vom Heiligen Geist den Verfassern bis in den Wortlaut hinein eingegeben behauptet werden kann, wie dies in der altprotestantischen Schriftlehre vertreten wurde.[20] Semler arbeitet konsequent heraus, dass die Schrift als ein durch und durch historisch gewordenes Gebilde zu verstehen ist.

Dabei zeigt sich die ruinöse Folge, welche die Inspirationslehre in derjenigen Gestalt, die die altprotestantische Orthodoxie ihr gegeben hat, in dem Moment nach sich zieht, wo der historische Umgang mit der Schrift unterschiedliche Tendenzen in der theologischen Aussage der neutestamentlichen Schriftsteller herausstellt; den historischen Entstehungsprozess der einzelnen Bücher und ihren zeitgeschichtlichen Kontext erhellt; differierende Aussagen zu ein und derselben Sache wie im Fall der Auferstehungsberichte offenlegt; ganz abgesehen von den aufgedeckten Unstimmigkeiten, die sich zwischen den biblischen Aussagen und den Ergebnissen der Naturwissenschaften auftun. Je stärker man vormals die Autorität der Schrift durch die Inspirationslehre zu sichern meinte, umso stärker gerät die Schriftautorität angesichts besagter Entdeckungen ins Wanken.

Was dies für die Theologie bedeuten musste, wird etwa an dem Eifer deutlich, mit dem Hermann Samuel Reimarus die Auferstehungsberichte und damit die Zeugnisse vom Ursprungsgeschehen der christlichen Kirche ins Visier nimmt. Reimarus hatte seine Untersuchung mit dem vielsagenden Titel *Apologie oder Schutzschrift für die vernünftigen Verehrer Gottes* verfasst und in Anbetracht ihres Inhalts wohlweislich im Schreibtisch liegen lassen. Dies hat späterhin Lessing nicht davon abgehalten, einzelne Partien daraus – seinerseits mit Bedacht anonym – als die berüchtigten *Fragmente eines Ungenannten* (1777) zu veröffentlichen. Um diese gab es dann zwischen Johann Melchior Goetze, Pastor in Hamburg und Vertreter der lutherischen Orthodoxie, und Lessing einen heftigen Streit.

Dass sich ein kirchlich gesonnener, bibelgläubiger und nicht zuletzt orthodox-lutherisch geprägter Mann wie Goetze von den *Fragmenten* herausgefordert fühlte, ist unschwer nachvollziehbar. Reimarus hatte nämlich die neutestamentlichen Auferstehungsberichte in der Geübtheit des professionellen Orientalisten beleuchtet und in advokatorischer Strenge Folgendes festgehalten:

»Das erste also, was wir bei der Zusammenhaltung der vier Evangelisten bemerken ist, daß ihre Erzählung fast in allen und jeden Punkten der Begebenheit so sehr voneinander abgeht und immer bei dem einen anders lautet wie bei dem andern. Ob nun gleich dieses unmittelbar keinen Widerspruch anzeigt, so ist es doch auch gewiß keine einstimmige Erzählung, zumal da sich die Verschiedenheit in den wichtigen Stücken der Begebenheit äußert. Und ich bin gewiß versichert, wenn heutigen Tages vor Gericht über eine Sache vier Zeugen besonders abgehört würden und ihre Aussage wäre in allen Umständen so

---

[20] Vgl. dazu Kapitel X.

weit voneinander unterschieden als unserer vier Evangelisten: es würde wenigstens der Schluß herauskommen, daß auf dergleichen variierenden Zeugen Aussage nichts zu bauen sei«.²¹

Denn, so Reimarus weiter,

»Zeugen, die bei ihrer Aussage in den wichtigsten Umständen so sehr variieren, würden in keinen weltlichen Händeln, wenn es auch nur bloß auf ein wenig Geld einer Person ankäme, als gültig und rechtsbeständig erkannt werden [...]. Wie kann man denn begehren, daß, auf die Aussage von solchen variierenden Zeugen, die ganze Welt, das ganze menschliche Geschlecht zu allen Zeiten und aller Orten ihre Religion, Glauben und Hoffnung zur Seligkeit gründen soll? [...] Saget mir [...], könnt ihr dies Zeugnis in einer so wichtigen Sache für einstimmig und aufrichtig halten, das sich in Personen, Zeit, Ort, Weise, Absicht, Reden, Geschichten so mannigfalt und offenbar widerspricht?«.²²

Reimarus weiß, was er mit dieser Kritik tut. Er setzt den Hebel an der zentralen Schaltstelle der christlichen Religion und Kirche an. Deren Selbstverständnis aufgreifend geht er mit diesen nämlich davon aus, dass das Zeugnis von der Auferstehung Jesu dasjenige ist, auf dem das »ganze neue System der Apostel«²³ aufruht.

Weitaus wirkmächtiger noch als Reimarus, der zu den extremen Bibel- und Kirchenkritikern seiner Zeit²⁴ zählt, ist für die moderne Bibelkritik und Theologie insgesamt die Arbeit von Johann Salomo Semler (1725–1791), der in aller Konsequenz die Historizität der Schrift herausstellt und damit in ganz neuer Weise die Frage nach der Verbindlichkeit der Schrift für den persönlichen Glauben des Einzelnen und die Religionsgemeinschaften aufwirft. In seinem Werk *Abhandlung von freier Untersuchung des Canons* setzt Semler damit ein, dass er den Begriff des Kanons, mit dem die für den kirchlichen Gebrauch gültigen biblischen Bücher bezeichnet werden, einer nüchternen, will heißen durch geschichtliche Betrachtung geprüften Bestimmung dessen, was historisch gesehen eigentlich mit ›Kanon‹ gemeint ist, zuführt. Danach gilt: »Kanon heißt nichts weiter als ein Verzeichnis; und kanonische Bücher heißen solche, die in dem canone oder catalogo stehen«.²⁵ Dass die einzelnen Bücher wiederum in diesem Verzeichnis stehen, heißt »weder bei den Juden noch Christen«, dass sie »von *einem* Urheber her, der aus *göttlicher Eingebung* die Bücher nach der ihnen *gleich gut zukommenden* Eingebung in ein solches Verzeichnis gebracht« worden wären.²⁶

---

²¹ REIMARUS, Apologie oder Schutzschrift; zitiert nach: Kirchen- und Theologiegeschichte in Quellen, Bd. 4/1, Vom Konfessionalismus zur Moderne, hg. von H. A. Obermann u. a., neu bearbeitet und hg. von M. Greschat, 2. Auflage, Neukirchen-Vluyn 2008, S. 114–118, hier S. 115.
²² REIMARUS, Apologie oder Schutzschrift, S. 116 f.
²³ REIMARUS, Apologie oder Schutzschrift, S. 114.
²⁴ Für das 19. Jahrhundert ist besonders DAVID FRIEDRICH STRAUSS (1808–1874) zu nennen, vor allem sein Werk *Das Leben Jesu – kritisch bearbeitet*, Tübingen 1835–36. Es ist zum einen für die Entwicklung der kritischen Leben-Jesu-Forschung bedeutsam gewesen und brachte zum anderen den Mythosbegriff für das Verständnis der neutestamentlichen Texte zum Zug.
²⁵ SEMLER, Abhandlung von freier Untersuchung des Canon, ad 1.
²⁶ SEMLER, Abhandlung von freier Untersuchung des Canon, ad 2. (Hervorhebung durch C. A.-P.).

Sowohl für den alttestamentlichen als auch für den neutestamentlichen Kanon an biblischen Büchern gilt, dass sie nicht von einem einzigen Urheber, sondern von vielen verschiedenen Verfassern herrühren, die zu unterschiedlichen Zeiten in jeweils besonderen historischen Kontexten geschrieben haben. Auch sind die Verfasser dabei nicht ausschließlich »nach göttlicher Eingebung«[27] vorgegangen, und schon gar nicht sind alle Bücher durchgängig als gleichermaßen inspiriert zu verstehen. Vielmehr hat beim geschichtlichen Prozess der Herausbildung bestimmter biblischer Bücher als zum Kanon gehörend »menschliche Erkenntnis«[28] gewaltet, wie Semler entschieden betont. Dabei war wiederum eine ganz bestimmte Absicht leitend, nämlich diejenige, dass diese Bücher für den öffentlichen Unterricht in der Religion zu gebrauchen sein sollten.[29]

Die Sammlung der jeweiligen Schriften geschieht zum Zweck des *öffentlichen* Unterrichts in der Religion, und dies bedeutet, dass sie im gottesdienstlichen Gebrauch einer bestimmten Kultusgemeinschaft verwendet wird und mithin zunächst nur für diese verbindlich ist. Dieser Prozess, in welchem bestimmte Bücher durch ihren gottesdienstlichen Gebrauch allmählich kanonischen Rang erlangt haben, hat sich über längere Zeit hinweg entwickelt. Wer sich ihn und die Bedeutung, die die Sammlungen von Schriften für die jeweilige Kultusgemeinde hatte, vor Augen hält, kann nicht mehr davon ausgehen, dass dem Kanon eine göttlich legitimierte Autorität qua Buchsammlung als solcher zukommt. Vielmehr ist von einer nur »äußerlichen Verbindlichkeit«[30] der jeweiligen Sammlungen auszugehen, dergestalt nämlich, dass sie für den Gebrauch in einer konkreten Kultusgemeinschaft bestimmt waren. Semler fordert des Weiteren, dass dem denkenden Leser die Freiheit zuzugestehen sei, über den Charakter der einzelnen Bücher »nach eigener Einsicht zu urteilen und ihrer Erkenntnis zu folgen«.[31] »Eine Gleichförmigkeit der eigenen Urteile über die Göttlichkeit aller einzelnen Bücher« kann es nicht geben, wenn nämlich »auf die eigene und aufrichtige Untersuchung der Gelehrten gesehen wird«.[32]

Man kann den Charakter des grundlegend Neuen, das sich durch diese Erwägungen Semlers in der evangelischen Theologie Bahn bricht, nur verstehen, wenn man es auf dem Hintergrund der altprotestantischen Lehre von der Schrift und dem damit verbundenen Verständnis von rechtgläubiger Theologie und schriftgemäßer Lehre wahrnimmt. Semler arbeitet nicht allein den geschichtlichen Entstehungsprozess der biblischen Schriften und ihrer Sammlung als Kanon heraus. Er deckt nicht allein die jeweiligen Eigentümlichkeiten der einzelnen Schriften auf – die spezifische Aussageintention des einzelnen Verfassers, die Bedingtheit seines Schrifttums durch den zeitgenössischen Kontext, in den hinein

---

[27] Ebd.
[28] SEMLER, Abhandlung von freier Untersuchung des Canon, ad 3.
[29] Ebd.
[30] SEMLER, Abhandlung von freier Untersuchung des Canon, ad 4.
[31] SEMLER, Abhandlung von freier Untersuchung des Canon, ad 8.
[32] SEMLER, Abhandlung von freier Untersuchung des Canon, ad 10.

er seine religiöse Erkenntnis zu vermitteln sucht. Semler bringt auch nicht nur das durch historische Erkenntnis geleitete und insofern von der individuellen Entwicklung und besonderen Geisteslage des Theologen abhängige Urteil für das Verständnis der Schrift ins Bewusstsein. Er macht mit all dem zugleich geltend, *dass das Wort Gottes nicht mit dem geschriebenen Wort Gottes in Gestalt des Kanons ineins fällt.* Vielmehr versteht er es als dasjenige Geschehen, das mittels der Schrift durch das Wirken des Heiligen Geistes in der persönlichen Aneignung im Einzelnen sich ereignet und den Menschen erneuert.

Indem Semler die eigene Einsicht des Bibelinterpreten betont, hebt er wiederum nicht allein auf die bloße Sachkenntnis ab, die sich der verständige Leser vom Charakter der biblischen Bücher bildet. Vielmehr geht es Semler im Kern um die persönliche und existenzbestimmende Aneignung, die durch den religiösen Gehalt der Schriften im Menschen erzeugt wird. Dass er nicht allein historisch-kritische Sachkenntnis meint, sondern die persönliche Aneignung im Lebensvollzug, wird deutlich, wenn er auf die ›Heilsordnung‹ abzielt, die durch die jeweiligen Bücher dem Einzelnen eröffnet wird. Dieser Charakter, die ›Heilsordnung zu eröffnen‹, so betont Semler, eignet den einzelnen Büchern auf jeweils unterschiedliche Art und Weise und in unterschiedlichem Grad. In dieser Unterschiedenheit treffen sie wiederum auch auf Seiten des Rezipienten auf höchst individuierte Bedingungen des geistigen Erfassens. Es geht dabei immer um ein solches Geschehen, das in der persönlichen Aneignung durch den Einzelnen zu seinem Ziel kommt. Daher hält Semler fest: »Es ist gewiß, daß ein Leser zu seiner christlichen Heilsordnung nichts einbüßt, wenn er Bücher für nicht göttlich hält, aus denen er die heilsame Anwendung dieser Heilsordnung nicht zunächst haben und befördern kann«.[33]

Damit ergibt sich die Frage, was Semler unter der heilsamen Anwendung dieser Heilsordnung der biblischen Schriften genauer versteht. Er antwortet darauf mit dem Hinweis auf ihren »nützlichen« und »brauchbaren«[34] Charakter in Rücksicht auf die sittlich-religiöse Erneuerung des Menschen. Denn nützlich und brauchbar sind »Wahrheiten und Begriffe von geistlicher Ausbesserung und Herstellung des Menschen zu allen seinen Endzwecken«,[35] so dass dieser effectus in der Erfahrung der Erneuerung des Menschen das Wirken des Heiligen Geistes in und durch die biblischen Schriften bezeugt.

»Diese Wahrheiten und Begriffe von geistiger Ausbesserung und Herstellung des Menschen zu allen seinen Endzwecken rühren wirklich von Eingebung oder Wirkung Gottes her. Hiervon kann sich ein jeder Mensch durch das Zeugnis des Hl. Geistes ohne allen Anstoß überzeugen und die göttliche Absicht und Art dieser teils zuerst an einzelne Personen geoffenbarten Begriffe, teils wieder lebendig gemachten, so oder so schon bekannten moralischen Wahrheiten sehr leicht selbst an sich erfahren«.[36]

---

[33] Semler, Abhandlung von freier Untersuchung des Canon, ad 12.
[34] Semler, Abhandlung von freier Untersuchung des Canon, ad 13.
[35] Semler, Abhandlung von freier Untersuchung des Canon, ad 14.
[36] Ebd.

Diese Wahrheiten werden von dem Einzelnen anerkannt und im persönlichen Vollzug »ohne allen Anstoß« angeeignet, denn sie sind in sittlich-religiöser Hinsicht selbstevident, und zwar in zweifacher Weise: Sie gehören zu den »so oder so schon bekannten moralischen Wahrheiten« und sind von der Art, dass sie jeder »sehr leicht selbst an sich erfahren« kann.[37] Damit ist deutlich, dass der geforderte Charakter der Schriften als »nützlich und brauchbar« darauf abhebt, dass sie die sittlich-religiöse Überbildung des Menschen sowohl durch ihre Gehalte ausdrücken als sie auch im Einzelnen sowie in der Menschheit als Ganzer zu befördern, sprich zu verwirklichen imstande sind. Auf diese Weise spricht Semler das traditionelle Prädikat der *efficatia* der Schrift zum Heil[38] unter seinen auf die sittlich-religiöse Erneuerung des Menschen ausgerichteten Bedingungen um. Dabei geht er zugleich davon aus, dass die religiösen Inhalte der Vernunft nicht widersprechen. Wenn Semler betont, es seien die religiösen Inhalte »so oder so schon bekannte moralische Wahrheiten«, dann will er deutlich machen, dass die religiös begründete Sittlichkeit mit der vernünftigen übereinstimmt. Daraus leitet er die Überzeugung ab, dass die christliche Religion von allgemeinmenschlicher, will heißen *universaler* Bedeutung ist.

Diese Anforderung an dasjenige, was als nützlich für den persönlichen Gebrauch der Bibel gelten kann mit Rücksicht auf die sittlich-religiöse Erneuerung des Menschen »zu allen seinen Endzwecken«,[39] worin zugleich der universale Charakter der christlichen Religion begründet liegt, hat nach Semler entsprechende Folgerungen für den Umgang mit dem Alten Testament. Semler empfiehlt für den öffentlichen Gebrauch in christlichen Religionsgemeinschaften einen »guten Auszug aus dem Alten Testament«[40] – ein Auszug, der für die Christen nützlicher sei als »jene Historien der jüdischen Nation ihm je werden können«.[41] Denn diese seien eben nicht für alle Menschen bestimmt, sondern durch einen »Partikularismus«[42] in der Abzweckung auf die jüdische Kultus- und Volksgemeinschaft bestimmt und daher für den öffentlichen Unterricht in der christlichen Religion unbrauchbar.

Die Erfahrung der sittlich-religiösen Erneuerung macht Semler nun auch zu demjenigen Kriterium, durch das bestimmte Inhalte in den biblischen Schriften mit Fug und Recht als irrelevant, weil in dieser Hinsicht unnütz, aussortiert werden können. »Ein aufrichtiger Leser darf einen Inhalt eines Buchs für ihn unnütz halten, wenn er dabei in Anstoß und Schwierigkeiten gerät, die das Wachstum seiner moralischen und geistigen Fertigkeit und Ausbesserung hindern«.[43] Hiermit bringt Semler den »gemeinnützigen«[44] Inhalt durch den die Schrift am Men-

---

[37] Ebd.
[38] Vgl. Kapitel XI, S. 123 f., 128 f.
[39] SEMLER, Abhandlung von freier Untersuchung des Canon, ad 14.
[40] SEMLER, Abhandlung von freier Untersuchung des Canon, ad 13.
[41] Ebd.
[42] SEMLER, Abhandlung von freier Untersuchung des Canon, ad 18.
[43] SEMLER, Abhandlung von freier Untersuchung des Canon, ad 17.
[44] SEMLER, Abhandlung von freier Untersuchung des Canon, ad 18.

schen und der Menschheit zu wirken vermag, als das zentrale Kriterium im Umgang mit der Schrift zur Geltung, nämlich als ein solches, von dem her die einzelnen biblischen Bücher nun auch gegeneinander kritisch gewichtet werden können.

So vermag der Leser nach Semlers Auffassung etwa bei den Büchern *Ruth*, *Esther* und *Nehemia* gar nicht zu sehen, wie die Absicht des Urhebers derselben zu jenem gemeinnützigen Inhalt gehören kann, und damit vermag er sie nicht auf sich und seine religiös-sittliche Erfahrung zu beziehen. Dies macht Semler als kritischen Maßstab gegen die Bücher des Alten Testaments geltend. Denn »es [ist] ganz unleugbar, daß in vielen Büchern der gemeine Partikularismus herrscht, wonach Juden gar nicht andere Menschen an Gottes geistlicher Gnade haben Teil nehmen lassen wollen, welche nicht zu ihrem Volk treten«.[45]

Nun entgeht es Semler natürlich nicht, dass die neutestamentlichen Schriftsteller sich überwiegend jüdischer Vorstellungen und Sprache bedient haben, um ihre religiöse Erkenntnis zum Ausdruck zu bringen. Dieser Prozess der sogenannten Akkommodation an den zeitgenössischen jüdischen Verstehenshorizont führt Semler dazu, eine kritische Selektion derjenigen, durch bloße Akkommodation entstandenen Schriftaussagen zu fordern, und zwar mit dem Ziel, dadurch den gemeinnützigen moralisch-geistigen Inhalt der Schrift freizulegen, von dem gilt, dass er allgemeingültigen und mithin jeden Menschen als solchen betreffenden Charakters ist. Der gemeinnützige Inhalt begründet nach Semlers Auffassung den universalen Anspruch, den die christliche Religion für sich erheben kann.

5. Die Unterscheidung zwischen Theologie und öffentlicher und privater Religion

Die geschichtliche Betrachtungsweise, die Semler für das Verständnis des Kanons zum Zuge bringt, wendet er zugleich auf das Verständnis des Dogmas und der kirchlichen Lehre an. Hier interessiert ihn zunächst vor allem das Dogma der Alten Kirche, das auch von den reformatorischen Kirchen als verbindlich rezipiert wird. Auch für dieses gilt, so Semler, dass es sich erst nach einem längeren Prozess der innerkirchlichen Auseinandersetzungen herausgebildet hat und dass bei diesem Prozess sehr unterschiedliche theologische und auch politische Positionen und Kräfte am Werk waren, so dass es keineswegs so scheinen darf, als ob das Dogma der schlechthinnige Ausdruck für die Einheit der Alten Kirche in der Lehre sei. Dasjenige, was er für die Entwicklung des altkirchlichen Dogmas festhält, gilt, so Semler, für jede kirchliche Lehre, die in einer Religionsgemeinschaft einen gewissen Grad an Verbindlichkeit erlangt hat. Indem Semler der geschichtlichen Entwicklung der kirchlichen Lehre durch die Jahrhunderte hin-

---

[45] Ebd.

durch nachgeht, gelangt er zu der Überzeugung, dass die kirchliche Lehre jeweilen von bestimmten historischen und politischen Kontexten abhängig ist, dass sie darum nichts bleibend Gültiges sein könne, sondern einer Fortentwicklung unter jeweils neu entstandenen gesamtgesellschaftlichen Bedingungen zu unterziehen sei.

Auch mit dieser Erkenntnis hat Semler Maßgebliches geleistet für das Verständnis des Dogmas, wie es dann in der Folgezeit vor allem in der Behandlung durch die sich als eigene Disziplin herausbildende Dogmengeschichte sowie in dem, worin evangelische Theologie die Aufgabe und Funktion von theologischer und kirchlicher Lehre sieht, zum Tragen kam. Im zeitgenössischen evangelischen Kontext hat Semler an dem Selbstverständnis der altprotestantischen Theologie von der rechtgläubigen Lehre und ihrer Bedeutung für Theologie und Kirche eine einschlägige Kritik vollzogen. Deren Tendenz, von einer bleibend feststehenden Bedeutung der als rechtgläubig erwiesenen Lehre für Theologie, Kirche und Glaubensbewusstsein auszugehen, hat Semler in ihrer Berechtigung grundlegend in Frage gestellt. Er tritt entschieden für eine Umbildung und Fortschreibung der kirchlichen Lehre unter sich verändernden gesamtkulturellen Bedingungen ein.[46] Es ist in der Folge zunächst Schleiermacher, der dasjenige, was Semler hier in Umrissen vorschwebt, zu einem Grundsatz für das Selbstverständnis von Theologie und kirchlicher Lehre erhoben und selbst einen solchen Versuch der Transformation der evangelischen Lehre unter neuzeitlichen Bedingungen unternommen hat.[47]

Was bislang zu Semler ausgeführt wurde, lässt bereits Elemente einer weiteren Differenzierung aufscheinen, für die Semler in der protestantischen Theologie der Neuzeit als Protagonist gilt. Er macht eine Unterscheidung zwischen Theologie und privater und öffentlicher Religion auf und versucht für jeden dieser Bereiche eine spezifische funktionale Bestimmung zu geben. Dabei ist Theologie für Semler ausschließlich Sache akademischer Ausbildung mit dem Ziel, zum Beruf des Pfarrers auszubilden. Wer öffentlich bestallter Lehrer in Sachen christlicher Religion sein will, der braucht die nötigen Kenntnisse in den Kunstregeln der Theologie, um seinen Beruf angemessen ausüben zu können. Theologie ist die Angelegenheit eines für dieses Fach und diesen Beruf ausgebildeten professionellen Standes. Als solche wird sie von den religiösen Interessen des ›gemeinen‹ Christenmenschen unterschieden.

Die Theologie braucht es für die Ausbildung des Berufsstands des Pfarrers sowie zur Wahrnehmung der kirchlichen Lehre. Beides wiederum ist nötig für die öffentliche Religionsausübung einer bestimmten Religionsgemeinschaft. Denn die öffentliche Religion, zu der sich die Gläubigen in der kirchlichen Gemein-

---

[46] Semler hat zur Frage der Umbildung der theologischen Lehre selbst einen eigenen Versuch vorgelegt, dessen Titel wiederum programmatischen Charakter hat. Vgl. JOHANN SALOMO SEMLER, Versuch einer freieren theologischen Lehrart: zur Bestätigung und Erläuterung seines lateinischen Buchs »Institutio ad doctrinam christianam liberaliter discendum«, Halle 1777.

[47] Vgl. dazu unten Kapitel XIX sowie die Ausführungen zu Troeltsch Kapitel XX.

schaft zusammenfinden, benötigt die kirchliche Lehre als ein äußeres Band der Verbindung ihrer Glieder untereinander. Sie ist die Lehre dieser konkreten Religionsgemeinschaft und für die Mitglieder ein äußeres Zeichen ihrer Zugehörigkeit zu derselben sowie untereinander. Dieses hält Semler als die zentrale Funktion der jeweils konfessionell geprägten kirchlichen Lehre fest.»Im Grunde [...] haben alle diese so ungleichen [konfessionellen] Lehrbegriffe nur eine äußerliche Absicht, nämlich die Vereinigung einer großen Menge zu einer besonderen christlichen Religionsgesellschaft zustande zu bringen und nun fortzusetzen.«[48] Als solche ermöglicht sie es einer Religionsgemeinschaft,»ihre Gesellschaft von andern zu unterscheiden und alle ihre Mitglieder immer durch einen gleichförmigen Unterricht in eben dieser Gesellschaft zu erhalten und die Mitglieder anderer christlicher öffentlicher Parteien ganz gewiß immer abzusondern«.[49]

Von der öffentlichen Religion, die vornehmlich in der Kultusgemeinschaft und in der verfassten Kirche zutage tritt, unterscheidet Semler nun mit Bedacht die private Religion. Diese wohnt in den Herzen der Einzelnen und sie gründet auf dem Geschehen der sittlich-religiösen Erneuerung in der Kraft des Heiligen Geistes, von der wir oben handelten. Sie lebt in einem höchst individuierten Vollzug der religiösen Aneignung, denn sie ist in jedem Einzelnen jeweils individuell bedingt und insofern ein höchst persönliches Geschehen. Die private Religion hat ihren Lebensnerv in dieser Erfahrung der sittlich-religiösen Erneuerung, die dem Einzelnen widerfährt und in seinem persönlichen Leben Platz greift.

Semlers Ausführungen scheinen die Überzeugung anzudeuten, dass der Vollzug der privaten Religion in dieser individualisierten Form sozusagen an sich Genüge hat und nicht, zumindest nicht konstitutiv auf die Vermittlung mit der religiösen Gemeinschaft, noch dazu in Gestalt der verfassten Kirche, angewiesen ist.

»Diese gemeinschaftliche Religionsform macht nun für die Christen selbst keineswegs schon ihre Privatreligion aus, als welche sie selbst zu aller Zeit, in allem ihrem bürgerlichen und Privatverhalten, jeder in seinem schon daseienden Maß und Unterschied, unaufhörlich allein ausüben, ohne daß Religionsdiener nun dazu gehörten wie zu jenen öffentlichen Geschäften.«[50]

Jedenfalls spricht Semler der privaten Religion ganz entschieden ihr eigenes Recht zu, sich nämlich als solche, will heißen in privater Form zu vollziehen und den öffentlichen Religionsgebrauch nicht eigentlich zu suchen. »[D]ie Privatreligion gehört durchaus allen Christen und hat kein vorgeschriebenes Maß; der Christ – Lehrer und Zuhörer – übt sie nach seinem eigenen Gewissen«.[51]

---

[48] SEMLER, Letztes Glaubensbekenntnis, S. 48/S. 130f.
[49] SEMLER, Letztes Glaubensbekenntnis, S. 48/S. 131, Verben im Zitat durch Infinitivform angeglichen.
[50] SEMLER, Letztes Glaubensbekenntnis, S. 64f./S. 132.
[51] SEMLER, Letztes Glaubensbekenntnis, S. 65/S. 132.

Es ist indes nicht so, dass Semler die öffentliche Religion und damit auch die Bedeutung der kirchlichen Lehre sowie der Theologie völlig in Abrede stellt. Im Gegenteil: Diese soll und muss es geben, nicht zuletzt deswegen, weil die Religion, um geschichtsmächtige Wirksamkeit in der Welt zu entfalten, einer organisierten Form bedarf. Da es die organisierte Form von Religion braucht, damit die Religion eine geschichtswirksame Kraft zu sein vermag, muss es auch kirchliche Lehre und eine akademische Theologie geben. Diese haben ihre primäre und als solche notwendige Aufgabe in ihrer Funktion für die organisierte öffentliche Religion. Daran besteht für Semler kein Zweifel. Allerdings gesteht er daneben der privaten Religion des je Einzelnen einen Eigensinn zu, und zwar so, dass dieser durchaus gelebt werden kann, auch ohne sich mit der öffentlichen Religion zu vermitteln. Denn

»[w]enn Christen wirklich innerlich bessere Menschen, bessere Verehrer Gottes selbst wurden, so entstand dies durch ihre eigene Übung, nicht durch die Lehrartikel, wie sie in der kirchlichen Sprache unverändert von allen Mitgliedern gemeinschaftlich öffentlich wiederholt werden«.[52]

Auf diesem Hintergrund wird deutlich, weshalb dasjenige Moment des religiösen Vollzugs, das für den Protestantismus in der jüngsten Moderne kennzeichnend geworden ist – die Betonung der Individualität und der Bedeutung der persönlichen Aneignung des Glaubens –, in den zeitgenössischen Religionsdebatten nicht selten mit dem Namen Semlers verbunden wird. Kritiker wie Befürworter sehen bei ihm angebahnt, was den modernen Protestantismus spezifisch prägt: die Privatheit des individuellen religiösen Vollzugs und eine damit verbundene Abständigkeit gegenüber der kirchlich verfassten Religion. Freilich ist dabei immer auch zu bedenken, dass zwischen der Betonung der persönlichen Aneignung im individuellen Glaubensvollzug als einem genuinen Moment evangelischen Glaubensverständnisses und dem Phänomen eines grassierenden Individualismus, wie er die westlichen europäischen Gesellschaften heutigen Tags weithin prägt, noch einmal ein Unterschied besteht. Die Betonung der persönlichen Aneignung im individuellen Glaubensvollzug gehört zum spezifisch evangelischen Verständnis des Glaubens. Der hochgesteigerte Individualismus im religiösen Vollzug indes dürfte eine Erscheinung sein, die erst im späten 20. Jahrhundert massiv Platz gegriffen und für ein gewisses Unbehagen an der Moderne gesorgt hat.

Weiterführende Literatur:
Karl Aner, Die Theologie der Lessingzeit, Halle 1929, Nachdruck Hildesheim 1929.
Julius Ebbinghaus, Einleitung zu John Locke, Ein Brief über Toleranz, Hamburg 1957, S. IX–LXIII.
Gottfried Hornig, Die Anfänge der historisch-kritischen Theologie: Johann Salomos Semlers Schriftverständnis und seine Stellung zu Luther, Göttingen 1961.

---

[52] Semler, Letztes Glaubensbekenntnis, S. 52/S. 131.

DERS., Johann Salomo Semler. Studien zu Leben und Werk des Hallenser Aufklärungstheologen, Tübingen 1996.

MARTIN LAUBE, Die Unterscheidung zwischen öffentlicher und privater Religion bei Johann Salomo Semler. Zur neuzeittheoretischen Relevanz einer christentumstheoretischen Reflexionsfigur, in: ZNThG 11 (2004), S. 1–23.

JÖRG LAUSTER, Prinzip und Methode. Die Transformation des protestantischen Schriftprinzips durch die historische Kritik von Schleiermacher bis zur Gegenwart, Tübingen 2002.

WOLFHART PANNENBERG, Die Krise des Schriftprinzips, in: Ders., Grundfragen systematischer Theologie. Gesammelte Aufsätze, Bd. 1, 3. Auflage, Göttingen 1979, S. 11–21.

XVI. René Descartes: Ichgewissheit und Gottesgedanke

Textgrundlage:[1]
- R. DESCARTES, Meditationen über die Erste Philosophie, besonders die Übersicht über die Meditationen, S. 53–61; AT, S. 12–16 sowie die Meditationen 1–3, S. 63–137; AT, S. 17–52.

1. Der methodische Zweifel und die Ichgewissheit

Wir gehen im Folgenden auf Descartes (1596–1650) näher ein, weil er die Frage nach der Möglichkeit und Notwendigkeit des Gottesgedankens in *erkenntnistheoretischer* Hinsicht in einer Weise zugespitzt hat, die für die philosophische Theologie unter der Bedingung der Neuzeit paradigmatische Bedeutung gewonnen hat.

Descartes geht es um die Gewissheit unserer Erkenntnis, genauer um die Frage nach einer vernünftig überzeugenden Begründung für die Gewissheit *all* unserer Erkenntnis – der des Selbst, der Welt und Gottes. Dabei schwebt ihm eine Form von Gewissheit vor, die auf einer unwidersprüchlichen Evidenz basiert, wie sie die geometrischen oder mathematischen Axiome – etwa der Satz des Pythagoras, dass die Summe der Innenwinkel des Dreiecks 180 Grad beträgt, oder der, dass 2 und 2 gleich 4 ergeben – mit sich führen. Descartes radikalisiert die Frage nach der Möglichkeit dessen, was wir mit unerschütterlicher Gewissheit wissen können, indem er zunächst alle Erkenntnis grundsätzlich anzweifelt. Um zur Gewissheit zu gelangen, bringt er den methodischen Zweifel in Vollzug, der alles in Zweifel zieht, was wir zu wissen vermeinen. Dieser Zweifel ist methodisch, indem er prinzipiell ist, also schlechterdings alles dem Zweifel unter-

---

[1] RENÉ DESCARTES, Meditationes de Prima Philosophia – Meditationen über die Erste Philosophie, lateinisch-deutsche Ausgabe, hg. und übersetzt von G. Schmidt, Stuttgart 1986. Zugleich werden die Seitenangaben der Ausgabe von Charles Adam und Paul Tannery, 12 Bde, Paris 1897–1913, Meditationes, Bd. 7 (= AT), die auch in der Ausgabe von Schmidt angegeben sind, mitgeführt.
Schmidt druckt den Text der zweiten Auflage von 1642 ab; der vollständige Titel der *Meditationes* nach der zweiten Auflage lautet:»Meditationes de prima philosophia, in qua Dei existentia et animae humanae a corpore distinctio, demonstrantur«. »Meditationen über die Erste Philosophie, in denen die Existenz Gottes und die Verschiedenheit der menschlichen Seele vom Körper bewiesen wird«. Der zweiten Auflage sind »verschiedene Einwände gelehrter Männer gegen diese Beweise von Gott und Seele beigegeben, mit den Erwiderungen des Verfassers«, wie der Untertitel anzeigt; diese sind in die Ausgabe von Schmidt nicht aufgenommen, finden sich aber in Bd. 7 der Ausgabe von Adam/Tannery. Wir zitieren deutsch und lateinisch, allerdings ohne die Akzente der lateinischen Ausgabe aufzunehmen.

zieht. »[I]ch will vorwärts dringen, bis ich etwas Gewisses erkenne, sollte es auch nur die Gewißheit sein, daß es nichts Gewisses gibt.«[2] Dementsprechend erklärt Descartes im Blick auf die Vorgehensweise, mit der die *Meditationes de Prima Philosophia* (erschienen 1641) einsetzen und die für diese grundlegend ist: »In der Ersten Meditation werden die Gründe auseinandergesetzt, weshalb wir an allen, besonders aber an den materiellen Dingen zweifeln können; solange nämlich unser Wissen nicht festere Grundlagen hat als bisher.«[3] Descartes will dabei methodisch strikte so vorgehen, dass er das Denken von allen Vorurteilen und insbesondere von der engen Verbindung mit der Sinneswahrnehmung löst, um im Zuge völlig freien Denkens[4] zu einer Gewissheit zu gelangen, von der beansprucht werden kann, dass sie durch nichts widerlegt werden kann. Weil die befolgte Methode ohne jegliche Voraussetzungen und so zum Zuge gebracht wird, dass auf analytischem Weg das eine aus dem anderen folgt, kann die Vernunft ihre Zustimmung nicht verweigern und muss sich – in Bezug auf die so bewiesene Existenz Gottes – letztlich auch der Atheist als überwunden ansehen.

Damit ist deutlich, dass Descartes die für den gemeinen Menschenverstand evident erscheinende – und in der Philosophie vor allem vom Empirismus systematisch ausgearbeitete – Auffassung, der zufolge gerade die sinnliche Wahrnehmung die gewisseste aller Erkenntnis vermittelt, grundsätzlich in Frage stellt. Auch und gerade die auf der sinnlichen Wahrnehmung basierende Erkenntnis ist nach Descartes nicht davor gefeit, bezweifelt werden zu können. Das Denken muss sich mithin von der Beeinflussung durch die Sinne gänzlich lösen, um zu einem Punkt zu gelangen, der nicht trügen kann. Der erste Schritt hin zur wahren Erkenntnis, so insistiert Descartes, liegt darin, »den Verstand von den Sinnen abzuziehen«.[5] Der methodische Zweifel an aller Verstandeserkenntnis setzt diese Überzeugung radikal ins Werk.

Wenn alle Erkenntnis dem Zweifel unterzogen werden kann, so doch eines nicht; und dies ist das für den Vollzug des Zweifelns selbst vorausgesetzte Ich, das zweifelt. Ohne ein Ich, das als Instanz fungiert, das Zweifeln in Vollzug zu bringen, kann nicht an all unserer Erkenntnis gezweifelt werden. An dem Ich selbst, und zwar in dieser Funktion, Vollzugsorgan des Zweifelns zu sein, kann nicht noch einmal gezweifelt werden. Denn für und im Vollzug des Zweifelns ist dieses Ich immer schon vorausgesetzt. Daher erklärt Descartes, »daß Ich es bin, der da zweifelt, erkennt, will, ist so offenkundig, daß sich kein Erklärungsgrund

---

[2] DESCARTES, Meditationes, S. 77; AT, S. 24: »pergamque porro donec aliquid certi, vel, si nihil aliud, saltem hoc ipsum pro certo, nihil esse certi, cognoscam.« Vgl. auch die Übersicht, die Descartes über den von ihm verfolgten Beweisgang gibt: DESCARTES, Meditationes, S. 53; AT, S. 12 f.
[3] DESCARTES, Meditationes, S. 53; AT, S. 12: »In prima, causae exponuntur propter quas de rebus omnibus, praesertim materialibus, possumus dubitare; quandiu scilicet non habemus alia scientiarum fundamenta, quam ea quae antehac habuimus.«
[4] DESCARTES, Meditationes, S. 39; AT, S. 4: »ein von Vorurteilen ganz freies Denken, ein Denken ferner, das sich leicht aus der engen Verbindung mit den Sinnen löst«. »mentem a praejudiciis plane liberam, & quae se ipsam a sensuum consortio facile subducat«.
[5] DESCARTES, Meditationes, S. 53, AT, S. 12: »ad mentem a sensibus abducendam«.

höherer Evidenz dafür finden läßt.«[6] Dies bildet das Ergebnis der zweiten Meditation. Descartes kann daher in grundsätzlicher Weise folgern, dass an der Existenz des Ich, aufgrund seiner Vollzüge – des Denkens und Zweifelns – nicht noch einmal gezweifelt werden kann, vielmehr die Existenz des Ich – als eines denkenden und zweifelnden – gewiss ist. »[D]er Satz ›Ich bin, Ich existiere‹ [ist], sooft ich ihn ausspreche oder im Geiste auffasse, notwendig wahr«.[7]

Wir müssen hier noch einmal betonen, dass dieser scheinbar banale Satz, »ich existiere«, ein *gewisser* Satz dadurch ist, dass das reflektierende Ich auf sich und seine Funktion *im* Vollzug des Zweifelns und Denkens abstellt. Nur in dieser Form des auf sich in seinem Vollzug reflektierenden Ich gibt es jene Gewissheit, von der Descartes sagt, dass sie notwendig wahr ist, nämlich dass ich existiere. Dies ist sozusagen keine unmittelbare Existenzaussage. Es ist eine Existenzaussage, die sich der Reflexion auf das Ich in seinen Tätigkeiten verdankt und in und mit dieser Reflexion als wahr gesetzt ist. Damit bezieht sie sich auf etwas, was im Vollzug des Denkens und Zweifelns immer schon in Anspruch genommen wird. Dieses von uns immer schon in Anspruch genommene Ich wird in der von Descartes vorgeführten Reflexion seiner selbst vergewissert.

Descartes stellt mithin nicht auf eine gleichsam abstrakt vorausgesetzte Ich-Instanz ab, die als existierend behauptet wird. Er reflektiert auch nicht primär auf die sich wechselnden Bestimmtheiten des Ich in den unterschiedlichen Zuständen, die es durchläuft, indem es etwa freudig, skeptisch, entschlossen, traurig ist. Vielmehr reflektiert er ausdrücklich auf die Funktion des für den Vollzug des Erkennens und Wahrnehmens vorausgesetzten Ich – was er am Beispiel des prinzipiellen Zweifels verdeutlicht – und gelangt so zur Selbstgewissheit des Ich. »Also was bin ich nun? Ein denkendes Ding. Was ist das? – Ein Ding, das zweifelt, einsieht, bejaht, verneint, will, nicht will, das auch bildlich vorstellt und empfindet.«[8]

Von daher wird nun auch nachvollziehbar, warum Descartes in der Philosophiegeschichte ein exzeptioneller Platz zugewiesen und er als der Begründer des neuzeitlichen Denkens angesehen wird. Davon, durch das eigene Denken einen grundlegend neuen Ansatz in der Philosophie heraufzuführen, gibt Descartes selbst beredten Ausdruck, wenn er vermerkt: »Ich [war] der Meinung, ich müsse einmal im Leben von Grund auf alles umstürzen und von den ersten Grundlagen an ganz neu anfangen, wenn ich [...] etwas Festes und Bleibendes in den Wissenschaften errichten wollte«.[9] Descartes hat die Gewissheit des denkenden Ich von sich selbst als einem denkenden und damit zugleich existierenden zur Grundlage

---

[6] DESCARTES, Meditationes, S. 87; AT, S. 29: »Nam quod ego sim qui dubitem, qui intelligam, qui velim, tam manifestum est, ut nihil occurrat per quod evidentius explicetur.«

[7] DESCARTES, Meditationes, S. 79; AT, S. 25: »*Ego sum, ego existo*, quoties a me profertur, vel mente concipitur, necessario esse verum«.

[8] DESCARTES, Meditationes, S. 87; AT, S. 28: »Sed quid igitur sum? Res cogitans. Quid est hoc? Nempe dubitans, intelligens, affirmans, negans, volens, nolens, imaginans quoque, & sentiens.«

[9] DESCARTES, Meditationes, S. 63; AT, S. 17: »proinde funditus omnia semel in vita esse evertenda, atque a primis fundamentis denuo inchoandum, si quid aliquando firmum & mansurum cupiam in scientiis stabilire«.

der Erkenntnis gemacht. Er hat damit eine Einsicht formuliert, die Kant späterhin in systematischer Weise ausgearbeitet hat und die für die idealistische Philosophie der Neuzeit prägend wurde.

2. Ichgewissheit und Gottesgedanke

Damit stellt sich nun die Frage, wie bei Descartes der Gottesgedanke zu stehen kommt. Unter der bislang erläuterten Prämisse des Ich in seiner konstitutiven Funktion für alle unsere Erkenntnis kann eine Argumentation für die Möglichkeit und Notwendigkeit des Gottesgedankens nur so vorgetragen werden, dass sie auf dem Boden der Ichgewissheit entfaltet wird. Damit wäre durchaus Entscheidendes *dann* geleistet, wenn gezeigt werden könnte, dass das Ich auf sich selbst in seinen Vollzügen angemessen nur reflektieren kann, indem es *zugleich* den Gottesgedanken in Anspruch nimmt. Wenn wir so formulieren, dann ist die paradigmatische Bedeutung von Descartes' Argumentation für die Verbindung von Ichgewissheit und Gottesgedanken evident. Er würde eine vernünftige Begründung des Gottesgedankens aus dem Selbstvollzug des Ich liefern, derart, dass im Vollzug des Ich unausweichlich *zugleich* der Gottesgedanke mitgesetzt ist. Es wäre damit gezeigt, dass Ichgewissheit und Gottesgedanke unauflöslich zusammengehören, und da alle Welterkenntnis durch die Ichgewissheit bedingt ist, wäre auch die Welterkenntnis in der Gottesgewissheit fundiert. Es wäre damit jenes Paradigma, durch das die Neuzeit charakteristisch bestimmt ist – das Selbstverständnis des Menschen ausgehend von der Ichgewissheit – einer theonomen Bestimmtheit zugeführt. Eine radikale Verselbständigung des Ich vom Gottesbezug wäre damit zugleich als Selbstmissverständnis aufgedeckt, dann nämlich, wenn im Vollzug des Ich in seiner Bedeutung für die Selbst- und Weltwahrnehmung der Gottesbezug als immer schon mitgesetzt gelten könnte.

Für diese Form des Arguments, das im Ausgang von der Ichgewissheit den Gottesgedanken zu begründen versucht, hat Descartes den Boden bereitet. Dessen Bedeutung für die neuzeitliche Auseinandersetzung um den Wahrheitsanspruch des Gottesgedankens ist nicht zu überschätzen, gerade weil hier das Grundparadigma neuzeitlichen Selbstverständnisses – die Ichgewissheit – auf ihre *theonome Bestimmtheit* hin durchsichtig gemacht wird. Wenn diese Grundfigur der Argumentation deutlich ist, dann kann in unserem Zusammenhang davon abgesehen werden, neben Descartes noch andere Versuche zur Begründung des Gottesgedankens aus dem Selbstverhältnis des Ich im Einzelnen darzustellen. Auf theologischer Seite ist insbesondere Schleiermachers Versuch für die Begründung des schlechthinnigen Abhängigkeitsgefühls[10] und auf philosophischer

---

[10] Vgl. FRIEDRICH DANIEL ERNST SCHLEIERMACHER, Der christliche Glaube nach den Grundsätzen der evangelischen Kirche im Zusammenhange dargestellt, in: Kritische Gesamtausgabe, im Auftrag der Berlin-Brandenburgischen Akademie der Wissenschaften und der Akademie der Wissenschaften zu Göttingen hg. von H. Fischer/U. Barth u. a., Abt. I, Bd. 13, 2. Auflage 1830/31, Teilbd. 1, hg. von R. Schäfer, New York/Berlin 2003, §§ 4 und 5.

Seite – neben den Großdenkern des Idealismus wie Kant, Fichte und Hegel – aus der zeitgenössischen Philosophie Dieter Henrichs Versuch über den »Grund im Bewußtsein«[11] zu nennen.

Freilich ist nun zugleich auf eine grundlegende Frage aufmerksam zu machen, die sich aus einer solchen Argumentation unweigerlich ergibt und unter der die einzelnen Begründungsversuche dann auch zu analysieren wären. Muss die Begründung des Gottesgedankens aus dem Ich nicht dazu führen, dass der Gottesgedanke – seine Möglichkeit einmal vorausgesetzt – eine sich der Selbsttätigkeit des erkennenden Ich verdankende *bloße Idee* bildet; ein – wie Kant später formuliert – für die Vernunft zwar durchaus notwendiges Postulat, aber eben nur ein Postulat, das reines transzendentales Ideal ist, über dessen objektive Realität nichts gesagt werden kann, was über sein Gedachtsein hinaus liegen würde? Folgt aus diesem Begründungsversuch nicht unausweichlich, dass Gott bloßer Gedanke ist? Kann durch eine solche Argumentation die Aussage erreicht werden, dass dem Gottesgedanken eine Wirklichkeit entspricht, die zwar ihr Erkanntwerden im Subjekt begründet, nicht aber in ihrem Gedachtwerden aufgeht? Gibt es Gott als eine Wirklichkeit, die nicht *nur* gedacht und nicht *nur* Gedanke ist, sondern die auch ›existiert‹? Muss die Vernunft sich vielleicht dabei bescheiden, den Gedanken Gottes zu denken, über dessen Wirklichkeit, sofern sie nicht im Gedachtwerden aufgeht, sondern auch unabhängig von ihrem Gedachtwerden wirklich ist, sie nichts weiter ausmachen kann? Und wenn ja, muss dann die Theologie ihrerseits nicht darauf insistieren, dass mit ›Gott‹ eine Wirklichkeit gemeint ist, die nicht nur im Gedanken, sondern auch unabhängig von ihrem Gedachtwerden wirklich ist? Wie begründet sie diese Überzeugung? Wie gesagt, mit Descartes Argumentation, im Ausgang von der Ichgewissheit den Gottesgedanken zu begründen, ist eine grundlegende Frage eröffnet, die sich im Zusammenhang einer auf der Ichgewissheit basierenden Argumentation für den Gottesgedanken, genauer für die Frage nach der Wirklichkeit des als Gott Gedachten ergibt. Wir wollten wenigstens das Problem benennen. Die Antworten darauf in Philosophie und Theologie fallen durchaus unterschiedlich aus.

3. Der Überschritt vom Gottesgedanken zur Existenz Gottes

Wie aber argumentiert Descartes nun genauer? Descartes sagt, wir finden in unserem Geist die Idee »Gott« (*idea Dei*) vor[12] und verbinden mit ihr die Vorstellung eines »vollkommensten und unendlichen Seienden«.[13] Dabei unterscheidet Descartes dreierlei Weisen, wie Ideen überhaupt in uns zustande kommen. Man-

---

[11] Vgl. DIETER HENRICH, Der Grund im Bewusstsein. Untersuchungen zu Hölderlins Denken (1794–1795), Stuttgart 1992; sowie ferner DERS., Bewußtes Leben. Untersuchungen zum Verhältnis von Subjektivität und Metaphysik, Stuttgart 1999; und DERS., Denken und Selbstsein. Vorlesungen über Subjektivität, Frankfurt a. M. 2007.
[12] Vgl. DESCARTES, Meditationes, S. 121; AT, S. 45.
[13] DESCARTES, Meditationes, S. 123; AT, S. 46: »haec idea entis summe perfecti & infiniti«.

che sind uns ›eingeboren‹, andere sind durch Sinneseindrücke vermittelt und wieder andere durch die Einbildungskraft von uns selbst gebildet.[14] Lassen wir die Antwort darauf, auf welche Weise die Gottesidee, wie wir sie in uns vorfinden, entstanden ist, für einen Moment beiseite und sehen zunächst auf die nähere Bestimmtheit, die nach Descartes dieser Idee, wie wir sie in uns vorfinden, zukommt.

Descartes behauptet, in dieser Idee sei die Vorstellung von Gott als dem »ersten und höchsten Seienden«, dem wir »notwendig alle Vollkommenheiten zuschreiben« mitgesetzt.[15] Gott ist das »vollkommenste Wesen«,[16] dem kein Mangel anhaftet.[17] Nicht alles und jedes kann als Idee Gottes in uns behauptet werden, sondern mit dieser Idee sind notwendige Bestimmungen immer schon mitgesetzt, um sie als Idee von *Gott* zu behaupten. Zu diesen notwendigen Bestimmungen der Gottesidee gehört, dass Gott als *ens perfectissimum* – als höchstvollkommenes Wesen – angenommen wird. Von Gott können dann auch noch weitere Prädikate – Unendlichkeit, Unabhängigkeit, Weisheit, Allmacht[18] – ausgesagt werden, aber als Grundbestimmung, die gewährleistet, dass wirklich eine Idee von *Gott* präsent ist, gilt für Descartes die Bestimmung Gottes als *ens perfectissimum*. Alle weiteren Aussagen über Gott müssen mit dieser zusammenstimmen bzw. aus ihr abgeleitet werden können.

Wie wichtig die Bestimmung Gottes als des höchstvollkommenen Wesens ist, belegt der Fortgang seiner Argumentation. Descartes will nämlich zeigen, dass diese Idee, die wir zunächst einmal in uns vorfinden – Gott als ein Wort unserer Sprache –, als eine solche erwiesen werden kann, die *notwendig* gedacht werden muss. Dafür greift Descartes auf das Verstehen des Menschen von sich selbst zurück, gleichsam als einen Grundakt menschlichen Selbstvollzugs. Der Mensch, wenn er sich selbst verstehen will, muss sich als ein endliches Wesen begreifen. Um sich, so argumentiert Descartes nun weiter, als ein endliches Wesen begreifen zu können, muss er immer schon die Idee des Unendlichen in Anspruch nehmen, weil er nur im Horizont des Unendlichen sich selbst als ein Endliches begreifen kann. Descartes versteht dies, was eine grundlegende existentielle Aussage über das Menschsein des Menschen ist, zunächst einmal auch als eine gleichsam logisch-vernünftige Operation des Denkens: Die Bestimmung des Endlichen als Endlichen setzt die Idee des Unendlichen voraus, um das Endliche als Endliches erfassen zu können. Darum kann Descartes sagen, »daß [...] in gewissem Sinne die Vorstellung des Unendlichen der des Endlichen, d. h. die Vorstellung Gottes der des Ich vorausgeht.«[19]

---

[14] Vgl. DESCARTES, Meditationes, S. 105; AT, S. 37 f.
[15] DESCARTES, Meditationes, S. 169; AT, S. 67: »de ente primo & summo [...] necesse est ut illi omnes perfectiones attribuam«.
[16] DESCARTES, Meditationes, S. 159; AT, S. 62: »Deum, inquam, illum summe perfectum«.
[17] Vgl. dazu insgesamt die Argumentation: DESCARTES, Meditationes, S. 121–127; AT, S. 45–48.
[18] Vgl. DESCARTES, Meditationes, S. 121; AT, S. 45.
[19] DESCARTES, Meditationes, S. 121 f.; AT, S. 45: »ac proinde priorem quodammodo in me esse perceptionem infiniti quam finiti«.

Er verbindet nun die Idee des Unendlichen mit der des vollkommenen Wesens und argumentiert wie folgt:

»Wie könnte ich denn wissen, daß ich zweifle, daß ich begehre, d. h., daß mir etwas fehlt und daß ich unvollkommen bin, wenn in mir nicht die Vorstellung eines vollkommeneren Seienden wäre? Denn ich bemerke meine Mängel, indem ich mich mit ihm vergleiche«.[20]

Oder noch einmal anders:

»Bedenke ich nun, daß ich zweifle, also ein unvollständiges, abhängiges Ding [rem incompletam et dependentem] bin, so begegnet mir ganz klar und deutlich die Vorstellung [clara et distincta idea] von einem unabhängigen und vollständigen Seienden [entis independentis et completi], d. h. von Gott. Ich schließe ganz klar von dieser einen Tatsache, daß jene Vorstellung in mir ist oder vielmehr daß ich als Inhaber jener Vorstellung existiere, auf die Existenz Gottes und die Abhängigkeit meiner ganzen Existenz von ihm in jedem einzelnen Moment«.[21]

Weil dieser Zusammenhang notwendig aufgemacht werden muss – das Verständnis meiner selbst als eines endlichen Wesens, das ipso facto die Idee des Unendlichen mit sich führt, insofern sie vorausgesetzt ist, um mich als ein Endliches zu verstehen –, darum nennt Descartes die *idea Dei* eine uns »eingeborene«.[22] Sie entsteht *in einem* mit dem Verständnis meiner selbst als eines endlichen Wesens bzw. genauer: Sie ist für das Verständnis meiner selbst als eines Endlichen bereits vorausgesetzt. Dies muss nicht unbedingt heißen, dass sie als solche immer auch schon bewusst ist; wohl aber, dass sie den Selbstvollzug des Menschen begleitet, und dass wir, indem wir auf uns selbst als ein Ich, mithin auf das elementar immer schon Mitgesetzte in unserem Selbst- und Weltvollzug reflektieren, die Idee Gottes denken müssen und mit dieser Idee auch diejenigen notwendigen Bestimmungen, die sie als Idee von Gott spezifisch auszeichnet. Insofern geht Descartes davon aus, dass die Idee Gottes *in einem* mit der Erfassung meiner selbst als eines endlichen Wesens gegeben ist. Jene ist mit dieser immer schon *zugleich* gesetzt, weil für diese vorausgesetzt.

---

[20] DESCARTES, Meditationes, S. 123; AT, S. 45 f.: »Qua enim ratione intelligerem me dubitare, me cupere, hoc est, aliquid mihi deesse, & me non esse omnino perfectum, si nulla idea entis perfectioris in me esset, ex cujus comparatione defectus meos agnoscerem?«.

[21] DESCARTES, Meditationes, S. 139; AT, S. 53: »Cumque attendo me dubitare, sive esse rem incompletam & dependentem, adeo clara & distincta idea entis independentis & completi, hoc est Dei, mihi occurrit; & ex hoc uno quod talis idea in me sit, sive quod ego ideam illam habens existam, adeo manifeste concludo Deum etiam existere, atque ab illo singulis momentis totam existentiam meam dependere, ut nihil evidentius, nihil certius ab humano ingenio cognosci posse confidam.«

[22] DESCARTES, Meditationes, S. 133; AT, S. 51.

4. Gott als Wirkursache der Idee Gottes im Menschen

Nun muss natürlich noch genauer geklärt werden, ob diese Idee, auch wenn sie für das Verständnis meiner selbst als eines endlichen Wesens im eben beschriebenen Sinne als mitgesetzt behauptet wird, sich nicht einer graduellen Steigerung meines Begriffs des Unvollkommenen verdankt und durch eine solche Steigerung – als Produkt denkender Reflexion – in uns zustande gebracht wird. Dieses Argument weist Descartes mit Entschiedenheit zurück. Er will darauf hinaus, dass die Idee des Höchstvollkommen *vorausgesetzt* ist für unser Selbstverstehen, sich nicht der Produktion unseres Denkens verdankt, mithin nicht auf dem Wege der Steigerung oder der Negation des Endlichen und Unvollkommenen in uns zustande gekommen ist. Sie ist eine Idee, die sich das denkende Selbsterfassen des Endlichen selbst vorausgesetzt sein lassen muss und die nur als Voraussetzung – und nicht als Produkt endlichen Denkens – angemessen gedacht werden kann. Descartes will bei der Untersuchung, auf welche Weise die Gottesvorstellung in uns gelangt ist, auf den Nachweis hinaus, dass wir sie weder »aus den Sinnen geschöpft« noch auch »selbst gebildet« haben.[23]

Wie versucht Descartes diesen entscheidenden Schritt in seiner Argumentation für die Notwendigkeit des Gottesgedankens zu begründen? Er behauptet, dass diese Vorstellung des Höchstvollkommenen nicht durch uns selbst hervorgebracht worden sein kann. Doch wie lässt sich diese Behauptung halten? Liegt es nicht in der notwendigen Konsequenz seines eingeschlagenen Begründungswegs im Ausgang von der Selbsterfassung des Ich als eines Endlichen, dass die so gewonnene Idee sich der menschlichen Einbildungskraft verdankt und durch sie hervorgebracht und gebildet ist, also auf die oben genannte dritte Variante für die Erklärung des Zustandekommens von Ideen in uns zurückzuführen ist? Noch radikaler als das Argument, die Idee des Höchstvollkommenen werde durch Steigerung im Ausgang von der Bestimmung des Endlichen bzw. durch die Negation des Endlichen gewonnen, ist jenes, dass die von Descartes als eingeboren behauptete Idee von Gott überhaupt nur ein reines Produkt menschlicher Einbildungskraft ohne jeglichen vernünftigen Anknüpfungspunkt sei.

Descartes' Antwort auf diese Einwände lautet: Wir vermögen als endliche Wesen nur solche Gedanken hervorzubringen, die unserem Endlichsein entsprechen – in der Terminologie Descartes: die einen unserem Sein als endlichen entsprechenden Sachgehalt beinhalten. Wenn dieses die Bedingung ist für all unser Denken, dass wir nur solche Vorstellungsgehalte zu ›produzieren‹ imstande sind, die unserem endlichen Sein entsprechen, dann folgt daraus, dass die Idee des höchstvollkommenen Wesens nicht aus uns selbst heraus hervorgebracht sein kann. Vielmehr muss gelten, dass diese Idee in uns eine Ursache gleichen, ihr entsprechenden, also unendlichen Sachgehalts haben muss, weil nur eine so bestimmte Ursache eine ihr entsprechende Wirkung im Menschen hervorzubrin-

---

[23] DESCARTES, Meditationes, S. 133; AT, S. 51: »neque enim illam [i. e. ideam] sensibus hausi […] nec etiam a me efficta est«.

gen vermag. Denn grundsätzlich gilt nach Descartes Erkenntnistheorie, dass jede Vorstellung eine *real existierende Ursache* ihres vorgestellten Sachgehaltes (*realitas objectiva*) haben muss.[24]

Descartes behauptet damit, dass all unser Denken und Vorstellen an die Bedingung gebunden ist, dass wir endliche Wesen sind und wir nur dementsprechende Gehalte zu denken vermögen. Die Idee Gottes in uns, insofern sie die endlichen Bestimmungen schlechthin übersteigt, kann insofern nur auf einer Selbstmitteilung Gottes beruhen. Gott hat dem Menschen bei seiner Erschaffung diese *idea* mitgeteilt. Darin liegt sozusagen das Angeld seiner Gottebenbildlichkeit, insofern dies dem Menschen ermöglicht, Gott zu denken und sich auf Gott hin auszurichten. »[D]arüber braucht man sich in der Tat nicht zu wundern, daß Gott mir bei meiner Erschaffung jene Vorstellung eingepflanzt hat, gleichwie ein Künstler seinem Werke sein Zeichen einprägt.«[25] Für die Idee des vollkommen Wesens greift mithin folgende Schlussfolgerung:

> »[W]enn ich mir einen höchsten Gott geistig vorstelle, der ewig, unendlich, allweise, allmächtig und der Schöpfer aller Dinge außer ihm ist, so hat wiederum diese Vorstellung mehr objektive Realität in sich [plus profecto realitatis objectivae in se habet] als die Vorstellungen endlicher Substanzen. Nun wird aber durch das natürliche Licht offenkundig, daß in der vollständigen wirkenden Ursache mindestens ebensoviel Realität enthalten sein muß wie in dem von dieser Ursache Bewirkten. Denn woher, frage ich, könnte die Wirkung sonst ihre Realität empfangen als von der Ursache? Und wie könnte die Ursache sie ihr geben, wenn sie sie nicht selbst hätte?«[26]

Daraus schließt Descartes nun, dass die Vorstellung von Gott in uns, weil sie soviel vorgestellten Sachgehalt hat – die Bestimmung Gottes als *ens perfectissmum* spielt hier die entscheidende Rolle – nur von einer höchstvollkommenen Ursache selbst und nicht vom Menschen stammen kann. Es »muß die Vorstellung von Gott notwendigerweise Gott selbst zur Ursache haben«.[27] Denn die Vorstellung eines vollkommenen Wesens, die in uns ist, hat einen solchen vorgestellten Sachgehalt, dass sie nur von einer vollkommenen Ursache stammen kann.[28] *Quod*

---

[24] Vgl. dazu die Argumentation: Descartes, Meditationes, S. 111–117; AT, S. 40–42; sowie ders., Meditationes, S. 121–133; AT, S. 44–48.

[25] Descartes, Meditationes, S. 133f.; AT, S. 51: »Et sane non mirum est Deum, me creando, ideam illam mihi indidisse, ut esset tanquam nota artificis operi suo impressa«. Der Verweis auf die Gottebenbildlichkeit erfolgt sogleich im Anschluss. Vgl. ders., Meditationes, S. 135; AT, S. 51.

[26] Descartes, Meditationes, S. 111; AT, S. 40: »rursus illa per quam summum aliquem Deum, aeternum, infinitum, omniscium, omnipotentem, rerumque omnium, quae praeter ipsum sunt, creatorem intelligo, plus profecto realitatis objectivae in se habet, quam illae per quas finitae substantiae exhibentur. Jam vero lumine naturali manifestum est tantumdem ad minimum esse debere in causa efficiente & totali, quantum in ejusdem causae effectu. Nam, quaeso, undenam posset assumere realitatem suam effectus, nisi a causa? Et quomodo illam ei causa dare posset, nisi etiam haberet?«.

[27] Descartes, Meditationes, S. 57; AT, S. 15: »ita idea Dei, quae in nobis est, non potest non habere Deum ipsum pro causa«.

[28] Vgl. Descartes, Meditationes, S. 57; AT, S. 14.

erat demonstrandum. Damit ist Descartes' Meinung nach dasjenige bewiesen, worauf seine Argumentation hinauswollte.[29] Denn die für die Vorstellung des vollkommenen Wesens in uns vorauszusetzende Ursache muss nach Descartes existieren, um die Idee von Gott in uns zu bewirken.

Der springende Punkt in Descartes' Beweisgang liegt dabei darin, dass ausgehend von der Ichgewissheit und der in uns gegebenen Idee Gottes auf Gott selbst als Ursache dieser Idee zurückgeschlossen wird, nun allerdings mit dem Ergebnis, dass der Gottesgedanke nicht Produkt selbsttätigen Denkens ist, dass Gott vielmehr *notwendiger* Gedanke, jedoch nicht *bloßer* Gedanke ist. Vielmehr erweist es sich im Vollzug des Denkens, dass das Denken über sich hinaus auf Gott als *real existierende Ursache* der Idee von ihm in uns schließen muss. Descartes will nicht allein auf die Notwendigkeit des Gottes*gedankens*, sondern auf die Annahme des realen Existierens Gottes hinaus.

»Die ganze Kraft diese Beweises liegt also in der Einsicht, daß ich nur dadurch so existiere, wie ich bin, nämlich mit der Vorstellung Gottes in mir, daß Gott auch wirklich existiert – derselbe Gott, den ich mir innerlich vorstelle, der also alle jene Vollkommenheiten besitzt, [...] dem gar kein Mangel anhaftet.«[30]

Schon zu Descartes' Zeiten war dieser Gottesbeweisgang einer Kritik ausgesetzt, und sie hält bis dato in der Auseinandersetzung mit Descartes an. Wie schon Thomas von Aquin gegen Anselms von Canterburys Schlussverfahren einwandte, dass dieser lediglich dazu komme, dass Gott als existierend *gedacht* werden muss, was aber noch lange nicht sein ›esse in re‹ impliziere,[31] so wurde gegen Descartes' Beweis das gleiche Argument geltend gemacht: dass es nur die notwendige Verbindung von Idee und Dasein im *Begriff* Gottes erreiche, nicht aber die Aussage, dass Gott auch *in Wirklichkeit* existiere.[32]

---

[29] Descartes unterstützt diesen Beweis in der dritten Meditation noch mit dem Argument, dass das Ich in seiner Tätigkeit durch die Dauer der einzelnen Zeitmomente hindurch auf die Erhaltung durch Gott angewiesen ist. Nicht nur ist das Ich in seinem bloßen Dasein als ein Existierendes nicht durch sich selbst, sondern es ist auch als das, was es ist, nämlich ein tätiges Ich durch die verschiedenen Zeitmomente hindurch, auf die göttliche Erhaltung angewiesen. Vgl. DESCARTES, Meditationes, S. 127–133; AT, S. 48–51. Diese Argumentation zielt auf die These, dass es sich bei Gott »nicht lediglich um die Ursache handelt, die mich einst ins Leben rief, sondern vorzüglich auch um die, welche mich gegenwärtig erhält«. Ders., Meditationes, S. 131; AT, S. 50: »non tantum de causa, quae me olim produxit, hic agam, sed maxime etiam de illa quae me tempore praesenti conservat«. Denn, so meint Descartes, »[d]er Satz, daß Erhalten und Schaffen sich nur der Auffassung nach unterscheiden, gehört [...] zu den durch das natürliche Licht offenkundigen Wahrheiten.« Ders., Meditationes, S. 129; AT, S. 49: »adeo ut conservationem sola ratione a creatione differre, sit etiam unum ex iis quae lumine naturali manifesta sunt.«
[30] DESCARTES, Meditationes, S. 135; AT, S. 51f.: »Totaque vis argumenti in eo est, quod agnoscam fieri non posse ut existam talis naturae qualis sum, nempe ideam Dei in me habens, nisi revera Deus etiam existeret, Deus, inquam, ille idem cujus idea in me est, hoc est, habens omnes illas perfectiones, [...] nullis plane defectibus obnoxius.«
[31] Vgl. dazu oben S. 72f.
[32] Das Argument hat Caterus gegen Descartes eingewandt. Vgl. AT, S. 99.

Wir können auf diesen Einwand hier nicht im Einzelnen eingehen. Uns interessiert vor allem die Argumentationsfigur aus der Ichgewissheit und der im Denken vorfindlichen Idee Gottes auf die als reale Ursache vorausgesetzte Existenz Gottes. Dies muss nicht bedeuten, dass die Idee Gottes uns als solche immer auch schon bewusst ist. Sie bestimmt unseren Selbstvollzug faktisch immer schon, weil sie in der Selbstwahrnehmung des Endlichen als Endlichen latent mitschwingt. Sie wird als solche bewusst allererst im Vollzug der Reflexion des Ich auf sich selbst und seine Bedingungen und erweist sich so als eine für das Denken und die Selbst- und Weltgewissheit notwendig vorauszusetzende Idee. Diese ist wiederum in sich selbst so verfasst, dass sie nicht aus uns selbst heraus hervorgebracht sein kann, sondern eine real existierende Ursache gleichen, nämlich höchstvollkommenen Sachgehalts haben muss.

An dieser Argumentation ist noch hervorzuheben, dass Descartes diesen Beweisgang aufmacht, um zur Gewissheit der Erkenntnis – sowohl der Ich- als auch der Welterkenntnis – zu gelangen. Seine Argumentation mündet in die These, dass Gewissheit all unserer Erkenntnis – und basaler noch Selbstvertrautheit des Ich in seinem Selbstvollzug – den Gottesgedanken zu seiner Voraussetzung hat, was sich aus dem Denken auf seinen Grund hin ergibt und im Selbstvollzug des Ich immer schon in Anspruch genommen wird. Dies ist eine Bewegung der Verständigung über das Ich im Denken, von der die neuzeitliche ›metaphysische‹ Philosophie maßgeblich geprägt ist – und die auch der Theologie zu denken gibt, sofern sie an einer fundamentalanthropologischen Begründung des Gottesgedankens ausgerichtet ist.

Weiterführende Literatur:
DIETER HENRICH, Der ontologische Gottesbeweis. Sein Problem und seine Geschichte in der Neuzeit, Tübingen 1960.
ANDREAS KEMMERLING, Ideen des Ichs. Studien zu Descartes' Philosophie, 2. Auflage, Frankfurt a. M. 2005.
WOLFHART PANNENBERG, Theologie und Philosophie. Ihr Verhältnis im Lichte ihrer gemeinsamen Geschichte, Göttingen 1996, S. 142–157.
WALTER SCHULZ, Der Gott der neuzeitlichen Metaphysik, 2. Auflage, Pfullingen 1959.

XVII. Immanuel Kant: Wieviel Religion braucht die Vernunft?

Textgrundlage:[1]
- I. KANT, Beantwortung der Frage: Was ist Aufklärung?
- I. KANT, Kritik der reinen Vernunft, 1. und 2. Auflage, besonders die Vorrede und die Einleitung der beiden Auflagen, sowie den Abschnitt zum transzendentalen Ideal und zur Kritik am ontologischen Gottesbeweis, KrV B, S. 595–630.
- I. KANT, Kritik der praktischen Vernunft, besonders den Abschnitt zum Begriff des höchsten Guts; S. 198–266.
- I. KANT, Grundlegung zur Metaphysik der Sitten, besonders S. 433–440.
- I. KANT, Die Religion innerhalb der Grenzen der bloßen Vernunft, besonders die Vorreden der 1. und 2. Auflage, RibV, S. 9–14, sowie das erste Lehrstück zum radikalen Bösen, RibV, S. 19–53.

1. Metaphysik und die Grenze der theoretischen Vernunft

Die Bedeutung Kants für die Frage nach der Auseinandersetzung zwischen Philosophie und Theologie liegt zunächst darin, dass seine programmatische Antwort auf die von der Preußischen Akademie der Wissenschaften gestellte Preisfrage »Was ist Aufklärung?« (1784) jedwede Ansprüche unhinterfragter

---

[1] Die Schriften Kants werden zitiert nach der Paginierung der Originalausgabe, wo die Akademieausgabe sie mitführt, andernfalls nach deren Seitenzahl.
  IMMANUEL KANT, Beantwortung der Frage: Was ist Aufklärung?, in: Gesammelte Schriften, hg. von der Königlich Preußischen Akademie der Wissenschaften, Bd. 8, Berlin 1923, S. 33–42; und in: Werke in sechs Bänden, hg. von W. Weischedel, Bd. 6, 6., unveränderte Auflage, Darmstadt 2005.
  DERS., Kritik der reinen Vernunft, 1. Auflage 1781 (= KrV A), in: Gesammelte Schriften, hg. von der Königlich Preußischen Akademie der Wissenschaften, Bd. 4, Berlin 1911; und in: Werke in sechs Bänden, hg. von W. Weischedel, Bd. 2, 6., unveränderte Auflage, Darmstadt 2005, S. 53–61.
  DERS., Kritik der reinen Vernunft, 2. Auflage 1787 (= KrV B), in: Gesammelte Schriften, hg. von der Königlich Preußischen Akademie der Wissenschaften, Bd. 3, Berlin 1904; und in: Werke in sechs Bänden, hg. von W. Weischedel, Bd. 2, 6., unveränderte Auflage, Darmstadt 2005.
  DERS., Kritik der praktischen Vernunft (1788) (= KpV), in: Gesammelte Schriften, hg. von der Königlich Preußischen Akademie der Wissenschaften, Bd. 5, Berlin 1908; und in: Werke in sechs Bänden, hg. von W. Weischedel, Bd. 4, 6., unveränderte Auflage, Darmstadt 2005.
  DERS., Grundlegung zur Metaphysik der Sitten, 1. Auflage 1785 (= GMS), in: Gesammelte Schriften, hg. von der Königlich Preußischen Akademie der Wissenschaften, Bd. 4, Berlin 1911; und in: Werke in sechs Bänden, hg. von W. Weischedel, Bd. 4, 6., unveränderte Auflage, Darmstadt 2005.
  DERS., Die Religion innerhalb der Grenzen der bloßen Vernunft, 1. Auflage 1793 (= RibV), in: Gesammelte Schriften, hg. von der Königlich Preußischen Akademie der Wissenschaften, Bd. 6, Berlin 1907; und in: Werke in sechs Bänden, hg. von W. Weischedel, Bd. 4, 6., unveränderte Auflage, Darmstadt 2005.

Autoritäten zurückweist und die Vernunft als die alleinige Instanz dafür aufruft, Wahrheitsansprüche begründen und legitimieren zu können. Aufklärung bedeutet nach Kant den »Ausgang des Menschen aus seiner selbst verschuldeten Unmündigkeit«, und diese Unmündigkeit liegt in dem willentlichen Unvermögen, »sich seines Verstandes ohne Leitung eines anderen zu bedienen«.[2] Oder – positiv gesagt –, das, was die Aufklärung auszeichnet, vollzieht sich in der Freiheit, »von seiner Vernunft in allen Stücken *öffentlichen Gebrauch* zu machen«.[3]

Damit ist die Vernunft als diejenige Instanz zur Geltung gebracht, vor der alles, was Anspruch auf Wahrheit und Verbindlichkeit erhebt, zu rechtfertigen ist. Kant hat diesen Anspruch der Vernunft, der sich in der Entwicklung der Philosophie seit längerem Bahn zu brechen begann, in systematischer Weise einer Begründung zugeführt. Die Bedeutung dieser seiner Begründungsleistung liegt im Blick auf die Fragen von Theologie und Metaphysik zunächst einmal darin, dass Kant *Grenzziehungen* vornimmt. Kant ist, indem er das Vermögen und die Reichweite der Vernunft klärt, zugleich ein Denker der *Grenzen* des menschlichen Erkenntnisvermögens, und zwar zu dem Zweck, zu gesicherter, allein durch die Vernunft begründeter und insofern allgemeingültiger Erkenntnis zu gelangen, um damit unbegründete Wahrheitsansprüche zurückzuweisen. Seine Aufforderung an die Vernunft liegt mithin darin,

> »das beschwerlichste aller ihrer Geschäfte, nämlich das der Selbsterkenntniß aufs neue zu übernehmen und einen Gerichtshof einzusetzen, der sie bei ihren gerechten Ansprüchen sichere, dagegen aber alle grundlose Anmaßungen nicht durch Machtsprüche, sondern nach ihren ewigen und unwandelbaren Gesetzen abfertigen könne«.[4]

Wenn wir formulieren, dass es Kant darum zu tun ist, die Reichweite der Vernunft und vernunftbegründeter Erkenntnis zu ergründen, dann ist sofort deutlich, dass unter den Bedingungen Kantschen Denkens insbesondere die Metaphysik unter das Feuer der Kritik geraten muss. Denn die Metaphysik – als Frage nach Gott – hat es ganz offensichtlich mit einem ›Gegenstand‹ zu tun, der unweigerlich die Frage nach sich zieht, ob er überhaupt und wenn ja, wie er erkannt werden kann. Kann die Vernunft *als Vernunft* überhaupt zu diesem Gegenstand fortschreiten? Kann sie ihn wirklich erkennen? Oder sind ihr im Blick auf diesen Gegenstand Grenzen gezogen, die zu überschreiten sie notwendig in einen boden-, weil grundlosen Raum stürzen würde. Freilich wurden solche Fragen auch schon vor Kant gestellt, indes Kant ist derjenige, der im Zuge seiner systematischen Analyse des Erkenntnisvermögens die Frage nach Sinn und Unsinn von Metaphysik zum ersten Mal in dieser Konsequenz zugespitzt hat. Nichts weniger als den Anspruch auf eine Revolution der Denkungsart verbindet Kant mit der *Kritik der reinen Vernunft*.

---

[2] Kant, Was ist Aufklärung, S. 35, im Original teilweise gesperrt.
[3] Kant, Was ist Aufklärung, S. 36, kursiv Gesetztes im Original gesperrt.
[4] Kant, KrV A, S. XI f.

»In jenem Versuche, das bisherige Verfahren der Metaphysik umzuändern, und dadurch, daß wir [...] eine gänzliche Revolution mit derselben vornehmen, besteht nun das Geschäfte dieser Kritik der reinen speculativen Vernunft. Sie ist ein Tractat von der Methode, nicht ein System der Wissenschaft selbst; aber sie verzeichnet gleichwohl den ganzen Umriß derselben sowohl in Ansehung ihrer Grenzen, als auch den ganzen inneren Gliederbau derselben«.[5]

Die *Kritik der reinen Vernunft* – die erste Auflage ist 1781, die zweite Auflage 1787 erschienen – ist die Durchführung einer Kritik des theoretischen Vernunftvermögens in dem Sinne, dass geklärt wird, wie Erkenntnis überhaupt zustande kommt und welches die Bedingungen der Möglichkeit sind, zu gesicherter Erkenntnis zu gelangen. Damit werden Reichweite wie Grenze der Vernunft abgesteckt. Kant gibt in der Vorrede zur ersten Auflage der *Kritik der reinen Vernunft* zu verstehen, dass es sich bei diesem Unternehmen vor allem auch um »die Entscheidung der Möglichkeit oder Unmöglichkeit einer Metaphysik überhaupt« handelt, indem die »Bestimmung sowohl der Quellen, als des Umfanges und der Gränzen« der Vernunft vollzogen wird.[6] Dabei markiert er das Problem, in das er die Metaphysik unweigerlich verwickelt sieht, wie folgt: Sie

»sieht [...] sich genöthigt, zu Grundsätzen ihre Zuflucht zu nehmen, die allen möglichen Erfahrungsgebrauch überschreiten und gleichwohl so unverdächtig scheinen, daß auch die gemeine Menschenvernunft damit im Einverständnisse steht. Dadurch aber stürzt sie sich in Dunkelheit und Widersprüche, aus welchen sie zwar abnehmen kann, daß irgendwo verborgene Irrthümer zum Grunde liegen müssen, die sie aber nicht entdecken kann, weil die Grundsätze, deren sie sich bedient, da sie über die Gränze aller Erfahrung hinausgehen, keinen Probirstein der Erfahrung mehr anerkennen. Der Kampfplatz dieser endlosen Streitigkeiten heißt nun *Metaphysik*«.[7]

In dem erfahrungsfreien Gebrauch der Vernunft liegt das Problem, das einer kritischen Prüfung bedarf. Von daher geht es Kant in der Klärung des Vermögens der theoretischen Vernunft grundsätzlich – und insonderheit dann im Blick auf die Metaphysik – um die zentrale Frage, »was und wie viel kann Verstand und Vernunft, frei von aller Erfahrung, erkennen?«.[8]

In der Durchführung der *Kritik der reinen Vernunft* geht Kant so vor, dass er die Bedingungen klärt, die gegeben sein müssen bzw. gegeben sind, wenn Erkenntnis von etwas zustande kommt. Sie ist ein erkenntnistheoretisches Grundsatzprogramm. Das grundlegende Charakteristikum der *Kritik der reinen Vernunft* liegt darin, dass Kant die konstitutive, will heißen *aktive* Funktion des erkennenden Ich beim Akt des Erkennens herausarbeitet und dadurch die vormalige, einseitig an der passiven Rezeptivität des Erkenntnissubjekts in der Affektion durch den Gegenstand orientierte Erkenntnistheorie zu überwinden ver-

---

[5] KANT, KrV B, S. XXII.
[6] KANT, KrV A, S. XII.
[7] KANT, KrV A, S. VIII.
[8] KANT, KrV A, S. XVII.

sucht.⁹ Was in der Erkenntnis von uns erkannt wird, ist immer eine durch unsere Erkenntnistätigkeit konstituierte Erkenntnis. Diese erkenntniskonstituierende Leistung des erkennenden Ich im Vollzug von Erkenntnis kann nicht unterlaufen werden, so dass wir, wie Kant betont, nicht die Dinge »an sich«, sondern nur ihre Erscheinung erkennen, insofern Erscheinung die durch die Erkenntnisleistung der Vernunft konstituierte Erkenntnis für uns ist. »Was die Dinge an sich sein mögen, weiß ich nicht und brauche es auch nicht zu wissen, weil mir doch niemals ein Ding anders als in der Erscheinung vorkommen kann«.¹⁰

Wir können Kants erkenntnistheoretischen Begründungsgang hier nicht einmal annähernd nachzeichnen, versuchen ihn aber, in seinem Grundzug zu charakterisieren. Dazu beschreiben wir ihn als ein Zurückschieben der Frage nach den Bedingungen menschlicher Erkenntnis in ihrem Vollzug, indem jedes Mal erneut nach der Bedingung der Möglichkeit bereits erreichter Erkenntnistätigkeit zurückgefragt wird. Der Ausdruck ›Zurückschieben‹ macht wenigstens in gewisser Weise die in der *Kritik der reinen Vernunft* vollzogene Denkbewegung deutlich. Er lässt auch hervortreten, dass bei Kant, der – um nur wenige Grundstationen in der Durchklärung des Erkenntnisvollzugs zu nennen – von der sinnlichen Anschauung anhebt, Raum und Zeit als apriori gegebene Anschauungsformen des Verstandes sowie die Kategorien der Verstandestätigkeit behandelt, das ›Ich denke, das alle meine Vorstellung muss begleiten können‹, als konstitutiv für alle Erkenntnis festhält und die Synthesisleistung der transzendentalen Apperzeption analysiert, im Zuge der vertiefenden Selbstklärung des Denkens in seinem Vollzug letztinstanzlich auch der Gottesgedanke zu stehen kommt. Die Grenzziehung für die reine Vernunft führt bei Kant *nicht* dazu, dass der Gottesgedanke überhaupt keine Bedeutung mehr erhält. Vielmehr wird er in Gestalt des »transzendentalen *Ideals*« als ein *notwendiger* Gedanke der Vernunft erwiesen, nämlich als ein sich aus der konsequenten Durchklärung des Denkens hin auf seine letzte Bedingung ergebender notwendiger Abschlussgedanke. Er ergibt sich in der Vertiefung des Denkens auf seine im Vollzug seiner selbst in Anspruch genommenen Bedingungen als dessen oberste Bedingung.

Die Vernunft, indem sie sich über sich selbst in ihrem Vollzug verständigt, muss das transzendentale Ideal als einen ihr notwendigen Abschlussgedanken denken. Das hält Kant in aller Entschiedenheit fest:

»Diese Ideale, ob man ihnen nicht gleich objective Realität (Existenz) zugestehen möchte, sind doch um deswillen nicht für Hirngespinnste anzusehen, sondern geben ein unentbehrliches Richtmaß der Vernunft ab, die des Begriffs von dem, was in seiner Art ganz vollständig ist, bedarf, um danach den Grad und die Mängel des Unvollständigen zu schätzen und abzumessen«.¹¹

---

⁹ Siehe zu dieser Frage auch das Kapitel XVI zu Descartes.
¹⁰ KANT, KrV B, S. 332f.
¹¹ KANT, KrV B, S. 597f.

Die Annahme des transzendentalen Ideals als des Inbegriffs aller Prädikate[12] (*omnitudo realitatis*) ist notwendig für den Vollzug von Denken als Prädizieren von etwas als etwas. In den Worten Kants: Es ist ein

> »transscendentales *Ideal*, welches der durchgängigen Bestimmung, die nothwendig bei allem, was existirt, angetroffen wird, zum Grunde liegt und die oberste vollständige materiale Bedingung seiner Möglichkeit ausmacht, auf welcher alles Denken der Gegenstände überhaupt ihrem Inhalte nach zurückgeführt werden muß«.[13]

Dieses Ideal – der Gottesgedanke der theoretischen Vernunft – ist von der Vernunft im Vollzug ihrer Selbstklärung notwendig anzunehmen. Es ist strikte *in dieser Funktion* für die Erkenntnistätigkeit der Vernunft zu behaupten, nämlich als die oberste Bedingung der Möglichkeit von Erkenntnis überhaupt. Als solches, als ein transzendentales Ideal, ist es Ausdruck eines »dringenden Bedürfnisses der Vernunft, etwas vorauszusetzen, was dem Verstande zu der durchgängigen Bestimmung seiner Begriffe vollständig zum Grunde liegen könne«.[14] Daher – wegen seiner erkenntnistheoretischen Funktion – heißt es ein *transzendentales* Ideal und vermeint keinen transzendenten Gehalt. Es ist ein *Gedanke*, den das Denken notwendig denken muss, wenn es die Bedingungen seines eigenen Vollzugs aufdeckt. Über die »objective Realität« des Gedachten lässt sich auf dem Boden der *theoretischen* Vernunft nichts ausmachen. Hier weiterzuschreiten, ist dieser nach Kant entschieden verwehrt. Denn »[u]ngeachtet dieses dringenden Bedürfnisses der Vernunft, etwas vorauszusetzen, was dem Verstande zu der durchgängigen Bestimmung seiner Begriffe vollständig zum Grunde liegen könne,« kann doch daraus nicht geschlossen werden, dass ein »bloßes Selbstgeschöpf ihres Denkens sofort für ein wirkliches Wesen anzunehmen«[15] sei.

Es bildet die erkenntnistheoretische Grundüberzeugung Kants, dass der Überschritt von dem der theoretischen Vernunft notwendigen Gedanken des transzendentalen Ideals zur Erkenntnis desselben als eines existierenden Wesens ein unzulässiges Überschreiten der der reinen Vernunft gesetzten Grenze ist.[16] Daher schärft Kant ein: »Alles dieses bedeutet nicht das objective Verhältnis eines wirklichen Gegenstandes zu andern Dingen, sondern der *Idee* zu *Begriffen* und läßt uns wegen der Existenz eines Wesens von so ausnehmendem Vorzuge in völliger Unwissenheit«.[17] Die Grenze dieser Unwissenheit ist strikte einzuhalten und daher nicht zu »verlangen, daß alle diese Realität objectiv gegeben sei und selbst ein Ding ausmache«[18] oder es »für ein wirkliches Wesen anzunehmen«.[19]

---

[12] Vgl. KANT, KrV B, S. 599–611.
[13] KANT, KrV B, S. 604; vgl. S. 605 f.
[14] KANT, KrV B, S. 611.
[15] KANT, KrV B, S. 611 f.
[16] Darin liegt Kants grundlegendes Argument gegen den ontologischen Gottesbeweis, der vom Begriff Gottes auf seine Existenz schließt, wie er in klassischer Weise von Anselm von Canterbury entfaltet und von Descartes erneuert wurde. Siehe dazu S. 204–210.
[17] KANT, KrV B, S. 607.
[18] KANT, KrV B, S. 608.
[19] KANT, KrV B, S. 612.

Deshalb zieht Kant für die Möglichkeit der Theologie bzw. Metaphysik auf dem Boden der theoretischen Vernunft ein eindeutiges Fazit, nämlich derart, »daß alle Versuche eines bloß speculativen Gebrauchs der Vernunft in Ansehung der Theologie gänzlich fruchtlos und ihrer inneren Beschaffenheit nach null und nichtig sind, daß aber die Principien ihres Naturgebrauchs ganz und gar auf keine Theologie führen«.[20]

Damit ist für Kant die Frage nach der Möglichkeit oder Unmöglichkeit der Metaphysik im traditionellen Sinne auf dem Boden der *theoretischen* Vernunft negativ entschieden. Kant sieht darin seine einschlägige Leistung in dieser Angelegenheit, nämlich auf dem Weg der Vernunftkritik »die Abstellung aller Irrungen angetroffen zu haben, die bisher die Vernunft im erfahrungsfreien Gebrauche mit sich selbst entzweiet hatten«.[21] Noch einmal sei betont, dass das transzendentale Ideal ein notwendiger Gedanke der theoretischen Vernunft ist, den sie für den Vollzug ihrer selbst voraussetzen muss. Bei der näheren gedanklichen Bestimmung des transzendentalen Ideals und ebenso hinsichtlich der Frage nach seiner Wirklichkeit als ›esse in re‹ übt sich Kant, wenn man es etwas salopp ausdrücken darf, in erkenntnistheoretischer Bescheidenheit. Wir halten dies mit Blick auf Hegel so fest. In diesem Punkt der durchgängigen Bestimmung des Absoluten hat Hegel einen wesentlich unbescheideneren Anspruch für das eigene Denken behauptet und in der Entfaltung der Theorie des absoluten Geistes zur Geltung zu bringen versucht.

2. Die Selbstgesetzgebung der reinen praktischen Vernunft

Kant belässt es indes nicht bei der Auskunft, in Sachen Theologie und Metaphysik lasse sich nicht über die Annahme des transzendentalen Ideals hinauskommen. Er nimmt die Frage nach der Möglichkeit oder Unmöglichkeit der Metaphysik – eine Frage, die, so Kant, der Mensch als Vernunftwesen auch nicht einfach bleiben lassen kann, die ihm vielmehr durch die Natur der Vernunft selbst aufgegeben ist[22] – mit hinüber in die Verständigung um das Vermögen der reinen praktischen Vernunft, wie sie in seinem zweiten großen Hauptwerk, der *Kritik der praktischen Vernunft* (1788), vorliegt. Auch diese ist – so zeigt es der Titel an – ein Unternehmen der Kritik. Es geht Kant hier um die praktische Vernunft des gemeinen Menschenverstands, die der Kritik unterzogen wird. Denn der gemeine Wille ist von Grundsätzen geleitet, die alles andere als vernünftig sind. Die praktische Vernunft des gemeinen Menschenverstands soll daher einer läuternden Kritik zugeführt werden mit dem Ziel, das praktische Vermögen des Menschen – den Willen – durch die Grundsätze der *reinen* praktischen Vernunft

---

[20] KANT, KrV B, S. 664.
[21] KANT, KrV A, S. XII.
[22] Vgl. KANT, KrV A, S. VII.

2. Die Selbstgesetzgebung der reinen praktischen Vernunft

zu bestimmen. Auch Kants diesbezügliche Argumentation kann hier nicht im Einzelnen erläutert werden. Es seien für unsere Zwecke die Grundgedanken derselben hervorgehoben.

In der Bestimmung des Willens nach den Prinzipien der reinen praktischen Vernunft geht es um die Freiheit des Willens. Für Kant ist der Wille nur dann wirklich frei, wenn er sich durch die Grundsätze der reinen praktischen Vernunft bestimmen lässt bzw. sich selbst nach diesen Grundsätzen bestimmt. Dann ist der Wille frei, nämlich autonom, und von jeder Theonomie ebenso fern wie von jeder Heteronomie. Theonomie liegt vor, wenn der Wille das Gebot erfüllt, weil der göttliche Gesetzgeber als diejenige Instanz behauptet wird, der aufgrund seiner absoluten Autorität zu gehorchen ist. Heteronomie wiederum liegt vor, wenn der Wille sich durch anderes als das, was die reine praktische Vernunft gebietet, bestimmen lässt, wobei dieses andere in aller Regel die durch die Selbstliebe geprägten Neigungen des Menschen und die von ihm im Eigeninteresse verfolgten Zwecke sind. Kant indes geht es um die Bestimmung des wahrhaft freien Willens. Autonom ist der Wille, so Kant, nur, wenn er sich selbst bestimmt, will heißen sich ausschließlich durch die Grundsätze der reinen praktischen Vernunft bestimmen lässt. Dies – sich bestimmt sein lassen und sich selbst bestimmen – läuft bei Kant in *einen* Vollzug – den der Autonomie – zusammen. In diesem Selbstbestimmungsvollzug des Willens darf, so Kant, nichts anderes mitbestimmend hineinspielen als das, was die reine praktische Vernunft durch sich selbst als vernünftig und moralisch schlechthin verbindlich erkennt.

Dieses allgemeinverbindliche Gesetz selbstbestimmten Willensvollzugs scheint der praktischen Vernunft auf im Sittengesetz als einem »Factum der Vernunft«.[23] Kant spricht im Blick auf das Sittengesetz von einem Factum der Vernunft, um auszudrücken, dass die praktische Vernunft *sich eingestellt findet* in den Anspruch des Sittengesetzes, dieses als ein *vernünftiges* zu erkennen und es als ein vernünftiges, ja nur als ein solches auch *frei* anzuerkennen und anzueignen vermag. Darin allein vollzieht sich die praktische Vernunft autonom, so dass das Factum des Sittengesetzes das Bewusstsein der Freiheit bedingt. Dieses Factum des Sittengesetzes kann indes nicht als ein durch die Vernunft selbst ursprünglich produziertes beansprucht werden.

»Man kann das Bewußtsein dieses Grundgesetzes ein Factum der Vernunft nennen, weil man es nicht aus vorhergehenden Datis der Vernunft, z. B. dem Bewußtsein der Freiheit (denn dieses ist uns nicht vorher gegeben), herausvernünfteln kann, sondern weil es sich für sich selbst uns aufdringt als synthetischer Satz a priori, der auf keiner, weder reinen noch empirischen, Anschauung gegründet ist«.[24]

Indem der Wille sich rein durch das Sittengesetz bestimmen lässt, ist er autonom, nämlich selbstbestimmt und frei. Denn das Sittengesetz erscheint ihm nicht als ein fremdes, ihm rein äußerlich gegebenes. Es ist ihm vielmehr durchsichtig

---

[23] KANT, KpV, S. 56.
[24] KANT, KpV, S. 55 f.

als ein rein vernünftiges, und indem er sich dem Sittengesetz unterstellt, entspricht der Wille dem Vollzug praktischer Vernunft und ist insofern frei und selbstbestimmt. Weil Kant diesen Grundsatz zur Geltung zu bringen sucht, ist die Grundlegung seiner Ethik theologiekritisch. Denn Kant fordert in aller Entschiedenheit, dass sich die Ethik jedweder theonomer Begründungsversuche zu entschlagen habe. Vielmehr gilt: »Reine Vernunft ist für sich allein praktisch und giebt (dem Menschen) ein allgemeines Gesetz, welches wir das *Sittengesetz* nennen«.[25] Das Sittengesetz ist als ein Factum der Vernunft etwas, was der Vernunft in der Reflexion auf sich selbst aufscheint, worauf daher jeder Mensch als Vernunftwesen ansprechbar ist und dessen Anspruch er sich nicht entziehen kann. Das Sittengesetz wiederum gebietet *unbedingt*, und zwar nach dem Grundsatz des *kategorischen* Imperativs: »Handle so, daß die Maxime deines Willens jederzeit zugleich als Princip einer allgemeinen Gesetzgebung gelten könne«.[26]

Wir müssen die genauere Analyse des Sittengesetzes auf sich beruhen lassen. Es sollte deutlich geworden sein, dass Kant im *Begründungszusammenhang* für die Autonomie des Willens dem Gottesgedanken schlechterdings keine Rolle zumisst. Das Sittengesetz wird nicht als zu befolgend anerkannt und daraufhin getan, weil Gott der Urheber desselben ist. Es wird vielmehr deshalb angenommen und befolgt, weil es aus sich selbst heraus als vernünftig erscheint und als solches den Willen auch praktisch zu bestimmen vermag. Reine Vernunft vermag aus sich selber heraus praktisch zu werden – ohne die Annahme Gottes. Zur Erkenntnis des Guten als des absolut Gesollten und zur Aufnahme desselben als willensbestimmender Maxime bedarf es nicht des Rückgriffs auf die Autorität Gottes. Sowohl, *was* wir als freie Subjekte wollen sollen, als auch, *dass* wir das, was wir wollen sollen, auch *wollen können*, wird durch das Sollen, wie es im Factum des Sittengesetzes und seinem Anspruch auf vernünftige Allgemeinheit manifest ist, begründet. Darauf zielt der Gedanke der Autonomie der praktischen Vernunft.

Dass die Grundlegung der Ethik ausschließlich aus den Bestimmungen der reinen praktischen Vernunft unter Ausschaltung jedweder theonomer oder heteronomer Verfremdungen zu erfolgen habe, bildet den unveräußerlichen Grundsatz der Kantischen Ethik dort, wo er die Autonomie des *reinen* Willens behandelt. Das diesbezügliche Ergebnis fasst Kant in aller Strenge wie folgt zusammen:

»Die Moral, so fern sie auf dem Begriffe des Menschen als eines freien, eben darum aber auch sich selbst durch seine Vernunft an unbedingte Gesetze bindenden Wesens gegründet ist, bedarf weder der Idee eines andern Wesens über ihm, um seine Pflicht zu erkennen, noch einer andern Triebfeder als des Gesetzes selbst, um sie zu beobachten [...]. Sie bedarf also zum Behuf ihrer selbst (sowohl objectiv, was das Wollen, als subjectiv, was das Können betrifft) keinesweges der Religion, sondern, vermöge der reinen praktischen Vernunft, ist sie sich selbst genug.«[27]

---

[25] Ebd., S. 55.
[26] Kant, KpV, S. 54.
[27] Kant, RibV, S. 3.

3. Religion innerhalb der Grenzen der bloßen Vernunft

Auch dies ist nicht Kants letztes Wort in Sachen ›Metaphysik‹. Denn obwohl im *Begründungszusammenhang* der Ethik der Gottesgedanke keine Rolle spielt und auch nicht spielen darf, tauchen doch unter der Bedingung der unbedingten Geltung des Sittengesetzes darin mitgesetzte Implikationen auf, die Kant nicht ohne den Ausgriff auf *Theologumena* meint bearbeiten zu können. Bevor wir auf diese mit der unbedingten Geltung des Sittengesetzes gegebenen Implikationen, die für Kant eine theologische Bearbeitung verlangen, näher eingehen, sei vermerkt, dass die Zunft der Philosophen bei aller Verehrung für den Kant der *Kritiken* sich mit den theologisch ausgreifenden Passagen seines Werks eher schwertut. Im Raum steht dabei die Frage, ob Kant darin dem Grundansatz und der Systematizität seines Denkens treu geblieben oder davon abgefallen ist. Dieser Streit ist auf dem Boden einer umfassenden Interpretation der Kantischen Philosophie auszutragen, was hier nicht erfolgen kann. Wir stellen lediglich diejenigen Zusammenhänge heraus, für die Kant meint, einen Ausgriff auf *Theologumena* vollziehen zu sollen.

Sie sprechen aus Sicht der Theologie betrachtet in gewisser Weise für sich. Jedenfalls gibt es zu denken, dass Kant gerade diese Themata, die sich aus der Verständigung der praktischen Vernunft unweigerlich ergeben, einer theologischen Bearbeitung zuführt. Dies bedeutet zunächst einmal, dass Kant die Religion an Grundfragen, die mit der ethischen Existenz des Menschen als eines freien und selbstverantworteten Subjekts einhergehen, anknüpft. Religion wird mithin nur in diesem Zusammenhang – der Reflexion auf die Implikationen, *nicht* die Begründung! eines freien und selbstverantwortlichen Lebensvollzugs – hin erläutert. In den Fragen der ethischen Lebensführung, sofern sich der Mensch dem Sittengesetz unterstellt und sich insofern als autonomes Subjekt weiß, tun sich Probleme auf, die vernünftig nachvollziehbare Anknüpfungspunkte darstellen für eine religiöse Bearbeitung. Es sind dies, wie wir sehen werden, die Fragen nach der Glückseligkeit des Menschen, nach dem Umgang mit dem Bösen und der Schuld sowie nach deren Überwindung im Einzelnen und in der Gemeinschaft. Diese Fragen können nicht nur gestellt werden, sie müssen von einem sich als frei verstehenden Subjekt gestellt werden. Denn sie tun sich unweigerlich auf als Folgeprobleme einer zum Guten bestimmten freien Existenz des Menschen.

Indem Kant die Funktion der Religion ausschließlich an diese Fragen anknüpft und in dieser Weise die Bedeutung der Religion innerhalb der Grenzen der bloßen Vernunft klärt, können – das ist die entscheidende Schlussfolgerung aus dieser grundsätzlichen Überlegung – alle überhaupt möglichen Aussagen über Gott nie Aussagen über die Natur Gottes an sich selbst sein. Dies schließt die Kritik des theoretischen Vernunftvermögens ohnehin aus; und auf dem Boden der praktischen Vernunft können sich nur Aussagen ergeben, die sich in ihrer Genesis aus und in der Funktion für die Grundprobleme der ethischen Existenz ergeben. Daraus folgt:

»Es liegt uns nicht sowohl daran, zu wissen, was Gott an sich selbst (seine Natur) sei, sondern was er für uns als moralische Wesen sei; wiewohl wir zum Behuf dieser Beziehung die göttliche Naturbeschaffenheit so denken und annehmen müssen, als es zu diesem Verhältnisse in der ganzen Ausführung seines Willens erforderlichen Vollkommenheit nöthig ist«.[28]

Es geht in der vernünftigen Religion mithin ausschließlich um Aussagen über Gott, die »lediglich das moralische Verhalten Gottes zum menschlichen Geschlechte ausdrück[en]«.[29] Damit tritt Kants Konzeption neben diejenige Schleiermachers und Hegels als ein dritter Typus von Religionstheorie, der sich dadurch auszeichnet, dass er die Bedeutung der Religion auf die Fragen der Ethik hin zuspitzt.

4. Die Antinomien der ethischen Existenz: Die Überwindung von Bösem und Schuld und die Verwirklichung der Glückseligkeit

Welches sind die Fragen der ethischen Lebensführung, die sich dem freien Subjekt unweigerlich stellen? Es ist dies *zum einen* die Frage nach der Verwirklichung der Vergemeinschaftung im Guten. Für Kant ist es nämlich nicht damit getan, dass sich ein *Einzelner* an das Sittengesetz bindet. Vielmehr verlangt das Sittengesetz aus sich selbst heraus eine Vergemeinschaftung im Guten zu einem Reich der Zwecke. Ein solches ›Reich‹ der Freiheit ist nicht schon dadurch erlangt, dass der Einzelne sich seiner Freiheit betätigt. Vielmehr zielt der Freiheitsgedanke bei Kant auf die Wirklichkeit von Freiheit für *alle* vernünftigen Subjekte, und das heißt auf die Überwindung der bösen Gesinnung der Vielen in einem Reich nach Tugendgesetzen. Denn »unter einem *Reiche*« ist zu verstehen, die »systematische Verbindung verschiedener vernünftiger Wesen durch gemeinschaftliche Gesetze«.[30] Die Vergemeinschaftung im Guten auf der Basis der Willenskonformität bildet einen notwendigen Gedanken der praktischen Vernunft, was zur Folge hat, dass sie auch die Bedingungen zu bedenken hat, unter denen es zur Verwirklichung eines solchen Reiches der Freiheit kommen kann.

Zum anderen ergibt sich aus der Unbedingtheit des Sittengesetzes und seiner Befolgung das Problem, dass der Einzelne, der sich an das Sittengesetz hält, in der eigenen Erfahrung gewahren muss, dass die Einhaltung des Sittengesetzes ihm nicht zu einem glückseligen Leben verhilft, vielmehr oft genug das Gegenteil der Fall ist: Der Gutgesinnte vermag das Gute in der Welt nicht durchzusetzen und hat unter dem Bösen Leid zu tragen. Es ist mithin alles andere als so, dass der Gutgesinnte auch zu einem glückseligen Leben gelangt. Für Kant ist dies ein Problem, das sozusagen nicht wegvernünftelt werden kann. Er weist jene Auffassung zurück, der zufolge der Einzelne bereits in und durch die Befol-

---
[28] KANT, RibV, S. 139.
[29] Ebd., S. 140.
[30] KANT, GMS, S. 433.

gung des Sittengesetzes solche Glückseligkeit erfahre, die mithin keiner Ergänzung durch äußeres Wohlergehen bedürfe. Die Überzeugung, »Tugend sei das *ganze höchste Gut* und Glückseligkeit nur das Bewußtsein des Besitzes derselben als zum Zustand des Subjects gehörig«,[31] lehnt Kant – der Rigorist in Sachen moralischer Gesinnung! – als unangemessen ab. Denn das Begehren nach Glückseligkeit gehört zur Natur des Menschen. »Glücklich zu sein, ist nothwendig das Verlangen jedes vernünftigen, aber endlichen Wesens und also ein unvermeidlicher Bestimmungsgrund seines Begehrungsvermögens«.[32] Dieses Begehren kann die Ethik nicht einfach übergehen. Sie hat es vielmehr aufzugreifen, freilich in geordneter Weise, d. h. auf der Basis der Grundsätze der praktischen Vernunft. Die praktische Philosophie hat nach Kant nicht zu behaupten, »man solle die Ansprüche auf Glückseligkeit *aufgeben*, sondern nur, so bald von Pflicht die Rede ist, darauf gar *nicht Rücksicht* nehmen«.[33]

Im Begründungszusammenhang der Ethik darf das Begehren nach Glückseligkeit keine Berücksichtigung finden. Hier zählt allein die Unbedingtheit des Sittengesetzes. Allerdings ist mit der Befolgung des Sittengesetzes die Glücks*würdigkeit* des moralischen Subjekts verbunden, so dass Kant das natürliche Glücksverlangen des Menschen mit der Glücks*würdigkeit*, die ihm aus der Befolgung des Sittengesetzes erwächst, so verbindet, dass der Einzelne berechtigte Hoffnung darauf haben können muss, gemäß seiner Glückswürdigkeit auch glückselig werden zu können. Da der Einzelne nun aber nicht glückselig werden kann, wenn die anderen dem Bösen frönen, und auch nicht glückselig werden kann, wenn die Übel des Weltzusammenhangs ihn weiterhin bedrängen und nicht aufgehoben sind, muss gedacht werden, dass einmal Grundbedingungen hergestellt werden, in denen diese Hemmnisse überwunden sind und es zu einer der Glückswürdigkeit des moralisch Guten angemessenen Glückseligkeit kommt – »es sei in diesem, oder einem anderen Leben«.[34] Auch dies ist für Kant ein notwendiger Gedanke, der sich aus der Unbedingtheit des Sittengesetzes ergibt. Wer das Sittengesetz befolgt, hat mit der dadurch erlangten Glückswürdigkeit vernunftbegründete und insofern berechtigte Hoffnung auf ihm zuteil werdende Glückseligkeit.

Die praktische Vernunft muss daher, um das Glückseligkeitsverlangen des Menschen mit dem Factum des Sittengesetzes und der mit seiner Befolgung verbundenen Glückswürdigkeit in Übereinstimmung zu bringen, das Dasein Gottes und die Unsterblichkeit der Seele postulieren.[35] Dies sind notwendige Postulate, die sich aus dem Zusammenhang der Durchklärung der praktischen Vernunft ergeben. Ersteres – das Dasein Gottes – ist zu postulieren, damit jene Instanz behauptet ist, die die geforderte Überbildung des Naturzusammenhangs

---

[31] KANT, KpV, S. 202.
[32] KANT, KpV, S. 45.
[33] KANT, KpV, S. 166.
[34] KANT, KrV B, S. 840 f.
[35] KANT, KpV, S. 219–242.

zur Überwindung der Übel und eine Vergemeinschaftung der Vielen im Reich nach Tugendgesetzen zu verwirklichen vermag. Das Unsterblichkeitspostulat wiederum ist erforderlich, damit der Einzelne, wenn nicht in diesem Leben, so doch in einem künftigen Leben zu der seiner Glückswürdigkeit entsprechenden Glückseligkeit zu gelangen vermag.

Kant ist der Überzeugung, dass sich dies aus der Geltung des Sittengesetzes notwendig ergibt, das heißt, die Vernunft muss, um die mit dem Sittengesetz gegebenen Implikationen denken zu können, auf diese theologischen Postulate ausgreifen. Daraus ergibt sich gleichsam ein Vernunft*glaube*: »[S]o werde ich unausbleiblich ein Dasein Gottes und ein künftiges Leben glauben und bin sicher daß diesen Glauben nichts wankend machen könne, weil dadurch meine sittliche Grundsätze selbst umgestürzt werden würden«.[36] Dieser heißt *Vernunft*glaube, »weil blos reine Vernunft [...] die Quelle ist, daraus er entspringt«.[37]

Schließlich muss die Vernunft noch ein weiteres Problem behandeln, das Kant insbesondere in seiner Religionsschrift – *Die Religion innerhalb der Grenzen der bloßen Vernunft* (1793, 2. Auflage 1794) – angeht. Das ist das Phänomen des moralisch Bösen und der mit ihm zusammenhängenden Folgeprobleme. Wenn wir nämlich nicht auf den reinen Willen, wie er nach Kant bestimmt sein soll, blicken, sondern auf den *empirischen* Willen schauen, wie er faktisch bestimmt ist, so müssen wir die Evidenz der Bösartigkeit des Willens gewahren. Alles Leugnen hilft hier nichts, und aller Optimismus, was die vermeintlich gute Natur des Menschen angeht, ist eine Augenwischerei. »Daß die Welt im Argen liege«,[38] so hebt die *Religionsschrift* an, sei eine unleugbar evidente Tatsache.

Die Vernunft kann dieses Phänomen nicht unbearbeitet lassen. Sie klärt zunächst die Bedingungen, unter denen wir jemanden als einen moralisch bösen Menschen bezeichnen. Das ist der Fall, wenn seine moralische Gesinnung, die allen einzelnen Handlungsgrundsätzen sie bestimmend zugrundeliegt, böse ist, was wiederum heißt, dass der Wille sich von der Forderung des Sittengesetzes abgewandt hat. Ein solcher Wille ist radikal böse. Radikal böse heißt er, weil das Böse hier an der Wurzel hockt, sprich in der Grundgesinnung, durch die der Wille sich selbst bestimmt und durch die alle einzelnen Handlungsmaximen bestimmt sind. Dass wir vermeinen, nicht *radikal* böse, sondern sowohl gut als auch böse zu sein, weist Kant ebenso entschieden zurück wie die Auffassung von der Möglichkeit einer moralisch indifferenten Gesinnung. Denn das Sittengesetz gebietet unbedingt, ist ein »einziges und allgemein«[39] und geht als solches auf den »ganzen Gebrauch der Freiheit«.[40] Wo es in Geltung steht, kann es keine moralisch indifferente Haltung ihm gegenüber geben, und wo es in Geltung gebracht ist, keine Abweichung von ihm, so dass – so Kant – aus einer *einzigen* mit

---

[36] Kant, KrV B, S. 856.
[37] Kant, KpV, S. 227.
[38] Kant, RibV, S. 19.
[39] Kant, RibV, S. 13.
[40] Kant, RibV, S. 23.

Bewusstsein vollzogenen bösen Handlung darauf zurückgeschlossen werden kann, dass eine in ihrem Grunde verderbte Gesinnung vorliegt.[41]

Ist aber der oberste Grund aller Maximen böse, dann ergibt sich daraus ein schwerwiegendes Problem. Nicht nur hat dies zur Folge, dass aus einer bösen Gesinnung nur böse Maximen und böse Taten entspringen können. Es entsteht daraus vor allem die Frage, wie eine solch grundverderbte Gesinnung unter freiheitstheoretischen Bedingungen überhaupt zum Guten gewandelt werden können soll.

Kant spitzt diese Frage so zu, dass er den bösen Willen in einer Antinomie – in einem Widerspruch – verfangen sieht. Er soll nämlich das Gute wollen und muss es mithin auch wollen können. »Es ist *jetzt* noch seine Pflicht, sich zu bessern: er muß es also auch können, und ist, wenn er es nicht thut, der Zurechnung [...] unterworfen«.[42] Der Wille kann das Gute aber nicht wollen, weil er im Grunde verderbt ist. In Kants Worten:

»Dieses Böse ist *radical*, weil es den Grund aller Maximen verdirbt; zugleich auch [...] durch menschliche Kräfte nicht zu *vertilgen*, weil dieses nur durch gute Maximen geschehen könnte, welches wenn der oberste subjective Grund aller Maximen als verderbt vorausgesetzt wird, nicht statt finden kann«.[43]

Oder noch einmal anders formuliert:

»Wenn der Mensch aber im Grunde seiner Maximen verderbt ist, wie ist es möglich, daß er durch eigene Kräfte diese Revolution [der Denkungsart zum Guten, C. A.-P.] zu Stande bringe und von selbst ein guter Mensch werde? Und doch gebietet die Pflicht es zu sein, sie gebietet uns aber nichts, als was uns thunlich ist«.[44]

Der Wille steckt in einem Widerspruch, der unauflösbar scheint: Er soll das Gute tun und muss es darum auch können; er ist in seinem Grund verderbt und kann sich daher aus eigener Kraft nicht zum Guten wenden.

Ein weiteres mit dem Bösen verbundene Problem lautet: Wie kann mit der Schuld umgegangen werden, die mit dem Bösen einhergeht bzw. schon einhergegangen ist? Denn auch wenn der einzelne seine Gesinnung zum Guten hin wandelt, so bleiben doch das bereits begangene Böse und die mit ihm verbundene Schuld bestehen. Die Genugtuung für diese Schuld ist dem Menschen auch nach vollzogenem Gesinnungswandel aus der Hand genommen. »*So fing er* [i. e. der Mensch, C. A.-P.] *doch vom Bösen an*, und diese Verschuldung ist ihm nie auszulöschen möglich«.[45] Denn dass »er nach seiner Herzensänderung keine neue Schulden mehr macht, kann er nicht dafür ansehen, als ob er dadurch die alten bezahlt habe«.[46] Der Gesinnungswandel zum Guten als solcher führt

---

[41] Vgl. Kant, RibV, S. 20.
[42] Kant, RibV, S. 41.
[43] Kant, RibV, S. 37.
[44] Kant, RibV, S. 47.
[45] Kant, RibV, S. 72.
[46] Ebd.

kein gleichsam überschüssiges Genugtuungspotenzial für die bereits begangene Schuld mit sich, denn im Tun des Guten tut der zum Guten Gewandelte nichts weiter als seine Pflicht.

Schließlich stellt sich noch die Frage: Wie vermag der zum Guten gewendete Mensch sich *kontinuierlich* zum Guten zu halten, ein nicht nur momentan Gebesserter zu sein, sondern ein *dauerhaft* Guter zu bleiben? Kant lässt keinen Zweifel daran aufkommen, dass dies eine wirkliche Schwierigkeit für den Menschen darstellt, insofern der Hang zum Bösen im Menschen auch bei gewandelter Gesinnung sich als ein zäher und ein nur mühsam durch das Gute zu überbildender erweist.

Diese Fragen und Probleme, so ist noch einmal zu unterstreichen, sind solche, die sich der Vernunft unweigerlich stellen, wenn sie die Faktizität des moralisch Bösen in der Welt und seine moralischen Folgeprobleme bedenkt. Sie ergeben sich für das sich frei wissende und sich selbst verantwortende Subjekt. Die Vernunft kann diese Folgeprobleme daher nicht unbearbeitet lassen. Damit hat sie aber auch die Frage zu behandeln, wie hier Abhilfe geschaffen werden kann. Dabei ist es nun auffällig, dass Kant diesen ganzen mit dem moralisch Bösen gegebenen Problemzusammenhang, den er um den Blick auf das Böse nicht nur im Einzelnen sondern im gesellschaftlichen Wirkzusammenhang ausweitet, durch religiöse Ideen – insbesondere der Erlösung, Rechtfertigung und Versöhnung sowie des Reiches Gottes – zu bearbeiten versucht.

Es sind hier lediglich die Stellen markiert worden, an denen Kant einen solchen Ausgriff der Vernunft auf religiöse Gehalte für vernunftnotwendig hält. Die Vernunft wird im Blick auf das Böse auf Antinomien geführt, die sie aus sich selbst heraus, so wird man Kant zu verstehen haben, nicht zu lösen vermag. An dieser Stelle haben die religiösen Vorstellungsgehalte ihren Ort. Die Funktion, die Kant hiermit für die Religion aufmacht, ist unterbestimmt, wenn man die *Religionsschrift* lediglich als ein Programm versteht, die Religion innerhalb der Grenzen der bloßen Vernunft so zu behandeln, dass die Kompatibilität ihrer Inhalte mit der Vernunft gefordert wird. Wenn es hier um Antinomien der Vernunft geht, auf die hin die Religion expliziert wird, dann kommt der Religion eine *konstitutive* Funktion für die Lösung der Widersprüche zu, in die sich die Vernunft unweigerlich verfängt. Dies ist entscheidend mehr, als mit der bloßen Vernunftkompatibilität ihrer Inhalte ausgesagt ist.

Es sei noch angefügt, dass Kant keineswegs der Auffassung ist, eine solche auf die Antinomien der Vernunft konstitutiv bezogene Religion – für Kant kommt in dieser Funktion nur die christliche Religion in Betracht – könne durch vernünftige Argumentation gleichsam andemonstriert und in Vollzug gebracht werden. Die Vernunft gelangt nur zu dem Punkt, dass sie die Antinomien erfasst, in die sie durch sich selbst verwickelt ist; und sie gelangt des Weiteren zu dem Punkt zu begreifen, wie eine Religion verfasst sein muss, um auf diese Probleme bezogen zu sein, ja, um sie lösen zu können. Diese so verfasste Religion zu einer auch existenzbestimmenden Glaubenshaltung werden zu lassen, das steht nicht im Vermögen der Vernunft. Dafür zeigt Kant ein sehr genaues Gespür. Denn der

Vernunftglaube, wie er sich inhaltlich aus den Postulaten der Vernunft ergibt, ist nicht schon jener Glaube, der *existenzbestimmend* ergriffen wird. Dass es dazu kommt, kann weder vernünftig andemonstriert noch qua Vernunft angeeignet werden, ist vielmehr unverfügbar und dem Zugriff der Vernunft entzogen.

Wir halten abschließend noch einmal fest, welchen Rahmen Kant für die Frage nach dem Verhältnis von Philosophie und Theologie absteckt. Im Zusammenhang des theoretischen Vernunftvermögens treibt er die Selbstdurchklärung des Denkens hin auf das Postulat des transzendentalen Ideals, über dessen Funktion als Inbegriff aller Prädikate hinaus er der Vernunft keine weitere inhaltliche Bestimmung zu machen gestattet. Dies verlagert Kant in den Bereich der praktischen Vernunft. Hier sind es die Fragen nach der Vergemeinschaftung im Guten und nach der Glückseligkeit des Einzelnen sowie die Problematik des Bösen und der Schuld, die für Kant einen Ausgriff auf religiöse Gehalte notwendig machen, selbstredend nicht auf jede Art von religiösen Gehalten. Die praktische Vernunft übernimmt in Sachen Religion die *kritische* Funktion einer an ihren praktisch-vernünftigen Grundeinsichten gemessenen Bestimmung der Religion.

Unter dieser Maßgabe rekonstruiert Kant in der *Religionsschrift* die zentralen Ideen des Christentums von der Erlösung, Rechtfertigung und Versöhnung sowie vom Reich Gottes, weil nur die christliche Religion für Kant von derjenigen inhaltlichen Bestimmtheit ist, auf die Probleme der praktischen Vernunft Antworten geben zu können, ohne dabei die Grundannahmen der praktischen Vernunft zu unterlaufen. Eine so rekonstruierte vernunftkonforme Religion kann, so Kant, dazu dienen, unter der Bedingung des Bösen das moralisch Gute im Einzelnen und der Gemeinschaft zu befördern. Dabei misst Kant der Religion eine *konstitutive* Funktion im Blick auf die Grundprobleme der Vernunft zu. Wir können auch ganz einfach so sagen: Kant sieht sehr wohl, dass die Religion – und nicht die Vernunft – es ist, die auf die zentralen Fragen des Menschen, sein Verlangen nach Glückseligkeit und Erlösung vom Bösen und der Schuld, solche Antworten gibt, dass sie – freilich allein im Glauben – auch existenzbestimmende Kraft gewinnen.

Von daher kann Kant nun auch der Kirche eine spezifische Rolle zuerkennen. Denn es braucht eine Vergemeinschaftung im Guten, weil ansonsten dem Reich des Bösen nicht wirksam entgegengetreten werden könnte, dieses vielmehr den zum Guten gebesserten Einzelnen immer aufs Neue anfechten würde. Zudem ist die Vergemeinschaftung im Guten ein Ideal der praktischen Vernunft. Diese ist eine

»Pflicht von ihrer eignen Art nicht der Menschen gegen Menschen, sondern des menschlichen Geschlechts gegen sich selbst. Jede Gattung vernünftiger Wesen ist nämlich objectiv, in der Idee der Vernunft, zu einem gemeinschaftlichen Zwecke, nämlich der Beförderung des höchsten, als eines gemeinschaftlichen Guts, bestimmt«.[47]

---

[47] Kant, RibV, S. 97.

Von daher ist eine »eigentlich auf die Verhütung dieses Bösen und zu Beförderung des Guten im Menschen abzweckende Vereinigung, als eine bestehende, und sich immer ausbreitende, bloß auf die Erhaltung der Moralität angelegte Gesellschaft zu errichten«.[48] Kant nennt sie eine »Gesellschaft nach Tugendgesetzen [...], die dem ganzen Menschengeschlecht in ihrem Umfange sie zu beschließen, durch die Vernunft zur Aufgabe und zur Pflicht gemacht wird«.[49]

Eine solche Beförderung des Guten hat nur in einer Kirche statt, deren Gehalte und deren institutionelle Verfassung ausschließlich daraufhin ausgerichtet sind, das moralisch Gute zu befördern. Am Gedanken der Beförderung des moralisch Guten hat Kant den kritischen Maßstab, die faktische Kirche von ihrer Bestimmung her zu kritisieren. Alles an ihr, was dieser ihrer Bestimmung widerspricht – sowohl im Blick auf die Inhalte ihrer Verkündigung als auch im Blick auf die institutionelle Verfassung, die sie sich gibt – ist einer entschiedenen Kritik zuzuführen. Die Kirche hat in allem, was sie tut und ist, reines *Instrumentum* zur Beförderung des Guten zu sein. Solche Beförderung des Guten als eines moralisch Guten kann nur unter Anerkennung der freiheitstheoretischen Bedingungen der Verwirklichung des Guten erfolgen. Darauf legt die Kritik der Religion durch die praktische Vernunft alles Gewicht. Aus der Perspektive der Vernunft kann eine Kirche und eine Religion nur dann Anerkennung finden, wenn sie die freiheitstheoretischen Grundannahmen der praktischen Vernunft nicht unterläuft. Dass dies von den Grundgehalten der christlichen Religion und von der Kirche, sofern sie sich an diesen Grundgehalten ausrichtet und sich eine dem entsprechende Sozialgestalt gibt, gelten kann, liegt in der Fluchtlinie der Kantischen Religionsschrift. Sie macht innerhalb der Grenzen der bloßen Vernunft das Wesen des Christentums, das für Kant nur ein moralisches sein kann, gegen die Formen seiner Verstellung sowohl in der Lehre als auch in der institutionellen Gestalt geltend. Genau in dieser Funktion, vom Vernunftgehalt des Christentums her eine Kritik an der kirchlich verfassten Religion, der kirchlichen Lehre sowie der akademischen Theologie zu vollziehen und die Inhalte der christlichen Religion in ihrer Bedeutung für die Fragen der ethischen Lebensführung vernunftgemäß zu entfalten, liegt für Kant die Aufgabe der philosophischen Religionstheorie und der Theologie unter der Bedingung der Aufklärung.

Weiterführende Literatur:
Christine Axt-Piscalar, Wieviel Religion braucht die Vernunft? Überlegungen zur Bedeutung der Religion im Denken Kants, in: ZThK 103 (2006), S. 515–532.
Dies., Kant zur Bedeutung und Funktion der Kirche und die biblischen Anleihen in Kants Ekklesiologie, in: Kant und die Bibel, hg. von A. Heit/E. Popkes, Tübingen 2012, im Druck.

---

[48] Kant, RibV, S. 94.
[49] Ebd.

JÜRGEN HABERMAS, Die Grenze zwischen Glauben und Wissen. Zur Wirkungsgeschichte und aktuellen Bedeutung von Kants Religionsphilosophie, zuerst erschienen 2004, wieder abgedruckt in: Ders., Zwischen Naturalismus und Religion. Philosophische Aufsätze, Frankfurt a. M. 2005, S. 216–258.

OTFRIED HÖFFE (Hg.), Die Religion innerhalb der Grenzen der bloßen Vernunft, Berlin 2011.

EBERHARD JÜNGEL, Der Mensch – im Schnittpunkt von Wissen, Glauben, Tun und Hoffen. Die theologische Fakultät im Streit mit der durch Immanuel Kant repräsentierten philosophischen Fakultät, in: ZThK 101 (2004), S. 315–345.

JOSEF SIMON, Die Religion innerhalb und außerhalb der Grenzen der bloßen Vernunft, in: Kritik der Religion. Zur Aktualität einer unerledigten philosophischen und theologischen Aufgabe, hg. von I. U. Dalferth/H. P. Großhans, Tübingen 2006, S. 1–16.

XVIII. Georg Wilhelm Friedrich Hegel: Philosophie als absolutes Begreifen Gottes

Textgrundlage:[1]
- G. W. F. HEGEL, Phänomenologie des Geistes, besonders die Vorrede, PhGGW, S. 9–49, PhGS, S. 11–67; sowie den Abschnitt über die offenbare Religion, PhGGW, S. 400–421, PhGS, S. 545–574.
- G. W. F. HEGEL, Vorlesungen über die Philosophie der Religion, besonders Teil I, S. 61–94 zum Verständnis der Religionsphilosophie; S. 265–338 zum Begriff der Religion sowie Teil III, S. 177–270 den Abschnitt zur vollendeten Religion.
- G. W. F. HEGEL, Enzyklopädie der philosophischen Wissenschaften im Grundrisse, besonders aus dem Abschnitt der absolute Geist die §§ 564–572 zur geoffenbarten Religion und zur Philosophie; sowie aus dem Abschnitt zum Geist die §§ 440–461 zum Verhältnis von Anschauung, Vorstellung und Denken.

1. Philosophie als Gotteserkenntnis

»Es hat eine Zeit gegeben, *wo alle Wissenschaft eine Wissenschaft von Gott gewesen ist*; unsere Zeit dagegen hat das *Ausgezeichnete*, von *allem und jedem* – und zwar einer unendlichen Menge von *Gegenständen* – zu wissen, nur nichts *von Gott*. [...] Es macht unserem Zeitalter keinen Kummer mehr, von Gott nichts zu erkennen; vielmehr *gilt es für die höchste Einsicht*, daß diese Erkenntnis sogar nicht möglich sei.«[2]

Dieses Urteil, das Hegel seinen *Vorlesungen über die Philosophie der Religion* voranstellt,[3] wirft nicht nur ein Licht auf den Zeitgeist, wie er sich aus Hegels Sicht

---

[1] GEORG WILHELM FRIEDRICH HEGEL, Phänomenologie des Geistes, in: Gesammelte Werke. In Verbindung mit der deutschen Forschungsgemeinschaft hg. von der Rheinisch-Westfälischen Akademie der Wissenschaften, Bd. 9, Hamburg 1966 (= PhGGW) und ders., Phänomenologie des Geistes. Theorie-Werkausgabe hg. von E. Moldenhauer/K. M. Michel, Bd. 3, Frankfurt a. M. 1986 (= PhGS).
DERS., Vorlesungen über die Philosophie der Religion, 3 Teile, neu hg. von W. Jaeschke, Teil I, Einleitung und Der Begriff der Religion; Teil II, Die bestimmte Religion; Teil III, Die vollendete Religion, Hamburg 1993–1995 (= Relphil. I/II/III). Der Text dieser Ausgabe entspricht dem Text der Kritischen Ausgabe G. W. F. HEGEL, Vorlesungen. Ausgewählte Nachschriften und Manuskripte, Bd. 3, hg. von W. Jaeschke.
DERS., Enzyklopädie der philosophischen Wissenschaften im Grundrisse (1830), in: Gesammelte Werke. In Verbindung mit der deutschen Forschungsgemeinschaft hg. von der Rheinisch-Westfälischen Akademie der Wissenschaften, Bd. 20, Hamburg 1992 (= EnzGW) und ders., Enzyklopädie der philosophischen Wissenschaften im Grundrisse (1830). Theorie-Werkausgabe hg. von E. Moldenhauer/K. M. Michel, Bde 8–10, besonders dritter Teil: Die Philosophie des Geistes. Mit den mündlichen Zusätzen, Frankfurt a. M. 1970 (= EnzS).
[2] HEGEL, Relphil. I, S. 6.

darstellt, sondern auch auf Charakter und Anspruch seines eigenen Denkens. Hegel hat gegen die Selbstbescheidung des Denkens in Sachen Gotteserkenntnis, wie er es vor allem im aufklärerischen Rationalismus als einer schlichten Variante des bloßen Verstandesdenkens, aber auch in Kants hochreflektierten erkenntnistheoretischen Grenzziehungen, in Fichtes Ich-Philosophie sowie Schellings Identitätsphilosophie gegeben sah, mit Nachdruck polemisiert. Er hat die sich abzeichnende Ausdifferenzierung der Wissenschaften in sich verselbständigende Einzeldisziplinen als ein bloßes Wissen von Einzelnem, dem der Blick auf den Zusammenhang alles Einzelnen mit dem Ganzen abgeht, angeprangert. Er hat auch die vermeintlich fromme Demut einer Theologie, die der Ehre Gottes durch die Rede von seiner Unerforschlichkeit zu entsprechen glaubt, ebenso wie den bloßen Subjektivismus des religiösen Gefühls und eine sich nicht auch verstehen wollende Glaubenshaltung mit Verve angegriffen. »Das Absolute soll nicht begriffen, sondern gefühlt und angeschaut [werden], nicht sein Begriff, sondern sein Gefühl und Anschauung sollen das Wort führen und ausgesprochen werden«.[4] Hegel kritisiert diese Selbstbescheidungen vom Gottesgedanken her – als *Gottes* schlechterdings unangemessen. Denn »Gott [ist] die absolute Vernunft«.[5] Ein Gott, der nicht erkannt werden will und kann, ist für Hegel nicht wahrhaft Gott.

Hegels philosophisches Denken als Ganzes – entfaltet in der Phänomenologie des Geistes, der Logik, der Naturphilosophie, der Rechts- und Geschichtsphilosophie, der Ästhetik, der Geschichte der Philosophie, der Enzyklopädie der philosophischen Wissenschaften und der Religionsphilosophie – ist *Theo-logie*, Theorie des Absoluten. Er bringt noch einmal auf eigene Weise zur Geltung, dass alle Wissenschaft Wissenschaft von Gott zu sein hat. Hegels Philosophie ist der letzte solche Versuch in der Geschichte des abendländischen Denkens. Alles, was wahrhaft erkannt wird, ist für Hegel im Lichte des Absoluten, genauer als eine Bestimmung in der Selbstbewegung des Absoluten zu verstehen, sonst ist es nicht wahrhaft erkannt. Daher kann Hegel ganz prononciert feststellen: »Philosophie hat überhaupt Gott zum Gegenstand, und eigentlich zum einzigen Gegenstand«.[6]

Für Hegel hat es die Theologie darum nicht nur mit den speziellen Themen, die dezidiert mit dem Gottesgedanken und den unmittelbar mit ihm zusammenhängenden Gegenständen verbunden sind, zu tun. Die philosophische Theorie des Absoluten ist Vollzug des Sich-selbst-durchsichtig-Werdens des Bewusstseins – des »subjektiven Geistes«[7] – und der Welterklärung – des »objektiven Geistes«– schlechthin, Verstehen *aller* Erscheinungen des Wirklichen als Manifestationen des Absoluten, und sie ist sodann das Sich–selbst–Erfassen der

---

[3] Das Zitat stammt aus der Einleitung zum Manuskript, aber auch in den Vorlesungen von 1824 und 1827 setzt Hegel ein mit einer inhaltlich entsprechend gelagerten scharfen Kritik an der Selbstbeschränkung der zeitgenössischen Philosophie und Theologie. Vgl. HEGEL, Relphil. I, S. 38 ff.; S. 66 ff.
[4] HEGEL, Vorrede, PhGS, S. 15; PhGGW, S. 12.
[5] HEGEL, Relphil. I, S. 79.
[6] HEGEL, Relphil. I, S. 33.
[7] Vgl. HEGEL, Enzyklopädie, §§ 387–482.

Selbstbewegung des Geistes im »absoluten Geist«, wie es in Kunst, Religion und Philosophie sich vollzieht.[8]

»[D]ie Philosophie [zeigt] das Absolute in seiner Hervorbringung, in seiner Tätigkeit, und diese Tätigkeit ist der Weg des Absoluten, für sich selbst zu werden, zum Geist, und Gott ist so das Resultat der Philosophie, von welchem erkannt wird, daß es nicht bloß das Resultat ist, sondern ewig sich hervorbringt, das Hervorgehende ist, [und] ebenso der Anfang des Ersten zu sein. Diese bestimmten Gestaltungen der Idee oder des Absoluten – die Natur, der endliche Geist, die Welt des Bewußtseins – sind Verleiblichungen der Idee, aber bestimmte Gestaltungen, besondere Weisen der Erscheinung der Idee«.[9]

Mit dieser Überzeugung, dass alles, was ist, aus dem Gedanken des Absoluten zu begreifen ist, geht einher, dass Hegels Denken *System*denken ist. Denn: »Das Wahre ist das Ganze. Das Ganze aber ist nur das durch seine Entwicklung sich vollendende Wesen«.[10]

Gott ist die absolute Wahrheit, und die absolute Wahrheit ist der schlechthinnige Inhalt des Denkens, der gedacht werden kann und muss. Was sich diesem Anspruch nicht stellt, verdient für Hegel nicht Philosophie und nicht Theologie zu heißen. Gott indes ist grundlegend missverstanden, wenn er als abstrakt der Welt entgegengesetzt, als ein bloß für sich Seiendes gedacht wird. Gott ist ebenso missverstanden, wenn er als etwas behauptet wird, das sich hinter seinen Erscheinungen gleichsam zurückhält und in seinem Ansichsein unerkennbar ist. Gott ist auch nicht jenes in sich bestimmungslose abstrakte Eine, das in einer in sich leeren Gotteserkenntnis ›geschaut‹ wird. In diesen, dem Wesen Gottes gänzlich unangemessenen Grundannahmen, sieht Hegel die zeitgenössische Philosophie und Theologie verfangen. Die »Lehre, daß wir *von Gott nichts wissen können*, daß wir *ihn nicht erkennen können*, ist in unseren Zeiten *zu einer ganz anerkannten Wahrheit*, zu einer *ausgemachten* Sache geworden«.[11] Dadurch haben die zeitgenössische Philosophie und Theologie den absoluten ›Gegenstand‹ vollends entleert und ineins damit dem religiösen Bewusstsein seine Grundlage entzogen. Gegen diese sich wechselseitig bedingenden Aberrationen – eines unterstufigen Gottesbegriffs, der eine entsprechend unterstufige Bestimmung der Gotteserkenntnis und des religiösen Bewusstseins zur Folge hat – erhebt Hegel die *spekulative Erkenntnis* Gottes in besagtem umfassenden Sinn zum *eigentlichen*, zum *einzigen* Thema der Philosophie. Ein Gott, der nicht gedacht werden kann, ist kein Gott; und Denken, das nicht Gott denkt, ist kein wahrhaftes, vielmehr ein sich missverstehendes Denken. Denken wiederum heißt, diejenigen inhaltlichen Bestimmungen zu erfassen und zu entfalten, die dem Gottesgedanken entsprechen, bzw. in denen Gott sich selbst auslegt, wie Hegel sagen kann.

Hegel hat mit diesem Selbstverständnis der Philosophie zugleich den Anspruch aufgestellt, durch das eigene philosophische Begreifen dem spezifisch

---

[8] Vgl. dazu den Aufbau der Enzyklopädie der philosophischen Wissenschaften.
[9] HEGEL, Relphil. I, S. 36 f.
[10] HEGEL, Vorrede zur Phänomenologie des Geistes, PhGGW, S. 19; PhGS, S. 24.
[11] HEGEL, Relphil. I, S. 5 f., Hervorhebung im Original teilweise gesperrt.

christlichen Verständnis Gottes zu entsprechen, hinter dem nach Hegels Auffassung jene von ihm kritisierten Formen zeitgenössischer Theologie und Philosophie zurückbleiben, statt ihm konsequent nachzukommen. Hegels Anspruch für sein eigenes Denken ist, den christlich theologischen Gottesgedanken *auf den Begriff zu bringen*, das heißt *wahrhaft* zu erfassen; und dies heißt auch, wie noch genauer zu sehen ist, ihn besser zu verstehen, als er in der Theologie und der Religion aufgefasst wird. Philosophie in dieser Weise verstanden und zur Durchführung gebracht – nämlich als Denken Gottes aufgrund der Selbstauslegung Gottes im Denken – versteht Hegel als Gottesdienst, ja man wird in seinem Sinne sagen müssen, als den wahrhaften, von aller Mangelhaftigkeit, die der Religion als solcher noch anhaftet, befreiten Gottesdienst.

»Die Philosophie ist in der Tat selbst Gottesdienst, wie die Religion. Beide aber, Religion sowohl wie Philosophie, sind Gottesdienst auf eine eigentümliche Weise [...]. Sie unterscheiden sich beide in dieser Eigentümlichkeit der Beschäftigung mit Gott, und darin liegen die Schwierigkeiten«.[12]

2. Der sich selbst offenbarende Gott und die vollendete Religion

In solchem Begreifen Gottes entspricht die Philosophie in nuce dem christlichen Gottesgedanken, wie Hegel nicht müde wird zu betonen. Denn im Zentrum des christlichen Gotteslehre steht, so Hegel, der Gedanke der Selbstoffenbarung Gottes, weshalb die christliche Religion die »offenbare Religion« und darum auch die »vollendete« bzw. die »absolute« Religion heißt. Den Offenbarungsbegriff wiederum legt Hegel im Sinne der Selbsterschließung Gottes aus, als ein Sich-zu-erkennen-Geben, weshalb er an der Stelle des endlichen Subjekts auch erkannt zu werden vermag, und zwar, wie Hegel betont, durch *sich selbst* erkannt wird im endlichen Geist. Es entspricht dem Wesen Gottes als absolutem Geist, sich im andern seiner selbst zu offenbaren.

»Es liegt wesentlich im Begriffe der wahrhaften Religion, d. i. derjenigen, deren Inhalt der absolute Geist ist, dass sie *geoffenbart* und zwar *von Gott* geoffenbart sei. Denn indem das Wissen, das Prinzip, wodurch die Substanz Geist ist, als die unendliche für sich seiende Form das *Selbstbestimmende* ist, ist es schlechthin *Manifestieren*; der Geist ist nur Geist, insofern er *für* den Geist ist, und in der absoluten Religion ist es der absolute Geist, der nicht mehr abstrakte Momente seiner, sondern sich selbst manifestiert«.[13]

Mithin gilt für die Religion: Sie ist »der Geist, der seines Wesens, seiner selbst bewußt ist. Der Geist ist sich bewußt, und das, dessen er sich bewußt ist, ist der wahrhafte, wesentliche Geist; dieser ist sein Wesen, nicht das Wesen eines Anderen«.[14]

---

[12] HEGEL, Relphil. I, S. 63 f.
[13] HEGEL, § 564, EnzGW, S. 549; EnzS, S. 372 f.
[14] HEGEL, Relphil. I, S. 86.

Für diese These hat Hegel insbesondere das Johannesevangelium als Kronzeugen aufgerufen und die christliche Theologie an ihr spezifisches Zentrum – den trinitarischen Gottesgedanken und die Inkarnationslehre – erinnert. Hegel hat – das wird man so sagen müssen – die zeitgenössische Theologie in ihrer kritischen Abständigkeit gegenüber den beiden zentralen altkirchlichen Dogmen – der Trinitäts- und Inkarnationslehre – mit Vehemenz daran gemahnt, dass in diesen das Spezifikum der christlichen Religion und der christlichen Lehre ausgedrückt ist. Daher beansprucht Hegel für sein eigenes Denken: »[D]ie Philosophie ist es, die jetzt wesentlich orthodox ist; die Sätze, die immer gegolten haben, die Grundwahrheiten des Christentums werden von ihr erhalten und aufbewahrt«.[15]

Hegel hat dies nicht als eine abstrakte Mahnung vorgetragen und auch das alte Dogma nicht lediglich wiederholt. Vielmehr versucht er eine Entfaltung der Trinitätslehre zu geben, deren Bedeutung darin liegt, aufgewiesen zu haben, welches Gewicht ihr für die Bestimmung Gottes und nicht zuletzt für das religiöse Bewusstsein zukommt. Die Trinitätslehre ist, so Hegel, eben nicht ein unverständliches *Theologumenon*, das dem religiösen Bewusstsein fremd ist und fremd bleiben muss. Sie ist nichts weniger als der *theologische Begründungszusammenhang des religiösen Bewusstseins* selbst. Anders ausgedrückt: Sie zeigt, dass der trinitarische Gott, insofern er sich in sich selbst von sich unterscheidet, als solcher aufgeschlossen ist gegenüber anderem, das von ihm unterschiedene andere setzt und an der Stelle des endlichen Subjekts sich selbst vergegenwärtigt, so dass es zur Erkenntnis Gottes *durch Gott selbst* im andern seiner selbst kommen kann. Dies sucht die christliche Religion durch die Trinitätslehre in der der Religion eigentümlichen, wenngleich als solcher immer auch noch mangelhaften Form ›Vorstellung‹ auszudrücken.

»Wenn wir von Gott als Geist sprechen, so müssen wir ihn denn mit eben der Bestimmung fassen, die in der Kirche auf diese kindliche Weise der Vorstellung existiert – als das Verhältnis zwischen Vater und Sohn –, die noch nicht Sache des Begriffs ist. Also eben diese Bestimmung in der Kirche von der Dreieinigkeit Gottes ist konkrete Bestimmung und Natur Gottes als Geistes, und Geist ist ein leeres Wort, wenn er nicht in dieser Bestimmung gefaßt ist.«[16]

Für Hegel holt nur der trinitarische Gottesgedanke die Aussage vom Sein Gottes im andern seiner selbst ein, während der nicht-trinitarische Monotheismus letztlich von der abstrakten Entgegensetzung von Gott und Mensch bzw. Gott und Welt bestimmt bleibt. Der trinitarische Gottesgedanke hingegen begründet dasjenige, woran dem religiösen Bewusstsein Hegel zufolge alles gelegen sein muss: dass es an der Selbstbewegung Gottes selbst teilhat und sich darin aufgenommen weiß. Denn das religiöse Bewusstsein will es nicht mit sich selbst zu tun haben. Es soll daher nicht an seiner Unmittelbarkeit festhalten, in ihr verharren

---

[15] HEGEL, Relphil. III, S. 188.
[16] HEGEL, Relphil. I, S. 43.

wollen. Es will eine Beziehung zu Gott, ein Vollzug der *Erhebung* zu Gott sein. Ein solcher Vollzug der Erhebung zu *Gott* ist es aber nur, wenn und indem es in der Selbstbewegung Gottes gründet, ja, so Hegel, diese Selbstbewegung des göttlichen Geistes selbst ist.»Gott ist nur Gott, insofern er sich selber weiß; sein Sichwissen ist ferner sein Selbstbewußtsein im Menschen und das Wissen des Menschen *von* Gott, das fortgeht zum Sichwissen des Menschen *in* Gott«.[17]

Gott ist nicht Gott in der abstrakten Entgegensetzung zum Endlichen; und das Verhältnis des religiösen Bewusstseins zu Gott ist nicht das des in sich ruhenden endlichen Subjekts zu einem ihm entgegengesetzten unendlichen ›Gegenstand‹. Das religiöse Bewusstsein ist vielmehr hineingenommen in die Bewegung Gottes selbst, weil Gott kein bloß für sich Seiendes ist, sondern sich für anderes aufschließende Bewegung, nämlich Vollzug des Sichselbstvergegenwärtigens, des Sichwissens im andern seiner selbst. Darauf kommt es Hegel an. Deshalb bildet das Kapitel zur Gemeinde in den *religionsphilosophischen Vorlesungen* das eigentliche Ziel des Kapitels zur offenbaren Religion.

»Wir haben es [...] also nicht mit Gott als solchem, als Gegenstand zu tun, sondern zugleich mit Gott, wie er in seiner Gemeinde ist; es wird sich zeigen, daß er nur wahrhaft begriffen werden kann, wie er als Geist ist und so sich selbst das Gegenbild einer Gemeinde und die Tätigkeit einer Gemeinde in Beziehung auf ihn macht, und daß die Lehre von Gott nur als Lehre von der Religion zu fassen und vorzutragen ist.«[18]

Von daher wird nun auch deutlich, dass der zentrale Begriff, den Hegel für den Gottesgedanken verwendet, der des *absoluten Geistes* ist. Der Geist ist kein bloß für sich Seiendes. Der einseitige Substanzbegriff für Gott ist zu überwinden. Denn darin ist Gott »nicht [...] als die Bewegung des sich in sich selbst Reflektierens dargestellt«,[19] für welches der Bezug auf das andere seiner selbst und das Sein im andern seiner selbst als Momente des Sich-selbst-Wissens Gottes konstitutiv ist. Kurz und bündig kann Hegel formulieren: »Wenn [...] das Wort *Geist* einen Sinn haben soll, so enthält derselbe das Offenbaren seiner«[20] und damit sein Offenbarsein für und im endlichen Bewusstsein. Mithin ist der Gottesbegriff überhaupt von allen statischen Bestimmungen zu reinigen und Gott als Bewegung des Geistes zu erfassen.»Diese Bewegung durch sich selbst hindurch macht seine Wirklichkeit aus; – was sich bewegt, ist er, er ist das Subjekt der Bewegung, und er ist ebenso *das Bewegen* selbst«.[21]

---

[17] Hegel, § 564, EnzGW, S. 550; EnzS, S. 374.
[18] Hegel, Relphil. I, S. 33. Für das Bewusstsein der Gemeinde hält Hegel daher fest: »Das ist der Begriff der Gemeinde überhaupt, die Idee, die insofern der Prozeß des Subjekts in und an ihm selbst ist, des Subjekts, das in den Geist aufgenommen, geistig ist, so daß der Geist Gottes in ihm wohnt. Dies sein reines Selbstbewußtsein ist zugleich Bewußtsein der Wahrheit, und das reine Selbstbewußtsein, das die Wahrheit weiß und will, ist eben der göttliche Geist in ihm«. Ders., Relphil. III, S. 255 f.
[19] Hegel, Vorrede, PhGGW, S. 20; PhGS, S. 26.
[20] Hegel, § 564, EnzGW, S. 550; EnzS, S. 373.
[21] Hegel, PhGGW, S. 419; PhGS, S. 572.

Gott als Geist ist an sich selbst so bestimmt, eine Bewegung zu sein, im andern seiner selbst zu sein und so auf sich zurückzukommen. »Gott ist nur Gott, insofern er sich selber weiß; sein Sichwissen ist ferner sein Selbstbewußtsein im Menschen und das Wissen des Menschen *von* Gott, das fortgeht zum Sichwissen des Menschen *in* Gott.«[22] Noch einmal anders gesagt: »Der Geist ist nur Geist, insofern er *für* den Geist ist, und in der absoluten Religion ist es der absolute Geist, der nicht mehr abstrakte Momente seiner, sondern sich selbst manifestiert«.[23] Denn, sofern Gott »als Geist gefaßt wird, so schließt dieser Begriff die subjektive Seite in sich, die in der Bestimmung der Religion zu diesem Inhalt hinzukommt«.[24] Von dieser Bewegung, die der absolute Geist *ist*, ist das religiöse Bewusstsein getragen, ist in sie, in die Selbstbewegung des göttlichen Geistes, hineingenommen. Es hat selbst teil an ihr, ja ist selbst die Selbstbewegung des göttlichen Geistes im endlichen. Und dies bildet die Wirklichkeit der Gemeinde. Daher gilt: »So ist die Gemeinde selbst der existierende Geist, der Geist in seiner Existenz, Gott als Gemeinde existierend«.[25]

Ineins mit der Trinitätslehre, die wir auf die Selbstvermittlung des göttlichen mit dem endlichen Geist hin fokussiert haben, rückt Hegel die Inkarnationslehre – dass Gott Mensch geworden ist – in den Vordergrund, um das Selbstverständnis der christlichen Religion und deren vernünftigen Gehalt zu unterstreichen. Dabei steht für Hegel der Gedanke der Vermittlung zwischen Gott und Mensch, wie er in der Menschwerdung Gottes manifesten Ausdruck gewinnt, im Zentrum. Ist es für den absoluten Geist *konstitutiv*, sich nicht in sich abzuschließen, sondern im andern seiner selbst bei sich selbst zu sein und so auf sich zurückzukommen, dann ist die Aussage der christlichen Religion von der Menschwerdung Gottes gleichsam der konzentrierteste Ausdruck für das Sein des Geistes als ein Sein im andern seiner selbst. Dann ist die Menschwerdung Gottes aber auch zugleich der konzentrierteste Ausdruck für das Selbstverständnis des endlichen Selbstbewusstseins, das sich selbst als göttliches weiß. In der christlichen Religion als der offenbaren Religion wird dieses gewusst bzw. ›vorgestellt‹; es bildet die Mitte des religiösen Bewusstseins. Darum ist die christliche die Vollendung der Religion oder, wie Hegel auch sagen kann, die absolute Religion.

»Diese Menschwerdung des göttlichen Wesens, oder daß es wesentlich und unmittelbar die Gestalt des Selbstbewußtseins hat, ist der einfache Inhalt der absoluten Religion. In ihr wird das Wesen des Geistes gewußt, oder sie ist sein Bewußtsein über sich, Geist zu sein. Denn der Geist ist das Wissen seiner selbst in seiner Entäußerung; das Wesen, das die Bewegung ist, in seinem Anderssein die Gleichheit mit sich zu behalten.«[26]

In der christlichen Religion – in deren Zentrum Trinitätslehre und Inkarnationsaussage stehen – »ist deswegen das göttliche Wesen *geoffenbart*. Sein Offenbar-

---

[22] HEGEL, § 564, EnzGW, S. 550; EnzS, S. 374.
[23] HEGEL, § 564, EnzGW, S. 549; EnzS, S. 373.
[24] HEGEL, Relphil. I, S. 33.
[25] HEGEL, Relphil. III, S. 254.
[26] HEGEL, PhGGW, S. 405; PhGS, S. 552.

sein besteht offenbar darin, daß gewußt wird, was es ist. Es wird aber gewußt, eben indem es als Geist gewußt wird«.[27]

Hegel führt von daher die Aussage von der konstitutiven Selbstvermittlung des göttlichen Geistes im und durch sein Sein beim andern, sein darin sich selbst und für anderes Offenbarsein mit dem Sinngehalt der Inkarnationsaussage zusammen und hält in einer Hegelschen Zuspitzung die *Identität* des göttlichen und menschlichen Geistes als Kern der Inkarnationsaussage fest:

»Dies – seinem *Begriffe* nach das Offenbare zu sein – ist also die wahre Gestalt des Geistes, und diese seine Gestalt, der Begriff, ist ebenso allein sein Wesen und Substanz. Er wird gewußt als Selbstbewußtsein und ist diesem unmittelbar offenbar, denn er ist dieses selbst; die göttliche Natur ist dasselbe, was die menschliche ist, und diese Einheit ist es, die angeschaut wird.«[28]

3. Stufen der Religion und die Religionsgeschichte

Zwar hat alle Religion geistigen Gehalt. Alle Religion ist Gestalt des absoluten Geistes und Bewusstsein des Absoluten. Indes kommt nur in der christlichen Religion dasjenige zu Anschauung und Bewusstsein, was die wahre Bestimmung des absoluten und des endlichen Geistes ausmacht. Was mithin aller Religion zugrundeliegt – die Vermittlung zwischen Unendlichem und Endlichem als Gegenstand der Religion –, rückt in der christlichen Religion ins Zentrum ihres Selbstverständnisses, indem diese Vermittlung in vollendeter Weise *vorstellig* gemacht wird. Insofern kann sie auch die »Religion der Religionen« oder die »absolute« Religion heißen. Hegel nimmt aus dieser Perspektive eine Typologisierung der Religionen[29] vor, indem er auf einer ersten Stufe die »Naturreligionen«, auf einer weiteren Stufe »die Religionen der geistigen Individualität«[30] und auf der letzten Stufe die »vollendete Religion«[31] unterscheidet. Typologisierung und *Stufung* der Religionen im Sinne einer Höherentwicklung gehen hier ineinander. Diesen Gedanken einer Stufung der Religionen und ihrer Höherentwicklung kann Hegel auch zur Beschreibung der Religions*geschichte* verwenden. Er liefert zum ersten Mal in der Geistesgeschichte nicht nur eine ausgearbeitete Typologisierung der Religionen, sondern auch eine entfaltete Theorie der Religionsgeschichte, in der er die christliche Religion als ein geschichtliches Phänomen zu begreifen sucht und sie in die Geschichte der Religionen als einer, so Hegel, sich vollziehenden Höherentwicklung einzeichnet, welche er insgesamt als Erscheinung der Selbstverwirklichung des absoluten Geistes begreift.

---

[27] Ebd.
[28] HEGEL, PhGGW, S. 406; PhGS, S. 553.
[29] Ausgeführt ist dies im zweiten Teil der von W. Jaeschke herausgegebenen religionsphilosophischen Vorlesungen unter dem Titel »Die bestimmte Religion«.
[30] Vgl. HEGEL, Relphil. II.
[31] Vgl. HEGEL, Relphil. III.

Die Religionsgeschichte ist eine Entwicklung von den niederen Religionen über die höher entwickelten zur absoluten als der höchstentwickelten Religion hin. In dieser Entwicklung treibt sozusagen der absolute Geist jeweils über sich hinaus, bis er in der offenbaren Religion eine Gestalt erreicht, die im Medium von *Religion* nicht noch einmal überholt werden kann, weil in ihr die Religion *als Religion* zu ihrer Vollendung gekommen ist. Movens dieser Entwicklung ist die Vermittlung zwischen Unendlichem und Endlichem als das Thema aller Religion. Die Naturreligionen sind strukturell so verfasst, dass sie Endliches unmittelbar für Unendliches nehmen. Die »Religionen der geistigen Individualität« hingegen, wie Hegel sie bei Griechen, Juden und Römern ausgebildet sieht, verstehen das Unendliche als schlechthin erhaben über dem Endlichen. Zu einer wahren Vermittlung zwischen Unendlichem und Endlichem kommt es, wie gezeigt, erst in der christlichen Religion, die für alle Religion ihre Vollendung darstellt. »Die Hoffnungen und Erwartungen der vorhergehenden Welt drängten sich allein auf diese Offenbarung hin, anzuschauen, was das absolute Wesen ist, und sich selbst in ihm zu finden«.[32]

4. Religiöse Vorstellung und absoluter Begriff

Mit der christlichen Auffassung von der Menschwerdung Gottes hängt nun des Weiteren zusammen, dass das religiöse Bewusstsein sich auf das Damals der Geschichte Jesu konstitutiv bezogen weiß, auch dort noch, wo es die Wahrheit im Geist ergreift. Ihm haftet in dieser Bezogenheit auf die Manifestation Gottes in Raum und Zeit und den damit verbundenen Vorstellungsgehalten das Moment der sinnlichen Anschauung an. Dadurch ist das religiöse Bewusstsein, wie Hegel konsequent herausarbeitet, geradezu spezifisch bestimmt.

Mit dieser Betonung der sinnlichen Bestimmtheit des religiösen Bewusstseins geht eine These Hegels einher, die für die Rezeption seiner Verhältnisbestimmung von Religion und Philosophie besondere Bedeutung gewonnen hat. Hegel betont nämlich, dass Religion und Philosophie durchaus *denselben* Inhalt, nämlich die absolute Wahrheit, hätten, dass sie jedoch durch die *Form*, in der sie sich den Inhalt vergegenwärtigen, spezifisch unterschieden seien. Denn die Religion ist durch die Form der *Vorstellung* charakterisiert, der Äther der Philosophie hingegen ist das *reine Denken*. Für die religiöse Vorstellung jedoch gilt, dass in ihr der absolute Inhalt noch nicht *als Gedanke* gesetzt, genauer, noch nicht als *reiner* Gedanke gesetzt ist. Worauf hebt Hegel mit dieser Unterscheidung ab?

Im Unterschied zum bloßen Gefühl, das sich im Grunde genommen durch alles und jedes bestimmt fühlen kann und als bloß subjektives sich selbst genügen zu können meint,[33] für welches mithin die Unterscheidung von wahr und falsch

---

[32] Hegel, PhGGW, S. 407; PhGS, S. 554.
[33] Vgl. Hegels Polemik gegen das Gefühl, besonders Hegel, Relphil. I, S. 175 ff.; 230 ff.; 291 ff.

keine eigentliche Bedeutung hat, wie Hegel analysiert, ist in der Vorstellung[34] durchaus bereits gedanklicher Gehalt mitgesetzt; aber eben nur mitgesetzt. »Sie steht zwischen der unmittelbar sinnlichen Empfindung und dem eigentlichen Gedanken«.[35] Sie ist nicht *reiner* Gedanke, sondern in ihren Vorstellungsgehalten mit Momenten sinnlicher Bestimmtheit durchsetzt und auf Geschichtliches bezogen. Zudem werden die Vorstellungsgehalte in der Religion nicht in ihrem inneren Zusammenhang untereinander begriffen, d. h. nicht wirklich *gedacht*, sondern lose nach bloßen Verstandeskategorien miteinander verbunden.

»Das Geschichtliche ist als solches also das, was für die Vorstellung ist, und andererseits das Bild, und die Religion ist für das gewöhnliche Bewußtsein, für das Bewußtsein in seiner gewöhnlichen Ausbildung wesentlich auf ebensolche Weise, ein Inhalt, der sich zunächst sinnlich präsentiert, eine Folge von Handlungen, sinnlichen Bestimmungen, die in der Zeit nacheinander, dann im Raum nebeneinander folgen. Der Inhalt ist empirisch, konkret, mannigfach; die Verbindung teils im Raum neben-, teils in der Zeit nacheinander.«[36]

Damit bleibt die religiöse Vorstellung hinter dem zurück, was für das wahre Begreifen des absoluten Inhalts kennzeichnend sein muss: nämlich seine durchgängige Bestimmung, in der die einzelnen Momente des absoluten Inhalts als notwendig auseinander folgend und in ihrer wechselseitigen Bedingtheit erkannt werden, wie es allein im Vollzug dialektisch durchgeführten spekulativen Denkens geschieht.

»Das Vorstellen also, sagten wir [...], hat allen sinnlichen und geistigen Inhalt in der Weise, daß er in seiner Bestimmtheit isoliert genommen wird. [...] Die Form des Denkens überhaupt aber ist die Allgemeinheit, und diese spielt auch in die Vorstellung hinein [...]. Das erste also ist, daß das Denken diese Form des Einfachen auflöst, in der der Inhalt in der Vorstellung ist, d. h. daß in diesem Einfachen unterschiedene Bestimmungen gefaßt und aufgezeigt werden, daß es als ein in sich Mannigfaches gewußt wird. Fragt man nach dem Begriff einer Sache, so fragt man nach dem Verhältnis der unterschiedenen Bestimmungen in ihr selbst«.[37]

Aufgrund ihrer Eigenart – die wohlgemerkt nach Hegel für die Religion als Religion im Unterschied zur Philosophie spezifisch ist – ist es mit der Vorstellung so bestellt, daß sie – aus der Perspektive des Denkens gesehen! – auf ihre Aufhe-

---

[34] Zur Bestimmung der religiösen Vorstellung und ihres Mangels vgl. HEGEL, Relphil. I, S. 291 ff.
[35] HEGEL, Relphil. I, S. 235.
[36] HEGEL, Relphil. I, S. 295. Vgl. Ders., Relphil. I, S. 235: »Ferner erscheint der Zusammenhang zwischen dem Inhalt in der Vorstellung als nacheinander geschehen. [Da] dieser Zusammenhang nicht in seiner Notwendigkeit erscheint, die bloß durch den Begriff als solchen erfaßt werden kann, so wird also erzählt in der Religion, daß dies geschehen ist, und das Geschehene, was ein wesentlicher Teil des Inhalts vom Leben Gottes ist, erscheint dann bildlich, als ein natürliches Geschehen, Geschehen in der Zeit, und das weitere Moment des bestimmten Inhalts scheint dann darauf zu folgen. Der Begriff ist das Ansich dieses Zusammenhangs, das Innere dieses Zusammenhangs«.
[37] HEGEL, Relphil. I, S. 299.

bung hindrängt. Denn in der Vorstellung ist zwar durchaus ein geistiger Gehalt präsent, aber in mangelhafter, durch die sinnliche Anschauung und das bloße Nebeneinander von Gehalten geprägter Weise. »Der Inhalt ist sinnlicher Art, aber das Denken hat sich schon dareingewagt, aber den Inhalt noch nicht durchdrungen, nicht überwältigt«.[38]

Dies hat nun für den Kerngehalt der offenbaren Religion, wie wir ihn oben mit Hegel entwickelt haben – die Einheit von göttlichem und menschlichem Geist – eine entscheidende Konsequenz: Das religiöse Bewusstsein ›schaut‹ die Versöhnung, wie Hegel die Vermittlung zwischen göttlichem und menschlichem Geist nennt, ›an‹; es macht sie sich ›vorstellig‹ als geschehen in Person und Werk Jesu Christi. Dies ist auch noch dort der Fall, wo die Wahrheit der Versöhnung im Geist der Gemeinde gewusst wird. Das aber heißt für Hegel, die Gemeinde weiß die Versöhnung und damit den göttlichen Geist letztlich noch als etwas außer ihr Seiendes, als ein von ihr noch objektiv Unterschiedenes, als etwas Jenseitiges, oder wie wir – aus der Perspektive der Religion gesehen – etwas genauer sagen wollen: Sie weiß sich als mit dem göttlichen Geist versöhnt und geeint in der bleibenden Unterschiedenheit des menschlichen vom göttlichen Geist sowie in der Bezogenheit auf die objektive Offenbarung in der Person Jesu Christi als dem geschichtlichen Grund des Glaubens.

Diese Bestimmtheit haftet der religiösen Form als Vorstellung und damit dem Bewusstsein der Gemeinde spezifisch an. Es kann unter den Bedingungen des Hegelschen Geistverständnisses dieses dem religiösen Bewusstsein noch Vorstelligsein des göttlichen Geistes nur ein Mangel sein. Der Inhalt der Religion ist der wahre, die Form ihn anzuzeigen, ist hingegen noch mangelhaft. Denn die Religion schaut in ihren Vorstellungsgehalten den wahren Begriff des Geistes nach Hegel bloß an, sie realisiert ihn für sich noch nicht wirklich, indem sie ihn als ein ihr immer auch noch Jenseitiges sich vorausgesetzt sein lässt.

»Diese *Form des Vorstellens* macht die Bestimmtheit aus, in welcher der Geist in dieser seiner Gemeine seiner bewußt wird. Sie ist noch nicht das zu seinem Begriffe als Begriffe gediehene Selbstbewußtsein desselben; die Vermittlung ist noch unvollendet. Es ist also in dieser Verbindung des Seins und Denkens der Mangel vorhanden, daß das geistige Wesen noch mit einer unversöhnten Entzweiung in ein Diesseits und Jenseits behaftet ist. Der *Inhalt* ist der wahre, aber alle seine Momente haben, in dem Elemente des Vorstellens gesetzt, den Charakter, nicht begriffen zu sein, sondern als vollkommen selbständige Seiten zu erscheinen, die sich *äußerlich* aufeinander beziehen.«[39]

Darum kommt in der Gemeinde das Bewusstsein der Versöhnung nach Hegels Auffassung noch nicht zu seiner wahren Verwirklichung. Denn:

»Vollendet [...] ist diese noch nicht in diesem ihrem Selbstbewußtsein; ihr Inhalt ist überhaupt in der Form des *Vorstellens* für sie [...]. Sie hat nicht auch das Bewußtsein über das, was sie ist; sie ist das geistige Selbstbewußtsein, das sich nicht als dieses Gegenstand ist

---

[38] HEGEL, Relphil. I, S. 235.
[39] HEGEL, PhGGW, S. 408; PhGS, S. 556.

oder sich nicht zum Bewußtsein seiner selbst aufschließt; sondern insofern sie Bewußtsein ist, hat sie Vorstellungen.«[40]

Aufgrund ihrer Eigenart ist die religiöse Vorstellung von einer Ambivalenz von Inhalt und Form geprägt, die auf jene Bewegung hinweist, auf die Hegels Überlegungen zur Verhältnisbestimmung von Religion und Philosophie zulaufen. Sie finden ihren komprimierten Ausdruck in Hegels These von der Aufhebung der religiösen Vorstellung in den philosophischen Begriff.

»Daß der wahre Inhalt auch seine wahre Form für das Bewußtsein erhalte, dazu ist die höhere Bildung des letztern notwendig, seine Anschauung der absoluten Substanz in den Begriff zu erheben, und *für es selbst* sein Bewußtsein mit seinem Selbstbewußtsein auszugleichen, wie dies für uns oder *an sich* geschehen ist.«[41]

In dieser Forderung drückt sich das Selbstbewusstsein des Philosophen des absoluten Geistes aus, demzufolge es erst im philosophischen Erkennen, insofern es *reines* Denken ist, zur Adäquanz von Form und Inhalt – dem Ziel allen Erkennens – im philosophischen Begriff kommt. Denn das philosophische »Erkennen ist [...] das *Anerkennen* dieses Inhalts und seiner Form und *Befreiung* von der Einseitigkeit der Formen und Erhebung derselben in die absolute Form, die sich selbst zum Inhalte bestimmt und identisch mit ihm bleibt«.[42]

Dies, der absolute Begriff, ist erst diejenige Form, die dem absoluten Inhalt auf vollendete Weise entspricht. Denn in ihm ist die Entgegensetzung von göttlichem und menschlichem Geist – wie sie auch in der Religion nicht vollends überwunden wird, weil auch sie sich Gott noch als ein von der Bewegung des menschlichen Geistes objektiv unterschiedenes anderes vorstellt und sich die Versöhnung objektiv vorausgesetzt sein lässt – überführt in eine Bewegung des Denkens, von der nach Hegel gilt, dass der Inhalt sich in dieser Form des denkenden Vollzugs selbst auslegt: »daß die Natur der Sache, der Begriff, es ist, die sich fortbewegt und entwickelt, und diese Bewegung ebensosehr die Tätigkeit des Erkennens ist, die ewige an und für sich seiende Idee sich ewig als absoluter Geist betätigt, erzeugt und genießt«.[43] So heißt es im Schlusssatz der *Enzyklopädie* von der »sich wissenden Vernunft«.

Die Philosophie erkennt dies als das Eigentümliche ihres eigenen Tuns. Sie kann aus ihrer Perspektive heraus den geistigen Gehalt der Religion, wie diese ihn sich in einer freilich unterstuften Form bloß vorstellig macht, freilegen und den Mangel der religiösen Vorstellung einer Kritik zuführen. Darin sieht Hegel die Leistung seiner eigenen Philosophie der Religion, dass sie deren in eine mangelhafte Form gekleideten vernünftigen Gehalt aufdeckt. »Durch die Philosophie erhält, empfängt die Religion ihre Rechtfertigung vom denkenden Bewußtsein«,[44]

---

[40] HEGEL, PhGGW, S. 420; PhGS, S. 573.
[41] HEGEL, PhGGW, S. 408; PhGS, S. 556 f.
[42] HEGEL, § 573, EnzGW, S. 555; EnzS, S. 378 f.
[43] HEGEL, § 577, EnzGW, S. 571; EnzS, S. 394.
[44] HEGEL, Relphil. III, S. 268.

indem jene nämlich den wahren Gehalt der Religion erhellt. Die Philosophie versteht – aus ihrer Sicht betrachtet – die Religion besser als diese sich selbst, indem sie sie als eine Gestalt des absoluten Geistes versteht, freilich als eine solche, die hinter dem vollendeten Begreifen der absoluten Wahrheit zurückbleibt.

Aus der Perspektive der Philosophie bedarf die Religion der Aufhebung in den philosophischen Begriff, um von ihrer dem Inhalt unangemessenen Einseitigkeit befreit zu werden. »Das ist der Standpunkt der Philosophie, daß sich der Inhalt in den Begriff flüchtet und durch das Denken seine Rechtfertigung erhält [...]. Das ist die für sich seiende, freie Vernunft, die den Inhalt entwickelt nach seiner Notwendigkeit und den Inhalt der Wahrheit rechtfertigt.«[45] Insofern setzt die Philosophie die Wirklichkeit der Religion voraus, die sie als das, was sie ist, begreift. »Zunächst muß dies das bestimmte Bewußtsein über unseren Zweck [sein], daß die Religion in jedem Vorausgesetztes und Vorhandenes – der Stoff ist, *den wir nur* begreifen wollen«.[46] Die Philosophie ist insofern bezogen auf die geschichtliche Religion. Sie nimmt jedoch einen Standpunkt über der Religion ein, indem sie die Religion über sich selbst aufklärt, und damit einen Standpunkt einnimmt, den die Religion aus sich selbst heraus nicht einzunehmen vermag, denn sie hält als Religion an der ihr eigentümlichen – aus Sicht der Philosophie mangelhaften – Bestimmtheit ihrer Form fest.

Aus Sicht der Religion hingegen muss die Forderung nach Aufhebung der Religion in den philosophischen Begriff als eine Zumutung erscheinen. Denn sie geht davon aus, dass in ihr *als Religion*, und das heißt gerade auch in der *ihr spezifischen Form* des religiösen Vollzugs, Gott wirklich erkannt und erfahren wird. Sie müsste von daher nun ihrerseits gegenüber dem philosophischen Begreifen geltend machen, dass wiederum dieses noch abstrakt bleibt, dort nämlich, wo es sich als reines Denken vollziehen will und nicht als Denken auf dem Grund der Positivität/Geschichtlichkeit der Selbstoffenbarung Gottes. Diese wechselseitige Kritik aneinander bricht aus dem jeweiligen Selbstverständnis von Religion und Philosophie offenbar unweigerlich auf. Jedenfalls sieht Hegel sehr genau, dass die Aufhebung der Religion in die Philosophie des absoluten Geistes eine Forderung der Philosophie ist, die aus der Religion selbst heraus kaum zuwege gebracht wird, mehr noch, gegen die diese sich verwahrt und aus ihrer Sicht auch verwahren muss.

»Es kann nämlich wohl die Philosophie ihre eigenen Formen in den Kategorien der religiösen Vorstellungsweise so wie hiermit ihren eigenen Inhalt in dem religiösen Inhalte erkennen und diesem Gerechtigkeit widerfahren lassen, aber nicht umgekehrt, da die religiöse Vorstellungsweise auf sich selbst nicht die Kritik des Gedankens anwendet und sich nicht begreift, in ihrer Unmittelbarkeit daher ausschließend ist.«[47]

---

[45] HEGEL, Relphil. III, S. 267.
[46] HEGEL, Relphil. I, S. 8; kursiv gedrucktes im Original gesperrt.
[47] HEGEL, § 573, EnzGW, S. 557 f.; EnzS, S. 381.

Der religiöse Standpunkt sieht dies, so wird man gegen Hegel einwenden müssen, anders. Er lässt sich die geschichtliche Selbstoffenbarung Gottes in Jesus Christus als Grund der Gotteserkenntnis vorausgesetzt sein und sieht gerade in dieser Externität der Selbstoffenbarung den Grund wahrer Gotteserkenntnis gegeben. Diesen religiösen Standpunkt als den dem Gottesgedanken einzig angemessenen reflektierend einzuholen, bildet die Aufgabe einer Theologie, die im Gegenzug gegen Hegels Aufhebungsprogramm die Wahrheit der Religion *als Religion* gegenüber der vernünftigen Gotteserkenntnis zu behaupten hat. Sie wird mithin eine Religionstheorie entfalten, die genau diese Bestimmtheit des religiösen Bewusstsein einholt, mithin die bleibende Bezogenheit des religiösen Bewusstseins auf den geschichtlichen Glaubensgrund betont und die strukturelle Bestimmtheit des religiösen Bewusstseins wiederum aus dem Gottesgedanken heraus begreift, so nämlich, dass die Person Jesu Christi als der Ort der Selbstoffenbarung Gottes und als der geschichtliche Grund des Glaubens ausgesagt wird.

5. Der Schauder vor dem spekulativen System

Wenn wir auf die Grundgedanken der Hegelschen Geistphilosophie zurückblicken, dann lässt sich nachvollziehen, dass sie auf Theologie und Philosophie gleichermaßen einen ambivalenten Eindruck gemacht hat. Für die Philosophie hat Hegel in einer solch massiven Weise verlangt, dass sie Theorie des Absoluten zu sein, dass sie eine *Letztbegründung* anzustrengen habe, dass sie wahrhaft nur als *System* durchgeführt werden könne, welches alles, was ist, als vernünftig und mithin als Manifestationen des absoluten Geistes zu begreifen hat. Er hat dies nicht nur programmatisch gefordert, sondern auch in einer Weise zur Durchführung gebracht, die von einer Größe zeugt, die schaudern macht. Er hat für sein eigenes System den unbescheidenen Anspruch erhoben, die Zusammenfassung aller vorhergehenden Geistesgeschichte in einen höheren Standpunkt zu sein, ein Standpunkt, für den er den Charakter des vollendeten Systems behauptet hat. Ob diesbezüglich für Hegel ›vollendet‹ heißt, dass darüber hinaus nicht gedacht werden kann, oder es sich auf die geleistete Aufhebung aller *bisherigen* Geistesgeschichte in die eigene Philosophie bezieht, muss hier im Einzelnen nicht weiter diskutiert werden. Die Rezeption von Hegels Philosophie – die in den 1820er und 1830er Jahren geradezu als die Philosophie schlechthin gewirkt hat –, versteht ihn weitgehend in ersterem Sinn und gerät ob der gewaltigen Kraft und des Anspruchs seines Denkens ins Schaudern.

Dies führt ab der Mitte des 19. Jahrhunderts zu einer heftigen Gegenbewegung gegen Hegels Anspruch für die spekulative Philosophie. In der Folge kommt es dazu, dass ›Metaphysik‹ und ›Systemdenken‹ – als zwei sich wechselseitig Bedingende – ihrer Verabschiedung anheim gegeben werden und das ›Ende der Metaphysik‹ erklärt wird. Die Realwissenschaften beginnen sich in vormals ungeahnter Weise in ihrer Selbständigkeit gegenüber der Philosophie zu behaupten. Insbesondere die Geschichtswissenschaft entzieht sich dem deduzierenden Zugriff des spekulativen Denkens und behauptet im Blick auf die Geschichte, dass nicht alles, was wirklich ist, auch vernünftig ist. Geschichte kann nicht als notwendige Entwicklungsgeschichte des Einzelnen im Gang eines sich entfaltenden Ganzen begriffen werden. Das Historische und Kontingente entzieht sich einem solchen Zugriff, wie gegen Hegels spekulative Geschichtsphilosophie geltend gemacht wird.

Für die Theologie ging von Hegels Philosophie zunächst eine große Faszination aus. Das ist verständlich. Hat er doch die lange als antiquiert behaupteten Zentraldogmen des Christentums in ihrem Wahrheitsanspruch wieder zur Geltung gebracht. Hat er doch die einseitige Zuordnung von Religion und Ethik, wie man es in der Kantischen Philosophie meinte sehen zu müssen, überwunden. Hat er doch darauf bestanden nicht nur, sondern gezeigt, dass Vernunft ist in der Religion und dass die christliche zu Recht den Anspruch erhebt, die vollendete Religion zu sein. Welche Dienste musste und hat die Theologie in Hegels Philosophie für ihre eigene Sache erkennen können! Und doch ist diese konservative Lesart der Hegelschen Philosophie, wie sie im rechten Flügel der Hegelschule[48] vertreten wird, aus dem Lager der Hegelianer selbst schwer erschüttert worden.

Die Ansatzpunkte dafür zeichnen sich in der Darstellung, durch die wir Hegels Grundgedanken zu erfassen versucht haben, bereits ab. Kann die konservative Lesart mit Recht darüber hinwegsehen, dass Hegel die Aufhebung der Religion in den philosophischen Begriff verlangt? Kann sie darüber hinweglesen, dass Hegel das Spezifikum der Religion zugleich als ihr größtes Manko versteht: dass sie nämlich den absoluten Geist als etwas immer auch noch ›Jenseitiges‹, ihr Vorausgesetztes begreift und damit hinter dem Bewusstsein der Versöhnung zurückbleibt? Will sie nicht wahrhaben, dass Hegel nicht bloß von dem Zusammensein des göttlichen und menschlichem Geistes im religiösen Bewusstsein und einer Einheit derselben unter Anerkennung ihrer Unterschiedenheit handelt, sondern eben auch von der Identität des göttlichen und des menschlichen Geistes sprechen kann? Ja, will sie nicht begreifen, dass Hegel mit der Person Jesu Christi nur die *Anschauung* der Versöhnung verbindet, das verwirklichte versöhnte Bewusstsein, wie es sich im philosophischen Begriff vollzieht, sich so als versöhntes weiß und darin versöhnt ist, sich über jene Anschauung aber erhebt? Sieht sie denn nicht, dass es Hegel im Eigentlichen darum zu tun ist, die Selbstentfaltung des absoluten Geistes im Gang der Menschheitsgeschichte zu behaupten? Muss ihr wirklich noch eigens vor Augen geführt werden, dass es nicht die Art der absoluten Idee ist, ihre ganze Fülle in ein einzelnes Individuum vollends zu ergießen, statt sie in der Entwicklung der menschlichen Gattung darzustellen? Und nicht zuletzt, hat Hegel nicht davon sprechen können, dass Religion in die Realisierung von Freiheit in der Welt umzuwandeln, ja zu überführen

---

[48] Vgl. vor allem PHILIPP KONRAD MARHEINEKE, Die Grundlehren der christlichen Dogmatik, Berlin 1819; sowie CARL DAUB, Philosophische und theologische Vorlesungen, 4 Bde, Berlin 1838–1840.

ist, dass Religion in Sittlichkeit aufzulösen sei, so »daß in das Weltliche selbst das Prinzip der Freiheit eingedrungen ist, und daß das Weltliche, indem es so dem Begriff, der Vernunft, der ewigen Wahrheit gemäß gebildet ist, die konkret gewordene Freiheit, der vernünftige Wille ist«?[49]

Die Hauptfiguren der Hegelschen Linken – David Friedrich Strauß, Ludwig Feuerbach, Karl Marx – stehen mit ihren Konzeptionen dafür, dass konsequente Religions*kritik* als der eigentliche Kern von Hegels Denken exponiert werden konnte, nämlich als Aufhebung der exklusiven Bedeutung von Person und Geschichte Jesu Christi in den Gedanken der Entäußerung des Absoluten in die Entwicklung der menschlichen Gattung – so Strauß; als Aufdeckung der reinen Projektionstätigkeit des religiösen, egoistisch an sich selbst festhalten wollenden und sich in seinen individualistischen Wünschen selbst verklärenden Bewusstseins – so Feuerbach; als Programm, Versöhnung nicht nur religiös vor- und damit das Verlangen nach wirklicher Versöhnung stillzustellen, sondern in die Realisierung versöhnter politischer Verhältnisse zu überführen – so bei Marx. Sie alle haben sich auf Hegel berufen und behauptet, ihn konsequenter verstanden zu haben, als Hegel selbst dies zum Ausdruck gebracht hat.

Weiterführende Literatur:
Jörg Dierken, Hegels Interpretation der Gottesbeweise, in: NZSTh 32 (1990), S. 275–318.
Walter Jaeschke, Die Religionsphilosophie Hegels, Darmstadt 1983.
Hans Küng, Menschwerdung Gottes. Eine Einführung in Hegels theologisches Denken als Prolegomena zu einer künftigen Christologie, Freiburg i. Br./Basel/Wien 1970.
Wolfhart Pannenberg, Die Bedeutung des Christentums für die Philosophie Hegels, in: Ders., Gottesgedanke und menschliche Freiheit, Göttingen 1972, S. 78–113.
Falk Wagner, Die Aufhebung der religiösen Vorstellung in den philosophischen Begriff – Zur Rekonstruktion des religionsphilosophischen Grundproblems der Hegelschen Philosophie, in: NZSTh 18 (1976), S. 44–73; aufgenommen in: Ders., Was ist Theologie? Studien zu ihrem Begriff und Thema in der Neuzeit, Gütersloh 1989, S. 204–232.

---

[49] Hegel, Relphil. III, S. 264.

XIX. Friedrich Daniel Ernst Schleiermacher: Theologie als positive Wissenschaft zum Zweck der Kirchenleitung

Textgrundlage:[1]
- F. D. E. SCHLEIERMACHER, Kurze Darstellung des theologischen Studiums zum Behuf einleitender Vorlesungen, zweite umgearbeitete Auflage 1830, besonders §§ 1–31; 32–42; 63–68; 69–102; 196–231.
- F. D. E. SCHLEIERMACHER, Der christliche Glaube nach den Grundsätzen der evangelischen Kirche im Zusammenhange dargestellt, besonders §§ 1–6; 11–14; 15; 19; 24; 27.
- F. D. E. SCHLEIERMACHER, Über die Glaubenslehre. Zwei Sendschreiben an Friedrich Lücke.

1. Die Ausdifferenzierung der theologischen Disziplinen und die Einheit der Theologie

In der *Kurzen Darstellung des theologischen Studiums zum Behuf einleitender Vorlesungen* (1811, ²1830) versucht Schleiermacher, das Verständnis der Theologie unter der Bedingung ihrer besonders im 18. Jahrhundert erfolgten Ausdifferenzierung in unterschiedliche Fachdisziplinen zu bestimmen. Dabei geht es ihm darum, die jeweils spezifische Aufgabe einer jeden Disziplin – der Exegese, der Kirchengeschichte, der Dogmatik, der praktischen sowie der philosophischen Theologie[2] – zu beschreiben, und zwar so, dass die verschiedenen Disziplinen

---

[1] FRIEDRICH DANIEL ERNST SCHLEIERMACHER, Kurze Darstellung des theologischen Studiums zum Behuf einleitender Vorlesungen (1811), 2., umgearbeitete Auflage 1830, in: Ders., Kritische Gesamtausgabe. Im Auftrag der Berlin-Brandenburgischen Akademie der Wissenschaften und der Akademie der Wissenschaften zu Göttingen, hg. von H. Fischer u. a. (= KGA), Abteilung I, Bd. 6, hg. von D. Schmid, Berlin/New York 1998, S. 243–446. Separat erschienen: Ders., Kurze Darstellung des theologischen Studiums (1811/1830) (= KD), hg. von D. Schmid, Berlin/New York 2002. Zitiert wird mit der jeweiligen Seitenzahl, zuerst nach der Ausgabe von Schmid mit Auflage und Paragraphenzahl und dann nach der kritischen Gesamtausgabe.
DERS., Der christliche Glaube nach den Grundsätzen der evangelischen Kirche im Zusammenhange dargestellt, 2. Auflage 1830, in: Ders., KGA, Abteilung I, Bd. 13 (Teil 1 und 2), hg. von R. Schäfer, Berlin/New York 2003 (= CG I/II); sowie in der seitenidentischen Studienausgabe, die beide Teilbände in einem Band vereint, hg. von R. Schäfer, Berlin/New York 2003; im Folgenden benannt als *Glaubenslehre*.
DERS., Über die Glaubenslehre. Zwei Sendschreiben an Friedrich Lücke, in: Ders., KGA, Abteilung I, Bd. 10, hg. von H.-E. Traulsen unter Mitwirkung von M. Ohst, Berlin/New York 1990, S. 307–394.

[2] Im Einzelnen ordnet Schleiermacher der philosophischen Theologie die Apologetik und Polemik unter, befasst Exegese, Kirchengeschichte und Dogmatik sowie die kirchliche Statistik, welche den gesellschaftlichen Zustand des Christentums erfasst, unter die historische Theologie und unterscheidet davon schließlich die praktische Theologie.

1. Die Ausdifferenzierung der theologischen Disziplinen und die Einheit der Theologie

wiederum kein bloßes Nebeneinander bilden, sondern zu einem geordneten Ganzen zusammenstimmen und so die *Einheit* der Theologie deutlich wird. Schleiermacher sieht die von ihm geforderte Zusammenstimmung der theologischen Disziplinen dadurch und nur dann gegeben, wenn sie auf eine »praktische[] Aufgabe«[3] bezogen sind.

Die praktische Aufgabe der Theologie besteht ihm zufolge in der Ausrichtung auf die »Kirchenleitung«.[4] Alle Disziplinen der Theologie müssen sich in der Perspektive auf die Kirchenleitung begreifen und zu diesem Zweck in ihrer Arbeit ineinandergreifen. Denn: »Dieselben Kenntnisse, wenn sie ohne Beziehung auf das Kirchenregiment erworben und besessen werden, hören auf theologische zu sein, und fallen jede der Wissenschaft anheim, der sie ihrem Inhalte nach angehören.«[5] Es würde die Kirchengeschichte der Geschichtswissenschaft, die biblische Exegese der Philologie anheimfallen.

Theologie ist wegen des Bezugs auf die Kirche bzw. die Kirchenleitung keine spekulative Wissenschaft,[6] wie Schleiermacher gegen Hegels philosophisches Programm und die von diesem beeinflusste spekulative Theologie festhält. Auch das rationalistische Verständnis von Theologie als Lehre von denjenigen Aussagen, die sich aus der vernunftrationalen Bestimmung der sogenannten natürlichen Religion ergeben und mit dieser kompatibel sind, weist er vor allem mit dem Argument zurück, dass es eine solche natürliche Religion nie gegeben hat, es vielmehr gelebte Religion nur im Kontext des Überlieferungszusammenhangs der geschichtlichen Religionen gibt. Theologie ist für Schleiermacher vielmehr eine »positive Wissenschaft, deren Theile zu einem Ganzen nur verbunden sind durch ihre gemeinsame Beziehung auf eine bestimmte Glaubensweise, d. h. eine bestimmte Gestaltung des Gottesbewußtseins; die der christlichen also durch die Beziehung auf das Christenthum«.[7]

In dieser Weise wahrgenommen – bezogen auf eine bestimmte Glaubensweise – erfüllt die Theologie ihre Funktion zum Zweck der Kirchenleitung. Den ›Gegenstand‹ der Theologie bestimmt Schleiermacher von daher unter dem Gesichtspunkt ihrer Zweckbestimmung. Diese wiederum ist eine praktische Aufgabe, nämlich die Entfaltung desjenigen theoretischen und praktischen Könnens, das zur Leitung der Kirche vonnöten ist. Theologie ist nach Schleiermacher »Inbegriff derjenigen wissenschaftlichen Kenntnisse und Kunstregeln, ohne deren Besiz und Gebrauch eine zusammenstimmende Leitung der christlichen Kirche, d. h. ein christliches Kirchenregiment nicht möglich ist«.[8]

---

[3] SCHLEIERMACHER, KD, § 1, 2. Auflage, Zusatz, S. 140; KGA, S. 326.
[4] SCHLEIERMACHER, KD, § 3, 2. Auflage, S. 141; KGA, S. 327.
[5] SCHLEIERMACHER, KD, § 6, 2. Auflage, S. 142; KGA, S. 328.
[6] Eine philosophische Gotteslehre hat Schleiermacher dargelegt in: SCHLEIERMACHER, Vorlesungen über die Dialektik, in: Ders., KGA, Abt. II, Bd. 10, Teilbde 1 und 2, hg. von A. Arndt, Berlin u. a. 2002.
[7] SCHLEIERMACHER, KD, § 1, 2. Auflage, S. 139; KGA, S. 325.
[8] SCHLEIERMACHER, KD, § 5, 2. Auflage, S. 142; KGA, S. 328.

Auffallend an dieser Definition ist zunächst die strikte Orientierung der Theologie insgesamt an der Kirche, genauer an der Leitung der Kirche, wobei Schleiermachers Begriff der Kirchenleitung nicht mit einem Verständnis von kirchenleitendem Amt ineins gesetzt und klerikal enggeführt werden darf. »Jedes Handeln mit theologischen Kenntnissen als solchen, von welcher Art es auch sei, gehört immer in das Gebiet der Kirchenleitung« und »muß auf die Förderung des Wohls der Kirche abzwekken«.[9] Mit dem kirchenleitenden Handeln ist diejenige Kompetenz gemeint, die zur gegenwartsverantwortlichen Gestaltung der Kirche erforderlich ist, eine Kompetenz mithin, die vor allem von Lehrern, Pfarrern, Bischöfen und Universitätstheologen verlangt ist. »Wie aber nur durch das Interesse am Christenthum jene verschiedenartigen Kenntnisse zu einem solchen Ganzen verknüpft werden: so kann auch das Interesse am Christenthum nur durch Aneignung jener Kenntnisse sich in einer zwekkmäßigen Thätigkeit äußern«.[10] Die Rahmenrichtlinien zur Erlangung dieser Grundkompetenz, die für das kirchenleitende Handeln vorausgesetzt sind, steckt Schleiermacher ab mit der Beschreibung einer angemessenen Wahrnehmung des theologischen Studiums und der Bestimmung der jeweiligen Aufgabe der theologischen Disziplinen sowie der Einheit der Theologie.

2. Die spezifische Aufgabe der Dogmatik

Dieses an der Kirche orientierte Verständnis der Aufgabe der Theologie macht Schleiermacher, wie für alle Disziplinen, so auch für die dogmatische Theologie im engeren Sinne[11] geltend, die Schleiermacher der historischen Theologie zuordnet. »[D]ie Dogmatik [ist] eine theologische Disciplin« und hat »lediglich auf die christliche Kirche ihre Beziehung«.[12] So setzt die Definition der Dogmatik in Schleiermachers *Glaubenslehre* programmatisch ein.

Mit dieser Bestimmung der Dogmatik entsteht sofort die Frage, was denn die Kirche ist, auf die bezogen die Theologie ihre Aufgabe wahrzunehmen hat. Was auch immer sonst noch zur näheren Bestimmung der Kirche anzuführen ist und von Schleiermacher dann entfaltet wird, sie ist zunächst eine gegebene und als solche der theologischen Reflexion vorausgesetzte, geschichtlich gewachsene

---

[9] SCHLEIERMACHER, KD, § 11, 2. Auflage, S. 144; KGA, S. 330.
[10] SCHLEIERMACHER, KD, § 8, 2. Auflage, S. 143; KGA S. 329.
[11] Wir beschränken uns im Folgenden primär auf die Bestimmung der Aufgabe der Dogmatik und der philosophischen Theologie. Die genauere Erörterung der anderen theologischen Disziplinen sowie das Zusammenwirken aller theologischen Disziplinen zu einem geordneten Ganzen werden in unserem Zusammenhang nicht genauer verfolgt. Festgehalten sei diesbezüglich lediglich, dass alle Disziplinen der Theologie von einem Interesse am Christentum bestimmt und auf die Wahrnehmung von Kirchenleitung hin ausgerichtet sein müssen. Zur Bedeutung der »historischen Theologie« für das Ganze der Theologie vgl. die Bemerkungen unten S. 252 f.
[12] SCHLEIERMACHER, CG I, § 2, Leitsatz, S. 13.

Wirklichkeit. Es gibt Kirche, es gibt christliche Gemeinden, es gibt den christlichen Glauben, es gibt die christliche Religion, es gibt das Christentum. Auf dieses Phänomen des »geschichtlich gegebenen Christenthum[s]«[13] ist die Theologie insgesamt und so auch die Dogmatik im Besonderen bezogen. Sie ist dabei grundsätzlich von einem »Interesse am Christenthum«[14] geprägt, das auf seine Erhaltung und Förderung unter sich wandelnden geschichtlichen Bedingungen zielt. Dogmatik geschieht nicht aus einer wissenschaftlich distanzierten Haltung zum Phänomen des Christentums heraus, sondern ist – wie alle anderen Disziplinen der Theologie auch – von dem Interesse an der Erhaltung und Förderung des Christentums geleitet.

In welcher Weise die Dogmatik ihr Interesse am Christentum zu seiner Erhaltung und Förderung wahrnimmt, ist noch näher zu klären. Soviel lässt sich zunächst schlicht festhalten: Weil es christliche Kirchen gibt, weil das Christentum eine geschichtlich gegebene Größe ist, gibt es Theologie. Die christlichen Kirchen bedürfen ihrer offenbar. Das heißt für das Selbstverständnis der Theologie im Sinne Schleiermachers: Sie ist zu verstehen als »eine positive Wissenschaft«.

»Eine positive Wissenschaft überhaupt ist nämlich ein solcher Inbegriff wissenschaftlicher Elemente, welche ihre Zusammengehörigkeit nicht haben, als ob sie einen vermöge der Idee der Wissenschaft nothwendigen Bestandtheil der wissenschaftlichen Organisation bildeten, sondern nur sofern sie zur Lösung einer praktischen Aufgabe erforderlich sind.«[15]

Dabei geht es in der dogmatischen Theologie näherhin um die *zusammenhängende* Darstellung der in einer christlichen Kirche *zur jeweiligen Zeit* herrschenden Lehre. »Die zusammenhängende Darstellung der Lehre wie sie zu einer gegebenen Zeit [...] geltend ist, bezeichnen wir durch den Ausdrukk Dogmatik oder dogmatische Theologie.«[16] Dass es in der dogmatischen Theologie um die zusammenstimmende und insofern systematische Entfaltung des Ganzen der christlichen Lehre zu tun ist, bildet den *einen* Gesichtspunkt, den Schleiermacher hier anführt. Es muss eine gedanklich nachvollziehbare Systematizität in der Behandlung des gesamten Stoffs der christlichen Lehre geben, so dass klar ist, wie das eine mit dem anderen zusammenhängt, und vor allem, welches das Prinzip für die Gewinnung der Aussagen der christlichen Lehre ist. Dogmatik ist nicht schon die unvermittelt nebeneinander stehende Darstellung einzelner Themen der Theologie, und auch eine bloße Sammlung vieler Aufsätze zu zahlreichen dogmatischen Themen ist keine Dogmatik im geforderten Sinn. Vielmehr muss der systematische Zusammenhang der einzelnen Topoi untereinander und im Ganzen klar werden.

---

[13] Schleiermacher, KD, § 7, 2. Auflage, S. 71; KGA, S. 257.
[14] Schleiermacher, KD, § 8, 1. Auflage, S. 64; KGA, S. 250.
[15] Schleiermacher, KD, § 1, 2. Auflage, Zusatz, S. 140; KGA, S. 326.
[16] Schleiermacher, KD, § 97, 2. Auflage, S. 177; KGA S. 363. Vgl. die entsprechende Bestimmung in CG I, § 19, Leitsatz, S. 143: »Dogmatische Theologie ist die Wissenschaft von dem Zusammenhange der in einer christlichen Kirchengesellschaft zu einer gegebenen Zeit geltenden Lehre«.

Um dies zu bewältigen, ist genau zu bestimmen, aus welchem Prinzip heraus die einzelnen Aussagen der Dogmatik überhaupt gewonnen werden. Schleiermacher nimmt hierin eine Fragestellung der traditionellen Theologie auf, die diese mit der Schriftlehre beantwortet hat, indem die Schrift als Erkenntnisprinzip der Dogmatik galt.[17] Diese Überzeugung teilt Schleiermacher nicht. Er hält diese Vorgehensweise für nicht mehr gangbar und auch der Sache selbst nicht für angemessen. Evidenter Ausdruck für Schleiermachers diesbezügliche Auffassung ist der Sachverhalt, dass er die Schriftlehre nicht wie die altprotestantische Orthodoxie in den sogenannten *Prolegomena* abhandelt, sondern allererst im zweiten materialen Teil der *Glaubenslehre* – dort im Kontext der Ekklesiologie – und festhält: »Das Ansehen der heiligen Schrift kann nicht den Glauben an Christum begründen, vielmehr muß dieser schon vorausgesetzt werden um der heiligen Schrift ein besonderes Ansehen einzuräumen.«[18] Was Schleiermacher an die Stelle des Schriftprinzips setzt, müssen wir noch genauer sehen. Auch ein anderer Weg zur Herleitung dogmatischer Aussagen ist mit dem bislang Ausgeführten bereits ausgeschlossen. Theologie kann, indem sie auf »eine bestimmte Glaubensweise«[19] – nämlich die christlich geprägte – bezogen ist, nicht *unmittelbar* beim Gottesgedanken einsetzen, um von ihm aus ihre Inhalte zu gewinnen. Dann wäre sie nicht bezogen auf eine *Glaubens*weise. Sie kann schließlich auch nicht als ›natürliche‹ oder rein rationale Theologie durchgeführt werden. Dann wäre sie wiederum nicht bezogen auf eine *bestimmte* Glaubensweise, wie sie in der christlichen als gelebter Religion zum Ausdruck kommt.

Der *andere* Gesichtspunkt, den Schleiermacher mit der in der *Kurzen Darstellung* gegebenen Bestimmung von Dogmatik angibt, zielt darauf, den *jetzt* in der Kirche geltenden Lehrbegriff zu entfalten. Die Dogmatik formuliert keine überzeitliche Lehre, sondern gibt eine Darstellung der derzeit gültigen Lehre mit Blick auf die gegenwärtigen Erfordernisse einer Umbildung derselben. Hierfür sind von der Dogmatik drei Aufgaben wahrzunehmen. Zum einen ist »das Princip der laufenden Periode«[20] zu beschreiben in all seinen für die zeitgenössische Kirche bedeutsamen Entwicklungen. Es ist zum andern die Frage nach besseren Gestaltungen dieses Prinzips zu traktieren. Und schließlich drittens ist die Norm der christlichen Lehre »für den volksmäßigen Ausdrukk« zu formulieren, mit dem Ziel »die Rükkehr alter Verwirrungen zu verhüten und neuen zuvorzukommen«.[21]

In dem allen verbindet sich ein orthodoxer, auf die Kontinuität zur bisherigen Lehre gerichteter Zug mit einem heterodoxen Movens dogmatischer Arbeit, welches auf die Transformation der in der Kirche bislang geltenden Lehre angesichts sich wandelnder gesamtgesellschaftlicher Verhältnisse abzielt. Die Dogmatik ist sowohl bewahrend als auch konstruktiv umbildend und sie ist beides

---

[17] Vgl. dazu Kapitel X, S. 119–125, 128–131 sowie S. 93f., 98–101.
[18] SCHLEIERMACHER, CG II, § 128, Leitsatz, S. 316.
[19] SCHLEIERMACHER, KD, § 1, 2. Auflage, S. 139; KGA, S. 325.
[20] SCHLEIERMACHER, KD, § 198, 2. Auflage, S. 210; KGA, S. 396.
[21] SCHLEIERMACHER, KD, § 198, 2. Auflage, S. 210; KGA, S. 396.

im Blick auf die Herausforderungen, vor die sich die Kirche in einer veränderten geschichtlichen Gesamtsituation gestellt sieht. Es gilt, das in der gegenwärtigen Kirche und Theologie allgemein Anerkannte der christlichen Lehre festzuhalten und *zugleich*, anderen Auffassungen, die einer nötigen konstruktiven Um- und Fortbildung derselben dienen, Raum zu geben.[22]

Die Aussagen der *Glaubenslehre*, wie Schleiermacher sie erläutert, werden an den Schriften des Neuen Testaments bewährt und auch auf ihre Übereinstimmung mit den jeweiligen Bekenntnisschriften der lutherischen und reformierten Tradition hin geprüft. »Alle Säze, welche auf einen Ort in einem Inbegriff evangelischer Lehre Anspruch machen, müssen sich bewähren theils durch Berufung auf evangelische Bekenntnißschriften und in Ermangelung deren auf die Neutestamentischen Schriften«.[23] Dies hält Schleiermacher fest, wenn auch die Schrift ihm nicht mehr als *Prinzip* für die Herleitung und Begründung theologischer Aussagen gilt, wie dies für die altprotestantische Theologie der Fall ist. Die dogmatischen Aussagen müssen, so Schleiermacher, vielmehr aus dem christlich frommen Selbstbewusstsein gewonnen werden und sind nur dadurch legitimiert, dass sie als aus diesem abgeleitet verstanden werden können. In diesem Sinne formuliert Schleiermacher als Definition dogmatischer Sätze: »Christliche Glaubenssäze sind Auffassungen der christlich frommen Gemüthszustände in der Rede dargestellt.«[24] Diesen Grundsatz befolgt zu haben, gibt Schleiermachers *Glaubenslehre* ihr eigentümliches Profil.

3. Der Gegensatz des Protestantismus zum Katholizismus

Insofern der Protestantismus in seinem Gegensatz zum Katholizismus »nicht nur Reinigung und Rükkehr von eingeschlichenen Mißbräuchen war, sondern [als] eine eigenthümliche Gestaltung der christlichen Gemeinschaft«[25] anzusehen ist, gehört zur Wahrnehmung evangelischer Dogmatik Schleiermacher zufolge auch, den »Charakter des Protestantismus im Gegensaz zum Katholizismus«[26] bestimmt herauszuarbeiten. Dogmatik unter den gegebenen geschichtlichen Bedingungen der konfessionellen Entgegensetzung zwischen katholischem und evangelischem Christentum hat das spezifisch evangelische Profil von Kirche und Glaubensweise darzulegen und es im strikten Gegenüber zum katholischen Selbstverständnis zu konturieren.

Das Wesen des Protestantismus in der Abgrenzung zum Katholizismus zu erfassen, gehört zu einer Kernaufgabe evangelischer Theologie, nicht nur weil dies die durch die konfessionellen Unterschiede und Kirchentümer nach wie vor

---

[22] Vgl. dazu SCHLEIERMACHER, KD, §§ 203–208, 2. Auflage, S. 212–214; KGA, S. 398–400.
[23] SCHLEIERMACHER, CG I, § 27, Leitsatz, S. 175; vgl. KD, §§ 209 und 211, 2. Auflage, S. 214f.; KGA, S. 400f.
[24] SCHLEIERMACHER, CG I, § 15, Leitsatz, S. 127.
[25] SCHLEIERMACHER, CG I, § 24, Leitsatz, S. 163.
[26] SCHLEIERMACHER, CG I, § 24, 2, S. 165; vgl. KD, § 212, 2. Auflage, S. 215; KGA, S. 401.

geprägten historischen Umstände verlangen, auf die einzugehen Aufgabe der Dogmatik ist. Der Gegensatz beider Glaubensweisen und die durchzuführende Bestimmung des Wesens des Protestantismus ist vor allem deswegen ein unabdingbares Erfordernis theologischer Arbeit, weil, so Schleiermacher, das evangelische Christentum nicht bloß als eine Reform und Reinigung des katholischen Christentums zu verstehen ist. Es ist vielmehr als eine »eigenthümliche Gestaltung der christlichen Gemeinschaft«[27] zu begreifen. In der Frage nach der Eigentümlichkeit des evangelischen Christentums hat man sich, so Schleiermacher, daher nicht an das Selbstverständnis der Reformatoren zu halten, die auf eine reinigende Reform des katholischen Kirchentums meinten abzielen zu sollen. Der Protestantismus hat sich vielmehr als eine durchaus eigentümliche Gestaltung des Christentums verwirklicht und ist mithin auch so zu begreifen, nämlich als ein Ganzes von spezifischem Zuschnitt, will heißen mit einem ihm eigentümlichen Prinzip der Gestaltung der Glaubensweise und des Kirchenverständnisses, das als Prinzip wiederum auf alle Momente des eigenen Selbstverständnisses und mithin auch auf alle weiteren Aussagen der Glaubenslehre als entfalteten Ausdruck dieses Selbstverständnisses durchschlägt.

Dasselbe gilt Schleiermacher zufolge von dem Katholizismus. Er ist als Kirchentum »anders als das unsrige gestaltet, aber eben so christlich«.[28] Er ist mithin ebenso als ein Ganzes von spezifischem Profil zu begreifen, wie es sich im Kirchenverständnis und der entsprechenden Glaubensweise ausdrückt. Den bestimmten Gegensatz von Protestantismus und Katholizismus bringt Schleiermacher auf den prägnanten Satz, dass »ersterer das Verhältniß des Einzelnen zur Kirche abhängig macht von seinem Verhältniß zu Christo, der lezterer aber umgekehrt das Verhältniß des Einzelnen zu Christo abhängig von seinem Verhältniß zur Kirche«.[29]

Das Herausarbeiten dieses Gegensatzes als notwendige Aufgabe evangelischer Theologie darf indes aus evangelischer Sicht – im Unterschied zur römisch-katholischen Lehre – nicht dazu führen, der römisch-katholischen Kirche den Status des Kircheseins abzuerkennen. Sie ist ein christliches Ganzes, sich verstehend nach einem anderen Prinzip; und dieses andere sieht Schleiermacher gegeben in der Funktion und Bedeutung, die im Katholizismus der Kirche zukommt. Zu diesem Gegensatz *innerhalb* des Christentums konnte es nach Schleiermacher deshalb kommen, weil *beide* Glaubensweisen der Kirche eine konstitutive Funktion zuerkennen, diese jedoch in einer einander entgegengesetzten Weise begreifen. Es ist mitnichten so, dass das evangelische Glaubensbewusstsein seine Zugehörigkeit zu Christus in der Privatheit individuellen Glaubensvollzugs lebt und sich in einer darin begründeten Abständigkeit zur Kirche versteht. Die Unkirchlichkeit zugunsten des privaten religiösen Vollzugs bildet kein Implikat evangelischen Selbstverständnisses. Schleiermacher schärft vielmehr ein: »[D]a die christliche

---

[27] SCHLEIERMACHER, CG I, § 24, Leitsatz, S. 163.
[28] SCHLEIERMACHER, CG I, § 24, 1, S. 164.
[29] SCHLEIERMACHER, CG I, § 24, Leitsatz, S. 164.

Frömmigkeit in keinem Einzelnen unabhängig für sich entsteht, sondern nur aus der Gemeinschaft und in ihr: so giebt es also auch ein Festhalten an Christo nur in der Verbindung mit einem Festhalten an der Gemeinschaft.«[30]

Auch für die evangelische Frömmigkeit ist der Bezug zur Kirche grundlegend.[31] Dass es gleichwohl zu einer Entgegensetzung zwischen Katholizismus und Protestantismus gekommen ist, liegt darin, dass »dasselbe Factum, welches wir als die Institution der Kirche zum Behuf der Wirksamkeit Christi ansehn, von jenen als eine Abtretung der Wirksamkeit Christi an die Kirche angesehen wird«.[32] Schleiermacher beschreibt den Katholizismus dahingehend, dass er die Institution der Kirche an die Stelle Christi setzt und sie unmittelbar als heilsverbürgende Instanz behauptet, »daß indem der Kirche alles beigelegt und auf sie zurückgeführt wird, Christo die gebührende Ehre entzogen, und er in den Hintergrund gestellt, ja gewissermaßen selbst der Kirche untergeordnet werde«.[33] Demgegenüber versteht der Protestantismus die Kirche als Instrument der Wirksamkeit Christi und ordnet die Kirche dieser unter. In dem Verständnis des Wesens der Kirche sieht Schleiermacher insofern dasjenige andere grundgelegt, das von prinzipiellem Charakter ist und insofern auf das gesamte Ganze sowohl des gläubigen Vollzugs als auch der Glaubenslehre sowie der Sozialgestalt von Kirche durchschlägt. Daher muss dieser Gegensatz in seiner prinzipiellen Bedeutung von der Dogmatik entfaltet werden.

Für die innerevangelische Verständigung wiederum zielt Schleiermachers Entwurf – wie der Untertitel der *Glaubenslehre* »nach den Grundsätzen der evangelischen Kirche im Zusammenhange dargestellt« deutlich macht – auf die Grundsätze einer gesamtevangelischen, nicht konfessionell fixierten Lehre. Schleiermacher will mit der eigenen *Glaubenslehre* die kirchliche Lehre auch in dieser Hinsicht dahingehend fortentwickeln, dass sie als Ausdruck und Basis der Union der evangelischen Kirchen gelten kann. Sie ist die erste wirkmächtige Dogmatik dieser Art in der protestantischen Theologiegeschichte.

4. Wesensbestimmung des Christentums als Aufgabe der philosophischen Theologie

Theologie ist, so haben wir bislang gehört, in allen ihren Disziplinen bezogen auf die Kirchenleitung. Sie ist eine positive Wissenschaft, indem sie sich auf die Kirche als den ihr vorausgesetzten Gegenstand bezieht und sie dient einer praktischen Aufgabe, nämlich der Erhaltung und Förderung des Christentums. Sie

---

[30] SCHLEIERMACHER, CG I, § 24, 4, S. 167.
[31] In aller Schärfe bezeichnet Schleiermacher in der KD den »Indifferentismus« gegenüber der kirchlichen Gemeinschaft als ein Zustand, durch den »sich vorzüglich offenbart, daß die christliche Frömmigkeit selbst krankhaft geschwächt ist«. SCHLEIERMACHER, KD, § 56, 2. Auflage, S. 161; KGA, S. 347.
[32] SCHLEIERMACHER, CG I, § 24, 4, S. 167f.
[33] SCHLEIERMACHER, CG I, § 24, 3, S. 167.

hat, was die Unterschiede unter den Konfessionen anbelangt, den Gegensatz zwischen Katholizismus und Protestantismus herauszuarbeiten, und zwar so, dass das eigentümliche Wesen des Letzteren als gestaltendes Prinzip des Ganzen des evangelischen Christentums deutlich wird. Sie hat, was die innerevangelischen Unterschiede angeht, nach Schleiermachers Auffassung eine von den evangelischen Konfessionen gemeinsam vertretbare Lehre zu entfalten. Mit all dem ist freilich noch nicht näher bestimmt, was denn den Begriff der christlichen Kirche bzw. den des Christentums überhaupt ausmacht, der für die Frage nach der praktischen Gestaltung der Kirche und das Erfordernis einer gegenwartsverantworteten Umformung maßgeblich sein soll.

Dies zu klären, fällt nach Schleiermacher in den Aufgabenbereich der philosophischen Theologie. Sie bestimmt das »Wesen des Christenthums«[34] oder, wie Schleiermacher auch sagen kann, die »Idee«[35] desselben. Die Funktion der Wesensbestimmung wiederum liegt darin, die faktischen Gestalten des Christentums in Lehre und Sozialgestalt kritisch an ihr zu prüfen, um zu klären, »wie sich irgend ein geschichtlich gegebener Zustand des Christenthums zu der Idee desselben verhält«.[36] Die Wesensbestimmung dient neben dieser kritischen Funktion zudem dazu, einen Maßstab zu geben, an dem sich die gegenwartsorientierte und auf die Zukunft ausgerichtete Umbildung der Lehre der Kirche sowie ihrer Sozialgestalt zu orientieren hat. Denn in diesem Umbildungsprozess geht es darum, das Wesen des Christentums in den gewandelten gesamtgesellschaftlichen Zustand der Kirche ›hineinzubilden‹ und so eine produktive Transformation des Christentums unter geänderten gesamtgesellschaftlichen Bedingungen zu ermöglichen.

Um das Wesen des Christentums bestimmt zu fassen, bedarf es nicht nur einer Bestimmung des Eigentümlichen des Christentums *aus ihm selbst heraus*. Zur Wesensbestimmung ist zudem ein Vergleich der christlichen mit anderen Religionen vonnöten, um das Spezifische des Christentums durch einen solchen Vergleich näher zu konturieren und zu bewähren. Auch damit ist die Aufgabe der philosophischen Theologie noch nicht hinreichend beschrieben. Sie versucht darüber hinaus, Religion überhaupt als etwas für das Menschsein des Menschen Konstitutives zu begreifen. In der *Kurzen Darstellung* fasst Schleiermacher diese Aufgabe wie folgt zusammen:

»Es gibt kein Wissen um das Christenthum, wenn man, anstatt sowol das Wesen desselben in seinem Gegensaz gegen andere Glaubensweisen und Kirchen [i. e. Religionen, C. A.-P.], als auch das Wesen der Frömmigkeit und der frommen Gemeinschaften im Zusammenhang mit den übrigen Thätigkeiten des menschlichen Geistes zu verstehen, sich nur mit einer empirischen Auffassung begnügt.«[37]

---

[34] SCHLEIERMACHER, KD, § 24, 2. Auflage, S. 149; KGA, S. 335. Vgl. KD, § 32, 2. Auflage, S. 152; KGA, S. 338.
[35] SCHLEIERMACHER, KD, § 34, 2. Auflage, S. 153; KGA, S. 339.
[36] Ebd.
[37] SCHLEIERMACHER, KD, § 21, 2. Auflage, S. 148; KGA, S. 334.

4. Wesensbestimmung des Christentums als Aufgabe der philosophischen Theologie

Die philosophische Theologie bestimmt insofern sowohl die Frömmigkeit, i. e. die Religiosität, als auch die Vergemeinschaftung auf der Basis von Religiosität als etwas, was in der Natur des Menschen begründet liegt. »Wenn fromme Gemeinschaften nicht als Verirrungen angesehen werden sollen: so muß das Bestehen solcher Vereine als ein für die Entwikkelung des menschlichen Geistes nothwendiges Element nachgewiesen werden können«.[38]

So sehr Schleiermacher betont, die Theologie habe positive Wissenschaft zu sein und sei als solche bezogen auf die Faktizität des geschichtlich gegebenen Christentums, wird sie doch nicht darauf beschränkt, dieses Positivum zu beschreiben und für seine gelingende Transformation unter historisch sich ändernden Bedingungen einzutreten. Denn das geschichtlich gegebene Christentum angemessen zu erfassen, setzt die Bestimmung des Wesens des Christentums voraus. Dies wiederum impliziert, es nicht allein aus ihm selbst heraus, sondern auch im Vergleich mit anderen Religionen zu begreifen. Es erfordert zudem, Religion als ein anthropologisches Fundamentale zu begründen und ebenso die Sozialgestalt von Religion in Form von Religionsgemeinschaften als ein notwendiges, im Wesen des Menschen begründetes Phänomen zu begreifen. Dieses zusammengenommen bildet die zentralen Aufgaben der philosophischen Theologie, die sich dafür nicht-theologischer Disziplinen bedient, insbesondere der philosophischen Ethik, der Religionsgeschichte und Religionsphilosophie.

Insofern die philosophische Theologie diese Zugangsweisen zur Bestimmung des Wesens des Christentums wahrnimmt und damit das Christentum nicht nur aus sich selbst heraus begreift, nimmt sie einen Standpunkt »über dem Christenthum«[39] ein. Entscheidend hierfür ist, dass das Wesen des Christentums weder rein empirisch noch rein spekulativ erfasst werden kann. Vielmehr wird die Wesensbestimmung durch die Zusammenschau der besagten Dimensionen vollzogen. Dabei bildet das geschichtlich gegebene Christentum den Ausgangs- und Bezugspunkt auch für die philosophische Theologie. Sie begreift dieses geschichtliche Phänomen nach seinem sich in Frömmigkeit, Lehre und Sozialgestalt ausdrückenden Selbstverständnis, wie es geschichtlich/übergeschichtlich[40] geworden ist, sich durch die Geschichte hindurch entwickelt hat und sich gegenwärtig darstellt. Der geschichtliche »Stoff« ist das »Gegebene«, welches »den Untersuchungen über das eigenthümliche Wesen des Christenthums [...] zum Grunde liegt«.[41]

Von daher bildet die »historische Theologie«, wie sie durch die Exegese, Kirchengeschichte und Dogmatik sowie die Statistik wahrgenommen wird, den »eigentliche[n] Körper«[42] der Theologie, und zwar auch der philosophischen

---

[38] SCHLEIERMACHER, KD, § 22, 2. Auflage, S. 148; KGA, S. 334.
[39] SCHLEIERMACHER, KD, § 33, 2. Auflage, S. 152; KGA, S. 338.
[40] Vgl. SCHLEIERMACHER, KD, § 71, 2. Auflage, S. 168; KGA, S. 354; sowie §§ 79 und 80, 2. Auflage, S. 170 f.; KGA S. 356 f.
[41] SCHLEIERMACHER, KD, § 65, 2. Auflage, S. 164; KGA, S. 350.
[42] SCHLEIERMACHER, KD, § 28, 2. Auflage, S. 150; KGA, S. 336.

Theologie, insofern sie die Wesensbestimmung des Christentums auf der Grundlage seines Selbstverständnisses zu vollziehen hat. Zum Gegenstandsbereich der historischen Theologie wiederum gehören »Kenntniß des Urchristenthums, Kenntniß von dem Gesamtverlauf des Christenthums und Kenntniß von seinem Zustand in dem gegenwärtigen Augenblikk«.[43] Dabei kommt der von der exegetischen Theologie erhobenen Kenntnis des Urchristentums eine grundlegende Bedeutung zu. Denn sie widmet sich der in den christlichen Schriften gegebenen »ursprünglichen, mithin [...] für alle Zeiten normalen Darstellung des Christenthums«,[44] zu der »die normalen Documente von der Wirksamkeit Christi an und mit seinen Jüngern, als auch die von der gemeinsamen Wirksamkeit seiner Jünger zur Begründung des Christenthums«[45] gehört. Die Dignität der biblischen Schriften – und mithin die Kanonfrage[46] – bemisst sich dabei an der »vollkommene[n] Reinheit«, durch die sie die ursprüngliche Darstellung des eigentümlich Christlichen ausdrücken, welche wiederum nicht »anderswo als nur in Christo schlechthinig anzunehmen« ist.[47]

Die historische Theologie – als Exegese, Kirchengeschichte, Dogmatik und Statistik – begreift den Bezug zum *geschichtlichen Grund* des Christentums *in Person und Wirksamkeit Jesu Christi* als konstitutiv und prägend für das Christentum in Geschichte und Gegenwart. Sie versteht die Gegenwart des Christentums als »Ergebniß der Vergangenheit«[48] und sie erfasst Gegenwart und Vergangenheit als Ausdruck der von Jesus Christus ausgehenden Wirkungsgeschichte.[49] In der Verbindung von philosophischer und historischer Theologie vermag die Theologie diejenige Aufgabe zu erfassen, die für die Kirchenleitung zentral ist, nämlich zu einer möglichst umfassenden »geschichtliche[n] Kenntniß des gegenwärtigen Momentes« zu gelangen, »aus welchem der künftige soll entwikkelt werden«,[50] will heißen, auf der Grundlage der Wesensbestimmung des Christentums dessen zukünftigen Ausdruck in Lehre und Sozialgestalt zu bestimmen.

---

[43] SCHLEIERMACHER, KD, § 85, 2. Auflage, S. 172; KGA, S. 358.
[44] SCHLEIERMACHER, KD, § 103, 2. Auflage, S. 179; KGA, S. 365.
[45] SCHLEIERMACHER, KD, § 105, 2. Auflage, S. 180; KGA, S. 366.
[46] Vgl. dazu SCHLEIERMACHER, KD, § 106, 2. Auflage, S. 180; KGA, S. 366: »Da weder die Zeitgrenze des Urchristenthums noch das Personelle desselben genau bestimmt werden kann: so kann auch die äußere Grenzbestimmung des Kanon nicht vollkommen fest sein.«
[47] SCHLEIERMACHER, KD, § 108, 2. Auflage, S. 181; KGA, S. 367.
[48] SCHLEIERMACHER, KD, § 26, 2. Auflage, S. 150; KGA, S. 336; sowie KD, § 82, 2. Auflage, S. 171; KGA, S. 357.
[49] Vgl. SCHLEIERMACHER, KD, § 27, 2. Auflage, S. 150; KGA, S. 336; ferner KD, § 160, 2. Auflage, S. 197; KGA, S. 383: »Die Kirchengeschichte im weitesten Sinn [...] soll als theologische Disciplin vorzüglich dasjenige, was aus der eigenthümlichen Kraft des Christenthums hervorgegangen ist«, von dem, was »in der Einwirkung fremder Principien seinen Grund hat«, unterscheiden.
[50] SCHLEIERMACHER, KD, § 81, 2. Auflage, S. 171; KGA, S. 357.

5. Das religiöse Grundgefühl der schlechthinnigen Abhängigkeit

Die Dogmatik greift auf die Aussagen der philosophischen Theologie zurück bzw. setzt sie voraus, indem sie sich ihrer in Form von ›Lehnsätzen‹ bedient. Wie dies genauer zu verstehen ist, zeigt sich an Schleiermachers Konzeption der Einleitung der *Glaubenslehre*. Er bestimmt zunächst die Dogmatik als eine theologische Disziplin, die »lediglich auf die christliche Kirche ihre Beziehung hat«,[51] wie der Leitsatz zu § 2 der *Glaubenslehre* festhält. Um diesen Bezugspunkt der Dogmatik näher zu bestimmen, zieht Schleiermacher zunächst Lehnsätze aus der philosophischen Ethik heran, mittels derer das religiöse Gefühl als ein zur Natur des Menschen Gehöriges und die Vergemeinschaftung als im Wesen des Menschen begründet begriffen werden (§§ 3–6). § 6 fasst diese Zielrichtung der Lehnsätze aus der Ethik zusammen, wenn es heißt: »Das fromme Selbstbewußtsein wird wie jedes wesentliche Element der menschlichen Natur in seiner Entwiklung nothwendig auch Gemeinschaft, und zwar einerseits ungleichmäßige fließende andrerseits bestimmt begrenzte d. h. Kirche«.[52] Sodann geht Schleiermacher dazu über, das Spezifische der christlichen im Vergleich zu anderen Religionen zu bestimmen und greift dafür auf Lehnsätze aus der Religionsphilosophie zurück (§§ 7–10). In einem dritten Schritt wird das Wesen des Christentums nach »Lehnsätzen aus der Apologetik« (§§ 11–14) bestimmt.

Die Verwiesenheit der Dogmatik auf die philosophische Theologie ergibt sich daraus, dass die Kirche als das der Theologie vorausgesetzte Gegebene nicht angemessen begriffen ist, wenn sie bloß empirisch verstanden wird. Schleiermacher betont vielmehr, dass die Faktizität christlicher Kirchen zu messen ist an dem *Begriff* der christlichen Kirche. Dieses wiederum – das Wesen der Kirche – kann im allgemeinen eben nicht »bloß empirisch aufgefaßt werden«.[53] In gleichem Sinn formuliert § 2 der *Glaubenslehre*: »Das eigenthümliche der christlichen [Kirche, C. A.-P.] kann weder rein wissenschaftlich begriffen oder abgeleitet noch bloß empirisch aufgefaßt werden«.[54] Denn die »bloß empirische Auffassung [...] hat kein Maaß noch eine Formel, um das Wesentliche und sich gleich Bleibende von dem Veränderlichen und Zufälligen zu unterscheiden«.[55] Folglich geht es in der Reflexion der Theologie auf die Gegebenheit von Kirche zum Zweck der Kirchenleitung darum, die Faktizität von Kirche zu messen an dem, was »das Wesentliche und sich gleich Bleibende« ist; wir können auch sagen, wodurch die Kirche Kirche ist. In der Formulierung Schleiermachers: Es ist zu prüfen, »was in dem geschichtlich gegebenen Christenthum reiner Ausdruk der Idee desselben ist«[56] und was demgegenüber zum Veränderlichen und Zufälligen gehört.

---

[51] Schleiermacher, CG I, § 2, Leitsatz, S. 13.
[52] Schleiermacher, CG I, § 6, Leitsatz, S. 53.
[53] Schleiermacher, KD, § 22, 1. Auflage, S. 66; KGA, S. 252. Vgl. KD, § 21, 2. Auflage, S. 148; KGA, S. 334.
[54] Schleiermacher, CG I, § 2, 2, S. 16f.
[55] Schleiermacher, CG I, § 2, 2, S. 17.
[56] Schleiermacher, KD, § 7, 1. Auflage, S. 71; KGA, S. 257.

In dieser Prüfung der Faktizität von Kirche an der Idee bzw. an dem Wesen des Christentums liegt die kritische Grundfunktion der Theologie. Sie wird in der Dogmatik so vollzogen, dass sie die Wesensbestimmung des Christentums aus der philosophischen Theologie übernimmt, sie für die Darstellung des Lehrgehalts des Christentums zur Geltung bringt und unter dieser Maßgabe die zeitgenössisch nötige Transformation der geltenden Lehre vollzieht. Diese Vorgehensweise ist erforderlich, weil es in der Dogmatik sowohl um die Frage der Bewahrung als auch um die der wesensgemäßen Umformung des Christentums im Wandel der Zeiten zum Zweck gegenwartsverantworteter Kirchenleitung zu tun ist. Dafür bildet die Wesensbestimmung des Christentums den kritischen Maßstab. Folglich muss die Theologie sich dieses Maßstabs reflektierend vergewissern. Dies wiederum fällt in den Aufgabenbereich der philosophischen Theologie.

Um den Begriff der Kirche zu erfassen, führt Schleiermacher in der Einleitung der *Glaubenslehre* unter Rückgriff auf die Lehnsätze aus der philosophischen Ethik die folgenden inhaltlichen Gesichtspunkte zusammen. Zunächst bestimmt er die Frömmigkeit, insofern sie »die Basis aller kirchlichen Gemeinschaften ausmacht«.[57] Frömmigkeit meint – modern gesprochen – Religiosität und ist von einer bestimmten Glaubensweise, wie sie durch den Überlieferungs- und Lebenszusammenhang einer geschichtlichen Religion geprägt ist, zu unterscheiden. Religiöse Gemeinschaften, so Schleiermachers Auffassung, basieren auf der individuellen Frömmigkeit und deren Tendenz zur Vergemeinschaftung. Folglich ist zu klären, was diese ihnen zugrunde liegende Religiosität eigentlich ist. Dies geschieht in einer *religionstheoretischen* Begründung mit dem Ziel, das religiöse Gefühl als ein anthropologisches Fundamentale behaupten zu können.

Der Antwort auf die Frage, was denn nun die Frömmigkeit sei, die allen religiösen Gemeinschaften zugrunde liegt, nähert sich Schleiermacher in einem ersten Schritt durch den Nachweis, dass das religiöse Grundgefühl zum Menschsein des Menschen gehört. Er hält zur Selbstbeobachtung an und vermeint, wer sich dieser nicht gänzlich verschließe, werde gewahr, dass das religiöse Gefühl ein den eigenen Selbstvollzug immer schon begleitendes Gefühl sei. Schleiermacher beschreibt es als »schlechthiniges Abhängigkeitsgefühl«,[58] das kein Gefühl neben anderen Gefühlen, durch die der Einzelne affiziert ist, meint. Es ist vielmehr ein das ganze Leben des Menschen begleitendes Grundgefühl, das nach Schleiermacher zum Wesen des Menschseins gehört. Darum meint er, sagen zu können, dass »alle Gottlosigkeit des Selbstbewußtseins [...] nur für Wahn und Schein«[59] zu erklären sei.

Wie seine Argumentation im Blick auf das schlechthinnige Abhängigkeitsgefühl im Einzelnen aussieht, können wir hier nicht weiter verfolgen. Die §§ 4 und 5 der *Glaubenslehre*, in denen Schleiermacher dies aus der Selbstwahrnehmung

---

[57] SCHLEIERMACHER, CG I, § 3, Leitsatz, S. 19.
[58] Vgl. SCHLEIERMACHER, CG I, § 4, S. 32–40.
[59] SCHLEIERMACHER, CG I, § 33, 2, S. 207.

heraus zu begründen versucht, gehören zu den klassischen und vielfach interpretierten Versuchen einer Begründung des religiösen Gefühls als Grundgefühls menschlichen Selbstvollzugs. Wir halten lediglich fest: Das schlechthinnige Abhängigkeitsgefühl, von dem Schleiermacher sagt, es begleite faktisch immer schon den Selbstvollzug des Menschen, ist ein *religiöses* und von allen anderen Gefühlen unterschiedenes Gefühl dadurch, dass es den Gottesbezug mit sich führt. Denn von nichts in der Welt und auch nicht von der Welt als Ganzer können wir uns *schlechthinnig*, sondern immer nur bedingt abhängig fühlen. Das Gefühl schlechthinniger Abhängigkeit gilt ihm darum als eine »ursprüngliche[] Offenbarung Gottes an den Menschen«.[60] Mit der Argumentation für die Bedeutung des schlechthinnigen Abhängigkeitsgefühls als eines anthropologischen Fundamentale gibt Schleiermacher der Dogmatik im engeren Sinn, die auf das christliche Erlösungsbewusstsein ausgerichtet ist, eine religionstheoretische Fundierung. Sie dient ihm dazu, Religiosität als ein allgemeinmenschliches Phänomen auszuweisen und die christliche Religion vor diesem Hintergrund in ihrer Bedeutung für dieses allgemeinmenschliche Phänomen zu beschreiben.

6. Das spezifische Erlösungsbewusstsein der christlichen Religion

Mit dem schlechthinnigen Abhängigkeitsgefühl als anthropologischem Grundgefühl ist nun aber noch nicht das Spezifische der *christlichen* Frömmigkeit erfasst, wie sie die Basis der Kirchen bildet und die christliche von anderen Religionen bestimmt unterscheidet. Schleiermacher führt jenes Argument, fromme Gemeinschaften basierten auf dem religiösen Gefühl, das zum Wesen des Menschen gehört, daher in einem zweiten Schritt mit der Bestimmung dessen zusammen, was das Spezifische der Kirche ist und die Besonderheit der christlichen Religion im Vergleich zu anderen Religionen ausmacht. Dies führt ihn zunächst dazu, die Religionen zu typisieren – in Naturreligionen, polytheistische und monotheistische Religionen –, um sodann die christliche innerhalb der monotheistischen Religionen in ihrer Eigentümlichkeit zu erfassen. Zur religionstheoretischen Argumentation, die auf das schlechthinnige Abhängigkeitsgefühl als anthropologisches Fundamentale abhebt, tritt eine *religionsvergleichende* hinzu mit dem Ziel, die monotheistischen Religionen von den Naturreligionen und dem Polytheismus abzuheben und dann das Spezifikum der christlichen Religion im Gegenüber zu den anderen monotheistischen Religionen zu erfassen und sie so von diesen bestimmt zu unterscheiden.

Die monotheistischen Religionen stehen über den polytheistischen Religionen, weil in ihnen die Schlechthinnigkeit des Abhängigkeitsgefühl durch den Bezug zur Einheit der göttlichen Wirklichkeit am angemessensten ausgestaltet ist. Dies hält § 8 der *Glaubenslehre* fest: »Diejenigen Gestaltungen der Frömmigkeit,

---

[60] SCHLEIERMACHER, CG I, § 4, 4, S. 40.

in welchen alle frommen Gemüthszustände die Abhängigkeit alles endlichen von Einem Höchsten und Unendlichen aussprechen, d. i. die monotheistischen nehmen die höchste Stufe ein«.[61]

Die Eigentümlichkeit der christlichen Religion als einer unter den anderen monotheistischen Religionen – Schleiermacher geht auf den Islam und das Judentum ein – ist damit noch nicht erfasst. Sie liegt – wie Schleiermacher in einem dritten Schritt festhält – darin, dass »alles in derselben bezogen wird auf die durch Jesum von Nazareth vollbrachte Erlösung«.[62] Auch in anderen Religionen geht es um Erlösung aus einem gottentfremdeten Zustand. In der christlichen Religion bildet das Erlösungsbewusstsein aber das Zentrum, so dass *alles* in ihr auf es bezogen wird. Auch in anderen Religionen gibt es eine Bezogenheit auf den jeweiligen Religionsstifter. Diese ist in der christlichen Religion jedoch von gänzlich anderer Art. Denn in ihr wird die Erlösung als in Jesus Christus vollbracht angesehen, so dass für seine Person etwas beansprucht wird, was für andere Religionsstifter so nicht beansprucht wird und werden kann. Daher ist auch das religiöse Verhältnis des Menschen zu Jesus Christus im Glauben von gänzlich anderer Art, als dies in anderen Religionen in Bezug auf deren Religionsstifter der Fall ist.

So dient die Bestimmung des Eigentümlichen der christlichen Religion dazu, diese von den anderen Religionen zu unterscheiden, und sie dient ebenso dazu, sich christlich nennende Glaubensweisen daraufhin zu prüfen, ob sie als christliche oder nicht mehr als solche anzusehen sind. Die Bestimmung des Eigentümlichen der christlichen Religion hält zwei Grundaussagen fest, die es zu beachten gilt.

»Einmal daß im Christenthum dieses beides in seiner Zusammengehörigkeit, die Unfähigkeit [das Gottesbewußtsein wirkkräftig werden lassen zu können, C. A.-P.] und die Erlösung, nicht etwa nur ein einzelnes religiöses Element ist wie mehrere andere auch, sondern daß alle andere fromme Erregungen hierauf bezogen werden, und dieses also das in allen andern mitgesezte ist, so daß sie dadurch vorzüglich eigenthümlich christliche werden. Zweitens aber daß die Erlösung als ein allgemein und vollständig durch Jesum von Nazareth vollbrachtes gesezt wird. Und dieses beides ist wiederum nicht von einander zu trennen, sondern wesentlich zusammengehörig.«[63]

Das Eigentümliche der christlichen Religion kann nur im Ausgang von ihrem Stifter erfasst werden. Denn: »Das Christenthum muß seinen Anspruch auf abgesondertes geschichtliches Dasein auch geltend machen durch die Art und Weise seiner Entstehung«.[64] Damit tritt die Bedeutung der geschichtlichen Erscheinung Jesu Christi für die Bestimmung der Idee des Christentums in das Blickfeld. Der Person Jesu Christi kommt dabei in zweifacher Hinsicht Bedeutung zu. Zum einen hat das Christentum als eine geschichtliche Größe an ihm als

---

[61] Schleiermacher, CG I, § 8, Leitsatz, S. 64 f.
[62] Schleiermacher, CG I, § 11, Leitsatz, S. 93.
[63] Schleiermacher, CG I, § 11, 3, S. 97 f.
[64] Schleiermacher, KD, § 45, 2. Auflage, S. 157; KGA, S. 343.

6. Das spezifische Erlösungsbewusstsein der christlichen Religion 259

dem Stifter einen historischen Anfangspunkt, von dem es ausgeht. Zum andern ist er, wie Schleiermacher sich ausdrückt, das »Urbild«[65] des christlichen Glaubens. Dies ist noch einmal etwas gänzlich anderes als der historische Anfangspunkt einer geschichtlichen Religion. Jesus Christus ist nicht nur der bloße Anfang der nach ihm benannten Religion, sozusagen der Erste in der Reihe frommer Menschen der gleichen religiösen Gesinnung, die von ihm den Anfang genommen hat. Jesus Christus ist vielmehr das »Urbild« des Glaubens, indem er das Erlösungsbewusstsein im Glaubenden wirkt, so dass dieses im Gläubigen nicht ohne den konstitutiven Bezug zu ihm überhaupt wirklich sein kann.

Wirklichseinkönnen des Erlösungsbewusstseins im Einzelnen heißt, dass das Selbst- und Weltverhältnis des Menschen durch das religiöse Gefühl auch wirksam bestimmt wird und das religiöse Gefühl nicht nur latent und implizit im Selbstvollzug des Menschen mitschwingt. Schleiermacher gebraucht dafür die Formulierung »Kräftigkeit [des] Gottesbewußtseins«.[66] Sie weist auf einen Zustand der Unkräftigkeit, auf seine Hemmung im Lebensvollzug des Einzelnen sowie der Gemeinschaft im Ganzen hin, die eine gänzliche Unfähigkeit darstellt, das Gottesbewusstsein im Selbst- und Weltvollzug wirklich werden lassen zu können. Dies ist theologisch gesprochen der Zustand der Sünde.[67] Er kann nur im Glaubensbewusstsein aufgehoben werden, insofern im Glauben als Bewusstsein der Erlösung das vormals gehemmte fromme Gefühl in eine Kräftigkeit überführt wird, so dass es den Lebensvollzug des Glaubenden auch zu bestimmen vermag. Dies hat statt nur im Zusammenhang eines dem »Gesammtleben der Sünde« entgegenwirkenden »neuen göttlich gewirkten Gesammtleben[s]«,[68] in welchem aufgrund der Wirksamkeit Christi in demselben der Einzelne zum Glauben kommt. »In diesem auf die Wirksamkeit Jesu zurückgehenden Gesammtleben wird die Erlösung durch ihn bewirkt vermöge der Mittheilung seiner unsündlichen Vollkommenheit.«[69]

Zur Kräftigkeit des Gottesbewusstseins gelangt der wenn auch irgendwie immer schon religiös bestimmte Mensch nur in dem durch das neue Gesamtleben vermittelten Glauben an den Erlöser. Denn erst im und durch den Glauben an den Erlöser wird das Gottesbewusstsein zur Kräftigkeit geführt und vermag den Selbst- und Weltvollzug des Menschen zu prägen. Ohne den Glauben, d. i. ohne die durch das Urbild in Jesus Christus mitgeteilte Kräftigkeit west es sozusagen nur latent dahin.

Jesus Christus ist *wirkkräftiges Urbild*, indem er den Einzelnen im Glauben in die Kräftigkeit seines Gottesbewusstseins hineinnimmt, wie Schleiermacher sagt. Insofern gehören Christus und Glaube zuhauf. Das Glaubensbewusstsein ist nur in der Gemeinschaft mit dem Erlöser ein kräftiges, denn es basiert auf einer »uns

---

[65] SCHLEIERMACHER, Vgl. CG II, § 93, 2, S. 44.
[66] SCHLEIERMACHER, CG II, § 94, Leitsatz, S. 52.
[67] SCHLEIERMACHER, Vgl. besonders CG I, §§ 65–74, S. 403–470.
[68] SCHLEIERMACHER, CG II, § 87, Leitsatz, S. 18.
[69] SCHLEIERMACHER, CG II, § 88, Leitsatz, S. 21.

gewordene[n] Mittheilung«,⁷⁰ die als ein »Thaterzeugen [des Erlösers, C. A.-P.] in uns«⁷¹ zu begreifen ist, so dass es »in der christlichen Gemeinschaft keinen frommen Moment giebt, in welchem nicht auch Beziehung auf Christum mitgesezt ist«.⁷² In dem Lehrstück von dem »Geschäft Christi«⁷³ hält Schleiermacher den Vollzug der wirkkräftigen Teilgabe an dem, was Christus hat, wie folgt fest: »Der Erlöser nimmt die Gläubigen in die Kräftigkeit seines Gottesbewußtseins auf, und dies ist seine erlösende Thätigkeit«.⁷⁴ »Der Erlöser nimmt die Gläubigen auf in die Gemeinschaft seiner ungetrübten Seligkeit, und dies ist seine versöhnende Thätigkeit«.⁷⁵

Ist das Glaubensbewusstein das, was es ist, nur in der Gemeinschaft mit dem Erlöser, so ist der Erlöser der, der er ist, indem er den Glauben begründet. Darin liegt das spezifische Stifterprinzip der christlichen Religion. Nur wo dieses ›Christus und Glaube gehören zuhauf‹ in seiner Wechselseitigkeit verstanden ist, ist das Prinzip der christlichen Religion, die Idee des Christentums, die Bedeutung der Erscheinung des Erlösers und das Wesen des Glaubens erfasst. Der Stifter der christlichen Religion ist der, der er ist, indem er den Glauben wirkt. Und umgekehrt ist der Glaube das, was er ist, in und durch seinen Bezug zu Jesus Christus. Mit Schleiermacher zu sprechen:

»[D]ie Beziehung auf die Erlösung ist nur deshalb in jedem christlichen frommen Bewußtsein, weil der Anfänger der christlichen Gemeinschaft der Erlöser ist; und Jesus ist nur auf die Weise Stifter einer frommen Gemeinschaft, als die Glieder derselben sich der Erlösung durch ihn bewußt werden.«⁷⁶

Schleiermacher sieht in diesem Verhältnis zwischen Christus und den Glaubenden den spezifischen Unterschied zwischen ihm als Stifter der christlichen Religion und der Bedeutung, die den Stiftern in den beiden anderen monotheistischen Religionen zukommt. Denn ein »Bekenner jener Glaubensweisen« wird nicht leugnen, »Gott könne eben so gut das Gesez durch einen Andern gegeben haben als durch Moses, und die Offenbarung könnte eben so gut durch einen Andern gegeben worden sein als durch Muhamed«.⁷⁷ Dass Jesus in der beschriebenen Weise Stifter ist, indem er als das Urbild des Glaubens das Erlösungsbewusstsein im Einzelnen und der Gemeinschaft zu bewirken vermag, liegt darin begründet, dass er nicht eine Offenbarung Gottes unter anderen ist, sondern dass

---

⁷⁰ SCHLEIERMACHER, CG I, § 32, 1, S. 203.
⁷¹ SCHLEIERMACHER, CG II, § 100, 1, S. 104.
⁷² SCHLEIERMACHER, CG I, § 32, 1, S. 203.
⁷³ SCHLEIERMACHER, CG II, § 100, S. 104.
⁷⁴ SCHLEIERMACHER, CG II, § 100, Leitsatz, S. 104.
⁷⁵ SCHLEIERMACHER, CG II, § 101, Leitsatz, S. 112. Mit der ungetrübten Seligkeit, in die Christus den Glaubenden aufnimmt, ist die Aufhebung des Bewusstseins der Sünde und Strafwürdigkeit gemeint, womit die Aufhebung des Bewusstseins der Übel einhergeht, die nur aufgrund des vorhandenen Sündenbewusstseins überhaupt als Übel erfahren werden.
⁷⁶ SCHLEIERMACHER, CG I, § 11, 3, S. 98.
⁷⁷ SCHLEIERMACHER, CG I, § 11, 4, S. 99f.

ein »eigentliches Sein Gottes in ihm war«,[78] wie es sich in der *steten* Kräftigkeit seines Gottesbewusstseins zeigt und in der Wirkkraft, die von ihm ausgeht. Der Glaube wiederum wird erhalten und genährt in der Gemeinschaft der Kirche, deren »wesentliche[s] Geschäft [...] das Erhalten, Ordnen und Fördern der Frömmigkeit«[79] ist. Dasjenige, was die christliche Kirche zur Kirche macht und wozu sie da ist, erfasst man nur recht, wenn man den Stifter dieser Gemeinschaft versteht, und zwar so, wie er das Glaubensbewusstsein wirkt und kraft des Heiligen Geistes in der Kirche fortwirkt. Die Kirche ist so das Medium der fortgesetzten Wirksamkeit des Erlösers.

Aus dem analysierten Verhältnis zwischen Stifter und Glaubensbewusstsein, wie dieses sich im Gesamtzusammenhang der Kirche erfährt, folgert Schleiermacher – weil wir den Stifter nur wahrhaft ›haben‹, indem er im Lebens- und Überlieferungszusammenhang der Kirche im Glauben erfasst wird –, dass der Glaube der Ausgangspunkt für die Sätze der Dogmatik zu sein habe. Ausgedrückt findet sich dies in der berühmten Formulierung aus der *Glaubenslehre*: »Christliche Glaubenssäze sind Auffassungen der christlich frommen Gemüthszustände in der Rede dargestellt«.[80]

7. Erkenntnisprinzip und Aufbau der *Glaubenslehre*

Wir verstehen nun, warum Schleiermacher sein ›dogmatisches‹ Hauptwerk nicht »Dogmatik« nennt und auch nicht »Systematische Theologie«, sondern »*Der christliche Glaube*«. Natürlich spielt hierbei auch eine Rolle, dass Schleiermacher nach Kant, will heißen, nach der durch diesen vollzogenen erkenntnistheoretischen Wende Theologie treibt, womit die Frage, wie etwas für den Menschen Gegenstand sein kann, nicht ohne Rekurs auf sein Gegebensein im und für das Bewusstsein beantwortet werden kann. Der Hauptpunkt für das von Schleiermacher bevorzugte Konstruktionsprinzip der theologischen Lehre, die er dezidiert als *Glaubens*lehre entfaltet, liegt jedoch in der unauflöslichen Zusammengehörigkeit von Grund des Glaubens und Glaubensbewusstsein, wie sie zum Wesen des Christentums gehört. Der Glaube ist das, was er ist, nur im Glauben an Jesus Christus als dem wirkkräftigen Urbild, das den Glauben allererst hervorbringt. Daher ›haben‹ wir das Urbild des Glaubens wiederum nur im Glauben.

Insofern hängt die christliche Gotteserkenntnis an der allererst im Glauben eröffneten Erkenntnis Gottes, und darum hat – so Schleiermacher – die dogmatische Theologie ihre Aussagen aus dem Glaubensbewusstsein abzuleiten, so dass dieses nun auch als kritisches Prinzip der theologischen Lehre fungiert und alles das, was nicht als abgeleitet aus dem Glaubensbewusstsein gelten kann, einer

---

[78] SCHLEIERMACHER, CG II, § 94, Leitsatz, S. 52.
[79] SCHLEIERMACHER, CG I, § 3, 1, S. 21 f.
[80] SCHLEIERMACHER, CG I, § 15, Leitsatz, S. 127.

Kritik unterzogen wird. Berüchtigtes Beispiel für eine vom Standpunkt des Glaubensbewusstseins aus vollzogene Kritik an der kirchlichen Lehre sind Schleiermachers Ausführungen zur Trinitätslehre. Er behandelt die Trinitätslehre am Schluss der *Glaubenslehre* und bringt in diesem Zusammenhang vor, dass die traditionellen Aussagen über die immanente Trinität nicht als Ausdruck des Glaubensbewusstseins gelten können und dass wiederum die Aussagen zur ökonomischen Trinität insgesamt einer Umformung zuzuführen seien, durch die deren Bedeutung für das Glaubensbewusstsein deutlich werde.[81]

Aus der Einsicht in das Erlösungsbewusstsein als Erkenntnisgrund dogmatischer Sätze folgt eigentlich, dass der Gegensatz von Sünde und Gnade die Grundorientierung abzugeben hätte für die Gesamtdarstellung der *Glaubenslehre* in ihrem Zusammenhang. Denn der Glaube an Jesus Christus ist Erlösungsbewusstsein, das als solches das Bewusstsein der Sünde, aus der wir erlöst werden, mit sich führt. Schleiermacher hat denn auch darauf reflektiert, die Orientierung am Gegensatz von Gnade und Sünde als Begründungszusammenhang der *Glaubenslehre* zu entfalten. Daraus hätten sich die aus dem Sünden- und Gnadenbewusstsein gewonnenen Aussagen über den Zustand des Menschen und des Menschengeschlechts sowie die damit zusammenhängenden, auf das Sünden- und Gnadenbewusstsein bezogenen Aussagen über Gott und Welt ergeben, und so bildete das Erlösungsbewusstsein das evidente Erkenntnisprinzip der Theologie.

Dass dies eine der Sache angemessene Gesamtanlage der *Glaubenslehre* darstellt bzw. dargestellt hätte, gibt Schleiermacher als eigene Überlegungen im Blick auf die Durchführung der *Glaubenslehre* im zweiten *Sendschreiben* an Friedrich Lücke zu erkennen. Darin sucht er, die von ihm dann faktisch vorgenommene Einteilung seiner *Glaubenslehre* gegen ihre Kritik zu rechtfertigen. Die Kritik hatte sich insbesondere auf den ersten Teil und das Gewicht der Einleitung bezogen, also auf jenen Teil der *Glaubenslehre*, in welchem Schleiermacher das schlechthinnige Abhängigkeitsgefühl als ein anthropologisches Fundamentale zu erweisen und dessen Implikationen für den Gottesgedanken und das Selbst- und Weltverständnis zu entfalten sucht. Ein Aufbau der *Glaubenslehre* ausgerichtet am Gegensatz von Gnade und Sünde hätte, so Schleiermacher selbst, den Vorteil gehabt, dass das »[N]atürlichste und [O]rdnungsmäßigste« dadurch zum Ausdruck gekommen wäre, nämlich, »daß Christen ihr gesammtes Gottesbewußtseyn nur als ein durch Christum in ihnen zu Stande gebrachtes in sich tragen«.[82] Es wäre dann auch die Gotteslehre aus dem Glaubensbewusstsein erfasst worden und also sogleich Gott als der Vater Jesu Christi in den Blick gekommen.[83]

Indes: Schleiermacher hat dieses »Natürlichste und Ordnungsmäßigste« in der Durchführung doch nicht befolgt. Er hat zunächst das schlechthinnige Abhängigkeitsgefühl als die Basis aller religiösen Gemeinschaften in einer allgemei-

---

[81] Vgl. SCHLEIERMACHER, CG II, § 170, S. 514–519.
[82] SCHLEIERMACHER, Über die Glaubenslehre, KGA, S. 338.
[83] Ebd.

nen religionstheoretischen Weise analysiert. Er hat die aus diesem resultierenden Aussagen über den Menschen (Schöpfung und Erhaltung), Gott (Ewigkeit, Allgegenwart, Allmacht, Allwissenheit) und die Welt (ursprüngliche Vollkommenheit) dann in einem ersten Teil der *Glaubenslehre* behandelt und diesen dem zweiten Teil vorangestellt, der an dem Gegensatz von Sünde und Gnade orientiert ist, und die aus diesem Gegensatz sich ergebenden Aussagen über Mensch, Welt und Gott entfaltet.

Damit zog Schleiermacher sich die Rückfrage nach der Gewichtung beider Teile der *Glaubenslehre* zu, ebenso wie die Kritik, er deduziere aus dem vernünftig rekonstruierten schlechthinnigen Abhängigkeitsgefühl alle weiteren Aussagen der *Glaubenslehre*.

»Aus dem Charakter der Sätze in der Einleitung ist geschlossen worden, daß meine Dogmatik eigentlich Philosophie sey, und daß sie das Christenthum, wenn meins nämlich eines sey, demonstriren oder deduciren wolle [...], daß es mir fast leid that, diese Stellung durchgeführt zu haben«.[84]

Wir können das Für und Wider im Blick auf die Durchführung der *Glaubenslehre* nicht eingehend behandeln. Schleiermacher selbst hat mit ihr nach eigenem Bekunden eine apologetische Absicht verfolgt. Sie sei verfasst in der Überzeugung und zum Nachweis dessen, »daß jedes Dogma, welches wirklich ein Element unseres christlichen Bewußtseyns repräsentirt, auch so gefaßt werden kann, daß es uns unverwickelt läßt mit der Wissenschaft«.[85] So hängt denn auch das Für und Wider gegenüber Schleiermachers Behandlung der *Glaubenslehre* davon ab, ob und inwiefern eine solch apologetische Aufgabe, wie sie durch die religionstheoretische Argumentation geleistet wird, als wesentlich für die Wahrnehmung von Theologie verstanden wird; und sie hängt zudem davon ab, welcher Status solchen Überlegungen für die Entfaltung der christlichen Lehre zukommt. Wer sie für einen Abfall von dem Eigentümlichen, was der Theologie von ihrer Sache her zu leisten aufgegeben ist, hält, der führt eine kritische Auseinandersetzung mit Schleiermacher, darf aber dabei nicht übersehen, dass Schleiermacher im zweiten Teil der *Glaubenslehre* ganz entschieden das Erlösungsbewusstsein und den Gegensatz von Sünde und Gnade ins Zentrum rückt.

Umgekehrt wird derjenige, der von der apologetischen Leistung Schleiermachers, die er durch die religionstheoretische Begründung des schlechthinnigen Abhängigkeitsgefühls erbringt, ebenso wie von seiner religionsgeschichtlichen Perspektive, die das Christentum im Zusammenhang der anderen Religionen begreift, sich begeistert zeigt, nicht darüber hinwegsehen dürfen, was Schleiermacher im zweiten Teil der *Glaubenslehre* entfaltet hat und was nach seiner eigenen Auskunft das Zentrum der christlichen Religion und damit auch der Glaubenslehre bzw. der Dogmatik zu sein hat, nämlich das Erlösungsbewusstsein und die in ihm mitgesetzten Aussagen über Gott, den Menschen und die Welt.

---

[84] SCHLEIERMACHER, Über die Glaubenslehre, KGA, S. 339.
[85] SCHLEIERMACHER, Über die Glaubenslehre, KGA, S. 351.

Schleiermacher hat beides zusammengehalten und er hat selbst die apologetische Arbeit für ein unabdingbares Erfordernis der Theologie gehalten. Diese hat ihm zufolge zu zeigen, dass jedes christliche Dogma »uns unverwickelt läßt mit der Wissenschaft«. In einer anderen, nicht zugleich auch apologetischen Wahrnehmung von Theologie sah er die Gefahr gegeben, dass Wissenschaft und Religion, Kirche und Gesellschaft zum Schaden für beide Seiten auseinanderdriften. »Soll der Knoten der Geschichte so auseinander gehn? das Christenthum mit der Barbarei, und die Wissenschaft mit dem Unglauben?«[86] Schleiermachers Überzeugung, von der sein gesamtes wissenschaftliches und kirchliches Arbeiten geleitet war, ist eine andere:

»Ich glaube wirklich, und hoffe auch immer zu glauben, und daß es auch noch lange nach mir und dann vielleicht noch mehr geglaubt werden wird, als jetzt, daß beides sehr gut in demselben Subject bestehen kann, daß die Philosophie nicht nothwendig dahin führt, sich über Christum [...], den wirklichen geschichtlichen Christus, zu erheben [...], sondern daß ein wahrer Philosoph auch ein wahrer Gläubiger seyn und bleiben kann, und eben so, daß man von Herzen fromm seyn kann und doch den Muth haben und behalten, sich in die tiefsten Tiefen der Speculation hineinzugraben.«[87]

Weiterführende Literatur:
CHRISTINE AXT-PISCALAR, Schleiermacher, in: Denker des Christentums, hg. von Dies./ J. Ringleben, Tübingen 2004, S. 145–167.
HANS-JOACHIM BIRKNER, Beobachtungen zu Schleiermachers Programm der Dogmatik, in: Ders., Schleiermacher-Studien, eingeleitet und hg. von H. Fischer, Berlin/New York 1996, S. 99–112.
DERS., Schleiermachers »Kurze Darstellung« als theologisches Reformprogramm, in: Ders., Schleiermacher-Studien, eingeleitet und hg. von H. Fischer, Berlin/New York 1996, 285–307.
MARKUS SCHRÖDER, Die kritische Identität neuzeitlichen Christentums. Schleiermachers Wesensbestimmung der christlichen Religion, Tübingen 1996.

---

[86] SCHLEIERMACHER, Über die Glaubenslehre, KGA, S. 347.
[87] SCHLEIERMACHER, Über die Glaubenslehre, KGA, S. 388 f.

XX. Ernst Troeltsch: Das Programm einer Verbindung von religionsgeschichtlicher, kulturwissenschaftlicher und dogmatischer Theologie

Textgrundlage:[1]
- E. TROELTSCH, Über historische und dogmatische Methode in der Theologie (1898).
- E. TROELTSCH, Die Dogmatik der ›religionsgeschichtlichen Schule‹ (1913).
- E. TROELTSCH, Rückblick auf ein halbes Jahrhundert der theologischen Wissenschaft (1918).
- E. TROELTSCH, Die Absolutheit des Christentums und die Religionsgeschichte (1902/1912), besonders die Kapitel 3–5.
- E. TROELTSCH, Das Wesen des modernen Geistes (1907).
- E. TROELTSCH, Die Bedeutung der Geschichtlichkeit Jesu für den Glauben (1811), besonders S. 23–51.

1. Die historische Methode als das Paradigma wissenschaftlicher Theologie

Drängendes Motiv für Ernst Troeltschs Bestimmung von Aufgabe und Durchführung der Theologie ist das Auseinanderdriften von Theologie und Wissenschaften, von kirchlich rückgebundenem Christentum und den gebildeten Kreisen, kurzum: das Auseinanderdriften von Theologie und »modernem Geist«, wie es Troeltschs Diagnose zufolge zur Signatur der zeitgenössischen Situation in Deutschland geworden ist.[2] Die Eigentümlichkeit der gesellschaftlichen Gesamtlage sieht er durch das »Zurücktreten der kirchlichen Gesichtspunkte im ganzen öffentlichen Leben, vor allem in den Interessen und dem Gesichtskreise des gebildeten Deutschlands und in der gesamten wissenschaftlichen Arbeit«[3]

---

[1] ERNST TROELTSCH, Über historische und dogmatische Methode in der Theologie (1898), Die Dogmatik der ›religionsgeschichtlichen Schule‹ (1913) und Rückblick auf ein halbes Jahrhundert der theologischen Wissenschaft (1918), in: Gesammelte Schriften, Bd. 2, Zur religiösen Lage, Religionsphilosophie und Ethik, 2. Neudruck der 2. Auflage (Tübingen 1922), Aalen 1981, S. 729–753; S. 500–524 und S. 193–226.

DERS., Die Absolutheit des Christentums und die Religionsgeschichte (1902/1912). Mit den Thesen von 1901 und den handschriftlichen Zusätzen, in: Kritische Gesamtausgabe, Bd. 5, hg. von T. Rendtorff/S. Pautler, Berlin 1998.

DERS., Das Wesen des modernen Geistes (1907), in: Gesammelte Schriften, Bd. 4, Aufsätze zur Geistesgeschichte und Religionssoziologie, 2. Neudruck der Auflage Tübingen 1925, Aalen 1981, S. 297–338.

DERS., Die Bedeutung der Geschichtlichkeit Jesu für den Glauben, Tübingen 1911.

[2] Vgl. dazu besonders ders., Das Wesen des modernen Geistes.

[3] TROELTSCH, Rückblick auf ein halbes Jahrhundert der theologischen Wissenschaft, S. 194.

geprägt. Dieser Situation können Theologie und Kirche nicht durch einen selbstimmunisierenden Rückzug begegnen, der durch die Behauptung der unvergleichlichen Eigentümlichkeit ihres Bezugspunktes in der Offenbarung begründet wird. Troeltsch lehnt solchgeartete Rettungsversuche entschieden ab. Vielmehr bildet die Frage nach der möglichen ›Zusammenbestehbarkeit‹ von Christentum und moderner Wissenschaft ihm zufolge die zentrale Herausforderung für Theologie und Kirche.

Solche ›Zusammenbestehbarkeit‹ von Christentum und moderner Wissenschaft ist nur so zu erreichen, dass die Theologie in eine konstruktive und nicht bloß abwehrende oder lediglich apologetische Auseinandersetzung mit jenen Leitwissenschaften eintritt, die in der wissenschaftlichen und gebildeten Welt allgemein anerkannt sind. Für Troeltsch kommt der Geschichtswissenschaft im zeitgenössischen Kontext dieser Rang zu.[4] Sie hat als der Referenzrahmen für den von Troeltsch geforderten Umbau der Theologie und ihrer Wahrnehmung unter den Bedingungen des modernen Geistes zu dienen. In der exegetischen, kirchen- und dogmengeschichtlichen Forschung sieht Troeltsch das wissenschaftliche Paradigma der historischen Methode bereits weithin anerkannt und umgesetzt. Die im engeren Sinne dogmatische Theologie hingegen bleibt seiner Meinung nach noch weit dahinter zurück bzw. unternimmt offenbarungspositivistische Begründungsversuche, die unter der Bedingung der allgemeinen Geltung der historischen Methode mit dem Anspruch der Theologie auf Wissenschaftlichkeit unvereinbar sind.

Troeltsch versteht die von ihm angestrebte konstruktive Auseinandersetzung mit der Geschichtswissenschaft als jener Leitwissenschaft, an der sich die Theologie in ihrer Bemühung um die Vermittlung mit dem modernen Geist zu orientieren hat, in dem Sinne, dass sie die wissenschaftlichen Axiome derselben für ihr eigenes Gebiet übernimmt und in Anwendung bringt. Kurzum: Die Theologie hat mit denselben Prinzipien wie die Geschichtswissenschaft zu arbeiten und daher supranaturale Setzungen grundsätzlich zu unterlassen. Unter Geltung der historischen Methode können offenbarungspositivistische Bezugspunkte von singulärem Charakter schlechterdings nicht behauptet werden. Dies trifft in erster Linie und entscheidend die Bedeutung, welche die Theologie gemeinhin der Person und Geschichte Jesu Christi zumisst, so dass sich die Frage stellt, welche Bedeutung Troeltsch ihr in seinem eigenen Denken beizulegen vermag.

Die historische Methode ist von drei Grundaxiomen getragen: Dem Wahrscheinlichkeitsurteil, dem Analogieprinzip und dem Gedanken der Wechselwirkung alles Einzelnen untereinander und im Zusammenhang des Ganzen. Wo die historische Methode herrscht, kann die traditionelle dogmatische Methode nicht zugleich bestehen. Beide schließen einander aus, wie Troeltsch mit Verve betont.

---

[4] Den steigenden Geltungsanspruch der Naturwissenschaften hat Troeltsch zwar auch im Blick, eine entsprechende Vermittlungsleistung, wie er es für die Theologie im Blick auf die Geschichtswissenschaft selber zur Ausführung gebracht hat, hat er nach der Seite der Naturwissenschaften hin jedoch nicht unternommen.

Denn die dogmatische Methode basiert aus seiner Sicht auf autoritativen supranaturalen Setzungen, auf deren Grundlage es zwar zu einer innerhalb der Dogmatik in sich durchaus konsequenten Entfaltung ihrer Aussagen kommt. Für die Vermittlung zwischen Christentum und modernem Geist jedoch sei die rein binnendisziplinäre Rationalität ein schlechterdings untauglicher Selbstimmunisierungsversuch und bleibe hinter dem Anspruch auf Wissenschaftlichkeit der Theologie weit zurück. Die »Historisierung unseres ganzen Denkens«[5] ist, so Troeltsch, nicht mehr aufzuhalten. Ihr hat die Theologie konstruktiv zu begegnen, will sie nicht gesellschaftlich sowie auf wissenschaftlichem Terrain völlig ins Abseits geraten. »Es muß voller Ernst mit der historischen Methode gemacht werden«.[6]

Das heißt nun aber, dass Tatsachen von absolutem Charakter in der Geschichte nicht behauptet werden können. Denn zu den drei genannten, von der Geschichtswissenschaft übernommenen und in der Theologie zur Geltung zu bringenden Axiomen führt Troeltsch Folgendes aus: Auf historischem Gebiet kann es nur *Wahrscheinlichkeitsurteile* von unterschiedlich gesichertem Grad geben; und das gilt jeder und mithin auch der religiösen Überlieferung gegenüber. Dies wiederum hat auch Einfluss auf die innere Stellung des Menschen zu ihr, will im konkreten Fall heißen auf die innere Stellung des Menschen zu Person und Werk Jesu Christi. In der Folge muss die »Frage der Glaubensgewißheit angesichts der historischen Bedingtheit des Christentums«[7] einer genaueren Klärung zugeführt werden.

Sodann wendet die historische Betrachtung die Kategorie der *Analogie* an. Troeltsch spricht von der »Allmacht der Analogie«,[8] insofern »die Übereinstimmung mit normalen, gewöhnlichen oder doch mehrfach bezeugten Vorgangsweisen und Zuständen, wie wir sie kennen, [...] das Kennzeichen der Wahrscheinlichkeit für die Vorgänge, die die Kritik als wirklich geschehen anerkennen oder übrig lassen kann«, ist.[9] Für die christlich-jüdische Überlieferung hat dies die Konsequenz, dass für sie kein Singularitätscharakter behauptet werden kann. Denn alles, was nicht nach dem Prinzip der Analogie, mit welchem die Auffassung von der »prinzipiellen Gleichartigkeit alles historischen Geschehens«[10] einhergeht, erfasst wird, kann unter wissenschaftlichen Gesichtspunkten nicht als ein historisches Geschehen behauptet werden. Das Analogieprinzip »schließt [...] die Einbeziehung der christlich-jüdischen Geschichte in die Analogie aller übrigen Geschichte in sich«.[11] Ausnahmen von supranaturaler Natur anzunehmen, ist nach Troeltsch unstatthaft.

---

[5] TROELTSCH, Über die historische und dogmatische Methode, S. 735.
[6] TROELTSCH, Über die historische und dogmatische Methode, S. 738.
[7] Vgl. TROELTSCH, Die Absolutheit des Christentums, S. 199–209.
[8] TROELTSCH, Über die historische und dogmatische Methode, S. 732.
[9] Ebd.
[10] Ebd.
[11] Ebd.

Schließlich gilt für die historische Betrachtung die grundsätzliche Bedeutung der *Wechselwirkung* für die Erfassung alles Geschehens, will heißen, dass jedes Ereignis durch den Kontext, in den eingebettet und durch den es bedingt ist, verstanden werden muss, »so daß alles Geschehen in einem beständigen korrelativen Zusammenhange steht und notwendig einen Fluß bilden muß, indem Alles und Jedes zusammenhängt und jeder Vorgang in Relation zu anderen steht«.[12] An diesen drei Grundaxiomen der Geschichtswissenschaft ist nicht zu rütteln und nichts zu ermäßigen. Sie haben auch für die Theologie zu gelten. Daher fordert Troeltsch einen diesen geschichtswissenschaftlichen Grundsätzen gemäßen Umbau der Theologie als wissenschaftlicher Disziplin und eine entsprechende Umformung ihrer Gehalte.

Bevor auf diese Forderung und ihre Umsetzung in der Theologie noch genauer eingegangen wird, sei hervorgehoben, dass dies aus Troeltschs Sicht eine massive Erschütterung der Theologie mit sich führt, oder, wie Troeltsch es einem Bericht zufolge selber gesagt haben soll, dass unter der Geltung der historischen Methode grundstürzend »alles wackelt«.[13] Zwar hat besonders seit Semler die geschichtliche Betrachtungsweise in der evangelischen Theologie Einzug gehalten, und vor allem in Schleiermachers[14] enzyklopädischer Bestimmung der verschiedenen theologischen Disziplinen und ihrer jeweiligen Aufgabe sowie der Theologie im Ganzen gibt es durchaus Parallelen zu dem, was Troeltsch als Aufgabe der Theologie unter modernen Bedingungen formuliert. Gleichwohl konstatiert Troeltsch gerade im Blick auf die zeitgenössische Dogmatik restverbliebene Setzungen offenbarungspositivistischen Charakters, die mittels der historischen Methode zu entlarven und einer konsequenten Umformung zu unterziehen sind.

Dies trifft vor allem die Kernpunkte der dogmatischen Theologie alten Stils. Mit der Kriteriologie der Geschichtswissenschaft lässt sich – und dies ist der zentrale Punkt, um den sich in der Folge die Kontroverse um Troeltschs Denken dreht – die absolute Bedeutung Jesu Christi und damit auch der christlichen Religion innerhalb der Religionsgeschichte offenbar nicht mehr so ohne Weiteres halten. Wenn es nämlich in der Geschichte nur relative Ereignisse, aber keine von absolutem Charakter geben kann, wenn es keine schlechthin singulären, sondern immer nur im Zusammenhang alles Geschehens stehende Ereignisse gibt, wenn die historische Methode ausnahmslos »Alles und Jedes relativiert«,[15] dann wankt offenbar der Anspruch auf absolute Offenbarung in Person und Werk Jesu Christi als Bezugspunkt von Theologie, Kirche und Glauben. Dies ist es denn auch, worauf Troeltschs Anwendung der historischen Betrachtungsweise in der Theologie unausweichlich zuzulaufen scheint. Dass die Behauptung der ›Abso-

---

[12] TROELTSCH, Über die historische und dogmatische Methode, S. 733.

[13] »Meine Herren, es wackelt alles«, dies hatte – dem Bericht seines Schülers Walther Köhler zufolge – Troeltsch vor der Versammlung der »Freunde der Christlichen Welt« 1896 in Eisenach »zum Entsetzen der Alten« in die Debatte eingeworfen. WALTHER KÖHLER, Ernst Troeltsch, Tübingen 1941, S. 1.

[14] Vgl. Kapitel XIX.

[15] TROELTSCH, Über die historische und dogmatische Methode, S. 737.

lutheit des Christentums‹ problematisch wird, bildet die folgerichtige Konsequenz seiner Auffassung.

Troeltsch fordert aus diesen Überlegungen heraus den Aufbau der Theologie »auf historischer, universalgeschichtlicher Methode, und da es sich um das Christentum als Religion und Ethik handelt, auf religionsgeschichtlicher Methode« und spricht programmatisch von der Idee »*einer religionsgeschichtlichen Theologie*«.[16] Denn das Christentum als Religion ist in seinem Ursprung und seiner Wirkungsgeschichte im jeweiligen historischen und soziokulturellen Kontext zu verstehen und ebenso im Vergleich mit den anderen Religionen zu erfassen. Dem angedeuteten Programm einer religionsgeschichtlichen Theologie unter strikter Anwendung der historischen Methode hat Troeltsch zu entsprechen versucht in seinem wirkungsgeschichtlich bedeutenden Werk *Die Absolutheit des Christentums und die Religionsgeschichte* (1902). Der Titel soll bereits darauf hinweisen, dass die These von der Absolutheit des Christentums im religionsgeschichtlichen Vergleich mit den anderen Religionen und durch konsequente historische Betrachtung problematisch wird. Wie Troeltsch das Christentum in die Religionsgeschichte einzeichnet, ist nun noch genauer zu verfolgen.

2. Die Einheit der Geschichte und der Gottesgedanke

Liest man Troeltschs Ausführungen zur Sache im Einzelnen, dann muss auffallen, dass ihn, wie er selbst zu bedenken gibt, die Anwendung der historischen Methode nicht zu einem historischen Relativismus führt, dass er einen solchen vielmehr entschieden zurückweist, ja, dass er »den historischen Relativismus, der nur bei atheistischer oder religiös-skeptischer Stellung die Folge der historischen Methode ist, rundweg bestreitet«.[17] Die historische Methode soll nicht zu einer solchen Auffassung führen, dass schlechterdings alles als ein bloß Relatives behauptet wird und es zu keinen *Wertungen* und ebenso zu keiner *Abstufung* in den Wertungen mehr kommen können soll. Eine solche Form des historischen Relativismus lehnt Troeltsch ab. Denn zur eigentlichen Geschichtswissenschaft werde die lediglich am Einzelnen und Relativen haftende, bloß historistische Betrachtung erst dadurch, dass es zu einer »vergleichenden Überschau«[18] kommt, in welcher sich dem Wissenschaftler bestimmte Ideen als von evidenter Geltung herauskristallisieren. Es geht in der Geschichtswissenschaft, die mehr ist als bloß historistische Bestandsaufnahme, darum, eine auf Geschichtsbetrachtung basierende »normative religiöse Ideenwelt aufzubauen«.[19]

Diese auf historischer Vergleichung beruhende Einsicht in die aus dem Fluss des Geschehens herausragende *Geltung* bestimmter Gesamtanschauungen ba-

---

[16] TROELTSCH, Über die historische und dogmatische Methode, S. 738.
[17] TROELTSCH, Über die historische und dogmatische Methode, S. 747.
[18] TROELTSCH, Die Absolutheit des Christentums, S. 191.
[19] TROELTSCH, Die Dogmatik der religionsgeschichtlichen Schule, S. 509.

siert auf einem individuellen Nachempfinden des Historikers. Insofern verdankt sich das Geschichtsverstehen immer auch dem deutenden Akt des Wissenschaftlers. Allerdings versteht Troeltsch nun jene Ideen und Gesamtanschauungen von evidenter Geltung, von denen dann auch eine entsprechende Wirkungsgeschichte in der Menschenwelt ausgegangen ist, zugleich als Manifestationen der göttlichen Vernunft, durch die sie die Weltgeschichte auf ein Ziel hin ausrichtet. Troeltsch kann von der »Herrlichkeit Gottes in der Geschichte«[20] sprechen.

»Ich hebe [...] hervor, daß allerdings niemand aus der Historie vernünftigerweise eine Wertskala wird gewinnen wollen, der sie für ein reines Chaos hält, sondern daß hierfür der Glaube an eine in der Geschichte waltende und sich fortschreitend offenbarende Vernunft unerläßliche Voraussetzung ist. Auch das ist ein Glaube, der zunächst ethisch-religiösen Ursprungs ist, der aber meines Erachtens von der in der Geschichte stattfindenden beständigen Vertiefung des persönlichen Lebens bestätigt wird.«[21]

Daher unterstreicht er gegenüber einem Verständnis von Historie, das in den bloßen Historismus und den historistischen Relativismus mündet, »die Aufhebung dieses Relativismus durch die Auffassung der Geschichte als Entfaltung der göttlichen Vernunft«.[22] Für Troeltsch ist dies eine aus der wissenschaftlichen Selbstverständigung der Geschichtswissenschaft über ihre eigenen Bedingungen erwachsende Auffassung und nicht eine ihr von außen – aus theologischem Interesse – aufgesetzte Überzeugung. Ohne die Idee der sich in der Weltgeschichte telosgerichtet offenbarenden göttlichen Vernunft lässt sich, so Troeltsch, der Begriff der Geschichte und ihre *Einheit* nicht denken und mithin Geschichtswissenschaft nicht angemessen betreiben. Die Geschichte ist eben kein Chaos, sondern in ihr waltet die göttliche Vernunft, und sie waltet telosgeleitet im Sinne einer emporsteigenden Entwicklung im und durch den Prozess der Geschichte.

Troeltsch kann sich zwar mit aller Entschiedenheit gegen die ›Metaphysik‹ in der Theologie und der Geschichtsphilosophie aussprechen – er teilt darin im Kern die Position Albrecht Ritschls sowie die zeitgenössisch virulente antimetaphysische Einstellung zur Sache, wie sie etwa auch von Wilhelm Dilthey[23] vertreten wird. Das heißt nun aber nicht, dass Troeltsch den Gottesgedanken schlechthin verabschiedet. Er lehnt vielmehr nur eine bestimmte Konzeption des ›metaphysischen‹ Gottesgedankens ab. Für die geschichtliche Überschau, die vom Geschichtswissenschaftler verlangt ist, um die Geschichte zu verstehen, macht Troeltsch den Gottesgedanken in dem angedeuteten Sinn geltend: Dass nämlich die göttliche Vernunft als die treibende und telosgerichtete Kraft in der Entwicklung der Geschichte dieser zugrunde liegt und sich in ihr zur Verwirklichung bringt. Diese Auffassung, die an Hegels Gedanken der Selbstverwirklichung des

---

[20] Troeltsch, Über die historische und dogmatische Methode, S. 739.
[21] Troeltsch, Über die historische und dogmatische Methode, S. 746.
[22] Troeltsch, Über die historische und dogmatische Methode, S. 747.
[23] Vgl. dazu besonders die Texte in: Wilhelm Dilthey, Das Wesen der Philosophie, hg. von M. Riedel, Stuttgart 1984.

absoluten Geistes in der Weltgeschichte erinnert, wird von Troeltsch dahingehend präzisiert, dass er Hegels Gedanken einer dialektischen und als logisch-notwendig gedachten Entwicklung ablehnt zugunsten der historischen Methode, die sich an der konkreten Mannigfaltigkeit des historischen Materials abarbeitet und nicht umgekehrt dieses unter ein spekulatives Denkgerüst zwingt.

Nicht nur die Geschichtswissenschaft bedarf der religiösen Idee, um die Einheit der Geschichte denken zu können. Auch die modernen Gesellschaften bedürfen ihrer, um die sich ausdifferenzierenden Systeme in eine die Gesellschaft im Ganzen tragende Gesamtanschauung zu integrieren. Diese notwendige Funktion der religiösen Idee für das kulturelle Bewusstsein und die Einheit der Gesellschaft kann sie jedoch nicht erfüllen, wenn sie als eine durch die Zeiten hindurch ewig gleichbleibende Idee behauptet wird. Aus der Einsicht in die Funktion der Integrationsleistung, die die religiöse Idee für das gesamtkulturelle Bewusstsein erbringen soll, erwächst der Theologie die Aufgabe, die leitende Idee der christlichen Religion mit dem Gesamtbewusstsein der jeweiligen Epoche – für Troeltsch ist dies der Geist des modernen Denkens – zu vermitteln. Darin liegt das Ziel der von Troeltsch geforderten Umformung der theologischen Gehalte.

3. Die Höchstgeltung des Christentums als Persönlichkeitsreligion

Troeltsch bleibt bei dieser Betonung der Bedeutung des Gottesgedankens für die Geschichtswissenschaft und die Kultur nicht stehen. Es kommt, so argumentiert Troeltsch auf der Basis der vergleichenden Geschichtsbetrachtung weiter, im Gang der Selbstentfaltung der göttlichen Vernunft in der Geschichte zu »Durchbrüchen«, durch welche die Entwicklung der Menschheitsgeschichte sozusagen auf eine neue und höherentwickelte Bahn gebracht wird.[24] In der bisherigen Religionsgeschichte ist es zu einem solchen »Durchbruch« gekommen, den Troeltsch zugleich als den vorläufig höchsten Punkt in der Religionsgeschichte ansieht: Es ist die religiöse Entwicklung, wie sie sich in der Religion der Propheten Israels und der Person Jesu zeigt.

Wie kommt Troeltsch zu dieser Behauptung? Weshalb konstatiert er nicht lediglich die Pluralität der Religionen, sondern beansprucht im religionsgeschichtlichen Vergleich der Religionen miteinander zwar nicht die Absolutheit, jedoch eine Höchstgeltung für die prophetische und christliche Religion? Troeltsch stellt dezidiert die Forderung nach einer »religionsgeschichtlich orientierten Dogmatik«[25] auf, die von einer »universalhistorischen Religionsvergleichung«[26] her die »prinzipielle und allgemeine Höchstgeltung des Christentums für unse-

---

[24] Zur Funktion solcher »Durchbrüche« in der Geschichte und für die Geschichtsbetrachtung vgl. Troeltschs Erläuterungen in: Die Absolutheit des Christentums, Kapitel 3, S. 165–190, der Terminus Durchbruch findet sich auf S. 172; 180.
[25] TROELTSCH, Die Dogmatik der religionsgeschichtlichen Schule, S. 505.
[26] TROELTSCH, Die Dogmatik der religionsgeschichtlichen Schule, S. 501.

ren Kultur- und Lebenskreis zu erweisen« habe.[27] Troeltschs Annahme von der Höchstgeltung der prophetischen und christlichen Religion liegt die Auffassung zugrunde, dass in ihnen eine Idee zum Durchbruch gelangt ist, die in der Auffassung von der Bedeutung der individuellen Persönlichkeit des Einzelnen im religiösen Verhältnis zu Gott, das ihn der Welt enthebt und zugleich zur Weltgestaltung bestimmt, geprägt ist. Diese Idee von der eigentümlichen Bedeutung und besonderen Weltstellung der individuellen Persönlichkeit zeichnet die christliche Religion – und schon die der Propheten – eigentümlich aus und unterscheidet sie spezifisch von anderen Religionstypen, insbesondere denen fernöstlichen Charakters.[28] Während in diesen der »Untergang alles Persönlichen«[29] im reinen höchsten Sein im Zentrum der Religion steht, stellt die christliche Religion für Troeltsch den Typus der »personalistischen Religiosität«[30] dar.

Damit aber ist eine Idee – die der sittlich-religiösen Persönlichkeit und ihres inneren Zusammenschlusses mit Gott und dem daraus erwachsenden Impuls zur Weltgestaltung – in die Welt gebracht, die für die zentraleuropäische und nordamerikanische Gesellschaftsgeschichte wirkungsgeschichtlich höchst bedeutsam geworden ist. Für diese Idee kann der Anspruch auf Höchstgeltung im Kontext der vergleichenden Religionsgeschichte erhoben werden. Es ist die Idee, die

»in der Religion der Propheten Israels und in der Person Jesu [erscheint], wo der naturunterschiedene Gott die naturüberlegene Persönlichkeit mit ihren ewig transzendenten Zielen und ihrer gegen die Welt wirkenden Willenskraft hervorbringt. Hierin bezeugt sich eine religiöse Kraft, die dem sie innerlich Nachempfindenden als der Abschluß der übrigen religiösen Bewegungen sich darstellt und den Ausgangspunkt einer neuen Phase der Religionsgeschichte bildet, in der bisher nichts neues und höheres hervorgetreten ist und in der ein solches auch für uns heute nicht denkbar ist«.[31]

Troeltsch betont, dass die Behauptung der Höchstgeltung der christlich-jüdischen Religion aufgrund des in ihr mitgeführten Persönlichkeitsgedankens den Boden der geschichtlichen Methode nicht verlässt. An der zitierten Stelle fährt er daher fort:

»Das ist nun freilich keine dogmatische Absolutheit, keine Entgegensetzung des Christentums gegen die Historie und keine Herausnahme aus ihrem Fluß, ihrer Bedingtheit und ihrer Veränderlichkeit, aber es ist ein Abschlußpunkt, der von einer geschichtsphilosophisch-historischen Denkweise aus erreichbar und für den religiösen Menschen genügend ist. Mehr bedürfen wir nicht und mehr können wir nicht leisten.«[32]

Aus diesen Überlegungen ergibt sich für die geforderte Umbildung der Theologie nach religionsgeschichtlicher Methode eine dreifache Aufgabe. Die Theolo-

---

[27] Troeltsch, Die Dogmatik der religionsgeschichtlichen Schule, S. 509.
[28] Vgl. dazu Troeltsch, Die Absolutheit des Christentums, Kapitel 4, S. 190–199.
[29] Troeltsch, Die Absolutheit des Christentums, S. 194.
[30] Troeltsch, Die Absolutheit des Christentums, S. 195.
[31] Troeltsch, Über historische und dogmatische Methode, S. 748.
[32] Ebd.

gie hat das Phänomen der Religion als ein »Selbständiges« im Verbund der geistigen Vermögen des Menschen zu erörtern und mithin zu zeigen, dass und inwiefern Religion notwendig zum Selbstvollzug des Menschen gehört.[33] Sie hat sodann die geschichtlichen Religionen in einer »vergleichenden Überschau« zu sichten und die sie jeweils leitenden Ideen zu entfalten. Sie hat schließlich im Blick auf deren leitende Ideen eine Wertung zu vollziehen, in und durch welche die prinzipielle Höchstgeltung des Christentums für die europäische (und nordamerikanische) Kultur zu bewähren ist. Damit wiederum leistet die religionsgeschichtlich vergleichende Theologie den für Troeltsch einzig gangbaren Beitrag zur Selbstpositionierung der Theologie als Wissenschaft und zur Vermittlung der Theologie mit dem gebildeten modernen Bewusstsein.

Darüber hinaus kommt ihr auch eine eigentümliche Bedeutung für das religiöse Leben selbst zu. Es ist mitnichten so, dass Troeltsch den Bezug der wissenschaftlichen Theologie auf das religiöse Leben des Einzelnen und der Gemeinschaft zugunsten der Wissenschaftlichkeit der Theologie aus dem Auge verliert. Er ist vielmehr der Überzeugung, dass gerade eine so konzipierte Theologie auch dem religiösen Leben einen grundlegenden Dienst erweist. Sie macht dieses nämlich frei von einer gezwungen erscheinenden Apologetik, indem sie einen unbefangenen Blick auf die anderen Religionen eröffnet, diese anzuerkennen erlaubt und für das Christentum zwar keine dogmatische Absolutheit – die für Troeltsch ohnehin nicht zu halten ist –, aber eine Höchstgeltung für den eigenen Kulturkreis begründet. Sie entlastet dadurch von Ansprüchen, die nicht aufrechterhalten werden können, und von Abgrenzungen, die in die Selbstimmunisierung treiben. Sie stärkt zugleich das christlich-religiöse Bewusstsein, indem sie es der evidenten Geltung des Christentums nicht allein für den persönlichen Glauben, sondern auch für die europäische Kulturgeschichte vergewissert. Der Blick auf die Wirkungsgeschichte des Christentums im europäischen Kulturkreis, dem sich der Einzelne und die Gemeinschaft selbst zurechnen, hat für Troeltsch eine deren religiöses Leben vergewissernde Bedeutung.

»Gewiß ist das Verhältnis dieser europäischen Religion zu denen des Ostens noch eine große dunkle Zukunftsfrage. Aber wer gerade in der Naturdurchbrechung, die der Glaube der Propheten ist, und in der aktiv-lebendigen Gottes- und Menschenliebe, die der Glaube Jesu ist, die entscheidenden, in die Höhe führenden Kräfte erkennt, kann hier bei unserer alten Religion ungestört verharren und kann die weiteren Entwicklungen der Zukunft anheimstellen.«[34]

Für Troeltsch liegt in dieser Ensicht die vergewissernde Funktion, die die religionsgeschichtliche Theologie dem religiösen Leben des Einzelnen und der Gemeinschaft leisten kann und leistet. Dafür sind nicht allein die Anschauung der spezifischen Religion der Propheten und der Jesu sowie die durch sie eröffnete

---

[33] Vgl. dazu den gleichnamigen Aufsatz: ERNST TROELTSCH, Die Selbständigkeit der Religion, in: ZThK 5 (1895), S. 361–436; ZThK 6 (1896), S. 71–110, S. 167–218.
[34] TROELTSCH, Über historische und dogmatische Methode, S. 748 f.

Partizipation an dieser Religion von ausschlagender Bedeutung. Vielmehr legt Troeltsch entscheidendes Gewicht auf den Nachweis der die ganze Kultur maßgeblich bestimmenden Bedeutung des Christentums im europäischen (und nordamerikanischen) Raum. »Wir haben in ihm [i. e. dem Christentum, C. A.-P.]«, so schreibt Troeltsch, »den religiösen Halt unseres Denkens und Lebens, der im Zusammenhang des auf unsere europäische Kultur hinführenden Gesamtlebens als dessen Zentrum herausgebildet wurde und eine bewegliche und entwicklungsfähige Macht geblieben ist«.[35]

4. Theologie in kulturwissenschaftlicher Perspektive

Aus diesen Bemerkungen Troeltschs zur kulturbestimmenden Wirkungsgeschichte des Christentums lässt sich ersehen, dass Troeltsch die religionsgeschichtliche Theologie in konsequenter Weise zu ergänzen versucht durch seine Arbeiten zur prägenden Bedeutung des Christentums für das gesamtgesellschaftliche Leben bzw. den europäisch-nordamerikanischen Kulturkreis. Dies geschieht unter Einbeziehung der sich allererst als wissenschaftliche Disziplin konstituierenden Soziologie und hier insbesondere im Gespräch mit einem ihrer führenden Vertreter Max Weber. Zur Ausführung kommt diese Konzeption in Troeltschs Werk *Die Soziallehren der christlichen Kirchen und Gruppen* (1912)[36]. Auch hier ist jene ihn beständig beschäftigende Frage nach dem Verhältnis des Christentums zur Welt und insbesondere zur modernen Welt ein leitendes Motiv in der Durchführung, das Troeltsch von den Ursprüngen des Christentums her – ausgehend von der Predigt Jesu – zu beleuchten versucht. Diese Frage hatte bereits in dem Band *Die Bedeutung des Protestantismus für die Entstehung der modernen Welt* (1906)[37] eine dezidiert auf das evangelische Christentum in seiner konfessionellen Ausdifferenzierung hin zugespitzte Ausarbeitung erhalten.

Die genaue inhaltliche Durchführung, die Troeltsch in diesen Werken gibt, ist hier nicht weiter zu verfolgen. Für unsere Frage nach Bestimmung und Aufgabe der Theologie ist es wichtig zu sehen, dass und wie Troeltsch die ›religionsgeschichtliche Theologie‹ begründet und ihre Durchführung und Funktion bestimmt. Des Weiteren ist von Belang, dass und inwiefern Troeltsch in Ergänzung zu ihr zu einer stärker soziologisch bzw. kulturwissenschaftlich orientierten Ausrichtung der Theologie fortschreitet. Dies bildet die konsequente Fortentwicklung seiner Einsicht darein, dass zur christlichen Religion auch die Wirkungsgeschichte des Christentums in seiner kulturprägenden Kraft gehört. Da-

---

[35] TROELTSCH, Über historische und dogmatische Methode, S. 748.
[36] ERNST TROELTSCH, Die Soziallehren der christlichen Kirchen und Gruppen, in: Ders., Gesammelte Schriften Bd. 1, 3. Neudruck der Auflage Tübingen 1922, Aalen 1977.
[37] ERNST TROELTSCH, Die Bedeutung des Protestantismus für die Entstehung der modernen Welt, in: Ders., Kritische Gesamtausgabe, Bd. 8, Schriften zur Bedeutung des Protestantismus für die moderne Welt (1906–1913), hg. von T. Rendtorff in Zusammenarbeit mit S. Pautler, Berlin/New York 2001, S. 183–316.

bei ist Kultur für Troeltsch – im Anschluss an Max Weber – mehr und anderes als mit einer Erfassung der Entwicklung der ›Dogmengeschichte‹ behandelt ist, wie sie etwa Adolf von Harnack[38] nachzuzeichnen versucht hat. Troeltsch steht für das Programm einer kulturwissenschaftlich ausgerichteten Theologie im beschriebenen Sinn.

5. Die spezifische Aufgabe der Dogmatik

Gibt es unter diesen Rahmenbedingungen überhaupt noch eine eigentümliche Funktion, die der Dogmatik im engeren Sinn zukommen könnte? Eigentlich steht zu erwarten, dass Troeltschs Antwort auf diese Frage eher negativ ausfallen muss. Troeltsch hat indes der Frage nach der *Dogmatik der ›religionsgeschichtlichen Schule‹* (1913) eine eigene Abhandlung gewidmet und hier die Bedingungen für die Dogmatik formuliert, die den Maßstäben seiner eigenen Auffassung entspricht. Und Troeltsch hat auch selbst während der zwanzig Jahre seiner Lehrtätigkeit in Heidelberg regelmäßig Vorlesungen zur Dogmatik gehalten. Sie sind nach Mitschriften besorgt posthum unter dem Titel *Glaubenslehre*[39] erschienen.

Es ist nach dem bisher Ausgeführten deutlich, dass die Arbeit der Dogmatik, wie Troeltsch sie intendiert, die wissenschaftlichen Erkenntnisse der religionsgeschichtlichen Theologie zu ihrer Voraussetzung hat. Diese erfasst das Christentum im vergleichenden Blick auf die anderen Weltreligionen und geht von da aus dazu über, die »prinzipielle und allgemeine Höchstgeltung des Christentums für unseren Kultur- und Lebenskreis zu erweisen«.[40] Dabei ist es ihr um die Erfassung des Wesens des Christentums zu tun, und das heißt, ihr Gegenstand ist nicht bloß die Bibel, nicht allein die Gedankenwelt und Ethik des Neuen Testaments. Vielmehr geht es – und dafür steht der Begriff des Christentums, den Troeltsch dem der christlichen Religion durchaus vorziehen kann – um den »ganzen geschichtlichen Lebenskomplex des Christentums«,[41] nämlich als einer kulturprägenden Kraft.

Um die Vermittlung zwischen Christentum und Kultur unter sich jeweils wandelnden Bedingungen des kulturellen Gesamtbewusstseins muss es der Theologie insgesamt zu tun sein. Für Troeltsch bedeutet dies, die Vermittlung des Christentums mit der Moderne zu bewerkstelligen. Dies wiederum setzt einen Akt der »subjektiv-persönlichen Deutung und Synthese«[42] voraus, in welchem das ›Wesen‹ des Christentums in seiner die Gegenwart bestimmenden und

---

[38] ADOLF VON HARNACK, Lehrbuch der Dogmengeschichte, Bd. 1: Die Entstehung des kirchlichen Dogmas, Freiburg i. Br. 1886; Bd. 2: Die Entwickelung des kirchlichen Dogmas I, Freiburg i. Br. 1887; Bd. 3: Die Entwickelung des kirchlichen Dogmas II, Freiburg i. Br. 1890.
[39] ERNST TROELTSCH, Glaubenslehre: nach Heidelberger Vorlesungen aus den Jahren 1911 und 1912, hg. von Gertrud von Le Fort, München 1925 (Nachdruck Aalen 1981).
[40] TROELTSCH, Die Dogmatik der religionsgeschichtlichen Schule, S. 509.
[41] TROELTSCH, Die Dogmatik der religionsgeschichtlichen Schule, S. 510.
[42] TROELTSCH, Die Dogmatik der religionsgeschichtlichen Schule, S. 511.

auf die Zukunft ausgreifenden Bedeutung erfasst wird. Das ›Wesen‹ des Christentums, das in die gesamtkulturelle Situation hinein zu vermitteln ist, darf, so Troeltsch, nicht als ein immer Gleichbleibendes und ewig Gültiges abstrakt vorausgesetzt werden. Vielmehr unterliegt die Wesenserfassung dem subjektiv-deutenden Akt der Wesensbestimmung durch den geschichtlich arbeitenden, die Gesamtlage der Gegenwartskultur begreifenden und für diese die Bedeutung der christlichen Ideen auslegenden Theologen.

»Es kann das ›Wesen‹ nur verstanden werden als die jeweils jeder Gesamtlage entsprechende produktive Neudeutung und Neuanpassung der christlich-geschichtlichen Mächte. Das Wesen ist für jede Epoche ein anderes, aus der Gesamtheit ihrer Einflüsse sich ergebendes [...]. Dieses Wesen ist gerade die subjektiv-persönliche Deutung und Synthese, die die Gegenwart aus ihrer Gesamtlage heraus an der geschichtlichen Lebensmacht vollzieht und ihrer Zukunftsarbeit zugrundelegt. Es steckt darin das historische Gemeingefühl und Verständnis, aber auch die subjektive und produktive Deutung und Gestaltung«,[43]

nämlich durch den jeweiligen Theologen.

Insofern »die Bestimmung des für die Gegenwart geltenden Wesens des Christentums [...] eine Sache persönlicher Intuition«[44] ist, kommt es zu durchaus vielfältigen Versuchen einer solchen produktiven Deutung durch die jeweiligen Theologen. Die seinem eigenen Deutungsakt zugrunde liegende Überzeugung von der Grundanschauung des Christentums bestimmt Troeltsch wie folgt: »Der christlich-religiöse Glaube ist der Glaube an die Wieder- und Höhergeburt der in der Welt gottentfremdeten Kreatur durch die Erkenntnis Gottes in Christo und damit die Vereinigung mit Gott und unter sich zum Gottesreiche«.[45]

Die genannten Erfordernisse als Voraussetzungen der Dogmatik sind bislang noch solche, die sich aus der religionsvergleichenden Theologie und ihrer kulturwissenschaftlichen Ausrichtung ergeben und die die Dogmatik aufzugreifen hat. Für die Dogmatik *im engeren Sinne* hält Troeltsch fest, dass sie die in der Wesensbestimmung enthaltenen zentralen religiösen Vorstellungsgehalte zur Darstellung zu bringen hat. Die unabdingbare Voraussetzung dafür ist die »entscheidende Bejahung der christlichen Lebenswelt« in der »persönlichen Stellungnahme«[46] durch den Theologen, wie Troeltsch betont. Insofern ist die Dogmatik eines Theologen immer eine individuell bedingte Angelegenheit, die durch die persönliche Einstellung des Einzelnen zum Christentum jeweils spezifisch geprägt ist. Schon von daher kann sie, wie Troeltsch betont, »selbst keine Wissenschaft«[47] sein, sondern setzt die religionsgeschichtlich und kulturwissenschaftlich arbeitende Theologie als Wissenschaft voraus.

Indem die Dogmatik auf der persönlichen Stellungnahme des Theologen zur Grundanschauung des Christentums basiert, ist sie individuell bedingt, und von

---

[43] TROELTSCH, Die Dogmatik der religionsgeschichtlichen Schule, S. 511 f.
[44] TROELTSCH, Die Dogmatik der religionsgeschichtlichen Schule, S. 515.
[45] TROELTSCH, Die Dogmatik der religionsgeschichtlichen Schule, S. 512.
[46] TROELTSCH, Die Dogmatik der religionsgeschichtlichen Schule, S. 515.
[47] TROELTSCH, Die Dogmatik der religionsgeschichtlichen Schule, S. 514.

daher gibt es und muss es eine Pluralität dogmatischer Entwürfe geben, wie Troeltsch kritisch gegenüber einer an der Konformität der theologischen Lehre ausgerichteten Theologie festhält. Die Perpektivität und die damit einhergehende Pluralität von dogmatischen Entwürfen gehören zum Selbstverständnis der Dogmatik, wie Troeltsch nachdrücklich festhält. Es können und sollen »verschiedene Deutungen neben einander sich vertragen und [...] jede geachtet werden«.[48] Denn die Entfaltung der Dogmatik ist ein schöpferischer Akt, bei dem die persönliche Einstellung des Theologen zum religiösen Leben und die »persönliche Intuition« eine entscheidende Rolle spielen. Daher ist »auch die Ausgestaltung der christlichen Glaubensgedanken [...] überall eine freie, aus dem Leben schöpfende Gedankenbildung«.[49] Die Dogmatik als theologische Disziplin setzt dabei die historische Sicht auf das Christentum und eine an der Geschichte des Christentums durch einen schöpferischen Geistesakt gebildete Gesamtanschauung voraus. Insofern ruht sie auf einem wissenschaftlich begründeten Verständnis vom Wesen des Christentums auf, wie es durch die religionsgeschichtlich arbeitende Theologie vorbereitet wird.[50] Von daher driftet die Dogmatik, obwohl sie auf der persönlichen Stellungnahme des Theologen zum Christentum beruht, nicht in einen gänzlichen Subjektivismus ab. Der Dogmatiker bejaht die Grundanschauung des Christentums und sucht sie in gegenwartsbezogener Weise zu entfalten, indem sie die Vorstellungsgehalte des Wesens des Christentums jeweils neu in ihrer Bedeutung für das kulturelle Gesamtbewusstsein formuliert und solcherart eine Umformung der christlichen Lehre unter den Bedingungen eines geänderten gesamtgesellschaftlichen Bewusstseins vollzieht.

»Unter diesen Umständen hat die Dogmatik den christlichen Gottesglauben oder die im ›Wesen‹ eingeschlossenen Begriffe in voller Geschlossenheit darzustellen ohne jede Einmischung historischer Elemente. Sie stellt unseren Glauben an Gott und an die Vereinigung der Kreatur mit Gott als gegenwärtig zu erlebende und mit jedem Individuum sich erneuernde Erlösung dar«.[51]

In dieser Art und Weise der Wahrnehmung hat die Dogmatik einen *praktischen Zweck*. Sie dient primär der Anleitung für Predigt und Unterricht. Wegen dieser praktischen Ausrichtung ordnet Troeltsch sie als Disziplin der Praktischen Theologie zu. Die von der Dogmatik wahrgenommene Aufgabe in ihrem Bezug auf Predigt und Unterricht der kirchlichen Gemeinschaft ist eine durchaus notwendige Funktion der Theologie, insofern Religion kein bloßes Phänomen des Vollzugs des je Einzelnen, sondern auf Gemeinschaft hin angelegt ist und sich in Gemeinschaft vollzieht. »Predigt und Unterricht einer Gemeinschaft bedürfen einer solchen Anleitung, eines solchen Vorschlages zu geordnetem religiösem Denken, um eine klare Gedankenrichtung und eine zusammenhaltende Gemein-

---

[48] TROELTSCH, Die Dogmatik der religionsgeschichtlichen Schule, S. 523.
[49] TROELTSCH, Die Dogmatik der religionsgeschichtlichen Schule, S. 515.
[50] Vgl. TROELTSCH, Die Dogmatik der religionsgeschichtlichen Schule, S. 514f.
[51] TROELTSCH, Die Dogmatik der religionsgeschichtlichen Schule, S. 513.

samkeit der Grundlehren zu besitzen«.[52] Weil Religion nicht im individuellen Vollzug aufgeht, sondern zugleich gemeinschaftsbildend ist und im Kontext von Gemeinschaft gelebt wird, bedarf es der Entfaltung derjenigen Grundlehren, die für die jeweilige Gemeinschaft gelten. Mit Blick auf ihre Funktion für die religiöse Gemeinschaft hat die Dogmatik daher auch die nötige Balance zu halten zwischen den »Formen, Worte[n] und Lehren der Ueberlieferung [...], die für das Ganze die Kontinuität festhalten«,[53] und ihrer Aufgabe, die Vorstellungsgehalte des Christentums in ihrer Bedeutung unter sich wandelnden gesamtgesellschaftlichen Bedingungen für die kulturelle Gesamtlage neu auszusagen.

Insofern nun die »Gegenwartserlebnisse« individueller Frömmigkeit »ihre Kraft, Lebendigkeit und Anschaulichkeit, vor allem aber auch ihre Fähigkeit zur Gemeinschaftsbildung an der uns zu Gott führenden geschichtlichen Lebenswelt und innerhalb dieser in ganz besonderer Weise an den Propheten und an Jesus«[54] haben, weil sie »ohne diese Kraftquellen und Konzentrationspunkte verarmte und erlahmte«,[55] und weil zudem die religiöse Gemeinschaft kein Zentrum und keinen gemeinsamen Kultus, der von der Vergegenwärtigung dieser geschichtlichen Lebensquellen lebt, hätte, so hat die Dogmatik mit der Entfaltung der mit dem Gottesglauben in der Erlösung gegebenen spezifisch christlich religiösen Vorstellungsgehalte auch die Frage nach der religiösen Bedeutung der »geschichtlichen Größen«[56] für den individuellen und insbesondere den gemeinschaftlichen religiösen Vollzug zu klären und eigens zu begründen. Es gehört zu ihrer zentralen Aufgabe, die grundlegende Bedeutung der »geschichtlichen Größen« für die gelebte Religion hervorzuheben. Die Dogmatik hat daher die zentrale Bedeutung der Geschichtlichkeit Jesu[57] für die christlich religiöse Gemeinschaft und den Kultus herauszuarbeiten. Denn, so hebt Troeltsch nachdrücklich hervor:

»Wo die Gemeinschaft sich auflöst in freie, isolierte Überzeugungsreligion des Individuums und der Kultus sich verwandelt in Stimmung oder Beschaulichkeit, da wird auch die Beziehung auf Jesus zurücktreten; und wenn in Worten der Zusammenhang mit ihm gewahrt werden soll, da wird an seine Stelle der innere Christus oder die freie mystische Gegenwart Gottes in den Seelen treten. Wo man aber von solcher Zersplitterung und Ermattung zu Gemeinschaft und Kult zurückkehrt, da wird immer wieder die Bedeutung der geschichtlichen Persönlichkeit Jesu hervortreten.«[58]

Das Göttliche, so Troeltsch, wird gerade nur in der Bezogenheit auf das Geschichtliche gewahr, und in dieser Erfahrung wird aller Relativismus für das religiöse Subjekt und die religiöse Gemeinschaft aufgehoben. Man muss sich

---

[52] Troeltsch, Die Dogmatik der religionsgeschichtlichen Schule, S. 515.
[53] Ebd.
[54] Troeltsch, Die Dogmatik der religionsgeschichtlichen Schule, S. 513.
[55] Ebd.
[56] Ebd.
[57] Vgl. Troeltsch, Die Bedeutung der Geschichtlichkeit Jesu für den Glauben.
[58] Troeltsch, Die Bedeutung der Geschichtlichkeit Jesu für den Glauben, S. 25.

»den Relativismus [...] aus dem Kopfe schlagen und entschlossen das Göttliche so ergreifen, wie es in der Gegenwart sich darbietet. In der Gegenwart aber bietet es sich nicht dar ohne Geschichte und ohne Bindung der religiösen Einzelsubjektivität an die Substanz eines übergeordneten geschichtlichen Gesamtlebens, das seinerseits seine wichtigste Kraft und Gewißheit aus der geschichtlichen Person Jesu empfing.«[59]

Damit holt die Dogmatik innerhalb ihrer selbst die konstitutive Bedeutung des geschichtlichen Bezugspunkts in der Religion ein, der durch Anwendung der historischen Methode in den Sog der Relativierung gezogen wird, indem sie die konstitutive Bezogenheit der gelebten Religion auf den geschichtlichen Bezugspunkt – die Person Jesu – darlegt. »Es liegt auf der Hand«, so gibt Troeltsch im Blick auf die jeweilige Begründungsleistung von historischer und dogmatischer Methode zu verstehen, »daß eine historisch-kritische Denkweise die Persönlichkeit Jesu, in die Relativitäten des Geschehens und in die Unsicherheiten der Ueberlieferung hineinzieht und sie dadurch unfähig macht das eigentliche und unmittelbare Objekt des Glaubens zu sein«.[60] Von daher »bildet die Frage nach der religiösen Bedeutung der geschichtlichen Größen und nach ihrer Behauptung gegenüber einer alles zersetzenden Kritik eine wesentliche Aufgabe der Dogmatik.«[61] Sie kommt dieser nach, indem sie die Bedeutung der Person Jesu für den individuellen Glaubensakt und vor allem für den für alle gelebte Religion konstitutiven Vollzug in Gemeinschaft und Kultus darlegt. Denn es wird, so Troeltsch,

»keine kräftige Wirklichkeit der christlichen Idee geben ohne Gemeinschaft und Kult. [...] Eine Gewissheit und Kraft der erlösenden Gotteserkenntnis wird man ohne Gemeinschaft und Kult sich nicht denken dürfen. [...] Solange es ein Christentum in irgend einem Sinne überhaupt geben wird, wird es mit der kultischen Zentralstellung Christi verbunden sein. Es wird nur so sein oder es wird nicht sein«.[62]

Ebenso holt sie die Bedeutung der Wirkungsgeschichte des Christentums in die Dogmatik selbst ein, insofern sie dartut, dass und inwiefern die gelebte Religion durch die geschichtliche Lebenswelt, sowohl in Gestalt der Kirche als auch in Gestalt der christlich geprägten Kultur, bestimmt ist und sich innerhalb derselben vollzieht.

In dieser Weise verbindet Troeltschs theologisches Programm die religionsgeschichtliche Theologie, die in der Religionstheorie als dem Nachweis der fundamentalen Bedeutung der Religion für den Selbstvollzug des Menschen und in der vergleichenden Perspektive auf die Religionen sowie auf das Spezifikum der christlichen Religion ihr Zentrum hat, mit der Dogmatik im engeren Sinne. Diese setzt jene voraus und hat selbst ihre zentrale Aufgabe darin, die spezifisch christlichen Vorstellungsgehalte zum Zwecke der Predigt und des Unterrichts

---

[59] TROELTSCH, Die Bedeutung der Geschichtlichkeit Jesu für den Glauben, S. 28.
[60] TROELTSCH, Die Dogmatik der religionsgeschichtlichen Schule, S. 512.
[61] TROELTSCH, Die Dogmatik der religionsgeschichtlichen Schule, S. 513.
[62] TROELTSCH, Die Bedeutung der Geschichtlichkeit Jesu für den Glauben, S. 29.

auf dem Boden des gesamtkulturellen Gegenwartsbewusstseins zu entfalten. Dabei holt die Dogmatik nun aber auch in ihrem eigenen Begründungsgang, der auf die Entfaltung der christlichen Vorstellungsgehalte zielt, dasjenige ein, was die religionsgeschichtliche Theologie im Kern beschäftigt. Sie zeigt, dass und wie das religiöse Leben des Einzelnen und der Gemeinschaft konstitutiv auf die »geschichtlichen Größen« des Christentums bezogen sind. Von daher hebt sie den geschichtlichen Bezugspunkt in der Person Jesu sowie die von ihm ausgehende Bedeutung der Wirkungsgeschichte des Christentums für das individuelle und gemeinschaftliche Selbstverständnis des Glaubens hervor.

Weiterführende Literatur:
KARL-ERNST APFELBACHER, Frömmigkeit und Wissenschaft. Ernst Troeltsch und sein theologisches Programm, München 1978.
REINHOLD BERNHARD/GEORG PFLEIDERER (Hg.), Christlicher Wahrheitsanpruch – historische Relativität. Auseinandersetzungen mit Ernst Troeltschs Absolutheitsschrift im Kontext heutiger Religionstheologie, Zürich 2004.
JOHANN HINRICH CLAUSSEN, Die Jesusdeutung von Ernst Troeltsch im Kontext der liberalen Theologie, Tübingen 1997.
TRUTZ RENDTORFF, Einleitung, in: E. Troeltsch, Die Absolutheit des Christentums und die Religionsgeschichte (1902/1912). Mit den Thesen von 1901 und den handschriftlichen Zusätzen, in: Kritische Gesamtausgabe, Bd. 5, hg. von T. Rendtorff/S. Pautler, Berlin 1998, S. 1–53; 57–80.

XXI. Karl Barth: Theologie als wissenschaftliche Selbstprüfung der kirchlichen Rede von Gott

Textgrundlage:[1]
- K. BARTH, Das Wort Gottes als Aufgabe der Theologie (1922).
- K. BARTH, Die Kirchliche Dogmatik, besonders Bd. I/1, Vorwort, S. VI–XII und §§ 1–4, S. 1–128; sowie Bd. I/2, § 17, S. 304–397.

1. Gotteserkenntnis unter der Bedingung des qualitativen Unterschieds zwischen Gott und Mensch

Schon in seinem frühen Aufsatz von 1922 *Das Wort Gottes als Aufgabe der Theologie* rückt Karl Barth die Frage nach dem Ermöglichungsgrund von Theologie, insofern sie Rede von Gott ist, in das Zentrum seiner Überlegungen. Es ist der Verkündigungsauftrag der Kirche, der Barth zufolge darin besteht, von Gott reden zu sollen, und die damit zugleich gegebene Frage, wie der Mensch überhaupt von Gott reden kann, worin Barth in nuce das Begründungsproblem der Theologie sieht. »*Wir sollen als Theologen von Gott reden. Wir sind aber Menschen und können als solche nicht von Gott reden.*«[2] Die Theologie hat es mit der Klärung dieser Spannung zu tun, wenn sie das sein will, was sie zu sein hat, nämlich Rede von Gott. Dies ist ihr Auftrag, der ihr von ihrem Gegenstand her aufgegeben ist. Er führt den Theologen zunächst in eine Antinomie. Er soll etwas unbedingt, was er als ein endliches Geschöpf aus sich heraus nicht vermag: Er soll als Mensch von Gott reden, obwohl »von Gott nur Gott *selber* reden kann«.[3]

Barth bringt mit dem qualitativen Unterschied zwischen Gott und endlichem Geschöpf zugleich eine weitere grundlegende theologische Einsicht über den Menschen wieder zur Geltung, die er in der ihm vorausliegenden Theologie verharmlost sieht. Es ist dies die Aussage von der Radikalität der Sünde des Menschen, die ihn in jenem Gegensatz zu Gott befangen sein lässt, aus dem heraus es keinen Weg zu Gott und mithin auch keine wahre Gotteserkenntnis geben kann. Die berüchtigte ›Ahnenreihe‹, in die Barth sein eigenes theologisches Denken einstellt, führt daher über »*Kierkegaard* zu *Luther* und *Calvin* zu *Paulus*, zu

---

[1] KARL BARTH, Das Wort Gottes als Aufgabe der Theologie (1922). Vortrag für die Versammlung der »Freunde der christlichen Welt«, in: Anfänge der dialektischen Theologie, hg. von J. Moltmann, Teil 1, München 1977, S. 197–218.
DERS., Die kirchliche Dogmatik (= KD), Bde I/1 und I/2, 1. Auflage, Zürich 1932/1938 u. ö.
[2] BARTH, Das Wort Gottes als Aufgabe der Theologie, S. 199.
[3] BARTH, Das Wort Gottes als Aufgabe der Theologie, S. 217.

Jeremia«[4] und sie schließt Anleihen beim Humanismus – Melanchthon eingeschlossen – sowie bei der gesamten neuprotestantischen Theologie entschieden aus. Wo die wahre Not des Menschen – die ihn von Gott trennende Sünde – nicht ernst genug genommen wird, wird die eigentliche Not des Menschen verkannt. Damit wird auch die Frage nach der Möglichkeit wahrer Gotteserkenntnis und die nur durch sie eröffnete wahre Antwort auf die Not des Menschen verfehlt.

Dieses Sollen und Nicht-Können heißt schon für den frühen Barth, die Theologie hat den Ort zu bestimmen, der es ermöglicht, dass der schlechthin unüberbrückbare Gegensatz zwischen Gott und Mensch *von Gott selbst her* so überbrückt ist, dass menschliche Rede von Gott überhaupt möglich wird. Dieser Ort wird bereits 1922 in Jesus Christus festgemacht und die Christologie von daher neben ihrer versöhnungstheologischen besonders auf ihre im strikten Sinne *offenbarungstheologische*, Erkenntnis Gottes eröffnende Dimension hin verstanden. Denn die Offenbarung Gottes in Jesus Christus bedeutet,

»daß Verheißung eingegangen ist in unsre Bedrängnis, daß das Wort, das Wort Gottes, das wir nie sprechen werden, angenommen hat unsre Schwachheit und Verkehrtheit, so daß *unser* Wort *in* seiner Schwachheit und Verkehrtheit fähig geworden wäre, wenigstens Hülle und irdenes Gefäß des Wortes Gottes zu werden«.[5]

Offenbarung heißt, dass Gott selbst die Erkenntnis seiner selbst eröffnet und so selber der Grund menschlicher Rede von Gott ist. Für die Frage nach der angemessenen Wahrnehmung der Aufgabe der Theologie ist nämlich, um es noch einmal zu betonen, ganz grundsätzlich zu bedenken, »daß von Gott nur Gott *selber* reden kann«.[6]

In dieser offenbarungstheologischen Zuspitzung sieht Barth das Begründungsproblem der Theologie, sofern sie Rede von Gott sein soll, angegangen. Das Begründungsproblem ist der Theologie gestellt von dem *Verkündigungsauftrag der Kirche* her. Es ist nicht die Frage nach der Stellung der Theologie im Verbund der Wissenschaften, die die Theologie zu einer Selbstverständigung im Blick auf die von ihr zu leistende Aufgabe drängt. Es ist die Verkündigung im Raum der Kirche, die Rede von Gott sein soll und will, welche die Theologie zu der Reflexion darauf nötigt, wie dies unter der Bedingung, dass wir Menschen sind und als solche nicht von Gott reden können, so möglich sein kann, dass wirklich von Gott und nicht von allem möglichem anderen, mehr oder weniger Wichtigem die Rede ist.

Indem Barth die Theologie in dieser Weise auf ihren ›Gegenstand‹ – die Rede von Gott – hin festlegt und damit alle religionstheoretischen und kulturwissenschaftlichen Vermittlungsversuche mit einem entschiedenen Nein als der Sache unangemessen von sich weist, stellt sich ihm die Frage nach der Möglichkeit der Verkündigung als Rede von Gott in aller Schärfe. Denn wir sind Menschen und

---

[4] BARTH, Das Wort Gottes als Aufgabe der Theologie, S. 205.
[5] BARTH, Das Wort Gottes als Aufgabe der Theologie, S. 218.
[6] BARTH, Das Wort Gottes als Aufgabe der Theologie, S. 217.

können als solche nicht von Gott reden. Zugleich aber *sollen* wir als Menschen von Gott reden. Diesem Sollen können wir uns nicht entziehen, und mithin bedrängt uns die Frage, wie angesichts unseres Nichtkönnens dieses Sollen in den Vollzug gebracht wird. Die Frage nach der Bedingung der Möglichkeit der Rede von Gott und deren sachgemäße Begründung werden damit zu einer der Hauptaufgaben der Theologie in ihrer Ausrichtung auf die kirchliche Verkündigung. So zumindest sieht es Karl Barth. Begreift man die Sache so, wird deutlich, dass und inwiefern auch Barth trotz seiner radikalen Kritik an der Moderne in der Frage nach der Bedingung der Möglichkeit der Rede von Gott einer zentralen Fragestellung der Moderne verpflichtet ist. Barth sucht sie zu beantworten, indem er die Offenbarungslehre in *erkenntnistheoretisch*er Hinsicht zur Geltung bringt und damit anknüpft an Überlegungen, die Hegel[7] im Blick auf das Spezifikum der christlichen Religion herausgestellt hat.

2. Theologie als Funktion der Kirche und die Wissenschaftlichkeit der Theologie

Die Frage nach dem Anfang, von dem her Theologie als Rede von Gott möglich ist, erfährt sodann im ersten Band der *Kirchlichen Dogmatik* (1932) – Barths dogmatischem Hauptwerk – eine breite Entfaltung.[8] Barth setzt damit ein, dass er die Theologie in einer zunächst an Schleiermacher erinnernden Weise als eine »Funktion der Kirche«[9] bestimmt. Sie ergibt sich daraus, dass die Kirche von Gott redet, dass Verkündigung faktisch geschieht und geschehen soll. Denn »die Kirche bekennt sich zu *Gott*, indem sie von Gott *redet*«.[10]

Der Verkündigungsauftrag als Rede von Gott ist gleichsam eine Definition der Kirche. Darin liegt ihre Bestimmung. Die Kirche ist das, was sie ist, indem sie tut, was sie soll, nämlich von Gott reden. Mit dieser ihrer Bestimmung ist das Problem verbunden, dass in der Kirche in menschlicher Rede von Gott geredet wird. Weil dies so ist und zunächst einmal gar nicht anders sein kann, sofern es Menschen sind, die von Gott reden, bedarf die Kirche der »Kritik und Korrektur ihres Redens von Gott«.[11] Darin wiederum liegt die vornehmliche Aufgabe der Dogmatik: »Es gibt also *Theologie* in diesem besonderen und eigentlichen

---

[7] Vgl. Kapitel XVIII.
[8] Als Zwischenstation hin zum Begründungszusammenhang, den Barth in KD I/1 entfaltet, ist *Die christliche Dogmatik im Entwurf* aus dem Jahr 1927 zu nennen. Auch hier geht es Barth um die Prolegomena zur christlichen Dogmatik, also um die Klärung des Erkenntnisprinzips der Dogmatik. Vgl. KARL BARTH, Die christliche Dogmatik im Entwurf. Bd. 1: Die Lehre vom Worte Gottes. Prolegomena zur christlichen Dogmatik (1927), hg. von G. Sauter, in: Karl Barth Gesamtausgabe, Abt. II, Akademische Werke, Bd. 14, Zürich 1982. Die zweite für diesen Zusammenhang wichtige Schrift ist *fides quaerens intellectum*; siehe dazu unten Anm. 20.
[9] BARTH, KD I/1, S. 1.
[10] Ebd.
[11] Ebd.

Sinn, weil es in der *Kirche* vor ihr und ohne sie *Rede* von Gott gibt«.[12] Die Dogmatik ist mithin zu verstehen als »*die wissenschaftliche Selbstprüfung der christlichen Kirche hinsichtlich des Inhalts der ihr eigentümlichen Rede von Gott*«.[13]

Die Kirche ist auf Theologie angewiesen, insofern sie als menschliche Rede von Gott der Kritik und Korrektur ihres Redens bedarf, sich einer »Selbstprüfung« zu unterziehen hat. In dieser Selbstprüfung des Redens der Kirche von Gott durch die Theologie geht es, so Barth, um die »Wahrheitsfrage«.[14] Die Frage nach der Wahrheit kirchlicher Rede von Gott wiederum vollzieht sich nach Barth in der Prüfung ihrer Sachgemäßheit. Und ihre Sachgemäßheit wiederum liegt darin, dass die Kirche der ihr spezifischen Sache entspricht, und das heißt, sie hat »ihr Handeln, ihr Reden von Gott an ihrem Sein als Kirche«[15] zu messen. Dies ist die der Theologie einzig angemessene Weise, die Wahrheitsfrage zu stellen, weil es die einzige ihrem Gegenstand angemessene Weise ist. Die Theologie folgt damit einer ihr von ihrer Sache her gebotenen Kriteriologie zur Behandlung der Wahrheitsfrage. Sie misst die kirchliche Rede »nicht an einem ihr fremden Maßstab, sondern an ihrem eigensten Ursprung und Gegenstand«.[16]

Ein fremder Maßstab der Selbstprüfung wäre angelegt, würde man die kirchliche Rede von Gott, Mensch und Welt an einem außertheologischen Wissenschaftsbegriff und seinen Kriterien messen, wie Barth in der Auseinandersetzung mit Heinrich Scholz kritisch feststellt.[17] Diesen allgemeinen Wissenschaftsbegriff samt seinen Axiomen »kann die Theologie nur rundweg als für sie unannehmbar erklären«.[18] Sie hat »methodisch nichts bei ihnen [i. e. den anderen Wissenschaften, C. A.-P.] zu lernen«.[19] Die Theologie hat bei der Frage nach der Wahrheit ihrer Aussagen auch nicht danach zu schielen, was außerhalb ihrer in den anderen Wissenschaften nach deren Wahrheitskriterium über Gott, Mensch und Welt gesagt wird, um daran eventuell anzuknüpfen. Barth hat eine solche Form des Diskurses, in welchem sich die Theologie die Kriterien ihrer Rede ›von außen‹ vorgeben lässt oder an außertheologisch erwiesene Anknüpfungspunkte meint anschließen zu können und zu sollen, insgesamt unter das Verdikt der ›natürlichen Theologie‹ gebracht und als schlechterdings unsachgemäß verworfen. ›Natürliche Theologie‹ ist für Barth ein Kampfbegriff, mit dem er im Grunde genommen jede Art von Theologie zurückweist, die nicht dem Grundsatz entspricht, dass Gott nur durch Gott erkannt werden kann, indem er – als der Offenbarer, die Offenbarung in Jesus Christus und sein Offenbarsein im Heiligen Geist – in sich selbst der Grund der Gotteserkenntnis an der Stelle des

---

[12] Barth, KD I/1, S. 2.
[13] Barth, KD I/1, § 1, Leitsatz.
[14] Vgl. Barth, KD I/1, besonders S. 2 f.
[15] Barth, KD I/1, S. 2.
[16] Ebd.
[17] Heinrich Scholz, Wie ist eine evangelische Theologie als Wissenschaft möglich?, in: Zwischen den Zeiten 9 (1931), S. 8–53. Vgl. Barth, KD I/1, S. 7.
[18] Barth, KD I/1, S. 7.
[19] Barth, KD I/1, S. 6.

2. Theologie als Funktion der Kirche und die Wissenschaftlichkeit der Theologie   285

Menschen ist. Die Offenbarung knüpft indes an nichts ihr Vorgegebenes an, sondern schafft selbst von sich her auch noch die Bedingung ihres Erkanntwerdenkönnens im Menschen.

Der Wissenschaftscharakter der Theologie liegt für Barth allein darin, dass sie die von ihrer Sache her notwendige kritische Selbstprüfung im Sinne der beschriebenen Internverständigung vollzieht.[20] Sie misst ihre Aussagen nicht an einem ihr fremden Maßstab – etwa der philosophischen Rede von Gott. Sie begründet den Wahrheitsanspruch ihrer Aussagen auch nicht über eine Argumentation, welche die Religion als ein anthropologisches Fundamentale zu rechtfertigen und damit das theologische Reden von Gott in seinem Anspruch allgemeingültig zu legitimieren bzw. zu plausibilisieren sucht. Sie vergewissert sich ihrer Aufgabe im wissenschaftlichen und gesamtgesellschaftlichen Kontext ebenso nicht durch den Bezug auf die faktische Christentumsgeschichte und deren Bedeutung für die abendländische Kultur. Sie entspricht ihrer Aufgabe kritischer Selbstprüfung der Rede von Gott einzig und allein dadurch, dass sie der ihrer Sache angemessenen Logik folgt – und genau darin ist ihre Wissenschaftlichkeit begründet, wie Barth entschieden betont. Darin liegt zugleich die Berechtigung dafür, Theologie an staatlichen Universitäten zu betreiben. Nur indem sie das tut, was ihr spezifisch von ihrem Gegenstandsbezug und den durch ihn mitgesetzten Kriterien für die Sachgemäßheit und den Wahrheitsanspruch ihrer Aussagen her obliegt, ist die Theologie als eine eigenständige Disziplin an Universitäten zu rechtfertigen.

Das Spezifikum von Barths Theologieverständnis ebenso wie die Verve seiner diesbezüglichen Ausführungen gründen in der Überzeugung, dass die Theologie nur solcherart – als Internverständigung über die ihrer Sache angemessene und in ihrer Kriteriologie einzig von ihrer Sache selbst bestimmten Erörterung der christlichen Lehre – überhaupt wahrhaft Theologie zu heißen verdient. Barth spitzt dieses Selbstverständnis von Theologie in einer solch strikten Weise zu, dass er nicht nur alle anderen Wahrnehmungsweisen von Theologie entschieden verwirft, sondern jedweden Versuch einer Plausibilisierung der theologischen Aussagen an der Selbst- und Welterfahrung des natürlichen Menschen und den Ergebnissen der Wissenschaften ebenso dezidiert ablehnt.

---

[20] Barth hat Anselm von Canterburys theologisches Programm »fides quaerens intellectum« ganz in diesem Sinne interpretiert. Anselm schließe nicht aus reinen Vernunftschlüssen auf die Existenz Gottes. Er setze vielmehr den Glauben und die im Glauben ergriffene Wirklichkeit Gottes voraus und entfalte die Sachgemäßheit des Glaubens in seiner Entsprechung zu Gott als seinem Gegenstand. Darin sehe Anselm den rationalen Charakter seines Programms und nicht in der rein vernunftrationalen Begründung der Existenz Gottes. Vgl. KARL BARTH, fides quaerens intellectum. Anselms Beweis der Existenz Gottes im Zusammenhang seines theologischen Programms (1931), neu hg. von E. Jüngel/I. U. Dalferth, in: Karl Barth Gesamtausgabe, Abt. II, Akademische Werke, Bd. 13, 2. Auflage, Zürich 1986. Im Vorwort zur zweiten Auflage des Buches hält Barth fest, man habe es in ihm, »wenn nicht mit *dem*, so doch mit *einem* sehr wichtigen Schlüssel zum Verständnis der Denkbewegung zu tun [...], die sich mir dann eben in der ›Kirchlichen Dogmatik‹ mehr und mehr als die der Theologie allein angemessene nahegelegt hat.« BARTH, fides quaerens intellectum, S. 6.

Die Frage nach der Vermittlung der Theologie mit dem modernen Bewusstsein bzw. der existentiellen Situation des Menschen wird als Verfälschung der Theologie deshalb und dann zurückgewiesen, wenn diese Vermittlung dadurch zustande gebracht werden soll, dass die theologischen Aussagen von dem modernen Bewusstsein und seiner Problemlage her, von der existentiellen Situation des Menschen her, von der religiösen Anlage im Menschen aus inhaltlich bestimmt werden. Einer solchen Vermittlungsleistung gegenüber macht Barth geltend, dass die menschliche Situation allererst und nur dann *wahrhaft* getroffen wird, wenn die Rede von Gott einzig und allein ihrem Gegenstand gemäß und von ihm her geschieht, dass nur solcherart auch der Zeitgeist *wirklich*, will heißen *theologisch* getroffen wird. So schreibt Barth 1932 auf den Zeitgeist Bezug nehmend und seine eigene theologische Durchführung verteidigend im Vorwort zur *Kirchlichen Dogmatik*, er sei so vorgegangen,

»weil ich fest überzeugt bin, daß es zu Klärungen besonders auf dem weiten Feld der Politik, die heute nötig sind und zu denen die Theologie heute ein Wort sagen möchte (wie sie denn auch in der Tat ein Wort dazu zu sagen haben sollte!) nicht kommen kann, ohne daß es zuvor zu denjenigen umfassenden Klärungen in der Theologie und über die Theologie selbst gekommen ist, um die es hier gehen soll. Weil der Kirche und mit ihr der Theologie zuzumuten ist [...], nun dennoch und gerade dem Rhythmus ihrer eigenen Sachlichkeit zu folgen, d. h. aber sich wohl zu überlegen, welches die *wirklichen* Bedürfnisse des Tages sind, nach denen sie ihr Programm zu richten hat«.[21]

3. Der kritische Maßstab der Theologie: das geoffenbarte Wort Gottes

Bislang haben wir nur die formale Struktur des Vollzugs von Theologie als kritische Selbstprüfung der Kirche hinsichtlich ihrer Sachgemäßheit am Sein der Kirche verfolgt. Was aber ist unter dem »Sein der Kirche« zu verstehen? Barths Antwort auf die Frage lautet: Das Sein der Kirche ist »Jesus Christus: Gott in seiner gnädigen offenbarenden und versöhnenden Zuwendung zum Menschen«.[22] Die Sachgemäßheit kirchlicher Rede von Gott ist mithin in der Entsprechung zu diesem ›Gegenstand‹ zu sehen.

Von daher entsteht sogleich die Frage, wie uns dieser Gegenstand ›gegeben‹ ist, damit er der Theologie als Maßstab der Selbstprüfung kirchlicher Verkündigung auf ihre Sachgemäßheit hin dienen kann. Die naheliegende Antwort lautet: Jesus Christus ist uns gegeben in der Heiligen Schrift. Wir fügen sogleich in der von Barth vollzogenen Unterscheidung an, in der Heiligen Schrift, sofern sie *Zeugnis* gibt von Jesus Christus. Dies ist der Fall, *indem* sie Jesus Christus bezeugt als die gnädige Zuwendung Gottes zum Menschen. Der von Barth betonte Zeugnischarakter der Heiligen Schrift bedeutet anderes und mehr als die Geltung des buchstäblich fixierten Textes als schriftliches Zeugnis von der Offenba-

---

[21] BARTH, KD I/1, S. XI.
[22] BARTH, KD I/1, S. 2 f.

rung Gottes. Barth hebt vielmehr darauf ab, dass die Schrift, *indem* sie Zeugnis abgibt von Jesus Christus, zum Medium seiner unverfügbaren Selbstvergegenwärtigung wird – wir ergänzen zur Verdeutlichung: dadurch *jeweilen* zum Wort Gottes *wird*.

Dass der Text zum Medium der Selbstvergegenwärtigung Jesu Christi *wird*, verdankt sich der freien und unverfügbaren Selbstgabe Jesu Christi in der Kraft des Heiligen Geistes. Einfacher ausgedrückt: Der biblische Text ist nicht als geschriebenes Buch schon Wort Gottes. Er ist Wort Gottes, indem er zum Medium der Selbstvergegenwärtigung Jesu Christi durch den Heiligen Geist aufgrund freien göttlichen Handelns wird – jeweilen wird. »Die Bibel ist Gottes Wort, sofern Gott sie sein Wort sein läßt, sofern Gott durch sie redet«.[23] »Die Bibel *wird* also Gottes Wort in diesem Ereignis«.[24]

Auf dieses Geschehen der Selbstvergegenwärtigung Jesu Christi zielt die kirchliche Verkündigung. Sie soll nichts anderes sein wollen, als selber zum Medium der Selbstvergegenwärtigung Jesu Christi hier und jetzt für die konkrete Gemeinde zu werden. Um dies werden zu können, was sie sein soll, ist die kirchliche Verkündigung als das ›verkündigte Wort Gottes‹ rückgebunden an das ›geschriebene Wort Gottes‹ in Gestalt der Bibel, welches selber auf Jesus Christus verweist und in diesem als dem ›geoffenbarten Wort Gottes‹ seinen sich frei schenkenden Grund hat. Dies ist der Kern von Barths Lehre von der »dreifachen Gestalt des Wortes Gottes«.[25] Den Rückgebundenheitsweg des verkündigten Wortes an das geschriebene und des geschriebenen an das in Persona Jesu Christi ein für alle mal geoffenbarte Wort Gottes hin zu verfolgen, heißt, die kirchliche Verkündigung zu prüfen an ihrer Sache, an Jesus Christus. Darin besteht die Aufgabe der Theologie als Wissenschaft und insonderheit die der Dogmatik. Denn sie stellt »die kritische Frage nach dem Dogma, d. h. nach dem Worte Gottes in der kirchlichen Verkündigung oder konkret: nach der Übereinstimmung der von Menschen vollzogenen und zu vollziehenden kirchlichen Verkündigung mit der in der Schrift bezeugten Offenbarung«.[26] Dabei ist zu beachten, dass der prüfende Nachvollzug dieses Rückgebundenheitsweges zugleich die Unverfügbarkeit der Selbstvergegenwärtigung Jesu Christi durch den Geist reflektiert. Nur so entspricht die Dogmatik ihrem Gegenstand und nur so entspricht sie ihrer Aufgabe, Kritik und Korrektur der kirchlichen Verkündigung gemessen an ihrem ›Gegenstand‹, der unverfügbar ist und sich allein im Akt freier Gnade mitteilt, zu sein.

Dies heißt wiederum umgekehrt, dass Jesus Christus durch das Medium des geschriebenen Wortes sich kraft des Heiligen Geistes in der kirchlichen Verkündigung selbst vergegenwärtigt, so dass er hier und jetzt die Offenbarung der gnädigen Zuwendung Gottes durch den Heiligen Geist im Glauben wirkt, und zwar

---

[23] BARTH, KD I/1, S. 112.
[24] BARTH, KD I/1, S. 113.
[25] BARTH, KD I/1, § 4.
[26] BARTH, KD I/1, § 7, S. 261, im Original fett gedruckt.

wo und wann er will. Dieses Geschehen verdankt sich der unverfügbaren Freiheit göttlichen Handelns. Das Ereignis der Offenbarung im Glauben ist ein Selbsterschließungsgeschehen und führt von daher Gotteserkenntnis mit sich.

»Dogmatik setzt voraus, daß Gott in Jesus Christus, wie er das Sein der Kirche ist, d. h. wie er sich selbst der Kirche verheißen hat, die Wahrheit, und zwar nicht nur in sich, sondern (wir *erkennen* ihn ja und wir erkennen ihn *nur* im Glauben an Jesus Christus) auch und gerade *für uns* Wahrheit ist.«[27]

Insofern es dabei um die Erkenntnis desjenigen Gottes geht, wie er sich in Jesus Christus geoffenbart hat, ist die aufgrund seiner Offenbarung im Glauben gewirkte Gotteserkenntnis Erkenntnis des gnädigen Gottes.

4. Die Trinitätslehre in ihrer Funktion als Erkenntnisprinzip der Dogmatik

Ist insoweit deutlich, dass und inwiefern Verkündigung wahrhafte Rede von Gott werden kann, so zeichnet sich auch ab, dass das Verständnis der Offenbarung im Zusammenhang der Frage nach dem Erkenntnisprinzip der Theologie für Barth ins Zentrum seiner Überlegungen rückt. Nun hatte auch die altprotestantische Theologie hervorgehoben, dass wahre Gotteserkenntnis nur aufgrund des geoffenbarten Wortes Gottes, wie es in der Schrift gegeben ist, ermöglicht wird. Und sie hatte auch betont, dass das geoffenbarte Wort auf Glauben zielt und dass nur im Glauben der *Deus pro nobis* erfasst wird, so dass der von Gott gewirkte Glaube zum Ort der Gotteserkenntnis wird. Den zentralen Begründungszusammenhang dafür bildete in der altprotestantischen Orthodoxie die Schriftlehre.[28] Barth wiederum arbeitet diesen Zusammenhang unter dem Thema der Offenbarung Gottes aus, indem er dezidiert die *Trinitätslehre* als den Begründungszusammenhang für das Offenbarungsthema entfaltet, um die Frage nach der Bedingung der Möglichkeit menschlicher Gotteserkenntnis zu klären. Dadurch sucht Barth den Ausgangspunkt seiner Überlegungen, dass Theologie eine Funktion der Kirche sei und von daher den faktischen Vollzug von Verkündigung voraussetze und ihn einer kritischen Selbstprüfung an der ›Sache‹ unterziehe, trinitätstheologisch begründet einzuholen.

Leitend dabei ist die Einsicht: Gott kann nur durch Gott erkannt werden. Soll es begründete Gotteserkenntnis durch den Menschen geben, dann kann dies nur solcherart geschehen, dass Gott an der Stelle des Menschen die Erkenntnis seiner selbst wirkt, so dass es zu einer »Erkenntnis Gottes aus Gott«[29] kommt, und zwar einer Erkenntnis seiner selbst durch ihn selbst, die seinem Wesen als barmherzigem Gott entspricht, wie es in Jesus Christus geoffenbart ist. Der Offenba-

---

[27] BARTH, KD I/1, S. 11.
[28] Vgl. Kapitel X.
[29] BARTH, KD I/1, S. 123.

4. Die Trinitätslehre in ihrer Funktion als Erkenntnisprinzip der Dogmatik

rer, die Offenbarung und sein Offenbarsein – wie Barth den Offenbarungsbegriff trinitätstheologisch ausdifferenziert[30] – gehören daher zusammen; und so und nur so ist der sich selbst offenbarende Gott der Grund der Erkenntnis seiner selbst im Menschen.[31]

Barth hat die für die Theologie im Blick auf ihr Anfangenkönnen zentrale Frage durch die trinitarische Entfaltung des Offenbarungsgedankens zu beantworten gesucht: Wie nämlich kann Gotteserkenntnis an der Stelle des Menschen möglich sein, wenn denn gilt, dass Gott Gott ist und wir sündige, von Gott abgekehrte Menschen mit endlichem Erkenntnisvermögen sind, und wenn zudem gilt, dass Gott nur durch Gott erkannt werden kann? Die Besonderheit der *Kirchlichen Dogmatik* in ihrem ersten Teilband liegt darin, dass Barth die Trinitätslehre – das Spezifikum der christlichen Religion – in Hinsicht auf die Frage nach der Bedingung der Möglichkeit unserer Erkenntnis von Gott entfaltet.

Der *in sich* trinitarische Gott – und nur dieser – ist in und durch sich selber der Grund seiner Selbstoffenbarung in Jesus Christus und kraft des Heiligen Geistes im Glauben für den Menschen gegenwärtig. Darum gehört die Trinitätslehre für Barth in den Zusammenhang der sogenannten *Prolegomena* der Dogmatik. Diese kann es als eine gesonderte, der Dogmatik vorangestellte Abhandlung über das Erkenntnisprinzip dogmatischer Aussagen eigentlich nicht geben, dann nämlich nicht geben, wenn denn gilt, dass Gott nur durch Gott erkannt wird und nur die von Gott selber her konstituierte Gotteserkenntnis für die Theologie in Betracht kommen kann.

Ist dies der Fall, dann muss das Erkenntnisprinzip der Theologie eingeholt werden durch die trinitätstheologisch entfaltete Lehre von Gottes Offenbarung, weil nur so die sogenannten Prolegomena einen »Erkenntnisweg« beschreiten, der eine »innere, eine in der Sache selbst begründete Notwendigkeit«[32] verfolgt. Nur solcherart, so werden wir nun abschließend sagen können, kann derjenige Ort begründet eingeholt werden, den Barth zum dem Tun der Theologie vorausgesetzten Ausgangspunkt erklärt, nämlich die Kirche, genauer der Vollzug von Verkündigung im Raum der Kirche. Denn Verkündigung soll wahrhafte Rede

---

[30] Vgl. BARTH, KD I/1, § 8.

[31] Barth zieht daraus die Konsequenz, dass er die Erkenntnis Gottes aus seiner Offenbarung in Jesus Christus als den Begründungszusammenhang für alle theologischen Topoi zum Zuge zu bringen sucht. Zu den eindrücklichsten Umformungen, die er auf dieser Grundlage hinsichtlich der traditionellen, vor allem reformierten Gestalt der dogmatischen Lehre vollzieht, gehören die Erwählungslehre (KD II, 2) und die Versöhnungslehre (KD IV). In der Erwählungslehre überführt er die reformierte Lehre von der doppelten Prädestination, dass nämlich Gott vor Erschaffung der Welt die einen erwählt und die anderen verworfen hat, in die Aussage, dass Erwählung sowie Verwerfung in Person und Geschick Jesu Christi stellvertretend für die Menschen vollzogen wurden. Den christologischen Fokus bringt er in KD IV/1–4 so zur Geltung, dass er im Zusammenhang der Versöhnungslehre nicht nur die Christologie, sondern eins damit die Hamartiologie, Soteriologie und Pneumatologie sowie die Ethik entfaltet als Ausdruck dafür, dass die Aussagen dieser Lehrstücke als aus der Christologie abgeleitet gelten können müssen.

[32] BARTH, KD I/1, S. 30.

von Gott sein. Unter dieser Bestimmung wird in der Kirche von Gott geredet. Sie kann dies – wahrhafte Rede von Gott – aber nur sein, wenn sie als Vollzug des Selbstoffenbarwerdens Gottes in und durch menschliche Rede verstanden werden kann. So nämlich wird sie aufgrund freien göttlichen Handelns zur »menschlichen Rede von Gott, in der und durch die Gott selber von sich selber redet«.[33]

Welches die Bedingung der Möglichkeit ist, dass kirchliche Verkündigung zu dem werden kann, was sie werden soll, nämlich Wort Gottes in menschlicher Rede, klärt die Theologie, insofern sie die Trinitätslehre in ihrer offenbarungstheologischen Bedeutung zum Zuge bringt. Der Trinitätslehre kommt in diesem Zusammenhang mithin erkenntnistheoretische Funktion zu. Die Trinitätslehre in dieser ihrer erkenntnistheoretischen Bedeutung und Funktion herausgearbeitet zu haben, bildet den sachlichen Gehalt von Barths Ausführungen im ersten Band der *Kirchlichen Dogmatik*. Er rückt damit das Spezifikum der christlichen Gotteslehre – den trinitarischen Gottesgedanken – in den erkenntnistheoretischen Begründungszusammenhang für die Frage nach der Bedingung der Möglichkeit von Gotteserkenntnis und der Rede von Gott ein. Denn nur der in sich trinitarische Gott ist der für anderes so aufgeschlossene Gott, dass er der Grund seiner Offenbarung und seines Offenbarseins für das endliche Subjekt ist, so dass der Mensch es in der Offenbarung wirklich mit Gott selbst zu tun hat.

5. Offenbarungslehre als Religionskritik

Von daher verwirft Barth alle Religion jedweder Provenienz, weil Religion für ihn nichts anderes als etwas Selbstgemachtes, dem menschlichen Geist Entsprungenes ist, worin der Mensch nur vermeintlich über sich selbst hinauskommt, es aber eigentlich lediglich mit sich selbst, seinen eigenen religiösen Vorstellungen von Gott zu tun hat. Religion ist für Barth der »*Bereich der Versuche des Menschen, sich vor einem eigensinnig und eigenmächtig entworfenen Bilde Gottes selber zu rechtfertigen und zu heiligen*«.[34] Den ›Sündenfall‹ der Theologie, der – so Barths Überzeugung – fast ausnahmslos von der ganzen neuprotestantischen Theologie vollzogen wurde, sieht er in der Bedeutung, die der Religion des Menschen bzw. dem Anknüpfungspunkt im Menschen für die Entfaltung des theologischen Themas zuerkannt wurde. Schleiermacher, der ›Kirchenvater des neunzehnten Jahrhunderts‹ und der modernen Theologie, ist für Barth der geniale Protagonist einer solchen Verfehlung des der Theologie eigentümlichen Gegenstandes.

»Ich halte Schleiermacher bei allem schuldigen Respekt vor der Genialität seines Lebenswerkes darum vorläufig für *keinen* guten theologischen Lehrer, weil es bei ihm, soweit ich sehe, in der verhängnisvollsten Weise unklar bleibt, daß der Mensch als Mensch sich in *Not* und zwar in rettungsloser Not befindet, unklar, daß auch der ganze Bestand der soge-

---

[33] BARTH, KD I/1, S. 97.
[34] BARTH, KD I/2, § 17, Leitsatz.

nannten Religion, und wenn es christliche Religion wäre, an dieser Not *teilnimmt*, unklar darum auch, daß von Gott reden etwas *Anderes* heißt als in etwas erhöhtem Ton vom Menschen reden«.[35]

Ein wahrhaftes Verhältnis zu Gott, in welchem wirklich Gott erkannt wird und er sich dem Menschen erschließt, kann nur aufgrund von Offenbarung kraft des Heiligen Geistes geschehen, die selber noch jene Bedingung im Menschen schafft, um von ihm ergriffen werden zu können.[36] Dies ist dann die Aufhebung jeder vom Menschen selbstgemachten Religion[37] – oder wie Barth auch sagen kann, die einzig wahrhafte Form von Religion, nämlich die offenbare Religion. Denn in ihr und ihr allein wird auf die

»Frage: wie es wirklich und wie es möglich, daß Gott in seiner Offenbarung zum Menschen komme, die eindeutige Antwort [...] gegeben, daß beides: die *Wirklichkeit* und die *Möglichkeit* dieses Geschehens, Gottes, im besonderen des Heiligen Geistes, eigenes und alleiniges Sein und Handeln ist«.[38]

6. Das spezifisch evangelische Verständnis von Kirche und Dogma: die Unverfügbarkeit der Offenbarung

Insofern Barth die Theologie als Funktion der Kirche bestimmt, ist genau darauf zu achten, dass und wie er die Faktizität der Kirche vom Sein der Kirche her versteht. Die zentrale Aussage, um dieses Verhältnis zu bestimmen, liegt darin, dass die Kirche *je und je* durch die freie Selbstvergegenwärtigung Jesu Christi im Heiligen Geist zur Kirche *wird*, sprich die Kirche hat ihr Sein als Kirche nicht gleichsam im Sinne einer sie als Institution auszeichnenden ontologischen Qualität. Die Abgrenzung, die Barth durch die Rückbindung des Seins der Kirche an die je und sich schenkende Selbstvergegenwärtigung Jesu Christi als des Herrn der Kirche zieht, zielt insonderheit auf das katholische Verständnis von Kirche. Dementsprechend formuliert Barth: »Das Sein der Kirche ist *actus purus*, freie *Handlung*, nicht kontinuierlich-vorfindliche Beziehung; Gnade ist Ereignis *personaler Zuwendung*, nicht übertragener dinghafter Zustand.«[39] Denn Jesus Christus ist solcherart das Sein der Kirche, dass er durch seine freie Selbstvergegenwärtigung im Heiligen Geist *je und je* die faktische Kirche zur Kirche, zum Medium seiner Selbstvergegenwärtigung für die Gemeinde *hier und jetzt* macht.

Aus der Einsicht darein, dass Gott sich nur im Glauben zu erkennen gibt, folgert Barth des Weiteren, dass theologische Erkenntnis nur im und als Glaubens-

---

[35] BARTH, Das Wort Gottes als Aufgabe der Theologie, S. 205.
[36] Vgl. BARTH, KD I/2, S. 331: »Die Offenbarung knüpft nicht an die schon vorhandene und bestätigte Religion des Menschen [an], sondern sie widerspricht ihr«.
[37] Vgl. die Überschrift zu § 17, KD I/2, S. 304: »Gottes Offenbarung als Aufhebung der Religion«.
[38] BARTH, KD I/2, S. 305, kursiv Gedrucktes im Original gesperrt.
[39] BARTH, KD I/1, S. 41; vgl. besonders S. 70 ff.

akt zu vollziehen ist. Eine Perspektive außerhalb des Glaubens auf den Gegenstand der Theologie kann keine wahrhaft theologische sein, wenn erkannt ist, dass die Bedingung wahrer Gotteserkenntnis daran hängt, dass Gott sich uns offenbart und dass das Sichoffenbaren Gottes nur im Glauben Ereignis wird. Eine Perspektive außerhalb des Glaubens auf den Gegenstand der Theologie kann zudem auch keine wissenschaftliche Wahrnehmung von Theologie sein, insofern die einzig wissenschaftliche Weise von Theologie darin besteht, die Ermöglichungsbedingungen der Rede von Gott aufgrund der Offenbarung in Jesus Christus und in seinem Offenbarsein kraft des Heiligen Geistes im Glauben sowie die darin mitgesetzten inhaltlichen Implikationen der Rede von Gott zu entfalten.

Ort dieses Geschehens ist der Raum der Kirche, deren Verkündigung einer kritischen Selbstprüfung durch die Theologie zu unterziehen ist. Darum ist die Dogmatik keine ›freie‹ Wissenschaft, sondern »eine an den Raum der Kirche gebundene, da und nur da mögliche und sinnvolle Wissenschaft«.[40] Ziel der Theologie muss es darum sein, die Offenbarung selbst als Bedingung der Möglichkeit von Gotteserkenntnis zu entfalten sowie die daraus entspringenden inhaltlichen Bestimmungen der kirchlichen Lehre darzulegen. In dieser Weise geht es in der Theologie um das *Dogma* der Kirche.

Barth greift bewusst den Begriff des Dogmas als den Zielbegriff der Theologie auf und drückt dies auch mit dem Titel seines Hauptwerks *Kirchliche Dogmatik* nachdrücklich aus. Es ist ihm um die Entfaltung der der Kirche und ihrer Verkündigung dienenden Lehre zu tun, und dies wird gemeinhin unter dem Begriff des Dogmas verstanden. Dabei ist die Dogmatik diejenige wissenschaftliche Bemühung, welche die der kirchlichen Verkündigung eigentümliche Rede von Gott an ihrem ›Gegenstand‹ kritisch prüft. Diese betonte Ausrichtung auf das Dogma macht eine Abgrenzung zum katholischen Verständnis desselben notwendig, durch die die eigene Auffassung zugleich präzise hervortritt. Maßgeblich für diese Abgrenzung und die eigene Bestimmung des im Dogma »gesuchten *rechten* Inhalts«[41] der Rede von Gott ist die freie Selbstvergegenwärtigung Jesu Christi, wodurch er das Sein der Kirche ist, indem die Kirche nicht immer schon als solche das ist, was sie ihrer Bestimmung nach sein soll, sondern durch die freie Selbstvergegenwärtigung Jesu Christi allererst und jeweilen zur Kirche wird. Dieser Gedanke ist ebenso maßgeblich für die Bestimmung des Glaubens, der nach Barth Voraussetzung des Theologietreibens ist. Auch der Glaube ist nicht in dem Sinne die Voraussetzung der Theologie, dass der Theologe den Glauben ›hat‹, gleichsam als einen Habitus. Vielmehr ist der Glaube jeweilen neu dasjenige Ereignis, das sich der freien Selbstvergegenwärtigung Gottes verdankt. – Ganz entsprechend hat Barth auch das Verständnis der Heiligen Schrift als geschriebenes Wort Gottes auf die freie Selbstvergegenwärtigung Jesu Christi hin, durch welche die Schrift im Heiligen Geist zum Wort Gottes für den Glaubenden *wird*, bestimmt.

---

[40] Barth, KD I/1, Vorwort, S. VIII.
[41] Barth, KD I/1, S. 10.

6. Das spezifisch evangelische Verständnis von Kirche und Dogma 293

Barth sieht nun diese Unverfügbarkeit der Selbstvergegenwärtigung Gottes im katholischen Selbstverständnis unterlaufen. Er macht der katholischen Kirche den Vorwurf, schon für das Verständnis der Kirche die rechte Unterscheidung zu ihrem unverfügbaren Grund nicht zu wahren und zur Ineinssetzung von Sein Jesu Christi und sichtbarer Kirche zu neigen. Im Verständnis des Dogmas, das die katholische Kirche in den lehramtlich bekräftigten Dogmen gegeben sieht,[42] sowie in ihrer Auffassung vom Glauben, den sie als einen Akt des Fürwahrhaltens der von der Kirche vorgegebenen Dogmen versteht, zeigt sich nach Barth an zwei weiteren Stellen die Konsequenz daraus, dass die katholische Kirche die Unverfügbarkeit von Gottes Offenbarungshandeln nicht wahrt.

»Der Begriff ›Offenbarungswahrheiten‹ im Sinn von nach Wortlaut und Sinn ein für allemal mit der göttlichen Autorität gegebenen und geprägten lateinischen Sätzen ist theologisch unmöglich, wenn anders Offenbarung in der freien in Jesus Christus ein für allemal gefallenen, aber gerade darum und so für uns streng zukünftigen Entscheidung Gottes wahr ist und in der Kirche je und je in der unverfügbaren Wirklichkeit des Glaubens wahr werden muß. Offenbarungswahrheit ist der frei handelnde Gott selber und ganz allein«.[43]

Deshalb muss, so Barth, das evangelische Verständnis vom Dogma ganz anders verfasst sein als das katholische. Es muss in erster Linie dieser Unverfügbarkeit des Handelns Gottes entsprechen. Das heißt nicht allein, dass in der Entfaltung der einzelnen theologischen Themen durch die Dogmatik hindurch das freie Handeln Gottes bestimmendes inhaltliches Moment zu sein hat. Es bedeutet dies auch, dass die Dogmatik ihren möglichen Ausgangspunkt im Glauben nicht allein theoretisch begründet – wie Barth dies in der oben beschriebenen Weise vorgeführt hat. Vielmehr muss sie die Unverfügbarkeit noch ihres eigenen Anfangenkönnens, insofern dies nur im Glauben geschehen kann, und der Glaube nicht als ein Habitus ›gehabt‹ werden kann, mitführen.

Solcherart ist die Dogmatik ein Suchen und Forschen nach dem ›Dogma‹ in der Zuversicht, dass im Vollzug der theologischen Erkenntnisbemühung die Wahrheit selbst sich zur Auslegung bringt.

»Eben damit, daß die Wahrheit im *Glauben* vorausgesetzt wird als das bekannte Maß aller Dinge, ist entschieden, daß sie in keiner Weise als ›vorhanden‹ vorausgesetzt ist. Die Wahrheit *kommt*: nämlich im Glauben, in dem wir *anfangen*, und im Glauben, in dem wir *aufhören* (und neu anfangen!) zu erkennen. Resultate früherer dogmatischer Arbeit ebenso wie unsere eigenen Resultate können grundsätzlich nur Zeichen dieses ihres Kommens sein. Resultate sind ja auf alle Fälle, Resultate *menschlicher* Bemühung und eben als solche sind sie *Hilfe*, aber auch *Gegenstand neuer* menschlicher Mühewaltung. Dogmatik gibt es nur als *theologia crucis*: im Akt des im Glauben gewissen, aber gerade darum demütigen, immer wieder auf den Anfang zurückgeworfenen, immer neu sich aufschließenden Gehorsams [...]. Sie ist immer auf dem schmalen Weg von der geschehenen Offenbarung her zu der verheißenen Offenbarung hin«.[44]

---

[42] Vgl. Kapitel XIII.
[43] BARTH, KD I/1, S. 14f.
[44] KD I/1, S. 13.

Weiterführende Literatur:
CHRISTINE AXT-PISCALAR, Abbruch oder Kontinuität? Karl Barths Prolegomena zur Dogmatik im Lichte der Theologie des 19. Jahrhunderts – eine Skizze, in: ThZ 62 (2006), S. 433–451.
EBERHARD JÜNGEL, Barth-Studien, Gütersloh 1982.
BRUCE L. MCCORMACK, Karl Barth's Critically Realistic Dialectical Theology. Its Genesis and Development 1909–1936, Oxford 1995.
TRUTZ RENDTORFF/FALK WAGNER (Hg.), Die Realisierung der Freiheit. Beiträge zur Kritik der Theologie Karl Barths, Gütersloh 1975.
OTTO WEBER, Karl Barths Kirchliche Dogmatik. Ein einführender Bericht zu den Bänden I/1 bis IV/3, 2, Neukirchen-Vluyn 1967.

XXII. Paul Tillich: Botschaft und Situation – Die wechselseitige Ergänzung von kerygmatischer und apologetischer Theologie

Textgrundlage:[1]
- P. TILLICH, Systematische Theologie, Bd. 1, besonders die Einleitung, S. 9–83, sowie den Abschnitt »Die Wirklichkeit der Offenbarung«, S. 129–189.

1. Wahrnehmung der Situation: die Vermittlungsaufgabe der Theologie

Paul Tillichs dogmatisches Hauptwerk, die *Systematische Theologie*, übte und übt als eine Alternative zu den Dogmatiken der sogenannten dialektischen Theologie auf viele eine große Anziehungskraft aus. Dies gründet darin, dass und wie Tillich die Vermittlungsleistung der Theologie begriffen und durchgeführt hat. Zwar heißt es bei Tillich wie bei Karl Barth »Theologie ist eine Funktion der christlichen Kirche«.[2] Die nähere Bestimmung dessen, was sich daraus nach Tillich für die Wahrnehmung von Theologie ergibt, lässt jedoch die von ihm intendierte Unterscheidung von Barth sowie das eigentümliche Profil seines Verständnisses der theologischen Aufgabe deutlich werden.

»Ein theologisches System«, so heißt es bei Tillich, »muß zwei grundsätzliche Bedürfnisse befriedigen: Es muß die Wahrheit der christlichen Botschaft aussprechen, und es muß diese Wahrheit für jede Generation neu deuten. Theologie steht in der Spannung zwischen zwei Polen: der ewigen Wahrheit ihres Fundamentes und der Zeitsituation, in der diese Wahrheit aufgenommen werden soll«.[3]

Um Tillichs Auffassung recht zu verstehen, müssen beide Pole – die ewige Wahrheit und die Zeitsituation – in einer *dem Gegenstand der Theologie gemäßen Weise* zusammengehalten und aufeinander bezogen werden. Dies ist zunächst dann nicht gegeben, wenn die ewige Wahrheit nicht auf die Zeitsituation hin expliziert wird, wie Tillich dies an der kerygmatischen Theologie insbesondere in Gestalt von Karl Barth – ob zu Recht oder zu Unrecht mag dahingestellt bleiben – bemängelt, die er deshalb als neoorthodox bezeichnet und entsprechend kritisiert. Deren Fehler ist es Tillich zufolge, die Zeitsituation nicht wirklich ernst zu nehmen als dasjenige, auf das hin die theologische Wahrheit ausgesagt werden soll, sie vielmehr zugunsten der ewigen Bedeutung der Wahrheit auszublenden.

---
[1] PAUL TILLICH, Systematische Theologie, Bde 1–3, Berlin/New York 1987.
[2] TILLICH, Systematische Theologie, Bd. 1, S. 9.
[3] Ebd.

»Die sogenannte kerygmatische Theologie ist dem Fundamentalismus und der Orthodoxie insofern verwandt, als sie die unveränderliche Wahrheit des Kerygmas, der Botschaft oder Verkündigung, im Gegensatz zu den wechselnden Forderungen der Situation stark betont.«[4]

Sie hat, so Tillich, die theologische Botschaft den Menschen »zugeschleudert [...] wie ein Stein«.[5]

Demgegenüber klagt Tillich die Analyse der Zeitsituation als ein dringendes Desiderat der zeitgenössischen Theologie ein. Die dabei zu analysierende »Situation« ist nicht misszuverstehen als eine bloß momentane Situation von nur partieller Bedeutung, sozusagen eine Situation unter Situationen. Tillich bestimmt vielmehr dasjenige, was er mit »Situation« als dem Horizont, auf den hin die christliche Botschaft in ihrer Wahrheit ausgesagt werden soll, meint, als »die Summe der wissenschaftlichen und künstlerischen, der wirtschaftlichen, politischen und sittlichen Formen, in denen diese Gruppe [i. e. die jeweilige Gesellschaft, C.A.-P.] das Selbstverständnis ihrer Existenz zum Ausdruck bringt«.[6] Die »Situation« ist mithin der »geistig-kulturelle[] Gesamtausdruck«, das »schöpferische Selbstverständnis der Existenz, wie es sich in jeder Periode unter den verschiedensten psychologischen und soziologischen Umständen vollzieht«.[7] Entscheidend an dieser Bestimmung ist, dass es um die Existenz des Menschen und mithin um dasjenige geht, was den Menschen als Menschen bestimmt, was zum Sein des natürlichen Menschen gehört.

Dabei geht Tillich davon aus, dass der vorfindliche Mensch und die Welt im Zustand der »Entfremdung«[8] von ihrem wahren Sein sind, und unterscheidet die *Existenz* unter der Signatur der Entfremdung von der *Essenz* als der wahren Bestimmung von Mensch und Welt. Der Zustand der Entfremdung von Mensch und Welt ist nun nicht totaliter von der Essenz getrennt, vielmehr sind Mensch und Welt auch noch als von ihrer wahren Bestimmung entfremdete auf diese hin ausgerichtet. Denn als Geschaffene ›west‹ die Verwiesenheit auf ihre wahre Bestimmung im Zustand der Entfremdung von Mensch und Welt als eine ›verlorene‹ immer auch noch an. Tillich spricht daher von der Existenz als der Situation der »Frage«. Diese erhält in der Manifestation des ›Neuen Seins‹ in Jesus als dem Christus[9] eine erlösende »Antwort«.[10] Wie Tillich Frage und Antwort einander genauer zuordnet, ist noch weiter zu sehen. Zunächst kam es darauf an, die Situation, auf die nach Tillich die Theologie ihre Botschaft hin auszurichten

---

[4] Tillich, Systematische Theologie, Bd. 1, S. 11.
[5] Tillich, Systematische Theologie, Bd. 1, S. 13.
[6] Tillich, Systematische Theologie, Bd. 1, S. 10.
[7] Ebd.
[8] Tillich gebraucht den Begriff der Entfremdung, um die Grundstruktur der Sünde zu begreifen. Vgl. den diesbezüglichen Abschnitt »Der Übergang von der Essenz zur Existenz und das Symbol des ›Falls‹«, Tillich, Systematische Theologie, Bd. 2, S. 35–87.
[9] Zu Tillichs Christologie vgl. Tillich, Systematische Theologie Bd. 2, S. 129–194.
[10] Die Terminologie von »Frage« und »Antwort« führt Tillich in Systematische Theologie, Bd. 1, S. 25–37 ein; vgl. auch S. 73–83.

hat, als eine existentielle, das elementare Sein des natürlichen Menschen angehende, zu bestimmen. Obwohl die Strukturen der Existenz von Mensch und Welt solche sind, die existentiellen Charakter haben und zum Sein des natürlichen Menschen und seiner Welt gehören, in ihnen mithin gleichsam überzeitliche Bestimmungen virulent sind, werden sie nicht in immer gleicher Weise zum Ausdruck gebracht. Wenn Tillich vom »schöpferische[n] Selbstverständnis der Existenz, wie es sich in jeder Periode unter den verschiedensten psychologischen und soziologischen Umständen vollzieht«,[11] spricht, auf das hin die Botschaft der Theologie auszurichten sei, dann hebt er darauf ab, dass das kulturelle Gesamtbewusstsein sich wandelt und die Strukturen des Seins in der Existenz unter den Bedingungen des gewandelten Bewusstseins ausgesagt werden.

Eindrückliches Beispiel dafür, was Tillich hiermit meint, ist seine Beschreibung des jeweils prägenden Kulturbewusstseins von Antike, Mittelalter und Neuzeit sowie dessen Einfluss auf die Bestimmung der Grundfrage der menschlichen Existenz und auch auf die Entfaltung der theologischen Botschaft, die in der je verschieden sich ausdrückenden Grundsituation des Menschen erlösend zu wirken vermag. Für die Antike war, so Tillich, die Angst vor Schicksal und Tod und deren Bewältigung zentral; das Mittelalter war bestimmt von der Angst vor Schuld und Verdammung; und die Neuzeit ist gekennzeichnet von der Angst vor Leere und Sinnlosigkeit. Damit tritt in der Moderne an die Stelle der Frage danach, wie ich einen gnädigen Gott bekomme – Luthers Schlüsselfrage –, diejenige nach dem Sinn und der sinnstiftenden Kraft religiöser Symbole.[12] Die Sinnfrage ist angesichts der Erfahrung von Leere und Sinnlosigkeit derjenige Leitgedanke, unter dem der Wahrheitsanspruch der Religion in der Moderne zu entfalten ist.

Um den »geistig-kulturellen Gesamtausdruck« der jeweiligen Zeit zu erfassen, hat die Theologie das aufzunehmen, was die anderen Wissenschaften über den Menschen und seine Welt und was das kulturelle Bewusstsein in Literatur, Kunst, Politik, Wirtschaft etc. über die Verfasstheit seiner selbst zum Ausdruck bringen. Theologie kann sich bei dieser Aufgabe nicht nur auf sich selbst und ihre Binnenperspektive verlassen. Sie hat vielmehr den Diskurs mit den anderen Wissenschaften zu pflegen. Und sie hat das kulturelle Gesamtbewusstsein wahr- und ernst zu nehmen, und zwar als eine ihr von ihrer Sache her gebotene Aufgabe. »Die Analyse der menschlichen Situation bedient sich des Materials, das die menschliche Selbstinterpretation auf allen Kulturgebieten verfügbar gemacht hat.«[13] Dabei kommt der Philosophie im Verbund der Wissenschaften eine he-

---

[11] TILLICH, Systematische Theologie, Bd. 1, S. 10.
[12] Tillich hat die unterschiedlich gelagerte existentielle Frage der jeweiligen Epochen einer ausführlichen Analyse zugeführt in seinem Werk *Der Mut zum Sein*, in: Sein und Sinn. Zwei Schriften zur Ontologie, Gesammelte Werke, Bd. 11, hg. von R. Albrecht, 3. Auflage, Frankfurt a. M. 1982, vgl. besonders den Abschnitt S. 33–55 zu den verschiedenen Typen der Angst.
[13] TILLICH, Systematische Theologie, Bd. 1, S. 77.

rausgehobene Bedeutung zu, insofern es ihr – wie der Theologie auch – um die Frage nach dem Wesen des Menschen und seiner Welt sowie um den Grund allen Seins zu tun ist. Worin der Unterschied der Theologie zur Philosophie liegt, ist noch genauer zu sehen. Der Diskurs mit den Einzelwissenschaften wiederum ist Tillich zufolge so wahrzunehmen, dass an deren Ergebnissen selbst der Verweis auf die religiöse Dimension durchsichtig gemacht wird.[14] Die Plausibilisierung der theologischen Botschaft an der Grundsituation des Menschen im Diskurs mit den anderen Wissenschaften bildet für Tillich eine unveräußerliche Aufgabe der Theologie. Darin zeigt sich ihr apologetischer Charakter. »Es ist die Aufgabe der apologetischen Theologie, nachzuweisen, daß der christliche Anspruch auch vom Standpunkt außerhalb des theologischen Zirkels Geltung hat.«[15]

2. Antwort und Frage: die Methode der Korrelation

Tillichs nachdrückliches Insistieren auf der Bedeutung der Situation als dem geistig-kulturellen Gesamtausdruck, auf den hin die theologische Wahrheit auszusagen ist, darf nun – in einer der Sache der Theologie angemessenen Zuordnung von ewiger Wahrheit und Botschaft – wiederum nicht so verstanden werden, als ob das, was die Theologie zu sagen hat, von vorneherein inhaltlich durch die Situation bedingt wäre. Eine solche Bedingtheit der Wahrheit, in der sie bloßer Ausdruck der Situation wäre bzw. zu sein hätte, wird von Tillich entschieden zurückgewiesen. Stattdessen vertritt er eine Zuordnung von Wahrheit und Situation, in der die Wahrheit als solche in ihrer Bedeutung für die Situation des Menschen und seiner Welt zum Ausdruck gebracht wird. Tillich fordert eine Ergänzung der kerygmatischen Theologie durch die »apologetische«[16] und bestimmt die Aufgabe der Letzteren wie folgt: Diese heiße »antwortende Theologie. Sie antwortet auf die Fragen, die die Situation stellt, und sie antwortet in der Macht der ewigen Botschaft und mit den begrifflichen Mitteln, die die Situation liefert, um deren Fragen es sich handelt«.[17]

Dadurch ist die Frage-Antwort-Terminologie aufgeworfen, an der noch einmal verdeutlicht werden soll, wie Tillich die Zuordnung von Wahrheit und Situation zu bestimmen versucht. Es ist dies eine Verhältnisbestimmung, deren genaue Klärung von zentraler Bedeutung ist insbesondere für die Auseinandersetzung mit der Kritik Barths an einer Theologie, die ›Anknüpfungspunkte‹ beim Menschen ausmacht, um die theologischen Aussagen zu plausibilisieren,

---

[14] Eine Verhältnisbestimmung von Theologie, Philosophie und den Einzelwissenschaften im oben angedeuteten Sinn hat Tillich in *System der Wissenschaften* versucht, auf das wir hier nicht weiter eingehen können. Vgl. TILLICH, Das System der Wissenschaften nach Gegenständen und Methoden. Ein Entwurf, Göttingen 1923.
[15] TILLICH, Systematische Theologie, Bd. 1, S. 23.
[16] TILLICH, Systematische Theologie, Bd. 1, S. 12.
[17] Ebd.

die Barth für schlechterdings unstatthaft hält. Damit die Antwort, so Tillich, wirklich eine Antwort darstellt, muss sie auf die Frage antworten, auf die sie eine Antwort sein soll, sonst wäre sie keine Antwort auf die durch die Situation gestellte Frage und liefe an dieser vorbei. In dieser Hinsicht ist die Antwort auf die Situation hin zu entfalten. Sofort aber ergänzt Tillich, dass die Antworten, welche die Theologie gibt, nicht aus den Fragen der Situation abgeleitet werden können, weil sie auch dann nicht wirkliche Antworten, nicht wirklich theologische Antworten, nicht die Situation wirklich treffende wären.

Denn in den theologischen Antworten geht es nicht darum, dass die Antwort geradewegs der Frage entspricht, so dass die Frage demjenigen, was Antwort sein kann und soll, seinen Inhalt bereits vorzeichnet. Vielmehr sind Frage und theologische Antwort so aufeinander bezogen, dass durch die Antwort die Fragesituation selbst noch einmal in ein neues Licht gerückt wird, das sich nicht aus der Frage selbst heraus schon ergibt. Man hat darin den ›Offenbarungscharakter‹ der theologischen Antwort zu sehen. Gemeint ist damit, dass die Situation wirklich getroffen wird. Dies kann aber, so Tillich, wahrhaft nur geschehen, indem die Theologie »in der Macht der ewigen Botschaft« das dieser Eigentümliche in die Situation hinein vermittelt und sie dadurch in ein neues Licht rückt. Insofern ist die theologische Vermittlung von Botschaft und Situation ein ›prophetischer Akt‹. Denn in ihm geht es um Aufdeckung, Gericht und Erlösung der menschlichen Existenz als ein Geschehen, durch welches die Situation wahrhaft, und das heißt so erfasst wird, dass sie wirklich getroffen, nämlich so getroffen wird, dass es zu einem Geschehen kommt, das nicht aus der Situation selbst heraus schon gesetzt und vollends intendiert zu werden vermag. Daher betont Tillich das Moment des Gerichts, der Negation im Akt der Offenbarung, durch das hindurch – und mithin durch Verneinung der Existenz – sich allererst die Erlösung an und für die Existenz des Menschen bewahrheitet. Die »vernichtende[ ] Macht der göttlichen Gegenwart (*mysterium tremendum*) und die erhebende[ ] Macht der göttlichen Gegenwart (*mysterium fascinosum*)«[18] gehören zusammen.

Ist durch das Gerichtsmoment eine einlinige Verweisdimension der Situation auf die Antwort unterlaufen, so gilt zudem in grundsätzlicher Weise: dass überhaupt nur gefragt werden kann, weil der Mensch immer schon und vorgängig von der Wahrheit erfasst ist. Dies ist trotz aller Verzerrung und durch alle Entfremdung hindurch, durch welche die Situation des Menschen im Verhältnis zur Wahrheit bestimmt ist, nicht schlechterdings und gänzlich aufgehoben, sondern manifestiert sich in seiner Existenz als Verwiesenheit auf die Wahrheit, die in Gestalt der Fraglichkeit der menschlichen Existenz aufscheint.

»Sein [i. e. des Menschen, C. A.-P.] Vermögen, nach der Unendlichkeit, zu der er gehört, zu fragen, ist ein Symptom sowohl für die essentielle Einheit als auch für die existentielle Getrenntheit des endlichen Menschen von der Unendlichkeit; in der Tatsache, daß er danach fragen muß, zeigt sich, daß er davon getrennt ist.«[19]

---

[18] TILLICH, Systematische Theologie, Bd. 1, S. 137.
[19] TILLICH, Systematische Theologie, Bd. 1, S. 75 f.

Oder noch einmal anders:

»Der Mensch *ist* die Frage nach sich selbst, noch ehe er irgendeine Frage gestellt hat [...]. Menschsein bedeutet: nach dem eigenen Sein fragen und unter dem Eindruck der Antworten leben, die auf diese Frage gegeben werden.«[20]

Nur die beschriebene Zuordnung von Botschaft und Situation, in der auf die Frage der Situation »in der Macht der ewigen Botschaft« geantwortet wird, ist nach Tillich die der theologischen Wahrheit gemäße. Diese der Sache angemessene Zuordnung nennt Tillich in seiner eigenen Terminologie die »Methode der Korrelation«[21] von Antwort und Frage, Botschaft und Situation. Sie »leitet die Antworten nicht aus den Fragen ab, noch gibt [sie, C. A.-P.] Antworten, die nichts mit der Frage zu tun haben«.[22] Vielmehr ist für die Methode der Korrelation festzuhalten: »Sie gibt eine Analyse der menschlichen Situation, aus der die existentiellen Fragen hervorgehen, und sie zeigt, daß die Symbole der christlichen Botschaften die Antworten auf diese Fragen sind.«[23]

3. Gott – »das, was uns unbedingt angeht«[24]

Die besagte Zuordnung von theologischer Wahrheit und Situation muss nun noch als die der Wahrheit selbst angemessene verstanden werden, also aus demjenigen heraus begriffen werden, was in der Theologie als die Wahrheit zur Sprache gebracht wird bzw. werden soll. Tillich bestimmt die Wahrheit der Theologie – traditionell gesprochen ›Gott‹ – als »das, was uns unbedingt angeht«. Er will diese Bestimmung so verstehen, als sei sie nichts anderes als die »abstrakte Übersetzung des großen Gebotes: ›Der Herr, unser Gott, ist *ein* Gott. Und du sollst Gott, deinen Herrn, lieben von ganzem Herzen, von ganzer Seele, von ganzem Gemüte und mit allen deinen Kräften‹.«[25] In jener Bestimmung – das, was uns unbedingt angeht – ist impliziert, dass es um ein *unbedingtes* Angegangensein geht. Es unterscheidet sich durch den Charakter der Unbedingtheit von allem Angegangensein, das nur ein bedingtes darstellt und durch ein Bedingtes hervorgerufen wird. Ein unbedingtes Angegangensein kann durch ein selber Bedingtes nicht hervorgerufen werden, und insofern verweist der Unbedingtheitscharakter des Angegangenseins auf die Dimension des Gottesbezugs.

Das, was uns unbedingt angeht, ist des Weiteren dadurch gekennzeichnet, dass alles Endliche unter dieser Dimension des unbedingten Angegangenseins zu begreifen ist. Nichts Endliches ist davon ausgenommen. »Es ist total, kein Teil unser

---

[20] Tillich, Systematische Theologie, Bd. 1, S. 76.
[21] Vgl. Tillich, Systematische Theologie, Bd. 1, S. 73–80.
[22] Tillich, Systematische Theologie, Bd. 1, S. 15.
[23] Tillich, Systematische Theologie, Bd. 1, S. 76.
[24] Vgl. Tillich, Systematische Theologie, Bd. 1, S. 15–22.
[25] Tillich, Systematische Theologie, Bd. 1, S. 19.

selbst und unserer Welt ist davon ausgeschlossen.«[26] Das, was uns unbedingt angeht, ist zudem nichts, was nur ein rein Für-sich-Seiendes wäre, ohne dass es zugleich uns anginge. Vielmehr ist es in sich selbst ein solches Sein, das für uns ist, indem es uns angeht. Daher kann ihm kein bloßer Gegenstandscharakter zukommen, und wir können im Verhältnis zu ihm nicht in der Situation der distanzierten Kenntnisnahme stehen. Das, was uns unbedingt angeht, ist es selbst, indem es sich ›gibt‹ und uns so unbedingt angeht; dadurch entspricht es sich selbst. Umgekehrt ›haben‹ wir das, was uns unbedingt angeht, nur in der Form unbedingten Angegangenseins, weil es uns nur so als das, was es ist, gegenwärtig ist. Daher kann es zu demjenigen, was uns unbedingt angeht, nicht die Situation distanzierter Kenntnisnahme geben, weil sie immer schon ihren Gegenstand verfehlt, der eben nicht in dem Sinne Gegenstand ist, dass er zum bloßen Objekt der Erkenntnis werden kann.

»Wir können nicht angemessen vom ›Gegenstand der Religion‹ sprechen, ohne gleichzeitig seinen Gegenstandscharakter zu verneinen. Das, was unbedingt ist, gibt sich selbst nur dem Zustand unbedingten Betroffenseins. Das Unbedingte ist kein ›höchstes Ding‹, das wir in unverbindlicher Objektivität erörtern könnten. Es ist der Gegenstand völliger Hingabe, der auch die Aufgabe unserer Subjektivität fordert.«[27]

Ist damit deutlich, dass es sich bei dem, was uns unbedingt angeht, um ein *Geschehen*, nämlich das des unbedingten Angegangenwerdens und Angegangenseins, handelt, so muss die inhaltliche Bestimmtheit dieses Geschehens noch näher erfasst werden. Tillich greift dafür wiederum auf die Bestimmung des Unbedingtheitscharakters zurück und führt aus: »*Das, was uns unbedingt angeht, ist das, was über unser Sein oder Nichtsein entscheidet.*«[28] Mithin geht es um ein »Betroffensein in der Ganzheit unseres Seins, nicht in einem Teil [...]. Das, was den Menschen unbedingt angeht, ist das, was sein ›Sein‹ bedingt, aber selbst *über* allen Bedingungen steht. Es ist das, was über seine letzte Bestimmung jenseits aller Zufälligkeiten der Existenz entscheidet.«[29] Auch darin wird noch einmal deutlich, dass es bei dem, was uns unbedingt angeht, um letzte Fragen und Antworten geht, durch die das Wesen des Menschen angesprochen ist. Denn der »Ausdruck ›Sein‹ bedeutet das Ganze der menschlichen Wirklichkeit, die Struktur, den Sinn und das Ziel der Existenz«.[30] Von daher kann Tillich für das Wesen theologischer Sätze zusammenfassend festhalten: »Der Gegenstand der Theologie ist das, was uns unbedingt angeht. Nur solche Sätze sind theologisch, die sich mit einem Gegenstand beschäftigen, sofern er uns unbedingt angeht.«[31] Und weiter: »Nur solche Sätze sind theologisch, die sich mit einem Gegenstand beschäftigen, sofern er über unser Sein oder Nichtsein entscheidet.«[32]

---

[26] Ebd.
[27] Ebd.
[28] TILLICH, Systematische Theologie, Bd. 1, S. 21.
[29] TILLICH, Systematische Theologie, Bd. 1, S. 22.
[30] Ebd.
[31] TILLICH, Systematische Theologie, Bd. 1, S. 19 f., im Text kursiv.
[32] TILLICH, Systematische Theologie, Bd. 1, S. 21, im Text kursiv.

4. Heiligung und Dämonisierung der Welt

Aus dieser abstrakten Bestimmung dessen, worum es in theologischen Sätzen und mithin in der Theologie zu tun ist, ergeben sich zwei zentrale Fragen. Erstens stellt sich die Frage, durch welche Medien dieses Geschehen – das, was uns unbedingt angeht – sich uns vermittelt. Die Antwort ist in den Ausführungen zu den Bestimmungen dessen, was uns unbedingt angeht, schon vorgezeichnet. Dieses ist nicht als ein abstrakt Unbedingtes zu allem Bedingten, als ein bloß Für-sich-Seiendes zu verstehen. Vielmehr ist das, was uns unbedingt angeht, als das Unbedingte alles Bedingten zu erfassen. Das wiederum bedeutet, dass umgekehrt alles Bedingte auf das, was uns unbedingt angeht, hin durchlässig sein kann. Das, was uns unbedingt angeht, kann uns durch alles Bedingte hindurch unbedingt angehen. Mithin ist nichts davon ausgenommen, zum Medium für das Geschehen zu werden, das uns unbedingt angeht. Dies heißt wiederum für alles Bedingte, dass es zu diesem Medium nur wird und von uns als solches erfasst wird, wenn es als ein Endliches nicht *unmittelbar* zum Unbedingten erklärt, nicht unmittelbar mit diesem gleichgesetzt wird. Nur indem das Bedingte auf das Unbedingte hin durchsichtig wird, kann es zum Medium für dasjenige Geschehen werden, was uns unbedingt angeht.

Dazu kann prinzipiell alles Endliche dienen. Dies setzt jedoch voraus, dass das Bedingte die Dimension auf das Unbedingte hin freihält, mithin als bedingtes Endliches nicht unmittelbar mit dem Unbedingten identifiziert wird.

»[D]as Bedingte [wird] zum Träger des Unbedingten, aber das Bedingte wird nicht zu unbedingter Gültigkeit erhoben, noch wird es neben das Unbedingte gestellt, sondern in ihm und durch es hindurch verwirklicht sich das Unendliche. Von solcher Möglichkeit ist nichts ausgeschlossen. In jedem Vorläufigen und durch jedes Vorläufige hindurch kann das Letzte, Unbedingte sich verwirklichen. Wenn dies geschieht, wird das Vorläufige zu einem möglichen Gegenstand der Theologie. Die Theologie geht aber nur insofern damit um, als es ein Medium, ein Träger ist, der über sich selbst hinausweist.«[33]

Diese Überlegung führt Tillich dazu, für eine Heiligung der Welt in allen ihren Teilbereichen einzutreten, durch welche die Unbedingtheitsdimension an allem Bedingten zur Geltung gebracht wird.[34] Es gibt folglich kein bloß Profanes, son-

---

[33] TILLICH, Systematische Theologie, Bd. 1, S. 21. Als solche Medien nennt Tillich etwa Bilder, Gedichte und Musik, und zwar »im Hinblick auf ihre Fähigkeit, durch ihre ästhetische Form gewisse Aspekte dessen auszudrücken, was uns unbedingt angeht«. Auch physikalische, historische und psychologische Einsichten, soziale und politische Ideen und anderes mehr können in dieser Weise fungieren, wenn sie den Verweischarakter auf das Unbedingte mit sich führen. Vgl. ebd. und ferner den Abschnitt zu den »Medien der Offenbarung«, Systematische Theologie, Bd. 1, S. 142–151.

[34] Dieser Gedanke liegt auch Tillichs Symboltheorie zugrunde. Symbole unterscheiden sich von Zeichen, die auf das Bezeichnete bloß verweisen, dadurch, dass sie partizipieren an dem Sinngehalt, den sie symbolisieren. Dies vermögen sie nur, indem sie demjenigen Strukturzusammenhang entsprechen, der mit dem, was uns unbedingt angeht, für alles Bedingte aufgerufen ist: durchsichtig zu sein für das Unbedingte.

dern alle Lebenssphären sind in ihrem Verweischarakter auf das Unbedingte hin zu verstehen und zu gestalten. Dies bildet den Grundgedanken für Tillichs programmatische Forderung nach einer Theologie der Kultur,[35] mit der er einer zunehmenden Säkularisierung aller gesellschaftlichen Bereiche entgegenzutreten sucht. Sie basiert auf der Überzeugung, dass alles Seiende der Bestimmung durch das Unbedingte unterliegt, es mithin nichts bloß Profanes geben kann, sich daraus vielmehr die Aufgabe ergibt, alle Bereiche des menschlichen Lebens in ihrer religiösen Verweisdimension offen zu legen und entsprechend zu gestalten bzw. umzugestalten. Denn die Bezogenheit auf das Unbedingte, die alles Bedingte in seine wahrhaftige Verwirklichung bringt, ist im faktischen Weltzusammenhang sowie im Selbstverständnis des Menschen verdeckt und verstellt. Welt und Selbstsein des Menschen stehen unter der Signatur der Entfremdung von ihrer wahren Bestimmung.

Tillichs Ausführungen zur religiösen Bestimmung des Endlichen in seiner Verweisdimension auf das Unbedingte lassen ihn die Identifizierung des Bedingten mit dem Unbedingten als das Dämonische bzw. als Dämonisierung charakterisieren. Prozesse einer Identifizierung des Bedingten mit dem Unbedingten deckt er im Bereich des Politischen besonders in der deutschnationalen Ideologie auf. Im Bereich des Religiösen sieht er etwa im Katholizismus eine Neigung, die Unterscheidung zwischen Unendlichem und Endlichem nicht hinreichend aufrechtzuerhalten. Demgegenüber soll wiederum das »protestantische Prinzip«[36] gerade dafür einstehen, dass einer Dämonisierung des Bedingten, in welchen Bereichen auch immer, gewehrt wird, indem nichts Endliches unmittelbar mit dem Unbedingten gleichgesetzt, sondern alles auf das Unbedingte hin erfasst wird.[37]

5. Der in Jesus als dem Christus inkarnierte *logos* und das Verhältnis von Philosophie und Theologie

Die zweite Frage, die sich aus der Bestimmung dessen, worum es in theologischen Aussagen zu tun ist, ergibt, ist diejenige danach, wodurch diese sich als theologische, näherhin als christliche von den Aussagen der Philosophie unterscheiden. Diese Frage wird umso dringlicher, als Tillich mit aller Verve die Nähe von Theologie und Philosophie herausstellt. In beiden geht es, so Tillich, im Kern um die-

---

[35] Vgl. PAUL TILLICH, Die religiöse Substanz der Kultur. Schriften zur Theologie der Kultur, in: Gesammelte Werke, Bd. 9, hg. von R. Albrecht, 1. Auflage, Stuttgart 1967; 2. Auflage, Stuttgart 1975; vgl. auch: DERS., Religion und Kultur (1920), in: Gesammelte Werke, Ergänzungs- und Nachlaßband, Bd. 12, hg. und mit einer historischen Einleitung versehen von E. Sturm, Berlin/New York 2001.
[36] Vgl. PAUL TILLICH, Der Protestantismus als Kritik und Gestaltung, in: Gesammelte Werke, hg. von R. Albrecht, Schriften zur Theologie 1, Bd. 7, Stuttgart 1962.
[37] Den Gedanken der Vermittlung zwischen Unbedingtem und Bedingtem unter Wahrung seiner Unterschiedenheit sucht Tillich als Grundbestimmung in der Christologie, Sakramentenlehre und Pneumatologie entsprechend zur Geltung zu bringen.

selbe Frage: »Die Philosophie fragt notwendig nach der Wirklichkeit als solcher, es geht ihr um die Struktur des Seins. Die Theologie stellt notwendig dieselbe Frage, denn das, was uns unbedingt angeht, muß zur Wirklichkeit als solcher gehören, es muß zum Sein gehören.«[38] Daher kann Tillich dezidiert festhalten: »Philosophie und Theologie stellen die Frage nach dem Sein.«[39] Allerdings tun sie das in einer unterschiedlichen Perspektive. Tillich meint diesbezüglich, dass die Philosophie nach der »Struktur des Seins an sich« frage, während demgegenüber sich die Theologie »mit dem Sinn des Seins für uns« beschäftige.[40] Dies liegt ganz in der Linie seiner Bemerkungen zur Bestimmung dessen, was uns unbedingt angeht. Es ist hier nicht zu diskutieren, ob Tillich die Haltung des Philosophen zum Gegenstand seiner Erkenntnis damit angemessen wiedergibt.

Jedenfalls macht er für die Theologie und dann auch den Theologen geltend, dass dieser – im Unterschied zum Philosophen, der »Distanz gegenüber dem Sein und seinen Strukturen einzunehmen«[41] hat – seinen ›Gegenstand‹ nur angemessen zu erfassen vermag, wenn er selbst in der Situation des unbedingten Angegangenseins, sprich des existentiellen Betroffenseins steht, traditionell gesprochen ein Glaubender ist. Der »Theologe [ist] von seinem Erkenntnisgegenstand nicht abgerückt, sondern in ihn einbezogen«.[42] »Die Haltung des Theologen ist *existentiell.*«[43] Das heißt nun angesichts dessen, was oben zu der Bestimmung desjenigen, was uns unbedingt angeht, ausgeführt wurde, dass einzig der Theologe dem Sein desselben entspricht, zu dem es eben kein distanziertes Verhältnis geben kann, ein solches vielmehr dessen eigentliches Wesen verfehlt.

Indes auch damit ist noch nicht derjenige Unterschied benannt, der die christliche Theologie von jedweder rein vernunftgeleiteten Gotteserkenntnis, den Theologen vom Philosophen unterscheidet. Dieser Unterschied gründet in dem für den Theologen schlechthin unveräußerlichen Bezugspunkt in Person und Werk Jesu Christi. »Seine Erkenntnisquelle ist nicht der universale *logos*, sondern der *logos*, der ›Fleisch wurde‹, das heißt der *logos*, der sich in einem bestimmten historischen Ereignis manifestiert.«[44] Der Theologe ist auf diese Erkenntnisquelle und ebenso auf jene Überlieferungsorgane und Medien – vornehmlich in Gestalt von Heiliger Schrift und Kirche – angewiesen, die sich auf diese Erkenntnisquelle zurückbeziehen. Es ist nicht die reine Vernunft, sondern der Glaube an die geschichtliche Manifestation des *logos* in Jesus Christus, durch den der Theologe sich bestimmt weiß und dem die Theologie zu entsprechen hat. »Der konkrete *logos*, den er anschaut, wurde ihm durch gläubige Bindung zuteil und nicht, wie der universale *logos*, auf den der Philosoph schaut, durch rationale Distanzierung.«[45]

---

[38] Tillich, Systematische Theologie, Bd. 1, S. 29.
[39] Tillich, Systematische Theologie, Bd. 1, S. 30.
[40] Ebd.
[41] Ebd.
[42] Tillich, Systematische Theologie, Bd. 1, S. 31.
[43] Ebd.
[44] Tillich, Systematische Theologie, Bd. 1, S. 32.
[45] Ebd.

Bei aller Betonung des apologetischen, die eigene theologische Erkenntnis mit aller Erkenntnis vermittelnden Charakters der Theologie und trotz seiner Behauptung einer grundlegenden Verbindung von Theologie und Philosophie will Tillich an dieser Bestimmtheit der Theologie in ihrer Bezogenheit auf die geschichtliche Erscheinung des Unbedingten in Person und Werk Jesu Christi keinen Zweifel aufkommen lassen – etwas anderes ist die Frage, ob er ihr in der eigenen Durchführung konsequent genug nachkommt. Dieser Bezugspunkt des christlichen Glaubens und damit auch des theologischen Erkenntnisvollzugs in Person und Werk Jesu Christi als Manifestation des Unbedingten wird von Tillich wiederum nicht als der nur für den christlichen Kontext maßgebliche und somit als etwas von bloß singulär-partikularem Charakter verstanden. Vielmehr wird dieser Bezugspunkt in Person und Werk Jesu Christi als die absolute Manifestation des Unbedingten behauptet, weil im Selbstvollzug Jesu Christi *in vollendeter Weise* und *in konkret personaler Gestalt* jene Bestimmung des Verhältnisses von Bedingtem und Unbedingten Wirklichkeit geworden ist, die für alles Endliche gilt: dass es in der Unterscheidung von und auf das Unbedingte hin lebt. Daher gilt für die Erscheinung des Unbedingten in Jesus Christus, dass in ihm als Person ein *absolut Konkretes von zugleich universalem Wahrheitsanspruch* manifest geworden ist. Dies wird in der Theologie zur Geltung gebracht.

»Der Theologe [...] behauptet die Allgemeingültigkeit der christlichen Botschaft trotz ihres konkreten und speziellen Charakters. Er rechtfertigt diesen Anspruch nicht, indem er von der Konkretheit der Botschaft abstrahiert, sondern indem er ihre unwiederholbare Einzigartigkeit betont.«[46]

Dies heißt für den Theologen:

»Er betritt den theologischen Zirkel mit einer konkreten Überzeugung. Er betritt ihn als ein Glied der christlichen Kirche zur Erfüllung einer der wesentlichsten Funktionen der Kirche, nämlich ihres theologischen Selbstverständnisses.«[47]

Tillich begründet diesen Anspruch auf zweifache Weise. Zum einen hebt er die Erscheinung des *logos* in personaler Gestalt hervor. Es ist die Konkretheit des persönlichen Lebens und die darin für den Glaubenden eröffnete Anschauung des Vollzugs der wahren Bestimmung des Menschen, welche die christliche Religion in ihrem Bezug auf Jesus Christus in exklusiver Weise auszeichnet. Sie beruht nämlich darauf, dass

»das Prinzip der göttlichen Selbstoffenbarung in dem Ereignis ›Jesus als der Christus‹ manifest geworden ist. Ist diese Botschaft wahr, dann hat die christliche Theologie ein Fundament erhalten, das das Fundament jeder anderen Theologie transzendiert und das selbst nicht transzendiert werden kann. Die christliche Theologie hat etwas erhalten, das absolut konkret und zugleich absolut universal ist. Kein Mythos, keine mystische Schau, kein metaphysisches Prinzip, kein heiliges Gesetz hat die Konkretheit eines persönlichen Lebens.«[48]

---

[46] TILLICH, Systematische Theologie, Bd. 1, S. 17.
[47] Ebd.
[48] TILLICH, Systematische Theologie, Bd. 1, S. 23 f.

Für die Person Jesu gilt daher: »Sofern er absolut konkret ist, kann die Beziehung zu ihm eine völlig existentielle sein.«[49]

Zum andern stellt Tillich als die exklusive Besonderheit des in der Person Jesu Angeschauten dasjenige heraus, was die Bestimmung alles Endlichen darstellt, nämlich nicht an der eigenen Endlichkeit unmittelbar festzuhalten, sondern ›Medium‹ für das Unbedingte zu sein. In Jesu Selbsthingabe am Kreuz – so deutet Tillich das Kreuzesgeschehen – wird dies durch die Negation der eigenen Endlichkeit in nuce zur Darstellung gebracht. Daher kommt diesem Offenbarungsmedium absolute Geltung zu.

»Eine Offenbarung ist letztgültig und normgebend, wenn sie die Macht hat, sich selbst zu verneinen, ohne sich selbst zu verlieren. Dieses Paradox beruht auf der Tatsache, daß jede Offenbarung bedingt ist durch das Medium, in dem und durch das sie erscheint. Die Frage nach der letztgültigen Offenbarung ist die Frage nach einem Medium der Offenbarung, das seine eigenen endlichen Bedingungen überwindet, indem es sie und sich selbst mit ihnen opfert. Der Träger der letztgültigen Offenbarung muß seine Endlichkeit aufgeben [...]. Er wird völlig transparent für das Geheimnis, das er offenbart.«[50]

Tillich folgert aus diesem seinem Verständnis des Kreuzesgeschehens, dass das Offenbarwerden der Wahrheit im Glauben an Jesus Christus genau diese sich selbst opfernde Aufhebung der historischen Existenz so zur Voraussetzung hat, dass der historische Jesus nicht mehr zum Grund des Glaubens gehört. »Der Gegenstand von Frömmigkeit und Theologie ist Jesus als der Christus und nur als der Christus. Und er ist der Christus als der, der alles, was nur ›Jesus‹ in ihm ist, zum Opfer bringt. Der entscheidende Zug seines Bildes ist die ständige Selbstpreisgabe des Jesus, der Jesus ist, an den Jesus, der der Christus ist.«[51] Denn »nur als der, der sein Fleisch, d. h. seine historische Existenz, geopfert hat, ist er der Träger des göttlichen Geistes oder die neue Kreatur«.[52]

Insofern wird Jesus als der Christus von Tillich für alle Erkenntnis sowie jedweden religiösen Vollzug als die absolute Manifestation des Unbedingten im Endlichen beansprucht. »Christliche Theologie ist *die* Theologie, insofern sie auf der Spannung zwischen dem absolut Konkretem und dem absolut Universalen beruht.«[53] Oder noch einmal anders: »Die Logoslehre als die Lehre von der Identität des absolut Konkreten mit dem absolut Universalen ist nicht eine theologische Lehre unter anderen; sie ist die einzig mögliche Begründung einer christlichen Theologie, die den Anspruch erhebt, *die* Theologie zu sein.«[54]

---

[49] Tillich, Systematische Theologie, Bd. 1, S. 24 f.
[50] Tillich, Systematische Theologie, Bd. 1, S. 159 f.
[51] Tillich, Systematische Theologie, Bd. 1, S. 161.
[52] Tillich, Systematische Theologie, Bd. 1, S. 160.
[53] Tillich, Systematische Theologie, Bd. 1, S. 24.
[54] Ebd.

Weiterführende Literatur:
OSWALD BAYER, Theologie. Handbuch Systematischer Theologie, hg. von C. H. Ratschow, Bd. 1, Gütersloh 1994, S. 185–280.
HERMANN FISCHER (Hg.), Paul Tillich. Studien zu einer Theologie der Moderne, Frankfurt a. M. 1989.
WERNER SCHÜSSLER, »Was uns unbedingt angeht«. Studien zur Theologie Paul Tillichs, Münster/Hamburg u. a. 1999.
GUNTHER WENZ, Subjekt und Sein. Die Entwicklung der Theologie Paul Tillichs, München 1979.

XXIII. Wolfhart Pannenberg: Systematische Theologie als Entfaltung des universalen Wahrheitsanspruchs des christlichen Gottesgedankens

Textgrundlage:[1]
- W. PANNENBERG, Wissenschaftstheorie und Theologie, Kapitel 5: Theologie als Wissenschaft von Gott, S. 299–348.
- W. PANNENBERG, Was ist der Mensch? Die Anthropologie der Gegenwart im Lichte der Theologie, Kapitel 1: Weltoffenheit und Gottoffenheit, S. 5–13.
- W. PANNENBERG, Anthropologie in theologischer Perspektive, die Einleitung: Theologie und Anthropologie, S. 11–24.
- W. PANNENBERG, Systematische Theologie, besonders Bd. 1, Kapitel 1: Die Wahrheit der christlichen Lehre als Thema der systematischen Theologie, S. 11–73.

1. Der umfassende Wahrheitsanspruch des Gottesgedankens und die Aufgabe der Theologie

Für Wolfhart Pannenberg ist »Gott [...] der eigentliche und umfassende Gegenstand der Theologie«;[2] und die Theologie versteht er als »Wissenschaft von Gott«.[3] Mit dieser auf Gott als ihren Gegenstand bezogenen Grundbestimmung von dem, was Theologie ist und was sie zu leisten hat, sind für Pannenberg drei zentrale, miteinander verknüpfte Aufgaben verbunden, die im Kanon der ausdifferenzierten theologischen Einzeldisziplinen und ihrer jeweiligen methodischen und thematischen Schwerpunktsetzung insonderheit von der Systematischen Theologie wahrzunehmen sind. Diese ist unter den Disziplinen der Theologie diejenige, die sich dezidiert der Aufgabe zu widmen hat, *den universalen Wahrheitsanspruch des christlichen Gottesgedankens zu explizieren*. Ein Selbstverständnis von Theologie, das diesen universalen Wahrheitsanspruch des christlichen Gottesgedankens nicht wahrnimmt und entsprechend entfaltet, bleibt Pannenberg zufolge hinter dem der Theologie von ihrem *Gegenstand* her aufgegebenen Horizont zurück.

---

[1] WOLFHART PANNENBERG, Wissenschaftstheorie und Theologie, Frankfurt a. M. 1973.
DERS., Was ist der Mensch? Die Anthropologie der Gegenwart im Lichte der Theologie, 4. Auflage, Göttingen 1972.
DERS., Anthropologie in theologischer Perspektive, Göttingen 1983.
DERS., Systematische Theologie, Bde 1–3, Göttingen 1988–1993.
[2] PANNENBERG, Systematische Theologie, Bd. 1, S. 14; vgl. PANNENBERG, Wissenschaftstheorie und Theologie, S. 299.
[3] Vgl. das gleichnamige Kapitel 5 in PANNENBERG, Wissenschaftstheorie und Theologie.

1. Der umfassende Wahrheitsanspruch des Gottesgedankens 309

Den Anspruch auf universale Wahrheit gilt es für Pannenberg in dreierlei Hinsicht auszuarbeiten. Die Systematische Theologie hat zum einen eine wissenschaftstheoretische Selbstpositionierung der Theologie zu verfolgen, um ihren Charakter als Wissenschaft eigens zu begründen und damit ihre Stellung innerhalb der *universitas litterarum* zu behaupten. Sie hat zum anderen den universalen Wahrheitsanspruch des christlichen Gottesgedankens gegenüber den anderen Wissenschaften und deren jeweiligen Wahrheitsansprüchen zu bewähren. Für Pannenberg bedeutet dies, dass die Theologie die Ergebnisse der einzelnen Wissenschaften auf ihre theologische Verweisdimension hin durchsichtig macht und an den Erkenntnissen der Einzelwissenschaften selbst zu zeigen versucht, dass und inwiefern sie auf die Gottesthematik hindeuten. Das »Hineinziehen des außertheologischen Wissens über Mensch, Welt und Geschichte, insbesondere der ihrerseits schon auf die Frage nach der Wirklichkeit im ganzen bezogenen Aussagen der Philosophie zu diesen Themen«,[4] bildet für Pannenberg eine unveräußerliche Aufgabe der Theologie. Schließlich hat die Systematische Theologie den Wahrheitsanspruch des spezifisch christlichen Gottesgedankens in einer in sich kohärenten Entfaltung der christlichen Lehre durch alle ihre Topoi hindurch darzulegen.

Dabei ist der Gottesgedanke für Pannenberg das einheitsgebende und begründende Prinzip der gesamten theologischen Lehre. Diese Funktion kommt seiner Auffassung nach nicht etwa der Religionstheorie zu. Der Reflexion auf die Religiosität als einem Fundamentale, das zur menschlichen Natur gehört, gesteht Pannenberg zwar eine zentrale Bedeutung für die theologische Selbstverständigung und ihren Plausibilitätsanspruch zu. Denn der Nachweis einer mit dem Wesen des Menschen verbundenen Verwiesenheit auf den Horizont der göttlichen Wirklichkeit vermag deutlich zu machen, dass Religion notwendig zum gelingenden Selbstvollzug des Menschen gehört und nicht etwa als eine bloße Projektion menschlicher Subjektivität zu entlarven ist, die den Menschen von der Verwirklichung seines wahren Wesens entfremdet, wie es die radikale Religionskritik in Gestalt von Feuerbach, Nietzsche und Freud analysiert hat. Ebenso dient Pannenberg die Auseinandersetzung mit der Philosophie um die Frage, ob und inwiefern die Vernunft im Versuch, sich selbst im Vollzug ihres Selbst- und Weltverstehens zu erfassen, auf den Gottesgedanken ausgreifen muss, als ein gewichtiges Argument, um die grundlegende Bedeutung des Gottesgedankens für alles vernünftige Erkennen zu behaupten. Indes erfüllt keiner der beiden Argumentationszusammenhänge – weder der religionstheoretische noch der philosophische – die Funktion, den eigentlichen *Begründungszusammenhang* für die Theologie abzugeben. Dies kommt allein dem christlichen Gottesgedanken zu. Daher heißt es entschieden: »Der Stoff der Dogmatik wird in allen seinen Teilen als Entfaltung des christlichen Gottesgedankens vorgetragen«.[5]

---

[4] PANNENBERG, Systematische Theologie, Bd. 1, S. 59.
[5] PANNENBERG, Systematische Theologie, Bd. 1, S. 7.

Wissenschaftstheoretische Selbstverortung im Verbund der universitären Fachdisziplinen, Plausibilisierung des Wahrheitsanspruchs der Theologie nach außen hin im Diskurs mit den anderen Wissenschaften sowie – nach innen hin – die in sich kohärente Entfaltung des Ganzen der christlichen Lehre bilden die grundlegenden Aufgaben der Systematischen Theologie, will sie ihrem spezifischen Gegenstand – Gott – und dem mit ihm verbundenen Wahrheitsanspruch entsprechen. Hinter diesem mit ihrem Gegenstand aufgerufenen Wahrheitsanspruch bleiben, so Pannenberg, jene Konzeptionen von Theologie zurück, die diese vornehmlich von ihrer Funktion für die Kirche her verstehen und eine bloß interne Selbstverständigung über die Rationalität der christlichen Lehre anstreben, wie Pannenberg vor allem gegenüber Karl Barth[6] geltend macht. Den Wahrheitsanspruch des Gottesgedankens unterlaufen auch all jene religionsgeschichtlichen Versuche, die die Theologie als Wissenschaft vom geschichtswirksamen Christentum begreifen, wie es in der religionsgeschichtlichen Schule, namentlich bei Ernst Troeltsch[7] und den ihm folgenden Denkern versucht wird.

Die Theologie wiederum auf die Religionstheorie zu begründen, würde zwar die Verwiesenheit des Menschen auf Gott als ein anthropologisches Fundamentale mit dem Anspruch auf vernünftige Allgemeinheit explizieren – und darin liegt für Pannenberg durchaus die besondere Bedeutung einer religionstheoretischen Reflexion, dass sie Religion als etwas zum Menschsein des Menschen Gehörendes erweist. Eine solche Argumentation gelangt indes, so Pannenberg, nur zum Gottes*gedanken* als einem für das Menschsein des Menschen konstitutiven Horizont. Sie gelangt jedoch nicht zur Erkenntnis der *Wirklichkeit* Gottes.[8] Denn diese ist für Pannenberg an die Offenbarung Gottes gebunden.[9] Theologie hat all die besagten Aufgaben insofern auch zu erfüllen, aber nicht ausschließlich und nicht vordringlich. Sie hat vielmehr zuvörderst in den oben genannten Dimensionen den Wahrheitsanspruch des christlichen Gottesgedankens darzulegen, um von da aus dann den Anspruch auf Wahrheit auch für die Kirche und die christliche Religion sowie die Christentumsgeschichte zu begründen.

2. Gott als die alles bestimmende Wirklichkeit und die Erfahrung ihrer Strittigkeit

Der eigentliche Gegenstand der Theologie ist Gott. Gott zu denken heißt, ihn als die *Wahrheit* zu denken; und die Wahrheit wiederum ist, so Pannenberg, *eine*. Gott als die eine und umfassende Wahrheit ist als die *alles bestimmende Wirk-*

---

[6] Vgl. Kapitel XXI.
[7] Vgl. Kapitel XX.
[8] Zu dieser Argumentation vgl. unten S. 314–316.
[9] In diesem Grundsatz, dass von der Wirklichkeit Gottes nur aufgrund seiner Offenbarung geredet werden kann, stimmt Pannenberg mit Karl Barth überein. In der Durchführung greift er dafür im Unterschied zu Barth auf das Verhältnis Jesu zum Vater zurück. Siehe dazu unten S. 321 f.

2. Gott als die alles bestimmende Wirklichkeit und die Erfahrung ihrer Strittigkeit 311

lichkeit zu erfassen. Dies bedeutet, dass alles, was ist, im Horizont der göttlichen Wirklichkeit gedacht werden muss, wenn dem Gottesgedanken als der alles bestimmenden Wirklichkeit entsprochen werden soll; und zugleich ist alles Seiende in seiner Bezogenheit auf Gott zu denken, wenn der wahrhaften Bestimmung alles Endlichen als Endlichen entsprochen werden soll. Diesen Zusammenhang zu entfalten, ist nach Pannenberg die Aufgabe der Theologie, insbesondere der Systematischen Theologie, die nur so dem mit ihrem Gegenstand verbundenen universalen Wahrheitsanspruch und seinen Implikationen gerecht wird.

Wenn Pannenberg betont, dass es eine vernunftnotwendige Implikation des Gottesgedankens sowie des Begriffs der Wahrheit sei, diese als *eine* und mithin die Einheit Gottes als die alles bestimmende Wirklichkeit zu denken, so heißt dies nicht, dass er für den eigenen theologischen Entwurf sozusagen den Anspruch auf absolute Entsprechung zu dem ihm zu denken aufgegebenen Gegenstand erhebt. Vielmehr betont Pannenberg ausdrücklich, dass jeder dogmatische Entwurf – und so auch der eigene sowie jede kirchliche Lehre – nur vorläufige Geltung für sich beanspruchen kann. Dies hat mit der Endlichkeit menschlicher Erkenntnis und der ständigen Erweiterung menschlichen Wissens in der Geschichte zu tun, aber auch und nicht zuletzt mit der im theologischen Begreifen zu erfassenden Wirklichkeit Gottes selber. Denn diese, so ist im Folgenden noch genauer auszuführen, offenbart sich in der Geschichte, so dass die Geschichte als Ort der »Selbstverwirklichung«[10] Gottes zu denken ist, dessen definitive und schlechthin evidente Selbstbekundung am Ende der Geschichte noch aussteht. Bis zum definitiven Selbsterweis Gottes im Eschaton ist die Wirklichkeit Gottes daher noch strittig.

Mit dem für Pannenbergs Gotteslehre zentralen Gedanken der Strittigkeit der Wirklichkeit Gottes versucht er, den Gedanken der Offenbarung Gottes in der Geschichte bis zum Eschaton theologisch festzuhalten und zugleich die menschliche Erfahrung ihrer Verborgenheit einzuholen.

»Daß die Wirklichkeit Gottes und seiner Offenbarung in der Welt strittig ist, das gehört mit zur Wirklichkeit der Welt, die in der Dogmatik als die Welt Gottes gedacht werden soll. [...] Sogar noch die Strittigkeit der Wirklichkeit Gottes in der Welt muß in Gott begründet sein, wenn er der Schöpfer dieser Welt sein soll.«[11]

Mithin ist für den theologischen Erkenntnisvollzug insgesamt als prägend zu behaupten:

»Für die Gotteserfahrung [...] gelten die mit der Geschichtlichkeit menschlicher Erfahrung gegebenen Schranken in besonderer Weise, weil Gott kein jederzeit identifizierbarer Gegenstand in der von Menschen gemeinsam bewohnten Welt ist und seine Wirklichkeit auf das engste mit der Erfahrung der ihm zuschreibbaren Macht über Welt und Geschichte verbunden ist, und zwar über das Ganze der Welt in ihrer Geschichte. Darum kann erst die letzte Zukunft der Welt und ihrer Geschichte die Wirklichkeit Gottes endgültig und

---

[10] PANNENBERG, Systematische Theologie, Bd. 1, S. 418 und S. 422f.
[11] PANNENBERG, Systematische Theologie, Bd. 1, S. 59.

unwidersprechlich erweisen. Das schließt die Möglichkeit vorläufiger Erfahrung der Wirklichkeit Gottes und seiner Beständigkeit im Gang der Geschichte nicht aus, aber alle darauf bezogenen Aussagen beruhen in der für alles menschliche Reden von Gott spezifischen Weise auf Vorgriffen auf das Ganze der Welt und also auf die noch nicht eingetretene Zukunft ihrer noch unabgeschlossenen Geschichte.«[12]

Wie Pannenberg mit der These von der »Strittigkeit des Daseins und Wesens Gottes in dieser Welt als in Gott selber begründet«[13] den Charakter der Christusoffenbarung und des Glaubens näherhin bestimmt, wird durch das Folgende noch deutlich.

3. Der wissenschaftstheoretische Status theologischer Aussagen

Aus diesen Überlegungen zum Wahrheitsanspruch des Gottesgedankens heraus wird auch deutlich, dass die Inhalte der Glaubenserkenntnis und jene der Vernunfterkenntnis sich nicht schlechterdings widersprechen können, dass vielmehr die Vernunft auf Gotteserkenntnis hin ausgerichtet ist, und umgekehrt die Theologie die Vernunft der christlichen Religion zu explizieren hat. »In der Theologie geht es um die Allgemeinheit der Offenbarungswahrheit und darin um die Wahrheit der Offenbarung und Gottes selbst.«[14] Dies bedeutet nicht, dass es in der christlichen Gotteserkenntnis nicht um eine spezifische, allein durch die Offenbarung in Jesus Christus eröffnete Gotteserkenntnis geht. Allerdings ist für sie der Anspruch zu erheben – und dann auch entsprechend zu entfalten –, von *allgemeingültiger* Wahrheit zu sein; und dies setzt den Diskurs mit der Vernunft und überhaupt aller Erkenntnis der Wissenschaften voraus.[15]

Der Frage nach dem wissenschaftstheoretischen Status der Theologie hat Pannenberg eine großangelegte Monographie *Wissenschaftstheorie und Theologie* (1973) gewidmet. Mit ihr reagiert er auf die Strukturdiskussionen in den späten sechziger und Anfang der siebziger Jahre des 20. Jahrhunderts um die Universitätsreform und die damit verbundene Frage nach der Theologie als Wissenschaft

---

[12] PANNENBERG, Systematische Theologie, Bd. 1, S. 65.
[13] PANNENBERG, Systematische Theologie, Bd. 1, S. 69.
[14] PANNENBERG, Systematische Theologie, Bd. 1, S. 60.
[15] Pannenbergs Zuordnung von vernünftiger Gotteserkenntnis und derjenigen Erkenntnis Gottes, wie sie die Offenbarung erschließt, wird in der theologischen Zunft weitgehend so verstanden, als ob jene in den Begründungszusammenhang der Theologie gehöre, so dass sie den gedanklichen Rahmen abgibt, innerhalb dessen der spezifisch christliche Gottesgedanke verortet wird. Dieser Eindruck legt sich aus dem stark apologetischen Charakter der Pannenbergschen Theologie und seiner Betonung des Vernunftcharakters der christlichen Religion nahe. Er ist gleichwohl unzutreffend. Das Verhältnis zwischen beiden ist eher das einer *kritischen* (!) Überbietung der vernünftigen durch die spezifisch christliche Gotteslehre, die aus der Offenbarung Gottes gewonnen wird. Der Aufbau der *Systematischen Theologie* in Band 1 und deren Durchführung insgesamt lässt dies klar hervortreten. Siehe dazu unten S. 319f. Der Wahrheitsanspruch des christlichen Gottesgedankens ist jedoch an und gegenüber dem Gottesgedanken der Vernunft zu entfalten; dies bildet für Pannenberg eine unveräußerliche Aufgabe der Theologie.

und ihrem Platz an staatlichen Universitäten. Ein aus Pannenbergs Sicht auf Selbstimmunisierung hinauslaufendes Verständnis von Theologie, wie es insbesondere die dialektische Theologie in Gestalt von Karl Barth und seiner Schule wirkmächtig vertritt, unterläuft die der Theologie von außen gestellte Aufgabe einer wissenschaftstheoretischen Selbstverortung im Diskurs mit den nichttheologischen Wissenschaften und ebenso den mit ihrem Gegenstand verbundenen eigenen Wahrheitsanspruch. Der Wissenschaftsbegriff, der für die Theologie geltend gemacht wird und werden muss, hat sich, so Pannenberg, nach dem allgemeinen Wissenschaftsbegriff zu richten und sich an diesem zu bewähren. Insofern tritt Pannenberg in *Wissenschaftstheorie und Theologie* in die Auseinandersetzung mit den zeitgenössisch prominenten wissenschaftstheoretischen Positionen ein, vornehmlich mit dem kritischen Rationalismus, der Konsensus-, Korrespondenz- und Kohärenztheorie der Wahrheit sowie der Hermeneutik.

Die Argumentationszusammenhänge können hier nicht im Einzelnen dargestellt werden. Wir halten einige Grundaussagen fest. Dazu gehört Pannenbergs Auffassung, dass theologische Aussagen, insofern sie als Aussagen Behauptungssätze darstellen, einer Verifikation bzw. Falsifikation ausgesetzt sind, wie das für alle Sätze jedweder Wissenschaft gilt, die als Behauptungen formuliert sind. Damit verbindet sich eine grundlegende Folgerung für den Charakter theologischer Aussagen: Da sie auf die göttliche Wirklichkeit Bezug nehmen, die Wirklichkeit Gottes sich wiederum allererst im Eschaton als evident erweisen wird und daher sich erst am Ende der Zeit von sich her durch sich selbst vollends zu erkennen gibt, kann auch die Verifikation theologischer Aussagen erst mit dem endgültigen Selbsterweis der Wirklichkeit Gottes im Eschaton geschehen. Bis dahin hat von allen theologischen Aussagen zu gelten, dass sie *hypothetischen* Charakter haben, indem ihre Verifikation – und gegebenenfalls ihre Falsifikation – durch Gott selbst am Ende der Zeit noch aussteht.

Damit setzt sich Pannenberg dem Einwand aus, dass der Glaube als ein Akt des existenzbestimmenden Vertrauens sich kaum auf bloß hypothetische Aussagen gründen lässt. Ihm sucht er durch den Gedanken des Vorwegereignisses – der ›Antizipation‹, der ›Prolepse‹ – des Endes der Geschichte in Person und Geschick Jesu Christi zu entsprechen, worin die Gewissheit des Glaubens gründet. Mit dem Gedanken des endgültigen Selbsterweises Gottes im Eschaton, der zu einem Spezifikum seiner Gotteslehre gehört, sucht Pannenberg die schlechthin einzigartige Bedeutung der Offenbarung Gottes in Jesus Christus als dem Grund des Glaubens zu verknüpfen. Beides zusammenzudenken, darin liegt die systematische Funktion des Gedankens der Antizipation bzw. Prolepse. Denn mit ihm soll festgehalten werden, dass an Jesus Christus schon Ereignis geworden ist, was für alle anderen Menschen noch aussteht, nämlich die Auferweckung zum ewigen Leben, so dass der Glaube an Person und Werk Jesu Christi und dem in ihm offenbar gewordenen Handeln Gottes seinen durchaus *gewissen* Grund hat. Aus diesem Zusammenhang wird auch die Bedeutung von Pannenbergs Betonung der Tatsächlichkeit der Auferstehung Jesu für sein theologisches Denken und den Glauben des Christenmenschen deutlich. Die Tatsächlichkeit der Auferweckung ist Manifestation des Handelns Gottes an Jesus Christus und Vorgriff auf Gottes eschatologisches Handeln an seiner Kreatur; darin liegt ihre die Gewissheit des Glaubens begründende Bedeutung.

Der Glaube vertraut auf das in Jesus Christus bereits erschienene Heil und ist insofern seines Grundes gewiss. Er vertraut *zugleich* darauf, dass Gott in der eschatologischen Vollendung seines Reiches das in der Auferstehung Jesu Christi an diesem Einen bereits verwirklichte Heil allen Menschen zuteil werden lässt. Insofern ist der Glaube ausgerichtet auf die eschatologische Vollendung. Indem er auf die in dem Einen bereits erschienene Vollendung des Geschöpfs und die mit ihr verbundene Verheißung vertraut, ist er eine *gewisse* Hoffnung auf das, was man nicht sieht, und dem eschatologischen Selbsterweis Gottes an seiner Kreatur anheimgestellt. So gehört es für Pannenberg zum Inhalt und damit auch zum Charakter des Glaubens, dass er als Glaube an das Heilshandeln Gottes in Jesus Christus seines Grundes gewiss und *zugleich* von einer Hoffnung getragen ist, die sich auf etwas richtet, was noch nicht Wirklichkeit, sondern verheißen ist, nämlich die Auferweckung der Toten und die endgültige Verwirklichung des Reiches Gottes. Der Glaube hofft nicht ins Unbestimmte. Die Gewissheit des Glaubens gründet vielmehr in der Bezogenheit auf Person und Werk Jesu Christi und dem in ihm manifesten Handeln Gottes, wie es in seiner Auferweckung von den Toten offenbar geworden ist. Für die *theologischen* Aussagen über den Glauben und seinen Gehalt gilt allerdings, dass sie *hypothetischen* Charakter haben und auf eine endgültige Verifikation angewiesen sind. In dieser Weise ist Pannenbergs Rede vom hypothetischen Charakter aller theologischen Aussagen und von der für den Glauben als existenzbestimmendes Vertrauen konstitutiven Gewissheit einander zuzuordnen, wie er in der *Systematischen Theologie* – darin seine früheren Aussagen präzisierend – näher ausführt.[16]

4. Der Gottesgedanke als Horizont allen Selbst- und Weltverstehens

Das zweite Aufgabengebiet Systematischer Theologie – die Plausibilisierung theologischer Aussagen an den Befunden der nichttheologischen Wissenschaften – hat Pannenberg vor allem im Diskurs mit der Philosophie und der Anthropologie, aber auch mit den Naturwissenschaften, besonders der Physik,[17] ausge-

---

[16] Vgl. das Kapitel zum Glaubensbegriff in PANNENBERG, Systematische Theologie, Bd. 3, S. 155–196, sowie zur Hoffnung ebd., S. 196–206. Dass der Selbsterweis Gottes in seinem Geschichtshandeln und insbesondere in der Geschichte Jesu, die als Verheißung Gottes »zugleich Aussage über Zukunft und Wesen der Welt im Ganzen« (PANNENBERG, Systematische Theologie, Bd. 3, S. 195) ist, für die Gewissheit des Glaubens konstitutiv ist, ist entscheidend für Pannenbergs starke Betonung des Moments der *notitia* (Kenntnisnahme) der Heilsgeschichte, die zum Grund des Glaubens gehört.

[17] In der *Systematischen Theologie* schlägt sich dieser Diskurs nieder in Pannenbergs Versuch, die Schöpfungslehre mit den Erkenntnissen der Physik, insbesondere der Feldtheorie, zu vermitteln. Vgl. PANNENBERG, Systematische Theologie, Bd. 2, Kapitel 7 »Die Schöpfung der

tragen. Die Auseinandersetzung der Theologie mit der Philosophie ist für Pannenberg nicht nur naheliegend, sondern geboten, insofern diese in einer breiten Tradition metaphysischen Denkens ausgehend von der Vernunfterkenntnis den Gottesbegriff als einen notwendigen Gedanken gedacht hat oder – in ihrer metaphysikkritischen Linie – die Notwendigkeit dieses Überschritts vom Endlichen zum Unendlichen bzw. zur Wirklichkeit des mit dem Gottesbegriff Gemeinten bestritten hat. Philosophie ist – sei es konstruktiv, sei es kritisch – auf die Gottesthematik bezogen. Sie hat es mit den Bedingungen vernünftiger Rede von Gott zu tun, die es nach Pannenberg zu berücksichtigen gilt, wenn die Theologie den Anspruch auf Allgemeingültigkeit der ihr eigentümlichen Gotteslehre nicht einfach preisgeben will.

Pannenberg versucht nun seinerseits, den Gottesgedanken in *schlechthin grundlegender* Weise als den für alles Verstehen immer schon *vorauszusetzenden* Horizont zu entfalten. Dabei geht er im Einzelnen so vor, dass er zunächst *hermeneutisch* für alles Verstehen von etwas – im Anschluss an Dilthey und Gadamer – geltend macht, dass das Verstehen des Einzelnen durch den Kontext des geschichtlichen Ganzen bestimmt ist und die Hermeneutik daher mit einem universalgeschichtlichen Deutungshorizont, der wiederum nur durch den Gottesgedanken eingeholt werden kann, zu verknüpfen ist. Ferner betont er für die *Erkenntnistheorie* – in kritischer Auseinandersetzung mit Kants Postulatenlehre[18] und anknüpfend an sein eigentümliches Verständnis von der Funktion der Idee des Unendlichen bei Descartes[19] –, dass die Idee des Unendlichen und Ganzen für das Erfassen alles Endlichen als Endlichen immer schon *vorausgesetzt* und solcherart die Bedingung der Möglichkeit unserer Erkenntnis von Endlichem überhaupt ist. Schließlich versteht er das Unendliche und Ganze *ontologisch* als Ursprung und Zielgrund des Seins und Wesens der Dinge. Will man den damit erhobenen programmatischen Anspruch für die Theologie philosophiehistorisch zuordnen, dann lässt sich sagen, dass Pannenberg den Gottesgedanken vergleichbar mit der Funktion, die Platon der Idee des Guten beimisst, zur Geltung zu bringen sucht.

Dabei vollzieht Pannenberg gegenüber Platons Gottesgedanken eine dezidierte Kritik, indem er die Frage nach der Vermittlung zwischen Ewigkeit und Zeit als eine solche behauptet, die für den Begriff Gottes konstitutiv sei – dann nämlich, wenn Gott im Verhältnis zur Welt nicht in abstrakter Entgegensetzung und so gedacht wird, dass dieses Verhältnis ihm rein äußerlich bleibt. In der Überwindung der für Platon und dann besonders für das neuplatonische Den-

---

Welt«, S. 15–203, besonders S. 95–124 sowie S. 173–189. Seine Aufsätze zur Diskussion mit den Naturwissenschaften sind jetzt gesammelt veröffentlicht in: WOLFHART PANNENBERG, Beiträge zur Systematischen Theologie, Bd. 2: Natur und Mensch – und die Zukunft der Schöpfung, Göttingen 2000.

[18] Zur Kritik an Kant vgl. WOLFHART PANNENBERG, Theologie und Philosophie. Ihr Verhältnis im Lichte ihrer gemeinsamen Geschichte, Göttingen 1996, S. 184–195.

[19] Vgl. dazu PANNENBERG, Theologie und Philosophie, S. 142–157.

ken bestimmenden abstrakten Entgegensetzung zwischen Ewigkeit und Zeit sieht Pannenberg die auch *gedankliche* Überlegenheit des an der Heilsgeschichte und der Eschatologie ausgerichteten Gottesgedankens der jüdisch-christlichen Tradition.

Wenn nämlich das Verhältnis des Einen zum Vielen als ein Grundproblem der Philosophie erkannt ist, kann dieses Verhältnis nicht im Sinne einer abstrakten Entgegensetzung des Einen zum Vielen und in der Folge so erfasst werden, dass das Verhältnis zum Vielen dem Einen bloß äußerlich bleibt. Die platonische und neuplatonische Philosophie krankt, so Pannenberg, an diesem Mangel. Er zeigt sich insbesondere in der Bestimmung der Ewigkeit Gottes. Demgegenüber hat das heilsgeschichtliche Denken Israels die Wirklichkeit Gottes nie nur als zeitüberlegen begriffen, sondern so, dass das geschichtliche und endgeschichtliche Handeln Gottes für das Verständnis seines Wesens konstitutiv ist. Pannenberg greift dies auf und verknüpft damit den Gedanken, das Wahre sei das Ganze, und das Ganze manifestiere sich in der Geschichte und werde erst an ihrem Ende im Eschaton vollends offenbar. Damit erhält die Eschatologie eine zentrale Bedeutung für die Gotteslehre – und die theologischen Inhalte insgesamt – und zugleich eine grundlegende Funktion für alles Erkennen. Alles Einzelne wird nämlich nur im Horizont des geschichtlichen Ganzen, dessen Vollendung noch aussteht, angemessen verstanden. Denn »jede *Einzelerfahrung* [hat] ihre Bestimmtheit nur im Zusammenhang eines *Bedeutungsganzen*. Daher ist der Gedanke einer Totalität der Wirklichkeit Bedingung aller Erfahrung überhaupt, Bedingung schon der Erfahrung von einzelnen Gegebenheiten.«[20]

5. Das unthematische Wissen um Gott als begleitendes Moment im Lebensgefühl des Menschen

Eine Schlüsselrolle als Referenzpunkt für den Wahrheitsanspruch der Theologie kommt für Pannenberg der außertheologischen Anthropologie zu. Denn vornehmlich am Verständnis des Menschen hat die Theologie ihre Aussagen zu bewähren. Dies ist die vor allem durch die Neuzeit heraufgeführte Herausforderung, so Pannenberg, insofern sie den Menschen in das Zentrum aller Selbst- und Weltverständigung gerückt hat.

»Wir leben in einem Zeitalter der Anthropologie. […] Die mit dem Menschen beschäftigten Wissenschaften sind heute auf dem besten Wege, im allgemeinen Bewußtsein den Platz einzunehmen, den in früheren Jahrhunderten die Metaphysik innehatte. Darin äußert sich der tiefgreifende Wandel, den das Bewußtsein der Menschen in der Neuzeit erfahren hat […]. Angesichts dieser Situation […] erhebt sich heute mit besonderer Dringlichkeit die Frage, wer denn der Mensch selbst ist.«[21]

---

[20] PANNENBERG, Wissenschaftstheorie und Theologie, S. 312.
[21] PANNENBERG, Was ist der Mensch, S. 5f.

Der Einsicht in die zentrale Bedeutung der Anthropologie als Referenzpunkt für die Plausibilisierung des Wahrheitsanspruchs theologischer Aussagen verdankt sich Pannenbergs dementsprechender Versuch, wie er ihn in der *Anthropologie in theologischer Perspektive* (1983) vorgelegt hat. Er verfolgt hier eine Sichtung der Ergebnisse der Humanwissenschaften, um diese auf ihre religiösen Implikationen hin durchsichtig zu machen. Dabei geht es ihm darum, »daß an den anthropologischen Befunden selbst eine weitere, theologisch relevante Dimension aufgewiesen wird«.[22] Das ganze Unternehmen der *Anthropologie in theologischer Perspektive* dient dem Nachweis, dass der Mensch von Natur aus religiös ist, so dass es der Theologie im Diskurs mit den humanwissenschaftlichen Disziplinen darum zu tun sein muss, die »religiöse Dimension der menschlichen Lebenswirklichkeit«[23] an deren Befunden selbst freizulegen.

Religion gehört, so Pannenberg, zum Wesen des Menschen. Sie bildet die Grundlage für den gelingenden Selbstvollzug des Einzelnen wie auch für den Zusammenhalt der politischen Gemeinschaft. Dies lässt sich ihm zufolge für jeden plausibel nachvollziehbar aufzeigen und begründen. Eine solche Plausibilisierung theologischer Aussagen an den Erkenntnissen der außertheologischen Einzelwissenschaften ist nicht als ein der Theologie sachfremdes Unterfangen anzusehen, wie Karl Barth dies wirkkräftig suggeriert hat. Es ist für Pannenberg vielmehr eine notwendige Konsequenz bzw. Implikation des Gottesgedankens. Denn Gott ist als die alles bestimmende Wirklichkeit auch an dieser Wirklichkeit selbst aufzudecken, weil anders nicht wirklich Gott als Gott gedacht wird.

Für Pannenberg ist es das Phänomen der prinzipiellen *Weltoffenheit* des Menschen sowie das im Lebensgefühl des Einzelnen immer schon mitgesetzte unthematische Wissen um Gott, an das er theologisch anzuknüpfen sucht. Er greift dafür vor allem auf die Ausführungen von Max Scheler, Adolf Portmann, Arnold Gehlen sowie von Helmut Plessner zum Wesen des Menschen zurück. Der aus der philosophischen Anthropologie entliehene Ausdruck ›Weltoffenheit‹ soll »mit einem Wort den Grundzug angeben, der den Menschen zum Menschen macht, ihn vom Tier unterscheidet und ihn über die außermenschliche Natur überhaupt hinaushebt«.[24] Mit ihm ist das Vermögen des Menschen gemeint, alles ihm gegebene Einzelne und die Welt im Ganzen zu überschreiten. »Der Mensch ist ganz und gar ins Offene gewiesen. Er ist über jede Erfahrung, über jede gegebene Situation hinaus immer noch weiter offen. Er ist offen auch über die Welt hinaus«.[25] Dieses prinzipielle Transzendierungsvermögen, das alles Gegebene und auch die Welt im Ganzen zu überschreiten vermag, ist, so Pannenberg, mit dem Begriff der Weltoffenheit allerdings noch unterbestimmt. Es ist vielmehr eine implizite Gottoffenheit, die sich in ihm ausdrückt. Denn erst mit dem Gottesgedanken ist jener Horizont eröffnet, der in dem *prinzipiellen* Transzendie-

---

[22] PANNENBERG, Anthropologie in theologischer Perspektive, S. 19.
[23] PANNENBERG, Anthropologie in theologischer Perspektive, S. 7.
[24] PANNENBERG, Was ist der Mensch, S. 6.
[25] PANNENBERG, Was ist der Mensch, S. 9 f.

rungsstreben, durch welches der Mensch bestimmt ist, immer schon – wenn auch unbestimmt – intendiert ist.

Für den Status, der dieser fundamentalanthropologischen Argumentation zukommt, ist es wichtig zu sehen, dass Pannenberg damit keinen dezidierten Gottes*beweis* verfolgt. Ausdrücklich weist er darauf hin, dass, »solange es sich dabei [i. e. bei der anthropologischen Argumentation, C. A.-P.] nur um Aussagen über die Struktur des menschlichen Daseins handelt, [...] die Frage nach der in sich bestehenden Wirklichkeit Gottes oder göttlicher Mächte immer noch offen«[26] bleibt. Der anthropologische Nachweis eines im Wesen des Menschen liegenden Verwiesenseins auf die göttliche Wirklichkeit bildet »kein[en] theoretische[n] Beweis für die Existenz Gottes«.[27] In dieser Hinsicht nimmt Pannenberg die in der Neuzeit geübte philosophische Kritik an den Gottesbeweisverfahren auf, deren zentrales Argument darauf zielt, dass der Überschritt vom vernunftnotwendigen *Gedanken* Gottes auf die Behauptung der *Existenz* Gottes nicht möglich ist, wie insbesondere Kant programmatisch formuliert hat. Allerdings soll eine fundamentale Verwiesenheit des Menschen auf Gott hin behauptet werden, die sich in dessen Selbstvollzug spiegelt und die mithin an diesem auch aufgewiesen werden kann. Pannenberg spricht hier von einem unthematischen und unexpliziten Wissen, welches das Lebensgefühl des Menschen immer schon – wenn auch unbewusst – begleitet.

6. Religiosität, gelebte Religion und die geschichtlichen Religionen

Mit dem Phänomen des unthematischen Wissens des Menschen um Gott verbindet Pannenberg nun die grundlegende Funktion, die den positiven geschichtlichen Religionen für den Lebensvollzug des Menschen zukommt. In ihnen geht es um die Überbildung jenes unthematischen Bestimmtseins durch die Gottverwiesenheit und damit entscheidend um die Möglichkeit zur *gelebten* Religion. Die Überlieferungszusammenhänge der geschichtlichen Religionen sind diejenigen Medien, durch die jene bloß unbestimmte Religiosität, die den Menschen als Menschen bestimmt, überbildet und spezifisch geprägt wird, wodurch es zu einem geformten religiösen Vollzug und so allererst zur gelebten Religion kommen kann. In dieser Weise bezieht Pannenberg die unbestimmte Religiosität, die wesensmäßig zum Menschen gehört, indes nicht wirklich eine gelebte Form von Religion darstellt und auch nicht eigentlich bewusst sein muss, auf die geschichtlichen Religionen, in deren Lebens- und Überlieferungszusammenhang der Einzelne und die Gemeinschaft zu einem spezifisch geprägten religiösen Vollzug gelangen.

---

[26] WOLFHART PANNENBERG, Erwägungen zu einer Theologie der Religionsgeschichte, in: Ders., Grundfragen systematischer Theologie. Gesammelte Aufsätze, Bd. 1, 3. Auflage, Göttingen 1979, S. 282 f.

[27] PANNENBERG, Was ist der Mensch, S. 11.

In diesem Überbildungsprozess geht es wiederum um die Frage der Wahrheit des den Selbstvollzug des Menschen prägenden Gottesverständnisses. Denn die gelebte Religion und damit das in ihr wirksame Verständnis der göttlichen Wirklichkeit muss sich bewähren an der Selbst- und Welterfahrung des Einzelnen. »Erst dadurch, daß die Welt sich als bestimmt durch den vom Menschen geglaubten und gedachten Gott erweist, kann sich das Gottesbewußtsein der Religion seiner Wahrheit vergewissern.«[28] Dies gilt für den individuellen religiösen Vollzug des Einzelnen, und es ist, so Pannenberg, das Movens auch der Religionsgeschichte in der Konkurrenz der Religionen untereinander. Im Lebensprozess des Einzelnen wie in der Religionsgeschichte insgesamt geht es um die Kraft des von den Religionen tradierten, jeweils spezifischen Gottesverständnisses, die Selbst- und Welterfahrung des Menschen zu erhellen.

»Die Prüfung der Wahrheitsansprüche, die Religionen mit ihren Behauptungen über Dasein und Wirken der Götter erheben, erfolgt primär also nicht in Gestalt wissenschaftlicher Untersuchungen und Bewertungen, sondern im Prozeß des religiösen Lebens selber. Maßstab solcher Prüfung ist auch kein der Gottheit äußerliches Kriterium. [...] Ein Gott kann nur an dem Maß gemessen werden, das er selber setzt. Eben das geschieht, wenn Behauptungen über göttliche Wirklichkeit oder göttliches Handeln an ihren Implikationen für das Verständnis der endlichen Wirklichkeit der Welt geprüft werden, indem gefragt wird, ob der Gott sich in der Erfahrung der Menschen tatsächlich als die Macht erweist, die zu sein von ihm behauptet wird.«[29]

Diese Überlegungen zum Selbstverständnis von Theologie und ihren Aufgaben, wie sie sich aus ihrem Gegenstandsbezug ergeben, prägen den Aufbau von Pannenbergs Ausführungen im ersten Band der *Systematischen Theologie*.[30] Sie setzen ein mit einem Kapitel über »die Wahrheit der christlichen Lehre als Thema der systematischen Theologie« und leiten von da aus über zu einem Kapitel, das den »Gottesgedanken und die Frage nach seiner Wahrheit« primär im Diskurs mit der natürlichen, vernunftgeleiteten Gotteserkenntnis darlegt und Überlegungen zum unthematischen Wissen um Gott als einer Bestimmtheit der Natur des Menschen einschließt. Insofern es hierbei lediglich um den Gottes*gedanken* und eine unbestimmte Religiosität des Menschen geht, greift das dritte Kapitel den Religionsbegriff auf und geht über zur Bedeutung der positiven Religionen mit der Frage nach der »Wirklichkeit Gottes und der Götter in der Erfahrung der Religionen«. Insofern alle positiven Religionen auf der Basis ihres je spezifischen Gottesverständnisses und des darin erschlossenen Selbst- und Weltverständnisses miteinander konkurrieren, sie wiederum das ihnen eigentümliche Gottesverständnis jeweils auf Offenbarung durch die Gottheit zurückführen, ist mit dem Kapitel über die »Wirklichkeit Gottes und der Götter in der Erfahrung der Religionen« die Erörterung der grundlegenden Bedeutung des Offenbarungsbegriffs vorbereitet, wie sie dann im vierten Kapitel »Die Offenbarung Gottes« eigens thematisch wird.

---

[28] PANNENBERG Systematische Theologie, Bd. 1, S. 174 f.
[29] PANNENBERG Systematische Theologie, Bd. 1, S. 175 f.
[30] Vgl. dazu das Inhaltsverzeichnis zu Bd. 1 der Systematischen Theologie S. 5 f.

Dabei gilt grundsätzlich, dass jegliche Gotteserkenntnis dem Menschen prinzipiell nur durch Offenbarung Gottes erschlossen ist. So hält Pannenberg gleich eingangs fest:

»[D]ie Ermöglichung von Gotteserkenntnis durch Gott selbst, durch Offenbarung also, [gehört] schon zu den Grundbedingungen des Theologiebegriffs als solchen. Anders kann die Möglichkeit von Gotteserkenntnis gar nicht konsistent gedacht werden, nicht ohne Widerspruch nämlich zum Gottesgedanken selbst. [...] In jedem Falle [...] ist außerhalb wie innerhalb der christlichen Kirche, auch bei der sog. natürlichen Gotteserkenntnis, keine Gotteserkenntnis und keine Theologie denkbar, die nicht von Gott selbst ausginge und sich nicht dem Wirken seines Geistes zu verdanken hätte«.[31]

Dies gilt nun insbesondere von den unterschiedlichen geschichtlichen Religionen, die ihre Gotteserkenntnis auf eine ihnen jeweils eigentümliche Offenbarung Gottes zurückführen.

In der *Systematischen Theologie* greift Pannenberg diese Funktion des Offenbarungsverständnisses in den Religionen auf, um es in seiner vielschichtigen Bedeutung im biblischen Kontext des Alten und Neuen Testaments für die jüdisch-christliche Tradition eigens zu erörtern. Die Vielschichtigkeit des Redens von Offenbarung im biblischen Kontext ebenso wie in der theologischen Tradition herauszuarbeiten, ist die Funktion des vierten Kapitels zur »Offenbarung Gottes«. Pannenberg will dadurch einer einseitigen Zuspitzung auf das Verständnis von Offenbarung als ›Wort Gottes‹ wehren und die Bedeutung, die dem Selbsterweis Gottes durch sein geschichtliches Handeln für das biblische und theologische Offenbarungsverständnis zukommt, unterstreichen.

Mit der Erörterung von Bedeutung und Funktion des Offenbarungsbegriffs in der biblischen Überlieferung und der theologischen Tradition wird zugleich der Übergang vorbereitet zur Entfaltung derjenigen Gotteserkenntnis, wie sie in der christlichen Religion durch die Selbstoffenbarung Gottes in Jesus Christus eröffnet ist und im fünften Kapitel »Der trinitarische Gott« vorgetragen wird. Es ist für das Verständnis der Anlage des ersten Bandes der *Systematischen Theologie* sowie für deren spezifisches Profil insgesamt von besonderer Bedeutung, dass Pannenberg nach einer breit ausgeführten Erörterung über die vernünftige Allgemeinheit des Wahrheitsanspruchs des christlichen Gottesgedankens – und damit der Theologie – dort, wo er den spezifisch christlichen Gottesgedanken zu entfalten beginnt, mit der Offenbarung Gottes in Jesus Christus einsetzt und Ausführungen zum trinitarischen Gott darlegt. Um Missinterpretationen abzuwehren, die sich aus seiner starken Betonung des Anspruchs auf Allgemeingültigkeit des christlichen Gottesgedankens und dem damit verbundenen ›apologetischen‹ Programm meinen speisen zu können, betont Pannenberg im Vorwort des ersten Bandes der *Systematischen Theologie* nachdrücklich, dass die »Aufgabe einer philosophischen Theologie [...] erst von der geschichtlichen Offenbarung Gottes her ihren gedanklichen Abschluß«[32] findet.

---

[31] PANNENBERG, Systematische Theologie, Bd. 1, S. 12.
[32] PANNENBERG, Systematische Theologie, Bd. 1, S. 8.

7. Die trinitarische Gotteslehre als Begründungszusammenhang der Theologie

Der Gedanke, dass die geschichtliche Offenbarung Gottes und der durch sie eröffnete Erkenntnisvollzug den eigentlichen Begründungszusammenhang der Theologie ausmacht, den sie gegenüber der natürlichen Gotteserkenntnis der Vernunft und in kritischer Überbietung von deren Wahrheitsanspruch zur Geltung zu bringen hat, ist trotz des zweifellos stark apologetischen Charakters seines Denkens prägend für Pannenbergs gesamtes Œuvre. Manifester Ausdruck dafür ist der Einsatz, den Pannenberg im fünften Kapitel der *Systematischen Theologie* wählt, um den spezifisch christlichen, nämlich trinitarischen Gottesgedanken in seiner schlechthin grundlegenden Bedeutung für die Theologie herauszustellen: Er entwickelt ihn auf der Grundlage der Offenbarung Gottes in Jesus Christus.

Das spezifische Gepräge seiner diesbezüglichen Überlegungen liegt darin, dass Pannenberg das Verständnis des trinitarischen Gottes, wie es für den christlichen Glauben eigentümlich ist, aus dem *Gottesverhältnis Jesu zum Vater* heraus entfaltet.[33] Es ist die Gottesbeziehung Jesu, wie sie sich in seinem Verhältnis zu Gott als Vater ausdrückt, die die Grundlage für das Verständnis des trinitarischen Gottes bildet. Für das Gottesverhältnis Jesu zum Vater bilden Mt 11,27 – »Niemand kennt den Vater als nur der Sohn und wem es der Sohn offenbaren will« – ebenso wie das Gebet Jesu die entscheidenden Quellen. Denn »eine Begründung der Trinitätslehre aus dem *Inhalt* der Offenbarung Gottes in Jesus Christus muß ausgehen vom Verhältnis Jesu zum Vater«.[34] Dort, wo Pannenberg im strengen Sinne *dogmatisch* den Gedanken der Wirklichkeit Gottes entfaltet, geht er von der geschichtlichen Gottesoffenbarung in Jesus Christus, genauer von dem Verhältnis Jesu zum Vater aus, an dem Pannenberg den Vollzug der *Selbstunterscheidung*[35] des Sohnes vom Vater als dessen Grundmoment hervorhebt. Dieser Einsatz bei der Selbstoffenbarung Gottes im Sohnesverhältnis Jesu zum Vater entspricht Pannenbergs These, dass Gotteserkenntnis nur durch Gott selber eröffnet wird – insofern Gott sich in Person und Geschichte Jesu Christi selbst auslegt[36] – sowie seiner Betonung der Bedeutung der geschichtlichen Offenbarung Gottes als Erweis seiner Wirklichkeit.

Die Trinitätslehre, wie sie in dem diesbezüglichen Kapitel aus dem Gottesverhältnis Jesu zum Vater entwickelt wird, ist nun wiederum nicht auf dieses Kapitel beschränkt. Das ergibt sich aus dem oben zur Gotteslehre bereits Gesagten.

---

[33] Vgl. PANNENBERG, Systematische Theologie, Bd. 1, S. 283 ff.; vgl. auch die Ausführungen zur Einheit Jesu mit dem Vater im Kapitel zur Christologie in: Ders., Systematische Theologie, Bd. 2, besonders S. 365–385; 415–423.
[34] PANNENBERG, Systematische Theologie, Bd. 1, S. 331.
[35] PANNENBERG, Systematische Theologie, Bd. 1, S. 287 ff.
[36] Vgl. den Abschnitt »Die Menschwerdung des Sohnes als Selbstverwirklichung Gottes«, PANNENBERG, Systematische Theologie, Bd. 2, S. 433–441.

Denn die Wirklichkeit des trinitarischen Gottes wird nur wahrhaft erfasst, wenn die Einheit des trinitarischen Gottes als die alles bestimmende Wirklichkeit im geschichtlichen Handeln Gottes an der Welt durch die Zeiten hindurch gedacht wird, die sich erst am Ende der Geschichte in der definitiven Verwirklichung und Vollendung des Reiches Gottes an seiner Kreatur erweisen wird. Von daher wird nun erneut deutlich, dass und inwiefern Pannenberg dezidiert betont, dass Gott der Gegenstand der Theologie zu sein habe. Denn alles, was in der Dogmatik zur Ausführung kommt, ist *sub ratione Dei* zu entfalten, also unter der Perspektive des Gottesgedankens bzw. aus dem Gottesgedanken heraus als Auslegung desselben. Darum heißt es ganz grundsätzlich: »Der Stoff der Dogmatik wird in allen seinen Teilen als Entfaltung des christlichen Gottesgedankens vorgetragen«.[37] Dies ist der Dogmatik von ihrem Gegenstandsbezug her aufgegeben. Denn »Gott [ist] der einheitgebende Bezugspunkt aller Gegenstände und Themen, die in der Theologie behandelt werden, und in diesem Sinne dann doch der Gegenstand der Theologie schlechthin«.[38]

Weiterführende Literatur:
CHRISTINE AXT-PISCALAR, Die Eschatologie in ihrer Bedeutung und Funktion für das Ganze der Systematischen Theologie Wolfhart Pannenbergs, in: KuD 45 (1999), S. 130–142.
DIES., Offenbarung als Geschichte – Die Neubegründung der Geschichtstheologie in der Theologie Wolfhart Pannenbergs, in: Heil und Geschichte. Die Geschichtsbezogenheit des Heils und das Problem der Heilsgeschichte in der biblischen Tradition und in der theologischen Deutung, hg. von J. Frey/H. Lichtenberger/St. Krauter, Tübingen 2009, S. 725–743.
DIES., Das wahrhaft Unendliche. Zum Verhältnis von vernünftigem und theologischem Gottesbegriff bei Wolfhart Pannenberg, in: Der Gott der Vernunft. Protestantismus und vernünftige Gotteserkenntnis, hg. von J. Lauster/B. Oberdorfer, Tübingen 2009, S. 319–337.
GUNTHER WENZ, Wolfhart Pannenbergs Systematische Theologie. Ein einführender Bericht, Göttingen 2003.

---

[37] PANNENBERG, Systematische Theologie, Bd. 1, S. 7.
[38] PANNENBERG, Systematische Theologie, Bd. 1, S. 15.

XXIV. Trutz Rendtorff: Theologie als ethische Theorie der Lebensführung

Textgrundlage:[1]
- T. RENDTORFF, Ethik. Grundelemente, Methodologie und Konkretionen einer ethischen Theologie, Teil I zur Ortsbestimmung der Ethik, S. 3–77; Teil II zu den drei Grundelementen ethischer Lebenswirklichkeit, S. 79–129.
- T. RENDTORFF, Selbstdarstellung, in: Systematische Theologie der Gegenwart in Selbstdarstellungen, S. 59–79.

1. Christentumstheorie und Moderne

In gewisser Weise lässt sich auch für das theologische Denken von Trutz Rendtorff behaupten, dass er Theologie in ihrer Funktion für die Kirche begreift. Allerdings setzt Rendtorff bereits in seinen ersten Arbeiten damit ein, dasjenige, was Kirche ist, einer genaueren, und das heißt für Rendtorff einer weiter gefassten Bestimmung zuzuführen. Das rein dogmatische Verständnis der Kirche als der um Wort und Sakrament versammelten Gemeinde und insbesondere die in der dialektischen Theologie waltende aktualistische Auffassung von Kirche als der durch das Ereignis des Wortes Gottes je und je konstituierten Gemeinschaft der Glaubenden hält Rendtorff für eine Engführung. Diese bekommt die Wirklichkeit der Kirche nicht hinreichend in den Blick, genauer: Sie blendet die empirische Existenz der Kirche weitgehend aus zugunsten einer strikten offenbarungstheologischen Ekklesiologie, die die Kirche rein aus dem Geschehen der sich je und je ereignenden Selbstvergegenwärtigung Jesu Christi durch den Heiligen Geist versteht.

Dem hält Rendtorff entgegen, dass die empirische Wirklichkeit der Kirche nicht etwas für das Verständnis der Kirche Äußerliches darstellt, sondern mit zu ihrem Offenbarungscharakter gehört, während jene aktualistische Ekklesiologie ihm zufolge einem letztlich abstrakten Offenbarungsbegriff aufsitzt. Denn Person und Geschichte Jesu Christi haben eine Wirkungsgeschichte freigesetzt, die, so Rendtorff, als geschichtliche Wirklichkeit zum Offenbarungsgeschehen hinzugehört. Diese Dimension muss mitbedacht werden, wenn die Wirklichkeit der Kirche begriffen werden soll. Sie ist nicht nur reine Geistgemeinschaft, sie ist

---

[1] TRUTZ RENDTORFF, Ethik. Grundelemente, Methodologie und Konkretionen einer ethischen Theologie, 1. Auflage, Stuttgart 1980/81; 3., durchgesehene Auflage, hg. von R. Anselm/ S. Schleissing, Tübingen 2011; nach letzterer wird im Folgenden, wo nicht anders angegeben, zitiert.

DERS., Selbstdarstellung, in: Systematische Theologie der Gegenwart in Selbstdarstellungen, hg. von C. Henning/K. Lehmkühler, Tübingen 1998, S. 59–79.

auch nicht nur die um Wort und Sakrament versammelte Gemeinde, sondern sie hat darüber hinaus auch eine geschichtliche Sozialgestalt und eine entsprechende Wirkungsgeschichte. Die geschichtliche Wirklichkeit der Kirche wiederum ist nicht allein durch die dogmatische Bestimmung von Kirche zu erfassen, vielmehr ist dafür eine deskriptiv-analytische ebenso wie eine historische Betrachtungsweise einzuschlagen.

Mit diesem Gedanken sind weitere Implikationen verbunden. Wie Ernst Troeltsch[2], dessen Werk Rendtorff in Verbindung mit seinen engeren und weiteren Schülern durch die Edition der kritischen Gesamtausgabe sowie durch Forschungsarbeiten zu Troeltsch einen festen Platz in der theologischen Landschaft des 20. Jahrhunderts neben der Dominanz der dialektischen Theologie gesichert hat, will Rendtorff die theologische Arbeit durch die Soziologie ergänzen. Auch bei ihm entwickelt sich dies letztlich zu einer kulturwissenschaftlichen Zugangsweise zu den Themen der Theologie. Denn Rendtorff weitet den Begriff der Kirche zunehmend aus und versteht darunter insgesamt diejenige Wirklichkeit, die durch die christliche Religion geprägt ist; und dies ist vor allem die zentraleuropäische und nordamerikanische Kultur im Ganzen. Von daher rückt bei ihm der Begriff des Christentums und nicht mehr so sehr der der Kirche in den Vordergrund seiner Überlegungen.

Kirche ist nicht allein die um Wort und Sakrament im Gottesdienst versammelte Gemeinde samt ihren institutionalisierten Formen. Es gibt vielmehr Christen in und außerhalb der Kirche; und es gibt eine Wirkungsgeschichte der christlichen Religion, die nicht nur in der Gottesdienstgemeinde und den Institutionen *verfasster* Kirche präsent ist. Es gibt auch ein »Christentum außerhalb der Kirche« – wie ein Buchtitel von Rendtorff lautet.[3] Rendtorff macht mit Nachdruck geltend, dass das Christentum die abendländische und nordamerikanische Kultur insgesamt nicht nur bestimmt hat, sondern anhaltend bestimmt, auch dort noch, wo sich die Gesellschaft und das einzelne Individuum als säkular verstehen. In diesem Sinne gibt Rendtorff Begriff und Wirklichkeit der ›Volkskirche‹ einen durchwegs positiven Sinn, denn er steht dafür, dass Kirche und Christentum mehr ist als die sogenannte ›Kerngemeinde‹. Ebenso vermag er Thomas Luckmanns religionssoziologische These von der »unsichtbaren Religion«[4] zumindest insoweit zu rezipieren, dass von der ausdrücklich gelebten Religiosität eine unausdrückliche Form zu unterscheiden ist, die sich außerhalb der kirchlich rückgebundenen Religion bewegt und als religiöses Substrat im Selbstverständnis von Individuum und Gesellschaft mitschwingt, ohne als solches auch schon bewusst zu sein oder explizit gemacht zu werden.

Für diesen Gedanken greift Rendtorff zurück auf Semlers Unterscheidung zwischen öffentlicher und privater Religion[5] und behauptet die private Religion

---

[2] Vgl. Kapitel XX.
[3] TRUTZ RENDTORFF, Christentum außerhalb der Kirche, Hamburg 1969.
[4] THOMAS LUCKMANN, Die unsichtbare Religion, Frankfurt a. M. 1991.
[5] Vgl. Kapitel XV.

des Einzelnen als eine legitime Folgeerscheinung des mit der Reformation entfachten und in der Aufklärung zur Durchsetzung gelangten Verständnisses von Religion. Dabei interessiert sich Rendtorff – und dies unterscheidet ihn von Luckmann – für diejenigen Formen privater Religion, die sich dem Impuls der christlichen Religion verdanken und mithin, wenn auch nur noch unterschwellig, von den zentralen Gehalten des Christentums geprägt sind. Dasjenige Phänomen hingegen, das Luckmann im Blick auf die jüngste Entwicklung in Sachen ausdifferenzierter Gesellschaft und persönlich konstruiertem, gänzlich individualisiertem, teilweise multireligiös zusammengesetztem ›Sinn‹ beschreibt, liegt nicht im eigentlichen Interesse Rendtorffs. Die grundsätzliche Frage nach der Wechselwirkung von Religion und Gesellschaft teilt Rendtorff mit der religionssoziologischen Forschung. Die Möglichkeit einer Gesellschaft ohne Religion scheint für ihn insofern fraglich, als am Leben selbst seine religiöse Verwiesenheit aufscheint, so dass eine gänzlich säkularisierte Gesellschaft im Grunde genommen ein Selbstmissverständnis der Grundsituation darstellt, in die jedes menschliche Leben sich gestellt sieht und für die auch die Gesellschaft im Ganzen einen Ausdruck finden muss.[6]

Es ist natürlich nicht so, dass Rendtorff die These von der faktischen Geprägtheit der abendländischen und nordamerikanischen Kultur durch das Christentum in gleichsam naiver Weise aufstellt und dabei die geschichtliche Wirklichkeit der modernen Gesellschaften, insbesondere in Westeuropa – die Vereinigten Staaten von Amerika bilden, was das Säkularisierungsphänomen angeht, eine Ausnahme – übersieht. Das Gegenteil ist der Fall: Dasjenige, was moderne Gesellschaften auszeichnet – die Säkularisierungsschübe, die Pluralisierung von Überzeugungen und das Individualitätsbewusstsein des modernen Menschen – werden von Rendtorff als legitime Wirkungen des Christentums verstanden, genauer noch, als etwas, was das Christentum aus sich selbst heraus freigesetzt hat.

Die Säkularisierung und die mit ihr verbundenen Folgewirkungen der Ausdifferenzierung und Pluralisierung der gesellschaftlichen Systeme sowie die individuelle Selbstbestimmung sind nichts dem Christentum Fremdes, das es mit einer Depravationsschelte generell zu kritisieren gilt. Säkularisierung ist auch nicht etwas, was sich das moderne Subjekt durch strikte Abkehr von Theologie, Kirche und Christentum errungen hat und sich folglich auch nur so – in konsequenter Verselbständigung von diesen – erhalten kann.[7] Vielmehr behauptet Rendtorff die Moderne und die sich in ihr abzeichnende Säkularisierung als eine vom Christentum nicht nur nicht vereitelte, sondern als eine von diesem selbst freigesetzte Wirkung. In diesem Sinne kann Säkularisierung durchaus positiv verstanden und von einem strikten Säkularismus, der sich von der religiösen Verweis-

---

[6] Rendtorff hat diese Frage in der Auseinandersetzung mit den religionssoziologischen Überlegungen von Niklas Luhmann und Jürgen Habermas ausgetragen. Vgl. TRUTZ RENDTORFF, Gesellschaft ohne Religion? Theologische Aspekte einer sozialtheoretischen Kontroverse (Luhmann/Habermas), München 1975.

[7] Dies ist die These, die Hans Blumenberg in die Debatte um das Verständnis der Neuzeit eingebracht hat. Vgl. HANS BLUMENBERG, Die Legitimität der Neuzeit, Frankfurt a. M. 1966.

dimension individuellen Lebens sowie des gesellschaftlichen Ganzen völlig verabschiedet, unterschieden werden. Säkularisierung gehört unabdingbar zur Freiheitsgeschichte der westlichen Welt, die von der Wirkungsgeschichte des Christentums geprägt ist. Der Säkularismus hingegen, indem er sich von den christlichen Wurzeln gänzlich loszusagen versucht, verabschiedet sich von den Voraussetzungen, von denen die moderne Freiheitsgeschichte getragen ist.

Mit dieser These unmittelbar verbunden ist Rendtorffs nachdrückliche Forderung, Theologie unter den Bedingungen der Moderne zu treiben. Die Moderne ist von der Theologie nicht als ein Abfall der jüngeren Geistesgeschichte vom Christentum zu verstehen, dem sie sich entgegenzustellen hat, wie es im Zuge der eigenen Selbstpositionierung von der dialektischen Theologie behauptet wird. Vielmehr ist das Selbstverständnis der Moderne von der Theologie als ein positives Paradigma aufzugreifen und das, was sie auszeichnet, als eigenes Thema der Theologie zu beanspruchen. Freiheit, Selbstbestimmung, Individualität – indes nicht Individualismus –, Eigengesetzlichkeit der politischen Ordnung, dieses sind die Stichworte, die Rendtorff aus der Debatte um die Signatur der Moderne aufgreift und als Themen von genuin theologischem Interesse geltend macht. Dafür knüpft er an die Arbeiten der Altmeister der Religionssoziologie in Gestalt von Max Weber[8] und Ernst Troeltsch[9] und deren Verständnis der Neuzeit im Kontext der Christentumsgeschichte an.

2. Aufklärung und Reformation

Mit der Wertschätzung der Moderne geht einher, dass Rendtorff der Aufklärung als derjenigen Epoche, in der besagte Grundüberzeugungen zum Durchbruch gelangten, eine grundsätzlich positive Bedeutung zuerkennt.[10] Er nimmt auch die aufklärerische Forderung nach der Vermittlung von theologischen Inhalten mit dem allgemeinen Wahrheitsbewusstsein, von Glaube und öffentlichem Gebrauch der Vernunft, in sein eigenes theologisches Denken auf. Nicht zuletzt sieht Rendtorff in der Kritik der Aufklärung an jedweder als unhinterfragt vorgegebenen Autorität in Religion, Politik, Philosophie und Ethik dasjenige vorbereitet, was das Selbstverständnis des modernen Menschen prägt und prägen soll, nämlich selbsttätig und selbstverantwortlich die Gestaltung der eigenen Lebensführung sowie der Lebenswelt im Ganzen zu übernehmen. Die in der Auf-

---

[8] Vgl. besonders MAX WEBER, Die protestantische Ethik und der Geist des Kapitalismus (1905), hg. und eingeleitet von D. Kaesler, München 2004.

[9] Vgl. ERNST TROELTSCH, Die Bedeutung des Protestantismus für die Entstehung der modernen Welt (1906), in: Kritische Gesamtausgabe, Bd. 8, hg. von T. Rendtorff/S. Pautler, Berlin/New York 2001, S. 183–316.

[10] Vgl. den von Rendtorff verfassten Beitrag *Ethik der Neuzeit*, in: Art. Ethik, Theologische Realenzyklopädie, in Gemeinschaft mit H. Balz u. a. hg. von G. Müller, Bd. 10: Erasmus – Fakultäten, Berlin 1982, S. 481–517; hier besonders den Abschnitt zur Ethik in der Aufklärung, S. 496–502.

klärung einsetzende Kritik an der kirchlichen Lehre und der Dogmatik sowie die Entwicklung der Theologie hin zu einer theologischen Theorie, die auf die *ethische Lebensführung* des Menschen ausgerichtet ist, werden als ein Kennzeichen aufgeklärten Umgangs mit den Traditionsbeständen grundsätzlich gewürdigt und für die eigene Wahrnehmung von Theologie konstruktiv aufgegriffen.

Rendtorff stellt seine eigene Arbeit damit nicht nur in die Kontinuität mit der Aufklärung. Er versteht vielmehr die Aufklärung selbst und die für deren Selbstverständnis zentralen Gedanken zugleich im Zusammenhang der durch die Reformation heraufgeführten geistes- und theologiegeschichtlichen Wende. Insbesondere Luthers Glaubensbegriff[11], der auf die persönliche Aneignung und die Unmittelbarkeit des Einzelnen zu Gott abzielt, gehört für Rendtorff zu den Voraussetzungen des »Aufstieg[s] des Individuums in der Neuzeit«,[12] der in der *praxis pietatis* der pietistischen Frömmigkeit[13] einen weiteren Vorläufer hat. Dabei interpretiert Rendtorff die Heilsgewissheit des Glaubens, auf die Luther in der Frage nach dem barmherzigen Gott abstellt, dahingehend, dass diese keineswegs allein auf eine bloße Innerlichkeit des Verhältnisses des Glaubenden zu Gott zielt, sondern von vorneherein zugleich den Bezug zum gottwohlgefälligen Leben in sich begreift.

»Die Frage nach dem guten, d. h. Gott wohlgefälligen Leben ist die zentrale Frage der Reformation geworden, weil sie als solche zugleich als die Frage nach der Gewißheit des Glaubens erkannt und theologisch bestimmt wurde. In der Aufnahme dieser Verbindung der ethischen Frage mit der Heilsgewißheit, wie sie als ein zentrales Anliegen der Frömmigkeit der Zeit begegnet, liegt der spezifische Ausgangspunkt für die Neubestimmung der Ethik in der Reformation von Theologie und Kirche, die als das eigentliche Werk Luthers zu gelten hat«.[14]

Dieses Verständnis des Zentrums reformatorischer Theologie und Frömmigkeit wirft ein Licht auf das spezifische Profil von Rendtorffs Ansatz. In dessen eigener Ethik kommt dieser Verbindung von Heilsgewissheit und ethischer Lebensführung als Antwort auf die Frage nach der Möglichkeit gelingender Lebensführung in ganz entsprechender Weise eine grundlegende Bedeutung zu.

Neben dem Glaubensbegriff hebt Rendtorff in besonderer Weise auf die lutherische Zwei-Reiche-Lehre ab, die dem politischen Bereich eine Selbständigkeit gegenüber Theologie und Kirche zuerkennt. Unter den Stichworten ›Eigengesetzlichkeit‹ der politischen Ordnung versus ›Königsherrschaft Christi‹ spielt sich besonders seit den sechziger Jahren des 20. Jahrhunderts[15] eine zentrale Debatte zwischen dem liberalen, sich dafür auf Luthers Zwei-Reiche-Lehre beru-

---

[11] Vgl. Kapitel VIII.
[12] RENDTORFF, Ethik der Neuzeit, S. 496.
[13] Vgl. Kapitel XIV.
[14] RENDTORFF, Ethik der Neuzeit, S. 484.
[15] Bereits in der Auseinandersetzung um die zweite These der *Barmer Theologischen Erklärung* (1934) hatte es eine anhaltende Diskussion um die Bedeutung der Zwei-Reiche-Lehre gegeben, der gegenüber Karl Barth die Lehre von der Königsherrschaft Christi über das Reich der Kirche und des Staates vertrat.

fenden Lager der Theologie, und dem stärker von Karl Barth und dessen Auslegung des reformierten Selbstverständnisses bestimmten Lager ab, in der Rendtorff mit Verve die erstgenannte Auffassung unterstützt. Die lutherische Zwei-Reiche-Lehre ist ihm zufolge von maßgeblicher Bedeutung für die moderne Kulturwirkung des protestantischen Christentums, vor allem im Blick auf die Entwicklung der politischen Gesellschaft hin zur liberalen Demokratie; man muss ergänzen trotz der abgrundtiefen Verfehlung, zu der die Zwei-Reiche-Lehre und der damit verbundene Obrigkeitsgehorsam im Dritten Reich weite Kreise des Luthertums geführt hat.

3. Das Programm einer ethischen Theologie

Es liegt in der Konsequenz dieser Fragestellungen, dass Rendtorff die Wahrnehmung von Theologie nicht primär in den exegetischen Disziplinen und auch nicht in der Dogmatik gegeben sieht. Vielmehr ist die Ethik diejenige Disziplin, in der die Theologie unter den Bedingungen der Moderne eine angemessene Entfaltung erfährt. Das Christentum ist in sein »ethisches Zeitalter« eingetreten, lautet eine programmatische These von Rendtorff in der ersten Auflage seiner *Ethik*.[16] Mit ihr geht einher, dass eine gegenwartsverantwortete Theologie diesem Umstand Rechnung zu tragen hat und mithin als ethische Theologie zu entfalten ist. In der zweiten Auflage wird diese programmatische Formulierung zwar nicht direkt wieder aufgenommen. Der in ihr sich ausdrückende Anspruch für die Wahrnehmung von Theologie unter den Bedingungen der Moderne wird gleichwohl beibehalten.[17] Zur Signatur der Moderne gehört es, so Rendtorff, dass das Subjekt und seine Selbst- und Welteinstellung und damit verbunden die Fragen der menschlichen Lebensführung ins Zentrum des Verständnisses von Mensch und Welt gerückt sind. Dem entspricht die Theologie, indem sie die Grunddimensionen der ethischen Lebensführung offenlegt und die darin vorausgesetzten religiösen Grundannahmen beschreibt, will heißen, indem sie als *ethische Theologie* im Sinne Rendtorffs wahrgenommen wird.

Mit der Programmatik einer ethischen Theologie vollzieht Rendtorff eine weitere Abgrenzung zu Karl Barth. Dieser hat die Selbständigkeit der Ethik bestritten, in der Folge alle Aussagen der Ethik aus Aussagen der Dogmatik abgeleitet und dies innerhalb der *Kirchlichen Dogmatik* durch eine entsprechende, nachgeordnete Eingliederung der jeweils der Ethik gewidmeten Paragraphen in die Dogmatik zur Darstellung gebracht. Demgegenüber tritt Rendtorff für die Ethik bzw. die ethische Theologie als selbständige Disziplin ein. Ihr kommt die Funktion zu,

---

[16] Vgl. RENDTORFF, Ethik, 1. Auflage, Bd. 1, S. 15.
[17] Dabei kommt es seit der zweiten Auflage der *Ethik* auch zu einer ausführlicheren Verhältnisbestimmung von Exegese, Dogmatik und Ethik, als dies in der ersten Auflage der Fall war, so dass vor allem der ganze erste Teil, der zum Thema »Ortsbestimmung der Ethik« (jetzt Ethik, S. 3–77) handelt, umgearbeitet wurde.

die Grundfragen der Theologie anhand der Reflexion auf die ethische Lebensführung eigenständig zu entwickeln. Mit dem Programm einer ethischen Theologie »wird der Diskussionsstand eingeholt, daß Ethik innerhalb der Theologie auf eigene Weise die Grundfragen der Theologie wahrnimmt. Wissenschaftsorganisatorisch wird damit ausgesagt, daß Ethik gemeinsam mit der Dogmatik das Gebiet der Systematischen Theologie darstellt. ›Ethische Theologie‹ ist dabei *die der ethischen Lebenswirklichkeit zugewandte Weise, die Grundfragen der Theologie selbständig zu entfalten.*«[18]

Die ethische Theologie – und sie vor allem – entspricht damit dem Selbstverständnis der Moderne und stellt in besonderer Weise eine gegenwartsverantwortete Wahrnehmung von Theologie dar, indem die Fragen der ethischen Lebensführung sowie die in ihr mitgeführten Voraussetzungen und Implikationen erhellt und eigens reflektiert werden.

»[D]ie Ethik [ist] in der Neuzeit, mit dem durch die Reformation vorbereiteten Bewußtsein der Eigenverantwortlichkeit des Menschen, in eine Schlüsselstellung der Weltsicht eingerückt. Für die Theologie führt das zu der folgenreichen, aber in sich konsequenten Einsicht, daß die theologischen Gehalte der christlichen Weltsicht durch eben diejenige menschliche Subjektivität vermittelt sind, die als solche auch der Ort der ethischen Anrede ist«.[19]

Dies bedeutet: Theologie ergibt sich aus den Grundproblemen menschlicher Lebensführung, ist auf diese bezogen und in diesem Zusammenhang zu entfalten.

Auch damit bringt Rendtorff eine reformatorische Erkenntnis zum Zug, dass nämlich die Aussagen der Theologie *praktischen* Charakter haben. Rendtorff sieht den praktischen Charakter der Theologie in ihrer Bezogenheit auf die menschliche Lebenswirklichkeit in der Einheit von Glauben und Handeln. Dieses zu entfalten, versteht er als ein Erfordernis der Theologie in der Moderne, in der der Einzelne und die Gesellschaft im Ganzen sich primär von den Fragen nach der gelingenden Lebensführung leiten lassen und ›letzte Gedanken‹ nur vor diesem Horizont ethisch-vernünftig plausibel gemacht und lebensweltlich verortet werden können. Theologisch-dogmatische Aussagen werden folglich in die Ethik integriert, wenn und insofern sie sich aus der jeweiligen ethischen Grundbestimmung heraus ergeben; das heißt zugleich, dass theologisch-dogmatische Aussagen ihrem Sinngehalt nach auf die Grundprobleme der ethischen Lebensführung hin zu explizieren sind. In der Bezogenheit auf die ethische Lebensführung kommt der Geltungsanspruch theologischer Aussagen zum Tragen. Theologie unter den Bedingungen der Moderne treiben, heißt, sie als ethische Theorie der Lebensführung zu entfalten und lebensweltlich zu verorten. Was sich in diesen Deutungshorizont der ethischen Lebensführung und ihrer Bedingungen nicht plausibel einschreiben lässt, das scheint, um es mit einem berüchtigten Dictum Adolf von Harnacks zu sagen, in das Regal der »schönen Literatur«[20] zu gehören.

---

[18] RENDTORFF, Ethik, S. 53.
[19] RENDTORFF, Ethik, S. 50f.
[20] Vgl. ADOLF VON HARNACK, Ausgewählte Reden und Aufsätze, anlässlich des 100. Geburtstags des Verfassers neu hg. von A. von Zahn-Harnack, Berlin 1951, S. 83.

4. Der appellative Charakter der Grundsituation des Menschen und ihre religiösen Implikationen

Im Zentrum der ethischen Reflexion steht bei Rendtorff der Begriff der Lebensführung, der auf seine Grundbestimmungen hin bedacht wird. Ethik, so heißt es definitorisch, ist »*die Theorie der menschlichen Lebensführung*«.[21] Das Verständnis der Ethik als Theorie der menschlichen Lebensführung stellt die Ethik in einen weiteren Horizont, als dies mit ihrem Verständnis als bloße Handlungstheorie oder als Pflichten- bzw. Gebotsethik gegeben ist. Es reflektiert umfassender die Tatsache, dass der Mensch in eine Lebenswelt gestellt ist und in ihr zu leben hat, dass die Ethik mithin die Verfasstheit der Lebenswelt des Menschen in ihrer Grundstruktur und das darin implizierte Wirklichkeitsverständnis zu erörtern hat, wenn sie die Bedingungen gelingenden Lebens zu entfalten sucht.

Für den Begriff des Handelns, den Rendtorff als einen Leitbegriff in seine Ethik integriert, ist insofern zu berücksichtigen, dass der Mensch nicht ›ursprünglich‹, also nicht ab ovo zu handeln beginnt, sondern als einer handelt, der in eine konkrete Lebenswelt eingestellt ist und in dieser zu handeln hat. Handeln darf mithin nicht so verstanden werden, als ob man alles und jedes zum Handlungsziel erheben könnte. Rendtorff legt Wert darauf, einen solchen übersteigerten Handlungsbegriff – und einen entsprechenden überzogenen Freiheitsbegriff – von seiner Analyse der menschlichen Lebensführung her zu relativieren. Für den Menschen, der immer schon in eine bestimmte Lebenswelt eingebunden ist, geht es darum, konkrete Handlungsziele, die sich aus seiner konkreten Lebensführung für ihn stellen, erreichen zu wollen und so das je eigene Leben als das von ihm persönlich verantwortete zu übernehmen.

Die Abgrenzung, die Rendtorff hier vollzieht, zielt zum einen gegen einen abstrakten Handlungs- und Freiheitsbegriff und zum anderen gegen die Orientierung der Ethik an allgemeinen Werten und Normen: »Nicht zeitlose Normen und lebensüberlegene Gesetze des Handelns bilden die Grundlage der Ethik.«[22] Darin kommt die Konkretheit der eigenen Lebensführung zu kurz. Daher heißt es: »Der erste Schritt in der Wahrnehmung der ethischen Aufgabe ist nicht ein Schritt der beliebigen Disposition über Handlungsmöglichkeiten, sondern das Eingehen auf Handlungssituationen und das Bewußtmachen von Voraussetzungen des Handelns«,[23] will heißen: »Nicht, was alles überhaupt möglich sein und getan werden könnte, ist das Thema der Ethik der Lebensführung, sondern das, was in einem gegebenen Leben verantwortet werden kann«.[24] Der Einzelne ist immer eingebettet in seine konkrete Lebenswelt, und die Ethik hat dies zu reflektieren. Sie hat von daher gesehen auch nicht allein auf die ethische Grundge-

---

[21] RENDTORFF, Ethik, S. 9. Vgl. zur Entfaltung des Begriffs der Lebensführung und zum Verständnis der auf diese bezogenen Ethik insgesamt: RENDTORFF, Ethik, S. 3–44.
[22] RENDTORFF, Ethik, S. 80.
[23] RENDTORFF, Ethik, S. 81.
[24] RENDTORFF, Ethik, S. 80.

sinnung des Einzelnen abzustellen – für den der Bezug zur Gemeinschaft ohnehin konstitutiv ist. Ethik ist vielmehr zugleich Ethik des ›objektiven Geistes‹, will heißen derjenigen Institutionen, die dem Einzelnen und der Gesellschaft im Ganzen jenen Raum gewährleisten, der ihnen ein Leben in Freiheit ermöglicht. Damit ist bereits die Grundfunktion der Institutionen bzw. der Ordnungen bestimmt, wie sie im zweiten Teil der *Ethik* von Rendtorff behandelt werden. »Die Konkretionen der Ethik haben es primär mit grundlegenden Ordnungen des gemeinsamen Lebens zu tun. Damit bringt die Ethik die überindividuellen Zusammenhänge der menschlichen Lebensführung zur Sprache.«[25] Diese Ordnungen stellen in der Gemeinschaft von Menschen den Rahmen dafür bereit, dass der Einzelne in Freiheit sein Leben führen kann.

In der Ethik geht es prinzipiell um eine der endlichen Freiheit des Subjekts angemessene Beschreibung der ethischen Lebensführung und ihrer Bedingungen, wobei deutlich ist, dass der Handlungsbegriff sowie der Freiheitsbegriff auch jene Voraussetzungen zu reflektieren haben, die in ihnen bzw. für sie vorausgesetzt sind. Ethik »ist nicht allein Handlungslehre. Sie enthält Wirklichkeitsvoraussetzungen, die auch ausdrücklich zur Sprache gebracht werden müssen.«[26] Diese reflektiert zur Sprache zu bringen, ist Aufgabe der Ethik. Sie hat mithin nicht Gebote zu formulieren und bestimmte Inhalte vorzugeben. Vielmehr hat sie zu einer reflektierten Weise eigener Lebensführung und ihrer Voraussetzungen anzuleiten, will heißen dazu anzuleiten, die Grundbestimmungen des menschlichen Lebens und ihre Voraussetzungen zu erfassen, um daraus die für das eigene Leben erforderliche Orientierung zu erwägen. Dass und inwiefern sich damit auch eine *religiöse* Wahrnehmung der eigenen Lebensführung verbindet, ist im Folgenden noch zu zeigen.

Die Frage nach der ethischen Lebensführung ist dem Menschen mit der Grundsituation, in die hinein er sich gestellt findet, gegeben. Diese Grundsituation hat, so Rendtorff, appellativen Charakter. Sie fordert den Menschen unweigerlich zur ethischen Lebensführung heraus. Von dieser Forderung vermag er sich nicht zu suspendieren. Mit seinem Dasein ist dem Menschen vielmehr unausweichlich die Aufgabe verantwortlicher Lebensführung gestellt. In dieser Grundsituation findet der Mensch sich vor, und sie trägt ipso facto appellativen Charakter. Diesem hat er zu entsprechen, er kann sich dem in der Grundsituation mitgesetzten Anruf, sein Leben selbstverantwortlich zu führen, nicht entziehen. Die spezifische Verfasstheit der Grundsituation, in die das Leben des Menschen immer schon gestellt ist, ist noch genauer zu erörtern und auch die sich daraus ergebenden Bestimmungen ethischer Lebensführung. *Dass* der Mensch sich in die Grundsituation eingestellt findet, die einen solchen appellativen Charakter mit sich führt, bildet für Rendtorff die unhintergehbare Grundgegebenheit der menschlichen Existenz, und zwar seiner Existenz als Ganzer.

---
[25] RENDTORFF, Ethik, S. 11.
[26] RENDTORFF, Ethik, S. 58.

Die Ethik als solche hat die spezifische Verfasstheit der Grundsituation des Menschen zu analysieren; und die *theologische* Ethik hat deren religiöse Verweisdimension freizulegen. In dieser Weise sind beide miteinander verbunden, und dadurch wiederum erhält die theologische Ethik ihrerseits eine vernunftplausible Grundlegung. Denn die Aussagen der Ethik über die Verfasstheit der Grundsituation des Menschen erheben Anspruch auf Allgemeingültigkeit; sie beschreiben die Grundsituation, wie sie sich für den Menschen als Menschen stellt. Die theologische Ethik wiederum legt an der Verfasstheit der menschlichen Grundsituation dasjenige frei, worin sie auf einen Horizont verweist, der nicht im Weltzusammenhang aufgeht, sondern diesen übersteigt; und sie sucht auf dieser Basis wiederum den Überlieferungszusammenhang der christlichen Religion in seiner Bedeutung für die ethische Lebensführung zu entfalten.

»Ethik ist die Auslegung der appellativen Verfaßtheit menschlicher Subjektivität, wie sie in der Aufgabe eigener selbständiger Lebensführung elementar bewußt wird. Theologische Ethik ist die Auslegung dieser Grundverfassung der Lebensführung auf die Deutung des Lebens hin, die in der christlichen Überlieferung ausgebildet worden ist«.[27]

5. Die Grundelemente menschlichen Lebens und ihre christlich-religiöse Deutung

Mit dem appellativen Charakter der Grundsituation als solchem ist der Gottesbezug mitgesetzt – gleichsam als das ›Woher‹ des den Menschen unausweichlich und schlechthin bestimmenden Anrufs, sein Leben selbstverantwortlich zu führen. In dieser Situation des Bestimmtseins zur selbstverantwortlichen Übernahme des je eigenen, immer in einer konkreten Lebenswelt verorteten Lebens findet der Mensch sich vor. Sie ist ihm insofern nicht eigentlich zur Disposition gestellt. Der Mensch ist *unbedingt* dazu bestimmt, das Leben als das seinige verantwortlich zu führen; in der Unbedingtheit dieses Anspruchs an ihn ist die religiöse Dimension der Lebensthematik manifest.

»Der Impuls und die Motivation zum Handeln, zur Lebensführung, sind nicht das Resultat einer Reflexion über Dispositionen, die den Menschen sich selbst zur Verfügung stellten. Der Mensch muß das Leben empfangen, das heißt, daß er sich gerade als ethisches Subjekt, als der zur Lebensführung veranlaßte und aufgerufene Mensch, gegeben ist«.[28]

Dies verbindet Rendtorff mit der Grundbestimmung des »Gegebenseins des Lebens«, die das menschliche Leben auszeichnet. Darum heißt es:

»Ethische Theologie gründet Ethik im Gegebensein des Lebens, wie es als Voraussetzung menschlichen Handelns den elementaren Wirklichkeitszusammenhang bildet, in dessen Kontext sich Fragen der menschlichen Lebensführung stellen. Theologische Arbeit an der Ethik setzt ein mit der Rekonstruktion der Frage, die mit dem Leben selbst gestellt ist und

---

[27] RENDTORFF, Selbstdarstellung, S. 74.
[28] RENDTORFF, Ethik, S. 83.

5. Die Grundelemente menschlichen Lebens und ihre christlich-religiöse Deutung

auf die der Mensch eine Antwort schuldig ist. Sie hat diese Frage so wahrzunehmen, wie sie den Menschen in seiner Beziehung zu Gott angeht. ›In Beziehung zu Gott‹ heißt: unter allen Umständen und über alle bestimmten Handlungsfelder hinaus im Blick auf alle Beziehungen, in denen das Leben geführt wird«.[29]

Die Verfasstheit der Grundsituation menschlichen Lebens sieht Rendtorff insgesamt durch drei elementare Bestimmungen gekennzeichnet: »Das *Gegebensein des Lebens*, wie es in jedem Handeln immer schon in Anspruch genommen wird; die Forderung, *Leben zu geben*, die als Grundstruktur in einem jeden Handeln begegnet; die *Reflexivität des Lebens*, die das ethische Bewußtsein bestimmt und bewegt.«[30] Dies sind Grundgegebenheiten der ethischen Lebensführung, wie sie sich für jeden Menschen auftun, der sein Leben zu führen hat. Rendtorff versucht, sie als vernünftig evidente Dimensionen des menschlichen Lebensvollzugs zu erläutern, um sie sodann unter eine theologische Perspektive zu bringen.

In welcher Weise nun deutet die appellative Verfasstheit menschlicher Subjektivität in der Bestimmung zur selbständigen Lebensführung auf einen theologisch qualifizierten Verstehenshorizont hin, der wiederum in seiner Funktion für die ethische Lebensführung so zu stehen kommt, dass in diesem Horizont gelebt werden kann und damit in religiös qualifizierter Weise einem Grundelement menschlicher Lebensführung entsprochen wird? Die Frage in dieser Weise zu stellen, heißt nach Rendtorff, eine vernünftig einsehbare Beschreibung der Grundsituation menschlicher Lebensführung zu geben und diese in einer christlich-religiösen Perspektive so zu deuten, dass sowohl die Anknüpfung der religiösen Perspektive an die allgemein einsichtige Lebenssituation des Menschen als auch das ›Surplus‹ deutlich wird, das sich mit einer explizit religiösen Selbstwahrnehmung der Grundsituation, in die das menschliche Leben gestellt ist, verbindet.

Das Gegebensein des Lebens – die allen Menschen gleichermaßen evidente Tatsache, dass keiner sein Leben sich selbst verdankt – sowie die mit diesem Sachverhalt gegebene Bestimmung, sein Leben als das *je seine* in eigener Verantwortung zu führen, verbindet Rendtorff mit dem Schöpfungsglauben. Denn dieser ist die in individueller Aneignung vollzogene *explizite* Wahrnehmung der Verdanktheit des je eigenen Lebens als Glaube an Gott den Schöpfer, wie ihn Luthers Auslegung des ersten Glaubensartikels[31] in elementarer Weise zum Ausdruck bringt, auf die Rendtorff sich denn auch bezieht.[32]

---

[29] RENDTORFF, Ethik, S. 60.
[30] RENDTORFF, Ethik, S. 79.
[31] Vgl. MARTIN LUTHER, Großer Katechismus, in: Die Bekenntnisschriften der evangelisch-lutherischen Kirche, hg. im Gedenkjahr der Augsburgischen Konfession, 9. Auflage, Göttingen 1982, S. 647–650.
[32] Vgl. dazu RENDTORFF, Ethik, S. 88 f., wo Rendtorff zu Luthers Auslegung folgende Erläuterung gibt: »Der Satz ›niemand kann sich selbst das Leben geben‹ findet seine theologische Korrespondenz in dem Bekenntnis zu ›Gott‹ als dem Schöpfer des Lebens. Der Satz ›der Mensch muß das Leben empfangen‹ hat seine Entsprechung in der Bekenntniserläuterung darin, daß mich Gott ›geschaffen‹ hat, also in der Anerkennung der Geschöpflichkeit. Der Satz ›das Gegebensein des Lebens enthält eine elementare Verbindlichkeit in dem Miteinander von

Die zweite Bestimmung – »das Geben des Lebens«[33] – hebt darauf ab, dass der Mensch nicht allein sein Dasein nicht sich selbst verdankt, sondern dass er in seinem Dasein zugleich auch in den Bezug zur Welt gesetzt ist. Das Dasein des Menschen ist kein isoliertes, vielmehr grundlegend durch sein In-der-Welt-Sein bestimmt; und diese Gegebenheit bedingt all sein Tun und Lassen. Die Bestimmung Leben zu geben ist die ethische Implikation dieser Grundgegebenheit menschlichen Daseins und impliziert, dass der Mensch seinerseits anderen Lebensraum eröffnet. So zielt die zweite Grunddimension, Leben zu geben, darauf ab, dass wir, indem wir handeln – und handeln müssen wir unweigerlich –, immer schon auf andere und die uns umgebende Welt bezogen sind. Insofern dieser Bezug zum anderen im Handeln immer schon mitgesetzt ist, gehört die Frage, in welcher Weise wir unsere Lebensführung im Blick auf den anderen hin ausrichten, unabdingbar zur ethischen Grundsituation unseres Lebens hinzu und ist, so Rendtorff, inhaltlich näher dahingehend zu bestimmen, dass wir gehalten sind, anderen Leben zu eröffnen. Darin liegt der Sinn des guten Handelns.

»Diese Aufgabe [i. e. Leben zu geben] ist im eigenen Leben darin festgemacht, daß ein gegebenes Leben in seinem Vollzug das Leben anderer betrifft, ermöglicht oder hindert. Niemand soll für sich selbst leben, weil keiner aus sich selbst lebt. Das eigene Leben bestimmt und bewirkt in seinem tätigen Vollzug immer auch Leben für andere. Wir sind und gestalten für andere eine *Welt des Lebens*«.[34]

In diesem Zusammenhang kommt es bei Rendtorff nun zu Reflexionen darüber, dass der Mensch dieser Bestimmung nicht entspricht, will heißen zu Reflexionen über das Böse und die Schuld, an die wiederum Erläuterungen zur Bedeutung der Rechtfertigungslehre angeknüpft werden. Deren ethisch relevante Bedeutung liegt darin, dass die Rechtfertigung den Einzelnen trotz der die Lebensführung hemmenden Schulderfahrung wieder auf seinen Lebensweg zurückbringt und auf das Gute hin ausrichtet, indem die Hemmung durch die Schulderfahrung aufgehoben und ein selbstverantwortetes Leben wieder möglich wird. Der Rechtfertigungsgedanke trägt in ethischer Absicht dem Sachverhalt Rechnung, dass der Mensch auf Vergebung angewiesen ist, um sein Leben weiter führen zu können. Der Rechtfertigungsglaube begründet nämlich das Vertrauen, »daß es jeweils weitergeht und im Verhältnis der Menschen untereinander und zu sich selbst weitergehen kann«.[35] Aus dieser Befreiung heraus, wie sie im und durch

---

Abhängigkeit und Freiheit der eigenen, individuellen Lebenswirklichkeit‹ erfährt seine religiös-theologische Vertiefung in dem Bekenntnis, daß ›mich‹ Gott geschaffen habe. Der Satz ›das empfangene Leben muß von dem Menschen auch angenommen werden‹ verdichtet sich in der Reflexion der Bekenntnisaussage ›ich glaube‹, sofern mit Glauben eine Haltung des Vertrauens und des Angenommenseins zum Ausdruck gebracht wird, die auch die Bedingtheit des eigenen Lebens umfaßt, über die ich handelnd nicht verfüge und die ich gleichwohl in Anspruch nehmen muß«.

[33] Rendtorff, Ethik, S. 98 ff.
[34] Rendtorff, Ethik, S. 98.
[35] Rendtorff, Ethik, S. 9.

den Rechtfertigungsglauben geschieht, vermag der Gerechtfertigte in der Gemeinschaft die Liebe zum anderen zu vollziehen. In dieser lebensfördernden Dimension des aufgrund der Rechtfertigung von seiner Verfehlung entlasteten Subjekts ist der Rechtfertigungsglaube der Ermöglichungsgrund für das Fortführen und Gelingen nicht nur des eigenen Lebens, sondern auch das des anderen, dem sich der Gerechtfertigte in Liebe zuzuwenden vermag und ihm so Lebensraum eröffnet. Hierin liegt die Bedeutung des Rechtfertigungsglaubens für diejenige Grunddimension, die Rendtorff mit dem »Geben des Lebens« beschreibt.

Das »Geben des Lebens«, so halten wir noch einmal fest, ist eine weitere Dimension ethischer Lebensführung, die sich zugleich mit der Grundsituation des Lebens ergibt. Während diese grundlegend so qualifiziert ist, dass gelebt werden muss, wir dazu bestimmt sind, unser individuelles Leben führen zu müssen, hebt die zweite Grunddimension – »das Geben des Lebens« – darauf ab, dass wir, indem wir sind und handeln, immer schon auf andere und die Welt bezogen sind. Dieser Bezug zum anderen ist im Leben des Menschen ipso facto mitgesetzt. Weil dies unweigerlich so ist, gehört das »Geben des Lebens« zu unserer Lebensführung elementar hinzu, und insofern entsteht daraus die ethische Frage, wie diese Dimension im Leben ihre Berücksichtigung findet. Die Antwort, die Rendtorff darauf gibt, geht dahin, unser Handeln so zu bestimmen, dass es das Leben des anderen fördert, dem anderen Freiraum für sein eigenes, selbstverantwortetes Leben schafft, oder noch einmal anders gesagt: Anerkennungsverhältnisse[36] vollzieht. Dies gilt für den Einzelnen, ganze Gruppen, aber auch für die Ordnungen und Institutionen, die das Leben der Gemeinschaft regeln.

Mit der »Reflexivität des Lebens«,[37] der dritten Grunddimension, die sich für die ethische Lebensführung aus der Grundsituation des Lebens ergibt, hebt Rendtorff darauf ab, dass der Mensch nicht nur zur selbstverantworteten Lebensführung aufgerufen ist; dass er in ihr nicht nur der Bezogenheit auf andere und anderes zu entsprechen hat; sondern dass er den eigenen Lebensvollzug noch einmal eigens zu reflektieren hat angesichts der individuellen Besonderheit und Fragmentarizität des eigenen Lebens. Diese Dimension ethischer Lebensführung entspringt, wie Rendtorff sagt, aus dem dritten Grundelement menschlicher Lebensführung, der »Fülle des Lebens«.[38] Damit ist gemeint, dass sich dem Einzelnen ein Horizont an vielfältigen Lebensoptionen auftut, der die Möglichkeiten und die Begrenztheit des je einzelnen Lebens prinzipiell überschreitet. Angesichts des fast unbegrenzten Horizontes vielfältiger Möglichkeiten wird der Einzelne sich nicht nur seines lediglich in begrenzten Möglichkeiten verlaufenden individuierten Lebens bewusst. Er muss vielmehr dazu gelangen können, dieses sein begrenztes Leben in seiner Besonderheit und Fragmentarizität auch bejahen zu können.

---

[36] Vgl. RENDTORFF, Ethik, S. 35 ff.
[37] Vgl. RENDTORFF, Ethik, S. 122 ff.
[38] Vgl. RENDTORFF, Ethik, S. 122 ff.

»Von einer der Lebenswirklichkeit immanenten Reflexivität muß gesprochen werden in bezug auf die Fülle des Lebens. In diesem Lebensbezug tritt die Erfahrung auf, daß mehr im Spiel ist, als durch ein bestimmtes einzelnes Leben und seine Realisierung ausgeschöpft werden kann. Die Bedrängnis durch diesen Überschuß an Wirklichkeit wird als ein Appell erfahren, aber als ein unbestimmter Appell von Möglichkeiten, angesichts derer für den Menschen die Erfahrung von *Endlichkeit* spruchreif wird. Endlichkeit ist ein Ausdruck der Beziehung auf Fülle, die mit erreichten Realisierungen des Lebens und bestimmten Gestaltungen nicht abgegolten ist.«[39]

Wichtig ist es, hier zu sehen, dass die Bestimmung der Endlichkeit nicht nur von der letzten Grenze menschlichen Lebens, dem Tod, her gedacht wird, sondern von der Fülle an Lebensmöglichkeiten her als demjenigen Horizont, vor dem sich das eigene Leben als eines von begrenzter Dauer und eingeschränkten Möglichkeiten darstellt. Mit der Einsicht in die Begrenztheit des Daseins geht auch die Erfahrung der Fragmentarizität endlichen Lebens angesichts von Leid und Übel einher. Hier nun hat der Glaube, und zwar in seiner eschatologischen Bestimmtheit, seine spezifische Funktion für die ethische Lebensführung. Denn der eschatologisch ausgerichtete Glaube bezieht das individuelle und als solches begrenzte Leben auf eine Ganzheit, die ihm von der Zukunft her zukommt und das gelebte Leben auf seine Fülle hin übersteigt. Glauben, so heißt es bei Rendtorff,

»ist die Antizipation des Gelingens des Lebens unter den Bedingungen empirischer Endlichkeit, irrtumsfähiger Orientierungssuche und kommunikativer Transzendenz. Glauben als *Antizipation des Gelingens* bringt so für die eigene Lebensführung gute Gründe ins Spiel, das eigene, im Prinzip immer unzureichende Können einzusetzen, ohne sich durch die Unverfügbarkeit der Vollendung der ethischen Aufgabe überhaupt irritieren zu lassen«.[40]

Die eschatologische Dimension des Glaubens in der Vorwegnahme gelingenden Lebens kann mithin auf diese Grunderfahrung des menschlichen Lebens bezogen werden, ja sie ist die Voraussetzung dafür, dass unbefangen gelebt werden kann, dass es »weitergeht«, wo die Erfahrung von Verfehlung, Fragmentarizität und Begrenztheit evidentermaßen zum eigenen Leben gehören. Die Diskrepanz der empirischen Wirklichkeit zu dem ethisch erstrebten guten Leben, wie sie in der Lebenserfahrung aufbricht, führt die Tendenz mit sich, zu resignieren und zu stagnieren. Damit angesichts dieser Diskrepanz zwischen Bestimmung und Sein die ethische Aufgabe aufrecht erhalten werden kann – wir können auch ganz einfach sagen, damit weiter mit Zuversicht gelebt werden kann –, wird die eschatologische Dimension des Glaubens aufgeboten. Diese Ausführungen implizieren – so werden wir Rendtorff zu verstehen haben – zugleich die Einsicht darein, dass die Aufgabe ethischer Lebensführung ohne den religiösen Deutungshorizont eines motivationalen ›Surplus‹ entbehrt, auf das die ethische Lebensführung in ihren Grunddimensionen angewiesen ist.

---

[39] RENDTORFF, Ethik, S. 122.
[40] RENDTORFF, Ethik, S. 126.

Es wurde bereits erwähnt, dass Rendtorff den Gedanken der Individualität würdigt, ihn aber von einem ichfixierten Individualismus abgrenzt. Ebenso deutet der Begriff der Lebensführung schon darauf hin, dass der Einzelne nur im Kontext seiner Lebenswelt zu verstehen ist, und dazu gehören auch und besonders die Institutionen bzw. Ordnungen, die Rendtorff in ihrer positiven, d. h. die freie Lebensführung des Einzelnen und der Gesellschaft im Ganzen gewährenden Bedeutung herausstellt. Die Bestimmung dessen, wozu es Institutionen geben muss, liegt darin, dass sie die Rahmenbedingungen bilden, die innerhalb einer Gesellschaft das Leben in Freiheit ermöglichen und darin dem Rechnung tragen, dass das individuelle Leben selbst immer schon nie nur auf sich bezogenes Leben ist und sich nie nur als ein auf sich bezogenes vollziehen kann, sondern selber darauf angewiesen ist, dass seine Freiheit im Kontext der Gesellschaft – durch Institutionen – geschützt und ermöglicht wird.

Rendtorff thematisiert diesen Aspekt als »Konkretionen der Ethik« in Band II seiner ethischen Theologie. »Die Konkretionen der Ethik befassen sich mit den Lebensverhältnissen und Strukturen, in denen immer wieder ethische Stellungnahme gefordert ist.«[41] Inhaltlich sind sie orientiert an der »Lebensgemeinschaft von Mann und Frau«, der politischen Ordnung, der Arbeit, der »Kultur als ethischer Form humaner Weltgestaltung« und der »Religion als Form der Praxis der Gottesbeziehung«.[42]

Die spezifische Bedeutung von Religion als Praxis endlicher Freiheit und dann auch der Kirche als ›Institution der Freiheit‹ liegt für Rendtorff darin, dass sie in prinzipieller Weise die eschatologische Ausrichtung des Glaubens für die Fragen der praktischen Lebens- und Weltgestaltung zur Geltung bringen, und das heißt, alle Formen von Lebens- und Weltgestaltung davon zu entlasten, unter den Fremd- oder Selbstanspruch gestellt zu sein, selbst unmittelbar die Bedingungen gelingenden Lebens heraufführen zu können. Unter diesem eschatologischen Vorbehalt, der von der unmittelbaren Durchsetzung des höchsten Guts durch Menschen entlastet, sind der Einzelne und die Gesellschaft im Ganzen in aller Entschiedenheit dazu aufgerufen, Leben unter den Bedingungen der Freiheit selbsttätig zu ermöglichen und zu gestalten, ja, sie vermögen es gerade dadurch, dass sie die Differenz zwischen dem, was menschenmöglich ist, und dem, was Gott anheimgestellt ist, permanent im Bewusstsein halten und so den Horizont endlicher Freiheit offenhalten.

---

[41] RENDTORFF, Ethik, S. 247.
[42] Vgl. das Inhaltsverzeichnis der *Ethik* unter »Band 2«, RENDTORFF, Ethik, S. VIII.

Weiterführende Literatur:

REINER ANSELM/STEFAN SCHLEISSING, Einführung. Zum Ort der ›Ethik‹ im Werk Trutz Rendtorffs, in: T. Rendtorff, Ethik. Grundelemente, Methodologie und Konkretionen einer ethischen Theologie, 3., durchgesehene Auflage, hg. von R. Anselm/S. Schleissing, Tübingen 2012, S. XI–XXII.

STEFAN ATZE, Ethik als Steigerungsform von Theologie? Systematische Rekonstruktion und Kritik eines Strukturprozesses im neuzeitlichen Protestantismus, Berlin/New York 2008.

MARTIN LAUBE, Theologie und neuzeitliches Christentum. Studien zur Genese und Profil der Christentumstheorie Trutz Rendtorffs, Tübingen 2006.

XXV. Zu den Aufgaben der Dogmatik

Die Dogmatik, auf die wir uns hier beschränken,[1] hat den spezifischen Sinngehalt der Aussagen des christlichen Glaubens methodisch reflektiert zu erfassen und in seiner Bedeutung für das Gottes-, Selbst- und Weltverständnis des Menschen zu entfalten. Sie hat die Gehalte des christlichen Glaubens in eine kohärente Ordnung zu bringen, ihren Wahrheitsanspruch im Horizont des allgemeinen Wahrheitsbewusstseins zu verantworten und sie gegenwartsgemäß auszulegen. Die Dogmatik dient mittelbar der ›Kirchenleitung‹, insofern sie die reflektierte Bestimmung des Selbstverständnisses des christlichen Glaubens wahrnimmt und diejenigen Bedingungen der christlichen Lehre erhellt, die zur Erhaltung und Förderung des Christentums unter sich wandelnden gesamtkulturellen Bedingungen erforderlich und dienlich sind.[2] Die Dogmatik hat in der wissenschaftlich verantworteten Reflexion des Wahrheitsanspruchs des christlichen Glaubens zugleich eine Selbständigkeit gegenüber ihrer Funktion für die Kirche und das Christentum, indem sie der spezifischen Bestimmtheit ihres Gegenstandes und der Rationalität des Wissenschaftsdiskurses verpflichtet ist und wiederum auch nur so – durch wissenschaftliche Reflexion und zeitgemäße Verantwortung der christlichen Lehre – ihre spezifische Funktion im Blick auf die Aufgabe der Kirchenleitung zur Erhaltung und Förderung des Christentums erfüllt.

Gehört es zur Aufgabe der Dogmatik, den eigentümlichen Sinngehalt der Aussagen des christlichen Glaubens methodisch reflektiert zu erfassen, dann impliziert dies, dass die Dogmatik eine Bestimmung des *Wesens des christlichen Glaubens*[3] zu vollziehen hat. Ohne ein Verständnis vom Wesen des christlichen

---

[1] Zur Frage der enzyklopädischen Bestimmung der einzelnen Disziplinen der Theologie und deren Einheit vgl. den klassischen Entwurf von FRIEDRICH DANIEL ERNST SCHLEIERMACHER, Kurze Darstellung des theologischen Studiums, (1811/1830) (= KD), hg. von D. Schmid, Berlin/New York 2002. Zur jüngeren diesbezüglichen Debatte vgl. KONRAD STOCK, Art. Theologie (enzyklopädisch), in: TRE, Bd. 33, Berlin 2002, S. 323–343; ferner INGOLF U. DALFERTH (Hg.), Eine Wissenschaft oder viele? Die Einheit evangelischer Theologie in der Sicht ihrer Disziplinen, ThLZ.F 17, Leipzig 2006.
[2] Darin ist Schleiermachers Verständnis der Aufgabe der Theologie aufgenommen. Zu Schleiermacher vgl. die Ausführungen in Kap. XIX.
[3] Der Begriff des Wesens des Christentums ist demgegenüber der weitere Begriff und umfasst stärker Genese und Geschichte des Christentums, und zwar auch in seiner nicht nur die Kirche betreffenden, sondern gesamtkulturellen Wirkungsgeschichte. Auch dafür ist eine Bestimmung des Wesens des christlichen Glaubens erforderlich, insofern Genese und Geschichte des Christentums von dem Ursprungsgeschehen – der Person und Geschichte des auferweckten Gekreuzigten – her als dessen Wirkungsgeschichte, die in der Geschichte immer auch bestimmten Transformationen und der *Wesensgestaltung* unterliegt, zu begreifen ist. Vgl. dazu die Ausführungen zu Troeltsch (Kap. XIV) und zu Rendtorff (Kap. XIV).

Glaubens lässt sich die Aufgabe der Dogmatik nicht hinausführen. Dies wiederum macht es erforderlich, Person und Wirken Jesu Christi als den Grund des Glaubens zu erfassen, durch den dieser seine ihm eigentümliche Bestimmtheit erhält. Er ist *christlicher* Glaube, indem er Glaube *an* Jesus Christus als den auferweckten Gekreuzigten ist, der der Erhöhte in der Einheit mit dem Gekreuzigten ist. Insofern ist der Glaube, indem er an den Auferstandenen in der Einheit mit dem Gekreuzigten glaubt, immer auch auf den geschichtlichen Jesus Christus bezogen. Und Jesus Christus wiederum ist »der Anführer und Vollender des Glaubens« (Hebr 12, 2), indem er Glauben wirkt.

Indem die Theologie Person und Wirken Jesu Christi zu erfassen sucht, um das Wesen des christlichen Glaubens[4] zu bestimmen, entfaltet sie mit der Christologie zugleich die spezifische Bestimmtheit des Glaubens, der aus der Bezogenheit auf Jesus Christus lebt; und sie entfaltet damit *in einem* die durch Person und Geschichte Jesu Christi eröffnete Gotteserkenntnis. Dies bedeutet, dass die Dogmatik, wenn sie das Wesen des christlichen Glaubens zu bestimmen sucht, ihren Bezugspunkt in Person und Wirken Jesu Christi hat und von da aus die eigentümlich christliche Lehre von Gott und die spezifische Bestimmtheit des Glaubens sowie das in ihm eröffnete Selbst- und Weltverständnis erschließt. Das heißt: Sie ist *Theologie auf dem Grunde der Offenbarung Gottes in Jesus Christus.*[5]

Dies impliziert wiederum, dass die Dogmatik an die Heilige Schrift gewiesen ist, weil nur vermittels der Schrift die Kenntnis des Glaubensgrundes und das Wesen des christlichen Glaubens erschlossen werden kann. Die spezifische Aufgabe der dogmatischen gegenüber der historisch-kritischen Schriftauslegung liegt darin, aus der Vielfalt des Schriftzeugnisses eine Bestimmung des Wesens des christlichen Glaubens zu erheben und diese in einer *systematischen* Darlegung des Gesamtausdrucks der christlichen Lehre *gegenwartsgemäß* zur Entfaltung zu bringen. Zur Bestimmung des Wesens des christlichen Glaubens auf der Grundlage des Zeugnisses der Schrift gehört es auch, darzulegen und zu erfassen, dass und wie der Glaube auf seinen Grund reflektiert und die christliche Religion gleichsam ab ovo den Impuls mit sich führt, kirchliche Lehre und eine die Bestimmtheit des Glaubens reflektierende Theologie auszubilden.

Die Bestimmung des Wesens des christlichen Glaubens hat in der Geschichte der Theologie keine eindeutige Antwort erfahren.[6] Nicht erst die faktische Viel-

---

[4] Die Bestimmung des Wesens des christlichen Glaubens ist keine Aufgabe, die nur die Dogmatik zu vollziehen hat. Sie bildet vielmehr die gemeinsame Aufgabe aller theologischen Disziplinen, die darin ihren gemeinsamen Gegenstandsbereich haben und dazu das jeweils aus ihrer eigenen Perspektive zu Sagende klärend beisteuern.

[5] Für die Bestimmung des Glaubensbegriffs ist mithin konstitutiv, was in nahezu der gesamten philosophischen Tradition als problematisch angesehen wird: dass der Glaube sich seinen Bezugspunkt als einen geschichtlichen vorausgesetzt sein lässt.

[6] Wesensbestimmung ist immer zugleich Wesensgestaltung und von der jeweiligen Perspektive des Theologen bestimmt. Die in unterschiedlichen Perspektiven gründende Vielheit und der daraus resultierende Diskurs um die Überzeugungskraft der jeweiligen Entwürfe sei ausdrücklich als zum spezifischen Charakter der christlichen Theologie gehörend hervorgehoben.

heit der Theologien in Geschichte und Gegenwart, sondern bereits die Vielfalt der Konfessionen, die im Blick auf die Bestimmung des Wesens des christlichen Glaubens jeweils unterschiedliche Grundgehalte gewichten, zeugen davon. Es ist eine Vielfalt, die sich auf das neutestamentliche Zeugnis beruft und berufen kann. Der neutestamentliche Kanon begründet insofern nicht die Einheit der Kirche, sondern die Vielheit der Konfessionen, genauer, die Einheit der Kirche in der Vielheit der Konfessionen; und er begründet ebenso nicht die eine Theologie, sondern die Vielheit der Theologien.

Bei der Herausbildung der Konfessionskirchen und der Formierung evangelischer Dogmatik spielte und spielt die Frage nach dem Stellenwert der Schrift für die kirchliche Lehre, das Glaubensbewusstsein und die Theologie eine zentrale Rolle. In der Betonung der Schrift als »einige Regel und Richtschnur, nach welcher zugleich alle Lehren und Lehrer gerichtet und geurteilet werden sollen«,[7] und damit verknüpft in der Betonung der sich aus der Schrift selbst erschließenden Mitte der Schrift, welche die Evangelischen in der Rechtfertigung des Sünders allein aus Gnade und dem Wort vom Kreuz sehen, hat sich die spezifische Bestimmtheit evangelischer Kirche, Frömmigkeit und Theologie herausgebildet. Die Bekenntnisschriften der Kirchen halten das Evangelium als Mitte der Schrift fest und bringen es als orientierende Norm für die kirchliche Lehre, den Unterricht und die Sozialgestalt evangelischer Kirchen zur Geltung. Insofern die Dogmatik die gegenwärtig in der Kirche geltende Lehre reflektiert, hat sie auch der konfessionellen Bestimmtheit derselben Rechnung zu tragen, und dies umso mehr, als sich das Christentum nur in der Vielfalt von Konfessionskirchen darstellt und die Ökumene zu den zentralen Gegenwartsfragen des Christentums gehört. Von daher erwächst der Dogmatik die Aufgabe, das Proprium evangelischen Christentums zu erfassen, die konfessionellen Differenzen zwischen den Konfessionskirchen auf der Basis ihrer Lehre zu bestimmen und dies einzubringen in den Diskurs über die Prinzipien interkonfessioneller Verständigung und nicht zuletzt über die Bedingungen der Ökumene.[8]

Neben der durch die Reformation bedingten konfessionellen Ausdifferenzierung des Christentums kommt der Wahrnehmung des im Gefolge der Aufklärung vollzogenen Transformationsprozesses der kirchlichen Lehre in der evangelischen Dogmatik besonderes Gewicht zu. In der Auseinandersetzung mit der Entwicklung der Theologie unter den Bedingungen der Moderne gelangt die zeitgenössische Dogmatik dazu, die Gegenwartsgestalt des Christentums zu begreifen und vor diesem Horizont eine gegenwartsgemäße Darstellung der christlichen Lehre zu entfalten. Dazu gehört dann auch, »die Rückkehr alter Verwir-

---

[7] Konkordienformel, BSLK, S. 767, Z. 14–17.
[8] Nach Überzeugung der Kirchen der GEKE ist dafür die Übereinstimmung in der wahren Verkündigung des Evangeliums und der rechten Verwaltung der Sakramente die notwendige und hinreichende Bedingung. Vgl. dazu CHRISTINE AXT-PISCALAR, Das evangelische Verständnis von Kirche, Amt und Kirchengemeinschaft. Anfragen an das Ökumenismusdekret aus reformatorischer Sicht, in: Unitatis redintegratio. 40 Jahre Ökumenismusdekret – Erbe und Auftrag, hg. von W. Thönissen, Paderborn/Frankfurt a. M. 2005, S. 245–260.

rungen zu verhüten und neuen zuvorzukommen«,[9] will heißen, den Stand des in der Disziplin erreichten Problembewusstseins in die gegenwärtige Entfaltung der Dogmatik einzubeziehen. Dies impliziert zugleich, den Umbildungsprozess der christlichen Lehre in der Moderne ebenso wie die faktische Gegenwartsgestalt des Christentums an der Wesensbestimmung des christlichen Glaubens kritisch zu messen. Die Dogmatik handhabt die Wesenbestimmung sowohl konstruktiv, um eine gegenwartsgemäße Darstellung der christlichen Lehre zu entfalten, als auch kritisch, um die Faktizität von Kirche, Christentum und theologischer Lehre an ihr zu prüfen.

Die Auseinandersetzung der Dogmatik mit der Entwicklung der kirchlichen Lehre durch ihre ganze Geschichte hindurch – wie sie auch für Anlage und Durchführung dieses Bandes leitend ist – erfolgt in der Annahme, dass sich die »Väter« an Fragen und Problemen abgearbeitet haben, die sie aus ihrer Perspektive und in ihrem jeweiligen Kontext für die Bestimmung des Wesens des christlichen Glaubens als konstitutiv erachteten. So erarbeiteten sie Fragestellungen und Antworten, die auch noch für eine gegenwärtige Selbstverständigung über die Aufgaben der Dogmatik von Bedeutung sind, was eine kritische Anverwandlung in der Perspektive des Wesens des christlichen Glaubens nicht aus-, sondern einschließt.

Nicht zuletzt hat es die Dogmatik mit der in der Kirche geltenden Lehre zu tun, die sie zu reflektieren, am Wesen des christlichen Glaubens zu orientieren und gegenwartsgemäß zu entfalten hat. »Kirche [ist] die Gemeinschaft der Lehre sowol als des Lebens«.[10] Dass weite Teile des zeitgenössischen Christentums von einer gewissen Abständigkeit gegenüber der verfassten Kirche und der kirchlichen Lehre geprägt sind und zur gänzlichen Privatisierung religiöser Einstellungen neigen, ist eine Tatsache, welche die Dogmatik in der Gegenwart in besonderem Maße vor die Aufgabe stellt, die spezifische Bestimmtheit der christlichen Glaubensgehalte in ihrer Bedeutung für das Selbst- und Weltverständnis des Menschen darzulegen und über die spezifische Identität des christlichen Glaubens aufzuklären, das heißt, wieder verstärkt *materiale* Dogmatik zu betreiben. Angesichts des gegenwärtigen Zustands des Christentums gehört dazu dann auch, die konstitutive Bedeutung der ›Gemeinschaft in der Lehre und im Leben‹ für das christlich religiöse Bewusstsein herauszustellen.

Die Frage danach, wie sich die christliche Glaubensweise von anderen nichtchristlichen Religionen unterscheidet, bildet ebenfalls eine wichtige Aufgabe der Dogmatik und ergibt sich aus und auf der Grundlage der Bestimmung des Wesens des christlichen Glaubens. Sie setzt die dezidiert religionswissenschaftliche Forschung sowie die genuine Selbstauslegung der anderen Religionen als Diskurspartner voraus, um an dem von ihnen ausgearbeiteten Selbstverständnis der nichtchristlichen Religion die Identität der christlichen zu spiegeln und zu bewähren. Die Wahrnehmung einer religionsvergleichenden Perspektive ist vor

---

[9] SCHLEIERMACHER, KD, § 198, 2. Auflage, S. 210; KGA, S. 396.
[10] SCHLEIERMACHER, KD, § 9, 1. Auflage, S. 95; KGA, S. 281.

dem Hintergrund der multireligiösen Gesellschaften und der Bedeutung, die den Religionen in der globalen Weltgemeinschaft zukommt, in den letzten Jahrzehnten immer stärker in den Aufgabenbereich der Dogmatik gerückt. Die Bedeutung einer vergleichenden Religionstheologie für die Gegenwart ist unbestritten. Strittig sind die Hermeneutik und die Grundannahmen des interreligiösen Dialogs. Die Aufgabe der Dogmatik im Diskurs mit den anderen Religionen besteht vor allem darin, für die angemessene Wahrnehmung der Identität der christlichen Religion einzustehen.

Die Entfaltung des Wahrheitsanspruchs des christlichen Glaubens vor dem Forum des allgemeinen Wahrheitsbewusstseins ist der Dogmatik von ihrem Gegenstand her aufgegeben, mit dem der Anspruch auf Allgemeingültigkeit verbunden ist. Dieser ist im Diskurs mit den Wissenschaften zu plausibilisieren. Wir gebrauchen hier den Begriff des Plausibilisierens, um festzuhalten, dass im Diskurs mit den anderen Wissenschaften der Wahrheitsanspruch der spezifischen Gehalte der christlichen Lehre an den Erkenntnissen der Wissenschaften bewährt und diese wiederum auf den theologischen Horizont hin interpretiert werden. Unter der Bedingung der Ausdifferenzierung der Wissenschaften, in deren Folge gegenwärtig keine Disziplin mehr ohne weiteres als Leitwissenschaft dient, vollzieht sich solche Plausibilisierung im Diskurs mit unterschiedlichen Disziplinen, je nach dem, welche im allgemeinen Wissenschaftsdiskurs zu einer gewissen Deutungshoheit gelangt sind. In der Gegenwart sind dies die Sozialwissenschaften, verstärkt auch die Naturwissenschaften und nicht zuletzt die Kulturwissenschaft(en), während demgegenüber die Geschichtswissenschaft sowie die Philosophie, welche vormals die primären Bezugswissenschaften für den theologischen Diskurs darstellten, als Leitwissenschaften an Bedeutung verloren haben.

Fragt man nach den Bezugswissenschaften und nach den gesellschaftlichen Systemen, auf die hin der Wahrheitsanspruch der Theologie zu plausibilisieren ist, so hat man zeitdiagnostisch zu gewärtigen, dass hier vieles im Fluss ist. Die Theologie kann sich darauf einzustellen versuchen, indem sie ihre Gehalte perspektivisch auf bestimmte wissenschaftlich und gesellschaftlich relevante Fragestellungen bezogen in den Diskurs einbringt und so auf die Pluralisierung von Deutungsparadigmen in Wissenschaft und Gesellschaft eingeht.[11] Gleichwohl wird man aus Sicht der Dogmatik vor allem die zeitgenössische Entwicklung der Philosophie, sich in die Vielfalt von spezialwissenschaftsorientierten Einzeldisziplinen auszudifferenzieren und die ihr von ihrem ureigenen Selbstverständnis her eingestiftete Frage nach Grund und Sinnziel von Mensch und Welt kaum mehr zu bedenken, nicht ungeteilt begrüßen können. Denn die Philosophie

---

[11] Auf die damit gegebene Herausforderung für die Theologie geht Dalferth näher ein und zieht daraus die Konsequenz, dass die Theologie ein »topisches Denken in Perspektiven und Horizonten, das sensibel ist für die Vielaspektigkeit und Rekombinierbarkeit der Phänomene«, zu pflegen habe. INGOLF U. DALFERTH, Evangelische Theologie als Interpretationspraxis. Eine Systematische Orientierung, ThLZ.F 11/12, Leipzig 2004, S. 12.

stellte durch ihre Geschichte hindurch das kritische Gegenüber zur theologischen Rede von Grund und Sinnziel von Mensch und Welt dar und nötigte dadurch die Theologie zum einen dazu, ihre Aussagen auch mit dem Anspruch auf vernünftige Allgemeinheit zu entfalten und sich an den Kriterien vernünftiger Gotteslehre sozusagen abzuarbeiten. Sie forderte die Theologie zum anderen dazu heraus, das spezifische Profil theologischer – aus der Selbstoffenbarung Gottes in Jesus Christus erschlossener – Gotteslehre zu konturieren und von ihr her wiederum die vernünftige Gotteslehre bestimmt zu negieren und so kritisch aufzuheben. Man könnte dies etwa an dem Gedanken der Allmacht Gottes erläutern, den die Theologie nicht erübrigen kann, den sie indes im Ausgang von der Selbstoffenbarung Gottes in Person und Geschichte Jesu Christi einer präzisen Umbestimmung zuführt und so durch das Wort vom Kreuz die ›Umwertung aller Werte‹ vollzieht.[12]

Ein ähnliches Bedenken ergibt sich im Blick auf die Religionstheorie. Auch hier wird man der zunehmend vertretenen Überzeugung, angesichts der unüberschaubaren Vielfalt religiöser Phänomene auf die Bestimmung des Begriffs der Religion gänzlich zu verzichten, nicht ohne weiteres zustimmen können. Die Unüberschaubarkeit religiöser Phänomene wird zwar mit Recht geltend gemacht, nicht recht überzeugend ist indes, wie man Phänomene als religiös wahrnehmen können soll, ohne einen gewissen Begriff von Religion bestimmt zu haben. Zudem dient eine reflektierte Bestimmung des Religionsbegriffs auch dazu, Religions*kritik* zum Zuge bringen zu können. Der explizite und implizite religiöse Vollzug tendiert dazu abzugleiten, wie Luther dies phänomenologisch eindrücklich an der Fehlorientierung des Sein-Herz-Hängens-an[13] beschrieben und wie Tillich es mit dem Strukturbegriff des Dämonischen[14] erfasst hat. Sodann ermöglicht es eine durch den Begriff der Religion geleitete Phänomenologie menschlichen Selbstvollzugs, die spezifischen Gehalte der Theologie an den Selbstvollzug des natürlichen Menschen anknüpfen zu können.[15]

Das Wesen des christlichen Glaubens, so haben wir gesagt, steht im Zentrum des Selbstverständnisses der Dogmatik. In ihm erschlossen ist das auf der Grundlage eines neuen Gottesverhältnisses sich einstellende neue Selbst- und Weltverständnis des Menschen. Die Theologie hat daher die Sinngehalte des christlichen Glaubens in ihrer Bedeutung für das Selbst- und Weltverständnis des Menschen zu entfalten, weil sie nur so der christlichen Rede von Gott entspricht. Dies bedeutet zugleich, dass sie die Sinngehalte des christlichen Glaubens auf die Grunddimensionen der menschlichen Existenz hin auslegt; Grunddimensionen der menschlichen Existenz, die am Vollzug der Existenz des natürlichen Menschen in einer fundamentalanthropologischen Reflexion erhoben werden. Woran hierbei angeknüpft wird, kann wiederum unterschiedlich

---

[12] Vgl. S. 87f.
[13] Vgl. S. 4f.; 91f.
[14] Vgl. S. 303.
[15] Vgl. dazu die unter Anm. 16 und 17 genannten Beiträge der Verfasserin.

sein – an die Bestimmtheit des Selbstbewusstseins, an die Existenz des Menschen als eines verantwortlichen Subjekts,[16] an das Transzendierungsvermögen. Jedenfalls ist eine solche Plausibilisierung an der Selbst- und Welterfahrung des natürlichen Menschen – und hierzu gehört dann auch das Phänomen einer unbestimmten Religiosität[17] – der Theologie von ihrem Gegenstand her aufgegeben. Die Theologie expliziert auf dem Boden des alten Selbst- und Weltverständnisses das im Glauben sich erschließende, *gegen* jenes sich zur Geltung bringende *neue* Selbst- und Weltverhältnis und legt die Freiheit des Christenmenschen aus. Darin aber zuvörderst bewährt sich der von der Theologie zu entfaltende Wahrheitsanspruch des christlichen Glaubens, der in einem Grund gründet, welcher das Leben in der Fülle (Joh 10, 10) verheißen hat.

---

[16] Dazu vgl. die Interpretation der Auffassung Kants von der Funktion der Religion. CHRISTINE AXT-PISCALAR, Wieviel Religion braucht die Vernunft? Überlegungen zur Bedeutung der Religion im Denken Kants, in: ZThK 103 (2006), S. 515–532; sowie DIES., Von der Vernunft der Religion, ihrem motivationalen und semantischem Surplus und der religiösen Selbst- und Welterfahrung, in: Jahrbuch für Religionsphilosophie, M. Enders, Bd. 8, Frankfurt a. M. 2009, S. 63–82.

[17] Vgl. CHRISTINE AXT-PISCALAR, Wie hast Du's mit der Religion? Zur Wiederentdeckung der Religion im zeitgenössischen Denken – Überlegung aus Sicht der Systematischen Theologie, in: Kirche zwischen Kultur und Evangelium, hg. von M. Reppenhagen, Neukirchen-Vluyn 2010, S. 150–172.

Literaturverzeichnis

Die Abkürzungen richten sich nach:
SCHWERTNER, SIEGFRIED M., Internationales Abkürzungsverzeichnis für Theologie und Grenzgebiete, Zeitschriften, Serien, Lexika, Quellenwerke mit bibliographischen Angaben, 2., überarbeitete und erweiterte Auflage, Berlin/New York 1992.
Die im Text verwandten Siglen werden im jeweiligen Kapitel unter der Anm. 1 genannt.

ALTHAUS, PAUL, Die Prinzipien der deutschen reformierten Dogmatik im Zeitalter der aristotelischen Scholastik. Eine Untersuchung zur altprotestantischen Theologie, Leipzig 1914.
ANER, KARL, Die Theologie der Lessingzeit, Halle 1929, Nachdruck Hildesheim 1929.
ANSELM, REINER/SCHLEISSING, STEFAN, Einführung. Zum Ort der ›Ethik‹ im Werk Trutz Rendtorffs, in: T. Rendtorff, Ethik: Grundelemente, Methodologie und Konkretionen einer ethischen Theologie, 3., durchgesehene Auflage, hg. von R. Anselm/S. Schleissing, Tübingen 2012, S. XI–XXII.
ANSELM VON CANTERBURY, Proslogion. Anrede. Lateinisch/Deutsch. Übersetzungen, Anmerkungen und Nachwort von R. Theis, Stuttgart 2005.
APFELBACHER, KARL-ERNST, Frömmigkeit und Wissenschaft. Ernst Troeltsch und sein theologisches Programm, München 1978.
ATZE, STEFAN, Ethik als Steigerungsform von Theologie? Systematische Rekonstruktion und Kritik eines Strukturprozesses im neuzeitlichen Protestantismus, Berlin/New York 2008.
AUGUSTIN, Bekenntnisse, vollständige Ausgabe, eingeleitet und übertragen von W. Thimme, 2. Auflage, München 1983.
AXT-PISCALAR, CHRISTINE, Die Eschatologie in ihrer Bedeutung und Funktion für das Ganze der Systematischen Theologie Wolfhart Pannenbergs, in: KuD 45 (1999), S. 130–142.
DIES., Schleiermacher, in: Dies./J. Ringleben (Hg.), Denker des Christentums, Tübingen 2004, S. 145–167.
DIES., Das evangelische Verständnis von Kirche, Amt und Kirchengemeinschaft. Anfragen an das Ökumenismusdekret aus reformatorischer Sicht, in: W. Thönissen (Hg.), Unitatis redintegratio. 40 Jahre Ökumenismusdekret – Erbe und Auftrag, Paderborn/Frankfurt a. M. 2005, S. 245–260.
DIES., Abbruch oder Kontinuität? Karl Barths Prolegomena zur Dogmatik im Lichte der Theologie des 19. Jahrhunderts – eine Skizze, in: ThZ 62 (2006), S. 433–451.
DIES., Wieviel Religion braucht die Vernunft? Überlegungen zur Bedeutung der Religion im Denken Kants, in: ZThK 103 (2006), S. 515–532.
DIES., Kirche – auf katholisch, in: J. Hermelink/S. Grotefeld (Hg.), Religion und Ethik als Organisationen – eine Quadratur des Kreises?, Zürich 2008, S. 93–118.
DIES., Theologie – Dogma – Bekenntnis. Überlegungen aus evangelischer Sicht zu ihrer Bedeutung und Funktion, in: ÖR 57 (2008), S. 3–21.

Literaturverzeichnis

DIES., Von der Vernunft der Religion, ihrem motivationalen und semantischen Surplus und der religiösen Selbst- und Welterfahrung, in: M. Enders (Hg.), Jahrbuch für Religionsphilosophie, Bd. 8, Frankfurt a. M. 2009, S. 63–82.

DIES., Das wahrhaft Unendliche. Zum Verhältnis von vernünftigem und theologischem Gottesbegriff bei Wolfhart Pannenberg, in: Der Gott der Vernunft. Protestantismus und vernünftige Gotteserkenntnis, hg. von J. Lauster/B. Oberdorfer, Tübingen 2009, S. 319–337.

DIES., Offenbarung als Geschichte – Die Neubegründung der Geschichtstheologie in der Theologie Wolfhart Pannenbergs, in: J. Frey/H. Lichtenberger/St. Krauter (Hg.), Heil und Geschichte. Die Geschichtsbezogenheit des Heils und das Problem der Heilsgeschichte in der biblischen Tradition und in der theologischen Deutung, Tübingen 2009, S. 725–743.

DIES., Wie hast Du's mit der Religion? Zur Wiederentdeckung der Religion im zeitgenössischen Denken – Überlegungen aus Sicht der Systematischen Theologie, in: M. Reppenhagen (Hg.), Kirche zwischen Kultur und Evangelium, Neukirchen-Vluyn 2010, S. 150–172.

DIES., Das lutherische Verständnis von Bekenntnis und die Frage nach einer möglichen Rezeption der Barmer Theologischen Erklärung durch die lutherischen Kirchen, in: KuD 57 (2011), S. 338–345.

DIES., Kant zur Bedeutung und Funktion der Kirche und die biblischen Anleihen in Kants Ekklesiologie, in: A. Heit/E. Popkes (Hg.), Kant und die Bibel, Tübingen 2012, im Druck.

DIE BARMER THEOLOGISCHE ERKLÄRUNG (1934), in: Evangelische Bekenntnisse: Bekenntnisschriften der Reformation und neuere theologische Erklärungen. Im Auftrag des Rates der Evangelischen Kirche der Union, gemeinsam mit I. Dingel u. a. hg. von R. Mau, 2. Teilbd., Bielefeld 1997, S. 259–279.

DIE BARMER THEOLOGISCHE ERKLÄRUNG, Einführung und Dokumentation, hg. von A. Burgsmüller/R. Weth, 2. Auflage, Neukirchen-Vluyn 1984; sowie überarbeitet und erweitert hg. von M. Heimbucher/R. Weth, 7. Auflage, Neukirchen-Vluyn 2009.

BARTH, KARL, Das Wort Gottes als Aufgabe der Theologie (1922). Vortrag für die Versammlung der »Freunde der christlichen Welt«, in: J. Moltmann (Hg.), Anfänge der dialektischen Theologie, München 1977, S. 197–218.

DERS., Die christliche Dogmatik im Entwurf. Bd. 1: Die Lehre vom Worte Gottes. Prolegomena zur christlichen Dogmatik (1927), hg. von G. Sauter, in: Karl Barth. Gesamtausgabe, Abt. II, Akademische Werke, Bd. 14, Zürich 1982.

DERS., Die Wünschbarkeit und Möglichkeit eines allgemeinen reformierten Glaubensbekenntnisses, in: Ders., Gesammelte Vorträge, Bd. 2: Die Theologie und die Kirche, München 1928, S. 76–105.

DERS., fides quaerens intellectum. Anselms Beweis der Existenz Gottes im Zusammenhang seines theologischen Programms (1931), neu hg. von E. Jüngel/I. U. Dalferth, in: Karl Barth. Gesamtausgabe, Abt. II, Akademische Werke, Bd. 13, 2. Auflage, Zürich 1986.

DERS., Die kirchliche Dogmatik, Bd. I/1 und I/2 (1932–1938), 4. Auflage, Zürich 1944–1948.

BARTH, ULRICH, Was ist Religion? Sinndeutung zwischen Erfahrung und Letztbegründung, in: Ders., Religion in der Moderne, Tübingen 2003, S. 3–28.

DERS., Säkularisierung und Moderne. Die soziokulturelle Transformation der Religion, in: Ders., Religion in der Moderne, Tübingen 2003, S. 127–166.

BAUR, JÖRG, Zur Aktualität des neuen Ansatzes in Luthers Theologie, in: Ders., Luther und seine klassischen Erben. Theologische Aufsätze und Forschungen, Tübingen 1993, S. 29–45.

DERS., Sola Scriptura – historisches Erbe und bleibende Bedeutung, in: Ders., Luther und seine klassischen Erben. Theologische Aufsätze und Forschungen, Tübingen 1993, S. 46–113.

BAYER, OSWALD, Theologie. Handbuch Systematischer Theologie, Bd. 1, hg. von C. H. Ratschow, Gütersloh 1994.

DERS., Martin Luthers Theologie. Eine Vergegenwärtigung, 2. Auflage, Tübingen 2004.

BECKER, JÜRGEN, Paulus, der Apostel der Völker, 2., durchgesehene Auflage, Tübingen 1992.

BEISSER, FRIEDRICH, »Claritas scripturae« bei Luther, Göttingen 1966.

DIE BEKENNTNISSCHRIFTEN DER EVANGELISCH-LUTHERISCHEN KIRCHE (= BSLK), hg. im Gedenkjahr der Augsburgischen Konfession, 9. Auflage, Göttingen 1982.

BERNHARD, REINHOLD/PFLEIDERER, GEORG (Hg.), Christlicher Wahrheitsanspruch – historische Relativität. Auseinandersetzungen mit Ernst Troeltschs Absolutheitsschrift im Kontext heutiger Religionstheologie, Zürich 2004.

BIRKNER, HANS-JOACHIM, Beobachtungen zu Schleiermachers Programm der Dogmatik, in: Ders., Schleiermacher-Studien, eingeleitet und hg. von H. Fischer, Berlin/New York 1996, S. 99–112.

DERS., Schleiermachers »Kurze Darstellung« als theologisches Reformprogramm, in: Ders., Schleiermacher-Studien, eingeleitet und hg. von H. Fischer, Berlin/New York, 1996, S. 285–307.

BLUMENBERG, HANS, Die Legitimität der Neuzeit, Frankfurt a. M. 1966.

BORNKAMM, GÜNTHER, Paulus (1969), 7. Auflage, Stuttgart 1993.

BROWN, PETER, Augustinus von Hippo. Eine Biographie, 2. Auflage, München 2000.

BULTMANN, RUDOLF, Kirche und Lehre im Neuen Testament (1929), in: Ders., Glauben und Verstehen, Bd. I, Tübingen 1933, S. 153–187.

DERS., Der Begriff der Offenbarung im Neuen Testament (1929), in: Ders., Glauben und Verstehen, Bd. III, Tübingen 1960, S. 1–34.

DERS., Theologische Enzyklopädie, hg. von E. Jüngel/K. W. Müller, Tübingen 1984.

CLAUSSEN, JOHANN HINRICH, Die Jesusdeutung von Ernst Troeltsch im Kontext der liberalen Theologie, Tübingen 1997.

CONFESSIO AUGUSTANA (1530), BSLK, S. 44–137.

DALFERTH, INGOLF U., Kombinatorische Theologie. Probleme theologischer Rationalität, Freiburg i. Br. 1991.

DERS., Evangelische Theologie als Interpretationspraxis. Eine systematische Orientierung, ThLZ.F 11/12, Leipzig 2004.

DERS. (Hg.), Eine Wissenschaft oder viele? Die Einheit evangelischer Theologie in der Sicht ihrer Disziplinen, ThLZ.F 17, Leipzig 2006.

DANZ, CHRISTIAN, Die Deutung der Religion in der Kultur: Aufgaben und Probleme der Theologie im Zeitalter des religiösen Pluralismus, Neukirchen-Vluyn 2008.

DAUB, CARL, Philosophische und theologische Vorlesungen, 4 Bde, Berlin 1838–1840.

DENZINGER, HEINRICH, Kompendium der Glaubensbekenntnisse und kirchlichen Lehrentscheidungen, verbessert, erweitert, ins Deutsche übertragen und unter Mitarbeit von H. Hoping hg. von P. Hünermann, 37. Auflage, Freiburg i. Br. 1991 (= DH).

DESCARTES, RENÉ, Meditationes de Prima Philosophia – Meditationen über die Erste Philosophie. Lateinisch-deutsche Ausgabe, hg. und übersetzt von G. Schmidt, Stuttgart 1986.
DIERKEN, JÖRG, Hegels Interpretation der Gottesbeweise, in: NZSTh 32 (1990), S. 275–318.
DILTHEY, WILHELM, Das Wesen der Philosophie, hg. von M. Riedel, Stuttgart 1984.
DRUMM, JOACHIM, Art. Dogma, in: LThK, Bd. 3, Sp. 283–286.
DERS., Art. Dogmenentwicklung, in: LThK, Bd. 3, Sp. 293–298.

EBBINGHAUS, JULIUS, Einleitung zu John Locke, Ein Brief über Toleranz, Hamburg 1957, S. IX–LXIII.
EBELING, GERHARD, Lutherstudien, Bd. 2: Disputatio de homine, Teil 3, Kapitel X, S. 1–84.
ELZE, MARTIN, Der Begriff des Dogmas in der Alten Kirche, in: ZThK 61 (1964), S. 421–438.
EVANGELISCHE BEKENNTNISSE: Bekenntnisschriften der Reformation und neuere theologische Erklärungen. Im Auftrag des Rates der Evangelischen Kirche der Union gemeinsam mit I. Dingel u. a. hg. von R. Mau, 2. Teilbd., Bielefeld 1997.

FATIO, OLIVIER, Art. Orthodoxie I (Reformierte Orthodoxie), in: TRE, Bd. 25, S. 485–497.
FERBER, RAFAEL, Platos Idee des Guten, 2. Auflage, St. Augustin 1989.
FIEDROWICZ, MICHAEL, Apologie im frühen Christentum. Die Kontroverse um den christlichen Wahrheitsanspruch in den ersten Jahrhunderten, Paderborn u. a. 2000.
FILSER, HUBERT, Dogma, Dogmen, Dogmatik. Eine Untersuchung zur Begründung und Entstehungsgeschichte einer theologischen Disziplin von der Reformation bis zur Spätaufklärung, in: E. Lessing/P. Neuner/D. Ritschl (Hg.), Studien zur systematischen Theologie und Ethik, Bd. 28, Münster/Hamburg u. a. 2001.
FISCHER, HERMANN (Hg.), Paul Tillich. Studien zu einer Theologie der Moderne, Frankfurt a. M. 1989.

GADAMER, HANS-GEORG, Die Idee des Guten zwischen Platon und Aristoteles, Heidelberg 1978.
GEISELMANN, JOSEF RUPERT, Die Heilige Schrift und die Tradition – zu den neueren Kontroversen über das Verhältnis der Heiligen Schrift zu den nichtgeschriebenen Traditionen, Freiburg i. Br. 1962.
GOODENOUGH, ERWIN R., The Theology of Justin Martyr, Jena 1923.

HABERMAS, JÜRGEN, Die Grenze zwischen Glauben und Wissen. Zur Wirkungsgeschichte und aktuellen Bedeutung von Kants Religionsphilosophie, in: Ders., Zwischen Naturalismus und Religion. Philosophische Aufsätze, Frankfurt a. M. 2005, S. 216–258.
HALFWASSEN, JENS, Der Aufstieg zum Einen. Untersuchungen zu Platon und Plotin, Stuttgart 1992.
HARNACK, ADOLF VON, Lehrbuch der Dogmengeschichte, Bd. 1: Die Entstehung des kirchlichen Dogmas, Freiburg i. Br. 1886; Bd. 2: Die Entwickelung des kirchlichen Dogmas I, Freiburg i. Br. 1887; Bd. 3: Die Entwickelung des kirchlichen Dogmas II, Freiburg i. Br. 1890.
DERS., Das Wesen des Christentums. Sechzehn Vorlesungen vor Studierenden aller Fakultäten im Wintersemester 1899/1900 an der Universität Berlin gehalten, hg. von C.-D. Osthövener, Tübingen 2005.
DERS., Ausgewählte Reden und Aufsätze, anlässlich des 100. Geburtstags des Verfassers neu hg. von A. von Zahn-Harnack, Berlin 1951.

HAUSAMMANN, SUSANNE, Zur Geschichte und Theologie in den ersten vier Jahrhunderten, Bd. 1, Frühchristliche Schriftsteller: Apostolische Väter, Häresien, Apologeten, Neukirchen-Vluyn 2001.
HEGEL, GEORG WILHELM FRIEDRICH, Phänomenologie des Geistes, in: Gesammelte Werke. In Verbindung mit der deutschen Forschungsgemeinschaft hg. von der Rheinisch-Westfälischen Akademie der Wissenschaften, Bd. 9, Hamburg 1966.
DERS., Phänomenologie des Geistes. Theorie-Werkausgabe, hg. von E. Moldenhauer/K. M. Michel, Bd. 3, Frankfurt a. M. 1986.
DERS., Enzyklopädie der philosophischen Wissenschaften im Grundrisse (1830), in: Gesammelte Werke. In Verbindung mit der deutschen Forschungsgemeinschaft hg. von der Rheinisch-Westfälischen Akademie der Wissenschaften, Bd. 20, Hamburg 1992.
DERS., Enzyklopädie der philosophischen Wissenschaften im Grundrisse (1830). Theorie-Werkausgabe, hg. von E. Moldenhauer/K. M. Michel, Bde 8–10, Frankfurt a. M. 1970.
DERS., Vorlesungen über die Philosophie der Religion, 3 Teile, neu hg. von W. Jaeschke, Hamburg 1993–1995 (= Kritischen Ausgabe G. W. F. Hegel, Vorlesungen. Ausgewählte Nachschriften und Manuskripte, Bd. 3, hg. von W. Jaeschke).
HEINZMANN, RICHARD, Thomas von Aquin. Eine Einführung in sein Denken mit ausgewählten lateinisch-deutschen Texten, Stuttgart 1994.
HENRICH, DIETER, Der ontologische Gottesbeweis. Sein Problem und seine Geschichte in der Neuzeit, Tübingen 1960.
DERS., Konzepte. Essays zur Philosophie in der Zeit, Frankfurt a. M. 1987.
DERS., Der Grund im Bewußtsein. Untersuchungen zu Hölderlins Denken (1794–1795), Stuttgart 1992.
DERS., Bewußtes Leben. Untersuchungen zum Verhältnis von Subjektivität und Metaphysik, Stuttgart 1999.
DERS., Denken und Selbstsein. Vorlesungen über Subjektivität, Frankfurt a. M. 2007.
HEPPE, HEINRICH, Die Dogmatik der evangelisch-reformierten Kirche, dargestellt und aus den Quellen belegt von H. Heppe, neu durchgesehen und hg. von E. Bizer, Neukirchen-Vluyn 1958.
HERMANN, RUDOLF, Von der Klarheit der Schrift in »de servo arbitrio«, in: Ders., Studien zur Theologie Luthers und des Luthertums. Gesammelte und nachgelassene Werke, Bd. 2, Berlin 1981, S. 170–255.
HERMS, EILERT, Äußere und innere Klarheit des Wortes Gottes bei Paulus, Luther und Schleiermacher, in: Chr. Landmesser/H. J. Eckstein/H. Lichtenberger (Hg.), Jesus Christus als die Mitte der Schrift. Studien zur Hermeneutik des Evangeliums, Festschrift für Otfried Hofius, Berlin u. a. 1997, S. 3–72.
DERS./ZAK, LUBOMIR (Hg.), Grund und Gegenstand des Glaubens nach römisch-katholischer und evangelisch-lutherischer Lehre, Tübingen 2008.
HIRSCH, EMANUEL, Geschichte der neuern evangelischen Theologie im Zusammenhange mit den allgemeinen Bewegungen des europäischen Denkens, Bde 1–5, 3. Auflage, Gütersloh 1964.
HÖFFE, OTFRIED (Hg.), Die Religion innerhalb der Grenzen der bloßen Vernunft, Berlin 2011.
HOLL, KARL, Augustins innere Entwicklung (1922), in: Ders., Gesammelte Aufsätze zur Kirchengeschichte, Bd. 3, Tübingen 1928, S. 54–116.
HOLLAZ, DAVID, Examen theologicum acroamaticum, Stargard, 2 Bde, Reprint der Erstausgabe von 1707, Darmstadt 1971.

HORNIG, GOTTFRIED, Die Anfänge der historisch-kritischen Theologie. Johann Salomos Semlers Schriftverständnis und seine Stellung zu Luther, Göttingen 1961.
DERS., Johann Salomo Semler. Studien zu Leben und Werk des Hallenser Aufklärungstheologen, Tübingen 1996.
HÜFFMEIER, WILHELM (Hg.), Die Kirche Jesu Christi. Der reformatorische Beitrag zum ökumenischen Dialog über die kirchliche Einheit. Beratungsergebnis der 4. Vollversammlung der Leuenberger Kirchengemeinschaft, 9. Mai 1994, Frankfurt a. M. 1995.

IRENÄUS VON LYON, Gegen die Häresien, griech.-lat.-dt., übersetzt und eingeleitet von N. Brox, in: Fontes Christiani. Zweisprachige Neuausgabe christlicher Quellentexte aus Altertum und Mittelalter, Bd. 8, 2, hg. von N. Brox u. a., Freiburg i. Br. 1993.

JAESCHKE, WALTER, Die Religionsphilosophie Hegels, Darmstadt 1983.
JOEST, WILFRIED, Ontologie der Person bei Luther, Göttingen 1967.
JÜNGEL, EBERHARD, Barth-Studien, Gütersloh 1982.
DERS., Thesen zum Verhältnis von Existenz, Wesen und Eigenschaften Gottes, in: ZThK 96 (1999), S. 405–423.
DERS., Der Mensch – im Schnittpunkt von Wissen, Glauben, Tun und Hoffen. Die theologische Fakultät im Streit mit der durch Immanuel Kant repräsentierten philosophischen Fakultät, in: ZThK 101 (2004), S. 315–345.
JUSTIN, Apologie, in: Sämmtliche Werke der Kirchenväter. Aus dem Urtexte in das Teutsche übersetzt, Bd. 1, Kempten 1870, S. 146–228.

KANT, IMMANUEL, Kritik der reinen Vernunft, 1. Auflage 1781, in: Gesammelte Schriften, hg. von der Königlich Preußischen Akademie der Wissenschaften, Bd. 4, Berlin 1911; und in: Werke in sechs Bänden, hg. von W. Weischedel, Bd. 2, 6., unveränderte Auflage, Darmstadt 2005.
DERS., Kritik der reinen Vernunft, 2. Auflage 1787, in: Gesammelte Schriften, hg. von der Königlich Preußischen Akademie der Wissenschaften, Bd. 3, Berlin 1904; und in: Werke in sechs Bänden, hg. von W. Weischedel, Bd. 2, 6., unveränderte Auflage, Darmstadt 2005.
DERS., Beantwortung der Frage: Was ist Aufklärung?, in: Gesammelte Schriften, hg. von der Königlich Preußischen Akademie der Wissenschaften, Bd. 8, Berlin 1923, S. 33–42; und in: Werke in sechs Bänden, hg. von W. Weischedel, Bd. 6, 6., unveränderte Auflage, Darmstadt 2005.
DERS., Grundlegung zur Metaphysik der Sitten, 1. Auflage 1785, in: Gesammelte Schriften, hg. von der Königlich Preußischen Akademie der Wissenschaften, Bd. 4, Berlin 1911; und in: Werke in sechs Bänden, hg. von W. Weischedel, Bd. 4, 6., unveränderte Auflage, Darmstadt 2005.
DERS., Kritik der praktischen Vernunft (1788), in: Gesammelte Schriften, hg. von der Königlich Preußischen Akademie der Wissenschaften, Bd. 5, Berlin 1908; und in: Werke in sechs Bänden, hg. von W. Weischedel, Bd. 4, 6., unveränderte Auflage, Darmstadt 2005.
DERS., Die Religion innerhalb der Grenzen der bloßen Vernunft, 1. Auflage 1793, in: Gesammelte Schriften, hg. von der Königlich Preußischen Akademie der Wissenschaften, Bd. 6, Berlin 1907; und in: Werke in sechs Bänden, hg. von W. Weischedel, Bd. 4, 6., unveränderte Auflage, Darmstadt 2005.
DERS., Der Streit der Fakultäten (1798), in: Gesammelte Schriften, hg. von der Königlich Preußischen Akademie der Wissenschaften, Bd. 7, Berlin 1907; und in: Werke in sechs Bänden, hg. von W. Weischedel, Bd. 6, 6., unveränderte Auflage, Darmstadt 2005.

KÄSEMANN, ERNST, Begründet der neutestamentliche Kanon die Einheit der Kirche?, in: Ders., Exegetische Versuche und Besinnungen, Bd. I, 5. Auflage, Göttingen 1967, S. 214–224.

KASPER, WALTER, Art. Dogma und Dogmenbildung, in: Neues Handbuch theologischer Grundbegriffe, erweiterte Neuausgabe in 5 Bänden, hg. von P. Eicher, Bd. 1, München 1991, S. 292–309.

KEMMERLING, ANDREAS, Ideen des Ichs. Studien zu Descartes' Philosophie, 2. Auflage, Frankfurt a. M. 2005.

KIERKEGAARD, SÖREN, Philosophische Brocken oder ein Bröckchen Philosophie von Johannes Climacus (1844), in: Gesammelte Werke, hg. von E. Hirsch/H. Gerdes, Abt. 10, 2. Auflage, Gütersloh 1985.

DERS., Das Buch über Adler, in: Gesammelte Werke, hg. von E. Hirsch/H. Gerdes, Abt. 36, Gütersloh 1986.

DERS., Abschließende unwissenschaftliche Nachschrift zu den Philosophischen Brocken, 2 Teile, in: Ders., Gesammelte Werke, hg. von E. Hirsch/H. Gerdes/H. M. Junghans, 16. Abteilung, 3. Auflage, Gütersloh 1994.

KINZIG, WOLFRAM, Der »Sitz im Leben« der Apologie in der Alten Kirche, in: ZKG 100 (1989), S. 291–317.

KIRCHEN- UND THEOLOGIEGESCHICHTE IN QUELLEN, hg. von H. A. Obermann u. a., Bd. 1: Alte Kirche, ausgewählt, übersetzt und kommentiert von A. M. Ritter, 9., überarbeitete und ergänzte Auflage, Neukirchen-Vluyn 2007.

KIRCHEN- UND THEOLOGIEGESCHICHTE IN QUELLEN, hg. von H. A. Obermann u. a., Bd. 4: Vom Konfessionalismus zur Moderne, neu bearbeitet und hg. von M. Greschat, 2. Auflage, Neukirchen-Vluyn 2008.

KÖHLER, WALTHER, Ernst Troeltsch, Tübingen 1941.

KÖNIG, JOHANN FRIEDRICH, Theologia positiva acroamatica (Rostock 1664), hg. und übersetzt von A. Stegmann, Tübingen 2006.

KONKORDIENFORMEL, BSLK, S. 735–1100.

KORSCH, DIETRICH/LEPPIN VOLKER (Hg.), Martin Luther – Biographie und Theologie, Tübingen 2010.

KÜNG, HANS, Menschwerdung Gottes. Eine Einführung in Hegels theologisches Denken als Prolegomena zu einer künftigen Christologie, Freiburg i. Br./Basel/Wien 1970.

LAUBE, MARTIN, Die Unterscheidung zwischen öffentlicher und privater Religion bei Johann Salomo Semler. Zur neuzeittheoretischen Relevanz einer christentumstheoretischen Reflexionsfigur, in: ZNThG 11 (2004), S. 1–23.

DERS., Theologie und neuzeitliches Christentum. Studien zur Genese und Profil der Christentumstheorie Trutz Rendtorffs, Tübingen 2006.

LAUSTER, JÖRG, Prinzip und Methode. Die Transformation des protestantischen Schriftprinzips durch die historische Kritik von Schleiermacher bis zur Gegenwart, Tübingen 2002.

LESSING, GOTTHOLD EPHRAIM, Über den Beweis des Geistes und der Kraft (1777), in: Ders., Die Erziehung des Menschengeschlechts und andere Schriften, Stuttgart 1977, S. 31–38.

LEUENBERGER KONKORDIE (1973), in: Evangelische Bekenntnisse. Bekenntnisschriften der Reformation und neuere theologische Erklärungen. Im Auftrag des Rates der Evangelischen Kirche der Union, gemeinsam mit I. Dingel u. a. hg. von R. Mau, 2. Teilbd., Bielefeld 1997, S. 289–297.

LOCKE, JOHN, Ein Brief über Toleranz (1689). Englisch-deutsch, übersetzt, eingeleitet und in Anmerkungen erläutert von J. Ebbinghaus, Hamburg 1957.
LOHSE, EDUARD, Paulus – eine Biographie (1996), 2., durchgesehene Auflage, München 2003.
LORENZ, RUDOLF, Gnade und Erkenntnis bei Augustin, in: ZKG 75 (1964), S. 21–78.
LUCKMANN, THOMAS, Die unsichtbare Religion, Frankfurt a. M. 1991.
LUTHER, MARTIN, Kritische Gesamtausgabe (Weimarer Ausgabe = WA), hg. von H. Böhlau, Weimar 1883–2009.
DERS., lateinisch-deutsche Studienausgabe, Bd. 1: Der Mensch vor Gott, unter Mitarbeit von M. Beyer hg. und eingeleitet von W. Härle, Leipzig 2006.
DERS., lateinisch-deutsche Studienausgabe, Bd. 2: Christusglaube und Rechtfertigung, hg. und eingeleitet von J. Schilling, Leipzig 2006.
DERS., Luther deutsch. Die Werke Martin Luthers in neuer Auswahl für die Gegenwart, hg. von K. Aland, 10 Bde, 2., durchgesehene Auflage, Göttingen 1960–1983.
DERS., Disputatio Heidelbergae habita. Probationes conclusionum: quae in Capitulo Heidelbergensi disputatae sunt Anno salutis nostrae M. D. XVIII, Mense Maio. Heidelberger Disputation. Beweise der Thesen, die im Ordenskapitel in Heidelberg disputiert worden sind im Jahre unseres Heils 1518 im Monat Mai, WA 1, S. 355–365; Studienausgabe, Bd. 1, S. 35–69.
DERS., Assertio omnium articulorum M. Lutheri per bullam Leonis X., novissimam damnatorum (1520), WA 7, S. 94–151; Studienausgabe, Bd. 1, S. 77–84.
DERS., De servo arbitrio. Vom unfreien Willensvermögen, WA 18, S. 600–787; Studienausgabe, Bd. 1, S. 219–661.
DERS., Vorrede zum ersten Band der deutschen Schriften (1539), WA 50, S. 657–661.
DERS., Vorrede zum ersten Band der lateinischen Schriften der Wittenberger Luther-Ausgabe (1545), WA 54, S. 179–187; Studienausgabe, Bd. 2, S. 491–509.
DERS., Kleiner und Großer Katechismus, BSLK, S. 501–733.
DERS., Auslegung des ersten Gebots, in: Großer Katechismus, BSLK, S. 560–572.
DERS., Auslegung des Glaubensbekenntnisses, in: Großer Katechismus, BSLK, S. 646–662.

MARHEINEKE, PHILIPP KONRAD, Die Grundlehren der christlichen Dogmatik, Berlin 1819.
MARKSCHIES, CHRISTOPH, Kaiserzeitliche christliche Theologien und ihre Institutionen. Prolegomena zu einer Geschichte der antiken christlichen Theologie, Tübingen 2009.
MATTHIAS, MARKUS, Art. Orthodoxie I (Lutherische Orthodoxie), in: TRE, Bd. 25, S. 464–485.
MAURER, WILHELM, Zur Komposition der Loci Melanchthons von 1521. Ein Beitrag zur Frage Melanchthon und Luther, in: Luther-Jahrbuch 25 (1958), S. 146–180.
DERS., Melanchthons Loci communes von 1521 als wissenschaftliche Programmschrift. Ein Beitrag zur Hermeneutik der Reformationszeit, in: Luther-Jahrbuch 27 (1960), S. 1–50.
MCCORMACK, BRUCE L., Karl Barth's Critically Realistic Dialectical Theology. Its Genesis and Development 1909–1936, Oxford 1995.
MELANCHTHON, PHILIPP, Loci communes rerum theologicarum seu hypotyposes theologicae, 1. Auflage 1521, lateinisch-deutsch, übersetzt und mit kommentierenden Anmerkungen versehen von H.-G. Pöhlmann, hg. vom lutherischen Kirchenamt der VELKD, 2. Auflage, Gütersloh 1997.

DERS., Unterricht der Visitatorn an die Pfarhern ym Kurfüstenhum zu Sachssen (1528), CR 26, Sp. 29–96.
DERS., Loci praecipui theologici nunc denua cura et diligentia summa recogniti multisque in locis copiose illustrati (1559), in: Melanchthons Werke in Auswahl, hg. von R. Stupperich, Bd. 2, 1/2, 2., neubearbeitete Auflage, Gütersloh 1978.
DERS., Disputatio »De discrimine Evangelii et Philosophiae«, CR 12, Sp. 689–691.
MERK, OTTO, Theologie des Neuen Testaments und biblische Theologie, in: F. W. Horn (Hg.), Bilanz und Perspektiven gegenwärtiger Auslegung des Neuen Testaments. Symposion zum 65. Geburtstag von Georg Strecker, Berlin/New York 1995, S. 112–143.
MÜHLENBERG, EKKEHARD, Dogma und Lehre im Abendland. Von Augustin bis Anselm von Canterbury, in: C. Andresen/A. M. Ritter (Hg.), Handbuch der Dogmen- und Theologiegeschichte, Bd. 1: Die Lehrentwicklung im Rahmen der Katholizität, 2., überarbeitete und erweiterte Auflage, Göttingen 1999, S. 406–463.

NICOLAI, FRIEDRICH, Das Leben und die Meinungen des Herrn Magister Sebaldus Nothanker, 3 Bde, Berlin/Stettin 1773–1776, kritische Ausgabe, hg. von B. Witte, Stuttgart 1991.
NÜSSEL, FRIEDERIKE, Das traditionelle heilsgeschichtliche Schema der Dogmatik – Leitfaden oder Fessel?, in: H. Deuser/D. Korsch (Hg.), Systematische Theologie heute. Zur Selbstverständigung einer Disziplin, Gütersloh 2004, S. 41–59.

PANNENBERG, WOLFHART, Die Aufnahme des philosophischen Gottesbegriffs als dogmatisches Problem der frühchristlichen Theologie, in: Ders., Grundfragen systematischer Theologie. Gesammelte Aufsätze, Bd. 1, 3. Auflage, Göttingen 1979, S. 296–346 (zuerst erschienen in: ZKG 70 (1959), S. 1–45).
DERS., Die Bedeutung des Christentums für die Philosophie Hegels, in: Ders., Gottesgedanke und menschliche Freiheit, Göttingen 1972, S. 78–113.
DERS., Was ist der Mensch? Die Anthropologie der Gegenwart im Lichte der Theologie, 4. Auflage, Göttingen 1972.
DERS., Wissenschaftstheorie und Theologie, Frankfurt a. M. 1973.
DERS., Was ist eine dogmatische Aussage?, in: Ders., Grundfragen systematischer Theologie. Gesammelte Aufsätze, Bd. 1, 3. Auflage, Göttingen 1979, S. 159–180.
DERS., Die Krise des Schriftprinzips, in: Ders., Grundfragen systematischer Theologie. Gesammelte Aufsätze, Bd. 1, 3. Auflage, Göttingen 1979, S. 11–21.
DERS., Erwägungen zu einer Theologie der Religionsgeschichte, in: Ders., Grundfragen systematischer Theologie. Gesammelte Aufsätze, Bd. 1, 3. Auflage, Göttingen 1979.
DERS., Anthropologie in theologischer Perspektive, Göttingen 1983.
DERS., Christentum und Platonismus. Die kirchliche Platonrezeption Augustins in ihrer Bedeutung für das gegenwärtige christliche Denken, in: ZKG 96 (1983), S. 147–161.
DERS., Systematische Theologie, Bde 1–3, Göttingen 1988–1993.
DERS., Theologie und Philosophie. Ihr Verhältnis im Lichte ihrer gemeinsamen Geschichte, Göttingen 1996.
DERS., Beiträge zur Systematischen Theologie, Bd. 2: Natur und Mensch – und die Zukunft der Schöpfung, Göttingen 2000.
PESCH, OTTO HERRMANN, Thomas von Aquin. Grenze und Größe mittelalterlicher Theologie. Eine Einführung, 3. Auflage, Mainz 1995.
PLATON, Sämtliche Werke. In der Übersetzung von F. D. E. Schleiermacher, hg. von W. F. Otto/E. Grassi/G. Plamböck, Hamburg 1957–1966.
DERS., Werke in 8 Bänden, griechisch-deutsch, hg. von G. Eigler, Darmstadt 1971.

QUENSTEDT, JOHANN ANDREAS, Theologia didactico-polemica, sive systema theologicum, in duas sectiones, didacticam et polemicam, divisum, Wittenberg 1691.

RAHNER, KARL/VORGRIMMLER, HERBERT (Hg.), Kleines Konzilskompendium. Alle Dekrete und Erklärungen des zweiten Vaticanums in der bischöflich beauftragten Übersetzung, 6. Auflage, Freiburg i. Br. 1966.

REIMARUS, HERMANN SAMUEL, Apologie oder Schutzschrift für die vernünftigen Verehrer Gottes (1736–1768), im Auftrag der Joachim Jungius Gesellschaft hg. von G. Alexander, 2 Bde, Frankfurt a. M. 1972.

RENDTORFF, TRUTZ, Christentum außerhalb der Kirche, Hamburg 1969.

DERS., Gesellschaft ohne Religion? Theologische Aspekte einer sozialtheoretischen Kontroverse (Luhmann/Habermas), München 1975.

DERS./WAGNER, FALK (Hg.), Die Realisierung der Freiheit. Beiträge zur Kritik der Theologie Karl Barths, Gütersloh 1975.

DERS., Ethik. Grundelemente, Methodologie und Konkretionen einer ethischen Theologie, 3., durchgesehene Auflage, hg. von R. Anselm/S. Schleissing, Tübingen 2011.

DERS., Art. Ethik (Neuzeit), in: TRE, Bd. 10, Berlin 1982, S. 481–517.

DERS., Selbstdarstellung, in: C. Henning/K. Lehmkühler (Hg.), Systematische Theologie der Gegenwart in Selbstdarstellungen, Tübingen 1998, S. 59–79.

DERS., Einleitung, in: E. Troeltsch, Die Absolutheit des Christentums und die Religionsgeschichte (1902/1912). Mit den Thesen von 1901 und den handschriftlichen Zusätzen, in: Kritische Gesamtausgabe, Bd. 5, hg. von T. Rendtorff/S. Pautler, Berlin 1998, S. 1–53; 57–80.

RICKEN, FRIEDO, Philosophie der Antike, 2., durchgesehene Auflage, Stuttgart/Berlin/Köln 1993.

RINGLEBEN, JOACHIM, Gott im Wort. Luthers Theologie von der Sprache her, Tübingen 2010.

RITSCHL, ALBRECHT, Unterricht in der christlichen Religion. Studienausgabe nach der 1. Auflage von 1875 nebst den Abweichungen der 2. und 3. Auflage, eingeleitet und hg. von Chr. Axt-Piscalar, Tübingen 2002.

ROHLS, JAN, Die Confessio Augustana in den reformierten Kirchen Deutschlands, in: ZThK 105 (2008), S. 315–331.

RÖHR, JOHANN FRIEDRICH, Briefe über den Rationalismus. Zur Berichtigung der schwankenden und zweideutigen Urtheile, die in den neusten dogmatischen Consequenz-Streitigkeiten über denselben gefällt worden sind, Aachen 1813.

SALZMANN, CHRISTIAN G., Über die wirksamsten Mittel, Kindern Religion beizubringen, Leipzig 1780.

SCHLEIERMACHER, FRIEDRICH DANIEL ERNST, Kurze Darstellung des theologischen Studiums zum Behuf einleitender Vorlesungen (1811), 2. umgearbeitete Auflage 1830, in: Ders., Kritische Gesamtausgabe. Im Auftrag der Berlin-Brandenburgischen Akademie der Wissenschaften und der Akademie der Wissenschaften zu Göttingen, hg. von H. Fischer u. a. (= KGA), Abt. I, Bd. 6, hg. von D. Schmid, Berlin/New York 1998; zugleich als Studienausgabe, hg. von D. Schmid, Berlin/New York 2002.

DERS., Der christliche Glaube nach den Grundsätzen der evangelischen Kirche im Zusammenhange dargestellt, 2. Auflage 1830, in: Ders., KGA, Abt. I, Bd. 13 (Teil 1 und 2), hg. von R. Schäfer, Berlin/New York 2003; zugleich als Studienausgabe, zwei Teile in einem Band, hg. von R. Schäfer, Berlin/New York 2003.

DERS., Über die Glaubenslehre. Zwei Sendschreiben an Friedrich Lücke, in: Ders., KGA, Abt. I, Bd. 10, hg. von H.-E. Traulsen unter Mitwirkung von M. Ohst, Berlin/New York 1990, S. 307–394.

SCHMID, HEINRICH, Die Dogmatik der evangelisch-lutherischen Kirche: dargestellt und aus den Quellen belegt, neu hg. von H. G. Pöhlmann, 12. Auflage, Gütersloh 1998.

SCHMIDT, MARTIN, Speners Pia Desideria. Versuch einer theologischen Interpretation, in: Ders., Gesammelte Studien zur Geschichte des Pietismus, Witten 1969, S. 129–168.

DERS., Speners Wiedergeburtslehre, in: Ders., Gesammelte Studien zur Geschichte des Pietismus, Witten 1969, S. 169–194.

SCHNELLE, UDO, Paulus. Leben und Denken, Berlin u. a., 2003.

SCHOLZ, HEINRICH, Wie ist eine evangelische Theologie als Wissenschaft möglich?, in: Zwischen den Zeiten 9 (1931), S. 8–53.

SCHRÖDER, MARKUS, Die kritische Identität neuzeitlichen Christentums. Schleiermachers Wesensbestimmung der christlichen Religion, Tübingen 1996.

SCHRÖTER, JENS, Zum gegenwärtigen Stand der neutestamentlichen Wissenschaft. Methodologische Aspekte und theologische Perspektiven, in: NTS 46 (2000), S. 262–283.

SCHULZ, WALTER, Der Gott der neuzeitlichen Metaphysik, 2. Auflage, Pfullingen 1959.

SCHÜSSLER, WERNER, »Was uns unbedingt angeht«. Studien zur Theologie Paul Tillichs, Münster/Hamburg u. a. 1999.

SEMLER, JOHANN SALOMO, Abhandlung von freier Untersuchung des Canon, 1. Teil 1771, 2. Teil 1772.

DERS., Versuch einer freieren theologischen Lehrart: zur Bestaetigung und Erlaeuterung seines lateinischen Buchs »Institutio ad doctrinam christianam liberaliter discendum«, Halle 1777.

DERS., Letztes Glaubensbekenntnis über natürliche und christliche Religion, hg. von C. G. Schütz, Königsberg 1792.

SIMON, JOSEF, Die Religion innerhalb und außerhalb der Grenzen der bloßen Vernunft, in: Kritik der Religion. Zur Aktualität einer unerledigten philosophischen und theologischen Aufgabe, hg. von I. U. Dalferth/H. P. Großhans, Tübingen 2006, S. 1–16.

SLENCZKA, NOTGER, Die Bedeutung des Bekenntnisses für das Verständnis der Kirche und die Konstitution der Kirche in lutherischer Sicht, in: K. Grünwaldt/U. Hahn (Hg.), Profil – Bekenntnis – Kirche. Was lutherische Kirche prägt, Hannover 2003, S. 9–34.

DERS., Thomas von Aquin, in: Chr. Axt-Piscalar/J. Ringleben (Hg.), Denker des Christentums, Tübingen 2004, S. 39–65.

SÖLL, GEORG, Dogma und Dogmenentwicklung, Freiburg i. Br. u. a. 1971.

SPALDING, JOHANN J., Betrachtung über die Bestimmung des Menschen (1748), in: Ders., Kritische Ausgabe, hg. von A. Beutel, Abt. I: Schriften, Bd. 1, Tübingen 2006.

SPARN, WALTER, Wiederkehr der Metaphysik. Die ontologische Frage in der lutherischen Theologie des frühen 17. Jahrhunderts, Stuttgart 1976.

SPENER, JACOB, Pia Desideria: Oder hertzliches Verlangen/Nach Gottgefälliger Besserung der wahren Evangelischen Kirchen/sampt einigen dahin einfältigen abzweckenden Christlichen Vorschlägen (1676), dt.-lat. Studienausgabe, hg. von B. Köster, Gießen/Basel 2005.

DERS., Der hochwichtige Articul von der Wiedergeburt (1696), hg. von E. Beyreuther, Bd. 7,1, eingeleitet von J. O. Rittgardt und D. Blaufuß, Hildesheim 1994 (Nachdruck der 2. Auflage, Frankfurt a. M. 1715).

SPIECKERMANN, HERMANN, Art. Theologie (Altes Testament), in: TRE, Bd. 33, Berlin 2002, S. 264–268.

STEAD, CHRISTOPHER, Die Aufnahme des philosophischen Gottesbegriffs in der frühchristlichen Theologie: W. Pannenbergs These neu bedacht, in: ThR 51 (1986), S. 349–371.
STEGMANN, ANDREAS, Johann Friedrich König. Seine »Theologia positiva acroamatica« (1664) im Rahmen des frühneuzeitlichen Theologiestudiums, Tübingen 2006.
STOCK, KONRAD, Art. Theologie (enzyklopädisch), in: TRE, Bd. 33, Berlin 2002, S. 323–343.
STRAUSS, DAVID FRIEDRICH, Das Leben Jesu – kritisch bearbeitet, Tübingen 1835–1836.
STRECKER, GEORG (Hg.), Das Problem der Theologie des Neuen Testaments, Darmstadt 1975.

TAYLOR, CHARLES, Das Unbehagen an der Moderne, Frankfurt a. M. 1995.
THOMAS VON AQUIN, Summa Theologica. Vollständige, ungekürzte deutsch-lateinische Ausgabe; übersetzt von Dominikanern und Benediktinern Deutschlands und Österreichs, photomechanischer Nachdruck der 3., verbesserte Auflage von 1933 ff., Graz/Wien/Köln 1982.
TILLICH, PAUL, Religion und Kultur (1920), in: Gesammelte Werke, Ergänzungs- und Nachlaßband, Bd. 12, hg. und mit einer historischen Einleitung versehen von E. Sturm, Berlin/New York 2001.
DERS., Das System der Wissenschaften nach Gegenständen und Methoden. Ein Entwurf, Göttingen 1923.
DERS., Systematische Theologie, Bde 1–3, Berlin/New York, Bd. 1 u. 2, 8. Auflage 1987, Bd. 3, 4. Auflage 1987.
DERS., Der Protestantismus als Kritik und Gestaltung, in: Gesammelte Werke, hg. von R. Albrecht, Schriften zur Theologie 1, Bd. 7, Stuttgart 1962.
DERS., Die religiöse Substanz der Kultur. Schriften zur Theologie der Kultur, in: Gesammelte Werke, Bd. 9, hg. von R. Albrecht, 1. Auflage, Stuttgart 1967, 2. Auflage, Stuttgart 1975.
DERS., Der Mut zum Sein, in: Gesammelte Werke, Bd. 11, Sein und Sinn. Zwei Schriften zur Ontologie, hg. von R. Albrecht, 3. Auflage, Frankfurt a. M. 1982, S. 13–139.
TROELTSCH, ERNST, Die Selbständigkeit der Religion, in: ZThK 5 (1895), S. 361–436; ZThK 6 (1896), S. 71–110, S. 167–218.
DERS., Über historische und dogmatische Methode in der Theologie (1898), in: Gesammelte Schriften, Bd. 2, Zur religiösen Lage, Religionsphilosophie und Ethik, 2. Neudruck der 2. Auflage (Tübingen 1922), Aalen 1981, S. 729–753.
DERS., Die Absolutheit des Christentums und die Religionsgeschichte (1902/1912). Mit den Thesen von 1901 und den handschriftlichen Zusätzen, in: Kritische Gesamtausgabe, Bd. 5, hg. von T. Rendtorff/S. Pautler, Berlin 1998.
DERS., Die Bedeutung des Protestantismus für die Entstehung der modernen Welt (1906), in: Ders., Kritische Gesamtausgabe, Bd. 8, Schriften zur Bedeutung des Protestantismus für die moderne Welt (1906–1913), hg. von T. Rendtorff in Zusammenarbeit mit S. Pautler, Berlin/New York 2001, S. 183–316.
DERS., Das Wesen des modernen Geistes (1907), in: Gesammelte Schriften, Bd. 4, Aufsätze zur Geistesgeschichte und Religionssoziologie, 2. Neudruck der Auflage Tübingen 1925, Aalen 1981, S. 297–338.
DERS., Die Bedeutung der Geschichtlichkeit Jesu für den Glauben, Tübingen 1911.
DERS., Glaubenslehre. Nach Heidelberger Vorlesungen aus den Jahren 1911 und 1912, hg. von G. von Le Fort, München 1925 (Nachdruck Aalen 1981).
DERS., Die Dogmatik der ›religionsgeschichtlichen Schule‹ (1913), in: Gesammelte Schriften, Bd. 2, Zur religiösen Lage, Religionsphilosophie und Ethik, 2. Neudruck der 2. Auflage (Tübingen 1922), Aalen 1981, S. 500–524.

DERS., Rückblick auf ein halbes Jahrhundert der theologischen Wissenschaft (1918), in: Gesammelte Schriften, Bd. 2, Zur religiösen Lage, Religionsphilosophie und Ethik, 2. Neudruck der 2. Auflage (Tübingen 1922), Aalen 1981, S. 193–226.

DERS., Die Soziallehren der christlichen Kirchen und Gruppen, in: Ders., Gesammelte Schriften, Bd. 1, 3. Neudruck der Auflage Tübingen 1922, Aalen 1977.

DERS., Gesammelte Schriften, Bd. 2: Zur religiösen Lage, Religionsphilosophie und Ethik, 2. Neudruck der 2. Auflage Tübingen 1922, Aalen 1977.

I. VATIKANISCHES KONZIL, Dogmatische Konstitution über den katholischen Glauben *Dei Filius*, DH, S. 3000–3020.

I. VATIKANISCHES KONZIL, Dogmatische Konstitution über die Kirche Christi *Pastor aeternus*, DH, S. 3050–3075.

II. VATIKANISCHES KONZIL, Dogmatische Konstitution über die göttliche Offenbarung *Dei Verbum*, DH, S. 1249–1265.

II. VATIKANISCHES KONZIL, Dogmatische Konstitution über die Kirche *Lumen Gentium*, DH, S. 1172–1239.

II. VATIKANISCHES KONZIL, Dekret über den Ökumenismus *Unitatis Redintegratio*, DH, S. 1241–1245.

VINZENZ VON LERIN, Commonitorium pro catholicae fidei antiquitate et universitate adversus omnium haereticorum novitates, hg. von A. Jülicher, Freiburg i. Br. 1895.

DERS., Des heiligen Vincenz von Lerin Commonitorum, übersetzt von U. Uhl, in: Bibliothek der Kirchenväter, hg. von F. Reithmayr, Kempten 1870.

WAGNER, FALK, Die Aufhebung der religiösen Vorstellung in den philosophischen Begriff – Zur Rekonstruktion des religionsphilosophischen Grundproblems der Hegelschen Philosophie, in: NZSTh 18 (1976), S. 44–73; aufgenommen in: Ders., Was ist Theologie? Studien zu ihrem Begriff und Thema in der Neuzeit, Gütersloh 1989, S. 204–232.

WALLMANN, JOHANNES, Der Theologiebegriff bei Johann Gerhard und Georg Calixt, Tübingen 1961.

DERS., Philipp Jakob Spener und die Anfänge des Pietismus, 2., überarbeitete und erweiterte Auflage, Tübingen 1986.

WEBER, HANS EMIL, Reformation, Orthodoxie, Rationalismus. Teil 2: Der Geist der Orthodoxie, Gütersloh 1951.

WEBER, MAX, Die protestantische Ethik und der Geist des Kapitalismus (1905), hg. und eingeleitet von D. Kaesler, München 2004.

WEBER, OTTO, Karl Barths Kirchliche Dogmatik. Ein einführender Bericht zu den Bänden I/1 bis IV/3,2, Neukirchen-Vluyn 1967.

WENZ, GUNTHER, Subjekt und Sein. Die Entwicklung der Theologie Paul Tillichs, München 1979.

DERS., Wolfhart Pannenbergs Systematische Theologie. Ein einführender Bericht, Göttingen 2003.

WOLTER, MICHAEL, Paulus. Ein Grundriss seiner Theologie, Neukirchen-Vluyn 2011.

WYRWA, DIETMAR, Über die Begegnung des biblischen Glaubens mit dem griechischen Geist, in: ZThK 88 (1991), S. 29–67.

Namenregister

Althaus, Paul 108
Ambrosius von Mailand 97
Aner, Karl 198
Anselm von Canterbury 2, 73 f., 209, 215, 285
Anselm, Reiner 338
Apfelbacher, Karl-Ernst 280
Aristoteles 65 f., 76, 84 f.
Arndt, Johann 176
Atze, Stefan 338
Augustinus 55–64, 97

Barth, Karl 9, 53, 142, 144, 281–294, 295, 298 f., 310, 313, 317, 327 f.
Barth, Ulrich 8
Baur, Jörg 94, 131
Bayer, Oswald 94, 107, 307
Becker, Jürgen 32
Beißer, Friedrich 131
Bellarmini, Roberto 111
Bernhard, Reinhold 280
Birkner, Hans-Joachim 264
Blumenberg, Hans 325
Bornkamm, Günther 17, 32
Brown, Peter 64
Bultmann, Rudolf 8, 16

Calov, Abraham 108
Calvin, Johannes 9, 136, 142, 281
Cherbury, Herbert von 187
Claussen, Johann Hinrich 280
Cocceius, Johannes 108

Dalferth, Ingolf U. 8, 339, 343
Damascenus, Johannes 96
Damianus, Petrus 44
Danz, Christian 8
Daub, Carl 242
Denzinger, Heinrich 119, 150
Descartes, René 185, 200–210, 215, 315
Dierken, Jörg 243

Dilthey, Wilhelm 270, 315
Drumm, Joachim 166

Ebbinghaus, Julius 198
Ebeling, Gerhard 94
Elze, Martin 166
Erasmus von Rotterdam 121, 163 f.

Fatio, Olivier 108, 118
Ferber, Rafael 45
Feuerbach, Ludwig 243, 309
Fichte, Johann Gottlieb 204, 229
Fiedrowicz, Michael 54
Filser, Hubert 118
Fischer, Hermann 307
Freud, Sigmund 309

Gadamer, Hans-Georg 45, 315
Gehlen, Arnold 317
Geiselmann, Josef Rupert 131
Gerhard, Johann 108
Goetze, Johann Melchior 190
Goodenough, Erwin R. 54

Habermas, Jürgen 42, 227, 325
Halfwassen, Jens 45
Harnack, Adolf von 51–53, 106, 137, 275, 329
Hausammann, Susanne 54
Hegel, Georg Wilhelm Friedrich 44, 204, 216, 220, 228–243, 245, 270 f., 283
Heidegger, Johann Heinrich 108
Heinzmann, Richard 78
Henrich, Dieter 6, 204, 210
Heppe, Heinrich 118, 119
Hermann, Rudolf 131
Herms, Eilert 131, 166
Herrmann, Wilhelm 106, 137
Hesiod 33
Hieronymus 97
Hirsch, Emanuel 178

Namenregister

Höffe, Otfried 227
Holl, Karl 64
Hollaz, David 108, 112, 114
Homer 33
Hornig, Gottfried 198
Hüffmeier, Wilhelm 149

Irenäus von Lyon 47

Jaeschke, Walter 243
Jerusalem, Johann Friedrich Wilhelm 181 f.
Joest, Wilfried 94
Jüngel, Eberhard 8, 227, 294
Justin 46 f., 49 f.

Kant, Immanuel 41 f., 44, 50, 179 f., 188, 203 f., 211–227, 229, 242, 261, 315, 318, 345
Käsemann, Ernst 14
Kasper, Walter 150 f., 153, 159 f., 162 f., 165 f.
Keckermann, Bartholomäus 108
Kemmerling, Andreas 210
Kierkegaard, Sören 44, 63, 281
Kinzig, Wolfram 54
Köhler, Walther 268
König, Johann Friedrich 108–110, 112–117, 119, 129 f.
Korsch, Dietrich 94
Küng, Hans 243

Laube, Martin 199, 338
Lauster, Jörg 199
Leppin, Volker 94
Lessing, Gotthold Ephraim 62, 190
Locke, John 179, 187–189
Lohse, Eduard 32
Lombardus, Petrus 96 f.
Lorenz, Rudolf 64
Lücke, Friedrich 262
Luckmann, Thomas 324 f.
Ludwig XIV. 167
Luhmann, Niklas 325
Luther, Martin 1 f., 4 f., 7, 9, 17, 22, 79–94, 95, 119–125, 129 f., 132 f., 136 f., 139–141, 150, 152, 163–165, 168 f., 172 f., 176, 189, 281, 297, 327, 333, 344

Marheineke, Philipp Konrad 242
Maria Theresia 167
Markschies, Christoph 13
Marx, Karl 243
Matthias, Markus 108, 118
Maurer, Wilhelm 107
McCormack, Bruce L. 294
Melanchthon, Philipp 9, 95–107, 108 f., 135, 137, 141 f., 282
Merk, Otto 16
Mühlenberg, Ekkehard 64
Müntzer, Thomas 123
Musäus, Johann 108

Nicolai, Friedrich 179, 182–184
Nietzsche, Friedrich Wilhelm 309
Nüssel, Friederike 8, 118

Origenes 97
Osiander, Andreas 110, 117

Pannenberg, Wolfhart 53 f., 64, 166, 199, 210, 308–322
Papst Paul VI. 189
Paulus 10–12, 17–32, 80, 84, 87 f., 102 f., 133, 136, 164, 281
Pesch, Otto Herrmann 78
Petrus 61, 136, 154, 164
Pfleiderer, Georg 280
Platon 33–45, 47, 84, 315
Plessner, Helmut 317
Polansdorf, Amandus Polanus von 108
Portmann, Adolf 317
Pythagoras von Samos 200

Quenstedt, Johann Andreas 108, 130 f.

Rahner, Karl 157
Reimarus, Hermann Samuel 186, 190 f.
Rendtorff, Trutz 280, 294, 323–338
Ricken, Friedo 45
Ringleben, Joachim 94
Ritschl, Albrecht 51–53, 106, 270
Rohls, Jan 149
Röhr, Johann Friedrich 186

Salzmann, Christian G. 182
Scheler, Max 317

Schelling, Friedrich Wilhelm Joseph 229
Schleiermacher, Friedrich Daniel Ernst
    9, 11, 196, 203, 244–264, 268, 283, 290,
    339, 342
Schleissing, Stefan 338
Schmid, Heinrich 118f.
Schmidt, Johann Lorenz 187
Schmidt, Martin 178
Schnelle, Udo 32
Scholz, Heinrich 284
Schröder, Markus 264
Schröter, Jens 16
Schulz, Walter 210
Schüssler, Werner 307
Semler, Johann Salomo 179, 181, 189–198,
    268, 324
Simon, Josef 227
Slenczka, Notger 78, 149
Söll, Georg 166
Spalding, Johann Joachim 181f.
Sparn, Walter 118
Spener, Jacob 167–178
Spieckermann, Hermann 12
Stead, Christopher 54
Stegmann, Andreas 118
Stock, Konrad 339
Strauß, David Friedrich 191, 243
Strecker, Georg 16

Tauler, Johannes 176
Taylor, Charles 8
Teller, Wilhelm Abraham 181
Tertullian 43
Thomas von Aquin 9, 65–78, 209
Tillich, Paul 53, 295–307, 344
Tindal, Matthew 187
Toland, John 187
Töllner, Johann Gottlieb 181
Troeltsch, Ernst 106, 137, 265–280, 310,
    324, 326

Vinzenz von Lerin 126f., 154f.
Vorgrimmler, Herbert 157

Wagner, Falk 243, 294
Wallmann, Johannes 118, 178
Weber, Hans Emil 118
Weber, Max 274f., 326
Weber, Otto 294
Wenz, Gunther 307, 322
Wollebius, Johannes 108
Wolter, Michael 32
Wyrwa, Dietmar 54

Zak, Lubomir 166
Zwingli, Huldrych 123

Sachregister

Absolute, das 2, 216, 229f., 235, 241, 243
absoluter Grund 34
absolute Manifestation (d. Unbedingten) 305f.
absolute Ursache 73
absolute Wahrheit 236, 240
actus purus 291
Akkommodation 195
Allgegenwart 117, 263
Allgemeingültigkeit 7, 27, 39, 41, 185, 187, 195, 212, 285, 305, 312, 315, 320, 332, 343
Alte Kirche 15, 59, 107, 109, 134, 136, 141, 154, 195, 232
Altes Testament 11f., 15, 82, 99, 124, 130, 138, 190, 192, 194f., 320
Amt 125, 134f., 151f., 154f., 161, 169, 246
Analogieprinzip 266f.
Anathema 152f.
Aneignung 11, 61, 83, 97, 123f., 137, 163, 170, 193, 197f., 246, 327, 333
Anfechtung 89, 93
Angegangensein, unbedingtes 85, 87, 300f., 304
Angst 26, 297
Anthropologie 59, 97, 180f., 314, 316–318
anthropologisches fundamentale 4f., 210, 253, 256f., 262, 285, 310, 318, 344
Antike 18, 26, 28, 33, 38, 46, 48, 51–53, 63, 297
Antinomie 223f., 281
Antizipation 165, 313, 336
Apologie, Apologetik 26–28, 46–54, 63, 113, 159, 255, 263f., 266, 273, 298, 305, 312, 320f.
Apologet 46–54, 63
Apostel 24, 28, 31, 61, 70, 94, 103, 107, 125, 130, 161, 164, 186, 191
apostolische Autorität 152
apostolische Kirche 135, 146

apostolische Sukzession 60, 125, 154, 161
Appell, appellativ 331–333, 336
articuli fidei siehe Glaubensartikel
assensus 72, 101
Atheismus 184, 188f., 201, 269
Aufhebung 42, 237–243, 291
Aufklärung 6, 18, 34, 41, 50, 151–153, 179f., 182, 211f., 226, 325–327, 341
Ausbildung, theologische 96, 109, 168, 173, 176, 196
Ausdifferenzierung 2, 6, 229, 244, 271, 274, 308, 325, 341, 343
Auslegung 14, 21, 23, 60, 66, 94, 99, 111, 120–122, 126–128, 138, 153, 156, 162f., 171, 175, 177, 189, 231, 293, 322, 332f., 340, 342
Auslegungsinstanz 126, 163
Autonomie 217–219

Barmer Theologische Erklärung 142–146, 327
Barmherzigkeit 80, 82–85, 89, 91f., 94, 103–105, 123, 288, 327
Bekenntnis 18–21, 23f., 29, 31f., 83, 107, 132–148, 151f., 159, 164, 167f., 171, 174–177, 333f.
Bekenntnis, Christus- 18, 20f., 25f., 31
Bekenntnis, Glaubens- 83, 107, 137
Bekenntnis, Grund- 18–20, 23f., 29, 31f., 135, 142, 144
Bekenntnisbildung 133, 142–144
Bekenntnisbindung 142f.
Bekenntnisschriften 109f., 135–145, 148, 151, 174, 249, 341
Bewusstsein 3, 52f., 193, 223, 229–231, 233, 235, 242f., 261, 273, 337
Bewusstsein, gesamtkulturelles 271, 275, 277, 280, 297
Bewusstsein, modernes 286
Bewusstsein, religiöses 232–234, 236, 238, 241f., 273, 342

Bibel, biblische Schriften 9–15, 57, 60,
  93f., 98, 111, 124f., 127, 129–131, 133,
  169f., 190–195, 254, 275, 287, 320
Biblizismus 94, 125, 129
Bildung 4, 11, 36, 101, 180, 187, 239
Bischof, Bischofsamt 60f., 125, 152–156,
  161, 246
Böse, das 36f., 39, 90, 181f., 219–226, 334
Böse, radikale 222
Buße 99, 104, 170–174

Charisma 30
Christentum 7f., 13, 26, 46, 49, 51–54, 59,
  63, 96f., 99, 101, 111, 119, 151, 168, 170,
  173, 177, 181f., 225, 226, 232, 242, 246f.,
  249–256, 258, 260f., 263, 265–267, 269,
  271–280, 310, 324–326, 328, 339, 341f.
Christentum, Absolutheit 268f., 271–273
Christentum, Idee 225, 252, 255f., 258, 260
Christentum, Wesen 8, 52f., 97–99, 101,
  187, 226, 252–256, 261, 275–277
Christentumsgeschichte 285, 310, 326
Christusereignis 21f.
Christusgeschehen 26, 87
communicatio idiomatum siehe Idiomenkommunikation
Confessio Augustana 102, 112, 133–138,
  141f., 146
consensus ecclesiae 107, 135
consensus fidelium 155, 166
Credo 83, 137, 171

Dämonisches, Dämonisierung 303, 344
Deismus 179, 186f.
Demokratie 328
Demut 57, 89, 90, 229, 293
Denken 2f., 7, 34, 40–44, 63, 73f., 201f.,
  205, 207–210, 214f., 230–232, 237–240,
  242, 271, 310f.
Denken, reines 34, 40–44, 74, 236, 239f.
depositum fidei siehe Heilige Hinter-
  lassenschaft
Deus pro nobis 83, 87, 106, 123, 129, 288
Deutsche Christen 143, 146
Deutung 275–277, 315, 329, 332, 336, 343
Ding an sich 214
Distanz, Distanzierung 101, 124, 175f.,
  247, 301, 304

Disziplinen, theologische 244–247, 251,
  268, 277, 308, 328, 339f.
Dogma 116, 132, 139, 151–163, 165f.,
  195f., 232, 263f., 287, 292f.
Dogmatik 95, 110, 113, 244, 246–251,
  253–257, 261, 263, 267f., 271, 275–280,
  283f., 287–289, 292f., 295, 309, 311,
  322, 327, 328f., 339–344
Dogmatik, materiale 248, 342
Dogmengeschichte 196, 266, 275
Doxologie 13, 159, 165
Durchbruch 184, 271f., 326

Eigengesetzlichkeit 326f.
Einbildungskraft 205, 207
Eingebung 130, 191–193
Ekklesiologie 97, 136, 159, 248, 323
Empirismus 201, 255
ens perfectissimum siehe Wesen,
  (höchst-)vollkommenes
Entäußerung 56, 234, 243
Entfremdung 296, 299
Erfahrung 164, 171, 175, 213, 216, 220,
  316f.
Erfahrung, religiöse 172, 174–177, 195
Erhaltung (d. Welt) 75, 209, 263
Erhebung 1, 233, 239
Erkenntnisgrund 7, 74, 175, 262
Erkenntnisprinzip (*principium cognos-
  cendi*) 67, 70, 93, 100, 113, 128, 248,
  262, 283, 288f.
Erkenntnistheorie 34f., 200, 208,
  213–216, 229, 261, 283, 290, 315
Erkenntnisvermögen 212f., 289
Erleuchtung 43, 121, 171
Erlöser 19, 47f., 60f., 169, 259–261
Erlösungsbewusstsein 105, 257–260,
  262f.
Erwählungslehre siehe Prädestinations-
  lehre
Eschatologie 22, 97, 163, 165, 314, 316,
  336f.
Eschaton 311, 313, 316
esse in re 73f., 204, 208f., 215f.
Essenz 296
Ethik 23, 34f., 41, 46, 48, 218–221, 226,
  242, 253, 255f., 269, 275, 289, 326–337
Evangelien 12

Evangelium 10f., 14, 18, 20f., 23–27, 29–31, 52f., 60, 79f., 82, 87–90, 94, 97–99, 101–106, 125, 133–135, 137–140, 145–148, 150f., 158, 161, 163, 165, 168, 341
Evidenz 171, 194, 200–202, 222, 269f., 311, 313, 333, 336
Ewigkeit 53, 76, 112, 122, 263, 315f.
ex cathedra 152f., 156
Exegese 127, 189, 244f., 253f., 266, 328
Existenz 4f., 20, 26f., 31, 37, 80f., 83–86, 101, 123, 202, 214f., 219f., 296f., 299, 301, 306, 323, 331, 344f.

Factum der Vernunft 217f., 221
fides qua (creditur) 111, 174
fides quae (creditur) 111, 116, 174
fides quaerens intellectum 10, 283, 285
fiducia siehe Vertrauen
Form (der Religion) 41–44, 67, 186, 232, 236–239
Fragmentarizität 10, 335f.
Fragmentenstreit 190f.
Freiheit 10, 22f., 24–26, 29, 31, 50, 76, 92, 129, 164, 182, 192, 212, 217, 220, 222f., 226, 242f., 288, 326, 330f., 337, 345
fremdes Werk (*opus alienum*) 89f.
Frömmigkeit 29, 36, 49, 57, 81, 110, 172, 174, 177, 187, 229, 249, 251–253, 255–261, 264, 278, 306, 327, 341
Fundamentalartikel 114–117
fundamentum fidei siehe Glaubensgrund
Fürwahrhalten 170, 293

»garstig breiter Graben« 62
Geben des Lebens 334f.
Gebet 93, 321
Gebot 80f., 91f., 104, 170, 217, 300, 330f.
Gefühl 5, 9f., 229, 236, 255–257, 259, 262f., 317f.
Gefühl, Abhängigkeits- 59, 203, 256f., 262f.
Gefühl, Lebens- 5, 317f.
Gefühl, religiöses 255–257, 259
Gefühl, vorreflexives 9f.
Gegebensein des Lebens 255, 261, 316, 331–334
Gegenreformation 111, 167

Gegenwartsverantwortung 13, 246, 252, 256, 328f., 341f.
Geist
Geist, absoluter 2, 44, 216, 230–236, 239–242, 271
Geist, moderner 265–267, 271
Geist, objektiver 229, 331
Geist, reiner 57
Geist, subjektiver 229
Geistesgeschichte 235, 241, 326
Geisteslage 180f., 193
Geistgemeinschaft 323f.
Geltung, Höchstgeltung 189, 269–273, 275, 298, 302, 305f., 311, 329
Gemeinde 15, 17–19, 23–26, 29, 31, 51f., 133, 145, 151, 168–170, 173, 176f., 233f., 238, 247, 287, 291, 323f.
Gemeindeleben 24f., 169f., 177
Gemeinschaft 7, 11, 15, 35, 41, 60, 136, 147, 183, 187f., 197, 219f., 222, 225, 249–253, 255–257, 259–262, 273, 277–280, 317, 318, 323, 330f., 335, 342
Gemeinwesen 6, 40–42
Gemeinwohl 36, 40–42, 186, 188
Gemüt 177, 249, 258, 261, 300
Genießen Gottes 55, 59, 114
Genugtuung (Satisfaktion) 80f., 116f., 184, 223f.
Gerechtigkeit, distributive 81
Gerechtmachung, gerecht machen 20f., 110, 117
Gericht 104, 116, 299
Geschichtlichkeit des Dogmas 159–160, 166
Geschichtswissenschaft 242, 245, 266–271, 343
Gesellschaft 2, 7, 9, 26, 31, 42, 53, 187, 196, 198, 224, 226, 248, 252, 264f., 267, 271, 274, 277f., 285, 303, 324–326, 328f., 331, 337, 343
Gesellschaft, multireligiöse 6, 343
Gesetz 19, 20, 26f., 29, 80f., 89f., 97, 99, 102–105, 110, 114, 144, 170, 217, 305, 330
Gesetz, Tugend- 41, 188, 220, 222, 226
Gesinnung 35, 40, 186–189, 220–224, 259
Gewissen 17, 80f., 103–105, 120, 125f., 132f., 139, 144, 151, 163f., 197

Sachregister

Gewissheit 18f., 29, 43, 55f., 59–61, 67, 81f., 86, 92, 98, 100, 105, 120, 123, 126, 163f., 171, 200–203, 210, 279, 313f.
Gewissheit, Glaubens- 82, 164
Gewissheit, Gottes- 203
Gewissheit, Heils- 120, 327
Gewissheit, Ich-/Selbst- 202–204, 209f.
Glaube 3–5, 9–15, 17–32, 41–44, 55f., 59–63, 69–72, 79–85, 87–94, 97–103, 105, 107, 111–117, 119f., 122–125, 127–129, 134–140, 143, 151–153, 155–157, 159–165, 169–176, 191, 198, 222, 224f., 241, 248, 258–262, 276–280, 285, 287–289, 291–293, 304–306, 312–314, 326f, 333–336, 339–345
Glaube, Heils- 31, 111, 113, 115f., 128, 136–140, 143, 147
Glaube, Phänomenologie d. 4f., 88, 344
Glaube, Vernunft- 222, 225
Glaube, Worthaftigkeit 10f.
Glaubensartikel (*articuli fidei*) 70f., 115f., 136
Glaubensbewusstsein 7f., 19, 137, 151f., 196, 217, 250, 259–262, 341
Glaubenserkenntnis 72, 312
Glaubensgrund (*fundamentum fidei*) 23, 25, 29, 60, 115f., 160, 162, 165, 241, 340
Glaubensleben 9, 21, 25, 80, 110, 168f., 175, 177
Glaubensregel (*regula fidei*) 60
Glaubensschatz (*depositum fidei*) 161
Glaubenswissen 9, 171
Glaubenszeugnis 11–13, 15
Glückseligkeit 35, 67, 184, 219–222, 225
Glückswürdigkeit 221f.
Gnade 22, 26, 31, 57, 59, 69, 72, 79f., 83f., 86, 88–90, 97, 99, 102–105, 110, 115, 117, 119, 134, 147, 153, 170, 181–184, 195, 262f., 287, 291, 341
Gott
Gott, Allmacht 83, 205, 208, 263, 344
Gott, Allwirksamkeit 85f., 93
Gott, Allwissenheit 263
Gott, Apathie 39, 55
Gott, Dreieinigkeit 30, 39, 75, 83, 97, 102, 116, 122, 137, 232
Gott, Ehre 114, 174, 229

Gott, Existenz 73–75, 87, 97, 109, 200f., 204–206, 210, 234, 285, 318
Gott, Gerechtigkeit 20, 80–82, 91, 117
Gott, Idee (*idea Dei*) 73, 204–210
Gott, Notwendigkeit 72–76, 205, 208f.
Gott, Rede von 1–8, 33–39, 42, 46, 53, 87f, 171, 281–294, 315, 344
Gott, Selbsterschließung 43, 45, 231, 288
Gott, Selbsterweis 311, 313f., 320
Gott, Selbstverwirklichung 311, 321
Gott, *semper actuositas* 85
Gott, Strittigkeit 310–312
Gott, Treue 91f., 94
Gott, trinitarischer 18f., 75–77, 83, 232, 289, 290, 320–322
Gott, Unabhängigkeit 205
Gott, Unbedingtheit 39, 300f.
Gott, Unendlichkeit 205
Gott, Unveränderlichkeit 37, 39, 42, 88
Gott, Vater 18f., 23, 28, 83, 87, 133, 164, 232, 262, 310, 321
Gott, verborgenes Handeln 91
Gott, Wesen 34f., 37–40, 74–77, 82f., 86f., 109, 205, 230f., 234f., 288, 312, 316
Gott, Willen 25, 59, 81, 89, 91, 100, 104, 107, 115, 117
Gott, Wirklichkeit 54, 85, 88, 93, 285, 310–313, 318f., 321 (s. Wirklichkeit, alles bestimmende)
Gottebenbildlichkeit 181f., 184, 208
Götter 26, 30, 33, 35f., 38–40, 319
Gottesbegriff 3, 75, 76f., 87, 230, 233, 315
Gottesbeweise 72–76, 208f., 215, 318
Gottesbeweis, kosmologisch 72–74
Gottesbeweis, ontologisch 73f., 215
Gottesbeweis, teleologisch 75
Gottesbewusstsein 259, 261
Gottesbeziehung 22, 82, 321, 337
Gottesdienst 15, 159, 169f., 192, 231, 324
Gotteserfahrung 11–13, 120, 311
Gotteserkenntnis 1–8, 10, 19, 42–48, 51f, 55–59, 67–77, 84–88, 92–94, 98–101, 113, 129, 180, 185, 228–231, 241, 261f., 279, 281–285, 288–290, 292, 304, 312, 319–322, 340
Gottesgedanke 6, 19, 37–39, 42, 45, 51f., 55, 66, 71, 76, 78, 84f., 184, 188, 200, 203f., 207, 209f., 214f., 218f., 229–233,

241, 248, 262, 270f., 290, 308–312, 315–317, 319–322
Gottesgedanke, Notwendigkeit 200, 203–206, 214–216, 315, 318
Gotteskindschaft 19, 23–26, 29f.
Gotteslehre 39, 47, 53, 56, 66, 75, 77f., 85, 93, 97, 106, 109, 113f., 135, 181, 231, 233, 245, 262, 290, 311–312, 315f., 321, 344
Gottesprädikate 37f., 39, 76, 87, 205
Gottesverhältnis 22f., 27, 45, 81f., 321, 344
Gottesvolk 155f.
Gottesvorstellung 28, 31, 207
Grundaxiome d. Geschichtswissenschaft 266–268
Grundsituation 85, 297, 298, 325, 331–335
Gut, höchstes 2, 34–39, 43, 67, 78, 221, 225, 337
Gute, das 10, 30, 34, 36f., 42, 48f., 54, 58f., 85f., 181–184, 218–220, 221, 223–226, 315, 334
Güter, endliche 91f.

habitus 112, 176f., 292f.
Handlung (-stheorie) 222f., 330f., 333
Häresie, Irrlehre 29, 31, 60f., 71, 113, 144–146, 152–154
Heilige Hinterlassenschaft (*depositum fidei*) 127, 157
heilige Lehre (*sacra doctrina*) 55, 65, 68, 95f., 106
Heiliger Geist 8, 10, 13, 15, 18–20, 23f., 28, 30, 83–85, 87, 93f., 98, 100f., 104, 120, 123–125, 128–130, 136, 151, 157f., 161, 163f., 169, 171f., 190, 193, 197, 261, 284, 287, 289, 291f., 323
Heiligung 22f., 31, 112, 114, 170, 172, 175, 302
Heilsereignis 14
Heilsgeschehen 12, 101, 109, 115, 159
Heilsgeschichte 12, 15, 18
heilsgeschichtliches Schema 97, 106, 108f., 314, 316
Heilsmittel 114, 117
Heilsnotwendigkeit 111–114, 128
Heilsordnung 175, 193
Hellenisierung 51–53

Hermeneutik 15, 82, 120, 122, 124, 129, 137, 138, 140, 151, 313, 315, 343
Herzensbildung 176, 187f.
Heteronomie 217f.
Hierarchie 156
Hierarchie der Wahrheiten 162, 166
historisch-kritische Methode 12, 130f., 189–195, 279, 340
Hoffnung 21f., 31, 61, 91, 164, 191, 221, 236, 314
Horizont 27, 32, 181, 205, 296, 308–311, 315–317, 329f., 332f., 335–337, 339, 341, 343
Humanismus 154, 282
Hypothese 180, 313f.

Ich 58, 171, 201–207, 209f., 214
idea Dei siehe Gott, Idee
Ideal 35, 81, 181, 186
Ideal, transzendentales 204, 214–216, 225
Idealismus 203f.
Idee 34f., 43, 48, 72, 74, 204–210, 215, 224f., 230, 233, 239, 242, 247, 269–273, 276, 278, 315
Identität, Identitätsvergewisserung 6, 13, 29, 119, 128, 134, 235, 242, 306, 342f.
Idiomenkommunikation (*communicatio idiomatum*) 117
Individualismus 198, 243, 325f., 337
Individualität 5, 7, 120, 140, 151, 171, 187, 193, 197f., 235f., 250, 256, 270, 272, 276–280, 319, 325–327, 334–337
Inkarnation 48, 56, 234f., 304
Inkarnationslehre 53, 232, 234
Innerlichkeit 116, 168, 171, 198, 272, 327
Inspiration, Inspiriertheit 113, 124, 129–131, 190, 192
Inspirationslehre 130, 190
Institutionen 11, 13, 60, 177, 226, 251, 291, 324, 331, 335, 337
Islam 258

Jesus Christus 3, 5, 10, 12–14, 17–24, 28f., 31, 39, 45–49, 51–54, 56, 60–63, 83, 87f., 92f., 98, 103, 105–107, 110, 112, 115f., 133f., 139, 143–148, 160–162, 163, 184, 236, 238, 241–243, 254, 258–262, 266–268, 271–274, 278–280, 282, 284,

286–289, 291–293, 296, 304–306, 310, 312–314, 320f., 323, 340, 344
Jesus Christus, Auferstehung/Auferweckung 19–21, 29, 31, 116, 191, 313f.
Jesus Christus, Erscheinung 39, 49, 52, 103, 258
Jesus Christus, Geschichte 2, 7f., 12–15, 45, 60–63, 236, 243, 266, 314, 321, 323, 340, 344
Jesus Christus, Geschichtlichkeit 54, 56, 60, 254, 258, 278–280, 321, 340
Jesus Christus, Gottesverhältnis 310, 321
Jesus Christus, Mittler(amt) 88, 116, 147
Jesus Christus, Naturen 102, 110
Jesus Christus, Person 7f., 12–15, 47f., 54, 60–63, 110, 139, 238, 241–243, 254, 258, 266–268, 271, 279–280, 287, 304–306, 313f., 321, 323, 340, 344
Jesus Christus, Präexistenz 19
Jesus Christus, Selbstvergegenwärtigung 287, 291f., 323
Jesus Christus, Sündlosigkeit 116
Jesus Christus, Werk 12, 14, 60–63, 105, 115f., 238, 267f., 304f., 313f.
Jesus von Nazareth 47f., 54, 56, 60–62, 258
Johannesevangelium 125, 232
Judentum 15, 20f., 24, 26f., 42, 50, 83f., 191, 194f., 236, 258, 267, 272, 316, 320
Jurisdiktionsprimat 153

Kanon 14f., 60, 70, 99, 124, 126, 189–193, 195, 254, 341
Kanonbildung 15, 60
Katechismus 9, 123, 140
Kenntnisnahme (*notitia*) 101, 314
Kerygma 14, 28, 295f., 298
Kirche 7f., 11, 13, 15, 24, 32, 60–63, 96f., 101, 107, 143, 146f., 112, 120, 126f., 130, 132–148, 150–171, 174–178, 180, 188, 189f., 195–198, 225f., 232, 245–252, 255–257, 261, 265f., 279, 281–284, 286–293, 295, 304f., 310, 323f., 327, 337, 339, 341f.
Kirche und Gesellschaft 9
Kirche, evangelische/reformatorische 63, 96, 126, 132, 134, 136, 138f., 143, 145f., 150f., 165, 167f., 195, 249–251
Kirche, Konfessions- 14f., 63, 117, 143, 145, 148, 176, 341
Kirche, lutherische 107, 110, 132–141, 144f., 150, 167–169
Kirche, orthodoxe 134, 158f.
Kirche, Papst- 120
Kirche, Partikular- 135, 142
Kirche, reformierte 117, 134f., 140, 142, 145
Kirche, römisch-katholische 18, 63, 94, 97, 107, 120–122, 126f., 132, 134, 139, 151–163, 165f., 189, 249–251
Kirche, Sozialgestalt 96, 133, 138, 140, 151, 226, 251–254, 324, 341
Kirche, unierte 140, 142, 144f.
Kirche, Volks- 177, 324
Kirchengemeinschaft 143, 147f., 178
Kirchengeschichte 244f., 253f.
Kirchenleitung 245f., 251, 254–256, 339
Kirchenregiment, landesherrliches 112
Kirchesein der Kirche 134, 143, 146
Kirchenväter 52, 69, 70, 96f., 120f.
Kompetenz, theologische 9, 246
Königsherrschaft Christi 327f.
Kontingenz 73, 76, 242
Korrelation 298–300
Kreatur 19, 21f., 276f., 306, 314, 322
Kritik 3, 26–29, 33–35, 36–39, 124, 139, 146, 150, 174–177, 184f., 252, 256, 261f., 267, 292, 312, 315, 321, 342
Kritik, Autoritäts- 153, 179f., 326
Kritik, Bibel- 111, 191
Kritik, Kirchen- 170, 177, 191, 196, 226, 283f., 287, 292, 327, 342
Kritik, Metaphysik- 106, 315
Kritik, Mythen- 33f., 39–41
Kritik, Religions- 41f., 225f., 239f., 243, 290f., 309, 344
Kritik, Traditions- 127, 157, 164, 179
Kritik, Vernunft- 212–214, 216f.
Kritischer Rationalismus 313
Kultusgemeinschaft 189, 192, 197
Kreuz 2, 12f., 18–21, 27, 31, 39, 56, 79f., 87f., 105, 184, 306, 340f., 344
Kultur 11, 49, 52f., 271–280, 285, 296f., 303, 324f., 328, 337, 339
kulturprägende Kraft 274f.
Kulturwissenschaft 7, 274–276, 282, 324, 343

Kultus 33, 50, 278f.
Kunst 229f, 296f.

Leben, gutes 41, 46–48, 181, 184, 326, 334, 336
Leben, gottwohlgefälliges 10, 81, 167, 172f.
Lebensführung 41, 47, 49, 161, 181f., 184, 219f., 226, 326–337
Lebensgefühl 5, 317f.
Lebenswelt 13, 276, 278f., 326, 329f., 332, 337
Lehnsätze 255f.
Lehramt 65, 120f., 125–128, 130, 139, 152–157, 159–161, 163–165, 293
Lehre 10, 14, 29–31, 46f., 50, 53, 55, 62, 65–72, 86, 93, 95–99, 101–113, 115–117, 120, 125f., 135, 137–143, 145, 148, 150–158, 162, 166, 168–171, 174–177, 181, 184–187, 192, 195–198, 226, 245, 247–249, 251–254, 256, 261–263, 277f., 285, 292, 309–311, 319, 327, 339–343
Lehre, katholische 137, 157, 159, 162, 166, 250
Lehre, kirchliche 10, 53, 69, 71f., 95f., 101, 138–140, 150–154, 156–158, 162, 164, 166, 168–170, 174, 176, 185, 187, 195–198, 226, 251f., 262, 292, 311, 327, 339–342
Lehre, rechte 109–113, 135, 139, 150, 168, 175, 196
Lehre, theologische 14, 71, 76, 93, 95–97, 101, 103, 175, 177, 185, 261, 277, 309, 342
Leib (Christi) 24
Leiden 2, 88, 116, 122
Leitwissenschaft 266, 343
Letztbegründung 6, 241
Leuenberger Konkordie 137, 143–148
Liebe 23, 49, 61, 79–81, 84, 87, 91, 99, 103f., 126, 155, 170, 183, 217, 273, 300, 335
Loci-Methode 102, 108
Logos 47–49, 52, 304f.
Logoslehre 52, 306

Maxime 186, 218, 222f.
Menschenverstand 201, 216
Menschwerdung 102, 122, 234, 236

Metaphysik 6, 39, 45, 51, 105f., 109, 112f., 137, 210, 211–213, 216, 219, 241, 270, 305, 315f.
Methode, analytische 108f.
Methode, dogmatische 266f., 279
Methode, historische 266–296, 271, 279
Mission 28
Mittelalter 65, 154, 297
Moderne 7, 151, 153, 188f., 191, 198, 265–268, 271, 273–275, 283, 286, 290, 297, 325–329, 341f.
Monotheismus 232, 257f., 260
Motivation 48, 332, 336
Mündigkeit des Christen 10, 29–31, 101, 123, 140, 168–171, 175, 179f., 185, 189, 212
mysterium tremendum/fascinosum 229
Mystik 120, 123, 176, 278, 305
Mythos, Mythologie 33f., 37, 41, 44, 191, 305

Natur 4f., 69, 104, 172, 179–184, 186, 221f., 229f., 235, 239, 253, 255, 272f., 309, 317
natürlicher Mensch 5, 20, 59, 85, 98, 113, 285, 296f., 344f.
Naturwissenschaften 130, 180, 190, 266, 314, 343
Negation 89, 207, 299, 306
Neologie 181–186
Neues Testament 11f., 14f., 82, 99, 124f., 130, 133, 138, 190, 192, 195, 249, 275, 320, 341
Neuprotestantismus 137, 282, 290
Neuzeit 51, 62, 137, 153, 189, 196, 200, 202f., 210, 297, 316, 318, 326f., 329
norma normans 138, 140, 156
norma normata 138
notitia siehe Kenntnisnahme

Offenbarsein 233, 235, 284, 289, 290, 292
Offenbarung 3, 13, 15, 43, 45, 48f., 52–54, 60–63, 67–72, 76f., 87, 98, 100, 104, 106, 125f., 145, 151, 153f., 157, 160–163, 165, 177, 180, 185–187, 193, 231, 233–236, 238, 257, 260, 266, 268, 270, 282–293, 299, 305f., 310–314, 316, 319–321, 323, 340

372 Sachregister

Offenbarung, Selbst- 45, 231, 240f., 289f., 292, 305, 320f., 344
Offenbarungslehre 283, 289, 290f.
Offenbarungspositivismus 266, 268
Offenbarungswahrheit 72, 151, 153, 162, 165, 293, 312
Öffentlichkeit 7, 9, 42, 50f., 132–134, 138, 140, 143, 146, 163, 165, 169, 192, 194, 196–198, 212, 265, 324, 326
Ökumene 25, 31, 143, 145–148, 162, 341
Ökumenische Konzile 135f., 158
Ontologie 34f., 73f., 78, 84f., 87, 93, 109, 291, 315
opus alienum siehe fremdes Werk
Organismus 35, 169
Orthodoxie, altprotestantische 108–117, 128–131, 173–176, 190, 248, 288

Papst 120, 152f., 155
Paradox 21, 54, 63, 88f., 93, 306
Persönlichkeit, individuelle 272
Pfarrer 96, 151, 168f., 171–173, 196, 246
Pflicht 10, 30, 126, 218, 220, 223–226, 330
Philosophie 2, 6f., 28, 33–35, 39–56, 62f., 65–70, 77, 87, 96–98, 100, 109, 201–204, 210–212, 219, 221, 225, 228–232, 236f., 239–243, 264, 297f., 303–305, 309, 314–316, 318, 326, 343f.
Philosophie, aristotelische 65f., 77, 84f., 87, 109
Philosophie, neuzeitliche 203, 210, 318
Philosophie, (neu)platonische 33–44, 46f., 55f., 61f., 84, 315f.
Philosophie, praktische 221
Philosophie, stoische 46f.
Physik 314
Pietismus 110, 151, 174f., 182f., 327
Pluralität 6, 271, 277, 325
Polemik 28, 33, 244
Polytheismus 38, 47, 257
Postulat 204, 221f., 225, 315
Postulatenlehre 315
Prädestinationslehre 110, 289
Präexistenz 19, 37
praxis pietatis 170, 173, 176, 327
Predigt 11, 90, 133, 139f., 146f., 169, 171, 173, 176, 182, 277, 279f.

Priestertum, geistliche 169
prima causa siehe erste Ursache
principium cognoscendi siehe Erkenntnisprinzip
Projektion 40, 243, 309
Prolegomena 128, 248, 283, 289
Prolepse 165, 313
Prophet, Prophetie 12, 70, 94, 98, 130, 136, 138, 271–273, 278, 299
propter Christum (um Christi willen) 31, 84, 94, 97, 105, 115
publice docere siehe Verkündigung, öffentliche

ratio cognoscendi 174f.
Rationalismus 185f., 229, 245, 313
Rationalität 70, 267, 310, 339
Realpräsenz 110
Rechenschaft 9, 13, 96, 164
Rechtfertigung 20–22, 27, 31, 79, 82, 84, 94–96, 98, 102, 104, 106, 110, 112, 115, 117, 124, 134, 137f., 147, 150, 152, 172, 224f., 334f., 341
Rechtfertigung, forensisch 110
Rechtfertigungsglaube 20, 22, 112, 137, 172, 334f.
Rechtfertigungslehre 20, 31, 96, 334
Rechtfertigung der Religion 239f.
Reflexion 3, 5, 9–13, 168, 202, 207, 210, 218f., 246, 255, 282, 309f., 329f., 332–334, 339, 344
Reflexionsgestalt 10–14, 17
Reflexivität 333, 335f.
Reformation, Reformatoren 63, 95, 96f., 101, 109, 125f., 128, 132–137, 139, 141, 144–147, 150, 152f., 157, 195, 250, 325, 327, 329, 341
regula fidei siehe Glaubensregel
Reich der Zwecke 220
Relativismus 34, 160, 269f., 278f.
Religion 5f., 21, 27, 36, 39–42, 44f., 46–54, 56, 167, 181f., 184–189, 191–198, 219–220, 224–226, 230–243, 245, 247f., 252f., 256–264, 268f., 271–279, 283, 285, 290f., 297, 303, 305, 309f., 312, 317–320, 324–326, 332f., 337, 340, 344
Religion, absolute 231, 234–236
Religion, gelebte 318f.

Religion, geschichtliche 5, 240, 245, 256, 259, 273, 318–320
Religion, natürliche 41, 245
Religion, Natur- 235f., 257
Religion (-sausübung), öffentliche 196–198, 324
Religion, positive 319
Religion, Privat- 151, 196–198, 250, 324f., 342
Religion, unsichtbare 324
Religion, Vernunft-/vernünftige 6, 40–42, 46, 51, 181, 185–188, 219–220, 224–226, 312
Religion und Philosophie, Religionsphilosophie 40–42, 44, 46, 49, 53f., 56, 229, 231, 233, 236f., 239–241, 253, 255, 268
Religion und Religionen 5f., 27f., 31, 133, 144, 235f., 252f., 255, 257f., 269, 271–273, 275f., 279, 318–320, 342f.
Religionsfreiheit 188
Religionsgemeinschaft, religiöse Gemeinschaft 188, 191, 194–197, 253, 256, 262, 278, 318
Religionsgeschichte 235–236, 253, 263f., 271–277, 279f., 310, 319
Religionskriege, Konfessionskriege 112, 186f.
Religionssoziologie 324–326
Religionsstifter 258–261
Religionstheorie 41, 220, 226, 241, 256f., 263, 279, 282, 309f., 344
Religionsunterricht 182, 192
Religiosität 4f., 253, 256f., 272, 309, 318f., 324, 345
Richtschnur (*norma/regula*) 65, 119–121, 127, 129, 138–140, 142, 157, 341

sacra doctrina siehe heilige Lehre
Sacra Traditio 127, 157, 161
sacrificum intellectus 30
Sakrament 9, 87, 92f., 97, 133, 135, 139–141, 146–148, 151f., 165, 323f., 341
Sakramentenlehre 303
Sakramentsverwaltung 133, 135, 139–141, 146–148, 151, 341
Säkularisation 2, 7, 303, 324–326
Scholastik 84f., 87, 96f., 101–103, 105, 109, 112, 176

Schöpfer 19, 21, 28, 75f., 83, 182f., 208, 311, 333
Schöpfung 102, 106, 183, 263
Schöpfungslehre 97, 106, 182, 314
Schrift, Heilige Schrift 11, 57, 59, 71, 79–82, 85, 93f., 96, 98–101, 103, 107, 111, 113–115, 119–140, 145f., 150–152, 154, 156f., 160, 163f., 166, 169–171, 174–177, 185, 189–195, 248f., 286–288, 292, 304, 340f.
Schrift, *affectiones* 128
Schrift, Autorität (*auctoritas*) 15, 111, 119f., 126, 128–131, 189f.
Schrift, Klarheit (*claritas*) 120–124, 128, 163
Schrift, Literalsinn 121f., 129, 189, 286f.
Schrift, Mitte 95, 124, 137–140, 147, 150, 163, 341
Schrift, Vollkommenheit (*sufficientia*) 128
Schrift, Wirksamkeit (*efficatia*) 128f., 165, 194
Schrift und Tradition 127, 139, 154, 156
Schriftbeweis 70
Schriftlehre 120, 128–130, 190, 192, 248, 288
Schuld 10, 37, 56–58, 82, 89, 90, 93, 103, 104, 179f., 219, 223–225, 297, 334
Schwärmer 94, 120, 123
Seele 33, 36f., 40, 52, 55f., 58f., 83, 176, 200, 221, 278, 300
Sein, höchstes 2, 35, 74, 204, 272
Selbstbewegung (des Geistes/Gottes) 229f., 232–234
Selbstbewusstsein 5, 180, 234, 238f., 249, 345
Selbsterfahrung 5, 11, 56, 59, 82, 170f., 173–177, 285, 319, 345
Selbsterkenntnis 23, 56, 59, 68, 84, 93f., 97f., 103f., 183, 203, 210, 212
Selbstimmunisierung 266f., 273, 313
Selbstprüfung (der Kirche) 284–286, 288, 292
Selbstunterscheidung 162, 321
Selbstverhältnis 23, 25, 82, 84, 87, 259, 328, 345
Selbstvermittlung 234f.
Selbstverständnis 10, 12, 19, 21f., 26, 28f., 31f., 262, 309, 316, 319, 339f., 342, 344f.

Selbstvollzug 23, 82, 87, 203, 205 f., 210, 256 f., 259, 273, 279, 305, 309, 317–319, 344
simul iustus et peccator 89 f.
Sinn 4, 26, 158, 297, 301 f., 304, 325, 329, 339, 343 f.
Sinne, Sinneswahrnehmungen 201, 205, 207, 236 f.
Sittengesetz 217–222
Sittenlehre 125, 152 f.
Skepsis 164, 202, 269
Spaltung 24, 112, 143
Spekulation 52, 66, 78, 93, 103, 106, 230, 237, 241 f., 245, 253, 271
Sohn Gottes 19, 22, 83, 87, 116, 122, 135, 232, 321
sola fide (allein aus Glauben) 21, 56, 59, 83–85, 92, 101, 115, 119, 225
sola gratia (allein aus Gnade) 31, 79 f., 84, 97, 119, 134, 341
sola scriptura (allein die Schrift) 93, 98, 118, 125, 128
solo Christo (allein durch Christus) 119
Soteriologie 19, 97, 137, 172, 289
Staat 9, 35 f., 39–41, 97, 133, 187–189, 327
Stellungnahme 276 f., 337
Studium, akademisches 9, 95, 99, 101, 176, 244, 246
Studium, Schrift- 79, 94, 98, 101, 123, 176 f.
sub ratione Dei 68, 322
Subjektivismus 34, 120, 126, 229, 277
Sünde 20, 56–59, 79–85, 87, 89 f., 94, 97–99, 101–105, 110, 112–116, 124, 129, 134, 137 f., 150, 152, 171 f., 180–184, 259, 260, 262 f., 281 f., 296, 341
Sünde, Erb- 110, 182
Sünde, Radikalität 59, 82, 84 f., 89, 97, 104, 181, 281
Sündenbewusstsein 172, 260, 262
Sündenlehre 181, 182, 184
supranaturale Inhalte, Setzungen 185, 266 f.
Symbol, religiöses 297
Symbola, altkirchliche 107, 109, 135–137, 141, 147, 163
System 12, 42, 69, 95, 99 f., 108–111, 113, 175 f., 185, 201, 212 f., 219 f., 230, 241 f., 247, 261, 271, 295, 325, 340, 343
Systemdenken 230, 241

Taufe 10, 22, 24, 99, 104, 170 f.
Teilhabe 12, 18 f., 22, 26, 35 f., 61, 74, 162, 232
Teilhabe, Heils- 18, 26, 171
telos 170 f.
Theologie
theologia crucis 87 f., 293
theologia gloriae 87
theologia naturalis siehe Theologie, natürliche
theologia revelata 185
Theologie, ethische 328–329, 332, 337
Theologie, Gegenstand 3, 7 f., 34, 65–68, 77 f., 84, 93, 100, 114, 174, 212, 228–230, 245, 251–254, 275, 282, 284–287, 289 f., 292, 295, 301 f., 304, 306, 308–311, 322, 343
Theologie, Geschichte 1–3, 5, 185, 340 f., 51, 106, 151, 185, 195 f., 251, 311 f., 327, 340–342
Theologie, Grundfunktionen 17, 31, 256
Theologie, natürliche (*theologia naturalis*) 66, 144, 185, 248, 284
Theologie, philosophische 41, 200, 244, 252 f., 255 f., 320
Theologie, Spezifikum 10, 67 f., 70, 111, 113, 232, 285, 310, 344
Theonomie 203, 217 f.
Tod 33, 83, 89, 91, 104, 164, 297, 336
Toleranz 175, 188
Tradition, kirchliche 60, 62, 94, 125–128, 154–157, 159, 164
Tradition und Schrift 125–128, 154–157
Traditionsprinzip 130, 154
Transformation 51 f., 196, 248 f., 252 f., 256, 341
transzendentale Apperzeption 214
Transzendenz 215, 336
Transzendierungsvermögen 317 f., 345
Trienter Konzil, Tridentinum 111, 125–128, 139, 152
Trinität 19, 97, 106, 262 (s. Gott)
Trinität, immanente 19, 106, 262
Trinität, ökonomische 19, 262
Trinitätslehre 18 f., 53, 76 f., 83, 106, 109, 116, 187, 232, 234, 262, 288–290, 321 f.
Tugend 47 f., 182–184, 187 f., 221

Übel 36, 39, 90, 93, 221f., 260, 336
Überbildung 40, 181, 187, 194, 221, 224, 318f.
Überlieferung 13, 15, 33, 38, 40–42, 60f., 63, 100, 125–127, 152, 154, 156f., 160f., 162f., 189, 245, 256, 261, 267, 304, 318, 320, 332
Überlieferung, Medien 18, 304
Überlieferungszusammenhang 5, 61, 162, 245, 261, 318, 332
Umformung 53, 184, 252, 256, 262, 268, 271, 277, 289
Umwertung der Werte 27, 344
Unbedingte, das 302–306
unbewegter Beweger 76
Unfehlbarkeit (d. Papstes) 152–154, 160, 165
Unfreiheit 86, 92
Universalität, universaler Wahrheitsanspruch 7, 20, 28, 160, 165, 194f., 304–306, 308f., 311
universitas litterarum 65, 309
Universität 9, 65, 112, 168, 176f., 285, 310, 312f.
Unsterblichkeit der Seele 33, 221f.
Unterricht 133, 138, 140, 151, 182, 192, 194, 197, 277, 279, 341
Urbild 259–261
Urchristentum 14, 52, 254
Ursache, erste (*prima causa*) 2, 74, 76f.

Vatikanisches Konzil, I. 126, 139, 152f., 155
Vatikanisches Konzil, II. 126f., 139, 153, 155f., 158f., 161f., 166, 189
vera philosophia 46, 49
Verbalinspiration 129f.
Verblendung 28, 86
Verderbtheit 59, 180–184, 223
Verkündigung 13, 19–21, 24, 28, 87, 89, 101, 133, 138, 140, 145, 147f., 150f., 165, 173, 226, 281–284, 286–290, 292, 295f.
Verkündigung, öffentliche (*publice docere*) 138, 140
Verkündigungsauftrag 281–283
Verheißung 82, 90–92, 94, 97, 103, 105f., 114, 120, 123, 136f., 154, 282, 288, 293, 314, 345

Vermittlung (von Christentum und Kultur) 51, 266f., 273, 275f., 282, 286, 295, 299, 303, 305, 326
Vermittlung (von Endlichem und Unendlichem) 235f., 238
Vernunft 1–3, 6, 17, 21, 33–51, 53, 55–57, 59, 61–63, 66–77, 85–88, 93, 97–98, 100, 104, 113f., 129, 152f., 177, 179–190, 194, 200–205, 211–226, 229, 234, 239–243, 245, 263, 270f., 285, 304, 309–312, 315, 318–322, 326, 332f., 344
Vernunft, natürliche 3, 48, 68f., 75–77
Vernunftkompatibilität 41, 44, 72, 185, 224
Vernunftwesen 216, 218, 220f., 225
Versöhner 19, 28f.
Versöhnung 12, 18–20, 22, 28, 97, 105f., 117, 224f., 238f., 242f., 282
Versöhnungslehre 289
Vertrauen (*fiducia*) 4, 19, 81f., 84, 89, 92f., 101, 104, 123, 145, 180, 183, 313f., 334
Verwiesenheit 5, 296, 299, 309f., 318, 325
Verzweiflung 81f., 85f., 90, 103, 105
via eminentiae 207
Volksreligion, antike 28, 47
Vollendung 3, 49, 68, 76, 97, 169, 234, 236, 314, 316, 322, 336
Vorsehung 181, 184
Vorstellung, religiöse 42, 44, 236–239

Wahrheit 27, 30, 38, 44, 47, 49f., 53, 55, 60–63, 71f., 76, 111, 122, 126, 128f., 153–156, 158–166, 212, 230, 233, 236, 238, 240f., 243, 284, 288, 293, 295f., 298–300, 306, 310–313, 319
Wahrheit, Glaubens- 28, 70–72
Wahrheit, Heils- 111, 113
Wahrheit, Offenbarungs- 145, 151, 153, 162, 165, 293, 312
Wahrheit, moralische 193f.
Wahrheitsanspruch 5f., 10, 25, 27, 31f., 43, 49, 51, 53f., 62, 72, 109, 159f., 162, 165, 180, 203, 212, 242, 285, 297, 305, 308–313, 316f., 319–321, 339, 343, 345
Wahrheitsbewusstsein 32, 62, 326, 339, 343
Wahrheitsbezeugungen 163f.
Wahrheitsfrage 284, 319
Wahrheitsgehalt 60, 158, 175
Wahrscheinlichkeitsurteil 266f.

»was uns unbedingt angeht« 300–302, 304
Wechselwirkung 266, 268, 325
Welt 4, 6f., 18–23, 25, 27–29, 39, 47, 50, 75–79, 82, 85, 88, 90–93, 95, 98, 103, 105, 158, 163, 168, 170, 177, 180, 184, 198, 200, 220, 222, 224, 230, 232, 236, 242f., 257, 262f., 270, 272, 274, 276, 284, 296–298, 301–303, 311f., 315, 317, 319, 322, 328, 334f., 343f.
Welt, Lebens- 13, 276, 278f., 326, 329, 330, 332, 337
Weltanschauung, Weltsicht 25–27, 31, 143, 145, 329
Weltanschauung, totalitäre 143
Welterfahrung 5, 82, 285, 319, 345
Welterkenntnis 68, 97f., 203, 210
Weltgemeinschaft 343
Weltgeschichte 270f.
Weltgestaltung 272, 337
Weltoffenheit 317
Weltreligionen 275
Weltverhältnis 23, 25, 82, 84, 87, 259, 328, 345
Weltverständnis 10, 12, 19, 21f., 26, 28f., 31f., 262, 309, 316, 319, 339f., 342, 344f.
Weltvollzug 87, 206, 259
Weltzusammenhang 73, 221, 303, 332
Weisheit 12, 27, 28, 40, 48, 66, 88, 114, 205
Werke, gute 20, 82, 110, 125
Werte 26f., 40f, 330, 344
Wertungen 269, 273, 319
Wesen 2, 4f., 7, 34–36, 43, 215, 304, 315
Wesen, endliches 205–208, 221
Wesen, ungestelltes 4f., 91
Wesen des (christlichen) Glaubens, Christentums 10, 13f., 18, 26, 31, 60, 97, 100–102, 260, 339–344

Wesen der Kirche 146f., 251, 255
Wesen des Menschen 253, 256f., 298, 301, 309, 317f.
Wesen des Protestantismus 249f.
Wesen, (höchst-)vollkommenes (*ens perfectissimum*) 37, 205–209
Westfälischer Frieden 112
westliches Christentum, Westkirche 59, 158, 325f., 158
Wiedergeburt 110, 171–177, 183f., 276
Wille 48, 57–59, 81, 85f., 99, 110, 156, 183, 212, 216–218, 220, 222f., 243, 272
Wirklichkeit, alles bestimmende 2, 90, 311, 317, 322
Wirkungsgeschichte 8, 13, 15, 63, 254, 269f., 272–274, 279f., 323f., 326, 339
Wissenschaft 1f., 7, 9f., 14, 65–68, 72, 77f., 99f., 108f., 151f., 168, 177, 180, 202f., 228f., 241f., 245, 247, 263f., 265–271, 273, 276f., 282, 284f., 292, 297f., 308–310, 312–317, 339, 343
Wissenschaft, gebundene 292
Wissenschaft, positive 245, 247, 251, 253
Wissenschaftsdiskurs 2, 9, 76, 339, 343
Wissenschaftstheorie 65, 77, 309f., 312f.
Wort Gottes 10, 94, 113, 126f., 128, 130, 145, 156f., 164, 169, 173, 193, 282, 286–288, 290, 292, 320, 323

Zeichen der Zeit 158, 166
Zeitgeist 181, 228, 286
Zeitsituation 295f.
Zirkel, theologischer 298, 305
Zweifel 59, 73, 164, 200–202, 206
Zweifel, methodischer 200–202
Zweinaturenlehre 106, 110, 187
Zwei-Reiche-Lehre 144, 327f.

Gerechtigkeit
Herausgegeben von Markus Witte

Der Band bietet eine Einführung in das theologische Nachdenken über »Gerechtigkeit«. Dabei werden aus der Perspektive der verschiedenen Disziplinen der evangelischen Theologie (Altes Testament, Neues Testament, Kirchengeschichte, Systematische Theologie, Religionswissenschaft, Praktische Theologie), ergänzt um die altorientalische Rechtsgeschichte, theologiegeschichtliche Entwicklungen, historische Kontexte und gegenwärtige Bereiche der Thematisierung von »Gerechtigkeit« dargestellt. Die eng aufeinander bezogenen Artikel namhafter Autorinnen und Autoren werden von einer Übersicht über zentrale Begriffe (Recht, Rechtfertigung, Gnade, Barmherzigkeit, göttliches Gericht, Theodizee) und wesentliche Fragestellungen eines theologischen Gerechtigkeitsdiskurses sowie einer die Einzelbeiträge kritisch weiterführenden Zusammenfassung gerahmt.

Mit Beiträgen von:
Bärbel Beinhauer-Köhler, Lukas Bormann, Elisabeth Gräb-Schmidt, Volker Leppin, Guido Pfeifer, Ursula Roth, Markus Witte

»Die Annäherung aus verschiedenen theologischen Blickwinkeln macht die Lektüre sinnvoll und empfehlenswert.«
Carsten Rensinghoff *www.socialnet.de/rezensionen/13550.php* (07/2012)

2012. XII, 239 Seiten
(UTB S 3662; Themen der Theologie 6).
ISBN 978-3-8252-3662-5
Broschur

Mohr Siebeck
Tübingen
info@mohr.de
www.mohr.de

Schöpfung

Herausgegeben von Konrad Schmid

Im Horizont ökologischer Krisen, aber auch der Kreationismusdebatte ist Schöpfung in den letzten Jahrzehnten zu einem vielverhandelten theologischen Thema geworden. Der Begriff der Schöpfung hat darüber hinaus auch Anwendung in Kontexten außerhalb von Theologie und Kirche gefunden. Die nicht selten anzutreffende Bestimmung der Welt als Schöpfung im Sinne von zu bewahrender Umwelt greift allerdings meistens zu kurz und erschließt die Sinndimensionen theologischer Rede von Schöpfung nur unzureichend. Umgekehrt leidet der theologische Gebrauch des Schöpfungsbegriffs oft an einer vorschnellen Verabschiedung seines konkreten Weltbezugs.
Die Autoren der hier gesammelten Beiträge zeigen Wege auf, wie aus der Perspektive theologischer Einzeldisziplinen, aber auch in zusammenschauender Weise Schöpfung in theologisch angemessener Weise und zugleich öffentlich vermittelbarer Form gedacht werden kann.

Mit Beiträgen von:
Reiner Anselm, Matthias Konradt, Martin Rothgangel, Konrad Schmid, Anselm Schubert, Annette Zgoll

2012. X, 357 Seiten
(UTB S 3514; Themen der Theologie 4).
ISBN 978-3-8252-3514-7
Broschur

Mohr Siebeck
Tübingen
info@mohr.de
www.mohr.de